Marcin Krzymuski | Philipp Kubicki
Peter Ulrich [Hrsg.]

Der Europäische Verbund für territoriale Zusammenarbeit

Instrument der grenzübergreifenden Zusammenarbeit
nationaler öffentlicher Einrichtungen in der Europäischen Union

Die Deutsche Nationalbibliothek verzeichnet diese Publikation in
der Deutschen Nationalbibliografie; detaillierte bibliografische
Daten sind im Internet über http://dnb.d-nb.de abrufbar.

ISBN 978-3-8487-3391-0 (Nomos Verlagsgesellschaft, Baden-Baden, Print)
ISBN 978-3-8452-7706-6 (Nomos Verlagsgesellschaft, Baden-Baden, ePDF)

ISBN 978-3-7089-1507-4 (facultas Verlag, Wien)

1. Auflage 2017
© Nomos Verlagsgesellschaft, Baden-Baden 2017. Gedruckt in Deutschland. Alle Rechte, auch die des Nachdrucks von Auszügen, der fotomechanischen Wiedergabe und der Übersetzung, vorbehalten. Gedruckt auf alterungsbeständigem Papier.

Vorwort

Das Handbuch ist im Rahmen des dreijährigen Forschungsprojektes „Entgrenzung von Grenzregionen – Der Europäische Verbund für territoriale Zusammenarbeit (EVTZ) als Instrument der territorialen Kooperation von Kommunen in Europa" des Viadrina Center B/ORDERS IN MOTION an der Europa-Universität Viadrina in Frankfurt (Oder) entstanden. Die in diesem Handbuch versammelten Beiträge sind die Früchte unserer Forschungsarbeit an dem eigens für das Projekt gegründeten *EVTZ-Kompetenzzentrum* sowie der in diesem Rahmen erfolgten Zusammenarbeit mit verschiedenen Partnern aus Wissenschaft und Praxis der grenzüberschreitenden Kooperation. Ihnen gebührt unser Dank nicht nur für die beigesteuerten Aufsätze, sondern auch und gerade für den stets bereichernden Austausch zum Thema EVTZ und grenzüberschreitende Zusammenarbeit öffentlich-rechtlicher Einrichtungen.

Für die Hilfe bei der Verwirklichung des Forschungsprojekts haben wir zum einen unserem wissenschaftlichen Beirat, den Herrn Professoren *Dr. iur. Matthias Pechstein*, *Dr. phil. Jürgen Neyer* und *Dr. iur. Carsten Nowak* zu danken, die das Vorhaben von der Antragstellung bis zum Abschluss mit Rat und Tat begleitet haben, wann immer beides gebraucht wurde. Zum anderen schulden wir dem Viadrina Center B/ORDERS IN MOTION, insbesondere seiner wissenschaftlichen Koordinatorin Frau *Dr. phil. Andrea Meissner*, Dank für die organisatorische Unterstützung des Vorhabens. Last but not least ist unsere wissenschaftliche Hilfskraft, Herr *Mag. iur. Dorian Duda LL.M. (Viadrina)*, hervorzuheben, dessen vielseitige und tatkräftige Unterstützung in wissenschaftlicher und technischer Hinsicht sehr viel zum Gelingen des Projekts beigetragen hat. Für die geduldige verlegerische Betreuung des Handbuchs danken wir schließlich Frau *Beate Bernstein* vom Nomos Verlag.

Da wir der wissenschaftlichen Erforschung und Begleitung des EVTZ und der grenzüberschreitenden Zusammenarbeit öffentlich-rechtlicher Einrichtungen auch nach Abschluss des Forschungsprojekts verbunden bleiben werden, freuen wir uns über Anregungen, Kritik und Hinweise zum Thema unter der E-Mail-Adresse: *kompetenzzentrum@evtz.eu*

Die Herausgeber   *Frankfurt (Oder), im September 2017*

Inhalt

Einleitung 11
Marcin Krzymuski, Philipp Kubicki, Peter Ulrich

Teil 1: Grenzüberschreitende Kooperation in Europa

Die Entwicklung der grenzüberschreitenden Zusammenarbeit
nationaler Hoheitsträger aus rechtshistorischer Perspektive 15
Kazimierz Jóskowiak

Europaregionen und EVTZ: Konkurrenz oder Komplementarität? 43
Alice Engl

Die Entwicklung der grenzüberschreitenden Zusammenarbeit
nationaler Hoheitsträger aus politischer Perspektive 65
Jarosław Jańczak

Teil 2: Der EVTZ aus rechtswissenschaftlicher Sicht

Unionsrechtliche Grundlagen eines EVTZ und mitgliedstaatliche
Durchführung 93
Philipp Kubicki

Der EVTZ im Innenverhältnis 131
Marcin Krzymuski

Der EVTZ im Außenverhältnis 159
Marcin Krzymuski

Inhalt

EVTZ und (Internationales) Arbeitsrecht 189
Oliver L. Knöfel

Soziale Sicherheit in Grenzregionen durch Europäisches
koordinierendes Sozialrecht 225
Eberhard Eichenhofer

Der EVTZ und grenzüberschreitendes Vergaberecht 253
Severin Klinkmüller

Steuerliche Rahmenbedingungen der Beteiligung an einem EVTZ 277
Stephan Kudert, Agnieszka Kopec

EVTZ im Spannungsfeld zwischen der europäischen
Eigenverwaltung und der Verwaltung der Mitgliedstaaten 303
Renata Kusiak-Winter

Teil 3: Der EVTZ aus politikwissenschaftlicher Sicht

Lokales Europa. Das integrationspolitische Versprechen von EVTZ 333
Jürgen Neyer

Der EVTZ und seine Akteure – Territoriale Entwicklungssteuerung
im Kontext transnationaler Institutionenbildung 343
Joachim Beck

Grenzüberschreitende funktionale Kooperation im deutsch-
polnischen Grenzraum am Beispiel des TransOderana EVTZ -
Akteure, Strategien und Institutionen 369
Peter Ulrich

*Teil 4: Der EVTZ aus raumplanerischer und
wirtschaftsgeographischer Sicht*

EVTZ und transnationale Zusammenarbeit zur Raumentwicklung
aus nationaler Perspektive   419
Wilfried Görmar

Der EVTZ aus raumentwicklungs- und kohäsionspolitischer Sicht   447
Sabine Zillmer, Christian Lüer, Maria Toptsidou

Die räumliche Dimension. Über die Schwierigkeiten bei der
funktionalen Abgrenzung von EVTZ   477
Robert Knippschild

Teil 5: Ausgewählte Handlungsfelder eines EVTZ

„Interregional Alliance for the Rhine-Alpine Corridor" – Ein EVTZ
für die gemeinsame Entwicklung eines EU-Verkehrskorridors   495
Jörg Saalbach, Silke Böhringer

Der EVTZ und interuniversitäre Zusammenarbeit   523
Uwe Blaurock, Johanna Hennighausen

Einleitung

Grenzüberschreitende Verwaltungskooperationen von Gebietskörperschaften haben im und durch den Europäischen Integrationsprozess an enormer Bedeutung gewonnen. Von ersten symbolischen Kooperationsformen in der Nachkriegszeit hin zu einer inhaltlich ausgerichteten, aufgabenbezogenen Zusammenarbeit, die sich seit den 80er und 90er Jahren entwickelt hat: Die grenzüberschreitende Zusammenarbeit vor allem von Kommunen ist, ungeachtet der vielen gegenwärtigen europäischen Krisen, eine europäische Erfolgsgeschichte. Einen maßgeblichen Anteil hieran hat – neben den engagierten Menschen vor Ort, die diese Zusammenarbeit tatsächlich auf den Weg bringen und umsetzen – vor allem die Europäische Union. Zum einen hat sie durch den schrittweisen Abbau der rechtlichen, wirtschaftlichen und schließlich auch staatlichen Grenzen zwischen ihren Mitgliedstaaten – insbesondere durch die stetig fortschreitende Verwirklichung des europäischen Binnenmarkts einerseits und den Schengen-Prozess andererseits – günstige Rahmenbedingungen für die grenzüberschreitende Zusammenarbeit geschaffen. Zum anderen wurde diese Zusammenarbeit im Rahmen der EU-Struktur- und Kohäsionspolitik durch das Instrument der Europäischen Territorialen Zusammenarbeit, besser bekannt unter dem Namen „Interreg", seit den 1990iger Jahren gezielt finanziell gefördert. Im laufenden Förderzeitraum 2014-2020 (Interreg V) umfassen die dafür vorgesehenen Mittel fast 9 Mrd. Euro.

Ein Instrument zur Förderung der grenzüberschreitenden Zusammenarbeit, wenngleich nicht finanzieller Art, ist auch der Europäische Verbund für Territoriale Zusammenarbeit (EVTZ). Er wurde 2006 durch die EU-Verordnung Nr. 1082/2006 eingeführt, zur gleichen Zeit und auf den gleichen Politikbereich gestützt wie die Strukturfonds-Verordnungen für den Förderzeitraum 2007 bis 2013. Mit dem EVTZ stellt die Europäische Union ein Rechtsinstrument mit eigener Rechtspersönlichkeit erstmals für den öffentlich-rechtlichen Raum bereit. Mit seiner Hilfe können vorhandene oder zukünftige grenzübergreifende Kooperationsstrukturen öffentlicher Einrichtungen institutionalisiert und damit dauerhaft verstetigt werden. Dass diese Art der Förderung aus unionspolitischer Sicht neben der wohl auch zukünftig im Zentrum stehenden finanziellen Unterstützung durch die Interreg-Programme weiterhin eine wichtige Rolle spielen wird, macht zum einen die bereits 2013 erfolgte Überarbeitung der EVTZ-Verordnung durch die EU-Verordnung Nr. 1302/2013 deutlich. Zum anderen lässt sich das an der Berücksichtigung des EVTZ in anderen Rechtsakten bzw. Rechtsbereichen des EU-Rechts erkennen. Zu nennen sind hier beispielhaft die Richtlinien zum Vergaberecht, in denen der EVTZ bei der Auftragsvergabe durch öffentliche Auftraggeber aus verschiedenen Mitgliedstaaten als gemeinsame Einrichtung vorgesehen ist. Weitere (Spezial-)Regelungen in für die grenzüberschreitende Zusammenarbeit relevanten Bereichen dürften in Zukunft folgen (etwa im EU-Mehrwertsteuerrecht).

Diese Tendenz sowie die insbesondere in den letzten Jahren zu verzeichnende, zunehmende Nutzung des EVTZ auf allen Ebenen grenzübergreifender Kooperation haben den Anstoß gegeben, dieser relativ neuen und bisher wissenschaftlich nur wenig beachteten Rechtsform das vorliegende Handbuch zu widmen. Die bisherigen (praktischen) Erfahrungen mit diesem Instrument zeigen, dass es eine Vielzahl rechtlicher und politikwissenschaftlicher Fragen aufwirft. Bereits seit seiner Einführung ist der EVTZ zudem Forschungsgegenstand im Bereich der (europäischen) Raumplanung. Ausgehend von den genannten Disziplinen sowie Berichten aus der EVTZ-Praxis ist das Anliegen des Handbuchs eine eingehende Untersuchung dieser Rechtsform. Hierdurch wollen wir zehn Jahre nach der Einführung des EVTZ einen Beitrag leisten zum besseren Verständnis sowohl des Charakters dieses Kooperationsinstruments als auch seiner Anwendungsmöglichkeiten in der grenzüberschreitenden Zusammenarbeit öffentlich-rechtliche Einrichtungen. Aufzeigen wollen wir aber auch, welche Probleme die bisherigen Regelungen aufwerfen, an welcher Stelle eine weitere legislative Überarbeitung der Rechtsgrundlagen auf Unionsebene erforderlich ist und welche Verantwortung den Mitgliedstaaten bei der Durchführung der EVTZ-Verordnung zukommt. Zielgruppe unseres Handbuchs sind daher sowohl interessierte Rechts- und Politikwissenschaftler als auch jetzige und zukünftige Praktiker der grenzüberschreitenden Zusammenarbeit auf kommunaler, regionaler, nationaler und europäischer Ebene.

Die Herausgeber

# Teil 1: Grenzüberschreitende Kooperation in Europa

Die Entwicklung der grenzüberschreitenden Zusammenarbeit nationaler Hoheitsträger aus rechtshistorischer Perspektive

Prof. Dr. Kazimierz Jóskowiak[1]

I. Einleitung

Integrationsprozesse gehören zu den charakteristischsten Erscheinungen im gesellschaftlichen und wirtschaftlichen Leben des modernen Europa. Die Suche nach gemeinsamen Merkmalen, Vereinigungsbewegungen sowie das Streben nach Integration von lokalen und regionalen Gemeinschaften sind die wichtigsten Indikatoren für eine moderne Entwicklung Europas. Sie sind mit der Entwicklung der internationalen Zusammenarbeit und mit der Demokratisierung von Gesellschaften eng verbunden. Die traditionelle intergouvernementale Zusammenarbeit, wird sukzessive durch netzwerkartig-funktionale Verbindungsformen zwischen lokalen und regionalen Gemeinschaften in Form grenzüberschreitender Zusammenarbeit, Gemeinde- und Städtepartnerschaften sowie grenzüberschreitender Zusammenarbeit der Regionen ergänzt. Die internationalen Aktivitäten seitens der lokalen und regionalen Körperschaften spiegeln die wesentlichen Veränderungen des traditionellen Modells internationaler Beziehungen wider.

Diese neue Rolle der regionalen und lokalen Gebietskörperschaften im internationalen Kontext wird durch eine andere, ungewöhnliche charakteristische Erscheinung konstituiert, die die modernen internationalen Beziehungen betrifft. Dies wird vor allem durch die auf dem europäischen Kontinent stattfindenden Integrationsprozesse sichtbar. Die territoriale Selbstverwaltung nimmt an diesen Prozessen teil und ist gleichzeitig ihren Einwirkungen und Ergebnissen ausgesetzt.

In diesem Kontext nimmt die grenzüberschreitende Zusammenarbeit zwischen lokalen und regionalen Gebietskörperschaften einen besonderen Platz in der europäischen Integrationspolitik ein. Grenzüberschreitende Zusammenarbeit zwischen lokalen und regionalen Gebietskörperschaften

---

1 Uczelnia Techniczno-Handlowa im. Heleny Chodkowskiej (Warschau).

in Europa wurde zu einem Bestandteil der europäischen Politik, als die europäischen Institutionen und Organisationen ihren integrierenden Charakter und ihre Bedeutung für den Integrationsprozess erkannten.[2] Die grenzüberschreitende Zusammenarbeit zwischen lokalen und regionalen Gebietskörperschaften berührt mehrere Rechtsebenen: das Völkerrecht, das Staatsrecht, das innerstaatliche öffentlichen bzw. Verwaltungsrecht sowie das nationale und internationale Privatrecht.[3] Ziel dieser Arbeit ist die Analyse der rechtlichen Entwicklungen der regionalen und lokalen grenzüberschreitenden Zusammenarbeit und ihrer rechtlichen Institutionalisierung.

II. Konventionen des Europarats als Rechtsgrundlagen für die dezentrale grenzüberschreitende Zusammenarbeit von örtlichen und regionalen Gebietskörperschaften

1. Madrider Rahmenübereinkommen über die grenzüberschreitende Zusammenarbeit zwischen Gebietskörperschaften

Ein erster Versuch, der grenzüberschreitenden Zusammenarbeit von örtlichen und regionalen Gebietskörperschaften einen rechtlichen Rahmen zu geben, fand 1964 statt. Der durch den Ausschuss für Kommunalfragen im Rahmen des Europarates erarbeitete Entwurf einer „Konvention über die europäische Zusammenarbeit lokaler Gebietskörperschaften" wurde von der Parlamentarischen Versammlung des Europarates angenommen, fand jedoch nicht die erforderliche Zustimmung des Ministerkomitees.[4] Eine neue Initiative wurde 1975 auf Betreiben der Europäischen Kommunalministerkonferenz gestartet, woraufhin das Ministerkomitee den Text des Übereinkommens verabschiedete und auf der Europäischen Kommunalkonferenz am 21. Mai 1980 in Madrid zur Unterzeichnung vorlegte.[5] Die Madrider Konvention wurde recht schnell zur Grundlage für die grenzüberschreitende Zusammenarbeit in Europa ermöglichte eine Erleichterung der erfolgreichen Umsetzung der Ziele der Zusammenarbeit zwischen lokalen und regionalen Gebietskörperschaften in Europa, insbeson-

---

2 Brunn /Schmitt-Egner, S. 8.
3 Ebd. S. 17.
4 *Heberlein*, S. 107.
5 *Bußmann*, S. 51 (BGBl. 1981 II, S. 965 ff.).

dere indem sie einen Beitrag zur Verbesserung und der Entwicklung der Grenzregionen leistet.

Artikel 2 des Madrider Übereinkommens definiert zwei grundsätzliche Funktionen der grenzüberschreitenden Zusammenarbeit: erstens den Austausch von Informationen und die Koordination gemeinsamer Vorhaben sowie zweitens den Abschluss von Vereinbarungen und die rechtliche Regulierung der Zusammenarbeit. Sie ist durch die Rahmenverhältnisse der Gebietskörperschaften determiniert, die vom innerstaatlichen Recht der jeweiligen Vertragsstaaten bestimmt sind. Gebietskörperschaften im Sinne des Rahmenübereinkommens sind Körperschaften, Behörden und Organe, die örtliche und regionale Aufgaben wahrnehmen und die nach dem innerstaatlichen Recht jedes Staates als solche betrachtet werden.

In Form von Anlagen wurden im Übereinkommen die rechtlichen und instrumentalen Muster für den Rahmen der Kooperation von Grenzregionen festgelegt. Die Anlagen haben keinen verbindlichen Charakter, ihr Ziel ist die Erleichterung der Zusammenarbeit zwischen den Gemeinschaften und den territorialen Behörden. Getroffene Übereinkommen und geschlossene Vereinbarungen können sich auf die zur Konvention beigefügten Muster und Entwürfe von grundlegenden Vereinbarungen, Statuten und Verträgen stützen, die der besonderen Situation eines jeden Staates angepasst werden sollten.

Das System der Mustervereinbarungen unterscheidet – je nach Ebene, auf der die Vereinbarung unterzeichnet werden soll – zwei Grundkategorien: Muster für zwischenstaatliche Vereinbarungen hinsichtlich der grenzüberschreitenden Zusammenarbeit auf der regionalen und lokalen Ebene einerseits sowie Grundrisse von Vereinbarungen, Verträgen und Satzungen andererseits, die zwischen den örtlichen Behörden geschlossen werden können.

Das Rahmenübereinkommen sollte als erster, vorsichtiger Schritt auf dem Weg zur rechtlichen Stärkung der dezentralisierten grenzüberschreitenden Zusammenarbeit betrachtet werden.[6] Die Unterzeichnerstaaten werden darin zur Förderung grenzüberschreitender Zusammenarbeit zwischen Gebietskörperschaften verpflichtet. Leider enthält das Madrider Rahmenabkommen selbst keine Rechtsgrundlage für die grenzüberschreitende Zusammenarbeit von Gebietskörperschaften.[7] Es entfaltet nur eine

---

6 *Beyerlin*, S. 121.
7 *Bußmann*, S. 53.

sehr beschränkte völkerrechtliche Bindungswirkung und lässt darüber hinaus konkrete Ermächtigungen zur Schaffung bestimmter qualifizierter Kooperationsinstrumente vermissen. Ungeachtet dessen waren die zwischenstaatlichen Vertragsmodelle wichtige Vorbilder für spätere bi- und multilaterale Dachverträge zur lokalen grenzüberschreitenden Zusammenarbeit.[8]

2. Charta der kommunalen Selbstverwaltung

Das zweite gesamteuropäische Dokument, das eine rechtliche Grundlage von internationaler Dimension für lokale Gebietskörperschaften bildet, ist die am 15. Oktober 1985 vom Europarat verabschiedete Charta der kommunalen Selbstverwaltung.[9] Diese Charta formuliert Standards für die Organisation und Funktionsweise der kommunalen Selbstverwaltung und beinhaltet eine offizielle Anerkennung des Rechts auf Selbstverwaltung auf der Ebene des Völkerrechts. Art. 10 der Charta ist der kommunalen Zusammenarbeit gewidmet. Nach dessen Absatz 1 haben kommunale Gebietskörperschaften bei der Ausübung ihrer Kompetenzen das Recht, mit anderen Gebietskörperschaften zusammenzuarbeiten und im gesetzlichen Rahmen Verbände mit anderen Gebietskörperschaften zu bilden, um Aufgaben von gemeinsamem Interesse zu erfüllen. Art. 10 Abs. 3 der Charta bezieht sich auf die internationale Dimension kommunaler Zusammenarbeit und bestimmt, dass die Gebietskörperschaften berechtigt sind, im Rahmen der vom Gesetz vorgegebenen Bedingungen mit den kommunalen Gebietskörperschaften anderer Staaten zusammenzuarbeiten.

Wenn man es aus dieser Perspektive betrachtet, dann kann man sagen, dass der Verdienst des Rahmenübereinkommens zum einen darin besteht, die in Europa zum damaligen Zeitpunkt bereits vorhandene grenzüberschreitende Initiativen auf lokaler und regionaler Ebene legalisiert zu haben. Zum anderen liegt es in der Verpflichtung der Vertragsstaaten, die grenzüberschreitende Zusammenarbeit zu unterstützen und zu erleichtern, unter anderem auf dem Wege bilateraler Verträge und Vereinbarungen auf zwischenstaatlicher Ebene oder zwischen den Regierungen. In der Europäischen Charta der kommunalen Selbstverwaltung wurde demgegenüber

---

8 Beyerlin, S. 121.
9 Die Europäische Charta der kommunalen Selbstverwaltung vom 15. Oktober 1985 (BGBl. 1987 II, S. 65).

ein europäischer Grundstandard für die grenzüberschreitende Zusammenarbeit der lokalen Gebietskörperschaften vorgegeben. Dieser ist allgemeiner Natur, da er auf das generelle Recht örtlicher Gemeinschaften zur grenzüberschreitenden Zusammenarbeit zielt ohne eine bestimmte Form dieser Zusammenarbeit vorzugeben (grenzüberschreitend oder in Form von Gemeinde- und Städtepartnerschaften).

Im Falle der grenzüberschreitenden Zusammenarbeit „legalisiert" das Madrider Abkommen diese Zusammenarbeit und die Europäische Charta der kommunalen Selbstverwaltung „spricht" von „dem Recht der lokalen Körperschaften" zu internationalen Aktivitäten.

Die rechtliche Bedeutung beider Dokumente besteht unter anderem darin, dass sie, erstens, nach der Ratifizierung durch die Vertragsstaaten internes Recht werden und so eine bestehende Lücke in den Selbstverwaltungsgesetzen der einzelnen Länder ausfüllen. Zweitens bestimmen sie die internationalen Standards der Aktivitäten der lokalen Selbstverwaltungsorgane. Drittens stellen sie wichtige Impulse für die gesetzgebende Gewalt in den einzelnen Staaten (etwa in Polen) dar, um innerstaatliche Normen zu erlassen, die es erlauben, grenzüberschreitende Strukturen sowie andere internationale Verbindungen auf lokaler Ebene als Rechtssubjekte zu betrachten, deren Tätigkeit eine rechtliche Grundlage hat und die Möglichkeit bietet, konkrete Vorhaben zu verwirklichen.[10] Das Madrider Rahmenübereinkommen und die Charta sind daher insgesamt als Fortschritt bei den Bemühungen anzusehen, die grenzüberschreitende Zusammenarbeit lokaler und regionaler Gebietskörperschaften aufzuwerten.

3. Die Protokolle zum Madrider Rahmenübereinkommen

Ein weiterer Schritt, der die völkerrechtliche Regulierung im Bereich der grenzüberschreitenden Zusammenarbeit betraf, war die Annahme der im Rahmen des Europarats erarbeiteten Dokumente, die das Madrider Abkommen ergänzten. Hierbei handelt es sich um das (erste) Zusatzprotokoll vom 9. November 1998[11], das Protokoll Nr. 2 vom 5. Mai 1998[12] und das

---

10 *Jóskowiak*, S. 82.
11 BGBl. 2000 II, S. 1522 ff..
12 Protokoll Nr. 2 zum Europäischen Rahmenübereinkommen über die grenzüberschreitende Zusammenarbeit zwischen Gebietskörperschaften betreffend die interterritoriale Zusammenarbeit vom 5. Mai 1998 (BGBl. II 2002, S. 2537 ff.).

Protokoll Nr. 3 vom 16. November 2009, welches – anders als die beiden in Straßburg unterzeichneten Protokolle – in Utrecht geschlossen wurde. Letzteres ermöglicht u.a. auch die Errichtung des grenzüberschreitenden Rechtsinstruments eines „Verbundes für Euroregionale Zusammenarbeit (VEZ)", dass die grenzüberschreitende und interregionale Zusammenarbeit fördern, unterstützen und entwickeln soll.[13] Die Idee, Zusatzprotokolle zum Madrider Rahmenübereinkommen zu erarbeiten, entstand angesichts der Überzeugung, dass dieser Vertrag selbst viele Mängel besitzt und sich an einigen Stelle durch mehrdeutige Formulierungen auszeichnet.[14] Allerdings ist an dieser Stelle darauf hinzuweisen, dass die Konvention zum damaligen Zeitpunkt wohl kaum geschlossen worden wäre, wenn sie entschiedenere und zur Befolgung zwingende, deutlich definierte Verpflichtungen der Vertragsstaaten enthalten hätte.

a) (Erstes) Zusatzprotokoll

Dem ersten Zusatzprotokoll zum Madrider Rahmenübereinkommen von 1995 gingen schwierige Verhandlungen voraus.[15] Bis zum heutigen Tag haben nur 24 Staaten dieses Protokoll unterzeichnet und die Ratifikationsprozedur erfolgreich durchgeführt. Zahl der Unterzeichnungen ohne Ratifikation 5 Staaten.[16] Hauptziel dieses Protokolls ist die Stärkung der grenzüberschreitenden Zusammenarbeit. Es werden u.a. die Unterzeichnerstaaten verpflichtet, das Recht der Gebietskörperschaften auf Abschluss grenzüberschreitender Vereinbarungen sowie zur Errichtung gemeinsamer Einrichtungen anzuerkennen.

In normativer Hinsicht werden im Protokoll zwei wichtige Fragen geregelt: erstens die Festlegung der rechtlichen Folgen nach dem nationalen Recht im Falle der Rechtsakte, die im Rahmen der grenzüberschreitenden Zusammenarbeit erlassen wurden, sowie zweitens die Festlegung des rechtlichen Status der Organe der Zusammenarbeit, die auf der Grundlage

---

13 Siehe den Text des 3. Zusatzprotokolls.
14 *Mikołajczak*, S. 237.
15 *Beyerlin*, S. 122.
16 Zusatzprotokoll zum Europäischen Rahmenübereinkommen über die grenzüberschreitende Zusammenarbeit zwischen Gebietskörperschaften. Unterschriften und Ratifikationsstand des Vertrags 159 (www.coe.int/de/web/conventions/full-list/-/conventions/treaty/159 - letzter Zugriff am 2.5.2016).

einer grenzüberschreitenden Vereinbarung ins Leben gerufen wurden. Die Vertragsstaaten verpflichten sich *expressis verbis,* das Recht ihrer territorialen Gebietskörperschaften und Behörden zum Abschluss von Vereinbarungen über die grenzüberschreitende Zusammenarbeit mit ihren Pendants im Nachbarland anzuerkennen und zu achten. Die Verantwortung für die Realisierung der Vereinbarung über die grenzüberschreitende Zusammenarbeit liegt ausschließlich bei den Gebietskörperschaften, die jene eingehen. Dies stellt eine wesentliche Modifizierung des Grundsatztextes des Madrider Abkommens dar, das eine solche völkerrechtlichen Verpflichtung nicht enthielt. In Artikel 2 des Protokolls findet sich die bedeutsame Bestimmung, wonach die (auf der Grundlage der abgeschlossenen grenzüberschreitenden Vereinbarung) gemeinsam vorgenommenen Entscheidungen einer Umsetzung in das nationale Rechtssystems der Vertragsparteien unterzogen werden sollen. Die so umgesetzten Entscheidungen sollen im Ergebnis so angesehen werden „als hätten sie dieselbe Rechtskraft und die gleichen rechtlichen Auswirkungen wie Maßnahmen, die von diesen Körperschaften im Rahmen ihrer innerstaatlichen Rechtsordnung getroffen werden."

Art. 3 behandelt den Aufbau von gemeinsamen grenzüberschreitenden Strukturen. Lokale Gebietskörperschaften können – im Rahmen der mit dem Partner abgeschlossenen grenzüberschreitenden Vereinbarung – gemeinsame grenzüberschreitende Organe ins Leben rufen und zwar mit oder ohne eigene Rechtspersönlichkeit. Die Vertragsparteien richten sich bei der Entscheidung über die Art der – öffentlich- oder privatrechtlichen – Rechtsperson nach zwei grundsätzlichen Prämissen: die Art der Aufgaben und Befugnisse, die den ins Leben zu rufenden Organen zugeschrieben werden sollen, sowie die Möglichkeiten, die sich aus den Bestimmungen des nationalen Rechts der beteiligten Partner ergeben.

In Art. 5 des Protokolls wird die Frage nach den grenzüberschreitenden Organen mit einem öffentlich-rechtlichen Status reguliert. Die Befugnisse, die einem öffentlich-rechtlich organisierten Organ eingeräumt werden, dürfen deutlich umfangreicher sein, als im Falle von Strukturen, die keine Rechtspersönlichkeit oder eine solche des Privatrechts aufweisen. Die Seiten einer grenzüberschreitenden Vereinbarung können ein öffentlich-rechtliches Organ der Zusammenarbeit schaffen, soweit es das nationale Recht beider Sitzländer zulässt.

Die grundlegende Funktion des Protokolls sowie die Konsequenzen seines Inkrafttretens bestehen darin, dass Musterlösungen, die bisher in vielen rechtlich unverbindlichen Vertragsvorlagen, Vereinbarungen und Statuten in der Anlage zum Madrider Abkommen verortet waren, in den Rang des Völkerrechts gehoben werden. Dies betrifft im besonderen Maße so wesentliche Fragen wie etwa den Anerkennungsgrundsatz in den Rechtssystemen der Mitgliedstaaten, der rechtsverbindlich die Vereinbarungen und grenzüberschreitende Akte sowie die Rechtspersönlichkeit der Zusammenarbeitsstrukturen. Alles in Allem erweitern die Bestimmungen des Protokolls die Befugnisse der territorialen Organe in der grenzüberschreitenden Zusammenarbeit. Man muss jedoch darauf hinweisen, dass bisher nur eine geringe Anzahl von Staaten dieses Protokoll unterzeichnet und ratifiziert hat.

b) Zweites Zusatzprotokoll

Die internationale Zusammenarbeit der Regionen in rechtlicher Hinsicht fördert auch das Protokoll Nr. 2 aus dem Jahr 1998.[17] Es betrifft die transregionale Zusammenarbeit – verstanden als konzentrierte Tätigkeit, die den Ausbau der Zusammenarbeit zwischen den Selbstverwaltungskörperschaften zweier oder mehrerer Staaten zum Ziel hat – und die sich von der grenzüberschreitenden Zusammenarbeit zwischen aneinander grenzenden Nachbarstaaten unterscheidet. In der Sache erweitert dieses Protokoll die Anwendung des Madrider Abkommens und des (ersten) Zusatzprotokolls *mutatis mutandis* um die transregionale Zusammenarbeit. Leider enthält es keine Bestimmungen, die auf eine besondere Weise die Probleme der transregionalen Zusammenarbeit praktisch regulieren.[18]

c) Drittes Zusatzprotokoll

Einen weiteren Entwicklungsschritt brachte auch das Protokoll Nr. 3 zum Rahmenübereinkommen mit sich.[19] Wie oben schon erwähnt, führte es eine feste Kooperationsstruktur in Form des VEZ ein. In Kraft getreten ist

---

17 Bis zum 18 April 2016 haben 23 Staaten dieses Protokoll unterzeichnet und die Ratifikationsprozedur erfolgreich durchgeführt. 4 Staaten haben Protokoll nur unterzeichnet, (www.coe.int/de/web/conventions/full-list/conventions/treaty/169).
18 Der rechtliche und institutionelle Rahmen der regionalen Partnerschaften, Versammlung der Regionen Europas, Dijon 2003, S. 7.
19 BGBl. II 2012, S. 940 ff.

es am 1.3.2013. Zurzeit gilt es allerdings nur im Verhältnis zwischen Deutschland, Schweiz, Slowenien, Ukraine, Frankreich und Zypern.

III. Bi- und multilaterale Initiativen der Mitgliedstaaten der Europäischen Union im Bereich der rechtlichen Rahmen einer grenzüberschreitenden Zusammenarbeit auf lokaler und regionaler Ebene

Basierend auf dem Madrider Rahmenübereinkommen und seinen Zusatzprotokollen können europäisch-grenzregionale Gebietskörperschaften bi- und multilaterale Abkommen schließen. Auf dieser Grundlage sind u. a. die folgenden vier Abkommen geschlossen worden: das Benelux-Übereinkommen von 1986, das Isselburger Abkommen von 1991, das Karlsruher Übereinkommen von 1996 und das Mainzer Abkommen von 1996.

1. Benelux-Übereinkommen

Übereinkommen zwischen Belgien, den Niederlanden und Luxemburg über grenzüberschreitende Zusammenarbeit zwischen Gebietskörperschaften wurde am 12. September 1986 unterzeichnet.[20] Fünf Jahre nach Unterzeichnung trat es am 1. April 1991 völkerrechtlich in Kraft. In Anlehnung an die Muster 1.4 (Muster einer zwischenstaatlichen Vereinbarung über die vertragliche grenzüberschreitende Zusammenarbeit zwischen örtlichen Behörden) und 1.5 (Muster einer zwischenstaatlichen Vereinbarung über die Organe der grenzüberschreitenden Zusammenarbeit zwischen örtlichen Behörden) im Anhang zum Europäischen Rahmenübereinkommen ermächtigt das Benelux-Übereinkommen die Gebietskörperschaften, Verwaltungsvereinbarungen zu schließen, sowie gemeinsame Organe und öffentlich-rechtliche Verbände zu errichten. Einem öffentlich-rechtlichen Verband mit eigener Rechtspersönlichkeit können die Gebietskörperschaften ihm Regelungs- und Verwaltungskompetenzen zuweisen.[21]

---

20 *Beyerlin*, S. 124; Art. 2 Abs. 2 Benelux-Übereinkommen.
21 Ebd.

2. Isselburger Übereinkommen

Die Bildung von Zweckverbänden und kommunalen Arbeitsgemeinschaften sieht das Abkommen zwischen der Bundesrepublik Deutschland, dem Land Niedersachsen, dem Land Nordrhein-Westfalen und dem Königreich der Niederlande über grenzüberschreitende Zusammenarbeit zwischen Gebietskörperschaften und anderen öffentlichen Stellen vom 23. Mai 1991 vor.[22] Das sog. Isselburger Abkommen will nach seinem Art. 2 Abs. 1 den von seinem Anwendungsbereich erfassten lokalen Akteuren der Vertragsstaaten eine grenzüberschreitende öffentlich-rechtliche Zusammenarbeit in allen Aufgabenbereichen ermöglichen, für die sie nach den jeweils einschlägigen nationalen bzw. Landesgesetzen zuständig sind. Die Zusammenarbeit kann erfolgen durch die Bildung von Zweckverbänden oder kommunaler Arbeitsgemeinschaften sowie durch Abschluss öffentlich-rechtlicher Vereinbarungen.[23]

Der nach dem Abkommen vorgesehene Zweckverband ist eine öffentlich-rechtliche Körperschaft und besitzt Rechtsfähigkeit.[24] Zur Anwendung kommen die innerstaatlichen Vorschriften des Sitzstaates.[25] Weitere Artikel des Abkommen regeln Fragen des Statuts, der inneren Struktur des Verbandes, die Befugnis zum Abschluss öffentlich-rechtlicher Verträge, soweit dies durch das Recht der betreffenden Vertragsstaaten zugelassen ist, und die Aufgaben und Kompetenzen des Aufsichtsrates.

3. Karlsruher Abkommen

Am 23. Januar 1996 unterzeichneten Deutschland, Frankreich, Luxemburg und der Schweizerische Bundesrat, der im Namen der Kantone Solothurn, Basel-Stadt, Basel-Landschaft, Aargau und Jura handelte, in Karlsruhe das Abkommen über die grenzüberschreitende Zusammenarbeit zwischen Gebietskörperschaften und lokalen öffentlichen Stellen.[26] Das sog. Karlsruher Übereinkommen dient der Verwirklichung der Zielsetzung des

---

22 BGBl. 1991, II, S. 842-845.
23 Art. 2 Abs. 2 Isselburger Abkommen.
24 Ebd., Art. 3 Abs. 1 und 2.
25 Ebd., Art. 3 Abs. 3.
26 BGBl. 1997 II, S. 1158. Mehr zum Thema Karlsruher Übereinkommen: *Halmes*.

Europäischen Rahmenübereinkommens im deutsch-französisch-luxemburgisch-schweizerischen Grenzraum.

In Übereinstimmung mit dem Willen der Vertragsstaaten ist das Hauptziel des Karlsruher Übereinkommens, die grenzüberschreitende Zusammenarbeit an der deutsch-französisch-luxemburgisch-schweizerischen Grenze auf eine zuverlässige rechtliche Grundlage zu stellen. Mit dem Übereinkommen wird ein Rahmen für weitergehende Formen der Zusammenarbeit abgesteckt und größere Rechtssicherheit geschaffen. Durch die Einbeziehung der Gebietskörperschaften mit ihren gewählten Vertretungsorganen werden zudem die Transparenz und das demokratische Element der grenzüberschreitenden Zusammenarbeit gestärkt. Auch ist eine deutliche Strukturierung gegeben, denn im Rahmen der Zusammenarbeit können Befugnisse wahrgenommen werden, die nur öffentlich-rechtlichen Körperschaften zustehen, so dass grenzüberschreitend mehr Aufgaben wirkungsvoller erfüllt werden können.

Für die grenzüberschreitende Zusammenarbeit der von dem Abkommen erfassten Gebietskörperschaften und örtlichen öffentlichen Stellen der Vertragsparteien (vgl. Art. 2) schafft das Karlsruher Übereinkommen somit einen sicheren rechtlichen Rahmen. Es enthält Vorschriften über das Eingehen von Kooperationsvereinbarungen (Art. 3 u. 4), die Vergabe öffentlicher Aufträge (Art. 6), die Schaffung von Einrichtungen der grenzüberschreitenden Zusammenarbeit mit und ohne Rechtspersönlichkeit (Art. 8-10), insbesondere sog. grenzüberschreitender örtlicher Zweckverbände (Art. 11-15.

4. Mainzer Abkommen

In demselben Jahr, in dem das Karlsruher Übereinkommen unterzeichnet wurde, schlossen die Länder Nordrhein-Westfalen und Rheinland-Pfalz mit der Wallonischen Region und der Deutschsprachigen Gemeinschaft Belgiens am 8. März 1996 in Mainz das Abkommen über grenzüberschreitende Zusammenarbeit zwischen Gebietskörperschaften und anderen öffentlichen Stellen.[27] Hinsichtlich des Inhalts erinnert das Mainzer Ab-

---

27 Abkommen zwischen dem Land Nordrhein-Westfalen, dem Land Rheinland-Pfalz, der Wallonischen Region und der Deutschsprachigen Gemeinschaft Belgiens über die grenzüberschreitende Zusammenarbeit zwischen Gebietskörperschaften und anderen öffentlichen Stellen (GVNW 1996, S. 255).

kommen in weiten Teilen an das eben dargestellte Isselburger Abkommen.[28]

5. Zwischenergebnis

Mit den vier zuvor beschriebenen Abkommen wurde für die lokale grenzüberschreitende Zusammenarbeit im deutsch-niederländischen-belgischen und luxemburgischen Grenzraum eine klare rechtliche Basis geschaffen. Diese Abkommen haben die Rechtssicherheit für die bereits verwirklichte sowie zukünftige grenzüberschreitender Zusammenarbeit erhöt. Sie sind Belege dafür, dass die grenzüberschreitende Zusammenarbeit lokaler Gebietskörperschaften nicht dem Völkerrecht, sondern einem zunehmend transnationalen öffentlich-rechtlichen Regime untersteht.[29]

IV. Initiativen auf der Ebene der Europäischen Gemeinschaften und der Europäischen Union

Initiativen zur Förderung der grenzüberschreitenden Zusammenarbeit auf lokaler und regionaler Ebene einschließlich ihrer Institutionalisierung wurden auch im Rahmen der Europäischen Gemeinschaften unternommen. Die Idee einer territorialen Einrichtung mit einer grenzübergreifenden Rechtspersönlichkeit kam zum ersten Mal im Zusammenhang mit dem erhöhten Interesse der Europäischen Wirtschaftsgemeinschaft (EWG) an der grenzüberschreitenden Zusammenarbeit örtlicher und regionaler Gemeinschaften auf. Begünstigt wurde dies vor allem durch eine Reform der gemeinschaftlichen Regionalpolitik sowie durch Bestrebungen, die von örtlichen Gemeinschaften und dem Europäischen Parlament (EP) unternommen wurden.

1. Berichte des Europäischen Parlaments

Im Auftrag des EP wurden mehrere Studien zum Thema der grenzüberschreitenden Zusammenarbeit auf lokaler und regionaler Ebene durchge-

---

28 *Beyerlin*, S. 129.
29 Ebd., S. 133.

führt. Besonders bekannt sind die auf solcher Grundlage entstandenen Berichte von Gerląch, Boot und Poetschki. Der Gerlach-Bericht aus dem Jahr 1976 enthielt den Vorschlag, auf Ebene der EU-Regeln für die Errichtung von grenzüberschreitenden Vereinigungen mit Rechtspersönlichkeit zu erlassen, die sog. „Euroverbände" (eng. *Euroassociations*).[30]

Nicht ganz so radikal waren die im Boot-Bericht enthaltenen Vorschläge aus dem Jahr 1983. Zum einen wurde dort der Beitritt der Europäischen Gemeinschaft *in corpore* zum Madrider Rahmenübereinkommen vorgeschlagen. Zum anderen sollten Richtlinien erlassen werden, die die staatlichen Behörden der Mitgliedstaaten zum gegenseitigen Austausch von Informationen und zur Konsultationen hinsichtlich der von ihnen vorgenommenen Tätigkeiten verpflichten sollten, soweit letztere mittelbar und unmittelbar Einfluss auf die Situation der Regionen der einander angrenzenden Mitgliedstaaten haben konnten.[31]

Der Poetschki-Bericht aus dem Jahr 1986 wiederum betrifft die grenzüberschreitende Zusammenarbeit entlang der inneren Grenzen der Gemeinschaft.[32] In diesem Bericht forderte man die Kommission auf, den transregionalen Austausch von Informationen zu fördern, zusammen mit dem Europarat eine Datenbank mit Informationen über und für die grenzüberschreitende Zusammenarbeit zu errichten sowie systematisch Berichte über diese Zusammenarbeit zu erstellen. Beim Auftritt vor dem Plenum des EP erneuerte der Autor dieses Berichts die Kritik am Rat wegen dessen Unfähigkeit zur Verabschiedung eines rechtlichen Rahmens für eine grenzüberschreitende lokale Zusammenarbeit.[33]

Das Gerlach-Konzept wurde im EP unterstützt. Mit Entschließung vom 18. November 1976[34] legt es dem Rat einen Verordnungsentwurf über die Schaffung von grenzüberschreitenden regionalen Vereinigungen (Eurover-

---

30 Bericht des Europäischen Parlaments zur „Grenzüberschreitenden Zusammenarbeit" – *Gerlach*, Dokument Nr. 355/79 z 25.10.1976.
31 *Boot,* Bericht des Europäischen Parlaments zur „Grenzüberschreitenden Zusammenarbeit" vom 20. Februar 1984 (EP Dok. 1-1404/83).
32 *Poetschki*, S. 31.
33 Verhandlungen des Europäischen Parlaments (ABl. Nr. 2-350 vom 10.3.87, S. 35).
34 Entschließung zum Entschließungsantrag über Regionalpolitik der Gemeinschaft bezüglich der Regionen beiderseits der Binnengrenzen der Gemeinschaft (ABl. EG Nr. C 293 von 1976, S. 37).

bände)[35] vor. Hinsichtlich der Rechtsgrundlage verwies das EP auf den damaligen Art. 235 des EG-Gründungsvertrags (später Art. 308 EGV und heute 352 AEUV), der sog. Vertragsabrundungskompetenz.[36] Das EP brachte damit zum Ausdruck, dass diese besondere Vertragskompetenz auch zur Förderung der der grenzüberschreitenden Zusammenarbeit herangezogen werden kann.

Zu den wichtigsten Regelungsgehalten des Entwurfs gehörten: der vertragliche Charakter der Vereinbarungen über die Schaffung von zeitlich begrenzten oder unbegrenzten Euroverbänden; die Mitgliedschaft für lokale oder regionale Gebietskörperschaften oder Subjekte des öffentlichen Rechts zumindest aus zwei verschiedenen Mitgliedstaaten; die Anerkennung von Euroverbänden als Rechtssubjekten des Gemeinschaftsrechts (und nicht des mitgliedstaatlichen Rechts), die Zuerkennung der weitestgehenden Rechts- und Geschäftsfähigkeit für diese Euroverbände in jedem Mitgliedstaat der Gemeinschaft sowie die Ausstattung mit Befugnissen staatlicher Behörden.[37] Die Mitgliedstaaten waren allerdings nicht bereit, so weit gehende Zugeständnisse im Bereich grenzüberschreitender territorialer Zusammenarbeit zuzulassen. Der entscheidende Vorbehalt, der gegenüber dem Konzept der „Euroverbände" formuliert wurde, lautete, dass es hierdurch zur faktischen Aufhebung der formalen Staatsgrenzen kommen würde, mit denen die verschiedenen mitgliedstaatlichen Rechtssysteme voneinander abgegrenzt werden.[38] Im Falle der Euroverbände fand damals das Projekt des EP nicht die erforderliche Unterstützung und verfiel. In Anbetracht der fehlenden Unterstützung seitens der Regierungen der Mitgliedstaaten wie auch mit Blick auf die Angst hinsichtlich der Ratifizierung der Verordnung durch die Parlamente der einzelnen Länder, hatte die EU-Kommission das Projekt dem Rat nicht vorgelegt.[39] Paradoxerweise fand das Konzept der regionalen grenzüberschreitenden Verbände (Euroverbände) sein Finale erst 2006 in der Gestalt europäischer Verbünde für territoriale Zusammenarbeit (EVTZ) – dazu unten mehr.

---

35 Entschließung zum Entschließungsantrag über Regionalpolitik der Gemeinschaft bezüglich der Regionen beiderseits der Binnengrenzen der Gemeinschaft (ABl. EG Nr. C 293 von 1976, S. 41-44).
36 Ebd., S. 40.
37 Entwurf eines Vorschlags für eine Verordnung (EWG) des Rates über die Bildung grenzüberschreitender Regionalverbände (Euroverbände) (ABl. EG Nr. C 293 von 1976, S. 41).
38 *Mikołajczyk*, S. 250.
39 *Bußmann*, S. 62.

Das Aus für die Euroverbände bedeutete jedoch nicht den Verzicht des EP auf weitere Versuche hin zu einer administrativ-rechtlichen Koordination einer grenzüberschreitenden Zusammenarbeit im Rahmen der zur Verfügung stehenden Kompetenzen.

2. Einheitliche Europäische Akte

Von einem neuen Impuls, der die grenzüberschreitende und regionale Zusammenarbeit begünstigte, kann man in Bezug auf die Einheitliche Europäische Akte sprechen.[40] Von besonderer Bedeutung war in diesem Zusammenhang die Einführung grundlegender Vorschriften über die Regionalpolitik in den EWG-Vertrag unter der Überschrift „Wirtschaftlicher und sozialer Zusammenhalt". Die Ankündigung, jegliche Hemmnisse physischer, technischer und tarifärer Natur aufzugeben, diente ohne Zweifel auch der Entwicklung der mitgliedstaatlichen Grenzregionen. Für diese Regionen hatten dies sich aus der Schaffung des Binnenmarktes ergebenden Implikationen einen dreidimensionalen Charakter: ökonomisch, gesellschaftlich und institutionell. Wie es scheint, markierte die Einheitliche Europäische Akte den Beginn für die Ausbildung des zukünftigen Mehrebenensystems der EU: Europäische Union, Mitgliedstaaten, Regionen und Kommunen.[41] In diesem Zusammenhang war die Frage nach der Bestimmung der Koexistenz dieser vier Ebenen sowie die Formulierung gemeinschaftlicher Rechtsgrundsätze einer grenzüberschreitenden Zusammenarbeit lokaler und regionaler Gebietskörperschaften und damit auch ihre rechtliche Ermächtigung im Bereich externer Beziehungen im Rahmen der Europäischen Gemeinschaft ein wichtiges Postulat.

3. Gemeinschaftscharta der Regionalisierung

Der in den 1980er Jahren ansteigende Druck seitens der europäischen Selbstverwaltungsorganisationen (unterstützt vor allem durch den Kongress der Gemeinden und Regionen des Europarats) zugunsten einer größeren Beteiligung territorialer Selbstverwaltungskörperschaften an der ge-

---

40 Vgl. allgemein *Meingast*.
41 *Zimmermann*, S. 45. Vgl. auch Texte von *Beck, Ulrich* und *Zillmer/Lüer/Toptsidou* in diesem Band.

meinschaftlichen Regionalpolitik führte 1988 zur Annahme der Gemeinschaftscharta der Regionalisierung durch das EP in Form einer Entschließung.[42] Sie knüpfte an die vorhergehenden Diskussionen und Erklärungen bezüglich der Förderung gemeinsamer Aktivitäten kommunaler und regionaler Körperschaften bei der Schaffung eines grenzüberschreitenden Europas an.

Die der Entschließung beigefügte Gemeinschaftscharta der Regionalisierung enthält, obwohl sie vor allem der Problematik der Regionen und der Regionalisierung in der Europäischen Gemeinschaft gewidmet ist, einen gesonderten Abschnitt zur grenzüberschreitenden Zusammenarbeit.[43] Danach fördern die Mitgliedstaaten und ihre Regionen die grenzübergreifende Zusammenarbeit auf allen Ebenen und insbesondere zwischen den Regionen gemäß den Leitlinien der Gemeinschaftsinstitutionen.[44]

In Übereinstimmung mit der Charta sollten die Mitgliedstaaten – unter Beachtung ihrer eigenen Rechtsordnungen – eine grenzüberschreitende Zusammenarbeit zwischen den regionalen Behörden unterschiedlicher Mitgliedstaaten in Angelegenheiten, die in den Kompetenzbereich dieser Behörden gehören, ermöglichen und unterstützen.[45] Diese Zusammenarbeit sollte nicht als auswärtige, sondern als nachbarschaftliche bzw. innerstaatliche Beziehungen behandelt werden.[46]

Die Gemeinschaftscharta der Regionalisierung wie auch die Entschließung des EP sind keine rechtlich verbindlichen Akte bezüglich der Regionalpolitik und der Rolle der Regionen, sie haben lediglich Empfehlungscharakter. Positiv gesehen kann man jedoch sagen, dass diese Dokumente

---

42 Entschließung des Europäischen Parlaments zur Regionalpolitik der Gemeinschaft und zur Rolle der Regionen vom November 1988 (ABl. EG Nr. C 326 vom 19.12.1988, S. 289-295).
43 Gemeinschaftscharta der Regionalisierung (ABl. EG Nr. C 326 vom 19.12.1988, S. 299-300).
44 Empfehlung der Kommission (ABl. Nr. L 321 vom 10.11.1981), Entschließungen des Europäischen Parlaments (ABl Nr. C 293 vom 13.12.1976, ABl. Nr. C 140 vom 5.6.1979, ABl. Nr. C 327 vom 15.12.1980, ABl. Nr C 149 vom 14.6.1982, ABl. Nr. C 13 vom 17.1.1983, ABl. Nr. C 127 vom 14.5.1984 und ABl. Nr. C 99 vom 3.4.1987) sowie Artikel 11.2.f. und 13 EFRE-Verordnung (EWG) Nr. 1784/884 vom 19.6.1984 (ABl. Nr. L 169 vom 28. 6. 1984)
45 Art. 23 Abs. 1 der Gemeinschaftscharta der Regionalisierung (ABl. EG Nr. C 326 von 1988, S. 299).
46 Art. 23 Abs. 3 der Gemeinschaftscharta der Regionalisierung (ABl. EG Nr. C 326 von 1988, S. 299).

trotz der erwähnten Nachteile gewisse Standards des erwünschten Vorgehens der Mitgliedstaaten in Bezug auf die Zusammenarbeit von grenzüberschreitenden Regionen und lokalen Körperschaften formulierten.[47]

4. Weitere Entschließungen des Europäischen Parlaments

Offen blieb jedoch weiterhin die Frage nach der Festlegung eines verbindlichen Rechtsrahmens auf Gemeinschaftsebene für die Vereinfachung der grenzüberschreitenden Zusammenarbeit zwischen lokalen und regionalen Gebietskörperschaften. Darauf wies das EP in späteren Entschließungen hin: am 3. Mai 1994 im Zusammenhang mit der Gemeinschaftsinitiative INTERREG II[48] sowie am 16. Mai 1997 betreffend die grenzüberschreitende und interregionale Zusammenarbeit.[49] In der erstgenannten Entschließung bekräftigte das EP erneut den weitgehenden Mangel an Rechtsvorschriften zur Erleichterung der grenzüberschreitenden Zusammenarbeit.[50] In der zweitgenannten Entschließung empfahl das EP den Mitgliedstaaten, die Zusammenarbeit voranzutreiben und dazu beizutragen, dass die nationalen bürokratischen und emotionalen Hindernisse für grenzüberschreitende und interregionale Zusammenarbeit beseitigt werden, insbesondere diejenigen, die in bi- oder multilateralen Abkommen festgehalten sind. Ferner sollte ein für die Staaten der Europäischen Union verbindlicher gemeinsamer Rahmen für die Zusammenarbeit geschaffen werden.[51]

Die Initiativen des Europaparlaments hinsichtlich der Schaffung rechtlich verbindlicher Rahmenwerkzeuge für die grenzüberschreitende und transregionale Zusammenarbeit in der Gemeinschaft hatten jedoch nur einen postulierenden Charakter. Das war vor allem eine sich aus der Position des EP im Prozess der Entscheidungsfindung innerhalb der Europä-

---

47 *Bußmann*, S. 63.
48 Entschließung zu dem Entwurf einer Mitteilung der Kommission an die Mitgliedstaaten über die Leitlinien für die von ihnen aufzustellenden Operationellen Programme im Rahmen einer Gemeinschaftsinitiative für grenzübergreifende Zusammenarbeit und ausgewählte Energienetze (INTERREG II) (ABl. EG Nr. C 205 von 1994, S. 116).
49 Entschließung vom 16. Mai 1997 des Europäischen Parlaments zur grenzüberschreitenden und interregionalen Zusammenarbeit (ABl. EG Nr. C 167 von 1997, S. 245).
50 Pkt. 10 der Resolution INTERREG II (ABl. EG 1994 Nr. C 205).
51 Pkt. 30 (ABl. EG 1997 Nr. C 167).

ischen Gemeinschaft und Europäischen Union ergebende Konsequenz. Bis heute verfügt das EP grundsätzlich über kein Initiativrecht hinsichtlich des EU-Rechtssetzungsverfahrens. Sie kann die insoweit mit dem Initiativmonopol ausgestattete Kommission lediglich auffordern, tätig zu werden.[52]

5. Positionen der Kommission und des Rates

Im Gegensatz zur Haltung und Aktivität des EP vertraten die Kommission und der Rat im gleichen Zeitraum eine eher konservative Position. Die Kommission beharrte auf dem Standpunkt, dass es nicht die Aufgabe der Europäischen Gemeinschaft sei, rechtliche Instrumente für eine grenzüberschreitenden Zusammenarbeit zwischen lokalen und regionalen Gebietskörperschaften der Mitgliedstaaten auszuarbeiten; die Organisation einer territorialen Zusammenarbeit sei vielmehr eine innere Angelegenheit der Mitgliedstaaten und hänge von ihren verwaltungsrechtlichen Systemen ab.[53] Der Rat beschäftigte sich mit der grenzüberschreitenden Zusammenarbeit nur im Zusammenhang mit dem Europäischen Fonds für regionale Entwicklung (EFRE) und der Koordination der regionalen Entwicklung in Europa. In der EFRE-Verordnung des Rats vom 19. Juni 1984 fand sich in Art. 2 Abs. 3 der folgende Wortlaut: „Was die Grenzgebiete betrifft, so bemühen sich die betreffenden Mitgliedstaaten, im Rahmen ihrer bilateralen Beziehungen eine grenzüberschreitende Koordinierung der regionalen Entwicklung mit den Mitteln und auf den Ebenen durchzuführen, die sie im gegenseitigen Einvernehmen für angemessen halten, sowie in diesem Zusammenhang die Zusammenarbeit zwischen den betreffenden regionalen und lokalen Stellen zu fördern".[54] Trotz des ohnehin ausschließlich postulierenden Charakters, der keinen Einfluss auf die Bestimmungen über rechtliche Rahmenvereinbarungen einer grenzüberschreitenden Zusammenarbeit hatte, wurde dieser Passus später aufgehoben und in den Folgerechtsakten nicht wieder aufgenommen.[55]

---

52 Kohler-Koch/Conzelman/Knodt, S. 117.
53 *Bußmann*, S. 66.
54 Verordnung (EWG) Nr. 1787/84 des Rates vom 19. Juni 1984 betreffend den Europäischen Fonds für regionale Entwicklung (ABl. EG Nr. L 169 von 1984, S. 1).
55 *Bußmann*, S. 67.

6. Die Europäische wirtschaftliche Interessensvereinigung als alternative Rechtsform

Die Schwierigkeiten bei der Festlegung eines gemeinschaftsweiten Rechtsrahmen für die grenzüberschreitenden Zusammenarbeit zwischen Gebietskörperschaften hinderten die damalige Europäische Gemeinschaft jedoch nicht dabei, die grenzüberschreitende Zusammenarbeit zwischen anderen, vor allem privaten Rechtssubjekten in institutioneller Hinsicht zu fördern. Ein Beispiel hierfür ist die Europäische wirtschaftliche Interessenvereinigung (EWIV). Die Kommission legte dem Rat einen ersten Verordnungsentwurf bereits am 21. Dezember 1973 vor[56] und einen zweiten, verbesserten Entwurf am 12. April 1978.[57] Beide Vorschläge sahen die Möglichkeit vor eine Europäische Kooperationsvereinigung (EKV) zu errichten. Schlussendlich erließ der Rat am 1. Juli 1985 die Verordnung über die Schaffung von europäischen wirtschaftlichen Interessenvereinigungen.[58] Interessant ist hierbei der ungewöhnlich lange Zeitraum zwischen den Vorschlägen der Kommission und der Verabschiedung des erwähnten Rechtsaktes durch den Rat.[59]

Gemäß Art. 3 der Verordnung soll die Rechtsform EWIV die grenzüberschreitenden wirtschaftlichen Aktivitäten seiner Mitglieder erleichtern oder entwickeln sowie die Ergebnisse dieser Tätigkeit verbessern oder steigern.

Mitglieder einer EWIV können nach den in Art. 4 Abs. 1 näher aufgeführten Voraussetzungen entweder Gesellschaften oder sonstige juristische Personen des öffentlichen oder privaten Rechts sowie natürliche Personen sein, die einer Erwerbstätigkeit nachgehen. Bestehen muss eine EWIV nach Art. 4 Abs. 2 aus mindestens zwei dieser Mitglieder, wobei deren Hauptverwaltung bzw. -tätigkeit in jeweils verschiedenen Mitgliedstaaten liegen bzw. ausgeübt werden muss.

---

56 Vorschlag einer Verordnung (EWG) des Rates über die Europäische Kooperationsvereinigung (EKV) (ABl. Nr. C 14 vom 15.2.1974, S. 30).
57 Geänderter Vorschlag einer Verordnung des Rates über die Europäische Kooperationsvereinigung (EKV) (ABl. Nr. C 103 vom 28.4.1978, S. 4).
58 Verordnung (EWG) Nr. **2137/85** des Rates vom 25. Juli 1985 über die Schaffung einer Europäischen Wirtschaftlichen Interessenvereinigung (EWIV) (ABl. Nr. L 199 vom 31.7.1985).
59 Mehr zum Thema EWIV *Möller*.

Aufgrund dieser Vorgaben stellt die EWIV eine nützliche Form für eine grenzüberschreitende und transregionale Zusammenarbeit von öffentlichen und privaten Partnern dar (z.B. Handels- und Wirtschaftskammern, Unternehmen, gesellschaftliche Organisationen und natürliche Personen auf der einen und territorialen Behörden auf der anderen Seite). Unter anderem deswegen hat die Kommission in ihren Richtlinien hinsichtlich der Realisierung der Gemeinschaftsinitiative INTERREG den territorialen Behörden der Mitgliedstaaten die Nutzung dieser Form der Zusammenarbeit in Fällen empfohlen, in der das nationale Recht die Möglichkeit einer grenzüberschreitenden Zusammenarbeit in öffentlich-rechtlichen Formen nicht vorsieht.[60] In der Mitteilung heißt es wörtlich: *„Da eine EWIV aus mindestens zwei Partnern aus unterschiedlichen Mitgliedstaaten bestehen muss [...], verfügt sie automatisch über einen grenzüberschreitenden Charakter und stellt schon für sich genommen ein ‚Konsortium' dar. EWIV haben daher in jedem Fall das Recht, sich um die Teilnahme an Gemeinschaftsprogrammen zu bewerben, auch dann, wenn die Beteiligung von Rechtssubjekten verschiedener Mitgliedstaaten gefordert wird."*[61]

V. Der nächste Integrationsschritt auf Ebene der EU: Europäischer Verbund für territoriale Zusammenarbeit (EVTZ)

Die oben dargestellten Ansätze für die Verrechtlichung und Institutionalisierung der territorialen grenzüberschreitenden Zusammenarbeit haben bis dato keinen allgemeinen Charakter. Ein Schritt in diese Richtung könnte das auf EU-Ebene geschaffene Instrument des Europäischen Verbundes für territoriale Zusammenarbeit (EVTZ) sein.[62]

Auf die Notwendigkeit einer derartigen Institutionalisierung der territorialen Dimension der EU-Kohäsionspolitik, wies die Kommission bereits in ihrem am 18. Februar 2004 verabschiedeten *Dritten Bericht über den wirtschaftlichen und sozialen Zusammenhalt* hin.[63] Sie stellte darin fest,

---

60 Mitteilung der Kommission, Beteiligung von Europäischen Wirtschaftlichen Interessenvereinigungen (EWIV) an öffentlichen Aufträgen und öffentlich finanzierten Programmen (ABl. EG Nr. C 285/10 vom 20.9.1997, S. 22).
61 Ebd.
62 Mehr dazu in *Pechstein/ Deja*, S. 362.
63 Eine neue Partnerschaft für die Kohäsion. Konvergenz Wettbewerbsfähigkeit Kooperation. Dritter Bericht über den wirtschaftlichen und sozialen Zusammenhalt, S. XXXI, ec.europa.eu/regional_policy.

dass die grenzübergreifende Zusammenarbeit im Prinzip alle Regionen (Ebene NUTS III) entlang der Außen- und Binnengrenzen (Land- und Küstengrenzen) betreffen würde. Benachbarten Gebietskörperschaften könne geholfen werden, gemeinsame Probleme gemeinsam zu lösen. In diesem Zusammenhang kündigte sie an, ein neues Rechtsinstrument in Form einer europäischen Kooperationsstruktur („Grenzübergreifende Regionalbehörde") zu schaffen, das den Mitgliedstaaten, Regionen und Kommunalbehörden ermöglichen soll, sowohl im Rahmen von Gemeinschaftsprogrammen als auch außerhalb die üblichen administrativen und Rechtsprobleme bei der Verwaltung von grenzübergreifenden Programmen und Vorhaben zu bewältigen. Dieser neuen Rechtsstruktur sollte die Kompetenz zur Durchführung von Kooperationsmaßnahmen im Namen der einzelstaatlichen Behörden übertragen werden.[64]

Es ging darum, von der bisherigen Formel des parallelen Zusammenwirkens autonomer nationaler juristischer Person der Subjekte einer grenzüberschreitenden Zusammenarbeit abzurücken, was in den Mehrzahl der Euroregionen in Europa der Fall ist.[65]

In der Begründung des Kommissionsberichts wurde hinsichtlich des Projektes des die territoriale Zusammenarbeit betreffenden Rechtsaktes hervorgehoben, dass *„die harmonische Entwicklung des gesamten Gemeinschaftsgebietes und die Stärkung des wirtschaftlichen, sozialen und territorialen Zusammenhaltes die Verstärkung der grenzüberschreitenden Zusammenarbeit und die Annahme von Maßnahmen [implizieren], die für die Verbesserung der Bedingungen zur Umsetzung der grenzüberschreitenden Zusammenarbeit notwendig sind".*[66] In diesem Zusammenhang vertrat die Kommission den Standpunkt: *„Um die Hindernisse zu überwinden, die die grenzüberschreitende Zusammenarbeit beeinträchtigen, ist es notwendig, ein Instrument der Zusammenarbeit auf gemeinschaftlicher Ebene einzuführen, welches auf dem Territorium der Gemeinschaft erlaubt, gemeinsame Verbünde mit einer eigenen Rechtspersönlichkeit unter der Bezeichnung ‚Europäischer Verbund für grenzüberschreitende Zusammenarbeit' (EVGZ) zu gründen".*[67]

---

64 Ebd.
65 Vgl. dazu auch der Beitrag von *Engl* in diesem Band.
66 Vorschlag für eine Verordnung des Europäischen Parlaments und des Rates bezüglich der Schaffung eines Europäischen Verbunds für grenzüberschreitende Zusammenarbeit, KOM (2004) 496 endgültig – 2004/0168 (COD), S. 2.
67 Ebd.

Im anschließenden Rechtssetzungsverfahren wurde die ursprüngliche Kommissionsbezeichnung für das Rechtsinstrument geändert. Insbesondere das EP vertrat die Ansicht, dass die Bezeichnung „Europäischer Verbund für territoriale Zusammenarbeit (EVTZ)" geeigneter wäre, um auch geografisch weiterreichende Dimension der Zusammenarbeit zu erfassen, also nicht nur örtlich grenzüberschreitende, sondern auch die transnationale und interregionale Zusammenarbeit.

Der Punkt, der die größte Kontroverse nach sich zog, war die Frage nach den Folgen des vorgeschlagenen rechtlichen Instrumentariums für die bestehenden Formen der transregionalen sowie grenzüberschreitenden Zusammenarbeit, die ihre Grundlage in den völkerrechtlichen Instrumenten des Europarates hatten. Insoweit überzeugten die Kommission, das EP und der Rat im Laufe des Rechtssetzungsverfahrens, dass die Einführung des EVTZ nicht zum Ziel hat, die im Rahmen des Europarates bereitgestellten Rechtsformen der Zusammenarbeit zu umgehen und auch nicht bezweckt *„eine Sammlung von besonderen gemeinsamen Regeln zu schaffen, denen alle Arten von diesem Typ Vereinbarungen in der gesamten Union unterliegen würden"*.[68] Man wies darauf hin, dass ein Tätigwerden auf Gemeinschaftsebene notwendig sei, um den nächsten Schritt auf dem Wege zu einer harmonischen Entwicklung des gesamten Territoriums der Europäischen Union über den wirtschaftlichen, gesellschaftlichen und territorialen Zusammenhalt tätigen zu können.[69]

Hinsichtlich der Rechtsform entschied man sich für eine Verordnung, d.h. eines rechtlich verbindlichen Sekundärrechtsaktes.[70] Entsprechend dem heutigen Art. 288 Abs. 2 AEUV hat *„die Verordnung [...] allgemeine Geltung. Sie ist in allen ihren Teilen verbindlich und gilt unmittelbar in jedem Mitgliedstaat"*.[71] Eine solche Verordnung kann durch ein Mitgliedstaat nicht verändert werden und ersetzt in dem entsprechenden regulierten Bereich das innerstaatliche Recht. Die Verordnung ist nämlich ein Instrument zur Vereinheitlichung des Rechtssystems der Europäischen Union.

---

68 Verordnung (EG) Nr. 1082/2006 des Europäischen Parlaments und des Rates vom 5. Juli 2006 über den Europäischen Verbund für territoriale Zusammenarbeit (EVTZ), punkt 5, ABl. EU vom 31.7.2004 L 210.
69 Ebd.
70 Kohler-Koch/Conzelman/Knodt, S. 127.
71 Konsolidierte Fassung der Vertrags über die Europäische Union und des Vertrags zur Gründung der Europäischen Gemeinschaft (ABl. EU vom 29.12.2006 C 391 E/153).

Mit der Wahl dieser Form des Rechtsaktes unterstrich die Europäische Union zugleich, dass der EVTZ eine europäische Rechtspersönlichkeit besitzen, also hinsichtlich seiner Rechtssubjektivität von seinen Mitgliedern unabhängig sein soll.

Als Rechtsgrundlage für die Schaffung des neuen Rechtsinstrumentes wurde der damalige EG-Vertrag genutzt. Der damalige Art. 159 Abs. 3 EGV (heute Art. 175 Abs. 3 AEUV) sah vor, dass spezifische Aktionen außerhalb der europäischen Strukturfonds festgelegt werden können, die im ersten Absatz dieses Artikels angeführt sind, um die im Vertrag vorgesehene Zielsetzung des wirtschaftlichen und sozialen Zusammenhaltes zu verwirklichen. In Anlehnung an den Vorschlag der Kommission, unter Berücksichtigung der Stellungnahmen des Wirtschafts- und Sozialausschusses und des AdR nahmen das EP und der Rat am 5. Juli 2006 schließlich die Verordnung (EG) Nr. 1082/2006 hinsichtlich des Europäischen Verbundes für territoriale Zusammenarbeit an.[72]

Sieben Jahre später, am 17. Dezember 2013, wurde die EVTZ-VO erstmals geändert.[73] Die beteiligten Organe verfolgten mir der Reform das Ziel, den Prozess der Bildung eines EVTZ und seiner Funktionsweise zu präzisieren, zu vereinfachen und zu verbessern.[74] Erneut bildete Art. 175 Abs. 3 AEUV die Rechtsgrundlage, diesmal für die Fortentwicklung des EVTZ. Im Novellierungsprozess ging es vor allem darum, die Barrieren bei der Schaffung neuer Europäischer Verbünde für territoriale Zusammenarbeit zu beseitigen, bei gleichzeitiger Aufrechterhaltung der grundsätzlichen konstitutiven Vorschriften, die die Kontinuität und Vereinfachung in der Funktionsweise der bestehenden Verbunde garantieren.[75] Unabhängig davon wurde am 13. Dezember 2007 der Vertrag von Lissabon angenommen, der den Vertrag über die Europäische Union und den Ver-

---

72 Verordnung (EG) Nr. 1082/2006 des Europäischen Parlaments und des Rates vom 5. Juli 2006 über den Europäischen Verbund für territoriale Zusammenarbeit (EVTZ) (ABl. EU vom 31.7.2004 L 210).
73 Verordnung (EU) Nr. 1302/2013 des Europäischen Parlaments und des Rates vom 17.12.2013 zur Änderung der VO (EG) Nr. 1082/2006 über den Europäischen Verbund für territoriale Zusammenarbeit (EVTZ) im Hinblick auf Präzisierungen, Vereinfachungen und Verbesserungen im Zusammenhang mit der Gründung und Arbeitsweise solcher Verbunde (ABl. EU vom 20.12.2013 Nr. L 347, S. 303).
74 Siehe zur Reform *Krzymuski/Kubicki*, NVwZ 2014, S. 1338 ff.
75 Bericht der Kommission an das Europäische Parlament und den Rat: Anwendung der Verordnung (EG) Nr. 1082/2006 über den Europäischen Verbund für territoriale Zusammenarbeit (EVTZ), EU KOM (2011) 462 endgültig, S. 12.

trag zur Gründung der Europäischen Gemeinschaft modifizierte. Er reformierte tiefgreifend das System der Union – unter anderem „ersetzte" er die Europäische Gemeinschaft, indem die EU ihre „rechtliche Nachfolgerin" wurde. Im hiesigen Kontext war zudem von Bedeutung, dass die europäische Kohäsionspolitik ausdrücklich um die territoriale Dimension ergänzt wurde. Diese Veränderungen mussten natürlich ihren Niederschlag in der Reform der EVTZ-Verordnung im Jahre 2013 finden.

VI. Schlussfolgerungen

Die grenzüberschreitende Zusammenarbeit zwischen lokalen und regionalen Gebietskörperschaften nimmt einen besonderen Platz in der europäischen Integrationspolitik ein. Grenzüberschreitende Zusammenarbeit zwischen lokalen und regionalen Gebietskörperschaften in Europa wurde zu einem Bestandteil der europäischen Politik, als die europäischen Institutionen und Organisationen ihren integrierenden Charakter und ihre Bedeutung für den Integrationsprozess erkannten.

Eine besonders wichtige Herausforderung für die europäischen Organisationen und Institutionen war es, der grenzüberschreitenden Zusammenarbeit von örtlichen und regionalen Gebietskörperschaften einen rechtlichen Rahmen zu geben. Mit dem Europäischen Rahmenübereinkommen über die grenzüberschreitende Zusammenarbeit zwischen Gebietskörperschaften wandte sich der Europarat dieser Thematik verstärkt zu.

Im Gegensatz zum Europarat, dessen satzungsgemäßes Ziel unter anderem die Entwicklung der grenzüberschreitenden Zusammenarbeit zwischen territorialen Gebietskörperschaften und Behörden ist, hat die damalige Europäische Gemeinschaft das Thema der grenzüberschreitenden Zusammenarbeit erst im Zusammenhang mit der Regionalpolitik für sich entdeckt. In dieser Hinsicht war besonders das EP aktiv. Aufgrund der bei der Rechtsetzung begrenzten Befugnisse des Parlaments konnten seine Initiativen zur Bildung eines verbindlichen Rechtsrahmens für die grenzüberschreitende Zusammenarbeit lediglich den Charakter von Absichtserklärungen aufweisen. Lange Zeit wurden sie von Seiten der Kommission und des Rates nicht aufgegriffen. Eingeführt wurden lediglich Teillösungen, zunächst in Form der Verordnung über die Errichtung der EWIV aus dem Jahre 1985. Diese Rechtsform richtet sich jedoch vor allem an Unternehmen, Mitglieder der Vereinigung können aber auch Subjekte des öffentlichen Rechts sein. Dies wird dadurch ermöglicht, dass die Legitimität der grenzüberschreitenden Strukturen auf dem Privatrecht basiert.

Einen gezielten Schritt zur Ertüchtigung der grenzüberschreitenden Zusammenarbeit öffentlicher Einrichtungen stellt die erlassene EU-Verordnung über den EVTZ dar. Sie richtet sich nicht nur an lokale Gebietskörperschaften, beschränkt jedoch den thematischen Umfang der Aufgaben zukünftiger Gruppierungen.

Die Schwierigkeiten bei der Herausbildung internationaler Rechtsgrundlage für die grenzüberschreitende Zusammenarbeit örtlicher Gebietskörperschaften wirft die Frage nach der Ursache jenes Umstandes hervor. Die grenzüberschreitende Zusammenarbeit steht dem Wesen nach mit folgenden Rechtsebenen im Verhältnis: dem Völkerrecht, dem Staatsrecht, dem innerstaatlichen Öffentlichen bzw. Verwaltungsrecht, dem nationalen und internationalen Privatrecht. Eines der größten Probleme bei der Schaffung eines rechtlichen Rahmens ist die Konstruktion einer Rechtspersönlichkeit, die auf beiden Seiten der Grenze Gültigkeit besitzt.

Abstract

The cross-border cooperation between local and regional authorities occupies a special place in the European integration policy. Cross-border cooperation between local and regional authorities in Europe has become a part of European policy, as the European institutions and organizations realized their integrating character and their importance for the integration.

A particularly important challenge for the European organizations and institutions was to provide a legal framework to the cross-border cooperation between local and regional authorities. The European Outline Convention on Transfrontier Co-operation between Territorial Communities or Authorities launched by the Council of Europe was a consequence of this subject.

Unlike the Council of Europe, whose statutory objective is, among others, the development of cross-border cooperation between local and regional authorities and agencies, the then European Community perceived the issue of cross-border cooperation only in the context of regional policy. In this regard, particularly the European Parliament was active. Due to the limited lawmaking powers of the Parliament, its initiatives to form a legal framework for cross-border cooperation could only have had the nature of declarations of intent. For a long time, they were not picked by the

Commission and the Council. Only partial solutions, initially in the form of the Regulation on the establishment of the European Economic Interest Grouping in 1985, were introduced. However, this form is primarily aimed at companies, members of the association can also be subjects of public law. This is possible due to the fact that the legitimacy of cross-border structures is based on private law.

A specific step to upgrade the cross-border cooperation of public institutions has been taken by the introduction of the Regulation on the establishment of European Groupings of Territorial Cooperation. It is not only aimed at local authorities, but also limits the thematic scope of the tasks of future groupings.

The difficulties in the development of an international legal basis for cross-border cooperation of local authorities raises the question about the cause of that fact. The cross-border cooperation stands essentially in relationship with the following areas: international law, constitutional law, national public and administrative law, national and international private law. One of the biggest problems in the creation of a legal framework is the construction of a legal entity which retains validity on both sides of the border.

Literaturverzeichnis

Beyerlin Ulrich, *Neue rechtliche Entwicklungen der regionalen und grenzüberschreitenden lokalen Zusammenarbeit* in: Gerhard Brunn, Peter Schmitt-Egner (Hrsg.), Grenzüberschreitende Zusammenarbeit in Europa, Nomos Verlagsgesellschaft, Baden-Baden 1998.

Brunn Gerhard, Schmitt-Egner Peter, *Die grenzüberschreitende Zusammenarbeit von Regionen in Europa als Feld der Integrationspolitik und Gegenstand der Forschung* in: Gerhard Brunn, Peter Schmitt-Egner (Hrsg.), Grenzüberschreitende Zusammenarbeit in Europa, Nomos Verlagsgesellschaft, Baden-Baden 1998.

Bußmann Anette, *Die dezentrale grenzüberschreitende Zusammenarbeit mit Deutschlands Nachbarländern Frankreich und Polen,* Nomos Verlagsgesellschaft, Baden-Baden 2005.

Heberlein Horst Christoph, *Grenznachbarschaftliche Zusammenarbeit auf kommunaler Basis,* DÖV 1996, S. 100 ff.

Gregor Halmes, *Das Karlsruher Übereinkommen und seine bisherige Umsetzung* in: Europäisches Zentrum für Föderalismusforschung Tübingen, Jahrbuch des Föderalismus 2000.

Jóskowiak Kazimierz, *Samorząd terytorialny w procesie integracji europejskiej. Polskie doświadczenia i wnioski*, Wydawnictwo Uniwersytetu Śląskiego, Katowice 2008.

Kohler-Koch Beate, Conzelman Thomas, Knodt Michèle, *Europäische Integration – Europäisches Regieren*, VS Verlag für Sozialwissenschaften, Wiesbaden 2004.

Krzymuski Marcin, Kubicki Philipp, *EVTZ-2.0 – Neue Chance für die grenzübergreifende Zusammenarbeit öffentlicher Einrichtungen?* NvWZ 2014, S. 1388-1344.

Meingast Stefan, *Der Weg zur Einheitlichen Europäischen Akte*. Taschenbuch, GRIN Verlag 2013.

Mikołajczak A., *Regiony transgraniczne i współpraca transgraniczna* in: Z. Brodecki (Hrsg.), Regiony, Wyd. LexisNexis, Warszawa 2005.

Möller Daniela, *Die Europäische Wirtschafts-und Interessenvereinigung (EWIV)*, GRIN Verlag GmbH, 2003.

Olbrycht Jan, *Europejskie Ugrupowanie Współpracy Terytorialnej – nowy instrument dla budowania współpracy terytorialnej*, „Rozwój regionalny w Małopolsce" Nr. 1-2/2006, S. 2 ff.

Pechstein Matthias, Deja Michał, *Was ist und wie funktioniert ein EVTZ?* Europarecht 3/2011, S. 362 ff.

Zimmermann Uwe, *Die Europäische Verfassung – Eine Bilanz aus kommunaler Perspektive* in: Ulrich von Alemann, Claudia Münch (Hrsg.), Europafähigkeit der Kommunen. Die lokale Ebene in der Europäischen Union, VS Verlag für Sozialwissenschaften, Wiesbaden 2006.

Europaregionen und EVTZ: Konkurrenz oder Komplementarität?

Dr. Alice Engl[1]

I. Einleitung

Die Grundidee einer Europaregion besteht in der Dekonstruktion von Grenzen. Die grenzüberschreitende Zusammenarbeit im Rahmen einer Europaregion soll staatliche, politische, wirtschaftliche, soziale oder auch kulturelle Grenzen überbrücken, je nachdem, wo ihr konkreter Zweck liegt. Grundsätzlich kann eine Europaregion als grenzüberschreitende Institution mit oder ohne Rechtspersönlichkeit definiert werden, die mit dem Einverständnis der jeweiligen staatlichen Regierungen oder Parlamente errichtet wird und die zwischen lokalen und regionalen Gebietskörperschaften grenzüberschreitende Beziehungen herstellt.[2] Somit bietet sie einen Rahmen für eine mehr oder weniger institutionalisierte Zusammenarbeit zwischen Gebietskörperschaften aus unterschiedlichen Staaten[3] und macht Grenzregionen zu einem speziellen Raum des sozialen, kulturellen, wirtschaftlichen und politischen Austauschs, wo sich Art und Intensität der Transaktionen mit der Zeit entwickeln.[4]

Die Vorläufer der ersten Europaregion gehen auf die 1950er Jahre zurück, als einige Städte und Gemeinden an der deutsch-niederländischen Grenze erste Initiativen ergriffen, um ihre Zusammenarbeit über die Grenze hinweg zu vertiefen. Zunächst wurde diese Zusammenarbeit über informelle kommunale Zusammenschlüsse organisiert, die im Jahre 1967 in der Gründung der EUREGIO-Arbeitsgruppe mündeten.[5] Weitere Institutionalisierungsschritte folgten mit der Errichtung einer hauptamtlichen, vollzeitbesetzten Geschäftsstelle (1971) und der Schaffung des EUREGIO-Rates (1978) und seit 1999 ist die EUREGIO als eingetragener Verein

---

1 European Academy Bozen/Bolzano.
2 *Ricq*, S. 29.
3 Vgl. *Perkmann*, Cross-border Regions in Europe.
4 *De Sousa*, S. 669–687; *Malloy*, S. 335-351; Blatter, S. 530–548; *Perkmann/Sum*.
5 *Engl*, Zusammenhalt und Vielfalt in Europas Grenzregionen, S. 23-24.

(e.V.) eine Rechtsperson nach deutschem Privatrecht.[6] Heute zählen zur EUREGIO insgesamt 129 Städte, Gemeinden und (Land)kreise, die sich auf die Länder Niedersachsen und Nordrhein-Westfalen in Deutschland und auf die niederländischen Provinzen Gelderland, Overijssel und Drenthe erstrecken.

Mit der Gründung der EUREGIO haben die beteiligten lokalen Gebietskörperschaften ein Beispiel für die grenzüberschreitende Zusammenarbeit gesetzt, das anderen Akteuren als Modell diente und sich in den folgenden Jahrzehnten in Form weiterer Europaregionen auf ganz Europa ausdehnte.[7] Der folgende Beitrag zeigt Perspektiven, Rechtsstatus und Zweck von Europaregionen auf und erörtert, inwiefern der Europäische Verbund für territoriale Zusammenarbeit (EVTZ) als Rechtsinstrument zur Organisation einer Europaregion dienen kann.

II. Perspektiven und Barrieren der grenzüberschreitenden Zusammenarbeit in einer Europaregion

Europaregionen werden gegründet, um grenzüberschreitende Beziehungen auszubauen. Diese Beziehungen beschränken sich keineswegs nur auf die politische Ebene, sondern können auch wirtschaftliche, soziale und kulturelle Dimensionen aufweisen. Formell bzw. staatsrechtlich getrennte Gebietskörperschaften können über Europaregionen ihre Verbindungen stärken und einen sub-staatlichen Integrationsprozess auf regionaler und lokaler Ebene in Gang setzen, wobei Integration ganz allgemein als ein zunehmender materieller und formeller Austausch betrachtet wird.

Grundsätzlich setzt sich ein derartiger lokaler bzw. regionaler Integrationsprozess aus mehreren Dimensionen zusammen, die nach Durand folgendermaßen aufgeschlüsselt werden: 1. eine strukturelle Dimension, welche die räumlichen Merkmale einer Grenzregion umfasst (z.B. ökonomische und soziale Merkmale); 2. eine funktionale Dimension, die jeglichen grenzüberschreitenden Austausch einschließt (z.B. grenzüberschreitende Mobilität in den Bereichen Arbeit, Freizeitgestaltung, Tourismus usw.), 3. eine institutionelle Dimension in Form einer strukturierten Vernetzung von Akteuren und einer Entwicklung von gemeinsamen Steuerungsmechanis-

---

6 *Müller/Hoebink; Grom*, S. 241-282.
7 Für eine Liste von Europaregionen mit dem jeweiligen Gründungsjahr siehe *Zeyrek*, S. 58.

men (z.B. Arbeitsgruppen, grenzüberschreitende regionale Räte usw.); und schließlich 4. eine ideelle Dimension, die sich auf gemeinsame soziale, politische und kulturelle Wertvorstellungen und die ideelle Bindung zum grenzüberschreitenden Territorium bezieht.[8] Vor dem Hintergrund dieser unterschiedlichen Dimensionen wurden in der Literatur verschiedene Herangehensweisen entwickelt, um die Integration einer Grenzregion zu definieren und zu untersuchen und die Wirkung von Europaregionen und anderen Formen der grenzüberschreitenden Zusammenarbeit zu erfassen.

Daraus ergeben sich unterschiedliche Ansätze, wie folgende Beispiele veranschaulichen: Schmitt-Egner orientiert sich beispielsweise an institutionellen Verflechtungen und entwirft ein graduelles Modell eines grenzüberschreitenden institutionellen Integrationsprozesses. Die Hauptstufe von grenzüberschreitender Integration kennzeichnet sich durch den institutionellen Organisationsgrad und den formellen und materiellen Kompetenzgrad von grenzüberschreitenden Institutionen. Darauf folgt ein Vertiefungsprozess, der in der gemeinsamen Nutzung eines transnationalen Wirtschafts-, Sozial- und Kulturraumes mündet.[9] Svensson und Nordlund hingegen konzeptualisieren und untersuchen grenzüberschreitende substaatliche Integration anhand relationaler Daten, die die innerstaatlichen und grenzüberschreitenden Kommunikationsverbindungen zwischen politischen Vertretern innerhalb einer Europaregion aufzeichnen.[10] Dabei bemessen sie nicht nur die reine Anzahl an Verbindungen, sondern schlüsseln gleichzeitig auf, wie diese kommunikativen Verbindungen zwischen den Akteuren verteilt sind. Ihre Perzeption einer integrierten Europaregion ist eine, wo nicht nur viel Kommunikation stattfindet, sondern wo viele Akteure in diese Kommunikationsnetzwerke eingebunden sind, also eine Europaregion mit vielen Verbindungskanälen, die gleichmäßig verteilt sind.[11]

Bei beiden Ansätzen sind Europaregionen ein Rahmen, um funktionale und ideelle Verflechtungen einer Grenzregion in Gang zu setzen und eine politische, ökonomische, soziale und kulturelle Kooperation zu steuern. Gleichzeitig sind solche grenzüberschreitenden Verflechtungen ein komplexer Prozess, da Gebiete bzw. Körperschaften miteinander verbunden werden, die durch eine staatliche Grenze getrennt sind und unterschiedli-

---

8 *Durand*, S. 11-12.
9 *Schmitt-Egner*, S. 27-28.
10 Svensson/Nordlund, S. 371–389.
11 Svensson/Nordlund, S. 16.

chen politisch-rechtlichen Systemen angehören.[12] Europaregionen umfassen oft sehr unterschiedliche administrative Einheiten, beispielsweise Provinzen und Regionen eines Zentralstaates sowie Länder eines föderalen Staates, und vereinen somit Partner, deren innerstaatlicher Status und kompetenzrechtliche Ausstattung variieren.

Diese Zuordnung zu unterschiedlichen Systemen produziert verschiedene sowohl staatlich als auch regional bedingte kontextuelle Faktoren, welche die Zusammenarbeit innerhalb einer Europaregion beeinflussen.[13] Zudem stößt die grenzüberschreitende Zusammenarbeit auf Barrieren, die aus diesen unterschiedlichen Kontexten resultieren und sich in rechtlichen, wirtschaftlichen oder auch sprachlichen Hürden manifestieren.

Für Europaregionen als institutioneller Rahmen der Zusammenarbeit sind vor allem rechtliche Barrieren eine große Herausforderung. Die institutionalisierte Zusammenarbeit zwischen Gebietskörperschaften aus mehreren Staaten bewegte sich lange Zeit in einer rechtlichen Grauzone, da eine entsprechende Verankerung im staatlichen oder internationalen Recht fehlte. Sie war daher maßgeblich von der Kreativität der beteiligten Akteure und der Unterstützung durch die jeweiligen Staaten abhängig. Es gibt zwar seit 1981 das Rahmenübereinkommen über die grenzüberschreitende Zusammenarbeit zwischen Gebietskörperschaften, das vom Europarat verabschiedet und durch drei Zusatzprotokolle ergänzt wurde. Aber die Anzahl der Staaten, die sowohl das Abkommen als auch die Zusatzprotokolle ratifiziert haben und das Abkommen durch wirksame bilaterale Verträge implementieren, ist nach wie vor begrenzt.[14]

Vor dem Hintergrund dieser unterschiedlichen rechtlichen Grundlagen und kontextuellen Faktoren haben sich verschiedene Formen von Europaregionen entwickelt, die in Bezug auf Rechtsstatus, Partner und Zweck unterschiedliche Ausprägungen haben.

III. Rechtsstatus und Zweck von Europaregionen

Europaregionen sind unterschiedlich organisiert. Ihre rechtliche Form und Struktur hängt von einigen grundlegenden Bedingungen ab. Dies sind zum einen die konkreten Bedürfnisse der beteiligten lokalen und regionalen

---

12 *Pikner*, S. 223.
13 Vgl. *Durand*, S. 5.
14 *Engl*, Zusammenhalt und Vielfalt in Europas Grenzregionen, S. 116-117.

Gebietskörperschaften, bedingt durch die räumlichen Merkmale einer Grenzregion, und zum anderen der Handlungsspielraum der jeweiligen regionalen und lokalen Akteure, bedingt durch die verfassungsrechtlichen Bestimmungen der übergeordneten Staaten. Gemäß der rechtlichen Organisation einer Europaregion lassen sich folgende drei Typen differenzieren.

Nicht rechtsfähige Kooperationsformen

Die einfachste Form einer Europaregion ist ein Zusammenschluss ohne Rechtspersönlichkeit. Als Kooperation ohne rechtliche Struktur bedarf dieser Typus einer Europaregion keiner besonderen Rechtsgrundlage. Gremien, die im Rahmen einer derartigen Europaregion gegründet werden, sind informelle Kooperationsnetzwerke und verfügen weder über Finanzhoheit (d.h. sie können keine eigenen Mittel verwalten) noch über die Befugnis, verbindliche Beschlüsse zu fassen. Sie dienen vielmehr dem Informationsaustausch und der Koordinierung von Aktivitäten. Ein Beispiel ist die Europaregion Tirol-Südtirol-Trentino an der Grenze zwischen Österreich und Italien vor der Gründung des EVTZ im Jahre 2011.

Zusammenarbeit aufgrund des Privatrechts

Viele Europaregionen sind privatrechtlich organisiert, d.h. in Form von Vereinen oder anderen privatrechtlichen Strukturen. Diese Kooperationsverbünde dürfen im Rahmen der für die jeweilige juristische Person geltenden staatlichen Vorgaben agieren und als Rechtssubjekte handeln. Zudem verfügen sie über gefestigte Strukturen und grenzüberschreitende Organe (z.B. in Form eines gemeinsamen Sekretariats oder einer gemeinsamen Versammlung), die entsprechend des jeweils zu Grunde liegenden Rechts, Maßnahmen koordinieren und Beschlüsse treffen können, aber keine Kompetenz zur Rechtssetzung mit Außenwirkung haben. Beispiele für privatrechtlich organisierte Europaregionen sind die bereits genannte EUREGIO an der Grenze zwischen Deutschland und den Niederlanden und die Region Sonderjylland/Schleswig an der Grenze zwischen Deutschland und Dänemark.[15]

Öffentlich-rechtliche Kooperationsformen

Die komplexeste Form einer Europaregion sind öffentlich-rechtliche Zusammenschlüsse, da sich die Gebietskörperschaften eines Staates zum Teil in die öffentliche Rechtsordnung eines anderen Staates eingliedern müssen. Voraussetzung ist ein bi- oder multilaterales Abkommen zwischen den beteiligten Staaten, das die Formen der Kooperation, das entsprechende Vorgehen und die anzuwendende Rechtsordnung festlegt. Für die Gründung eines öffentlich-rechtlichen Zusammenschlusses gibt es grundsätzlich zwei Verfahren. Zum einen können die Gebietskörperschaften auf eine bereits in einem innerstaatlichen Recht bestehende Rechtsform zurückgreifen (z.B. öffentliche Interessenvereinigung oder kommunaler Zweckverband). Die innerstaatlichen Vorschriften für eine derartige Rechtsform müssen so angepasst werden, dass auch eine Aufnahme von ausländischen Gebietskörperschaften erlaubt ist. Zum anderen gibt es die Möglichkeit, durch ein zwischenstaatliches Übereinkommen eine neue Einrichtung des öffentlichen Rechts zu schaffen, wie der grenzüberschreitende örtliche Zweckverband, der durch den Vertrag von Karlsruhe 1996 zwischen der Bundesrepublik Deutschland, Frankreich, Luxemburg und der Schweiz als mögliche Form der grenzüberschreitenden Kooperation geschaffen wurde.[16] Aber auch diese Einrichtungen basieren in weiterer Folge auf innerstaatlichen Rechtsordnungen, wobei meist die Rechtsordnung jenes Staates angewendet wird, wo die Einrichtung ihren offiziellen Sitz hat. Öffentlich-rechtlich organisierte Europaregionen sind beispielsweise die Ems-Dollart-Region und die Euregio Rhein-Waal, beide an der Grenze zwischen Deutschland und den Niederlanden.

---

15 Siehe die Tabelle in *Zeyrek*, S. 58.
16 Siehe Art. 11 des Karlsruher Übereinkommens zwischen der Regierung der Bundesrepublik Deutschland, der Regierung der Französischen Republik, der Regierung des Großherzogtums Luxemburg und dem Schweizerischen Bundesrat, handelnd im Namen der Kantone Solothurn, Basel-Stadt, Basel-Landschaft, Aargau und Jura, über die grenzüberschreitende Zusammenarbeit zwischen Gebietskörperschaften und örtlichen öffentlichen Stellen, 23. Januar 1996 (siehe BGBl. Nr. 49, 14. Dezember 1998).

Weitere Unterscheidungsmerkmale sowie Ähnlichkeiten

Aus rechtlicher Sicht gibt es demnach nicht nur ein Modell einer Europaregion, sondern mindestens drei verschiedene grundlegende Organisationsstrukturen.[17] Abgesehen von der Rechtspersönlichkeit können sich Europaregionen auch anhand anderer Merkmale voneinander unterscheiden, etwa den beteiligten Gebietskörperschaften, der geographischen Reichweite sowie den Zielsetzungen und Handlungsfeldern.[18] Der Großteil der Europaregionen umfasst regionale und lokale Gebietskörperschaften aus zwei oder drei verschiedenen Staaten und beschränkt sich geographisch auf einen bestimmten Grenzraum mit dem Zweck, in diesem Grenzraum die Zusammenarbeit in verschiedenen Politikbereichen zu stärken. Es gibt aber auch Europaregionen, die sich geographisch weiter ausdehnen und eine größere Anzahl an Partnern umfassen, wie die Euroregion Karpaten, die Gebietskörperschaften aus Ungarn, Polen, Rumänien, Slowakei und der Ukraine einschließt und somit geographisch größer ist als Ungarn oder die Slowakei. Der Zweck von derartigen euroregionalen Netzwerken ist meist an einen bestimmten Naturraum gebunden, wie etwa ein Gebirgszug, ein Fluss oder ein Meer, mit dem Ziel, die spezifischen Interessen dieses Naturraums nicht nur auf regionaler Ebene zu stärken, sondern vor allem auch auf staatlicher und auf internationaler Ebene zu vertreten.

Trotz dieser unterschiedlichen rechtlichen und funktionalen Ausprägungen weisen Europaregionen aber auch einige grundlegende Ähnlichkeiten auf. Je nach Rechtsstatus basieren sie auf bi- oder multilateralen Verträgen zwischen den jeweiligen Staaten oder auf informellen Kooperationsabkommen zwischen den regionalen und lokalen Akteuren. Sie haben grenzüberschreitende Organisationsstrukturen und Organe, wie zum Beispiel eine Versammlung von politischen Vertretern, ein gemeinsames Sekretari-

---

17 Darüber hinaus gibt es noch andere spezifische Instrumente, wie etwa die in der französischen Rechtsordnung verankerten Eurodistrikte oder informelle Arbeitsgemeinschaften. Siehe *Engl*, Zusammenhalt und Vielfalt in Europas Grenzregionen, 38-40. Außerdem hat der Europarat ein Drittes Zusatzprotokoll zum Rahmenübereinkommen über die grenzüberschreitende Zusammenarbeit zwischen Gebietskörperschaften oder Behörden verabschiedet. Dieses Protokoll regelt die Gründung so genannter Europäischer Kooperationsvereinigungen und definiert folglich ein weiteres Rechtsinstrument der grenzüberschreitenden Zusammenarbeit. Allerdings haben bis Ende des Jahres 2015 nur sechs der 47 Mitgliedstaaten das 3. Zusatzprotokoll ratifiziert.
18 *Perkmann*, Policy Entrepreneurship and Multi-level Governance.

at oder thematische Arbeitsgruppen und dienen der Kooperation im Rahmen von gemeinsamen Kompetenzen und Interessen. Die Schwerpunkte der Zusammenarbeit liegen meist in wirtschaftlichen, sozialen und kulturellen Bereichen und umfassen Politikbereiche wie Regionalentwicklung, Mobilität und Verkehrswesen, Umwelt- und Naturschutz, Katastrophenschutz, Forschung, Technologie und Innovation, Kultur und Sport sowie Schule und Bildung. Methoden der Zusammenarbeit sind die Koordinierung von Maßnahmen durch Informationsaustausch und regelmäßige Treffen, die Erarbeitung von grenzüberschreitenden Entwicklungsstrategien und Projekten, sowie die Fassung gemeinsamer Beschlüsse in grenzübergreifenden Gremien, die daraufhin von den jeweiligen substaatlichen Akteuren entsprechend der jeweils geltenden innerstaatlichen Verfahren umgesetzt werden.

IV. Der EVTZ als Rechtsinstrument zur Organisation einer Europaregion

Der Europäische Verbund für territoriale Zusammenarbeit (EVTZ) wurde als Rechtsinstrument konzipiert, um die Verwaltung von grenzüberschreitenden EU-Förderprogrammen und Projekten zu verbessern.[19] Für die Förderperiode 2007-2013 wurde die territoriale Zusammenarbeit erstmals als eines von drei kohäsionspolitischen Zielen festgelegt, die die Fördermittel der Union kanalisieren und zuteilen. Außerdem hatte der Rechnungshof Kritik an der mangelhaften grenzüberschreitenden Verwaltung und Umsetzung von grenzüberschreitenden Projekten geübt. Vor dem Hintergrund dieser neu ausgerichteten regionalpolitischen Zielsetzung, der Kritik des Rechnungshofs und dem Druck des Europäischen Parlaments und des Ausschuss der Regionen, ein europarechtliches Instrument zur Förderung der grenzüberschreitenden Zusammenarbeit zu schaffen, entschied sich die Kommission, einen entsprechenden Verordnungsvorschlag zu formulieren und gemeinsam mit den anderen Strukturfondsverordnungen für 2007-2013 einzubringen.

Die EVTZ-Verordnung wurde folglich mit den anderen Strukturfondsverordnungen zur Regelung der Förderperiode 2007-2013 verhandelt und im Juli 2006 verabschiedet. Trotz dieser Koppelung mit den anderen Ver-

---

19 Vgl. *Engl*, Zusammenhalt und Vielfalt in Europas Grenzregionen, S. 160-161; *Kiefer*, S. 102.

ordnungen weist die EVTZ-Verordnung einige signifikante Unterschiede auf, die dem Rechtsinstrument eine gewisse „Unabhängigkeit" von den europäischen Strukturfonds zugestehen. Im Gegensatz zu den Strukturfondsverordnungen regelt die EVTZ-Verordnung nicht die Vergabe von Geldmitteln, sondern ein außerhalb der Fonds angesiedeltes neues Rechtsinstrument und hat eine andere zeitliche Geltung. Während sich die Strukturfondsverordnungen vorwiegend auf den jeweiligen Programmzeitraum beschränken, bezieht sich die EVTZ-Verordnung auf keine spezifische Förderperiode und hat eine unbefristete Wirkung. Außerdem kann ein EVTZ auch unabhängig von EU-Programmen gegründet und ohne finanzielle Beteiligung der Union tätig werden, um spezifische Maßnahmen der territorialen Zusammenarbeit zur Förderung des wirtschaftlichen, sozialen und territorialen Zusammenhalts durchzuführen.[20] Dieser Zusatz, dass ein EVTZ auch unabhängig von EU-Förderprogrammen gegründet werden kann, erweitert die Nutzungsmöglichkeiten des Instruments und macht aus dem EVTZ ein viertes mögliches Instrument, um eine Europaregion zu organisieren. Somit werden die zuvor genannten informellen, privatrechtlichen und öffentlich-rechtlichen Grundlagen einer Europaregion um eine vierte, europarechtliche Grundlage ergänzt.

Dabei vereint der EVTZ einige wesentliche Merkmale, welche die anderen informellen, privatrechtlichen und öffentlich-rechtlichen Instrumente nur teilweise aufweisen, und unterscheidet sich stellenweise von den bisherigen Formen der grenzüberschreitenden Zusammenarbeit.

Erstens: Während die privatrechtlichen und öffentlich-rechtlichen Instrumente im jeweiligen Verfassungsrecht verankert sind oder durch bilaterale Staatsverträge geregelt werden und nur auf einen bestimmten Grenzraum anwendbar sind, ermöglicht die unionsrechtliche Verankerung des EVTZ eine Anwendung des Instruments in allen Grenzgebieten innerhalb der EU (und unter bestimmten Auflagen auch mit Einbeziehung von Partnern aus Drittstaaten).

Zweitens: Mitgliedstaaten sind legitime EVTZ-Mitglieder. Diese Beteiligung von staatlichen Behörden als Kooperationspartner unterscheidet den EVTZ von anderen Instrumenten der grenzüberschreitenden Zusammenarbeit, bei denen sich die Rolle der Staaten vorwiegend auf die Regulierung und Kontrolle dieser Prozesse beschränkte.[21] Asymmetrien bei den

---

20 Art. 7 Abs. 3 EVTZ-VO.
21 Ausschuss der Regionen, S. 112.

Handlungsmöglichkeiten im Rahmen einer Europaregion aufgrund unterschiedlicher Kompetenzverteilungen zwischen den Staaten können durch eine auf die staatliche Ebene ausgedehnte Partnerschaft behoben werden. Ein Beispiel hierfür ist die Eurométropole Lille-Kortrijk-Tournai, bei der mit Hilfe des EVTZ die kommunale Zusammenarbeit durch weitere regionale und staatliche Partner ergänzt wurde, um den Handlungsspielraum der zusammenarbeitenden Gemeinden auszudehnen.[22]

Drittens: Zu den legitimen EVTZ-Mitgliedern zählen außerdem öffentliche Unternehmen, Einrichtungen des öffentlichen Rechts und Unternehmen, die unter Beachtung des geltenden Unionsrechts und staatlichen Rechts mit der Erbringung von Dienstleistungen von allgemeinem wirtschaftlichem Interesse betraut sind. Damit beschränkt sich das Instrument nicht nur auf Gebietskörperschaften, sondern eröffnet eine Vielzahl an möglichen Partnerschaftskonstellationen bis hin zu einem ausschließlich von öffentlichen Unternehmen oder öffentlich-rechtlichen Einrichtungen gegründeten EVTZ.[23]

Viertens: Ein EVTZ ist eine Einrichtung mit Rechtspersönlichkeit. Diese Rechtspersönlichkeit ist im Unionsrecht begründet und wird vom Sitzstaat in seiner Rechtsordnung mit den Rechtswirkungen einer öffentlich-rechtlichen oder einer privatrechtlichen Einrichtung ausgestattet.[24] Im Gegensatz zu informellen Europaregionen ist ein EVTZ ein rechtsfähiges Subjekt und damit Träger von gewissen Rechten und Pflichten (z.B. Erwerb von Vermögen oder Einstellung von Personal). Er besitzt die weitestgehende Rechts- und Geschäftsfähigkeit, die juristischen Personen gemäß dem jeweiligen innerstaatlichen Recht zuerkannt wird (Art. 1 Abs. 3 und 4 EVTZ-VO).

Fünftens: Ein EVTZ ist befugt, Verwaltungstätigkeiten durchzuführen und kann dazu genutzt werden, um öffentliche Dienstleistungen von allgemeinem wirtschaftlichem Interesse (DAWI) zu erbringen oder Infrastrukturen gemeinsam zu verwalten. Die Bedingungen für die Erbringung der Dienstleistung oder für die Nutzung der Infrastruktur, wie zum Beispiel zu zahlende Tarife, können vom EVTZ selbst bestimmt werden. Daraus lässt sich schließen, dass ein EVTZ zur Erfüllung derartiger Aufgaben auch ge-

---

22 *Engl*, Zusammenhalt und Vielfalt in Europas Grenzregionen, S. 275-297.
23 Zum Vergleich: Grenzüberschreitende örtliche Zweckverbände können nur von Gebietskörperschaften und örtlichen öffentlichen Stellen geschaffen werden (Art. 11 des Karlsruher Übereinkommens).
24 Obwexer/Happacher, S. 83.

wisse hoheitliche Befugnisse ausüben darf.[25] Folglich ist sein Handlungsspielraum deutlich größer als jener von informellen oder privatrechtlichen Europaregionen, auch wenn die Ausübung von hoheitlichen Kernkompetenzen durch den EVTZ, wie Polizei- und Regelungsbefugnisse oder Befugnisse in den Bereichen Justiz und Außenpolitik, nach wie vor strikt ausgeschlossen bleibt.

Sechstens: Schließlich greift bei einem EVTZ die Möglichkeit der richterlichen Kontrolle durch staatliche Gerichte oder durch den Gerichtshof der Europäischen Union als überstaatliches Gerichtssystem, falls die Verordnung nicht ordnungsgemäß umgesetzt und angewandt wird.[26] Dieses System der Gerichtsbarkeit unterscheidet den EVTZ von anderen Instrumenten der grenzübergreifenden Zusammenarbeit und verleiht ihm das Potential zur Durchsetzung und Weiterentwicklung durch die Rechtsprechung des Gerichtshofs der EU.

Insgesamt bietet der EVTZ als „moderne, flexible Einrichtung des (integrierten) öffentlichen Rechts Europas"[27] und als „verrechtlichtes Beispiel einer so genannten Multilevel Governance"[28] die Möglichkeit, Kompetenzen nicht abzugrenzen sondern durch die Mitwirkung verschiedener institutioneller Akteure und Regierungsebenen kooperativ auszuüben[29] und so neue Steuerungsformen und -prozesse für ein grenzüberschreitendes Territorium bzw. für eine Europaregion zu etablieren.

Aufgrund seiner möglichen Anwendung auf dem gesamten EU-Territorium eröffnet der EVTZ vor allem in jenen Grenzregionen Handlungsmöglichkeiten, wo es bisher keine Rechtsgrundlage für eine rechtlich institutionalisierte Kooperation gab, oder wo die Rechtsgrundlage für die anvisierte Kooperation nicht ausreichte. Ein Beispiel für ersteres ist der EVTZ Ister-Granum, eine Kooperation von Gemeinden an der ungarisch-slowakischen Grenze, die aufgrund fehlender Rechtsgrundlagen erst mit Hilfe des EVTZ-Instruments rechtlich institutionalisiert werden konnte.[30] Ein Beispiel für letzteres ist die Europaregion Pyrénées-Méditerranée an der französisch-spanischen Grenze, die ebenfalls mit Hilfe des EVTZ institutionalisiert wurde und nicht auf der Grundlage des Vertrags von Ba-

---

25 Krzymuski/Kubicki, S. 1340.
26 Ausschuss der Regionen, S. 114.
27 *Palermo*, S. 119.
28 *Palermo*, S. 118.
29 *Palermo*, S. 118-119.
30 *Engl*, Zusammenhalt und Vielfalt in Europas Grenzregionen, S. 303-305.

yonne (seit 1997 in Kraft). Der Vertrag von Bayonne wurde zwischen Frankreich und Spanien abgeschlossen, um die grenzüberschreitende Zusammenarbeit zwischen französischen und spanischen lokalen und regionalen Gebietskörperschaften zu regeln, unter anderem auch über die Errichtung von gemeinsamen Strukturen und Organen mit Rechtspersönlichkeit. Der Anwendungsbereich des Abkommens beschränkt sich allerdings auf grenznahe Gebietskörperschaften und schließt andere Gebiete aus. Für die Europaregion Pyrénées-Méditerranée, welche auch die Balearischen Inseln umfasst, die aber nicht in den Anwendungsbereich des Vertrags von Bayonne fallen, war folglich das Instrument EVTZ eine geeignetere Grundlage, um die Zusammenarbeit rechtlich zu institutionalisieren.[31]

Weiteres Potenzial des EVTZ ergibt sich aufgrund seiner multidimensionalen Partnerschaft und seiner möglichen Aufgabenfelder. So können kompetenzrechtliche Unterschiede zwischen den beteiligten Gebietskörperschaften durch den Einbezug mehrerer Regierungs- und Verwaltungsebenen überbrückt werden, wie etwa im Rahmen des bereits erwähnten EVTZ Eurométropole Lille-Kortrijk-Tournai. Zudem wurde mit der Reform der EVTZ-Verordnung im Jahre 2013 die Vorschrift gelockert, dass ein EVTZ nur Aufgaben übernehmen kann, wenn alle Mitglieder die entsprechende kompetenzrechtliche Zuständigkeit dafür aufweisen. In der neuen Fassung der Verordnung ist es den Mitgliedstaaten erlaubt, die Teilnahme einer untergeordneten Körperschaft an einem EVTZ auch dann zu genehmigen, wenn diese Körperschaft nicht alle Aufgaben des EVTZ kompetenzrechtlich abdeckt. „Nach dieser Formulierung muss es zwar weiterhin einen Zuständigkeitsgleichlauf geben, dieser muss aber nicht umfassend sein."[32]

Schließlich kann ein EVTZ auch von anderen öffentlichen Unternehmen und Einrichtungen des öffentlichen Rechts gegründet werden, etwa ein Zusammenschluss von Universitäten, oder ein EVTZ kann errichtet werden, um bestimmte Dienstleistungen grenzüberschreitend zu organisieren und zu erbringen, wie das Krankenhaus Cerdanya an der französisch-spanischen Grenze. Vor allem die Teilnahme anderer öffentlicher Körperschaften und die Erbringung konkreter gemeinsamer Dienstleistungen bzw. die gemeinsame grenzüberschreitende Verwaltung einer Infrastruktur gehen über das „klassische" Modell einer Europaregion als Kooperation

---

31 *Engl*, Zusammenhalt und Vielfalt in Europas Grenzregionen, S. 326-328.
32 Krzymuski/Kubicki, S. 1339.

zwischen regionalen und lokalen Gebietskörperschaften hinaus. Außerdem schafft die unionsrechtlich verankerte und durch mitgliedstaatliche Rechtsordnungen ergänzte Rechtspersönlichkeit eines EVTZ Abhilfe, wo die Handlungsmöglichkeiten innerhalb einer Europaregion aufgrund ihres informellen Status und rechtlicher Unklarheiten bisher eingeschränkt waren.[33]

Von den bis November 2015 gegründeten 55 EVTZ[34] wurde der Großteil unabhängig von EU-Fördermitteln geschaffen mit dem Zweck, die grenzüberscheitende Zusammenarbeit allgemein zu fördern und zu institutionalisieren, oder um die Kooperation in einem spezifischen Bereich, wie Wirtschaft oder Mobilität, zu organisieren. Nur wenige EVTZ wurden explizit mit dem Mandat gegründet, ein EU-finanziertes Programm zu verwalten. Gleichsam wenige EVTZ dienen dazu, eine Infrastruktur grenzüberschreitend zu verwalten.[35] Somit wird der EVTZ noch kaum als Verwaltungsbehörde eingesetzt, weder für EU-Programme noch für Infrastrukturen.

Die allgemeine Zielsetzung des Großteils der gegründeten EVTZ deutet darauf hin, dass das Instrument für Zwecke genutzt wird, die durchaus affin sind zu den Zielsetzungen von bisher existierenden Europaregionen und anderen Formen der grenzüberschreitenden Zusammenarbeit. In diesen Fällen wird die Kooperation durch den EVTZ formalisiert und rechtlich institutionalisiert, um die Zusammenarbeit in verschiedenen Bereichen zu stärken und die wirtschaftliche, kulturelle und soziale Vernetzung in einem Grenzraum zu verbessern. Allerdings sind derartige formalisierte

---

33 *Perkmann*, Policy Entrepreneurship and Multi-Level Governance, S. 861-879; *Kramsch*, S. 27-50.
34 Eine Liste der gegründeten EVTZ kann auf der entsprechenden Seite des AdR abgerufen werden: https://portal.cor.europa.eu/egtc/CoRActivities/Pages/egtc-list.aspx (20.11.2015).
35 Gemäß der Informationen, die auf der Liste des AdR zu jedem EVTZ abrufbar sind, lassen sich die gegründeten EVTZ folgendermaßen gruppieren: 30 EVTZ verfolgen allgemeine Zielsetzungen, d.h. sie wurden unabhängig von EU-Fördermitteln gegründet und sollen die grenzüberschreitende Zusammenarbeit allgemein fördern. Vier von diesen 30 EVTZ tragen in ihrem Namen die Bezeichnung Europaregion/Euroregion/Euregio. Weitere 12 EVTZ wurden errichtet, um in einem spezifischen Bereich die Zusammenarbeit zu fördern, z.B. Gesundheitsversorgung oder Mobilität. 10 EVTZ verfolgen allgemeine Ziele oder ein spezifisches Ziel (wie jene soeben genannte), aber wickeln einen Großteil davon über EU-geförderte Projekte ab. Nur drei EVTZ haben das explizite Mandat, ein EU-Programm zu verwalten.

und langfristig angelegte gemeinsame Strukturen der Zusammenarbeit mit einem gewissen administrativen und finanziellen Aufwand verbunden und brauchen einen entsprechenden politischen und wirtschaftlichen Rückhalt. Formelle und institutionalisierte Verfahren der Zusammenarbeit, wie innerhalb eines EVTZ, können die Kontinuität der Zusammenarbeit sicherlich verbessern. Aber die Wirksamkeit solcher Kooperationsstrukturen ist keineswegs garantiert. Eine formale Institutionalisierung ohne eine solide politische und wirtschaftliche Grundlage und ohne geeignete organisatorische Mechanismen wird auch über einen EVTZ nur bedingt funktionieren.[36]

Zwei Schranken des EVTZ müssen außerdem noch hervorgehoben werden: Zum einen bleibt die Möglichkeit beschränkt, dass ein EVTZ Aufgaben übernehmen kann, welche die lokalen und regionalen Behörden als öffentliche Körperschaften ausüben (z.b. Polizei und Regelungsbefugnisse). Zum anderen behält der Staat seine Rolle als zentrale Kontroll- und Regelungsinstanz der territorialen Zusammenarbeit, selbst wenn der Rechtsrahmen für die Zusammenarbeit durch eine EU-Verordnung geregelt wird.[37]

Zudem ist die Gründung eines EVTZ mitunter ein komplexer Prozess und mit höheren administrativen und rechtlichen Auflagen verbunden als die Gründung eines privatrechtlichen Vereins oder eines zwischen den Staaten verhandelten Rechtsinstruments der Zusammenarbeit, wie etwa der grenzüberschreitende örtliche Zweckverband. Der Hauptgrund hierfür liegt darin, dass die EVTZ-Verordnung eine Verordnung mit Durchführungscharakter ist, d.h. erst anhand ergänzender staatlicher Bestimmungen anwendbar ist, und dass aber die Staaten, oder zumindest aneinander angrenzende Staaten, diesen Durchführungsprozess nicht koordiniert haben. Bestimmte Aspekte des EVTZ sind nicht unionsrechtlich geregelt, weil die Union dazu nicht die Befugnis hat oder weil es nicht verhältnismäßig wäre diese überstaatlich zu regeln, und so bestimmt das jeweilige Recht des Sitzstaates, wie diese Aspekte zu handhaben sind.[38] Dies hat zur Folge, dass von Staat zu Staat teilweise sehr unterschiedliche Bestimmungen auf einen EVTZ angewandt werden, etwa beim Gründungsverfahren oder bei operativen Bestimmungen, wie Haftungsfragen, Haushaltskontrolle oder Personal, und dass aufgrund fehlender Verhandlungen und Koordina-

---

36 *Maier*, S. 458.
37 *Engl*, Zusammenhalt und Vielfalt in Europas Grenzregionen, S. 205; *Engl*, Ein Instrument zwischen Gemeinschaftspolitik und nationalem Recht.
38 Ausschuss der Regionen, S. 107.

tion die Staaten nicht über das auf einen EVTZ anzuwendende Recht des Nachbarstaates informiert sind. Einschneidende Unterschiede bei der Durchführung der EVTZ-Verordnung und bei der anzuwendenden staatlichen Rechtsordnung treten dann meist erst bei der Gründung eines EVTZ zu Tage, was dessen Gründung erschweren und die Operabilität einschränken kann.[39] Auch in einer Studie des Ausschusses der Regionen (AdR) wurde bemerkt, dass sich die rasche Annahme der Verordnung wahrscheinlich in der Umsetzungsphase rächen wird, da bei der Implementierung einige Lücken und Unvollkommenheiten zu Tage treten werden.[40]

Diese Problematik verdeutlichte sich unter anderem im Zuge des zwischen 2009 und 2011 abgehaltenen Konsultationsverfahrens zur Anwendung und Reform der EVTZ-Verordnung. Dieser Beratungsprozess wurde mit Unterstützung der Kommission und der Trio-Präsidentschaft des Rats (Spanien-Belgien-Ungarn) umgesetzt und konnte eine Teilnahme fast aller zum damaligen Zeitpunkt existierenden EVTZ sowie anderer Interessenträger sichern und deren Reformvorschläge einholen. Die Befragten bemängelten unter anderem die rechtlichen Unterschiede bei den staatlichen Durchführungsgesetzen und anwendbaren Bestimmungen.[41]

Die abgeänderte EVTZ-Verordnung soll hier Abhilfe verschaffen, indem die Frage der anwendbaren Rechtsordnung nun flexibler gehandhabt wird. So können seit der Reform der Verordnung im Jahre 2013 nun neben den Rechtsvorschriften des Mitgliedstaats, in dem der EVTZ seinen Sitz hat, auch die Rechtsvorschriften jenes Mitgliedstaats angewandt werden, in dem die Organe eines EVTZ ihre Tätigkeit ausüben. Die parallele Anwendung verschiedener Rechtsordnungen kann die Operabilität eines EVTZ in bestimmten Bereichen vereinfachen, zum Beispiel bei Personalangelegenheiten. In jenen Bereichen, wo nur die Rechtsordnung des Sitzstaates angewendet werden kann und demnach keine „Parallelität" möglich ist, können rechtliche Differenzen wohl nur über weitere zwischenstaatliche Verhandlungen überbrückt werden.

---

39 *Engl*, Ein Instrument zwischen Gemeinschaftspolitik und nationalem Recht; sowie die vom Bundesinstitut für Bau-, Stadt- und Raumforschung (BBSR) im Bundesamt für Bauwesen und Raumordnung (BBR) betreute Studie „Europäische Verbünde der territorialen Zusammenarbeit - Erfahrungen verbreiten und vertiefen", Ergebnisse abrufbar unter http://www.bbsr.bund.de/BBSR/DE/FP/MORO/Studien /2014/VertiefungEVTZ/01_Start.html?nn=433580 (20.11.2015).
40 Vgl. Ausschuss der Regionen, S. 79.
41 *Engl*, Zusammenhalt und Vielfalt in Europas Grenzregionen, S. 209.

V. Schlussfolgerungen

Bei den Bemühungen, die rechtlichen Rahmenbedingungen für die grenzüberschreitende Zusammenarbeit europaweit zu verbessern und neue Handlungsmöglichkeiten für grenzüberschreitende Vernetzungen zu schaffen, stellt der EVTZ als unionsrechtliches Instrument zweifelsohne einen Meilenstein dar. Im Kontext der euroregionalen Zusammenarbeit ergänzt der EVTZ die bisher existierenden Rechtsinstrumente und ist folglich nicht als Konkurrenz zu Europaregionen zu betrachten, sondern als weitere Möglichkeit für deren Organisation. Die bisherige Nutzung des Instruments weist darauf hin, dass ein EVTZ vielfach dazu verwendet wird, um die grenzüberschreitende Zusammenarbeit allgemein zu stärken und rechtlich zu institutionalisieren, auch wenn viele der gegründeten Verbünde nicht die Bezeichnung Europaregion tragen. Das Potential des EVTZ, als grenzüberschreitende Verwaltungsbehörde eingesetzt zu werden, wird hingegen noch kaum ausgeschöpft.

Ein nach wie vor großes Problem bei der Anwendung des EVTZ stellen die unterschiedlichen rechtlichen Rahmenbedingungen in den Mitgliedstaaten dar. Hier gibt es noch Handlungsbedarf, um Rechtsunsicherheiten zu klären und die Anwendung des Instruments zu erleichtern. Dies gilt vor allem, wenn es um gemeinsam erbrachte Dienstleistungen und um gemeinsam verwaltete Infrastrukturen geht, und wenn das öffentlich-rechtliche Rechtsregime eines Mitgliedstaats auch auf dem Territorium eines anderen Mitgliedstaats zur Anwendung kommen soll.[42] Da es kaum vorstellbar ist, eine allgemeine Lösung zu finden, die offene Rechtsfragen in allen Mitgliedstaaten abdeckt (z.B. Haftungsfragen bei gemeinsamen erbrachten Dienstleistungen), besteht eine mögliche Alternative darin, derartige Rechtsfragen über staatliche Verhandlungen und ergänzende bi- oder multilaterale Vereinbarungen zu lösen, welche spezifische Kooperationsbereiche und entsprechende rechtliche Aspekte abdecken (z.B. eine bilaterale Vereinbarung über die grenzüberschreitende Gesundheitsversorgung durch einen EVTZ, falls der durch den EVTZ mögliche Einbezug staatlicher Behörden nicht für die nötige Rechtssicherheit sorgt).

Außerdem gibt es den Vorschlag, die Anwendung des EVTZ über Verträge mit der EU-Kommission zu fördern.[43] Dabei würde vertraglich fest-

---

42 *Krzymuski/Kubicki*, S. 1340-1341.
43 Spinaci/Vara-Arribas, S. 10.

gelegt, dass ein EVTZ in Zusammenarbeit mit der EU-Kommission auf die Umsetzung eines bestimmten EU-politischen Ziels hinarbeitet, z.B. lokale Strategien für Wachstum und Arbeit, und mit verschiedenen Maßnahmen experimentiert, dieses Ziel grenzüberschreitend umzusetzen: „One could envisage the ‚contractualisation' of the cooperation between the Commission and the EGTCs for achieving certain objectives, with higher targets agreed, a tighter timetable set or experimental actions foreseen. […] Such a contractualisation would legitimise and boost the role of the sub-state level in ‚beyond-the-border' policymaking and finally help to overcome those difficulties still existing in a given cross-border cooperation."[44] In eine ähnliche Richtung geht auch der Vorschlag der luxemburgischen Ratspräsidentschaft 2015, eine neue Bestimmung über grenzüberschreitende europäische Übereinkommen mit Sondervorschriften in Grenzregionen zu verabschieden. Diese Verordnung würde den Grenzregionen und Städten ermöglichen, bestimmte Bereiche der Zusammenarbeit zu identifizieren, in denen spezifische grenzüberschreitende Bestimmungen notwendig sind, um die Kooperation umzusetzen, etwa ein grenzüberschreitendes Straßenbahnnetzwerk. Im Kern geht es also um die Schaffung von speziellen Ausnahmeregelungen vom geltenden Recht für einen spezifischen Sachverhalt in einer bestimmten Grenzregion. Diese Verordnung, die kein weiteres Instrument mit Rechtspersönlichkeit definiert sondern vielmehr auf die Abstimmung rechtlicher Bestimmungen abzielt, soll das Instrument EVTZ ergänzen und könnte ebenso dessen Anwendung erleichtern.[45]

Beide Vorschläge können Barrieren bei der Zusammenarbeit überbrücken, die aus der Zuordnung zu unterschiedlichen staatlichen Systemen resultieren, und als ergänzende Maßnahmen die Gründung und Operabilität eines EVTZ erleichtern und die eingangs thematisierte grenzüberschreitende Integration fördern. Die Überwindung derartiger Barrieren ist eine zentrale Grundlage, um das Potenzial des EVTZ auszuschöpfen und die Integration einer Grenzregion im Sinne einer rechtlichen, funktionalen und ideellen Verflechtung auszubauen. Dies gilt insbesondere, wenn ein EVTZ gemeinsame Dienstleistungen erbringen oder als Verwaltungsbehörde dienen soll, denn in diesen Bereichen stößt die grenzüberschreitende Zusam-

---

44 *Ebda.*, S. 10.
45 Siehe https://portal.cor.europa.eu/egtc/news/Pages/dobroslavic.aspx (20.11.2015).

menarbeit nach wie vor auf signifikante rechtliche Hürden, die auch durch das Instrument EVTZ nicht beseitigt werden konnten.

Allerdings bleibt der EVTZ weiterhin nur eines von vielen möglichen Instrumenten, um die grenzüberschreitende Zusammenarbeit zu organisieren. Eine zögerliche Anwendung des Instruments EVTZ kann einerseits aus zu vielen Unterschieden in Bezug auf Verwaltungsstrukturen und rechtlichen Zuständigkeiten zwischen den Gebietskörperschaften resultieren. Andererseits können auch eine fehlende politische Unterstützung und Bedenken über die Kosten einer dauerhaften institutionalisierten Kooperationsstruktur die Anwendung verhindern. Grenzüberschreitende Zusammenarbeit ist nie ein einseitiger Prozess, sondern benötigt auf beiden Seiten einer Grenze die entsprechenden politischen und wirtschaftlichen Bedingungen, um den Bedarf und die Möglichkeiten der Zusammenarbeit zu generieren. Der EVTZ ist ein starkes und europaweit geltendes Kooperationsinstrument, aber es kann diese grundlegenden Bedingungen nicht erzeugen.

Bei der grenzüberschreitenden Zusammenarbeit sollten sich der Bedarf an Kooperation und das gewählte Rechtsinstrument decken. Letztendlich ist das juristische Instrument ein Hilfsmittel, um die anvisierte Kooperation umzusetzen. Da die jeweiligen Bedürfnisse und Möglichkeiten der Kooperation von Grenzregion zu Grenzregion verschieden bleiben, werden auch die anderen Rechtsinstrumente zur Organisation einer Europaregion in naher Zukunft nicht an Bedeutung verlieren.

Abstract

The present article entitled "Euroregions and the EGTC: Competition or Complementarity" examines the interaction between Euroregions and the legal instrument of EGTC. It also discusses the interplay between both forms of cooperation and the potential that EGTC may provide in the context of euroregional cross-border cooperation.

The basic idea underlying the instrument of Euroregion is to bridge different kinds of borders. From a practical perspective, Euroregions are an institutional framework to enhance functional and ideological ties in a border region and to foster potential political, economic, social and cultural integration. However, this is a complex process as the connected regions or bodies are separated by a state border and belong to different political and legal systems.

Due to these different legal bases and contextual factors, Euroregions are legally organized in different ways. The basic organizational forms of Euroregions are associations without legal personality, associations based on private law, or associations based on public law. The article describes these three basic types and discusses general features and objectives of Euroregions.

The EGTC Regulation, adopted in 2006, complements those three types with a fourth European legal basis. Although the EGTC was conceived as a legal instrument for the management of EU funding programmes and projects, its flexible application allows a much wider use of the instrument. The EGTC combines some essential features that the other informal, private law and public law instruments only partially share and, therefore, it opens up new potential for cross-border cooperation in the framework of a Euroregion. The article will demonstrate this with concrete examples.

In the context of euroregional cross-border cooperation, the EGTC complements the previously existing legal instruments and is therefore no competitor to Euroregions, but rather another opportunity for their organization. The way the instrument was applied so far indicates that an EGTC is often used to generally strengthen and legally institutionalize cross-border cooperation, even though many of the established groupings do not carry the 'Euroregion' designation. The potential of the EGTC to act as a cross-border administrative authority is, however, rarely fully exploited.

A still persisting problem regarding the application of the EGTC are the different legal frameworks within the member states. The final section of the article highlights possible ways to supplement the EGTC Regulation and to facilitate the application of the instrument. Overcoming legal barriers is a crucial condition to exploit the potential of the EGTC. This is especially true when an EGTC should provide common services or serve as an administrative authority. In these cases, cross-border cooperation is still hindered by significant legal barriers that also the EGTC instrument could not yet remove.

Literaturverzeichnis

Arbeitsgemeinschaft Europäischer Grenzregionen, Transeuropean Cooperation between Territorial Authorities. New Challenges and Future Steps Necessary to Improve Cooperation, 2001.
Ausschuss der Regionen, Europäischer Verbund für Territoriale Zusammenarbeit-EVTZ, 2007.

Blatter, From 'spaces of place' to 'spaces of flows'? Territorial and functional governance in cross-border regions in Europe and North America, International Journal of Urban and Regional Research 28 (3) 2004, 530.

De Sousa, Understanding European Cross-border Cooperation: A Framework for Analysis, Journal of European Integration 35(6) 2013, 669.

Durand, Theoretical framework of the cross-border space production - the case of the Eurometropolis Lille-Kortrijk-Tournai, EUBORDERSCAPES Working Paper 9, 2015.

Engl, Zusammenhalt und Vielfalt in Europas Grenzregionen. Der Europäische Verbund für territoriale Zusammenarbeit in normativer und praktischer Dimension, 2014.

Engl, Ein Instrument zwischen Gemeinschaftspolitik und nationalem Recht: Die Durchführung der Verordnung über den Europäischen Verbund für Territoriale Zusammenarbeit in ausgewählten EU-Mitgliedstaaten, Zeitschrift Europarecht 3 2013, 285.

Gabbe, Regionen und Regionalisierung in Europa – Die Rolle der Grenzregionen und der grenzüberschreitenden Zusammenarbeit, in: Gu (Hrsg.), Grenzüberschreitende Zusammenarbeit zwischen den Regionen in Europa, 2002, S. 201.

Grom, Regional grenzüberschreitende Zusammenarbeit als Beitrag zur Förderung der europäischen Integration, 1995.

Kiefer, European Grouping of Territorial Cooperation (EGTC) and Euroregional Cooperation Grouping (ECG). Two legal instruments for cross-border cooperation, in: Wassenberg/Beck (Hrsg.), Living and Researching. Cross-Border Cooperation (Volume 3): The European dimension, 2011, S. 99.

Kramsch, Navigating the Spaces of Kantian Reason: Notes on Cosmopolitical Governance within the Cross-border Euregios of the European Union, Geopolitics 6(2) 2001, 27.

Krzymuski/Kubicki, EVTZ-2.0 – Neue Chance für die grenzübergreifende Zusammenarbeit öffentlicher Einrichtungen?, NVwZ 20/2014, 1338.

Maier, Rechtliche Hindernisse für die Implementierung des EVTZ-Instruments in die föderale Verfassungsstruktur Österreichs, in: Europäisches Zentrum für Föderalismusforschung (Hrsg.), Jahrbuch des Föderalismus 2009, 2009, S. 455.

Malloy, Creating New Spaces for Politics? The Role of National Minorities in Building Capacity of Cross-border Regions, Regional and Federal Studies 20(3) (2010), 335.

Müller/Hoebink, 25 Jahre EUREGIO-Rat, Rückblick auf die Arbeit eines politischen Gremiums im "kleinen Europa", 2003.

Obwexer/Happacher, Rechtsfragen der Gründung eines Europäischen Verbundes für territoriale Zusammenarbeit (EVTZ) am Beispiel der Europaregion Tirol, Europäisches Journal für Minderheitenfragen 3(2) 2010, 75.

Palermo, Schlussbemerkungen: grenzüberschreitende Zusammenarbeit und die Entwicklung des integrierten Rechtsraumes in Europa, in: Bußjäger/Gamper/Happacher/Woelk (Hrsg.), Der Europäische Verbund territorialer Zusammenarbeit (EVTZ): Neue Chancen für die Europaregion Tirol-Südtirol-Trentino, 2011, 117.

Perkmann, Cross-border Regions in Europe. Significance and Drivers of Regional Cross-border Co-operation, European Urban and Regional Studies 10(2) 2003, 153.

Perkmann, Policy Entrepreneurship and Multi-level Governance: A Comparative Study of European Cross-border Regions,Environment and Planning C 25(6) 2007, 861.

Perkmann/Sum, Globalization, Regionalization and Cross-Border Regions, 2002.

Pikner, Reorganizing Cross-Border Governance Capacity: The Case of the Helsinki-Tallinn Euregio, European Urban and Regional Studies 15(3) 2008, 211.

Ricq, Handbook of Transfrontier Co-operation, 2006.

Schmitt-Egner, Transnationale Handlungsräume und transnationaler Regionalismus in Europa: zur Theorie, Empirie und Strategie grenzüberschreitender Zusammenarbeit zwischen Regionen, in: Kriele/Lesse/Richter (Hrsg.), Politisches Handeln in transnationalen Räumen, Zusammenarbeit in europäischen Grenzregionen, 2005, S. 15.

Spinaci/Vara-Arribas, The European Grouping of Territorial Cooperation (EGTC): New Spaces and Contracts for European Integration, EIPASCOPE 2009/2, 5.

Svensson/Nordlund, The Building Blocks of a Euroregion: Novel Metrics to Measure Cross-border Integration, Journal of European Integration, 37(3) 2015, 371.

Zeyrek, Formen grenzüberschreitender Zusammenarbeit in Europa, in: Kriele/Lesse/ Richter (Hrsg.), Politisches Handeln in transnationalen Räumen, Zusammenarbeit in europäischen Grenzregionen, 2005, S. 55.

Die Entwicklung der grenzüberschreitenden Zusammenarbeit nationaler Hoheitsträger aus politischer Perspektive

Prof. Dr. hab. Jarosław Jańczak[1]

„Cross-border cooperation has the potential to transform a border into a possibility for development.(...) By working together, th[e] regions can jointly identify and address the specific challenges and opportunities presented by the border between them. [But] benefiting from the existing potential often requires outside funding, both from the EU and from governments."
Alexander Stubb, former Minister for European Affairs and Foreign Trade of Finland (Järviö, 2011)

I. Einleitung

Die grenzüberschreitende Zusammenarbeit in Europa bildet eines der auffälligsten Beispiele der Entwicklung von freundschaftlichen und nachbarschaftlich geprägten Beziehungen zwischen Staaten und Regionen, aber auch zwischen Völkern und lokalen Gemeinschaften in der Nachkriegszeit. Sie repräsentiert das „europäische Projekt" auf subnationaler Ebene, so wie das Projekt durch die Europäische Union in höchstem Maße entwickelt wurde. Es ist allerdings zu beachten, dass der fortschrittliche Entwicklungsstand der grenzüberschreitenden Interaktionen innerhalb Europas ein Ergebnis langjähriger Arbeit an dem Wechsel in der Wahrnehmung traditionell empfundenen Territorialität, Staatlichkeit und Bedeutung von Grenzen ist. Es stellt auch den Effekt von dynamischen politischen Veränderungen dar, die erstmals im Westen, und anschließend auch im Osten des Kontinents erfolgten. Diese Veränderungen initiierten vor allem Politiker und politische Institutionen europäischer Staaten, und im Laufe der Zeit aber auch ihre Gesellschaften.

Die europäische grenzüberschreitende Zusammenarbeit ist mit zwei staatlichen Grunddilemmata untrennbar: Zum einen bezüglich des Verständnisses und der Ausübung des Souveränitätskonzeptes, zum anderen

---

[1] Adam-Mickiewicz-Universität, Posen, Polen und Europa-Universität Viadrina, Frankfurt (Oder), Deutschland

mit der Weise, in der staatliche Grenzen, die diese Souveränität bestimmen, konstruiert werden. Die Nationalstaaten in Europa ermöglichten die Ausübung grenzüberschreitender Zusammenarbeit und zugleich modifizierten sie die Bedeutung der Eigenherrschaft und Selbstbestimmung. Dies erfolgte unter dem Einfluss langfristiger Stabilität und Frieden, aber auch aufgrund von Prozessen der kontinentalen Integration und Globalisierung. Demzufolge rieten die Nationalstaaten unter Druck der Neudefinition ihrer Beziehungen mit dem Raum und dem Territorium.[2]

Ziel des vorliegenden Aufsatzes ist es, eine Darstellung der Entwicklung der Prozesse im Rahmen grenzüberschreitender Zusammenarbeit in Europa, unter Berücksichtigung ihrer Ursachen, Kontexte, Formen und Folgen zu geben. Die Perspektive der Erwägungen konzentriert sich sowohl auf die politische Dimension, als auch auf die institutionellen und außerinstitutionellen politischen Akteure. Der Analyse der Entwicklungsgründe folgt eine Untersuchung des Kontextes, in dem grenzüberschreitende Zusammenarbeit implementiert worden ist. In beiden Fällen wird nicht nur eine empirische Auswertung dargestellt, sondern auch die herrschenden Diskurse in politischer und konzeptioneller Debatte. In darauffolgenden Schritten wird der fördernde Charakter der EU-Politik erläutert, insbesondere in Bezug auf die strukturelle Politik und die rechtlichen und organisatorischen Instrumente, die sie definieren. Schließlich werden die politischen Konsequenzen der untersuchten Prozesse erörtert.

II. Warum soll man grenzüberschreitend kooperieren? Gründe und Dilemmata der Entwicklung der grenzüberschreitenden Zusammenarbeit in Europa

Die wichtigste Frage, die bei der Erschaffung und Unterstützung grenzüberschreitender Zusammenarbeit auftaucht, betrifft ihre Motivation. Warum soll eine solche Kooperation finanziell, rechtlich und politisch unterstützt werden? In der Integrationslogik der Nachkriegszeit, aber auch in den Politiken verschiedener europäischer Staaten, findet man einige Arten (die sich regelmäßig ergänzen) von Antworten auf diese Fragen.

Erstens, bezieht sich die Motivation der grenzüberschreitenden Kooperation auf die Konsolidierung des Friedens und Stabilität in Europa. Es ist

---

2 *Popescu*, S. 419.

darauf hinzuweisen, dass die gegenwärtige, politisch-territoriale Gestalt des Kontinents zum größten Teil ein Ergebnis bewaffneter Konflikte darstellt, vor allem des ersten und zweiten Weltkriegs und der mit dem Zerfall kommunistischer Regimes und Föderalstaaten verbundenen Konflikten nach dem Jahre 1989. Die Folge war nicht nur ein veränderter Verlauf von Grenzen, sondern auch Umsiedlungen und mehrjährige Isolation von Gesellschaften, die beiderseits der Grenze lebten. Sowohl eine „Normalisierung von Grenzen", die als endgültige Anerkennung des Verlaufs von Grenzen in Europa verstanden wurde (begründet durch die Konferenz in Helsinki und die deutsch-polnischen Verträge, durch die Zwei-plus-Vier-Konferenz, bis hin zum Versuch der Regulierung der Zugehörigkeit von der Krim und Kosovo), als auch die Eröffnung von Grenzen, die mit örtlich realisierter Versöhnung verbunden war, sind zu einer Grundlage der nachbarschaftlichen Beziehungen in Europa geworden. Diese verwirklichten sich am vollsten durch grenzüberschreitende Zusammenarbeit.

Ein der zumeist angeführten Argumente besteht in der Feststellung, dass eine Grenze klassischerweise als eine Barriere funktioniert, was allerdings auf einfache Weise durch bestimmte Maßnahmen geändert werden kann, damit sie zu einer Ressource, Chance und Entwicklungspotential wird.[3] Dadurch wird die vorige, isolierende Funktion, die zur Schädigung der Wirtschaft in Grenzregionen beiträgt, vollständig modifiziert. Traditionellerweise werden von einer Grenze auch u.a. gesellschaftliche, kulturelle, juristische Systeme geteilt. Durch die dadurch bestehenden Asymmetrien in vielen Bereichen (Löhne, Steuer, Sanitärregimes, etc.) treten auch Missbrauchsversuche in den Vordergrund, z.B. in Form des Schmuggels. Der Staatsapparat engagiert sich in der Bekämpfung solcher Vorgänge, wodurch das Monopol des Staates auf die Entscheidungsfindung und Ausübung der Kontrolle auf eigenem Staatsgebiet geschützt wird. Gleichzeitig verursacht diese Politik die Unmöglichkeit vollständiger Nutzung der Stärke von Grenzregionen. Ihr Potential basiert auf den Unterschiedlichkeiten gegenüber der Gebiete jenseits der Grenze. Dies führt zu einer Versuchung, einen Mechanismus zu schaffen, durch den die Grenze von einem Hindernis zu einer Chance und Ressource wird, welche eine an sonstigen Orten nicht vorliegende Dynamisierung ermöglicht.

Wegen des oben genannten Arguments, dass eine grenzüberschreitende Zusammenarbeit sich hauptsächlich im Prozess der europäischen Integrati-

---

3 *Järviö*, S. 3-7.

on materialisiert, sei darauf hingewiesen, wie die Überlegungen in Bezug auf dieses Phänomen die Motive und Dynamiken der grenzüberschreitenden Zusammenarbeit auslegen. Dies erfolgt durch den Blick auf drei bedeutendste Theorien, welche die europäische Integration erklären: den Neofunktionalismus, Intergouvernementalismus und Konstruktivismus.

Der Neofunktionalismus basiert auf einem neoliberalen Ansatz, der für die politische Ausrichtung der Vereinigten Staaten zwischen den Weltkriegen und in der Nachkriegszeit charakteristisch ist. Eine funktions- und bedürfnisorientierte Einstellung hat die Liberalisierung des Handels zu einem Schlüsselinstrument der Einführung von Integrationsprozessen gemacht,[4] bei denen die Wirtschaft der Erreichung politischer Zwecke, insbesondere Stabilität des Friedens, diente. Die Integration erfolgt im Rahmen der „*Spillover*"-Logik, in welcher ein Erfolg in einer der Initiativen die Erweiterung auf weitere Gebiete verursacht, und „bezieht sich auf eine Situation, in der bestimmte, mit spezifischen Zwecken verbundene Aktivitäten, Situationen hervorrufen, in denen das ursprüngliche Ziel nur durch Aufnahme von weiteren Aktivitäten erreicht werden kann, was zur Erstellung weiterer Voraussetzungen und zum Bedarf weiterer Tätigkeit führt".[5] Die Erosion von Nationalstaaten resultiert in der Übertragung von Kompetenzen auf übernationale Ebene, sowie in der Schaffung von übernationalen Institutionen. In Grenzgebieten führt dies zur Notwendigkeit der Beseitigung von Hindernissen (Grenzkontrollen, Zölle, etc.), was die wirtschaftliche Entwicklung durch den Austausch von Gütern und Dienstleistungen dynamisieren soll. Den Kernpunkt grenzüberschreitender Zusammenarbeit stellt schließlich eine bessere Befriedigung von Bedürfnissen von lokalen Gesellschaften wegen Preisunterschieden beiderseits der Grenze dar, allerdings soll er sich im Laufe der Zeit auf weitere Gebiete, wie etwa Transport, Bildung, öffentliche Dienste, etc. erstrecken.

Die Integrationsprozesse nach der Theorie des Intergouvernementalismus, der in einem neorealistischen Ansatz zu internationalen Beziehungen verwurzelt ist,[6] werden als ein Spiel zwischen souveränen Staaten betrachtet, deren Repräsentanten auf der Grundlage vorher definierter Nationalinteressen verhandeln, wobei die Kompetenzen auf andere Ebenen nur un-

---

4 *Haas*, S. 111.
5 *Lindberg*, S. 123.
6 *Waltz*, S. 1-251.

gern[7] oder instrumental[8] übertragen werden. Den Kern grenzüberschreitender Zusammenarbeit in diesem Sinne stellen somit Nationalinteressen von Staaten dar, welche die lokalen, territorialen Einheiten zwecks Erreichung bestimmter politischen Ziele (Versöhnung, Aufbau von guten Beziehungen mit Nachbarstaaten, Bildung internationaler Allianzen, etc.) in ihre Außenpolitik engagieren. Die Zentren versuchen dabei, die Kontrolle über den Verlauf von grenzüberschreitenden Beziehungen nicht zu verlieren.

Der (soziale) Konstruktivismus basiert auf dem Ansatz vom sozialen Charakter der Integration, die auf der Basis von Normen und Werten konstruiert wird.[9] Sie entstehen infolge des Kontaktes und der Kommunikation[10], wo die individuellen Akteure eine neue normative Ordnung vorschlagen, wenn die vorher dominierende Ordnung eine Krise durchläuft, und auf der Grundlage des Systems kollektiver Sozialisierung.[11] Die grenzüberschreitende Zusammenarbeit ist vor allem ein Effekt von Ähnlichkeiten zwischen normativen und kulturellen Systemen beiderseits der Grenze oder ein Ergebnis des Aufbaus vom gemeinsamen Verständnis durch das Vertrautwerden mit Normen und Werten, die jenseits der Grenze herrschen. Dies manifestiert sich vor allem in grenzüberschreitenden Projekten mit kulturellen und schulischen Bezügen.

III. Der politische Kontext der Entwicklung grenzüberschreitender Kooperation in Europa in der Nachkriegszeit

Bei der Aufführung eines politischen Kontextes grenzüberschreitender Zusammenarbeit in Europa soll darauf hingewiesen werden, dass sie auf den Beschränkungen beruht, die aus der westfälischen Logik der Territorialität stammen und sie werden besonders scheinbar, wenn sie der fortschreitenden Globalisierung gegenübergestellt werden.[12] Diese Tatsache hat im Hinblick auf die wachsende Anzahl der Grenzen in der EU, verbunden mit Erweiterungen der Union und weiteren Staaten, die im „europäischen Pro-

---

7 *Hoffmann*, S. 862–915.
8 *Moravcsik* 1993; *Moravcsik* 1998.
9 *Diez/Wiener*, S. 1-295
10 *Ruszkowski*, S. 1-316.
11 *Wilga*, S. 48.
12 *Popescu*, S. 434.

jekt" teilnehmen, noch mehr an Bedeutung gewonnen. Demzufolge wohnen in Grenzregionen heutzutage 37% der Europäer, was in der Praxis bedeutet, dass es sich um 185 Mio. Personen handelt.[13] Um die Kontextfaktoren verstehen zu können, muss man sich erstmal mit dem Wesen einer Grenze befassen.

Sowohl in wissenschaftlichen Überlegungen, als auch in der politischen Praxis, kann eine Grenze auf der Grundlage von zwei Modellen organisiert werden, nämlich „Frontier" und „Boundary".[14] Sie stellen allerdings auch die Art und Weise der Organisation von benachbarten Staaten und die Position der territorialen Verwaltungseinheiten, wie etwa Gebietskörperschaften.

In Europa, der historisch bedingte Begriff der Grenze, nach dem mittelalterlichen Verständnis, ist als „Frontier" definiert. Sie stellt somit einen Raum (und nicht eine Linie) dar, wo die Einflüsse benachbarten Strukturen sichtbar sind, die sich auch miteinander vermischen und ein Lokalkolorit schaffen, das von den Zentren (öfter erheblich) abweicht.[15] Das Frontier wird deswegen als „Niemandsland" bezeichnet[16], oder zumindest als eine „Kontaktzone zwischen zwei Subjekten oder sozialen Systemen"[17], die eine Grenzgesellschaft repräsentiert.[18]

„Boundary" stellt hingegen ein politisches Konzept dar, das in die politisch-territoriale Realität Europas implementiert wurde, und bis zur zweiten Hälfte des 20. Jahrhundert dominierte. Boundary wird durch eine präzise gesetzte Linie definiert,[19] welche mehr oder weniger genaue Territoriumsbeschränkungen festlegt[20] und die ausschließliche Souveränität definiert.[21] Demzufolge legt Boundary „bestimmte, gut beschlossene (intern bindende) Begrenzungen der gegebenen politischen Einheit fest. Alles, was sich innerhalb dieser Grenze befindet, ist miteinander verknüpft, was bedeutet, dass es auch mit interner Abhängigkeiten verbunden ist".[22] Sie

---

13 *Europäische Kommission*, S. 12.
14 *Kristof*, S. 269-282.
15 *Walters*, S. 687-688; *Browning, Joenniemi*, S. 529.
16 *Alkan,*, S. 34.
17 *Evans, Newnham* 1998, S. 185.
18 *O'Dowd, Wilson* 2002, S. 8.
19 *Germond*, S. 39.
20 *Evans, Newnham*, S. 185.
21 *O'Dowd, Wilson*, S. 8.
22 *Kristof*, S. 269-270.

stellt schließlich „das Ende des Territoriums", eine Verteidigungslinie dar, wodurch Gesellschaften getrennt werden, anstatt sie zu verbinden.

Das Frontier war das bedeutendste Element in der Grenzrealität des feudalen Europas im Mittelalter. Das Boundary wurde durch die Bestimmungen des westfälischen Friedens im Jahre 1648 „entworfen" und führte in folgenden Jahrhunderten zur Schaffung von Nationalstaaten, die ein genau bestimmtes Gebiet kontrollier(t)en, ausschließliche Souveränität ausüb(t)en und den Innenraum des Territoriums unifizier(t)en. Die Kumulierung dieser Ereignisse hängt mit der Vereinigung Deutschlands und Italiens, Entstehung mehrerer Staaten nach dem Ersten Weltkrieg, sowie Grenzverschiebungen, Aussiedlungen und dem Eisernen Vorhang nach dem Zweiten Weltkrieg zusammen. Integrationsprozesse der Nachkriegszeit haben eine erneute Veränderung der Grenzmodelle initiiert. In Bezug auf die unionalen Binnengrenzen ist es zu einem wiederholten Modellieren - mit all seinen charakteristischen Konstruktionselementen - im Sinne der Frontier-Logik gekommen.

Bei der Schaffung von Frontier in der EU und im Effekt der Initiierung und Implementierung intensiver grenzüberschreitender Zusammenarbeit, scheint zwei Elementen eine Schlüsselbedeutung zuzukommen: zum einen der Errichtung eines einheitlichen Marktes (mit wirtschaftlichem Charakter, jedoch in politischer Logik des Mythos „Europa ohne Grenzen" eingebettet)[23] und zum anderen der auf dem Regionalismus basierenden Dezentralisierung von Nationalstaaten (die auch zur grenzüberschreitenden Regionalisierung führt).

Durch die Einheitliche Europäische Akte von 1986 wurde die Errichtung eines einheitlichen wirtschaftlichen Gebietes innerhalb der Europäischen Gemeinschaften beschleunigt. Freizügigkeit, sowie freier Verkehr von Waren, Dienstleistungen und Kapital führte zur Notwendigkeit der Beseitigung von Grenzen, die eine Barriere in Hinblick auf den Verkehr darstellten. Das graduelle Verzichten auf bestimmte Arten von Grenzkontrollen an Binnengrenzen hat zum Wegfall von unmittelbaren Reisepasskontrollen im Schengener Abkommen geführt. Die Unterzeichnung des Schengener Abkommens im Jahre 1985 schuf eine neue Lage zwischen den Vertragsparteien in Bezug auf die Freizügigkeit von Personen, aber auch Gütern und Dienstleistungen.[24] Die graduelle Erweiterung der Zone

---

23 *Järviö*, S. 3-7.
24 *Pete*, S. 22.

auf weitere Mitgliedstaaten in den neunziger Jahren, sowie auf die neu der Union beigetretenen Staaten aus Mittel- und Osteuropa nach der Erweiterung im Jahre 2004, hat die offenen Grenzen nicht nur zu einer der offensichtlichsten und von durchschnittlichen Europäern meist geschätzten Folgen gemacht, sondern hat auch zur vollständigen Veränderung der grenznahen Landschaft beigetragen. Dies erfolgte insbesondere in Hinsicht der Errichtung grenzüberschreitender Zusammenarbeit, die nun nicht durch förmliche Hindernisse, wie etwa Warteschlangen, Kontrollen, Visen, etc. begrenzt war. Gleichzeitig wurde eine spezifische Atmosphäre der „Entgrenzung" geschaffen, die im Mythos der „Welt ohne Grenzen", und seiner europäischen Variante „Europa ohne Grenzen" zum Ausdruck kommt. Die idealistische Vorstellung der neuen globalen Ordnung nach dem Kalten Krieg hat sich in der Überzeugung ausgedrückt, dass die westlichen Werte, die auf liberaler Demokratie, Menschenrechten, Achtung von Minderheiten und Prinzip der Zusammenarbeit basieren, endgültig gewonnen haben. Die traditionell verstandenen Grenzen sind demzufolge nicht nur zu einem Hindernis für freien Verkehr von Waren und Personen geworden, sondern vor allem für die dahinterstehenden Ideen. Aus dem Postulat „Europa ohne Grenzen" geht hervor, dass das Überwinden von Barrieren für besseres Verständnis und Achtung notwendig sei, was eine Grundlage der neuen europäischen Ordnung darstellen solle. Die grenzüberschreitende Zusammenarbeit ist somit zu einer normativen Forderung geworden, die das Erschaffen neuer europäischen Qualität bedingt.

Die Ursprünge der grenzüberschreitenden Zusammenarbeit im Europa der Nachkriegszeit befinden sich im westlichen Teil des Kontinents, insbesondere im rheinischen Becken. Dort haben sich die ersten Beziehungen zwischen den Partnern aus Deutschland, Frankreich, den Niederlanden, der Schweiz und Luxemburg entwickelt.[25] Es ist bemerkenswert, dass sie von Anfang an einen vielschichtigen Charakter aufwiesen, einerseits durch das Engagement zentralstaatlicher Behörden, andererseits aber auch die Tätigkeit territorialer Behörden, des Unternehmenssektors, Hochschulen und Nichtregierungsorganisationen.[26] Zwischen den klassischerweise für Außenpolitik zuständigen zentralen Behörden, und Nichtregierungs- sowie subnationalen Subjekten, die eigenartige Paradiplomatie in Bezug auf grenzüberschreitende Beziehungen zu führen versuchten, hat sich ein

---

25 *Järviö*, S. 3-7.
26 *Järviö*, S. 3-7.

deutlich offenbarer Missklang ergeben. Sofern die Staaten ihr Engagement in den Prozess der kontinentalen Integration durch Offenheit von Grenzen verwirklicht haben, erfolgte dies auf abgetönte Weise und unter dem Gesichtspunkt von Nationalinteressen (somit durch die intergovernmentale Logik). Andererseits hatten die subnationalen Einheiten (vor allem die Selbstverwaltungen) Interesse an maximaler Offenheit. Die erwarteten Vorteile, die sich aus der *De-boundarization* ergeben sollten (was an der neofunktionalen Logik erinnert) und auch die, die sich aus der lokalen „Konsumption" von vier Freiheiten ergeben, wurden zusätzlich durch die grenzüberschreitende Zusammenarbeit fördernde Beihilfen der Europäischen Union unterstützt. In vielen Fällen traf sich dies mit dem erneuten Entdecken von lokalen und regionalen Identitäten zusammen, die früher durch staatliche Grenzen zertrennt waren (laut dem Schema des konstruktivistischen Ansatzes).

Die dargestellten Phänomene sollen zusätzlich im weiteren Prozess der Regionalisierung bzw. erneuter Regionalisierung angesiedelt werden, die mit Erosion von traditionellen Nationalstaaten und dem Mechanismus der Multi-Level Governance verbunden ist.

Der Prozess der Regionalisierung der Nachkriegszeiten wurde in einer Reihe von Phänomenen angesiedelt. Unter anderem im Abgang von dem Zentralismus der Zwischenkriegs- und Kriegszeit, aber auch im Prinzip der Subsidiarität, der die Problemlösung auf möglichst niedrigster Ebene durch mit entsprechenden Kompetenzen ausgestattete Institutionen voraussetzt. Der neue Regionalismus als Forschungskonzept hat auf die Rolle von Akteuren anderen als traditionelle Institutionen in beschriebenen Prozessen aufmerksam gemacht. Als Konsequenz musste die lokale Verwaltung auf dem Engagement von Nichtregierungsorganisationen und Unternehmen basieren, sowie auf dem ununterbrochenen Dialog zwischen ihnen und Institutionen der lokalen Selbstverwaltung. Im weiteren Sinne wurde neuer Ansatz in Bezug auf das Management von öffentlichen Angelegenheiten definiert. Die traditionell dominierende Rolle von staatlichen Institutionen, wegen des mehrdimensionalen Charakters der politischen, wirtschaftlichen und gesellschaftlichen Realität hat dazu beigetragen, dass die Staaten nicht mehr in der Lage sind, Hoheitsgewalt alleinig auszuüben. Demzufolge ist das Konzept der Regierung (Government) durch das Konzept der Verwaltung (Governance) ersetzt worden. Sie wird durch eine Reihe von interdependenten Subjekten, die Kompetenzen miteinander teilen, ausgeübt. Einige staatlichen Kompetenzen wurden auf eine supranationale Ebene delegiert (Europäische Union), andere wurden durch Unternehmen und Nichtregierungsorganisationen sowie lokale Gemeinschaften erlangt.

Die eingetretene Situation hat sich auf interessante Weise in die Art der Interaktion im Kontext der grenzüberschreitenden Zusammenarbeit umgesetzt. Im Zustand von offenen Grenzen, der wachsenden Zusammenarbeit, den die Zusammenarbeit fördernden Instrumenten mit finanziellem, rechtlichem und politischem Charakter, auch im Kontext der dargestellten Prozesse der Regionalisierung und Multi-Level Governance an allen unionalen Binnengrenzen, hat sich ihre politische Dimension vollkommen anders gestaltet. Erstens waren die Staaten nicht mehr die wichtigsten Subjekte, die über ihre Form entscheiden. Dies waren aber auch nicht nur Selbstverwaltungen, die die führende Rolle übernommen haben. Vielmehr ist zusätzlich die Europäische Union, als selbstständiger Akteur, der die Prinzipien und Standards grenzüberschreitender Zusammenarbeit bestimmt, sowie die aus Grenzregionen stammende Zivilgesellschaften und lokale Unternehmen, in ihre Gestaltung einbezogen worden. Die Intensität von grenzüberschreitenden Beziehungen hatte allerdings zur Folge, dass der Bedarf entstanden ist, ein neues Modell des Zurechtkommens mit Fragen, die eine staatliche Grenze überschreiten, zu entwerfen. Die Antwort auf die Frage stellte das Konzept des Cross-Border Governance dar. Dies war ein Element des grenzüberschreitenden Regionalismus, den man als „Prozess der Entwicklung von politischen Gemeinschaften quer zu Nationalgrenzen in Antwort auf wechselnde globale politische und wirtschaftliche Kontexte" bezeichnen kann.[27] Der grenzüberschreitende Regionalismus kann sich in Anlehnung an eine Reihe von Elementen entwickeln. Dazu gehören u.a. historische Beziehungen, kulturelle Nahe, Ähnlichkeit von Interessen oder Herausforderungen.[28] Es muss jedoch beachtet werden, dass das Konzept einer Region und Regionalisierung – trotz zahlreichen Forschungen und Abhandlungen – unscharf verbleibt, und basiert auf vielen Narrationen mit wirtschaftlichem, gesellschaftlichem, politischem u.a. Charakter.[29]

In der Debatte über den grenzüberschreitenden Regionalismus wird auf ein bestimmtes Paradox hingewiesen. Einerseits erfolgt eine „Flucht aus der Falle des Territorialismus"[30], die einen Abgang von der klassisch be-

---

27 *Scott*, S. 105.
28 *Scott*, S. 105.
29 *Lagendijk*, S. 77.
30 *Popescu*, S. 423.

trachteten Definition des Territoriums für Staatlichkeit und Souveränität darstellt. Andererseits erfolgt aber eine Re-Territorialisierung, bloß auf der regionalen Ebene, wo Regionen und Grenzregionen zur Basis der Strukturpolitik der Europäischen Union werden.[31]

IV. Grenzüberschreitende Zusammenarbeit als Element der unionalen Strukturpolitik

Seit über zwei Jahrzehnten übernimmt die Europäische Union die Rolle des Hauptakteurs bei der Unterstützung der grenzüberschreitenden Zusammenarbeit auf dem operationellen Niveau in Europa. Ihr wichtigstes Instrument stellt INTERREG dar. Dank dieses Instruments erfolgt eine Materialisierung des grenzüberschreitenden Regionalismus in Form von grenzübergreifenden Projekten, Politiken und Institutionen.

Die Politik der Unterstützung grenzüberschreitender Zusammenarbeit in der Europäischen Union basiert auf zwei Voraussetzungen. Erstens, es müsste ein Zusammenhang zwischen unionaler Finanzierung der Zusammenarbeit und dem Grad der Beziehungen von institutionellen Partnern aus beiden Seiten der Grenze bestehen, sowie ein Zusammenhang zwischen dem Grad von diesen Beziehungen und dem Niveau funktionaler Beziehungen von wirtschaftlichem Charakter.[32] Finanzielle Förderung, die auf bestimmte Richtungen kanalisiert und auf definierte Ziele gerichtet wird, betrachtet man als Schlüsselelement bei der Schaffung von formellen Zusammenhängen zwischen den im Cross-Border Governance engagierten Akteuren, welche anschließend gemeinsame Projekten und Politiken schaffen. INTERREG, das dabei die Hauptrolle spielt, stellt nicht ein in Bezug auf andere Zwecke und unionale Politiken zusammenhangloses Instrument dar – es ist vor allem ein zur Steigerung der Kohäsion innerhalb der Union beitragendes Element.

Die Europäische Kohäsionspolitik wird auf der Grundlage von drei Zielen geführt. Erstens, auf der Grundlage von Konvergenz (Kohäsion). Für ihre Verwirklichung wird ca. 82% der verfügbaren Mittel genutzt. Die Beihilfe ist für die bedürftigsten Regionen bestimmt, und soll zur Entwicklung im Rahmen von Humanressourcen, Infrastruktur und wirtschaft-

---

31 *Lagendijk*, S. 88.
32 *Garcia-Duran, Mora, Millet*, S. 346.

lichem Potential beitragen. Das zweite Ziel stellt die Steigerung der Konkurrenz- und Beschäftigungsfähigkeit der Regionen dar. Hierfür sind 16% der Mittel zugewiesen, welche an die weniger entwickelten Regionen adressiert werden. Den Schwerpunkt der Förderung bilden Innovationen und Forschungsprojekte. Das dritte Ziel ist die Europäische Territoriale Zusammenarbeit (ETZ), mit lediglich 2% der Mittel, die für Projekte mit internationalem Charakter ausgegeben werden.

Die Qualifizierung zur Förderung im Rahmen der Kohäsionspolitik wird durch das Niveau des BIP auf dem regionalen Niveau gemessen. Übersteigt sie 75% des unionalen Durchschnitts nicht, darf eine Region die Förderung erhalten.

Die Unterstützung von Regionen in Anlehnung auf Kriterien des Entwicklungsniveaus im Rahmen der Kohäsionspolitik erforderte die Errichtung eines unifizierten Systems, um beide Elemente definieren zu können: das Entwicklungsniveau und die Bestimmung des Wesens einer Region.

Soweit sich die Entwicklung relativ unproblematisch durch das vorher genannte BIP-Niveau messen lässt, unterscheiden sich allerdings Mitgliedstaaten in Bezug auf interne Verwaltungseinheiten. Deswegen ist ein System geschaffen worden, das in Anlehnung an definierte Populationskriterien bestehende Verwaltungseinheiten zu statistisch vergleichbarem System von territorialen Einheiten in Anspruch nimmt. Es wurde als Nomenclature of Units for Territorial Statistics – NUTS – bezeichnet. Obwohl es seit dem Jahre 1988 in der Praxis verwendet wurde, erst die Verordnung des Europäischen Parlaments und Rates vom 2003 hat seine endgültige Form, ergänzt nach der Osterweiterung in 2005 und 2008, gestaltet. Es beinhaltet fünf Ebenen. Die Ebene NUTS 1 umfasst Regionen (bestehende Verwaltungseinheiten oder ihre Gruppierungen), welche von 3 bis 7 Millionen Einwohner besiedelt werden. Die Ebene NUTS 2 besteht aus Einheiten innerhalb von NUTS 1 mit 0,8 bis 3 Millionen Einwohner. NUTS 3, innerhalb von NUTS 2, wird durch Einheiten mit 150.000 bis 800.000 Einwohner dargestellt.

Die grenzüberschreitenden Programme sind an Regionen im Sinne von NUTS 3 adressiert, die in der Nähe von Staatsgrenzen liegen (dies umfasst interne Landgrenzen, bestimmte Außengrenzen und Meeresgrenzen, die nicht weiter als 150 Kilometer entfernt sind). Ihr Hauptziel ist die Ermöglichung gemeinsamer Initiativen auf der lokalen und regionalen Ebene (Karte 1).

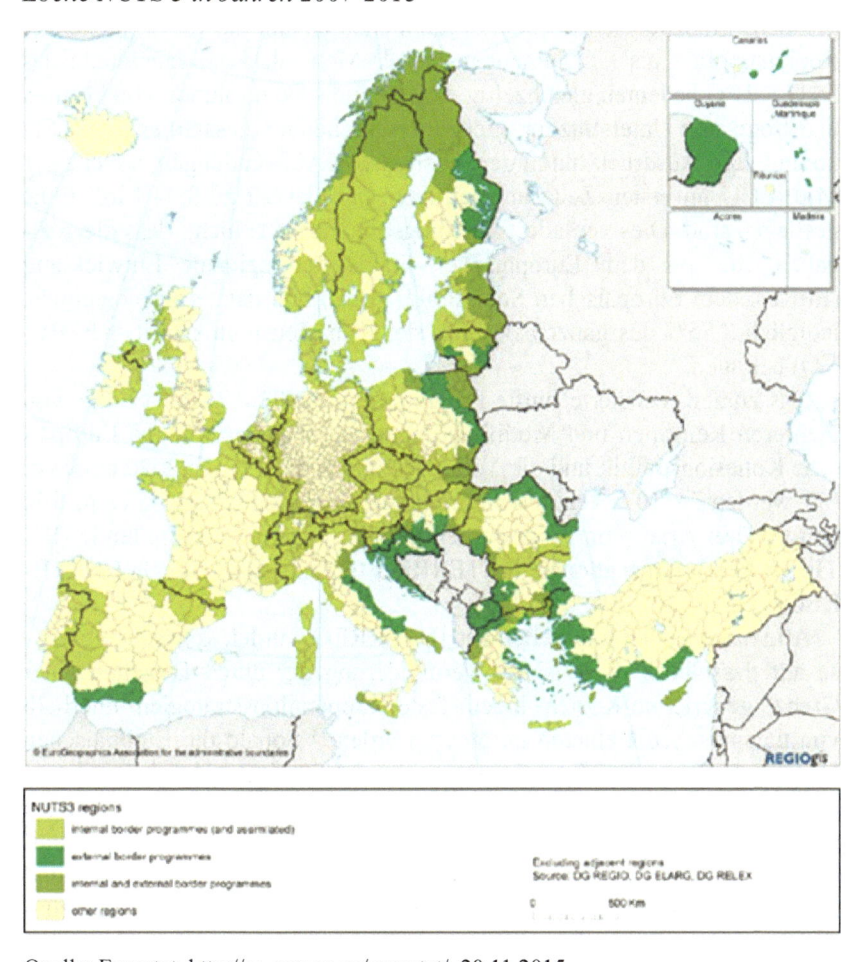

Karte 1. Gebiete der Programme territorialer Zusammenarbeit auf der Ebene NUTS 3 in Jahren 2007-2013

Quelle: Eurostat, http://ec.europa.eu/eurostat/, 20.11.2015

Das Schlüsselelement der Politik der Initiierung und Förderung von grenzüberschreitenden Zusammenarbeit in der Europäischen Union stellt seit 25 Jahren das INTERREG-Programm dar. Seine fünf bisherigen Laufzeiten wurden mit den Haushaltszeiträumen der Union verknüpft. Die zwei ersten Perioden, die in den Jahren 1990-1993 und 1994-1999 implementiert worden waren, stellten Gemeinschaftsinitiativen dar. Die zwei darauffolgenden Editionen, 2000-2006 und 2007-2014, wurden in die Regulationen der Strukturfonds miteinbezogen. Nach dem Erfolg in Förderung räumlicher Kohäsion in grenzüberschreitender Dimension ist die Entscheidung gefallen, grenzüberschreitende Zusammenarbeit als ein der Zwecke der Regionalpolitik als ETZ einzubeziehen.[33] Mehr als zwei Jahrzehnte des INTERREG bedeuten gleichzeitig eine dynamische Evolution von Formen und Logik der Unterstützung grenzüberschreitender Zusammenarbeit. Sie kommt zum Ausdruck durch den Anstieg von Aufwendungen, welche 1,1 Mrd. ECU im ersten Zeitraum betrugen, und derzeit zu 8,94 Mrd. EUR gestiegen sind. Dies verändert allerdings die Tatsache nicht, dass die Ausgaben, die aus dem Europäischen Fonds für regionale Entwicklung (EFRE), dem Europäischen Sozialfonds (ESF) und dem Kohäsionsfonds, lediglich 2,75% des ganzen Budgets der Kohäsionspolitik (Art. 4 EFRE-VO) betragen.

Das zurzeit realisierte fünfte Programm von INTERREG ist Folge von mehreren Reformen und Modifizierungen, die sich in die neue Europäische Kohäsionspolitik und die Voraussetzungen des Europa 2020 einpasst. Sie werden in 107 Regionalprogrammen operationalisiert. Gleichzeitig wurden drei Arten von Programmen definiert: grenzüberschreitende (INTERREG A), transnationale (INTERREG B) und interregionale (INTERREG C).

Alle bestehenden Laufzeiten des INTERREG wurden konsequenterweise auf dasselbe Ziel gerichtet: Verminderung der durch Bestehen einer Grenze generierten Kosten, indem feste Kooperationsstrategien innerhalb von thematischen Gebieten gefördert werden.[34] Sobald die Europäischen Gemeinschaften mit dem Beginn von mehrjährigen Haushaltsrahmen (1990) grenzüberschreitende Zusammenarbeit zu unterstützen angefangen haben, verfügten die Mitgliedstaaten über ca. 6.000 Kilometer von Landgrenzen, stellten grenznahe Gebiete etwa 10% ihres Territoriums dar und wurden von etwa 15% der Bevölkerung bewohnt.[35] Mit den Erweiterungen der Union stiegen diese Mengen nicht nur zahlenmäßig, sondern auch prozentual. Der Union sind nämlich viele Staaten beigetreten, die von relativ kleiner Größe und Territorium sind. Dies führte zur Verlängerung der absoluten Länge von Grenzen, aber das hatte auch zur Folge, dass der Anteil von Grenzgebieten und deren Bevölkerung in territorial-demographischer Struktur der Union systematisch wuchs. Heutzutage umfassen grenz-

---

33 *Medeiros*, S. 29.
34 *Garcia-Duran, Mora, Millet*, S. 350.
35 *Medeiros*, S. 1.

nahe Gebiete im Sinne von Einheiten auf der NUTS-III-Ebene ca. 60% des Gebiets der Union und ca. 41% ihrer Bevölkerung.[36]

Im Lichte des oben genannten Arguments wurde es zunehmend öfter gefragt, ob die Mittelausstattung auf dem Niveau von 1,8% im Zeitraum 2007-13 und kaum größere im Zeitraum 2014-20, nicht einen drastisch zu kleinen Betrag darstellt. *Medeiros* merkt, dass „wenn man die Zahlen anschaut, stellt man fehlende positive Korrelation zwischen wachsender Bedeutung von Grenzregionen in der EU und unmittelbarer Förderung von grenzüberschreitender Zusammenarbeit durch die EU fest".[37]

Um die Logik der unionalen Förderung für die grenzüberschreitende Zusammenarbeit zu verstehen, muss zusätzlich auf die Kooperation zwischen den Regionen innerhalb der EU und Partnerregionen außerhalb der Union hingewiesen werden. Sie findet an der Außengrenze der EU statt. Ihr Entstehen und Verstärkung stand im Zusammenhang mit der damals erwarteten Osterweiterung und wurde zum Beginn des neuen Jahrtausends heftig diskutiert. Es ist bemerkenswert, dass die Unterstützung einer solchen Form der grenzüberschreitenden Zusammenarbeit mit zwei unionalen Politiken verbunden wurde: Regional- und Außenpolitik. Die Regionalpolitik in der oben erwähnten Form, betraf die Dynamisierung der Entwicklung von Regionen mit wirtschaftlichem Rückstand, die in diesem Fall nicht nur am Rande eigener Staaten lagen, sondern der ganzen Europäischen Union, was zu doppelter Behinderung führte. Die Grenzregionen von Nichtmitgliedstaaten waren hingegen Adressaten von unionalen Außenpolitiken, die mit einer Transformationsrolle der Gemeinschaften im Außenbereich verbunden waren.[38] Die Union als „normative power" sollte benachbarte Staats- und Regionalstrukturen umwandeln, indem sie durch sog. „weiche Instrumente" europäisiert werden. Die Projektlogik, ergänzt durch finanzielle Unterstützung, zwang die bereiten Partner zur grenzüberschreitenden Zusammenarbeit mit Unionsregionen und zur Annahme der organisatorischen, finanziellen und politischen Logik, die auf dem *acquis communautaire* beruhte. Dies spiegelte deswegen sowohl die neofunktionale Integrationslogik, als auch die intergovernmentale Motivationen, die hinter der Förderung der Nachbarstaaten stunden, wider.

---

36 *Medeiros*, S. 1.
37 *Medeiros*, S. 4.
38 *Järviö*, S. 3-7.

Der erwähnte Kooperationsmechanismus wird in der finanziellen Struktur der Programme reflektiert. Soweit die Zusammenarbeit an Binnengrenzen und auf der mitgliedstaatlichen Seite von Außengrenzen durch das INTERREG-Programm (im Rahmen des Europäischen Fonds für regionale Entwicklung) finanziert wurde, die Finanzierung von nicht unionalen Teilen einige Schwierigkeiten bis zu ihrem Anfang bereitete. Zunächst waren es Mittel, die aus den Programmen Phare und Tacis stammten, welche die nichtunionalen Teile von gemeinsamen, grenzüberschreitenden Projekten deckten. Allerdings, mit der bevorstehenden Osterweiterung und der Perspektive neuer Mitgliedstaaten und Außengrenzen, ist eine Entscheidung über die Konsolidierung des Systems gefallen. In den Jahren 2004-2006 wurden Nachbarschaftsprogramme getestet, welche die vorher bestehenden Instrumenten Phare, Tacis, Meda im Sinne einer gemeinsamen Wahl der Projekte verbanden,[39] und in folgender Haushaltsperiode sind diese Instrumente zu einem einheitlichen European Neighbourhood and Partnership Instrument (ENPI) geworden und begründen somit das ENPI CBC. Sie sind zu einem bedeutsamen Instrument von Regionalinitiativen, wie etwa Ostsee-Strategie, Donaustrategie, Nördliche Dimension oder Östliche Partnerschaft, geworden.[40] Die Ressourcen des Europäischen Nachbarschafts- und Partnerschaftsinstrumentes für 2014-2010 werden auf 489 – 598 Mio. Euro geschätzt (Programming).

Die Programme der grenzüberschreitenden Zusammenarbeit haben eine entscheidende Bedeutung für die Erreichung der Ziele des Instruments der Nachbarschaftspolitik, welche sich schließlich auf das Entstehen eines gemeinsamen Raumes der „prosperity" und eine gute Nachbarschaft zwischen EU-Mitgliedstaaten reduzieren. Die grenzüberschreitende Zusammenarbeit konzentriert sich hierbei auf drei Hauptziele. Erstens, es handelt sich um die Förderung von gesellschaftlicher und wirtschaftlicher Entwicklung in den Regionen beiderseits der Grenze. Zweitens, die schwerpunktmäßige Ausrichtung auf die gemeinsamen Herausforderungen in den Bereichen Umweltschutz, öffentliche Gesundheit und Sicherheit. Drittens, die Förderung von besseren Bedingungen für die Mobilität von Personen, Gütern und Kapital.[41]

---

39 *Järviö*, S. 3-7.
40 *Järviö*, S. 3-7.
41 *Programme*, S. 4.

V. Organisatorische Formen der Entwicklung von grenzüberschreitenden Zusammenarbeit – Euroregionen und Europäische Verbünde für territoriale Zusammenarbeit

Die oben präsentierte Analyse konzentrierte sich auf das finanzielle Instrumentarium der Förderung von grenzüberschreitenden Zusammenarbeit, mit der Europäischen Union als Hauptakteur in diesem Bereich. Von einer vergleichsweise wichtigen Bedeutung sind allerdings auch die rechtlichen und organisatorischen Rahmen, in denen eine solche Kooperation sich materialisieren darf.

Die grenzüberschreitende Zusammenarbeit von Selbstverwaltung ist auf der Ebene der Europäischen Union, aber auch durch andere Foren europäischer Zusammenarbeit reguliert, vor allem durch den Europarat. An dieser Stelle soll eine Reihe von Rechtsakten genannt werden, in denen sich diese Zusammenarbeit reflektiert, vor allem das Europäische Rahmenübereinkommen über die grenzüberschreitende Zusammenarbeit zwischen Gebietskörperschaften (auch Madrider Rahmenübereinkommen genannt), die Europäische Charta der kommunalen Selbstverwaltung, die Europäische Charta der regionalen Selbstverwaltung sowie die Europäische Charta der Grenz- und grenzübergreifenden Regionen.

Die grenzüberschreitende Zusammenarbeit auf dem regionalen Niveau scheint möglichst umfassend durch Euroregionen realisiert werden.

Der Begriff einer Euroregion bezieht sich am häufigsten auf eine freiwillige Zusammenarbeit von Selbstverwaltungseinheiten.[42] Als Euroregion wird ein Verein von Partnern aus grenznahen Regionen aus zwei oder mehreren Staaten bezeichnet. Das Ziel stellt eine harmonische Entwicklung dar, die durch das Engagement von verschiedenen Akteuren eine Entstehung gemeinsamer Politiken und Projekten ermöglicht. Am häufigsten werden sie in den Bereichen Transport, regionale Entwicklung, Umweltschutz, Kultur, Bildung, etc. geschaffen.[43]

Die erste Euroregion wurde im Jahre 1958 auf dem deutsch-niederländischen Grenzgebiet berufen. Ihr Erfolg zog eine Flut von ähnlichen Initiativen in den nächsten Jahrzehnten in Westeuropa nach sich, und, nach dem Zerfall des Kommunismus im östlichen Teil des Kontinents und der Akzeleration von Integrationsprozessen, auch in diesem Teil Europas. Eu-

---

42 *Scott*, S. 105.
43 *Mission*.

roregionen sind schnell zu Strukturen geworden, die man als Laboratorien europäischer Integration bezeichnen konnte. Die kontinentalen Integrationsprozesse sind hier am besten sichtbar, weil sie sich in einer kleineren Skala ereignen, und auf eine Weise, die für übliche Europäer erkennbar ist. Öfter verwirklichten Grenzregionen die Ideen der europäischen Integration viel früher als Nationalstaaten, zu denen sie gehören, wodurch sie zu den Vorreitern des Prozesses geworden sind.

In den nach dem Entstehen der Euregio folgenden Jahren starteten ähnliche Initiativen an den Grenzen zwischen sechs Mitgliedstaaten der Europäischen Gemeinschaften mit Ausnahme Italiens (was durch die mit nationalen Minderheiten verbundenen Furchten bedingt wurde), aber unter Einbeziehung von der Schweiz.[44] Der Anfang der neunziger Jahre brachte neue Euroregionen in Mittel- und Osteuropa mit sich.[45] Dies war mit ihrer Betrachtung als Einstieg in die europäische Integration verbunden, welche die politische und wirtschaftliche Aspiration von Staaten und Gesellschaften der Region darstellte.[46] Der Prozess wurde zudem mit staatsorganisatorischem Wandel und äußerst aktiver Rolle Deutschlands in der Förderung dieser Kooperationsform bedingt. Die grenzüberschreitende Kooperation in euroregionaler Form wurde auch in Hinblick auf die Überwindung schwierigen Erbe der territorialen Vergangenheit interpretiert.[47]

Wie von *Scott* bemerkt, dienen Euroregionen einer Reihe von Zwecken sowie dem Integrationscharakter. Erstens, sie unterstützen das wirtschaftliche Networking, aber sie sind auch mit dem regionalen Policy-making und der regionalen politischen Beteiligung verbunden. Demzufolge tragen sie zu einer besseren Vertretung von lokalen und regionalen Interessen bei und intensivieren die regionale Entwicklung.[48] Euroregionen sind zu einer Grundlage der grenzüberschreitenden Governance in Europa geworden.

Euroregionen sind öfter als eine näher an den Bürgern liegende Kundgebung des europäischen Projekts betrachtet worden.[49] Es wird davon ausgegangen, dass was sich nicht auf einer kleineren Skala bewährt, kann auch nicht auf einer größeren Skala gut funktionieren. Im Gegensatz zu den Prozessen kontinentaler Integration, welche häufig als wirklichkeits-

---

44 *Pasi*, S. 74.
45 *Despiney Zochowska*, S. 80.
46 *Scott*, S. 106.
47 *Grix, Knowles*, S. 155.
48 *Scott*, S. 104.
49 *Pasi*, S. 73.

fremdes „Produkt von Eliten" gelten, werden Euroregionen für Initiativen gehalten, die nicht in einer top-down-, sondern bottom-up-Logik entstanden sind. Sie werden deswegen als Ergebnis des Engagements von lokalen und regionalen Gesellschaften dargestellt, die den Bürgern vertraut sind.[50]

In den Analysen, die sich auf eine grenzüberschreitende Zusammenarbeit auf der territorialen Ebene von Euroregionen beziehen, wird öfter ein zweidimensionaler Ansatz von Staaten betont. Einerseits sind sie mit einer solchen Zusammenarbeit einverstanden; sie wird sogar unterstützt und gefördert, mit Erwartung von bestimmten Vorteilen von pragmatischem (Entwicklung von Randregionen) und politisch-symbolischem Charakter (der eine praktische Orientierung für die Implementierung der europäischen Idee aufweist). Andererseits fürchten sich die Staaten vor grenzüberschreitenden Zusammenarbeit (bzw. ihre zu weitreichende Formen), die lokal initiiert und durchgeführt wird. Dies ist mit der nach wie vor dominierenden Idee der staatlichen Souveränität verbunden, welcher westfälische Interpretation eine uneingeschränkte Kontrolle über einem eindeutig definiertem Territorium bedeutet, die durch Staatsgewalt ausgeübt wird. Diese Spannung manifestiert sich einerseits durch die Entwicklung grenzüberschreitender Zusammenarbeit, andererseits durch manchmal ersichtliche Lustlosigkeit der Staaten, weitere Verpflichtungen zu übernehmen, was durch langsame Vorgehensweise bei der Umsetzung von Regulierungen in Bezug auf EVTZ deutlich gemacht wurde.

Das Entstehen der Institution eines Europäischen Verbundes für Territoriale Zusammenarbeit ist zum nächsten Schritt bei der Entwicklung von rechtlichen und organisatorischen Rahmen der grenzüberschreitenden Zusammenarbeit geworden. Das durch die Verordnung (EG) Nr. 1082/2006 berufene Instrument setzt Durchführung von gemeinsamen Vorhaben mit transnationalem Charakter durch eine Gruppierung voraus, die über eine eigene Rechtspersönlichkeit und eigenen Haushalt verfügt, und von mindestens zwei aus unterschiedlichen EU-Mitgliedstaaten stammenden Mitglieder gebildet wird. Die Fähigkeit besteht sowohl bei Mitgliedstaaten selbst, als auch bei regionalen oder lokalen Selbstverwaltungen, Subjekten des öffentlichen Rechts oder den Vereinen von erwähnten Subjekten.

Hierbei sind die praktischen Konsequenzen von Implementierung der Regulation über die EVTZ auf der nationalen Ebene anzumerken. Erstens, ihre Umsetzung dauerte deutlich mehr als das geplante ein Jahr. Ein we-

---

50 *Pasi*, S. 74-75.

sentlicher Teil der Mitgliedstaaten verzögerte die Anwendung des Gemeinschaftsrechts, was Befürchtungen in Bezug auf Souveränitätsfragen nach sich zog. Als weitere Frage stellte sich die praktische Realisierung des EVTZ im Raum der Europäischen Union heraus. Es hat sich herausgestellt, dass die berechtigten Subjekte in verschiedenen Teilen der EU in unterschiedlichem Maße an der Berufung von Verbünden interessiert sind.

Ein Blick auf die Karte der bestehenden Verbünde zeigt ihre deutliche Konzentration rund um zwei Staaten: Frankreich (19 Verbünde) und Ungarn (21 Verbünde).[51] Zwei Argumente dominieren die Erklärung dieses Sachverhalts. Im Falle Frankreichs hat es einen funktionalen Charakter, verbunden mit einem hohen Grad der Offenheit von Grenzen und dem tagtäglichen, erwerbstätigkeitbedingten grenzüberschreitenden Verkehr von über 500.000 französischen Staatsbürgern. Die Schaffung von Verbünden stellt somit den Ausdruck des praxisorientierten Ansatzes auf effektive Befriedigung der Bedürfnisse im Rahmen des grenzüberschreitenden Funktionierens. Im Falle Ungarns die Situation scheint mit der Wiederherstellung der Region Donauer Becken, die durch Staatsgrenzen geteilt ist, verbunden zu sein. Zahlreiche ungarische Minderheiten, die sich unmittelbar außerhalb der Grenze befinden, stellen einen der Gründe starker Aktivität von ungarischen Subjekten in Bezug auf das Engagement in die Schaffung von Strukturen mit grenzüberschreitendem Charakter dar.

VI. Politische Konsequenzen der Dynamisierung der Entwicklung grenzüberschreitender Zusammenarbeit in Europa

Bei der Analyse von politischen Konsequenzen der dargestellten Vertiefungsprozesse der grenzüberschreitenden Kooperationen in Europa soll es auf den Charakterwechsel bei der Ausübung öffentlicher Gewalt im Rahmen von Nationalstaaten hingewiesen werden. Seinen offensichtlichsten Ausdruck stellt die schon in vorliegendem Aufsatz dargestellte Cross-Border-Governance-Logik, welche das Verständnis von Territorialität, Souveränität und Unabhängigkeit nach der westfälischen Logik neudefiniert, sowie auch die europäischen Grenzen von Boundary zu Frontier.

Es ist bemerkenswert, dass „in vielen gegenwärtigen Grenzforschungen, die in Sozialwissenschaften durchgeführt werden, das Interesse an

---

51 *Register.*

einem Konflikt ersichtlich [wird], wo die natürliche Tendenz der Staaten zur Integration eigenes Territoriums gegenüber dem Ansatz von Individuen, Gruppen und Organisationen, die die Kontakte und Interaktionen mit Nachbarstaaten als normal betrachten, gestellt wird".[52] „Grenzüberschreitender Regionalraum wird durch viele Institutionen territorialer Partnerschaft gebildet"[53] und eine bedeutsame Rolle wird durch informelle Beziehungen gespielt.[54]

Cross-Border Governance kehrt von dem klassischen Verständnis der Gewalt zugunsten eines multidimensionalen Netzwerkes zwischen verschiedenen engagierten Akteuren wiederum ab. In grenzüberschreitenden Realitäten sind es erneut vier Gruppen von Subjekten (wie im Multi-Level-Governance-Modell), allerdings (außerhalb der EU, die den Schirm über dem Ganzen darstellt) auf beiden Seiten der Grenze verdoppelt. Diese Subjekte treten in vertikale (auf der eigenen Seite der Grenze, wiederum in Anlehnung an den Multi-Level-Governance-Ansatz) und horizontale (durch Aufnahme des Dialogs mit Akteuren auf vergleichbarem Niveau jenseits der Grenze) Relationen miteinander ein. Erst solch ein komplexes Bild der Interdependenz spiegelt das Wesen der Art und Weise der Organisation von grenzüberschreitender Zusammenarbeit auf dem politischen Niveau im modernen Europa wider (Schema 1).

Enrico Gualini hebt drei Dimensionen von Cross-Border Governance hervor: eine symbolisch-kognitive (verbunden mit grenzüberschreitender Politik), eine politisch-wirtschaftliche (die die Entscheidungsmechanismen von grenzüberschreitendem Charakter bestimmt – „*politics*") und eine institutionelle (die die gemeinsamen Politiken definiert – „*policies*"). Diese drei Gebiete waren traditionell für Staaten reserviert. Grenzüberschreitende Governance offenbart daher die Notwendigkeit zur Inklusion einer Vielzahl von Akteuren. Das geht nicht nur über die Kompetenzen von Staaten hinaus, sondern selbst über die Kontakte von Institutionen territorialer Selbstverwaltung.[55]

---

52 *Lundén*, S. 1-14.
53 *Veggeland,* S. 161.
54 *Schweizer/Nollert/Seidemann*, S. 321-335.
55 *Pinker*, S. 212.

Schema 1. Cross-Border Governance

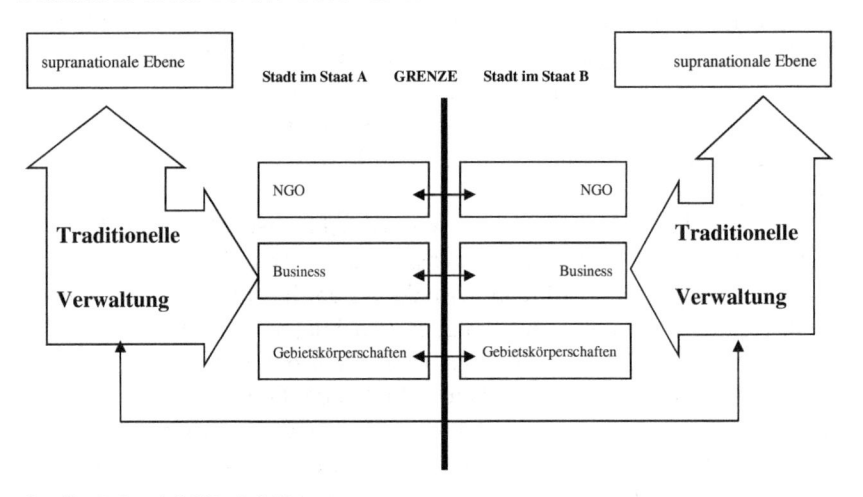

```
supranationale Ebene        Stadt im Staat A   GRENZE   Stadt im Staat B        supranationale Ebene

                                    NGO         ←→         NGO
        Traditionelle                                                             Traditionelle
                                    Business    ←→         Business
        Verwaltung                                                                Verwaltung

                                    Gebietskörperschaften ←→ Gebietskörperschaften
```

Quelle: Jańczak 2012, S. 300.

VII. Fazit

Die vorgestellten Überlegungen zeigen die politische Dimension grenzüberschreitender Zusammenarbeit als multidimensionaler und komplexer Prozess, der stark mit den sich auf der Ebene von Nationalstaaten ereignenden Phänomenen verbunden ist, aber auch mit der Globalisierung und der europäischen Integration, sowie Regionalisierung und Regionalismus. Gleichzeitig kann es bemerkt werden, dass die grenzüberschreitende Zusammenarbeit ein ganz spezifisches Gebiet internationaler Zusammenarbeit auf dem regionalen Niveau darstellt. Einerseits ist sie stark durch den politischen Kontext und politische Entscheidungen in Bezug auf das thematische und territoriale Ausmaß bestimmt. Andererseits wird sie durch andere Faktoren mit Inhalt ausgefüllt, vor allem durch die, die den sozialwirtschaftlichen, technologischen oder geographischen Charakter aufweisen.[56]

Darüber hinaus ist die Regionalpolitik zu einem Schlüsselelement in der Europäischen Union geworden, welches den Raum mithilfe der Konzeption von Kohäsion, grenzüberschreitender Zusammenarbeit, Europäi-

---

56 *Despiney Zochowska*, S. 76.

sierung des Raumes, etc. neudefiniert.[57] Ähnlich wie die rechtlichen und organisatorischen Formen der Organisation dieser Zusammenarbeit, wie die Euroregionen und Europäische Verbünde für Territoriale Zusammenarbeit.

Es lohnt sich festzuhalten, dass in den kommenden Jahrzehnten weitere dynamische Veränderungen im Analysegebiet zu erwarten sind. Sie werden das Derivat der Vertiefung oder der Verlangsamung von Prozessen kontinentaler Integration darstellen, aber vor allem der dominierenden Organisationskonzepte von Nationalstaaten.

Abstract

This article presents the historical and current processes of cross-border cooperation development in Europe, with a special focus on its reasons, context forms and consequences. It employs a political science perspective and analyzes the role of institutional and non-institutional actors. The description of the origins of cross-border cooperation in Europe is followed by a presentation of the European Union's involvement in this process, especially with regard to its structural policy, as well as legal and organizational instruments. Finally, the consequences of these developments are presented.

The investigation stresses the multidimensional and complex character of cross-border cooperation, connected to both the evolution of the organization of nation-states in Europe as well as globalization and regional integration. The political context of international relations in the borderlands is filled with content of an economic, social and cultural nature. This reflects the local and regional dimensions of Europeanization and the redefinition of space and territoriality.

Literaturverzeichnis

Alkan, Nail, Borders in Europe, in: *Nail Alkan* (Hrsg.), Borders of Europe, Bonn, 2002.
Browning C.S., Joenniemi P., Geostrategies of the European Neighbourhood Policy, European Journal of International Relations, 2008 Vol. 14, No. 3.

---

57 *Popescu*, S. 423.

Despiney Zochowska, B., Euroregions. Emerging new forms of Cross-border cooperation, in: *A. Lechevalier, J. Wielgohs* (Hrsg.), Borders and Border Regions in Europe. Changes. Challenges and Chances, Transcript, Bielefeld 2013.

Diez, T., Wiener A., European integration Theory, Oxford University Press, Oxford 2004.

European Commission, Directorate-General for Regional Policy, European Territorial Cooperation. Building Bridges Between People, Brussels 2011.

Evans G., Newnham J., The Penguin Dictionary of International Relations, London 1998.

Garcia-Duran, P., Mora T., Millet M., Measuring the Impact of EU Support for Cross-border Regional Cooperation, Journal of Contemporary European Research, 2011 Vol. 7, Issue 3.

Germond B., From Frontier to Boundary and Back Again: The European Union's Maritime Margins, European Foreign Affairs Review, 2010 Vol. 15.

Grix, J., Knowles W., The Euroregion and the Maximalization of Social Capital: Pro Europa Viadrina, Regional and Federal Studies, 2002 No. 12, Vol. 4.

Gualini E., Cross-border Governance: Inventing regions in a Trans-national Multi-level Polity, 2003 DISP No. 152.

Haas, E., Beyond the Nation State. Functionalism and International Organisation, Stanford 1964.

Hoffmann, S., Obstinate or obsolete. The fate of the nation-state and the case of Western Europe, Daedalus, 1966 Vol. 95, No. 3.

Jańczak, J., Teorie studiów europejskich w integracji granicznej. Możliwość zastosowania dla przykładu granicznych miast bliźniaczych, in: J. Ruszkowski, L. Wojnicz (Hrsg.), Teorie w Studiach Europejskich. W kierunku nowej agendy badawczej, Szczecin – Warszawa 2012.

Järviö, P., Cross-border cooperation – benefiting from borders, Helsinki 2011.

Kristof L.K.D., The Nature of Frontiers and Boundaries, Annals of the Association of American Geographers, 1959 No. 3, Vol. 49.

Lagendijk, A., Regionalization in Europe. Stories, Institutions and Boundaries, in: *H. van Houtum, O. Kramsch* (Hrsg.), B/ordering Space, Ashgate, 2005.

Lindberg, L.N., The Political Dynamics of European Economic Integration, Stanford 1963.

Lundén T., European Twin Cities: models, examples and problems of formal and informal co-operation, ISIG Quarterly of International Sociology, 2004 No. 3-4.

Medeiros, E., Cross-Border Cooperation in EU Regional Policy: a fair deal?, 2010.

Mission Opérationnelle Transfrontalière (MOT), Euroregions (http://www.espaces-transfrontaliers.org/en/resources/territories/euroregions/), 01.09.2016.

Moravcsik, A., Preferences and power in the European Community: A liberal intergovernmentalist approach, Journal of Common Market Studies, 1993 Vol. 31, Issue 4.

Moravcsik, A., The Choice for Europe: Social Purpose and State Power from Messina to Maastricht, Ithaca 1998.

O'Dowd L., Wilson T., Frontiers of sovereignty in the new Europe, in: *Alkan Nail* (Hrsg.), Borders of Europe, Bonn 2002.

Pasi, P., Euroregions as Micro-Models for European integration, in: *J. Langer* (Hrsg.), Euroregions in Alp-Adriatic Context, Frankfurt am Main 2007.

Pikner, T., Reorganizing Cross-Border Governance Capacity. The Case of Helsinki-Tallin Euregion, European Urban and Regional Studies, 2008 No. 15.

Popescu, G., The conflicting logics of cross-border reterritorialization: Geopolitics of Euroregions in Eastern Europe, Political Geography, 2008 No. 27.

Register of European Groupings of territorial cooperation, https://portal.cor.europa.eu/, 10.05.2016

Ruszkowski, J., Wstęp do studiów europejskich. Zagadnienia teoretyczne i metodologiczne, Warszawa 2007.

Schweizer M., Nollert M., Seidemann D., Informal Aspects of Cross Border Metropolitan Governance, in: Z.M. Enlil, Vaggione (Hrsg.), Cities between Integration and Disintegration. Opportunities and Challenges, Istanbul 2006.

Scott, J.W., Euroregions, Governance and Tranasborder Cooperation within the EU, European Research in Regional Science, 2000 Vol. 10 (Border, Regions and People).

Veggeland N., Post-national governance and transbourndary regionalization. Spatial partnership formations as democratic exit, loyalty and voice options? in: *O. Kramsch, B. Hooper* (Hrsg.), Cross-Border Governance in the European Union, London, New York 2004.

Walters W., The Frontiers of the European Union: A Geostrategic Perspective, Geopolitics, 2004 Vol. 9 No. 3.

Waltz, K., Theory of International Politics, Reading MA: Addison-Wesley 1979.

Wilga, M., Integracja europejska w konstruktywizmie, Przegląd Politologiczny, 2001 No. 1-2.

Teil 2: Der EVTZ aus rechtswissenschaftlicher Sicht

Unionsrechtliche Grundlagen eines EVTZ und mitgliedstaatliche Durchführung

Philipp Kubicki[1]

I. Einleitung

Bei der erstmaligen (rechtlichen) Betrachtung eines EVTZ lassen sich zwei verschiedene Blickwinkel einnehmen. Aus dem einen sieht man lediglich eine weitere unionsrechtlich vorgegebene, eigenständige Rechtsform für ein grenzüberschreitendes Tätigwerden in der EU – neben der Europäischen Aktiengesellschaft (SE)[2], der Europäischen Genossenschaft (SCE)[3] und dem insoweit ältesten Rechtsinstrument, der Europäischen Wirtschaftlichen Interessensvereinigung (EWIV)[4]. Kennzeichnend für diese Perspektive sind die teils gleich- oder zumindest ähnlich lautenden Vorschriften in den einschlägigen Sekundärrechtsakten zu Fragen wie Rechtspersönlichkeit, anwendbares Recht oder dem ergänzenden Tätigwerden der Mitgliedstaaten zwecks Sicherstellung der wirksamen Anwendung der jeweiligen Unionsvorschriften.[5]

---

1 EVTZ-Kompetenzzentrum, Viadrina Center B/ORDERS IN MOTION, Europa-Universität Viadrina Frankfurt (Oder)/Deutscher Bundestag, Unterabteilung Europa, Fachbereich Europa (PE 6), Berlin. Der Beitrag gibt ausschließlich die persönliche Auffassung des Verfassers wieder.
2 Verordnung (EG) Nr. 2157/2001 des Rates vom 8. Oktober 2001 über das Statut der Europäischen Gesellschaft (SE), ABl. L 294 vom 10.11.2001, S. 1-21 (im Folgenden: SE-VO).
3 Verordnung (EG) Nr. 1435/2003 des Rates vom 22. Juli 2003 über das Statut der Europäischen Genossenschaft (SCE), ABl. L 207 vm 18.8.2003, S. 1-24 (im Folgenden: SCE-VO).
4 Verordnung (EWG) Nr. 2137/85 des Rates vom 25. Juli 1985 über die Schaffung einer Europäischen wirtschaftlichen Interessenvereinigung (EWIV), ABl. L 199 vom 31.7.1985, S. 1-9 (im Folgenden: EWIV-VO).
5 Vgl. Art. 1 Abs. 1 bis 3, Art. 2 EVTZ-VO einerseits sowie Art. 1 Abs. 1 u. 3, Art. 9, Art. 68 SE-VO und Art. 1 Abs. 1, 3 und 5, Art. 8, Art. 78 SCE-VO andererseits. Deutlich größer sind hingegen die Unterschiede zur bereits im Jahr 1985 erlassenen EWIV-VO. Diesbezüglich wurde allerdings eine etwas andere, den Mitgliedstaaten größeren Ausgestaltungsspielraum lassende Konzeption verfolgt. Erkennbar wird

Schaut man hingegen auf das Neue, das Besondere an einem EVTZ, so ist es der Mitgliederkreis, der zur Nutzung dieser Rechtsform berechtigt ist: Es sind in erster Linie (öffentlich-rechtliche) Gebietskörperschaften bis hin zur Ebene der Mitgliedstaaten (vgl. Art. 3 Abs. 1 Buchst. a bis c EVTZ-VO), während Subjekte des Privatrechts nur in bestimmten, öffentlich-rechtlich geprägten Fällen Mitglieder eines EVTZ sein können.[6] Dieser Umstand sowie das von diesem Mitgliederkreis abgeleitete Aufgabenspektrum eines EVTZ (vgl. Art. 7 Abs. 1 EVTZ-VO) charakterisieren diese Rechtsform als Instrument der grenzüberschreitenden öffentlich-rechtlichen Zusammenarbeit, für die es in der EU bis zum Erlass der EVTZ-Verordnung im Jahre 2006 keine spezifische Rechtsgrundlage gab. Mit diesem Schritt hat die EU zugleich den Boden für die Etablierung eines neuen Verwaltungsakteurs bereitet, der dem bisher dual geprägten Verwaltungsverbund der Union[7] – EU und Agenturen einerseits, Mitgliedstaaten und ihre Untergliederungen andererseits – eine neue Ebene hinzufügt, nämlich die einer institutionalisierten Verwaltungszusammenarbeit zwischen mitgliedstaatlichen Verwaltungsträgern.[8]

Zwar ist dieser Ansatz im europäisch-völkervertraglichen Vergleich nicht neu – man denke nur an das Karlsruher Abkommen von 1996,[9] auf dessen Grundlage sog. grenzüberschreitende örtliche Zweckverbände (GÖZ) errichtet werden können, oder an das Protokoll Nr. 3 aus dem Jahre 2009 zum Madrider Rahmenübereinkommen von 1980,[10] das die Möglichkeit vorsieht, Verbünde für Euroregionale Zusammenarbeit (VEZ) zu gründen.[11] Die Aussicht auf eine praxisrelevante Nutzung des EU-Instru-

---

dies etwa daran, dass die Mitgliedstaaten selbst entscheiden, ob der EWIV Rechtspersönlichkeit zukommt, vgl. Art. 1 Abs. 3 EWIV-VO. In Deutschland entschied man sich gegen die Qualifizierung als juristische Person und für die ergänzende Anwendung der oHG-Bestimmungen des HGB, vgl. § 1 EWIV-Ausführungsgesetz. Danach gilt die EWIV als (teilrechtsfähige) Handelsgesellschaft im Sinne des HGB.

6 Siehe zu Einzelheiten *Krzymuski*, Der EVTZ im Innenverhältnis, in diesem Band.
7 Vgl. *Ruffert*, in: Calliess/Ruffert, EUV, AEUV, Art. 197 AEUV, Rn. 7.
8 Vgl. dazu – im Ergebnis kritisch – *Kment*, Die Verwaltung (Verw) 45 (2012), 155 (161 ff.); *Gärditz*, S. 119 f., sowie *Martínez*, ZUR 2005, 337 (341). Siehe dazu auch unter II. 1. zur Rechtsgrundlage der EVTZ-VO.
9 BGBl. 1997 II S. 1159.
10 BGBl. 2012 II S. 940.
11 Siehe hierzu *Jóskowiak*, in diesem Band.

ments dürfte jedoch ungleich höher sein als in den übrigen Fällen, was durch die aktuellen Zahlen bestätigt wird.[12]

Der vorliegende Beitrag verfolgt zwei Ziele. Im Vorgriff auf die beiden nachfolgenden Aufsätze in diesem Band zum Innen- und Außenverhältnis des EVTZ sollen zunächst einige rechtliche Grundfragen in Bezug auf die unionsrechtliche Ebene dieses Rechtsinstruments erörtert werden (II.). Im Anschluss wird der Blick auf die Mitgliedstaaten und deren Verantwortung für die Durchführung der EVTZ-Verordnung gerichtet (III.). Denn ähnlich wie die auf den Privatrechtsverkehr zugeschnittenen EU-Rechtsformen der SE, der SCE und der EWIV beruhen auch der EVTZ und vor allem seine Praxistauglichkeit auf einem Zusammenwirken der einschlägigen Verordnung sowie dem dazu erlassenen mitgliedstaatlichen Durchführungsrecht.[13]

II. Unionsrechtliche Ebene

Auf der unionsrechtlichen Ebene geht es zuerst um die vertragliche Rechtsgrundlage für dieses Rechtsinstrument (1.). Anschließend sind die Rechtspersönlichkeit eines EVTZ (2.) sowie Fragen zu der für sein Tätigwerden maßgeblichen Normhierarchie und des darauf anwendbaren Rechts zu erörtern (3.).

---

12 Nach dem aktuellen EVTZ-Verzeichnis des Ausschusses der Regionen mit Stand vom 1. Juli 2016 ist dieser bis zu diesem Datum über die Gründung von europaweit 63 EVTZ unterrichtet worden, https://portal.cor.europa.eu/egtc/CoRActivities/Pages/Register/DE.aspx (22.8.2017). Soweit ersichtlich, existiert bisher nur ein GÖZ auf Grundlage des Karlsruher Abkommens, der GÖZ „Mittelhardt-Oberrhein" (http://www.rheinbruecke.org – 22.8.2017). Das Protokoll Nr. 3 zum Madrider Rahmenübereinkommen von 1980 ist zwar nach vier erfolgreichen Ratifikationen bereits 1.3.2013 in Kraft getreten. Von den derzeit sieben Vertragsparteien sind jedoch nur vier Mitgliedstaaten der EU: Deutschland, Frankreich, Zypern und Slowenien. Siehe https://www.coe.int/en/web/conventions/full-list/-/conventions/treaty/206/signatures?p_auth=JIVqtSxc (22.8.2017).
13 Vgl. auch *Pechstein/Deja*, EuR 2011, 357 (368 f.), die den „rahmenrechtlichen Charakter" der EVTZ-VO betonen und die Beziehung zum nationalen Recht als „ungewöhnlich komplex" beurteilen.

1. Primärrechtsgrundlage

Während die Einführung der privatrechtlichen Gesellschaftsformen allesamt auf die Vertragsergänzungskompetenz des Art. 352 AEUV gestützt wurde, ist die EVTZ-Verordnung ausschließlich auf Grundlage des heutigen Art. 175 Abs. 3 AEUV erlassen worden. Es handelt sich hierbei um eine Kompetenzvorschrift im AEUV-Titel über den wirtschaftlichen, sozialen und territorialen Zusammenhalt (Art. 174 - 178 AEUV). Sie erlaubt – unbeschadet der im Rahmen der anderen Unionspolitiken beschlossenen Maßnahmen – die Vornahme *„spezifischer Aktionen"* außerhalb der im Zentrum dieses Politikbereichs stehenden Strukturfonds, falls sich derartige Aktionen als erforderlich erweisen. Anwendung findet das ordentliche Gesetzgebungsverfahren. Der Wirtschafts- und Sozialausschuss sowie der Ausschuss der Regionen sind anzuhören.

Ob Art. 175 Abs. 3 AEUV eine ausreichende Rechtsgrundlage für die EVTZ-Verordnung darstellt, wird verschiedentlich bezweifelt. Geltend gemacht wird dabei zum einen, dass diese Bestimmung keine geeignete Befugnis biete, um einen selbstständigen Verwaltungsträger einzuführen, der keine EU-Einrichtung sei.[14] Zudem könne das Unionsrecht angesichts seiner *„strukturellen Blindheit für die innere Gliederung seiner Mitgliedstaaten"* nicht unmittelbar mitgliedstaatliche Untergliederung in seinen Adressatenkreis einbeziehen.[15] Zum anderen wird kritisiert, dass ein EVTZ nach Art. 7 Abs. 3 EVTZ-VO *„sonstige spezifische Maßnahmen territorialer Zusammenarbeit zwischen seinen Mitgliedern"* auch ohne finanzielle Unterstützung der EU durchführen könne. Hierdurch werde der für diese Primärrechtsgrundlage notwendige Bezug zu den Strukturfonds und ihrer Umsetzung bzw. zu finanziellen Fördermaßnahmen der EU im Rahmen der Kohäsion aufgehoben.[16] Daher könne Art. 352 AEUV auch nicht (hilfsweise) als Rechtsgrundlage herangezogen werden.[17]

---

14 Siehe Bundesrat, Drs. 575/04 – Beschluss zum Vorschlag der EVTZ-VO, Pkt. 2; *Gärditz*, S. 119 f.; *Kment*, Die Verwaltung (Verw) 45 (2012), 155 (162) sowie *Martínez*, ZUR 2005, 337 (341).
15 *Gärditz*, S. 120; *Kment*, Die Verwaltung (Verw) 45 (2012), 155 (161 f).
16 Vgl. Bundesrat, Drs. 575/04 – Beschluss zum Vorschlag der EVTZ-VO, Pkt. 2 u. 3; *Kment*, Die Verwaltung (Verw) 45 (2012), 155 (162) sowie *Martínez*, ZUR 2005, 337 (341).
17 Vgl. Bundesrat, Drs. 575/04 – Beschluss zum Vorschlag der EVTZ-VO, Pkt. 3; *Martínez*, ZUR 2005, 337 (342); siehe auch *Storbeck*, S. 174.

Diese Einwände lassen sich sowohl aus unions- (a.) als auch nationalrechtlicher Perspektive (b.) betrachten.

a. Unionsrechtliche Perspektive

Maßgeblich für die unionsrechtliche Perspektive ist die Rechtsprechung des EuGH zu den hier potentiell einschlägigen Rechtsgrundlagen. Zu Art. 175 Abs. 3 AEUV liegt – soweit ersichtlich – bisher nur eine Entscheidung vor.[18] Sie betraf zudem eine finanzielle *„spezifische Aktion"*.[19] Der EuGH führte darin aus, dass Art. 175 Abs. 3 AEUV zwar nicht bestimme *„welche Formen diese spezifischen Aktionen annehmen können. Die [EU] verfolgt jedoch mit diesen Aktionen [...] eine eigenständige Gemeinschaftspolitik, so dass Titel [XVIII des AEUV] geeignete Rechtsgrundlagen für den Erlass von Maßnahmen der [EU] bereitstellt, die nach dem [unionsrechtlichen] Rahmen verwaltet werden und inhaltlich nicht über die Gemeinschaftspolitik des wirtschaftlichen und sozialen Zusammenhalts hinausgehen."*[20]

Legt man diese – vom EuGH allgemein und nicht sachverhaltsspezifisch formulierten – Voraussetzungen zugrunde, so spricht zunächst die Formenoffenheit spezifischer Aktionen gegen eine Beschränkung auf rein finanzielle Maßnahmen. Der inhaltlichen Anforderung, nicht über die EU-Politik des wirtschaftlichen, sozialen und territorialen Zusammenhalts hinausgehen zu dürfen, trägt die EVTZ-Verordnung durch Art. 1 Abs. 2 und Art. 7 Abs. 2 S. 1 EVTZ-VO Rechnung. Danach sind sowohl Ziel und Zweck eines EVTZ als auch sein Tätigwerden streng auf die Kohäsionsziele der Art. 174 ff. AEUV ausgerichtet.

Problematisch ist indes die Vorgabe einer Verwaltung nach unionsrechtlichem Rahmen. Hierzu finden sich im Urteil zwar keine expliziten Feststellungen. Gewisse Rückschlüsse lassen sich aber aus den gerichtlichen Ausführungen zu der streitgegenständlichen Einrichtung ableiten, für die

---

18 EuGH, Urt. v. 3.9.2009, Rs. C-166/07 (Parlament/Rat).
19 Gegenstand des Verfahrens war ein finanzieller Beitrag der EU zu einem 1986 durch völkerrechtlichen Vertrag zwischen Irland und Großbritannien errichteten Internationalen Fonds für Irland, mit dessen Geldern der wirtschaftliche und soziale Fortschritt gefördert sowie Kontakte, Dialog und Aussöhnung zwischen Nationalisten und Unionisten in ganz Irland unterstützt werden sollten, vgl. EuGH, Urt. v. 3.9.2009, Rs. C-166/07 (Parlament/Rat), Rn. 5 u. 9.
20 EuGH, Urt. v. 3.9.2009, Rs. C-166/07 (Parlament/Rat), Rn. 46.

die verfahrensgegenständlichen EU-Finanzbeiträge bestimmt waren. Es handelte sich hierbei um ein mit völkerrechtlicher Rechtspersönlichkeit ausgestatteten internationalen Fonds. Der EuGH hob insoweit (kritisch) hervor, dass die damalige EG weder Mitglied dieses Fonds noch seines Verwaltungsrates gewesen sei; insoweit kam ihr lediglich Beobachterstatus zu.[21] Da Art. 175 Abs. 3 AEUV als Rechtsgrundlage letztlich (auch) deswegen abgelehnt wurde, weil der Fonds mit dem EG-Beitrag Maßnahmen fördern konnte, die inhaltlich über die Kohäsionsziele hinausgingen,[22] lässt sich nicht eindeutig bestimmen, welche Bedeutung den kritisch hervorgehobenen Verwaltungsaspekten zukam. Sie weisen aber darauf hin, dass zumindest eine institutionell gesicherte Einflussnahme der EU auf die Entscheidung über Art und Weise der Verwendung ihrer Finanzmittel notwendig ist.

Ob und inwieweit dies sinnvoll auf die EVTZ-Verordnung übertragen werden kann, ist offen. Positiv ließe sich argumentieren, dass die EU das Rechtsinstrument des EVTZ durch die EVTZ-Verordnung in rechtlicher Hinsicht determiniert und es insoweit einem unionsrechtlich festgelegten Rahmen unterworfen hat. Hiergegen kann man jedoch einwenden, dass die Mitglieder in der Regel mitgliedstaatliche Untergliederungen sind, die das Instrument zudem autonom einsetzen, ohne hierzu von der EU verpflichtet werden zu können (vgl. Erwägungsgründe Nr. 5, 6, 8 EVTZ-VO). Darüber hinaus handelt der EVTZ immer auch (ergänzend) auf Grundlage und nach Maßgabe mitgliedstaatlichen Rechts, soweit die EVTZ-Verordnung und die auf ihrer Grundlage anzunehmenden Dokumente keine abschließenden und vorrangigen Bestimmungen enthalten.[23] Ob dieser Einwand genügen würde, um die Verwaltung nach unionsrechtlichem Rahmen zu verneinen, lässt sich nicht mit Sicherheit bestimmen.

Von Bedeutung könnte auch sein, in welcher Funktion ein EVTZ eingesetzt wird. In seiner Rolle als Verwaltungsbehörde für Unionsprogramme (vgl. Art. 7 Abs. 3 UAbs. 2 EVTZ-VO) dürfte der EVTZ die Vorgabe einer Verwaltung nach unionsrechtlichem Rahmen sicherlich eher erfüllen als im Falle einer Verwendung als Instrument grenzüberschreitender kommunaler Zusammenarbeit, ggf. sogar ohne hierbei finanziell durch EU-Fördermittel begünstigt zu sein (vgl. Art. 7 Abs. 3 UAbs. 1 EVTZ-VO). Dass die zweitgenannte Funktionsebene seit der Reform der EVTZ-Verordnung

---

21 EuGH, Urt. v. 3.9.2009, Rs. C-166/07 (Parlament/Rat), Rn. 60.
22 Vgl. EuGH, Urt. v. 3.9.2009, Rs. C-166/07 (Parlament/Rat), Rn. 61-64.
23 Siehe dazu auch unten unter III. 1. b.

im Jahre 2013 – der bisherigen Verwendungspraxis Rechnung tragend – normativ im Vordergrund steht[24], könnte vor diesem Hintergrund durchaus gegen ein alleiniges Abstützen auf Art. 175 Abs. 3 AEUV eingewendet werden.

Der dann notwendige Ausweg aus der Kompetenzproblematik könnte allerdings über eine ergänzende Heranziehung von Art. 352 AEUV beschritten werden. Diese Lösung wählte der EuGH in dem eingangs erwähnten Urteil.[25] Da die EVTZ-Verordnung mittlerweile ausdrücklich auch einen Binnenmarktbezug zum Ausdruck bringt (vgl. Art. 7 Abs. 2 EVTZ-VO), dürfte viel dafür sprechen, dass die Voraussetzungen der Vertragsergänzungskompetenz erfüllt wären.[26] In politischer Hinsicht hätte dann aber das Problem bestanden, dass die Mitgliedstaaten das Vorhaben mit Blick auf das Einstimmigkeitserfordernis des Art. 352 AEUV leicht hätten verhindern können, was angesichts der ursprünglichen Widerstände gegen das Instrument nicht unwahrscheinlich gewesen wäre.[27]

Ungeachtet der Kompetenzfrage könnte unionsrechtlich noch nach der Beachtung des Subsidiaritätsprinzips gemäß Art. 5 Abs. 3 EUV gefragt werden. Schließlich gibt es auf europäischer Ebene verschiedene völkerrechtliche Instrumente, die – zum Teil auf Initiative einzelner Mitgliedstaaten – ähnliche Rechtsformen vorsehen. Man könnte also behaupten, es bestehe kein Bedarf für ein unionsrechtliches Tätigwerden. Doch bereits einleitend wurde darauf hingewiesen, dass diese Instrumente in der Praxis bisher kaum Anwendung gefunden haben. Darüber hinaus ist ein Teil dieser Abkommen nicht europaweit ausgerichtet. Eine Ausnahme stellt das 3. Madrider Rahmenabkommen dar, das bisher allerdings nur von vier EU-Mitgliedstaaten ratifiziert wurde.[28] Der Bedarf für ein unionsweit einsetzbares Instrument der öffentlich-rechtlichen Zusammenarbeit bestand und besteht daher fort.

---

24 Nach der ursprünglichen Version des Art. 7 Abs. 3 UAbs. 3 EVTZ-VO waren „[...] die Aufgaben des EVTZ <u>vornehmlich</u> auf die Umsetzung der Programme oder Projekte für territoriale Zusammenarbeit beschränkt [...]" (Hervorhebung durch Verf.).
25 EuGH, Urt. v. 3.9.2009, Rs. C-166/07 (Parlament/Rat), Rn. 66 ff.
26 Vgl. insoweit EuGH, Urt. v. 3.9.2009, Rs. C-166/07 (Parlament/Rat), Rn. 67 u. 68 aE.
27 Vgl. dazu Ausschuss der Regionen, S. 78 f.
28 Siehe Fn. 12.

b. Verfassungsrechtliche Perspektive

Wendet man sich vor diesem Hintergrund der verfassungsrechtlichen Ebene zu, so scheinen zwei Aspekte relevant. Erstens dürfte die zutreffende EU-Rechtsgrundlage auch für die Beurteilung nach Verfassungsrecht von Bedeutung sein. Verfassungsrechtliche Probleme bestünden sicherlich dann, wenn man von der Notwendigkeit eines ergänzenden Abstützens auf Art. 352 AEUV ausgeht. In einem solchen Fall hätte man den Anforderungen von § 8 Integrationsverantwortungsgesetz (Notwendigkeit eines vorherigen zustimmenden Gesetzes) nicht genüge getan, so dass ggf. von einem Ultra-vires-Akt auszugehen wäre.[29]

Sieht man Art. 175 Abs. 3 AEUV hingegen unionsrechtlich als ausreichende Rechtsgrundlage an, so bleibt zweitens zu klären, ob nicht die auf Grundlage der EVTZ-Verordnung mögliche Adressierung mitgliedstaatlicher Untergliederungen verfassungsrechtlichen Bedenken begegnet. Diese lassen sich jedoch mit dem Hinweis ausräumen, dass den Untergliederungen nur ein Instrument zur gemeinsamen Aufgabenerfüllung über die mitgliedstaatlichen Grenzen hinweg zur Verfügung gestellt wird, ohne dass es dabei zu einer Übertragung der Aufgabenkompetenz kommen könne. Denn der EVTZ kann – von Unionsrechts wegen her – nicht hoheitlich tätig werden (vgl. Art. 7 Abs. 4 EVTZ-VO), was aus (deutscher) mitgliedstaatlicher Sicht bedeutet, dass die EVTZ-Verordnung keine Zuständigkeitsübertragung einfordert. Der EVTZ ist danach eher ein technisches Instrument der (Verwaltungs-)Zusammenarbeit und weniger ein eigenständiger Aufgabenträger.

c. Fazit

Insgesamt dürften sich die unions- wie verfassungsrechtlichen Probleme somit auf die Frage nach einer ergänzenden Heranziehung von Art. 352 AEUV beschränken. Eine verbindliche Antwort hierauf könnte bzw.

---

29 Zu den Voraussetzungen eines Ultra-vires-Aktes, vgl. BVerfG, Vorlagebeschluss vom 18. Juli 2017, 2 BvR 859/15, Rn. 63, https://www.bundesverfassungsgericht.de/SharedDocs/Entscheidungen/DE/2017/07/rs20170718_2bvr085915.html (22.8.2017).

müsste zunächst der EuGH geben.[30] Für die geltende Fassung der EVTZ-Verordnung könnte dies nur im Rahmen eines Vorabentscheidungsverfahrens nach Art. 267 AEUV erfolgen, da die Frist für die Einreichung einer Nichtigkeitsklage nach Art. 263 AEUV bereits zwei Monate nach Erlass der EVTZ-Verordnung bzw. der Reform-Verordnung abgelaufen ist. Des Weiteren dürfte die Frage nach der Gültigkeit der EVTZ-Verordnung, wenn sie sich im Rahmen eines nationalen Ausgangsverfahrens stellen würde, nicht von einem Mitgliedstaat erhoben werden. Als privilegiert Klagberechtigte dürfen Mitgliedstaaten die Klagefrist der Nichtigkeitsklage nicht über das Vorabentscheidungsverfahren umgehen.[31] Mit Einwendungen hinsichtlich der Gültigkeit von Unionsrechtakten sind sie daher präkludiert. Bedeutung könnte die Frage nach der Rechtsgrundlage allerdings für die zukünftige Fortentwicklung des EVTZ-Instruments haben. Sollte der EVTZ weiter in Richtung eines hoheitlich handelnden Verwaltungsträgers entwickelt werden, würde eine ergänzende Heranziehung von Art. 352 AEUV wohl unumgänglich.

2. Rechtspersönlichkeit eines EVTZ

Der EVTZ besitzt nach Art. 1 Abs. 3 EVTZ-VO Rechtspersönlichkeit und verfügt nach Art. 1 Abs. 4 EVTZ-VO in jedem Mitgliedstaat über die weitestgehende Rechts- und Geschäftsfähigkeit. Ob es sich dabei um eine Rechtspersönlichkeit des Unions- oder des mitgliedstaatlichen Rechts handelt (a.) und ob diese Rechtspersönlichkeit sodann eine solche des öffentlichen oder des Privatrechts ist (b.), wird in der EVTZ-Verordnung nicht ausdrücklich geregelt.

---

30 Vor einer Ultra-vires-Erklärung seitens des BVerfG ist eine vorherige Vorlage an den EuGH im Rahmen des Verfahrens nach Art. 267 AEUV geboten, vgl. BVerfG, Vorlagebeschluss vom 18. Juli 2017, 2 BvR 859/15, Rn. 58, https://www.bundesverfassungsgericht.de/SharedDocs/Entscheidungen/DE/2017/07/rs20170718_2bvr085915.html (22.8.2017).
31 Siehe zur sog. Deggendorf-Rechtsprechung, *Wegner*, in: Calliess/Ruffert, Art. 267 AEUV, Rn. 16.

a. Rechtspersönlichkeit nach Unions- oder mitgliedstaatlichem Recht

Die Frage nach der Verortung der Rechtspersönlichkeit eines EVTZ im Unions- oder mitgliedstaatlichen Recht wird weit überwiegend zugunsten der erstgenannten Option beantwortet.[32] Hierfür streitet, dass im Fall des EVTZ – anders als bei der SCE und der SE – nicht in allen mitgliedstaatlichen Rechtsordnungen vergleichbare Rechtsformen existieren,[33] an deren nationale Rechtspersönlichkeit der Regelungsgehalt der EVTZ-Verordnung ggf. harmonisierend oder in anderer Weise anknüpfen könnte. Und selbst für diesen Fall und ungeachtet der ergänzenden Verweise auf mitgliedstaatliches Recht hat der EuGH am Beispiel der SCE festgestellt (und für die SE dürfte das Gleiche gelten), dass mit ihr im Lichte des Inhalts und des Ziels der SCE-VO eine *„neue Rechtsform geschaffen werden soll, die die nationalen Genossenschaftsformen überlagert [...]"*.[34]

Blickt man auf Inhalt und Ziel der EVTZ-Verordnung, so dürfte dies erst recht für den EVTZ gelten. Auf grundlegende Parallelen im Regelungsinhalt der betreffenden Rechtsakte wurde bereits einleitend hingewiesen.[35] Ähnlich wie in den Erwägungsgründen zur SCE wird zudem auch an gleicher Stelle in der EVTZ-Verordnung ausgeführt, dass es zur *„Überwindung der Hindernisse für die territoriale Zusammenarbeit [...] eines Instruments der Zusammenarbeit auf gemeinschaftlicher Ebene [bedarf], um im Gebiet der Gemeinschaft Kooperationsverbünde mit eigener Rechtspersönlichkeit [...] zu gründen"* (vgl. Erwägungsgrund Nr. 8).[36] Dies alles spricht deutlich für eine unionsrechtliche Identität des EVTZ.

Ein zu erwähnender Unterschied zur SCE- und SE-VO besteht lediglich darin, dass letztere eine rechtswahrende Sitzverlegung vorsehen, die EVTZ-Verordnung dagegen (bisher) noch nicht. Zwar hat der Gerichtshof diesen Aspekt im erwähnten Urteil ausdrücklich zur Begründung der EU-

---

32 *Obwexer/Happacher*, EJM 2010, 75 (83); *Bußjäger*, 530; Ausschuss der Regionen, S. 94 ff., ins. S. 96; *Storbeck*, S. 178, 180. Kritisch hingegen *Pechstein/Deja*, EuR 2011, 357 (363 f.).
33 Nach *Martínez*, ZUR 2005, 337 (341), ist der EVTZ eine Spiegelbild der französischen *groupement d'intérêt public*, dem zentralen Organisationstyp im französischen Verwaltungsrecht für die grenzüberschreitende Zusammenarbeit. Im deutschen und im polnischen Recht gibt es keine eigens für diesen Zweck einsetzbaren Rechtsformen.
34 EuGH, Urt. v. 2.5.2006, Rs. C-436/03 (Parlament/Rat), Rn. 40 f.
35 Siehe oben unter I.
36 Hervorhebung durch Verfasser.

Rechtspersönlichkeit der SCE herangezogen. Es handelte sich dabei aber nur um einen Punkt unter mehreren.[37] Dass diesem Aspekt konstitutive Bedeutung für die Annahme einer EU-Rechtspersönlichkeit zukommt, lässt sich dem Urteil nicht entnehmen und ist auch fernliegend. Vielmehr dürfte es sich separat betrachtet um eine Frage der Ausgestaltung der jeweiligen Rechtsform handeln.

Vor diesem Hintergrund verwundert es nicht weiter, dass sich im Schrifttum keine Stimmen finden, die den EVTZ von Unionsrechtswegen her als Rechtsperson des nationalen Rechts begreifen. Vertreten wird jedoch die Auffassung, wonach der EVTZ-Verordnung die Frage nach der Verortung der Rechtspersönlichkeit im Unions- oder mitgliedstaatlichen Recht gleichgültig sei und die Mitgliedstaaten hierüber – unter Gewährleistung einer effektiven Wirksamkeit der Verordnung, insbesondere der Anerkennung eines EVTZ auch in Nicht-Sitzstaaten – selbst befinden könnten.[38] Dies vermag nicht zu überzeugen. Im Lichte des erwähnten EuGH-Urteils zur SCE fehlen erstens die normativen Anknüpfungspunkte für diese Deutung. Zweitens bedarf es dieser Auffassung nicht, um die Praxisbeispiele zu erfassen, die nach Ansicht ihrer Vertreter mit der Annahme einer EU-Rechtspersönlichkeit des EVTZ nicht in Übereinstimmung zu bringen seien.[39] Dass die Praxis in dieser Frage nicht eindeutig ist, steht zwar außer Frage. Allerdings dürfte sie eher Ausdruck der Tatsache sein, dass die EVTZ-Verordnung dieses Problem nicht adressiert und

---

37 Vgl. EuGH, Urt. v. 2.5.2006, Rs. C-436/03 (Parlament/Rat), Rn. 42.
38 So *Pechstein/Deja*, EuR 2011, 357 (363 f.).
39 *Pechstein/Deja*, EuR 2011, 357 (364), verweisen dabei zum einen auf das Durchführungsrecht in Polen, wonach auf den EVTZ privatrechtliches Vereinsrecht zur Anwendung kommt. Nach Art. 3 des einschlägigen Gesetzes erfolgt dies jedoch nur insoweit als die EVTZ-VO und das eigentliche Durchführungsgesetz nichts anderes vorsehen und damit lediglich ergänzend. Dies entspricht im Ergebnis den Vorgaben der EVTZ-Verordnung zum anwendbaren Recht in Art. 2 Abs. 1 Buchst. c, siehe dazu auch oben unter III. 1. b. Zum anderen kann die Gleichsetzung des EVTZ „*Eurodistrict Strasbourg-Ortenau*" in Art. 3 seiner Gründungsvereinbarung mit einer „*öffentliche Einrichtung in Form eines Syndicat mixte nach französischem Recht [ist]*" unionsrechtskonform dahingehend ausgelegt werden, dass es eben um eine die EVTZ-Verordnung ergänzende Anwendung der betreffenden nationalen Rechtsvorschriften geht. Die ansonsten vermeintlich drohende Rechtwidrigkeit der Vereinbarung ist daher nicht zwingend. Die Vereinbarung ist online abrufbar unter http://www.eurodistrict.eu/sites/default/files/mediatheque/G ECT%20Eurodistrict%20Strasbourg-Ortenau%20-%20Convention%20constitutiv e_0.pdf (letztmaliger Abruf am 11.10.17).

die Mitgliedstaaten zum großen Teil keine adäquaten Durchführungsvorschriften erlassen haben bzw. sich dabei auf die Benennung der zuständigen Behörden beschränken.[40] Die daraus folgenden Rechtsunsicherheiten bezüglich der Rechtsnatur des EVTZ spiegeln sich sodann in den Gründungsdokumenten wieder. Aus diesem Problem und den mitglied*schaftlichen* Versuchen ihrer Lösung darf jedoch nicht auf die (Nicht-)Verortung der Rechtspersönlichkeit im Unions- oder mitgliedstaatlichem Recht geschlossen werden. Drittes ist der praktische Mehrwert eines mitgliedstaatlichen Wahlrechts in dieser Sache zweifelhaft. Denn die oben erwähnten Vorgaben in Art. 1 Abs. 3 und 4 EVTZ-VO zur Rechtspersönlichkeit und Rechts- und Geschäftsfähigkeit lassen insoweit kein Raum für weitere ausgestaltende Regelungen der Mitgliedstaaten. Und der Verweis auf Rechtsformen im mitgliedstaatlichem Recht kann nach Art. 2 Abs. 1 Buchst. c EVTZ-VO ohnehin nur erfolgen, soweit die EVTZ-Verordnung den betreffenden Bereich nicht oder nur teilweise erfasst.

Damit stellt sich generell die Frage nach der rechtspraktischen Bedeutung des Streits um die Verortung der rechtlichen Identität eines EVTZ. Im Fall der SCE (und vergleichbar auch der SE) betraf sie die Wahl der richtigen Rechtsgrundlage. Denn dort entschied die Identitätsfrage letztlich, ob es sich um eine Maßnahme der Harmonisierung nationaler Vorschriften über bestehende Gesellschaftsformen oder um eine unionsautonome Neuschaffung handelt.[41] Während im ersten Fall die einschlägigen Vorschriften über die Niederlassungsfreiheit einschlägig gewesen wären, hätte im zweiten Fall – wie geschehen – die Vertragsabrundungskompetenz des Art. 352 AEUV gewählt werden müssen.[42] In dem erwähnten Urteil zur SCE bestätigte der EuGH die unionsrechtliche Rechtsnatur und die darauf basierende Wahl des Art. 352 AEUV.[43]

---

40 Siehe dazu auch unten unter III. 1. b. sowie III. 3.
41 Vgl. EuGH, Urt. v. 2.5.2006, Rs. C-436/03 (Parlament/Rat), Rn. 37, 40.
42 Vgl. EuGH, Urt. v. 2.5.2006, Rs. C-436/03 (Parlament/Rat), Rn. 36 ff. Die dem Urteil zugrunde liegende Nichtigkeitsklage nach Art. 263 AEUV hatte das Europäische Parlament erhoben. Es wandte sich nicht zuletzt aus beteiligungsrechtlichen Gründen gegen das Abstützen der SCE-Verordnung auf Art. 352 AEUV. Im Gegensatz zur Harmonisierungskompetenz in Art. 114 AEUV sieht die Vertragsabrundungskompetenz auch in der Lissabonner Fassung nur eine Zustimmung des EP vor, die einen dem ordentlichen Gesetzgebungsverfahren vergleichbaren Einfluss auf den Inhalt des Rechtsaktes nicht ermöglicht.
43 Siehe EuGH, Urt. v. 2.5.2006, Rs. C-436/03 (Parlament/Rat), Rn. 46.

Ein vergleichbares Exklusivitätsverhältnis in der Relation von Art. 175 Abs. 3 AEUV und Art. 352 AEUV besteht jedoch nicht. Denn der erstgenannte Artikel stellt – wie oben gezeigt – keine Harmonisierungsbestimmung dar, sondern zielt gerade auf den Erlass materiell unionsautonomer Maßnahmen im Politikbereich der Kohäsion. Im Verhältnis dieser beiden Rechtsgrundlagen besteht allein das oben erörterte Problem der Reichweite des Art. 175 Abs. 3 AEUV.[44] Lässt man dieses Problem außen vor, sprechen die sonstigen Voraussetzungen beider Rechtsgrundlagen jedenfalls für die Möglichkeit, hierauf die Schaffung neuer und damit im Unionsrecht begründeter Rechtsformen zu stützen. Denn die Schlussfolgerung, wonach die Schaffung unionsautonomer Rechtsformen und Rechtstitel alleine auf Grundlage von Art. 352 AEUV möglich ist, lässt sich der Rechtsprechung nicht entnehmen. Zweifelhaft wäre umgekehrt, ob Art. 175 Abs. 3 AEUV auch eine Harmonisierung oder eine anderweitige Anknüpfung an bestehende mitgliedstaatliche Rechtsformen erlaubt, soweit dies jedenfalls zu Zwecken und im Rahmen der Kohäsionspolitik erfolgt. Für diese Deutung finden sich im Inhalt und den Zielen der EVTZ-Verordnung jedoch gerade keine Anhaltspunkte, so dass der Identitätsfrage für die Bestimmung der Rechtsgrundlage vorliegend keine Bedeutung zukommen dürfte. Dass mit ihr sonstige praktische Konsequenzen verbunden sein könnten, insbesondere für die Auslegung und Anwendung der EVTZ-Verordnung, ist einstweilen nicht ersichtlich.[45]

b. Öffentlich- oder privatrechtliche Rechtspersönlichkeit

Von erheblicher Praxisrelevanz ist hingegen, ob die im Unionsrecht zu verortende Rechtspersönlichkeit des EVTZ als eine des öffentlichen oder des privaten Rechts zu betrachten ist. Nicht nur für das Steuerrecht kann diese Frage erhebliche Bedeutung haben.[46] Je nach mitgliedstaatlicher Ausgestaltung können sich unterschiedliche Rechtsfolgen auch in anderen Bereichen ergeben, etwa im Arbeits- oder Sozialrecht.

---

44 Siehe oben unter II. 1. a.
45 Soweit gleichwohl rechtspraktische Konsequenzen dieser Streitfrage behauptet werden, beziehen sie sich im Ergebnis auf die sogleich zu erörternde Frage nach der Zuordnung der Rechtspersönlichkeit zum öffentlichen oder privaten Recht. Vgl. etwa Ausschuss der Regionen, S. 94.
46 Siehe zu den steuerrechtlichen Implikationen *Kudert/Kopec*, in diesem Band.

Wie oben ausgeführt, enthält die EVTZ-Verordnung zu dieser Frage ebenfalls keine ausdrücklichen Regelungen. Zwar wurde im Rechtssetzungsverfahren erwogen, eine öffentlich-rechtliche Natur vorzugeben; dieser Vorschlag hat sich letztlich aber nicht durchsetzen können.[47]
Betrachtet man die übrigen Regelungen der EVTZ-Verordnung, so bieten diese Anknüpfungspunkte für beide Deutungen[48]: Die Rechtsnatur der Mitglieder sowie die Art der von ihnen auf ein EVTZ übertragbaren Aufgaben streiten zwar klar für eine öffentlich-rechtliche Natur ihrer unionsrechtlichen Rechtspersönlichkeit. Der bei der Übertragung zu beachtende Ausschluss der Ausübung hoheitlicher Befugnisse durch ein EVTZ (vgl. Art. 7 Abs. 4 EVTZ-VO) weist hingegen eher in Richtung des privaten Rechts. Die Mehrdeutigkeit der EVTZ-Verordnung sowie der gescheiterte Versuch einer ausdrücklichen Festlegung im Rechtssetzungsverfahren sprechen im Ergebnis auch gegen eine implizite Festlegung in dieser Frage. Dass sie nicht zwingend auf Unionsebene entschieden werden muss, sondern offen gelassen werden kann, folgt im Übrigen aus den Vorgaben der EVTZ-Verordnung zum anwendbaren Recht in Art. 2 Abs. 1 Buchst. c EVTZ-VO. Danach kommt es in allen nicht oder nur teilweise von der Verordnung erfassten Bereichen auf die nationalen Vorschriften des Sitzstaates an, der – wie alle anderen Mitgliedstaaten auch – nach Art. 16 Abs. 1 EVTZ-VO Vorschriften „*zur Sicherstellung der wirksamen Anwendung dieser Verordnung*" erlassen muss. Diese Formulierungen können ohne weiteres auch die Ausstattung eines EVTZ mit den Rechtswirkungen einer öffentlich- oder privatrechtlichen Einrichtung erfassen. Hierfür lassen sich Beispiele aus der staatlichen Durchführungspraxis anführen. So enthalten die Durchführungsgesetze Spaniens, Italiens und Frankreichs Festlegungen zu Gunsten des öffentlich-rechtlichen Rechts,[49] in Polen wird hingegen (ergänzend) auf das privatrechtliche Vereinsrecht verwiesen.[50]

Demgegenüber stehen allerdings Fälle, in denen hierzu jegliche Vorgaben fehlen, wie etwa in Ungarn, Slowakei, Belgien, Österreich oder auch

---

47 Vgl. hierzu die Angaben bei Ausschuss der Regionen, S. 97.
48 Siehe hierzu vertieft insbesondere *Pechstein/Deja*, EuR 2011, 357 (365 ff.). Vgl. ferner Ausschuss der Regionen, S. 97 ff., *Storbeck*, S. 180 ff.
49 Siehe Nachweise zu den genannten Staaten bei *Engl*, EuR 2013, 285 (289 ff.).
50 Ustawa o europejskim ugrupowaniu współpracy terytorialnej, aktuelle Fassung online abrufbar unter http://isap.sejm.gov.pl/DetailsServlet?id=WDU20082181390 (11.10.17)

Deutschland. Diese Beispiele geben Anlass zu der Frage, ob die Entscheidung über die Zuordnung zum privaten oder öffentlichen Recht generell oder ggf. unter bestimmten Umständen (auch) durch die Mitglieder eines EVTZ in der Gründungsvereinbarung (vgl. Art. 8 Abs. 2 Buchst. g und h EVTZ-VO) getroffen werden kann. Der damit einhergehenden Frage nach der Entscheidungszuständigkeit für diese und andere in der EVTZ-Verordnung nicht geregelte Aspekte wird unten zum einen im Zusammenhang mit dem anwendbaren Recht und zum anderen im Zusammenhang mit den Rechtsfolgen fehlender oder fehlerhafter mitgliedstaatlicher Durchführung nachgegangen.[51]

Mangels eindeutiger Festlegung der Zuordnung zum öffentlichen oder privaten Recht in der EVTZ-Verordnung bleibt an dieser Stelle allein zu klären, ob es unionsrechtliche Kriterien gibt, die bei der Wahl auf einer der beiden nachgelagerten Ebenen ggf. zu beachten wären, insbesondere, wenn die Festlegung pauschal durch die Mitgliedstaaten im Rahmen von Durchführungsvorschriften erfolgen sollte. Zu denken wäre hier vor allem an das Gebot der wirksamen Anwendung der EVTZ-Verordnung.[52] Soweit etwa die Ausstattung mit den Rechtswirkungen einer nationalen privatrechtlichen Einrichtung im Lichte der sich daraus ergebenden Rechtsfolgen den durch die EVTZ-Verordnung eingeräumten (rechtlichen) Möglichkeiten entgegensteht oder diese beschränkt, wäre dies unionsrechtswidrig und die entsprechenden Bestimmungen des mitgliedstaatlichen Rechts unanwendbar.

c. Fazit

Im Hinblick auf die Rechtspersönlichkeit des EVTZ bleibt festzuhalten, dass die besseren Argumente für ihre Verortung im Unions- und nicht im nationalen Recht sprechen. Konsequenzen für die Anwendung der EVTZ-Verordnung hat diese Identitätsfrage angesichts der Vorgaben in Art. 1 Abs. 3 und 4 EVTZ-VO allerdings keine. Von praktischer Bedeutung ist dagegen, ob diese im Unionsrecht verankerte Rechtspersönlichkeit dem

---

51 Siehe sogleich unten unter II. 3. b. (c) (2) bzw. III. 3.
52 Vgl. *Pechstein/Deja*, EuR 2011, 357 (364), allerdings in Bezug auf die mitgliedstaatliche Entscheidung über die Verortung der Rechtspersönlichkeit im Unions- oder nationalen Recht. Siehe zu Grenzen der mitgliedstaatlichen Durchführung unten unter III. 2.

öffentlichen oder dem privaten Recht zuzuordnen ist. Hier lässt sich der EVTZ-Verordnung weder explizit noch implizit eine Entscheidung entnehmen, so dass sie auf einer der nachgelagerten Ebenen – der mitglied*staatlichen* oder ggf. der mitglied*schaftlichen* – zu treffen ist.

3. Normhierarchie und anwendbares Recht

Grundlegende Fragen, u. a. zur Regelungszuständigkeit von Mitgliedstaaten oder EVTZ-Mitgliedern, bestehen ferner im Zusammenhang mit der für ein EVTZ und sein Tätigwerden maßgeblichen Normenhierarchie sowie dem anwendbaren Recht. Hierzu enthält die EVTZ-Verordnung in Art. 2 Abs. 1 und Abs. 1a Vorgaben. Von Bedeutung sind ferner Art. 8 und Art. 9 EVTZ-VO zu den in der Übereinkunft bzw. Satzung eines EVTZ zu regelnden Punkten.

a. Differenzierung nach Rechtsbereichen

Ausgangspunkt für die Ermittlung der einschlägigen Normhierarchie sowie des anwendbaren Rechts ist die durch die Reform der EVTZ-Verordnung eingeführte Differenzierung in Art. 2 Abs. 1 EVTZ-VO einerseits und Art. 2 Abs. 1a EVTZ-VO anderseits. Während der erste Absatz bestimmt, welchen Rechtsebenen die *„Handlungen der Organe des EVTZ"* unterliegen (b.), enthält der neu eingefügte Absatz 1a davon abweichende Vorgaben für die *„Tätigkeiten eines EVTZ im Zusammenhang mit der Wahrnehmung von Aufgaben"* (c.).[53] In der Sache dürfte damit zwischen dem spezifischen Organisationsrecht des EVTZ und dem (allgemeinen) Recht unterschieden werden, dem ein EVTZ bei seiner jeweiligen Aufgabenerfüllung als Rechtsperson – wie andere auch – unterliegt. Eine solche

---

53 In der ursprünglichen Version des Art. 2 Abs. 1 wurde zudem eine andere Formulierung für den maßgeblichen Bezugspunkt des anwendbaren Rechts verwendet. Wie auch bei der SE-VO (vgl. Art. 9) und der SCE-VO (vgl. Art. 8), hieß es dort: *„Der EVTZ unterliegt ...".* Aus welchem Grund nunmehr auf die *„Handlungen der Organe des EVTZ"* abgestellt wird, lässt sich den Rechtssetzungsmaterialien nicht entnehmen. Ob damit in der Sache eine Änderung des Rechtsgehalts beabsichtigt gewesen sein sollte, ist fraglich.

Differenzierung sehen die SE- und die SCE-VO nicht vor, sie beschränken sich auf Vorgaben zum anwendbaren Organisationsrecht.

b. In Bezug auf „Handlungen der Organe eines EVTZ"

Art. 2 Abs. 1 Buchst. a bis c EVTZ-VO zählt in Bezug auf „*Handlungen der Organe eines EVTZ*" drei Rechtsebenen in folgender Reihenfolge auf: die EVTZ-VO, die Übereinkunft, sofern ausdrücklich durch die EVTZ-Verordnung zugelassen, und nationales Recht des Sitzstaates in Bezug auf Bereiche, die von der EVTZ-Verordnung nicht oder nur teilweise erfasst werden. Hierdurch wird für diesen Rechtsbereich zum einen die maßgebliche Normenhierarchie vorgegeben (1) und zum anderen das anwendbare Recht (2) bestimmt.

(1) Normenhierarchie

Besonderheiten hinsichtlich der Normenhierarchie im Verhältnis von vorrangigem Unions- und nachrangigem nationalem Recht ergeben sich insoweit allein im Hinblick auf die in Art. 2 Abs. 1 Buchst. b EVTZ-VO genannte Übereinkunft (a). Gestrichen wurde im Zuge der EVTZ-Reform die ursprünglich in dieser Vorschrift mitgenannte Satzung (b). Einer kurzen Betrachtung bedarf schließlich das an dritter Stelle genannte nationale Recht (c).

(a) Übereinkunft

Die Übereinkunft ist kein Unionsrecht, sondern beruht auf dem autonomen Willen der jeweiligen EVTZ-Mitglieder. Dessen ungeachtet findet die Möglichkeit, Übereinkünfte zu schließen, ihren Geltungsgrund im sekundären Unionsrecht. Ferner ist die Übereinkunft hinsichtlich ihres Inhalts durch die EVTZ-Verordnung determiniert (vgl. Art. 8 EVTZ-VO) und bedarf zudem der Genehmigung seitens der betroffenen Mitgliedstaaten (vgl. Art. 4 Abs. 3 EVTZ-VO). Vor diesem Hintergrund dürfte der durch Art. 2 Abs. 1 Buchst. b EVTZ-VO angeordnete Vorrang der Übereinkunft vor dem nationalen Recht in den durch die EVTZ-Verordnung ausdrücklich zugelassenen Fällen jedenfalls unionsrechtlich unproblematisch sein. Mit

Blick auf die weitgehend gleichlautenden Regelungen in der SE-VO und der SCE-VO ist diese Konstruktion dem Unionrecht ferner nicht unbekannt und wurde bisher nicht in Frage gestellt. Zwar mag insoweit eingewendet werden, dass mit den beiden letztgenannten Rechtsakten juristische Personen des Privatrechts bereitgestellt werden, die EVTZ-Verordnung hingegen öffentlich-rechtlichen Körperschaften das Recht einräumt, einen grenzüberschreitend tätig werdenden Verwaltungsakteur zu erschaffen. Dieser, ggf. verfassungs- und kompetenzrechtlich bedeutsame Unterschied dürfte indes durch das mitgliedstaatliche Genehmigungserfordernis, welches weder die SE- noch die SCE-VO vorsieht, „kompensiert" werden.

(b) Satzung

Aus welchem Grund die Satzung aus der ursprünglichen Fassung des Art. 2 Abs. 1 Buchst. b EVTZ-VO gestrichen wurde, lässt sich den Gesetzgebungsmaterialien nicht entnehmen. Zwar wurden mehrere Änderungen im Zusammenhang mit den Bestimmungen betreffend die Satzung vorgenommen. So muss die Satzung nun nicht mehr sämtliche Bestimmungen der Übereinkunft enthalten (vgl. ex. Art. 8 Abs. 2 EVTZ-VO 2006); Vereinbarungen zur Haftung der Mitglieder gemäß Art. 12 EVTZ-VO sind in der Übereinkunft zu treffen (vgl. Art. 8 Abs. 2 Buchst. l EVTZ-VO). Zudem muss sie nicht mehr nur auf Grundlage der Übereinkunft angenommen werden, sondern nach Art. 9 Abs. 1 EVTZ-VO nunmehr auch *„im Einklang"* mit ihr. Änderungen der Satzung unterliegen – anders als bei der Übereinkunft – nicht mehr der Genehmigungs-, sondern nur noch einer Mitteilungspflicht (vgl. Art. 4 Abs. 5 EVTZ-VO). Im Übrigen weist die Satzung jedoch weitgehend den gleichen Inhalt auf wie vorher (vgl. Art. 9 Abs. 2 Buchst. a bis i EVTZ-VO), u. a. Bestimmungen zur Arbeitsweise der Organe und ihrer Kompetenzen sowie zur Anzahl der Vertreter der Mitglieder, seine Entscheidungsverfahren, Vereinbarungen über seine Arbeitsweise.

Konsequenz der Streichung ist, dass die Satzung keinen Vorrang mehr vor dem in Art. 2 Abs. 1 EVTZ-VO an dritter Stelle genannten nationalen Recht genießt. Dies gilt jedenfalls insoweit, als der Inhalt der Satzung durch die EVTZ-Verordnung nicht vorgegeben wird.[54] Denn diesbezüglich greift der unionsrechtliche Anwendungsvorrang und erfasst über die EVTZ-Verordnung auch die Satzung. Da Art. 9 Abs. 2 EVTZ-VO aber nur bestimmt, welche Punkte mindestens in der Satzung festzulegen sind, nicht aber wie, muss sich die Satzung hinsichtlich der Ausgestaltung dieser Punkte ggf. am nationalen Recht messen lassen. Im Vergleich zur ursprünglichen Fassung der EVTZ-Verordnung ist dies ein Rückschritt, da er die Autonomie der Mitglieder in Fragen der internen Ausgestaltung ihres EVTZ merklich einschränkt.

(c) Nationales Recht

Bei dem an dritter Stelle genannten nationalen Recht geht es allein um das Recht des jeweiligen Sitzstaates. Angesichts des auf grenzübergreifende Tätigkeit ausgelegten EVTZ und des durch Art. 2 Abs. 1 EVTZ-VO adressierten spezifischen Organisationsrechts ist diese Klarstellung durchaus sinnvoll. Das nationale Recht der anderen Mitglieder dürfte danach an sich keine Rolle bei der rechtlichen Beurteilung der *„Handlungen der Organe eines EVTZ"* spielen. Hiervon macht Art. 13 EVTZ-VO jedoch insoweit eine Ausnahme, als jeder Mitgliedstaat eines Mitglieds berechtigt ist, Tätigkeiten des betreffenden EVTZ auf seinem Hoheitsgebiet zu untersagen, wenn diese gegen seine Bestimmungen über die öffentliche Ordnung, Sicherheit, Gesundheit, Sittlichkeit oder gegen seine öffentlichen Interessen verstoßen.

Das nationale Recht ist nur insoweit maßgeblich, als es um die rechtliche Beurteilung von Bereichen geht, die nicht oder nur teilweise von der EVTZ-Verordnung umfasst werden. Diese Einschränkung ist angesichts des unionsrechtlichen Anwendungsvorrangs deklaratorischer Natur, aber zur Klarstellung hilfreich.[55] Sie findet sich so auch in der SE-VO (vgl. dort Art. 9 Abs. 1 Buchst. c) und der SCE-VO (vgl. dort Art. 8 Abs. 1 Buchst. c). In der Rechtspraxis bedeutet sie, dass in jedem Einzelfall geprüft werden muss, inwieweit der betreffende Bereich überhaupt oder we-

---

54 Unzutreffend daher die pauschale Einschätzung von *Storbeck*, S. 219, wonach die Satzung ihre *„Stellung im Rahmen der Normpyramide [...] nicht eingebüßt [hat]"*.
55 Siehe zur Bedeutung für Fragen der mitgliedstaatlichen Durchführung der EVTZ-VO unten unter III. 1. b.

nigstens teilweise von der EVTZ-Verordnung erfasst wird. Insbesondere die zweite Variante dürfte für Auslegungsfragen sorgen.

(2) Anwendbares Recht

Eine rechtspraktisch bedeutsame Frage im Hinblick auf das nach Art. 2 Abs. 1 EVTZ-VO anwendbare Organisationsrecht stellt sich für das Verhältnis von Übereinkunft und nationalem Recht und betrifft die Entscheidungszuständigkeit hierfür.

Art. 8 Abs. 2 Buchst. a bis n EVTZ-VO bestimmt die in der Übereinkunft festzulegenden Punkte. Dazu gehören zum einen grundlegende Organisationsaspekte wie etwa die Bezeichnung des EVTZ und sein Sitz, die Ziele und Aufgaben, die Mitglieder, die Dauer des EVTZ usw. Zum anderen sind auch anwendbare unionale und nationale Rechtsvorschriften zu bestimmen.

In diesem Kontext wirft Art. 8 Abs. 2 Buchst. g EVTZ-VO die Frage auf, ob die in der Übereinkunft vorzunehmende Bestimmung *„der Rechtsvorschriften der Union und des Mitgliedstaats, in dem der EVTZ seinen Sitz hat, die für die Zwecke der Auslegung und Durchsetzung der Übereinkunft anzuwenden sind,"* deklaratorischen oder konstitutiven Charakter hat.

Da das Unionsrecht nicht nur in Gestalt der EVTZ-Verordnung normhierarchisch über der Übereinkunft steht, dürfte die Angabe der insoweit anwendbaren Unionsvorschriften ausschließlich deklaratorischen Charakter haben.

Ob dies auch für das im Rang unterhalb der Übereinkunft stehende nationale Recht des Sitzstaates gilt, lässt sich in gleicher Weise nicht ohne weiteres beantworten. Würde man der Festlegung in Art. 8 Abs. 2 Buchst. g EVTZ-VO konstitutiven Charakter beimessen, läge es in der Hand der Mitglieder, über das ergänzend auf ein EVTZ anwendbare nationale Organisationsrecht zu entscheiden, etwa auch im Hinblick auf die Zuordnung zum öffentlich- oder Privatrecht.

Hiergegen spricht jedoch zunächst der Wortlaut des Art. 2 Abs. 1 Buchst. c EVTZ-VO, wonach das Recht des Sitzstaates hinsichtlich seiner ergänzenden Anwendung nur davon abhängt, ob es Bereiche betrifft, die in der Verordnung nicht oder nur teilweise geregelt werden. Eine Berücksichtigung der Übereinkunft bzw. ihres Inhalts lässt sich dieser Vorschrift hingegen nicht entnehmen. Auch die allgemein formulierte Verpflichtung der Mitgliedstaaten in Art. 16 Abs. 1 EVTZ-VO, wonach sie Vorschriften *„zur Sicherstellung der wirksamen Anwendung dieser Verordnung [erlassen], einschließlich hinsichtlich der Bestimmung der zuständigen Behörden [...]"*, streitet gegen ein konstitutives Entscheidungsrecht der Mitglieder hinsichtlich des anwendbaren Organisationsrechts. Denn mit Ausnahme der ausdrücklich in Art. 16 Abs. 1 EVTZ-VO als zwingenden Aspekt genannten Benennung der zuständigen Behörden bliebe den Mitgliedstaaten ggf. kein Raum für die Regelung organisationsspezifischer Aspekte bzw. nur die Möglichkeit, subsidiär zur Anwendung kommende Vorschriften vorzusehen.

Schließlich wäre eine so weitgehende unionsseitige Einräumung von Befugnissen an mitgliedstaatliche Untergliederungen jedenfalls im vertikalen Kompetenzverhältnis zu den Mitgliedstaaten höchst problematisch und dürfte in einer derart beiläufigen Weise auf Unionsebene auch nicht intendiert gewesen sein. Vor diesem Hintergrund ist davon auszugehen, dass Art. 8 Abs. 2 Buchst. g EVTZ-VO iVm. Art. 2 Abs. 1 Buchst. b EVTZ-VO keine Entscheidungszuständigkeit der Mitglieder zu entnehmen ist. Die dort vorgesehene Benennung des Organisationsrechts einschließlich der damit in der Regel einhergehenden Zuordnung zum öffentlichen oder Privatrecht in der Übereinkunft hat danach vielmehr deklaratorischen Charakter.

Der Frage, ob etwas anderes dann gelten könnte, wenn der betreffende Sitzmitgliedstaaten des EVTZ in Bezug auf diesen Aspekt keine Durchführungsvorschriften erlassen hat, auf die in der Übereinkunft seitens der Mitglieder verwiesen werden kann, wird unten im Zusammenhang mit den Rechtsfolgen fehlender oder fehlerhafter mitgliedstaatlicher Durchführung nachgegangen.[56]

c. In Bezug auf „Tätigkeiten eines EVTZ im Zusammenhang mit der Wahrnehmung von Aufgaben"

Nach Art. 2 Abs. 1a EVTZO-VO unterliegen *„die Tätigkeiten eines EVTZ im Zusammenhang mit der Wahrnehmung von Aufgaben [...] dem anwendbaren Unionsrecht und dem in der Übereinkunft nach Art. 8 bestimmten nationalen Recht."* Nach Art. 8 Abs. 2 Buchst. j EVTZ-VO sind in der

---

56 Siehe unten unter III. 1. c.

Übereinkunft „*die anzuwendenden Rechtsvorschriften der Union und die anzuwendenden nationalen Rechtsvorschriften, die direkten Bezug zu den Tätigkeiten des EVTZ haben, welche im Rahmen der in der Übereinkunft festgelegten Aufgaben ausgeführt werden [, zu bestimmen.]*" Auch hier ist zwischen der Normenhierarchie (1) und dem anwendbaren Recht (2) zu unterscheiden.

(1) Normhierarchie

Im Gegensatz zu Art. 2 Abs. 1 EVTZ-VO verweist Art. 2 Abs. 1a EVTZ-VO auf nur zwei Rechtebenen: das Unionsrecht und das nationale Recht. Dies ist insoweit zutreffend, als die nicht berücksichtigte Übereinkunft im Wesentlichen auf organisationsrechtliche Fragen beschränkt ist. Das auf die jeweilige Aufgabenwahrnehmung anwendbare Recht ergibt sich aus anderen Rechtsquellen. Diese sind nach Art. 2 Abs. 1a EVTZ-VO nur hinsichtlich des nationalen Rechts in der Übereinkunft zu bestimmen, nicht aber für das (generell ranghöhere) Unionsrecht. Ob der Übereinkunft über das „Bestimmungsrecht" bzgl. nationaler Vorschriften eine normhierarchische Bedeutung zukommt, hängt davon ab, ob dieses „Recht" im Hinblick auf das anwendbare Recht deklaratorischer oder konstitutiver Natur ist.[57]

(2) Anwendbares Recht

Der Wortlaut des Art. 2 Abs. 1a sowie des Art. 8 Abs. 2 Buchst. j EVTZ-VO legen ein konstitutives Bestimmungsrecht nahe. Könnte man diese Vorschrift so verstehen, würde es bedeuten, dass die EVTZ-Mitglieder in der Übereinkunft sowohl (kollisionsrechtlich) über die anwendbare Rechtsordnung – etwa des Sitzstaates und/oder eines der anderen beteiligten Mitgliedstaaten – als auch über die jeweils einschlägigen Rechtsvorschriften entscheiden könnten. In Bezug auf öffentlich-rechtliche Vorschriften und den Bereich der grenzüberschreitenden Zusammenarbeit wäre eine solche Möglichkeit geradezu revolutionär.[58] Eben aus diesem Grunde ist davon auszugehen, dass der Bestimmung des nationalen Rechts

---

57 Siehe dazu auch *Krzymuski/Kubicki*, NVwZ 2014, 1338 (1340 f.).
58 Für das Privatrecht stellt eine solche Möglichkeit hingegen nichts Besonderes dar, vgl. dazu *Krzymuski/Kubicki*, NVwZ 2014, 1338 (1340).

in der Übereinkunft nur deklaratorischer Charakter zukommt. Wie schon hinsichtlich des auf die Handlungen des EVTZ anwendbaren Organisationsrechts gilt auch hier, dass ein konstitutives Bestimmungsrecht in der Übereinkunft im vertikalen Kompetenzverhältnis zu den Mitgliedstaaten höchst problematisch wäre und in einer derart beiläufigen Weise auf Unionsebene auch nicht intendiert gewesen sein dürfte.[59]

Geht man daher von einer deklaratorischen Bedeutung aus, stellt sich die Frage nach dem Sinn und Zweck der Bestimmung des für die Aufgabenwahrnehmung anwendbaren nationalen Rechts. Dieser dürfte allein darin liegen, dass sich die Mitglieder hinsichtlich dieser Rechtsvorschriften (selbst) vergewissern. Allerdings ist aus der Praxis zu vernehmen, dass diese Vorgabe der EVTZ-Verordnung regelmäßig zur Verunsicherung führt. Denn es ist bereits unklar ist, ob – wie in Art. 8 Abs. 2 Buchst. j EVTZ-VO angedeutet (*„direkter Bezug zu den Tätigkeiten"*) – nur aufgabenspezifische Rechtsvorschriften in die Übereinkunft aufzunehmen sind oder auch solche allgemeiner Natur (etwa Steuerrecht, soweit eine Besteuerung in Betracht kommt etc.). Oftmals stellt sich zudem die Frage, welche Vorschriften überhaupt aufgabenspezifischer Natur sind, wenn sich die Aufgabe des EVTZ lediglich auf eine (rechtlich informelle) Koordinierung und Förderung des gemeinsamen Tätigwerdens der Mitglieder beschränkt. Darüber hinaus ist unklar, ob und ggf. welche Konsequenzen es hat, wenn anwendbare Vorschriften in der Übereinkunft „vergessen" werden. Angesichts des deklaratorischen Charakters dürfte das jedenfalls im Ergebnis unschädlich sein. Da hieraus jedoch im Genehmigungsverfahren Probleme erwachsen können, sollte diese Vorgabe in Art. 8 Abs. 2 Buchst. j EVTZ-VO für die Zukunft überdacht werden.

---

59 Vgl. oben unter II. 3. b. (2). Anders als dort stellt sich hier nicht das Problem ggf. fehlender mitgliedstaatlicher Durchführungsvorschriften und der sich daran anknüpfenden Frage, ob die EVTZ-Mitglieder dann hierüber entscheiden können. Denn hinsichtlich der EVTZ-Tätigkeiten *„im Zusammenhang mit der Wahrnehmung von Aufgaben"* gelten dann einfach die jeweils auf die betreffenden Tätigkeiten anwendbaren nationalen Vorschriften. Spezieller Vorschriften zur Durchführung der EVTZ bedarf es hier nicht.

d. Fazit

Hinsichtlich der für einen EVZT und sein Tätigwerden maßgeblichen Normenhierarchie bestehen im Ergebnis keine Besonderheiten gegenüber den bekannten privatrechtlichen Rechtsformen der SE, SCE und EWIV: In Fragen des Organisationsrechts gehen die EVTZ-Verordnung sowie die auf ihr beruhende Übereinkunft der EVTZ-Mitglieder dem nationalen Recht vor, das in allen nicht oder nicht vollständig von der EVTZ-Verordnung erfassten Bereichen greift (vgl. Art. 2 Abs. 1 EVTZ-VO). Die Tätigkeiten im Zusammenhang mit der Aufgabenwahrnehmung eines EVTZ unterliegen – wie auch bei anderen Rechtssubjekten – hingegen „nur" dem darauf ggf. sachlich anwendbaren Unions- und nationalen Recht (vgl. Art. 2 Abs. 1a EVTZ-VO). Aus der Vorgabe, wonach sowohl das (ergänzend) anwendbare nationale Organisationsrecht als auch die zu beachtenden Vorschriften für die jeweilige Aufgabenwahrnehmung in der Übereinkunft durch die Mitglieder zu bestimmen sind (vgl. Art. 8 Abs. 2 Buchst. g bzw. Art. 2 Abs. 1a und Art. 8 Abs. 2 Buchst. j EVTZ-VO), kann nicht geschlossen werden, dass den EVTZ-Mitgliedern hierdurch ein Recht zur Entscheidung über das jeweils anwendbare Recht zukommt. Die Benennung der betreffenden Vorschriften des nationalen Rechts in der Übereinkunft hat insoweit nur deklaratorischen Charakter. Lediglich für den Fall, dass ein Sitzmitgliedstaaten keine Durchführungsvorschriften in Bezug auf das Organisationsrecht erlassen hat, auf die in der Übereinkunft seitens der Mitglieder verwiesen werden kann, käme eine andere Bewertung in Betracht.[60]

III. Mitgliedstaatliche Ebene

Als Verordnung im Sinne des Art. 288 Abs. 2 AEUV bedarf die EVTZ-Verordnung zwar keiner mitgliedstaatlichen (v. a. legislativen) Umsetzung wie sie für Richtlinien gemäß Art. 288 Abs. 3 AEUV vorgesehen ist.[61] Die primärrechtlich vorgegebene unmittelbare Geltung von EU-Verordnungen bedeutet jedoch nicht, dass dieser Rechtsakttyp stets aus sich selbst heraus umfassend inhaltlich vollständig ist. Je nach Inhalt und Adressaten sind Verordnungen vielmehr regelmäßig in kleinerem oder größerem Umfang

---

60 Siehe unten unter III. 3.
61 Vgl. *Schroeder*, in: Streinz, EUV/AEUV, Art. 288 AEUV, Rn. 58.

auf mitgliedstaatliche Durchführung angewiesen (vgl. Art. 291 Abs. 1 AEUV). Diese ist nicht auf eine konkret-individuelle Konkretisierung beschränkt, sondern kann den Erlass von ergänzenden abstrakt-generellen Regelungen erfordern.[62] Dies nimmt den bestehenden Verordnungsbestimmungen zwar nicht die unmittelbare Anwendbarkeit, sofern die Voraussetzungen hierfür erfüllt sind.[63] Das vollständige Regelungsanliegen einer solchen Verordnung entfaltet sich in diesen Fällen jedoch erst in ihrem Zusammenspiel mit mitgliedstaatlichem Durchführungsrecht.[64]

Die gilt in besonderem Maße für die EVTZ-Verordnung. Diese enthält einerseits eine Vielzahl unmittelbar anwendbarer Bestimmungen mit Vorgaben zur Ausgestaltung und Organisation eines EVTZ. Andererseits wird in Art. 2 Abs. 1 Buchst. c EVTZ-VO (ergänzend) auf nationales Recht verwiesen und Art. 16 Abs. 1 EVTZ-VO sieht ausdrücklich vor, dass die Mitgliedstaaten „*Vorschriften zur Sicherstellung der wirksamen Anwendung dieser Verordnung [erlassen], einschließlich hinsichtlich der Bestimmung der zuständigen Behörden [...].*"[65] Ähnliche Vorschriften beinhalten die ebenfalls auf ergänzende staatliche Durchführung angelegten Verordnungen zur SE (vgl. dort Art. 68 Abs. 1) und SCE (vgl. dort Art. 78 Abs. 1). Im Vergleich mit diesen beiden sowie der ähnlich strukturierten EWIV-Verordnung nimmt sich die EVTZ-Verordnung hinsichtlich des Umfangs ihrer Vorgaben zur Ausgestaltung der Verbünde jedoch merklich zurück.[66] Dabei werden in allen vier Fällen – mit Ausnahme einiger rechtsformspe-

---

62 Man spricht insoweit von „hinkenden" Verordnungen. Der Begriff geht auf *Constantinesco*, S. 562 ff., zurück. Siehe hierzu auch *Härtel*, § 9, Rn. 17, die von einer richtlinienähnlichen Verordnung spricht. Vgl. ferner *Ruffert*, in: Calliess/Ruffert, EUV/AEUV, 5. Aufl. 2016, Art. 288 AEUV, Rn. 21. Aus der Rechtsprechung, siehe etwa EuGH, Urt. v. 20.3.1986, Rs. 72/85 (Kommission/Niederlande), Rn. 20.
63 Vgl. *Columbus/List*, NL-BZAR 2008, S. 227. Voraussetzung für die unmittelbare Anwendbarkeit einer Unionsrechtsnorm ist in normtechnischer Hinsicht, dass sie unbedingt formuliert und hinreichend bestimmt sein, vgl. *Schroeder*, in: Streinz, EUV/AEUV, Art. 288 AEUV, Rn. 60. Siehe auch EuGH, Urt. v. 27.9.1979, Rs. 230/78 (Eridania), Rn. 34; EuGH, Urt. 30.11.1978, Rs. 31/78 (Bussone), Rn. 36.
64 Vgl. *Schroeder*, in: Streinz, EUV/AEUV, Art. 288 AEUV, Rn. 61.
65 Siehe allgemein zum unionsrechtlich vorgegebenen Komplementärverhältnis von EVTZ-VO und mitgliedstaatlichem Durchführungsrecht, Ausschuss der Regionen, S. 143 ff.
66 Den insgesamt 21 Artikeln der EVTZ-VO stehen 43 Artikel der EWIV-VO, 70 Artikel der SE-VO und 80 Artikel der SCE-VO gegenüber.

zifischen Besonderheiten der EVTZ-Verordnung[67] wie dem Genehmigungsverfahren und Fragen der gerichtlichen Zuständigkeit – im Wesentlichen die gleichen Aspekte geregelt (v. a. Wesen, Gründung, Mitglieder, Sitz, anwendbares Recht, Publizität, Aufbau, Gründungsdokumente, Haftung etc.). Die Unterschiede im Umfang sind daher auf die Regelungstiefe und -detailliertheit der jeweiligen Rechtsakte zurückzuführen. Für die Mitgliedstaaten und die ihnen obliegende Durchführung hat dies einerseits einen größeren Durchführungsspielraum zur Folge.[68] Anderseits steigt hierdurch zugleich die rechtlich Verantwortung der mitgliedstaatlichen Ebene für die „*Sicherstellung der wirksamen Anwendung*" der EVTZ-Verordnung.

Werden die Mitgliedstaaten dieser Verantwortung nicht gerecht, droht der EVTZ in der Praxis zu scheitern bzw. die Nutzung dieser Rechtsnorm enorm erschwert zu werden.[69] Das kann vor allem dann der Fall sein, wenn sich die Durchführung – wie etwa in Deutschland – in der Benennung der zuständigen Behörden erschöpft und keinerlei materielle Regelungen enthält. Welche Durchführungsvorschriften im Einzelnen durch die Mitgliedstaaten zu erlassen sind oder erlassen werden können, legt die EVTZ-Verordnung jedoch nur an wenigen Stellen ausdrücklich fest und belässt es im Übrigen bei der oben zitierten Generalklausel. Umfang und Inhalt der mitgliedstaatlichen Durchführungsvorschriften, die entweder zur „*Sicherstellung der wirksamen Anwendung*" der EVTZ-Verordnung notwendig sind oder optional erlassen werden können, lassen sich der EVTZ-Verordnung daher überwiegend nur mittelbar entnehmen (1.). Zu klären ist ferner, welchen Grenzen die Mitgliedstaaten hinsichtlich des Erlasses von Durchführungsvorschriften unterliegen (2.). Abschließend ist der Frage nachzugehen, welche Rechtsfolgen es nach sich zieht, wenn die Mitgliedstaaten hinter ihrer Durchführungspflicht zurückbleiben (3.).

---

67 Auf der anderen Seite nehmen in der SE-VO und der SCE-VO Vorschriften zu gesellschaftsrechtlichen Gründungskonstellationen (Verschmelzung, Umwandlung etc.) und dem Aufbau der Rechtsformen viel Raum ein. Letzteres ist den insoweit unterschiedlichen mitgliedstaatlichen Gesellschaftsrechten hinsichtlich der Verankerung von Leitungs- und Aufsichtsorganen geschuldet, vgl. jeweils Art. 38 ff. SE-VO und Art. 36 ff. SCE-VO.
68 Vgl. auch *Pechstein/Deja*, EuR 2011, 357 (358), wonach die EVTZ-VO sehr viel Gestaltungsspielraum vorsehe.
69 Siehe zur Durchführung der EVTZ-VO in ausgewählten Mitgliedstaaten *Engl*, EuR 2013, 285.

1. Notwendige und optionale Durchführungsvorschriften

Die zur Durchführung der EVTZ-Verordnung *notwendigen* mitgliedstaatlichen Vorschriften lassen sich in zwei Gruppen einteilen: Zuständigkeitsbestimmungen (a.) und komplementäres materielles Recht (b.). Von den notwendigen Bestimmungen sind *optionale* Durchführungsvorschriften zu unterscheiden (c.).

a. Zuständigkeitsbestimmungen

Ein typischer Fall notwendiger mitgliedstaatlicher Durchführungsvorschriften ist die Bestimmung der Behörden, die für den (konkret-individuellen) Vollzug der Verordnungsbestimmungen zuständig sind. Art. 16 Abs. 1 EVTZ-VO erwähnt dies ausdrücklich, allerdings nur in Bezug auf das Genehmigungsverfahren, welches in Art. 4 EVTZ-VO geregelt ist. Zuständige Behörden oder Stellen sind darüber hinaus nach noch gemäß folgenden Artikeln zu benennen: nach Art. 6 Abs. 1 und Abs. 2 EVTZ-VO in Zusammenhang mit der Kontrolle der Verwaltung öffentlicher Mittel; nach Art. 13 Abs. 1 EVTZ-VO für Tätigkeitsuntersagung bei Verstoß gegen öffentliche Interessen und schließlich nach Art. 14 EVTZ-VO im Zusammenhang mit mitgliedstaatlich angeordneten Auflösungen. Im letzten Fall ist zu beachten, dass die Vorschrift zwischen der eine Auflösung anordnenden und der sie beantragenden Stelle unterscheidet. Während erste nach dem Wortlaut der EVTZ-Verordnung ein Gericht oder eine Behörde sein kann, wird für letztere ausschließlich der Begriff „Behörde" verwendet. Dass beide Stellen organisatorisch unabhängig voneinander sein müssen, ergibt sich auch daraus, dass die eine Auflösung beantragende Behörde hierbei „ein legitimes Interesse" vertreten muss (vgl. Art. 14 Abs. 1 S. 1 EVTZ-VO), welches gegenüber der über eine Auflösung entscheidenden Stelle darzulegen ist.

b. Komplementäres (materielles) Recht

Kennzeichen und zugleich Besonderheit der EVTZ-Verordnung als Verordnung ist, dass die Sicherstellung ihrer wirksamen Anwendung nicht allein von der Bestimmung zuständiger (Vollzugs-)Behörden abhängt, sondern vor allem von dem Erlass komplementären materiellen Durchführungsrechts.[70] Dass die EVTZ-Verordnung insoweit nicht abschließend, sondern auf eine Ergänzung durch mitgliedstaatliches Recht angelegt ist, wurde bereits oben deutlich[71] und folgt normativ aus Art. 2 Abs. 1 Buchst. c EVTZ-VO. Danach unterliegen Handlungen des EVTZ insoweit den nationalen Rechtsvorschriften des Sitzstaates, als Bereiche in Rede stehen, die von der EVTZ-Verordnung nicht oder nur teilweise erfasst werden. Dadurch wird zum Ausdruck gebracht, dass die EVTZ-Verordnung inhaltlich eben nicht vollständig ist. Diese Unvollständigkeit bezieht sich – ebenso wie die vorhandenen Vorgaben der Verordnung – vor allem auf das Organisationsrecht für diese Rechtsform.[72] In geringerem Umfang kann darüber hinaus noch Bedarf für ergänzende Verfahrensvorschriften bestehen, etwa im Zusammenhang mit dem Genehmigungsverfahren.

Die Notwendigkeit des Erlasses vor allem materiellen Organisationsrechts wird auch im Vergleich mit der SE-VO und SCE-VO deutlich. In diesen beiden Rechtsakten findet sich an vergleichbarer Stelle zum anwendbaren Recht die Vorgabe, wonach die SE bzw. SCE – nachrangig zu den jeweiligen Verordnungen – zum einen den Rechtsvorschriften unterliegen, die die Mitgliedstaaten in Anwendung der speziell die SE bzw. SCE betreffenden Gemeinschaftsmaßnahmen erlassen (vgl. Art. 9 Abs. 1 Buchst. c ii) SE-VO bzw. Art. 8 Abs. 1 Buchst. c ii) SCE-VO).[73] Zum anderen sind die mitgliedstaatlichen Rechtsvorschriften maßgeblich, die auf eine nach dem Recht des Sitzstaats der SE bzw. SCE gegründete Aktiengesellschaft bzw. Genossenschaft Anwendung finden würden (vgl. Art. 9 Abs. 1 Buchst. c iii) SE-VO bzw. Art. 8 Abs. 1 Buchst. c iii) SCE-VO). Die Komplementärfunktion des mitgliedstaatlichen Organisations- bzw. Rechtsformrechts ist hier offensichtlich. Gleiches gilt im Ergebnis für die EWIV-Verordnung, die – allerdings ohne Bezug auf eine bestimmte mitgliedstaatliche Rechtsform – hinsichtlich des Gründungsvertrags und der dazu in der Verordnung nicht geregelten Bereiche sowie „*der inneren Ver-*

---

70 Vgl. auch *Engl*, EuR 2013, 285 (286). In der Studie des Ausschusses der Regionen, S. 156, ist hingegen lediglich von der „Hilfsfunktion" des nach Art. 16 Abs. 1 EVTZ-VO zu erlassenden Rechts die Rede.
71 Siehe oben unter II. 3.
72 Siehe hierzu oben unter II. 3. a.
73 Vgl. etwa das deutsche SE-Ausführungsgesetz (SEAG) sowie das deutsche SCE-Ausführungsgesetz (SCEAG).

fassung der Vereinigung" auf das nationale Recht des Sitzstaates verweist (vgl. dort Art. 2 Abs. 1).[74]

Ungeachtet der allgemeiner formulierten Aussagen zum anwendbaren mitgliedstaatlichen Recht in Art. 2 Abs. 1 Buchst. c EVTZ-VO empfiehlt sich der soeben beschriebene zweistufige Ansatz auch für die Durchführung der EVTZ-Verordnung: Danach wäre zunächst zu bestimmen, welches mitgliedstaatliche Organisations- bzw. Rechtsformrecht in den nicht oder nur teilweise von der EVTZ-Verordnung erfassten Bereichen pauschal zur Anwendung gelangen sollen. Hiervon ausgehend bestünde dann die Möglichkeit, speziell für einen EVTZ geltende Sonderregelungen zu schaffen, soweit dies angesichts des gewählten Organisation- bzw. Rechtsformrechts erforderlich erscheint oder um der Spezifik eines EVTZ gerecht zu werden. Da der EVTZ – anders als bei der SE und der SCE – keine allen Mitgliedstaaten in der gleichen Weise bekannte Rechtsform zum Vorbild hat, wäre es an den Mitgliedstaaten zu entscheiden, an welche nationalen Vorschriften man insoweit anknüpft. So verweist etwa das polnische Durchführungsgesetz zur EVTZ-Verordnung, das Zuständigkeitsbestimmungen und EVTZ-spezifische Sonderregelungen überwiegend formeller Natur enthält, auf das polnische Vereinsrecht in allen durch die EVTZ-Verordnung und dem Durchführungsgesetz nicht geregelten Fällen.[75]

Der zweistufige Ansatz dürfte der mitgliedstaatlichen Durchführungsverpflichtung aus Art. 16 Abs. 1 EVTZ-VO am ehesten genügen. In allen nicht durch die Sonderregelungen erfassten Fällen griffe der pauschale Verweis auf das vom Mitgliedstaat bestimmte nationales Organisationsbzw. Rechtsformrecht. Damit würde im Regelfall zugleich auch die Frage nach der Zuordnung der (unionsrechtlichen) Rechtspersönlichkeit zum öffentlichen oder privatem Recht beantwortet, soweit sie nicht als Sonderregelung vorab entschieden würde.

Der deutsche Gesetzgeber ist dem zweistufigen Ansatz in Bezug auf die Durchführung der SE-VO, SCE-VO sowie EWIV-VO gefolgt. Die entsprechenden Ausführungsgesetze enthalten überwiegend materielle Rege-

---

74 Zur Ausführung der EWIV-Verordnung wurde in Deutschland das EWIV-Ausführungsgesetz erlassen.
75 Ustawa o europejskim ugrupowaniu współpracy terytorialnej, aktuelle Fassung online abrufbar unter https://www.funduszeeuropejskie.gov.pl/media/12917/tekst_jednolity_ustawy_o_euwt.pdf (11.10.17). Der Verweis auf das (materielle) Vereinsrecht findet sich in Art. 3.

lungen und treten (vorrangig) neben das deutsche Aktien-, Genossenschaftsrecht bzw. das Recht der offenen Handelsgesellschaft nach HGB. Die deutschen Vorschriften zur Durchführung der EVTZ-Verordnung beschränken sich hingegen auf die landesrechtlichen Gesetze über Behördenzuständigkeiten.[76] Ergänzende Verweise, etwa auf das Recht der Zweckverbände, die in Deutschland für eine institutionalisierte Zusammenarbeit von öffentlich-rechtlichen Einrichtungen vorgesehen sind, [77] finden sich dort nicht.

Als Alternative zum zweistufigen Ansatz bleibt nur der Erlass von Sonderregelungen für den EVTZ ohne Anknüpfung an eine dem jeweiligen nationalen Recht bekannte Rechtsform. In diesem Fall wäre allerdings die Frage, welche Bereiche von der EVTZ-Verordnung nicht oder nur teilweise erfasst werden, vom mitgliedstaatlichen Gesetzgeber umfassend positiv zu beantworten, um der Durchführungspflicht gerecht zu werden. Dies dürfte ungleich schwieriger sein als der Pauschalverweis im zweistufigen Ansatz und in der Praxis mit großer Rechtsunsicherheit nach sich ziehen.

Unabhängig von dem gewählten Ansatz für den Erlass komplementären materiellen Durchführungsrechts soll an dieser Stelle noch auf ein Problem hingewiesen werden, welches sich in föderalen organisierten Mitgliedstaaten wie Deutschland oder Österreich bei der Durchführung der EVTZ-Verordnung in diesem Bereich stellen kann. Fallen die Gesetzgebungszuständigkeiten für öffentlich-rechtliche und privatrechtliche Rechtsformen (teilweise) auseinander, so bedarf es vor Erlass der Durchführungsbestimmungen der Klärung, welchem Bereich der EVTZ zugeordnet werden soll, um zu bestimmen, auf welcher Ebene – in Deutschland Bund oder Länder – materielles Durchführungsrecht zuständigkeitshalber erlassen werden soll.[78] Würde etwa in Deutschland die Wahl auf eine Zuordnung des EVTZ zum Privatrecht fallen und sollte ergänzend – wie etwa in Polen – Vereinsrecht zur Anwendung gelangen, wäre allein der Bund für das materielle Durchführungsrecht zuständig (vgl. Art. 74 Abs. 1 Nr. 3 GG). Bei Entscheidung für eine öffentlich-rechtliche Ausgestaltung wären hingegen Bund und Länder zuständig, jeweils in Bezug auf

---

76 Zur Durchführung in anderen ausgewählten Mitgliedstaaten, siehe *Engl*, EuR 2013, 285 (287 ff.)
77 Diese, in der Sache zutreffende Parallele zogen *Peine/Starke*, LKV 2008, 402, die den EVTZ als „europäischen Zweckverband" umschrieben.
78 Siehe für die Diskussion in Österreich *Engl*, EuR 2013, 285 (296 f.), ferner *Bußjäger*, S. 527 ff.

die ihnen unterliegenden und für eine Mitgliedschaft an einem EVTZ in Betracht kommenden Verwaltungseinheiten.

c. Optionales Durchführungsrecht

Von dem zwingend zu erlassenen Durchführungsrecht sind optional mögliche Bestimmungen zu unterscheiden. Die EVTZ-Verordnung sieht diese zum einen im Zusammenhang mit dem Aufgabenspektrum eines EVTZ vor und zum anderen in Fragen der Haftung vor.

Art. 7 EVTZ-VO regelt, welche Aufgaben ein EVTZ ausführen darf. In Art. 7 Abs. 3 UAbs. 3 S. 1 EVTZ-VO werden die Mitgliedstaaten ermächtigt, das Aufgabenspektrum einzuschränken, soweit es sich um solche Aufgaben handelt, die ein EVTZ ohne finanzielle Unterstützung der Union ausführen kann. Hierbei ist allerdings die zwingende Untergrenze für diese Einschränkungsermächtigung in Art. 7 Abs. 3 UAbs. 3 S. 2 EVTZ-VO zu beachten.

Eine weitere, allerdings positive Durchführungsoption sieht Art. 7 Abs. 2 S. 2 EVTZ-VO vor. Danach können die Mitgliedstaaten die Teilnahme einer ihrer Untergliederungen an einem EVTZ auch dann genehmigen, wenn diese nicht über die erforderliche Kompetenz für alle in der jeweiligen EVTZ-Übereinkunft vorgesehenen Aufgaben verfügt. Diese Option ist zwar von ihrer Formulierung her auf den konkret-individuellen Vollzug der EVTZ-VO bezogen. Eine abstrakt-generelle Lösung dieser Frage dürfte jedoch ebenfalls zulässig sein.

Ebenfalls optional ausgestaltet ist die Frage der Haftungsbeschränkung in Bezug auf die Mitglieder eines EVTZ. Dies ergibt sich aus Art. 12 Abs. 2a UAbs. 1 EVTZ-VO, wonach Haftungsbeschränkungen nur nach Maßgabe des jeweiligen nationalen Rechts, dem die einzelnen Mitglieder unterliegen, möglich sind. Hierbei handelt es sich um eine für die Rechtspraxis wichtige Frage, die oft dann zu Problemen führt, wenn EVTZ-Mitglieder aus einem Mitgliedstaat die Haftung beschränken dürfen, Mitglieder aus einem anderen Mitgliedstaat hingegen nicht. Wird von dieser Option seitens der Mitgliedstaaten Gebrauch gemacht, knüpft sich hieran zudem ein Fall notwendiger Durchführungsbestimmungen. Art. 12 Abs. 2a UAbs. 4 EVTZ-VO sieht vor, dass bei einem EVTZ mit beschränkter Haftung jeder betroffene Mitgliedstaat verlangen kann, dass der betreffende EVTZ zur Abdeckung der mit seinen Tätigkeiten einhergehenden Risiken Vorkehrungen treffen muss (Abschluss oder Bereitstellung einer Versicherung, Garantie oder eines sonstigen Instruments). Die Möglichkeit, eine solche Vorkehrung treffen zu können, bedarf der (abstrakt-generellen) Sicherstellung durch die Mitgliedstaaten.

Ob die Mitgliedstaaten darüber hinaus weitere, in der EVTZ-Verordnung nicht ausdrücklich vorgesehene, optionale Durchführungsbestimmungen erlassen können, ist offen. Soweit hierbei die unionsrechtlichen Grenzen mitgliedstaatlicher Durchführung eingehalten werden (dazu sogleich), spricht jedoch nichts gegen eine solche Möglichkeit. So könnte beispielsweise erwogen werden, dass die Mitglieder eines EVTZ ermächtigt werden, diesen mit hoheitlichen Befugnissen auszustatten, die ihnen selbst für die Aufgaben zustehen, die sie auf den EVTZ übertragen (vgl. Art. 7 Abs. 1 EVTZ-VO). In Deutschland ließe sich eine solche Übertragung über Art. 24 Abs. 1a GG konstruieren, der eine Hoheitsrechtsübertragung der Länder auf grenznachbarschaftliche Einrichtungen vorsieht.[79] Zwar scheint Art. 7 Abs. 4 EVTZ-VO hiergegen zu sprechen, wonach die einem EVTZ übertragenen Aufgaben u. a. nicht die Ausübung hoheitlicher Befugnisse betreffen dürfen. Dieser Ausschluss betrifft jedoch nur die unionsrechtliche Ebene insoweit, als eine entsprechende Übertragung auf Grundlage der EVTZ-Verordnung nicht zulässig ist. Einer mitgliedstaatlich veranlassten Einräumung hoheitlicher Befugnisse an einen EVTZ dürfte Art. 7 Abs. 4 EVTZ-VO hingegen nicht entgegenstehen.

2. Grenzen mitgliedstaatlicher Durchführung

Je weniger Inhalt und Umfang der zu erlassenen abstrakt-genereller Durchführungsvorschriften durch einen Unionsrechtsakt konkret vorgegeben sind, desto eher stellt sich die Frage nach den Grenzen mitgliedstaatlicher Durchführungsbefugnis. Dies gilt insbesondere für einen Rechtsakt wie die EVTZ-Verordnung, die mitgliedstaatlichen Untergliederunge unmittelbar berechtigt, grenzüberschreitende Kooperationen zu institutionalisieren und auf diese Weise einen neuen Verwaltungsakteur unterhalb und ohne Teilnahme der (zentral- oder föderal-)staatlichen Ebene zu schaffen. Vor diesem Hintergrund ist es nicht ausgeschlossen, dass die Mitgliedstaaten ihre Durchführungspflicht nutzen könnten, um etwa das Genehmi-

---

79 Siehe hierzu auch *Krzymuski*, Der EVTZ im Außenverhältnis, in diesem Band.

gungsverfahren für die Gründung eines EVTZ restriktiver auszugestalten, als es in der EVTZ-Verordnung angelegt ist.[80]

Welche Grenzen für die mitgliedstaatliche Durchführung bestehen, ergibt sich aus der EVTZ-Verordnung selbst, sie ist der entscheidende Prüfungsmaßstab für die betreffenden nationalen Vorschriften.[81] Dabei kann grob zwischen zwei Konstellationen unterschieden werden. Erstens darf das nationale Durchführungsrecht nicht den bestehenden Regelungen der EVTZ-Verordnung widersprechen oder diese verfälschen.[82] Ob das der Fall ist, muss jeweils im Einzelfall durch Auslegung dieses Rechtsakts ermittelt werden. Gleiches gilt im Ergebnis für die zweite Konstellation, die jedoch ungleich schwieriger zu bestimmen ist. Sie betrifft das zu erlassene komplementäre materielle Organisationsrecht in den durch die EVTZ-Verordnung nicht oder nur teilweise erfassten Bereichen. Hier fehlt es naturgemäß an konkreten Verordnungsbestimmungen, die als Prüfungsmaßstab dienen. Entscheidend dürfte hier sein, ob das jeweilige nationale Durchführungsrecht *„der wirksamen Anwendung"* der EVTZ-Verordnung als solcher entgegensteht. In diesem Fall besteht ein deutlich größerer Auslegungsbedarf und damit ein Mehr an Rechtsunsicherheit.

3. Rechtsfolgen fehlender oder fehlerhafter Durchführung

Zu klären ist schließlich, was die Rechtsfolgen fehlender oder fehlerhafter Durchführung sind. Bei fehlerhafter Durchführung hilft zunächst der unionsrechtliche Anwendungsvorrang zur rechtlichen Lösung des Problems. Denn eine fehlerhafte Durchführung bedeutet in der Regel, dass Bestimmungen des nationalen Durchführungsrechts im Widerspruch zur EVTZ-Verordnung stehen und nicht angewendet werden dürfen. Notwendig ist aus rechtspraktischer Sicht dann allerdings noch die gerichtliche Feststellung eines solchen Widerspruchs und der sich daran knüpfenden Unanwendbarkeit. Dies kann sowohl durch den EuGH erfolgen – entweder im Vertragsverletzungsverfahren nach Art. 258 AEUV oder nach Vorlage ei-

---

80 Siehe hierzu die Studie von *Engl*, EuR 2013, 285 (300 f.), in Bezug auf die Situation in Ungarn, Spanien, Italien und Slowakei.
81 Vgl. EuGH, Urt. v. 27.9.1979, Rs. 230/78 (Eridania), Rn. 34.
82 Vgl. EuGH, Urt. v. 18.6.1970, Rs. 74/69 (Hauptzollamt Bremen/Kohn), Rn. 4. Vgl. auch *Columbus/List*, Vollzugsprobleme „hinkender" Verordnungen, NL-BZAR 2008, 227 (228); *Engl*, EuR 2013, 285 (286).

nes mitgliedstaatlichen Gerichts im Vorabentscheidungsverfahren nach Art. 267 AEUV – als auch unmittelbar durch ein mitgliedstaatliches Gericht in einem nationalen Verfahren.

Ist die widersprechende Regelung unanwendbar, kann sich allerdings die Frage stellen, welche Bestimmungen an ihrer Stelle anzuwenden sind. Dieses Problem entspricht letztlich der viel problematischeren Konstellation fehlender Durchführungsvorschriften. Dies betrifft auch Fälle nur teilweiser Durchführung wie im Fall Deutschlands mit der Beschränkung auf die Festlegung behördlicher Zuständigkeiten. Hier hilft der unionsrechtliche Anwendungsvorrang nicht weiter, da er nur negativ wirkt. Aus diesem Grund könnte auch ein eventuelles Vertragsverletzungsverfahren der Kommission nach Art. 258 AEUV – soweit es aus ihrer Sicht überhaupt politisch erwogen würde – nur mittelbar Abhilfe schaffen, als es den (finanziellen) Druck auf den betreffenden Mitgliedstaat erhöhen würde, legislativ in diesem Bereich tätig zu werden (vgl. Art. 260 Abs. 2 AEUV).

Es stellt sich daher die bereits oben im Zusammenhang mit dem anwendbaren Organisationsrecht aufgeworfene Frage, ob nicht noch eine andere Rechtsfolge bzw. Sanktionsmöglichkeit denkbar ist. Anders als bei Richtlinien im Falle ihrer fehlenden Umsetzung kommt zwar eine ausnahmsweise unmittelbare Anwendbarkeit nicht in Betracht.[83] Denn es fehlt ja gerade an entsprechenden unionsrechtlichen Normen, die unmittelbar angewendet werden könnten. Man könnte jedoch erwägen, der mitglied*schaftlichen* Festlegung nach Art. 8 Abs. 2 Buchst. g EVTZ-VO bezüglich des nationalen Organisationsrechts für diesen Fall ausnahmsweise konstitutive Wirkung zukommen zu lassen. Vor dem Hintergrund einer unionsrechtlich gebotenen wirksamen Anwendung der EVTZ-Verordnung ließe sich eine Nichtregelung des anwendbaren Organisationsrechts seitens der Mitgliedstaaten als implizite Befugnisdelegierung auf potentielle EVTZ-Mitglieder deuten. Eine solche Lösung könnte zwar zu einer gewissen Rechtszersplitterung führen, da jedes EVTZ möglicherweise einem anderen nationalen Rechtsregime unterliegen könnte. Soweit das Rechtsregime in der Übereinkunft konkret benannt wäre, würde dies allenfalls von den Genehmigungs- und Aufsichtsbehörden eine größere Flexibilität erfordern. Der Rechtsverkehr im Übrigen würde angesichts der insoweit bestehenden Transparenzverpflichtungen (vgl. Art. 5 EVTZ-VO) dadurch keine Nachteile erleiden. Zudem würde diese Konstruktion helfen, um die

---

83 Siehe hierzu allgemein *Ruffert*, in: Calliess/Ruffert, Art. 288 AEUV, Rn. 46 ff.

bestehenden Rechtsunsicherheiten bei der Entstehung von EVTZ zu beheben.

IV. Zusammenfassung

Der EVTZ ist das erste unionsrechtliche Instrument für die Institutionalisierung und Verstetigung der grenzüberschreitenden Zusammenarbeit von öffentlich-rechtlichen Einrichtungen der Mitgliedstaaten. Wie seine auf den Privatrechtsverkehr im Binnenmarkt zugeschnittenen Pendants der SE, SCE und EWIV ist auch die Rechtsform des EVTZ hierbei auf ein Zusammenspiel von EU-Verordnungsbestimmungen und mitgliedstaatlichem Durchführungsrecht angewiesen. Die hier auf unionsrechtlicher Ebene untersuchten Fragen zur Primärrechtsgrundlage des EVTZ, zu seiner Rechtsnatur sowie der Normhierarchie und dem anwendbaren Recht fallen dabei unter dem Gesichtspunkt der praktischen Wirksamkeit dieses Rechtsinstruments deutlich weniger ins Gewicht als Mängel auf Ebene der mitgliedstaatlichen Durchführung. Da die EVTZ-Verordnung hinsichtlich der organisationsrechtlichen Vorgaben für diese Rechtsform unvollständig ist und insoweit auf das nationale Recht des Sitzstaates verweist, bedarf eine unionsrechtskonforme Durchführung nicht nur der Bestimmung der für den Vollzug zuständigen nationalen Behörden, wie dies in Deutschland in den einschlägigen landesrechtlichen Vorschriften erfolgt ist. Der in Art. 16 Abs. 1 EVTZ-VO ausdrücklich verankerten Durchführungspflicht ist erst mit dem Erlass ergänzenden materiellen Organisationsrechts genüge getan. Dabei liegt es an den Mitgliedstaaten zu bestimmen, ob sie ergänzend auf das Recht einer ihrem nationalen Recht bekannten juristischen Person verweisen und ggf. vorrangige und der Anpassung dienende Spezialregelungen treffen oder es allein bei ergänzenden Spezialregelungen belassen. In beiden Fällen sind die Grenzen der Durchführungspflicht zu beachten, die sich aus der EVTZ-Verordnung selbst ergeben. Kommen die Mitgliedstaaten ihrer Durchführungsverpflichtung nicht oder nur zum Teil nach, so kann darin eine implizite Befugnisdelegierung an die Mitglieder eines EVTZ gesehen werden, über das ergänzend heranzuziehende nationale Organisationsrecht in der Übereinkunft selbst entscheiden zu können.

Abstract

Prior to the two articles on the internal and external relationship of the EGTC to follow in this volume, the present contribution debates some of the fundamental questions in regard to the EU-legislative aspect of this legal instrument. This includes the disputed primary law foundation for the enactment of the EGTC Regulation in Art. 175(3) TFEU. Due to the lack of conclusive case law of the ECJ, it is not possible to determine whether this provision is sufficient as a standalone foundation, or whether it rather needs to be supported by the regulation in Art. 352 TFEU. Should the EGTC tend to develop into an administrative body exercising sovereign powers, it seems rather inevitable that the provision in Art. 352 TFEU needs to be complementarily taken into account. As for the likewise disputed legal nature of the EGTC, the better arguments speak in favour of its localisation within the EU law. The question of its allocation within the public or the private law is however not prescribed by the EGTC Regulation, but left to be settled on the level of national implementation by the member states. In connection with the norm hierarchy relevant for the EGTC as well as with the applicable law, the question arises whether the obligation of the members of an EGTC to determine the applicable law of the residence state is of constitutive or merely declaratory significance. In conclusion, it is principally the declaratory effect to be assumed. In this respect, the regulatory competence rests with the member states responsible for the implementation of the EGTC Regulation. This very aspect is addressed by the second part of the contribution. It is outlined that not only are the member states bound to designate the competent national authorities for the execution of the EGTC Regulation; what is more, they are required to supplement the rudimentary EGTC Regulation by passing substantive organisational statutes. In doing so, the member states need to respect the limits of their duty to implement, which stem directly from the EGTC Regulation itself. Should the member states fail or only partially fulfil their duty to implement, this can be seen as an implied delegation of the competence to decide about the national organisational law to be complementarily taken into account onto the EGTC members themselves.

Literaturverzeichnis

Ausschuss der Regionen, Europäischer Verbund für territoriale Zusammenarbeit - EVTZ, 2007.

Bußjäger, Rechtsprobleme um den Europäischen Verbund für territoriale Zusammenarbeit (EVTZ), in: Bußjäger, Peter; Rosner, Andreas (Hrsg.), Im Dienste der Länder - im Interesse des Gesamtstaates. Festschrift 60 Jahre Verbindungsstelle der Bundesländer, 2011, S. 525.

Calliess/Ruffert, EUV/AEUV, 5. Auflage 2016.

Columbus/List, Vollzugsprobleme "hinkender" Verordnungen, Briefe zum Agrarrecht (NL-BzAR) 2008, 227.

Constantinesco, Das Recht der Europäischen Gemeinschaften, 1977

Engl, Ein Instrument zwischen Gemeinschaftspolitik und nationalem Recht: Die Durchführung der Verordnung über den Europäischen Verbund für Territoriale Zusammenarbeit in ausgewählten EU-Mitgliedstaaten, Europarecht (EuR) 2013, 285.

Gärditz, Europäisches Planungsrecht, 2009.

Härtel, Handbuch Europäische Rechtssetzung, 2006.

Kment, Der Europäische Verbund für territoriale Zusammenarbeit, Die Verwaltung (Verw) 45 (2012), 155.

Krzymuski/Kubicki, EVTZ-2.0 - Neue Chance für die grenzübergreifende Zusammenarbeit öffentlicher Einrichtungen?, Neue Zeitschrift für Verwaltungsrecht (NVwZ) 2014, 1338.

Martínez, Die grenzüberschreitende Raumplanung unter europäischem Integrationsdruck, Zeitschrift für Umweltrecht (ZUR) 2005, 337.

Obwexer/Happacher, Rechtsfragen der Gründung eines Europäischen Verbundes für territoriale Zusammenarbeit (EVTZ) am Beispiel der Europaregion Tirol, Europäisches Journal für Minderheitenfragen (EJM) 2010, 75.

Pechstein/Deja, Was ist und wie funktionier ein EVTZ?, Europarecht (EuR) 2011, 357.

Peine/Starke, Der europäische Zweckverband. Zum Recht der Europäischen Verbünde für territoriale Zusammenarbeit (EVTZ), Landes- und Kommunalverwaltung (LKV) 2008, 402.

Storbeck, Grenzüberschreitende kommunale Zusammenarbeit, Diss. iur., Göttingen 2016.

Der EVTZ im Innenverhältnis

Dr. Marcin Krzymuski, LL.M. (Viadrina)[1]

I. Einleitung

Nach der allgemeinen Darstellung des Rechtscharakters des EVTZ[2] soll nunmehr das Innenverhältnis der Verbünde dargestellt werden. Unter diesem Begriff werden die organisatorischen, vertraglichen und finanziellen Grundlagen der Verbünde verstanden. Dementsprechend werden der Mitgliederkreis (siehe II.) – mit den möglichen Änderungen in der Zusammensetzung – sowie die Organe der EVTZ (siehe VIII.) sowohl vor dem Hintergrund der EVTZ-VO als auch nationaler Regelungen und konkreter Beispiele aus der Praxis behandelt. Eingerahmt von diesen beiden Punkten, werden die Ausführungen zu den Vereinbarungen über die Grundsätze der Zusammenarbeit (III.), mit besonderer Berücksichtigung der Rolle des Sitzes des EVTZ (IV.), eingeschoben. Da die Mitgliedsfähigkeit und der Inhalt der Gründungsdokumente durch die betroffenen Mitgliedstaaten überprüft werden, folgen – im Anschluss an die beiden Abschnitte – Ausführungen zum Gründungsverfahren eines EVTZ (V.). In einem logischen nächsten Schritt folgt diesem Teil der Abschnitt zum Auflösungsverfahren (VI.). Der haushaltsrechtliche Rahmen der Zusammenarbeit in EVTZ-Form ist hingegen Gegenstand des Abschnittes zur Finanzierung (VII.), in dem ebenfalls auf die möglichen Finanzierungsquellen der EVTZ näher eingegangen wird.

II. Mitglieder des Verbundes

Bei der Erarbeitung von grenzüberschreitenden Rechtsformen hat sich die EU bisher auf die Errichtung von Instrumenten für Private beschränkt (EWIV, SCE, SE). Der EVTZ ist daher hinsichtlich seiner Mitglieder-

---

1 EVTZ-Kompetenzzentrum, Viadrina Center B/ORDERS IN MOTION, Europa-Universität Viadrina Frankfurt (Oder)
2 Siehe Beitrag von *Kubicki* in diesem Band.

struktur eine Besonderheit im unionalen Recht. Zum ersten Mal wurde ein Kooperationsinstrument mit eigener Rechtspersönlichkeit für öffentliche Einrichtungen geschaffen. Zwar sind auch Ausnahmen für Private vorgesehen. Sie gelten aber ausschließlich für diejenigen Unternehmen, die mit den Dienstleistungen von allgemeinem wirtschaftlichen Interesse (DAWI) betraut worden sind. Damit wird der öffentlich-rechtliche Bezug auch dann hergestellt, wenn das Unternehmen privatrechtlich organisiert ist.

1. Mitgliederkreis nach Art. 3 Abs. 1 EVTZ-VO

Der Mitgliederkreis wurde durch die Reform von 2013 wesentlich erweitert. Die EVTZ-VO begründet aber nach wie vor in Art. 3 Abs. 1 UAbs. 1 EVTZ-VO einen abschließenden Katalog. Jedoch sind die dort verwendeten Begriffe weit formuliert, sodass unterschiedliche Arten von Einrichtungen erfasst werden können.

Seit der Reform dürfen auch Privatunternehmen Mitglieder des EVTZ sein, soweit sie entsprechende Dienstleistungen auf Grundlage eines besonderen Betrauungsaktes erbringen.[3] Ferner können sich auch Vereinigungen von den genannten Einrichtungen an einem EVTZ beteiligen (Art. 3 Abs. 1 UAbs. 2 EVTZ-VO). Damit steht der EVTZ den Zweckverbänden, anderen EVTZ oder kommunalen Vereinen offen.[4] Es ist nicht eindeutig entschieden, ob an den Verbänden sich auch natürliche Personen und sonstige Private beteiligen dürfen, ohne dass diese Verbände ihre Beteiligungsfähigkeit an einem EVTZ verlieren. Dies ist z.B. dann relevant, wenn der EVTZ auf Fördervereinen jenseits der Grenze aufbaut. Die Formulierung „Verbände aus Einrichtungen, die zu einer oder mehreren der in Art. 3 Abs. 1 S. 1 genannten Kategorien gehören" deutet wohl darauf hin, dass die Mitgliedschaft von Privaten an einem solchen Verbund ihn aus dem Kreis der potentiellen EVTZ Mitglieder ausschließt. Auf der anderen Seite sind Einrichtungen und Unternehmen (des öffentlichen Rechts) nach wie vor öffentliche Einrichtungen, wenn das öffentliche Element überwiegt (vgl. Art. 2 Abs. 1 Buchst. b) RL 2004/17; Art. 1 Abs. 1 UAbs. 2 RL 2004/18). Ausschlaggebend ist daher die Beherrschung des potentiellen Mitglieds durch die öffentliche Hand. Damit soll eine nicht überwie-

---

3 *Calliess/Ruffert/Jung*, Art. 106 AEUV Rn. 36 und 40.
4 Dazu ausführlich *Krzymuski/Kubicki*, S. 1342.

gende Mitgliedschaft von Privaten in einem solchen Verein dessen Beteiligungsmöglichkeit an einem EVTZ nicht hindern.

Die Beteiligung von natürlichen Personen an einem EVTZ direkt ist dagegen nach wie vor nicht zulässig. Dies bedeutet einen wesentlichen Unterschied zur EWIV oder zu kommunalen Gesellschaften und damit auch eine Einschränkung im Vergleich zu gesellschaftsrechtlichen Betätigungsformen der Kommunen.

2. Mitglieder aus den Drittstaaten

Grundsätzlich muss es sich bei den Verbundsmitgliedern um Vertreter aus mindestens zwei Mitgliedstaaten handeln (Art. 3 Abs. 2 EVTZ-VO). Seit Juni 2014 dürfen auch Einrichtungen aus Drittstaaten Mitglieder eines EVTZ sein, soweit sie mit denen nach Art. 3 Abs. 1 EVTZ-VO vergleichbar sind. Der Sitz eines EVTZ mit Beteiligung von Drittländern muss sich immer in einem EU-Mitgliedstaat befinden (Art. 1 Abs. 5 EVTZ-VO). Die gemeinsame Grenze eines EU-Mitgliedstaat, dessen Einrichtungen sich am EVTZ beteiligen und des betroffenen Drittstaates, ist in Fällen sog. maritimer Zusammenarbeit nicht notwendig (Art. 3a Abs. 1 EVTZ-VO).

Als Regel wird für die Gründung eines solchen EVTZ die Teilnahme von Einrichtungen aus mindestens zwei[5] EU-Mitgliedstaaten und aus mindestens einem Drittstaat vorausgesetzt (Art. 3a Abs. 1 S. 1 EVTZ-VO). Ausnahme für einen 1:1-EVTZ von Mitgliedern aus der EU und einem Drittstaat sind unter Voraussetzungen von Art. 3a Abs. 2 EVTZ-VO zulässig.[6] Die Zusammenarbeit im Rahmen des EVTZ hängt weiter davon ab, ob die Drittstaaten Bedingungen und Verfahren anwenden, die den Bestimmungen der EVTZ-VO entsprechen. Dies kann z.B. dadurch gewährleistet werden, dass im Drittstaat Rechtsvorschriften gelten, die die Gründung des EVTZ mit EU-Mitgliedstaaten erlauben. Eine andere Lösung kann z.B. sein, dass zwischen den EU-Mitgliedstaaten und Drittländern internationale, bi- oder multilaterale Vereinbarungen auf Grundlage des Europäischen Rahmenübereinkommens von 1980 und der hierzu ange-

---

5 Ausnahmen nach Art. 3a Abs. 2 EVTZ sind jedoch zulässig, wenn der EU-Mitgliedstaat der Auffassung ist, dass „der EVTZ den Zielen seiner territorialen Zusammenarbeit im Rahmen der grenzübergreifenden oder transnationalen Zusammenarbeit oder seiner bilateralen Beziehungen mit den betreffenden Drittländern entspricht".

6 Vgl. Tisza EGTC (Ungarn und Ukraine) mit Sitz in Kisvárda in Ungarn.

nommenen Zusatzprotokolle bestehen.[7] Es ist aber nicht erforderlich, dass die Vereinbarungen zwischen allen an dem jeweiligen EVTZ beteiligten Staaten zustande kommen (Erwägungsgrund Nr. 15 der EVTZ-ÄndVO). Abschließend ist für einen die EU-Grenze überquerenden EVTZ notwendig, dass die Mitgliedstaaten und Drittstaaten gemeinsam Maßnahmen der territorialen Zusammenarbeit bzw. von der Union unterstützte Programme durchführen (Art. 3a Abs. 1 S. 1 EVTZ-VO). Diese Maßnahmen können sich auf das Europäische Nachbarschaftsinstrument (ENI) oder auf das Instrument für Heranführungshilfe (IPA II) stützen.[8] Ausreichend ist ebenfalls die Beteiligung des Drittstaates am EU-Bildungsprogramm Erasmus +. Damit ist die Gründung von interuniversitären EVTZ zwischen mitgliedstaatlichen und drittstaatlichen Hochschulen möglich.[9]

Bei der Beteiligung von Einrichtungen aus Drittländern sind bei der Gründung die Besonderheiten zu beachten, die aus Art. 4 Abs. 3a EVTZ-VO resultieren. Diese beziehen sich nicht nur auf die Teilnahmefähigkeit der drittstaatlichen Einrichtungen, sondern auch darauf, ob im Drittstaat die Teilnahme des potenziellen aus seinem Gebiet stammenden Mitglieds in einem Verfahren genehmigt wird, das den Anforderungen nach der EVTZ-VO entspricht bzw. ob eine Vereinbarung zwischen einem am EVTZ beteiligten EU-Mitgliedstaat und dem Drittstaat über eine grenzüberschreitende Zusammenarbeit vorliegt.

3. Bei- und Austritt von Mitgliedern

Die Änderungen in der Mitgliederstruktur bedürfen einer entsprechenden Änderung der Übereinkunft. Sie sind aber nicht genehmigungspflichtig, wenn der Mitgliedstaat, dem das neue Mitglied angehört, die Übereinkunft bereits (stillschweigend oder förmlich) genehmigt hat (Art. 4 Abs. 6a Buchst. a) EVTZ-VO). Wird dagegen ein Mitglied aus einem weiteren Mitgliedstaat den Beitrittswillen erklären, dann muss dieser Staat sowohl den Betritt dieses Mitglieds als auch die Übereinkunft nach dem „allgemeinen" Verfahren gem. Art. 4 Abs. 2 -3 genehmigen. Andere Mitgliedstaaten, die bereits an einem EVTZ „beteiligt" waren, genehmigen ausschließlich die geänderte Übereinkunft nach demselben Verfahren. Eine

---

7 Erwägungsgrund Nr. 15 der EVTZ-ÄndVO.
8 Erwägungsgrund Nr. 9 EVTZ-ÄndVO.
9 Dazu *Blaurock/Hennighausen* in diesem Band.

stillschweigende Genehmigung ist hier zulässig (Art. 4 Abs. 6a Buchst. b) i.V.m. Abs. 6 EVTZ-VO). Die Satzung kann das Beitrittsverfahren noch präziser festlegen.[10]

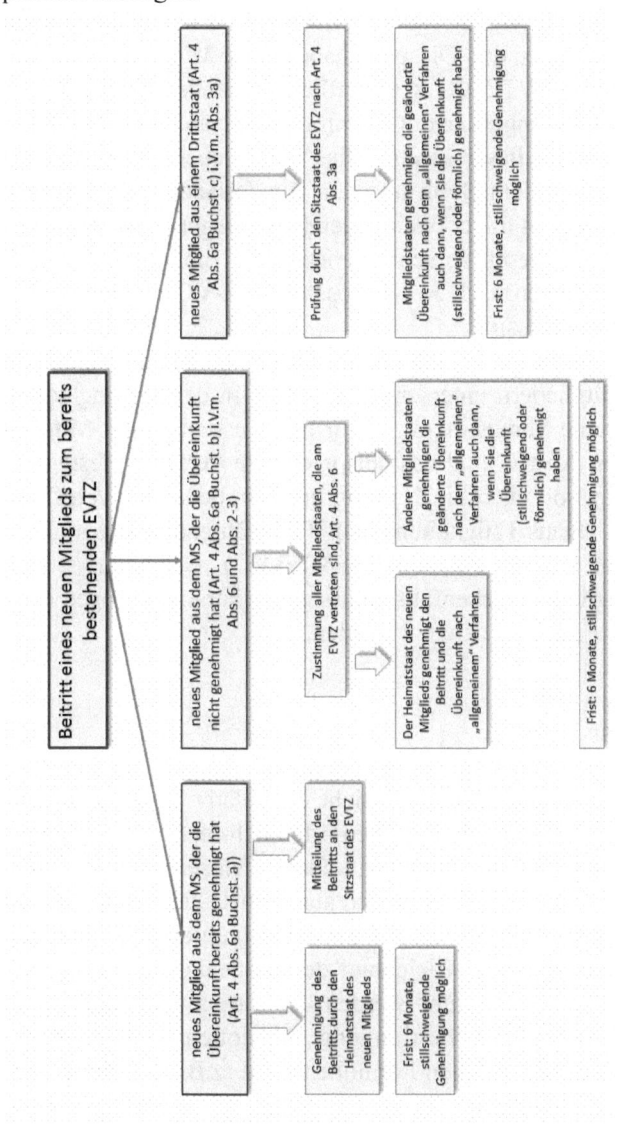

---

10 Z.B. an wen sich die beitrittswillige Einrichtung wenden soll, die Frage wie die Mitglieder abstimmen sollen.

Probleme bereitet noch die Formulierung von Art. 4 Abs. 6 EVTZ, der die Genehmigung durch den *Mitgliedstaat* oder die Mitteilung an einen *Mitgliedstaat* erfordert. In Deutschland und Österreich sind für die Ausführung der EVTZ-VO die Bundesländer zuständig und stellen damit auch die Genehmigungsbehörden dar. Diese sind aber keine *Mitgliedstaaten* der EU. Wenn Art. 4 Abs. 6 EVTZ-VO wortwörtlich verstanden werden sollte, dann gehen alle Mitteilungen und Genehmigungen an den jeweiligen Bund und werden durch diesen erteilt. Dies würde aber die Zuständigkeitsverteilung zwischen dem Bund und den Bundesländern verwischen. Art. 4 Abs. 6 EVTZ-VO ist daher dahingehend auszulegen, dass die „Mitgliedstaaten" im Sinne dieser Vorschrift ebenso die Einrichtungen sind, die für die Genehmigungen nach Art. 4 Abs. 4 EVTZ-VO durch die Mitgliedstaaten erklärt worden sind.

Der Austritt der Mitglieder ist zulässig, solange nicht die vorausgesetzte Mindestzahl von Mitgliedern unterschritten wird.[11] In der Satzung sollen insbesondere materielle Voraussetzungen für den Ausschluss der Mitglieder bzw. freiwilligen Austritt und das entsprechende Verfahren festgelegt werden. Die Satzung soll auch die Haftung der Mitglieder für Verpflichtungen regeln, die sich aus Tätigkeiten des EVTZ während ihrer Mitgliedschaft ergeben (Art. 12 Abs. 2 UAbs. 2 EVTZ-VO). Der zwangsweise Ausschluss der Mitglieder ist ebenfalls zulässig, die Voraussetzungen hierfür sollen auch in der Satzung genannt werden.

4. Zwischenergebnis

Der EVTZ ist in organisatorischer Hinsicht ein relativ flexibles Instrument. Zwar wird die Mitgliedschaft an den öffentlich-rechtlichen Charakter des Mitglieds gekoppelt, aber dagegen können sich seit der EVTZ-Reform an Verbünden auch die Einrichtungen aus Drittstaaten beteiligen. Zu beachten ist auch, dass die Mitgliedschaft von bestimmten Einrichtungen an einem EVTZ durch den sog. Gleichlauf der Zuständigkeit nach Art. 7 Abs. 2 S. 2 EVTZ-VO „erzwungen" werden kann. Dem kann ggf. durch die Auflockerung der Aufgabenbestimmung abgeholfen werden, indem sich die Mitglieder auf die weichen Formulierungen (z.B. Koordinierung,

---

11 Vgl. *Drab/Kledzik*, S. 565.

Unterstützung und Förderung von bestimmten Maßnahmen aus dem ihnen grundsätzlich verschlossenen Zuständigkeitsbereich) beschränken.

III. Vertragliche Grundlagen des Verbundes

Nach der EVTZ-VO sind die Übereinkunft und die Satzung grundlegende Dokumente für den EVTZ. Beide unterscheiden sich von einander in Bezug auf den Rechtscharakter und Inhalt.

1. Übereinkunft des EVTZ

Die Bedeutung der Übereinkunft wird in der EVTZ-VO an zwei Stellen betont: in Art. 2 Abs. 1 UAbs. 1 Buchst. b) und in Art. 8 Abs. 1 EVTZ-VO. Ihr unterliegen die Handlungen der Organe des EVTZ sowie der EVTZ selbst. Die Übereinkunft wird als eine der Hauptquellen für den EVTZ genannt. Ob aber damit auch die Hierarchie des EVTZ-Rechts verbunden ist, ist umstritten.[12]

Der Inhalt der Übereinkunft sowie ihre Änderungen sind von den Mitgliedern einstimmig anzunehmen. Die Mitglieder können auch vom EU-Informationsportal Interact vorbereitete Muster-Übereinkunft nutzen.[13]

Inhaltlich ist die Übereinkunft nach der Reform von 2013 als „Verfassung des EVTZ" zu verstehen. Sie bestimmt konstitutive Elemente eines EVTZ (Mitglieder, Handlungsgebiet, Aufgaben, Organe, anzuwendendes Recht etc.).[14] Ihr Inhalt ist in Art. 8 Abs. 2 EVTZ-VO vorgegeben. Dem Wortlaut der Vorschrift nach dürfen die Mitglieder über diese Vorgaben nicht hinausgehen.[15] Die größten Schwierigkeiten bereiten aktuell die Bestimmungen, die auf eine vermeintliche Rechtswahl hinweisen (Art. 8 Abs. 2 Buchst. h) – k) EVTZ-VO). Indessen ist ihr kollisionsrechtlicher Gehalt fraglich.[16] Änderungen in dieser Hinsicht können künftig neue Ver-

---

12 *Krzymuski/Kubicki*, S. 1341.
13 https://portal.cor.europa.eu/egtc/SiteCollectionDocuments/Conventions_template. pdf, 21.4.2016.
14 Vgl. Erwägungsgrund Nr. 12 EVTZ-ÄndVO.
15 Anders als bei der Satzung nach Art. 9 Abs. 2 EVTZ-VO („mindestens"). Jedoch bestehen erfahrungsgemäß nationale Genehmigungsbehörden auf weitere Bestimmungen z.B. in Bezug auf die Abstimmungsverhältnisse in der Versammlung.
16 *Krzymuski/Kubicki*, S. 1341.

ordnungen bringen, die auf den Abbau von rechtlichen Barrieren für die grenzüberschreitende Zusammenarbeit abzielen.[17]

Seit der Reform des EVTZ-Rechts im Jahr 2013 beschränkt sich die Genehmigungspflicht nur noch auf die Übereinkunft. Der Vorbehalt der förmlichen Genehmigung gilt allerdings ausschließlich in Bezug auf den Mitgliedstaat, in dem sich der Sitz des künftigen EVTZ befinden soll (Art. 4 Abs. 3 EVTZ-VO). In sonstigen Fällen genügt eine stillschweigende Genehmigung. Diese liegt vor, wenn sich der betroffene Mitgliedstaat zum Antrag auf Genehmigung der Übereinkunft und des Beitritts zum EVTZ nicht innerhalb von sechs Monaten seit der Antragstellung äußert. Wegen der eingangs betonten Bedeutung der Übereinkunft als „Verfassung des EVTZ" wurde die Veröffentlichungspflicht nunmehr auch auf sie erweitert (Art. 5 Abs. 1 S. 1 EVTZ-VO). Neu ist auch, dass für die Übereinkunft eines EVTZ mbH dieselben Veröffentlichungsanforderungen gelten, wie für andere juristische Personen mit beschränkter Haftung nach dem Recht des Mitgliedstaats des EVTZ-Sitzes (Art. 12 Abs. 2a UAbs. 3 EVTZ-VO).[18]

In der Übereinkunft sind die Ziele und die Aufgaben des Verbundes zu nennen (Art. 8 Abs. 2 Buchst. c) EVTZ-VO). Allgemein werden Ziele des Zusammenschlusses in Form eines EVTZ in Art. 1 Abs. 2 und Art. 7 Abs. 2 und Abs. 3 UAbs. 1 EVTZ-VO genannt. Im ersten Artikel geht es um die Deklaration des EU-Gesetzgebers, aus der die Motivation zur Einführung dieses Instruments abzuleiten ist. Im zweiten Fall setzt das Ziel die Schranken für die Tätigkeit des EVTZ und Auswahl von Aufgaben. Daher dürfen auf den Verbund nur solche übertragen werden, die sich noch im Rahmen des allgemeinen Zieles des EVTZ nach Art. 1 Abs. 2 EVTZ-VO halten. Endlich befreit Art. 8 Abs. 3 UAbs. 1 EVTZ-VO von der finanziellen Förderung der Aufgabenwahrnehmung, soweit die allgemeinen Ziele beachtet werden.

---

17 Guide to the Luxembourg Presidency of the Council of the EU. 2nd Semester 2015, str. 8.
18 Hier variieren die nationalen Rechtsordnungen weitgehend. Nach polnischem Recht wird die Übereinkunft sowie ihre Änderungen im Anzeigeblatt "Monitor Sądowy i Gospodarczy" veröffentlicht. Die landesrechtlichen Ausführungsvorschriften in Deutschland schweigen zur Frage der Veröffentlichungen. Hier ist aber auch selten mit EVTZ mbH zu rechnen, da die deutschen Mitglieder nicht berechtigt sind.

Aufgabebezogen können EVTZ themenübergreifend oder themenspezifisch ausgerichtet werden.[19] Den Mitgliedern steht daher die Wahl zu, einen EVTZ für konkrete Aufgaben zu erreichten bzw. mehrere Verbünde mit unterschiedlichen Aufgaben zu gründen. Die Grundvoraussetzung ist, dass die Aufgaben potentiell die allgemeinen Ziele des EVTZ fördern (Art. 7 Abs. 2 EVTZ-VO).

Die EVTZ-VO verlangt nicht, dass in der Übereinkunft auch konkrete Maßnahmen erwähnt werden, mit denen die Ziele erreicht und Aufgaben durchgeführt werden sollen. Es ist auch schwer die Aufgaben von den Maßnahmen zu unterscheiden. Als Maßnahmen können in den EVTZ-Dokumenten die Ausführung von gemeinsamen Projekten oder Vornahme von anderen bestimmten Aktivitäten (z.B. Veranstaltung von Messen, Konferenzen etc.) verstanden werden. Von den dem EVTZ zugänglichen Maßnahmen sind die, die mit der Ausübung von hoheitlichen Befugnissen charakterisiert sind, ausgenommen (Art. 7 Abs. 4 EVTZ-VO).

2. Satzung des EVTZ

Die Veränderung des Charakters der Übereinkunft hat sich auch auf die Satzung ausgewirkt. Die „neue" Satzung hat nun einen mehr technischen Charakter. Die EVTZ-VO legt nur einen Mindestinhalt dieses Dokuments fest. Ihr Inhalt kann durch die Mitglieder erweitert werden. Die EVTZ-VO weist an unterschiedlichen Stellen noch auf weitere Bestimmungen hin.[20]

Die Umwidmung der Rolle der Satzung bewirkte ebenfalls, dass sie nicht mehr genehmigungspflichtig ist. Für den Gründungsprozess ist sie aber insoweit kritisch, dass ihr Widerspruch zur Übereinkunft einen Versagungsgrund darstellt (Art. 4 Abs. 3 Buchst. c) EVTZ-VO). Dies ist die Folge der Bestimmung, dass die Satzung nicht nur auf der Grundlage, sondern auch „im Einklang mit der Übereinkunft" anzunehmen ist (Art. 9 Abs. 1 EVTZ-VO). Die Veröffentlichungspflichten in Bezug auf die Satzung (und ihre Änderungen) bleiben unverändert (Art. 5 Abs. 1 EVTZ-VO).

---

19 *Zillmer/Böhme/Lüer/Stumm*, S. 13.
20 Z.B. über Organe (Art. 10 Abs. 2 EVTZ-VO), den Haftungsumfang bestimmende Finanzbeiträge und die Haftung nach der Beendigung der Mitgliedschaft im EVTZ (Art. 12 Abs. 2 EVTZ-VO).

Da die Satzung „auf Grund und in Übereinstimmung mit der Übereinkunft" anzunehmen ist, welche selbst genehmigungspflichtig ist, soll sie erst nach der Genehmigung der Übereinkunft beschlossen werden. In der Regel werden die Dokumente des EVTZ gleichzeitig verhandelt, sodass die inhaltliche Übereinstimmung gesichert werden kann.

3. Andere Dokumente

Die Mitglieder werden nicht gehindert auch andere Dokumente zu erstellen. Dies können zum einen Anhänge zu den Gründungsdokumenten sein, wie z.b. Text der Beitrittserklärung,[21] genaue Bezeichnung von Mitgliedern bzw. ihrer Organe, durch welche sie in den Verbünden vertreten werden.[22] Es können auch Projektbücher beigefügt werden, die das Arbeitsprogramm für die Anfangsphase bestimmen. Sind diese Dokumente Bestandteile der Übereinkunft, dann sind sie und ihre Änderungen auch dementsprechend genehmigungsbedürftig.

Andere Bestimmungen, die aufgrund der Gründungsdokumente beschlossen werden (Geschäftsordnungen, Verfahrensbestimmungen etc.) haben den Rang, der ihnen durch die Mitglieder verliehen worden ist. Da sie nicht zum Katalog der Gründungsdokumente nach der EVTZ-VO gehören, sind die Mitglieder freier in der Festlegung des Inhalts. Allerdings haben sie dabei die zwingenden Bestimmungen der Mitgliedstaaten zu beachten, deren Einrichtungen sich am EVTZ beteiligen.

4. Zwischenergebnis

Die EVTZ werden unterschiedlichen Rechtsakten auf der nationalen und unionalen Ebene unterworfen. Die Konkretisierung der Arbeitsgrundsätze erfolgt aber in den durch die Mitglieder selbst zu erstellenden Gründungsdokumenten. Eine Hierarchie ist in dieser Hinsicht nur zwischen der Übereinkunft und der Satzung zu bejahen, da die Übereinkunft Grundlage und Prüfungsmaßstab für die Satzung darstellt. Auch in der Gründungsphase spielt die Übereinkunft eine Hauptrolle als Genehmigungsgegenstand.

---

21 Art. 5 Nr. 11 und 12, Übereinkunft "CETC EGTC Ltd.".
22 Art. 5, 15.1., 16.4., 18.1. Übereinkunft "EGTC EUKN Ltd.".

IV. Sitz des Verbundes

Eine der wichtigsten Entscheidungen, die die Mitglieder zum Beginn der Gründung zu treffen haben, ist Entscheidung über den Sitz des Verbundes. Der Sitz eines EVTZ kann insofern frei bestimmt werden, als er in einem der EU-Mitgliedstaaten liegen muss, aus denen seine Mitglieder stammen (Art. 1 Abs. 5 EVTZ-VO). Also auch bei der Beteiligung von Drittländern an einem EVTZ befindet sich der Sitz des Verbundes auf dem EU-Gebiet.

Die Sitzbestimmung ist zum einen politisch stark geprägt. Nichtsdestotrotz soll die Wahl des Sitzstaates auch pragmatisch, aus dem Gesichtspunkt der potentiell einfacheren Handhabung des Verbundes getroffen werden. Dies begründet ein tatsächliches Konkurrenzverhältnis zwischen den Mitgliedstaaten. Damit spielt die Erfahrung des jeweiligen Mitgliedstaates auch große Rolle. Dazu kommen auch finanzielle Förderungen für die Errichtung bzw. Anfangsgeschäft des Verbundes.[23]

In juristischer Hinsicht ist die Sitzwahl schon deswegen relevant, dass das anzuwendende Recht des Sitzstaates die durch die EVTZ-Verordnung nicht oder nur zum Teil erfasste Bereiche regelt (Art. 2 Abs. 1 S. 1 Buchst. c) EVTZ-VO). Da der EVTZ unterschiedlichen Rechtscharakter haben kann, werden damit die Mitglieder den privatrechtlichen oder öffentlich-rechtlichen Rechtscharakter des Verbundes bestimmen können. Praktisch relevant ist auch das Recht des Sitzstaates für die Auslegung und Durchsetzung der Übereinkunft (Art. 8 Abs. 2 Buchst. e) EVTZ-VO). Das Recht des Sitzstaates verschafft auch die Klarheit, ob die Registrierung oder erst die Veröffentlichung der Gründungsdokumente für die Erlangung der Rechtspersönlichkeit mit sich bringt (Art. 5 Abs. 1 EVTZ-VO). Vom Sitz hängt ferner ab, wie die Kontrolle der Verwaltung von öffentlichen Finanzmitteln zu erfolgen hat (Art. 6 Abs. 1 EVTZ-VO). Hiervon sind auch die formalrechtlichen Fragen nach den zuständigen Behörden erfasst. Nach dem Sitz richtet sich ferner die Zuständigkeit der nationalen Behörden für die Auflösung des EVTZ (Art. 14 Abs. 1 EVTZ-VO) sowie für die Beilegung von Streitigkeiten, an denen der EVTZ beteiligt ist (Art. 15 Abs. 2 EVTZ-VO). Das Recht des Sitzstaates des EVTZ kann auch weitergehende Pflichten in Bezug auf die Erstellung des Abschlusses, einschließlich des dazugehörigen Jahresberichts, sowie die Prüfung und die Offenlegung dieses Abschlusses (Art. 11 Abs. 2 EVTZ-VO) auferlegen.

---

23 *Soós*, S. 5; *Pucher/Gaspari/Radzyner*, S. 5.

Schließlich sind auch die Liquidation, die Zahlungsunfähigkeit, die Zahlungseinstellung und vergleichbare Verfahren (Art. 12 Abs. 1 EVTZ-VO) nach dem Sitz des Mitgliedstaates durchzuführen. Damit soll die Entscheidung zum Sitz immer durch eine komplexe Analyse untermauert werden, damit die Entscheidung einfacher zu verteidigen ist und auch eine entsprechende Unterstützung gesichert wird.

Mangels Regelung in der EVTZ-VO einerseits und einschlägiger Rechtsprechung andererseits lässt sich nicht klären, inwiefern ein EVTZ seinen Sitz frei von einem Mitgliedsstaat in einen anderen verlegen kann. Hier wird es maßgeblich darauf ankommen, ob der EVTZ eine juristische Person des nationalen Rechts (des Sitzstaates) oder des EU-Rechts (wie SPE oder SE) ist.[24] Nur in dem letzten Fall könnte nach Ansicht der Verfasser eine Sitzverlegung ohne vorherige Auflösung des EVTZ möglich sein.

V. Gründungsverfahren eines EVTZ

1. Allgemeines

Die Erleichterung der EVTZ-Gründung war eines der wichtigsten Motive für die Reform im Jahr 2013.[25] Nach wie vor ist aber der Gründungsprozess eines EVTZ ein relativ kompliziertes und zusammengesetztes Verfahren. Dies folgt vor allem aus dem Grund, dass die Mitgliedstaaten die grenzübergreifenden Aktivitäten ihrer Gebietskörperschaften als Eingriff in die ausschließliche Zuständigkeit der Zentralverwaltung für auswärtige Angelegenheiten betrachten.[26] Diese Betrachtungsweise ist aber mindestens seit dem Inkrafttreten des Madrider Rahmenübereinkommens von 1980 und der Europäischen Charta der kommunalen Selbstverwaltung von 1985 unbegründet. Mit dem ersten Übereinkommen haben sich die Mitgliedstaaten des Europarates verpflichtet, die grenzüberschreitende Zusammenarbeit zwischen den Gebietskörperschaften zu erleichtern und zu fördern (Art. 1). Die Charta ging noch weiter und begründete ein „Grundrecht" der kommunalen Gebietskörperschaften auf die Vereinigung mit

---

24 Dafür z.B. *Groupe d'études politiques européennes*, S. 82; *Obwexer*, S. 51 und 66; offen bei *Pechstein/Deja*, S. 364-365.
25 Sh. den Titel und Erwägungsgründe Nr. 1), 5) und 13) der EVTZ-ÄndVO.
26 Vgl. etwa Art. 32 Abs. 1 GG, Art. 146 Abs. 1 Verfassung Republik Polen.

Gebietskörperschaften anderer Staaten (Art. 10 Abs. 3). Auch die EVTZ-VO ist so konstruiert, dass den Mitgliedern grundsätzlich ein Anspruch auf die Genehmigung der Übereinkunft und den Beitritt zum EVTZ zusteht (vgl. Art. 4 Abs. 1-3 EVTZ-VO).[27] Trotzdem sehen einige Mitgliedstaaten in dem Rechtsinstrument EVTZ die Gefahr für ihre territoriale Integrität, obwohl dem EVTZ keinerlei Hoheitsbefugnisse zustehen.

Im Gründungsverfahren ist zu beachten, dass der EVTZ als solcher nicht der Genehmigung unterstellt wurde. Auch die Satzung selbst wird nur übermittelt; ist aber kein Gegenstand des Genehmigungsverfahrens. Die Genehmigung ist nur für die Übereinkunft und für den Beitritt zu erteilen (Art. 4 Abs. 3 EVTZ-VO). Des Weiteren haben auch die Behörden des Sitzstaates nur noch eine ausdrückliche („förmliche") Genehmigung zu erteilen. Sie wird in der Regel als Verwaltungsakt erlassen (vgl. etwa Art. 6 Abs. 1 polEVTZG). Sonst reicht es aus – und dies ist eine richtige Erleichterung - dass die Frist für die Genehmigung erfolglos verstreicht. Die Frist beträgt jetzt sechs Monaten (vorher drei) und fängt ab dem Eingang der Unterlagen von den Mitgliedern an zu laufen (Art. 4 Abs. 3 UAbs. 3 EVTZ-VO). Dies bedeutet, dass für jedes Mitglied die Frist getrennt läuft und durch Nachforderung von Unterlagen anders enden kann.

2. Verfahren auf nationaler Ebene

Gemäß dem bottom-up-Ansatz soll der Impuls für die Gründung von EVTZ von den Interessierten ausgehen (Art. 4 Abs. 1 EVTZ-VO). Die Motivation gehört nicht zu den rechtlichen Kategorien, sodass an dieser Stelle an weitere Beiträge verwiesen wird.[28] Diese kann z.B. durch einen Absichtsbeschluss gegeben werden, in dem künftige Mitglieder ihren Willen zur Errichtung des Verbundes bekannt geben.[29] In die Verhandlungen von Dokumenten sollen am besten auch die nationalen Genehmigungsbehörden involviert werden, um die etwaigen Bedenken sofort auszuräumen und damit das Risiko der Genehmigungsverweigerung zu verringern.

---

27 Vgl. *Peine/Starke*, S. 404.
28 Beitrag *Görmar* und Beitrag *Zillmer/Lüer/Toptsidou* in diesem Band; *Zillmer* et al., S. 31-34.
29 Beschluss der Gemeindevertretung Rehfelde vom 10.7.2012 über aktive Beteiligung am Gründungsprozess des "Eurodistrikt TransOderana EVTZ", Amtsblatt für das Amt Märkische Schweiz, Ausgabe 08/2012, S. 5.

Nach der Aushandlung der Gründungsdokumente haben die Mitglieder entsprechende Beschlüsse über den Beitritt zum EVTZ zu fassen.[30] Der Genehmigung folgt die Registrierung des Verbundes bzw. Veröffentlichung der Unterlagen (Art. 5 Abs. 1 EVTZ-VO). Was eigentlich vorzunehmen ist, entscheidet jeder Mitgliedstaat autonom.[31]

In rechtlicher Hinsicht ergeben sich die Schwierigkeiten im Gründungsprozess auf nationaler Ebene vor allem aus der unterschiedlichen Umsetzung der EVTZ-VO in den mitgliedstaatlichen Rechtsordnungen.[32] Ein Beispiel dafür ist die Inkompatibilität polnischer und deutscher Regelungen. Wenn auf der polnischen Seite EVTZ eindeutig als Vereine anzusehen sind und die Regelungen ziemlich präzise sind, ist die Behandlung von Verbünden in Deutschland nicht eindeutig. Daraus resultieren für polnische Genehmigungsbehörden zahlreiche Fragestellungen, die in ihrer Zurückhaltung gegenüber dieser Kooperationsform in deutsch-polnischen Grenzgebiet münden. Auch die unterschiedliche Regelung der Haftung von EVTZ-Mitgliedern in Polen und Deutschland',[33] die die EVTZ-VO den Mitgliedstaaten überlassen hat, bewirkt, dass die Errichtung eines EVTZ mit haftenden und nicht haftenden Mitgliedern äußerst problematisch ist.

3. Verfahren auf der EU-Ebene

Nach dem Abschluss des innerstaatlichen Verfahrens obliegt es den Mitgliedern, die Mitgliedstaaten, deren Einrichtungen sich am EVTZ beteiligen als auch den Ausschuss der Regionen (AdR) über die Registrierung bzw. Veröffentlichung der Übereinkunft und der Satzung zu informieren. Der Ausschuss nimmt nach dieser Information den EVTZ ins das sog. EVTZ-Register[34] auf. Dagegen sorgt der EVTZ selbst, dass innerhalb von 10 Tagen ab der Entstehung des EVTZ der Antrag gestellt wird, den der AdR zwecks der Veröffentlichung einer Bekanntmachung über die Grün-

---

30 Z.B. im Fall der Gemeinde den Beschluss trifft die Gemeindevertreterversammlung gem. § 28 Abs. 2 Nr. 24 BbgKVerf.
31 In Polen wird das Register elektronisch geführt (Art. 7 Abs. 2 polEVTZG). Der Zugang zum Register: https://www.msz.gov.pl/pl/ministerstwo/bip/rejestr_eutw/ (letzter Zugriff am 14.3.2016).
32 *Zillmer* et al., S. 34.
33 Dazu mehr *Krzymuski*, EVTZ im Außenverhältnis in diesem Band.
34 Decision No 0114/2012 on the Register of EGTC.

dung des EVTZ im Amtsblatt der EU (Reihe C) an das zuständige Amt für Veröffentlichungen der Europäischen Union weiterleitet. Danach erfolgt eine Bekanntmachung über die Gründung des EVTZ. Dabei werden Bezeichnung, Ziele, Mitglieder und Sitz des EVTZ angegeben. Es wurde 2009 postuliert, die Veröffentlichung nur auf EU-Ebene zuzulassen, damit die Unterschiede zwischen den Mitgliedstaaten nicht die Gründung des Verbundes beeinflussen.[35]

4. Status des EVTZ in der Gründungsphase

In der Analogie zur „Vorgesellschaft" oder „Gesellschaft in Gründung" ist zu prüfen, wie der EVTZ in der Gründungsphase, d.h. von der Entscheidung über die Gründung eines EVTZ bis zum Erwerb der Rechtspersönlichkeit durch den Verbund zu behandeln ist. Es handelt sich dabei um eine relativ lange Zeitspanne (nicht einmal über sechs Monate). Innerhalb dieser Frist können um den EVTZ herum zahlreiche Rechtsgeschäfte vorgenommen und damit auch Verbindlichkeiten eingegangen werden (z.B. Miete von Räumlichkeiten, Erwerb von Mobiliar, Abschluss von Dienstverträgen etc.). Damit aktualisiert sich der Schutzbedarf sowohl für Dritte als auch für die Mitglieder von EVTZ.

Die Nähe zum Sitzstaat drängt den Schluss auf, dass die Entscheidung, ob das Konzept des Vorverbundes anzunehmen ist und mit welchen Folgen „seine" Handlungen in der Gründungsphase verbunden sind, nach dem Recht des Sitzes des künftiges EVTZ zu beurteilen wäre. So könnten auf einen in Deutschland in der Zukunft ansässigen EVTZ die Normen über die Vorgründungsgesellschaft (gemeinsame Handlungen von Gebietskörperschaften vor dem Abschluss der Übereinkunft) anschließend über den Vorverein bzw. Vorgesellschaft (zwischen dem Abschluss der Übereinkunft und der Registrierung bzw. Veröffentlichung von Dokumenten)[36] angewendet werden.

---

35 *Drab/Kledzik*, S. 566.
36 Vgl. etwa § 11 GmbHG.

5. Fazit

Trotz der Reform der EVTZ-VO im Jahr 2013 ist das Gründungsverfahren nach wie vor langwierig und zeitaufwendig. Nicht zu beanstanden ist, dass die Mitgliedstaaten die *ex-ante*-Kontrolle durch die Genehmigung über die zu entstehende EVTZ ausüben sollen. Die Genehmigungsfrist erscheint aber zu großzügig. Des Weiteren sollte auch besser dem Umstand Rechnung getragen werden, dass die Mitglieder einen „Anspruch" auf Genehmigung haben, der nur unter bestimmten Voraussetzungen abgelehnt werden kann. Es soll daher auf diverse Nebenforderungen verzichtet werden (wie z.b. finanzielle Analysen und Pläne), die über den in der Verordnung bestimmten Kern hinausgehen.

VI. Auflösung des Verbundes

Die Entscheidung über die Auflösung eines EVTZ können seine Mitglieder autonom treffen. Auch bei befristeten EVTZ können die Mitglieder die Voraussetzungen für eine vorzeitige Auflösung festlegen.

Die Auflösung kann auch durch mitgliedstaatliche Behörden nach Art. 14 Abs. 1 EVTZ-VO angeordnet werden. Zu einer obligatorischen Auflösung kommt es im Falle des Austritts eines (von zwei) Mitgliedern (vgl. Art. 13 EVTZ-VO) oder wenn festgestellt wird, dass der EVTZ nicht länger die Anforderungen des Art. 1 Abs. 2 EVTZ-VO oder des Art. 7 EVTZ-VO erfüllt. Das bezieht sich insbesondere auf Fälle, in denen ein EVTZ Tätigkeiten durchführt, die nicht unter die in Art. 7 EVTZ-VO genannten Aufgaben fallen. Die Aufzählung von Gründen für eine zwangsweise Auflösung ist enumerativ.[37]

Die Auflösung erfolgt nach dem in der Übereinkunft festgelegten Recht (Art. 8 Abs. 2 Buchst. d) EVTZ-VO). Wenn die Auflösung auch die Liquidation des Verbundes nach sich zieht, erfolgt diese nach den Vorschriften des Sitzstaates, die auf den EVTZ anzuwenden sind oder – falls solche nicht vorgesehen wurden – für vergleichbare Fälle gelten (Art. 12 Abs. 1 EVTZ-VO). In Polen gelten hierfür Art. 36-39 VereinsG.[38]

---

37 *Drab/Kledzik*, S. 566.
38 *Drab/Kledzik*, S. 563.

VII. Finanzierung des Verbundes

1. Finanzquellen

Der EVTZ bestreitet seinen Unterhalt vor allem aus freiwilligen Finanzbeiträgen der Mitglieder. Diese sind in dem Sinne freiwillig, dass die Mitglieder selbst in der Satzung entscheiden können, ob solche zu entrichten sind.[39] Die Höhe der Beiträge kann für alle Mitglieder gleich sein; man kann auch diese nach der Einwohnerzahl oder anderen Faktoren differenzieren. Hier steht den Mitgliedern ein breiter Gestaltungsspielraum zu. Auch in Bezug auf die Dauer der Festlegung der Beiträge sind die Mitglieder frei. Dabei sollte man sich an den strategischen Zielen der EVTZ orientieren.[40] Die unterbliebenen Zahlungen können als Bruch der Übereinkunft auch den Ausschluss des Mitglieds zur Folge haben.

Darüber hinaus kommen als weitere Finanzquellen für den EVTZ Zuwendungen, Schenkungen und Vermächtnisse sowie Leistungsentgelte und sonstige rechtlich zulässige Einnahmen und Zinseinkünfte in Betracht.[41] Über eventuelle Kreditaufnahmen ist in der Satzung zu entscheiden. Auch die wirtschaftliche Betätigung des EVTZ ist nicht ausgeschlossen.[42] Hier sind die Vorgaben des Sitzstaates zu beachten.[43]

Der EVTZ ist ebenfalls dazu gedacht, EU-Fördermittel einzuwerben und zu verwalten. Damit ist er in erster Linie als Einzelbegünstigter der EU-Förderprogramme anzusehen. Aus Natur der Sache kann der EVTZ die ETZ-Mittel akquirieren. Ferner darf der EVTZ sich auch bei anderen Initiativen (JASPERS, JESSICA, Connecting Europe Facility u.a.) beteiligen. Formell sind die EVTZ auch im Rahmen der innerstaatlichen regionalen Programme antrags- und bewilligungsfähig, da sie die Voraussetzungen eines Begünstigten nach Art. 2 Nr. 10 VO 1303/2013 erfüllen. Bei der Inanspruchnahme von EU-Geldern und mitgliedstaatlichen Fördermitteln sind auch die Beihilferegelungen zu beachten.

---

39 *Grosse*, S. 12; *Peine/Starke*, S. 404-405.
40 *Zillmer/Böhme/Lüer/Stumm*, S. 25-26.
41 *Engl*, S. 199; *Gałuszka*, S. 112.
42 Alle EVTZ mit Sitz in Polen dürfen sich nach ihren Satzungen wirtschaftlich betätigen. Die Einkünfte sind dann für die Wahrnehmung satzungsmäßiger Aufgaben zu verwenden.
43 Wirtschaftliche Betätigung durch juristische Personen mit Beteiligung öffentlicher Einrichtungen kann nationalrechtlich eingeschränkt werden.

Nach der Reform des EVTZ-Rechts von 2013 kann der EVTZ auch die von den Nutzern zu zahlenden Tarife und Gebühren für die Verwendung einer von dem EVTZ verwalteten Infrastruktur oder die für DAWI bestimmen (Art. 7 Abs. 4 UAbs. 2 EVTZ-VO). Dies muss „mit Beachtung des geltenden Unions- und nationalen Rechts" erfolgen. Zuständig hierfür ist die Versammlung des EVTZ.

Wegen der Entscheidung des EU-Gesetzgebers, dass der EVTZ keine hoheitlichen Befugnisse ausüben darf, kommt den Verbünden keine Steuerhoheit zu. Der Verbund darf daher keine Steuer einziehen und keine rechtsverbindlichen Maßnahmen (Satzungen, Verwaltungsakte) in dieser Hinsicht erlassen.

Sollte ein EVTZ seine Aufgaben ohne finanzielle Unterstützung der Union ausführen wollen, dann müssen besonders nationale Regelungen des Sitzstaates beachtet werden, die den Handlungsbereich einschränken dürfen. So z.B. können die EVTZ mit Sitz in Polen ohne finanzielle Unterstützung der EU-Mittel nicht über den Bereich hinausgehen, der in Art. 7 ETZ-VO bestimmt wird (Art. 16 polEVTZG). Damit können die EVTZ mit Sitz in Polen die Finanzmittel, die außerhalb der EU-Förderprogramme akquiriert werden, nur für die Aufgaben verwenden, die durch die Investitionsschwerpunkte der ETZ gedeckt werden.

2. Haushalt des Verbundes

Der EVTZ hat die Haushalts- und Finanzierungsvorschriften einzuhalten, die an seinem Sitz gelten (vgl. Art. 2 Abs. 1 Buchst. c) EVTZ-VO).

Der EVTZ verfügt über einen jährlichen Haushaltsplan, für dessen Erstellung die Versammlung zuständig ist (Art. 11 Abs. 1 EVTZ-VO). Dieser enthält zwei Teile: Laufende Kosten sowie – falls erforderlich – einen operativen Teil.[44] Die Details werden durch die Vorschriften geregelt, auf die in der Satzung verwiesen wird (Art. 9 Abs. 2 Buchst. g) EVTZ-VO). Dies werden wiederum grundsätzlich die Vorschriften des Sitzstaates sein. In EVTZ mit französischer Beteiligung wird das französische Recht über öffentliche Finanzen angewandt.[45] Der in Deutschland ansässige EVTZ Interregional Alliance wendet die Gemeindeordnung von Baden Württem-

---

44 *Branda*, S. 23.
45 *Gireaud*, S. 254; § 15 Abs. 5 Satzung EVTZ Pamina.

berg (§ 77 ff. BWGemO[46]). Für „polnische" EVTZ gelten dagegen die Vorschriften über Vereine. Das öffentliche Finanzrecht ist auf diese Verbünde nicht anwendbar, da sie als kommunale Vereine vom Anwendungsbereich des Finanzgesetzes ausgenommen werden.[47]

Der Jahresabschluss und Jahresbericht sind nach dem Recht des Sitzstaates zu erstellen (Art. 11 Abs. 2 EVTZ-VO). Sollen die kommunalen EVTZ in Deutschland sich der Gemeindeordnung unterwerfen, dann ergibt sich die Pflicht zur Erstellung des Jahresberichts aus der Gemeindeordnung bzw. Kommunalverfassung.[48] Der Jahresabschluss ist eine Bilanz zusammen mit der Gewinn- und Verlustrechnung (§ 242 Abs. 3 HGB).

3. Kontrolle der Finanzwirtschaft der Verbünde

Die Finanzmittel, über die die Verbünde verfügen, sind öffentliche Mittel. In dieser Hinsicht unterliegt der EVTZ der Finanzaufsicht nach Art. 6 EVTZ-VO.

Die Prüfung und Offenlegung des Abschlusses unterliegt dem Recht des Sitzstaates. In Deutschland ist die Prüfung des Jahresabschlusses von kommunalen EVTZ nach GO bzw. KVerf obligatorisch.[49] Grundsätzlich sind dafür Rechnungsprüfungsämter zuständig. In den Ausführungsvorschriften zu der EVTZ-VO kann aber auch eine andere Stelle damit beauftragt werden (vgl. § 1 S. 2 BbgEVTZ-ZustV). Nach Art. 6 Abs. 3 EVTZ-VO werden alle Kontrollen gemäß den international anerkannten Prüfstandards durchgeführt. Dies bedeutet die Anwendung von "International Accounting Standards" (IAS), "International Financial Reporting Standards" (IFRS) und damit verbundenen Auslegungen (SIC/IFRIC-Interpretationen) nach der Verordnung (EG) Nr. 1606/2002.[50] Damit soll der hohen

---

46 Gemeindeordnung für Baden-Württemberg in der Fassung vom 24.07.2000 (GBl. S. 581, ber. S. 698), zuletzt geändert durch Art. 1 Gesetzes zur Änderung gemeindehaushaltsrechtlicher Vorschriften vom 17.12.2015 (GBl. 2016, S. 1).
47 Vgl. *Lipiec-Warzecha*, Art. 9.
48 Z.B. § 95 BWGemO, § 95 BbgKVerf.
49 § 110 BWGemO, § 104 BbgKVerf.
50 Verordnung des Europäischen Parlaments und des Rates vom 19.7.2002 betreffend die Anwendung internationaler Rechnungslegungsstandards (ABl. L 243 vom 11.9.2002, S. 1-4).

Transparenz und Vergleichbarkeit von Jahresabschlüssen in allen Ländern Rechnung getragen werden (vgl. Art. 1 VO 1606/2002).[51]

In Polen wird festgestellt, dass die Kontrolle nach anderen Vorschriften durchgeführt wird (Art. 17 polEVTZG). Dies bedeutet zum einen, dass die Kontrollorgane in der Genehmigung bestimmt werden.[52] Dies schließt auch nicht aus, dass die Kontrolle auch durch andere zentrale Organe ausgeübt wird.[53] Aus Art. 6 Abs. 4 EVTZ-VO folgt ferner, dass die EVTZ auch der Kontrolle durch den Rechnungshof nach Art. 287 Abs. 1 AEUV unterliegen können.[54]

4. Insolvenz

Die Zahlungsunfähigkeit sowie vergleichbare Verfahren werden auch dem Recht des Sitzstaates des Verbundes unterstellt (Art. 12 Abs. 1 EVTZ-VO). Hier ist jeweils zu prüfen, inwieweit die Verbünde insolvenzfähig sind. In Polen war geplant, die EVTZ dem Insolvenzrecht zu entziehen.[55] Dies wäre konsequent, da ihre Mitglieder (Staat, Gebietskörperschaften und andere in Art. 6 InsO genannten Einrichtungen) nicht insolvenzfähig sind. Im Endergebnis wurden aber die EVTZ nicht insolvenzfrei gestellt. Damit kann über die Verbünde mit Sitz in Polen durchaus ein Insolvenzverfahren eröffnet werden.

Im Fall von eventuellen EVTZ mit Sitz im Vereinigtem Königreich kann die entsprechende Insolvenzordnung von 1986 oder 1989 Anwendung finden (sh. englisches Ausführungsrecht: Article 8 EGTC Regulations 2015).[56] Die dort ansässigen EVTZ werden im Insolvenzfall wie nicht registrierte Gesellschaften abgewickelt.

---

51 Vgl. *Drab/Kledzik*, S. 568.
52 *Bußmann*, S. 14.
53 *Bußmann*, S. 14.
54 *Miaskowska-Daszkiewicz/Mazuryk*, S. 253; vgl. *Groupe d'études politiques européennes*, S. 132.
55 *Drab/Kledzik*, S. 563.
56 Statutory Instrument 2015 No. 1493.

VIII. Innenstruktur

1. Allgemeines

Die Innenstruktur eines EVTZ wird durch seine Organe und weitere interne Einrichtungen bestimmt. Als Organe sind natürliche Personen bzw. Gruppen von denen zu verstehen, die in einer juristischen Person vertretungs-, kontroll- oder zur Willensbildung dieser juristischen Person berechtigt sind. Sie können ihre Funktionen im Innen- und Außenverhältnis wahrnehmen. Dagegen haben die Ausschüsse und Büros nur technische Funktionen wahrzunehmen, indem sie die Organe bei der Wahrnehmung ihrer Aufgaben unterstützen.

Die EVTZ-VO sieht ausdrücklich nur zwei Organe für einen EVTZ vor: die Versammlung und den Direktor (Art. 10 Abs. 1 EVTZ-VO). Die EVTZ-Mitglieder dürfen aber noch weitere Organe errichten. In diesem Fall sind ihre Arbeitsweise, Kompetenzen und Zusammensetzung (der kollegialen Organe) in der Satzung zu bestimmen (Art. 10 Abs. 2 i.V.m. Art. 9 Abs. 2 Buchst. a) EVTZ-VO). Der Überblick über die Gründungsdokumente von bestehenden EVTZ zeigt zahlreiche Modalitäten in der Innenstruktur. Dadurch versuchen die Mitglieder den in ganz Europa einsetzbaren EVTZ an die örtlichen Gegebenheiten anzupassen und ihm damit eine vertraute und bekannte Struktur zu schenken. Man kann auch vermuten, dass auf den EVTZ bisherige Erfahrungen aus anderen Kooperationsgremien (Euroregionen, Vereine etc.) übertragen werden um damit ein Zeichen für die Kontinuität der Zusammenarbeit nach außen zu geben.

2. Versammlung

Die Versammlung besteht aus Vertretern der Mitglieder des EVTZ. Die Zahl der Vertreter ist zwischen den Mitgliedern abzustimmen. In der Regel haben die Mitglieder einen Vertreter in der Versammlung. Sie werden nicht von den Einwohnern direkt gewählt. In der Versammlung tagen daher grundsätzlich die amtlichen Vertreter der Mitglieder (Bürgermeister, Präsidenten, Leiter etc.).

Die Kompetenzen der Versammlung sind in der Übereinkunft zu bestimmen. Aus den Dokumenten der bisher errichteten EVTZ folgt, dass die Versammlung das „beschlussgebende" Organ des EVTZ ist. Die Versammlungen der bisher errichteten EVTZ verfügen in der über eigene

„Organe", den Präsidenten bzw. Vorsitzenden. Sie leiten die Beratungen von Versammlungen, können auch mit Aufgaben des Direktors beauftragt werden.[57]

Die Versammlung beschließt kollegial. Die Stimmenverteilung ist eine autonome Entscheidung der Mitglieder. Diese kommen einstimmig bzw. mehrheitlich zustande. Die erste Variante ist vor allem für EVTZ mit kleiner Mitgliederzahl charakteristisch. Denkbar ist auch die Einführung von sog. doppelten Mehrheiten. In diesen Fällen wird die Mehrheit der Stimmen aller Mitglieder und zugleich die Mehrheit von Stimmen von den Vertretern aus dem jeweiligen Mitgliedstaat verlangt. Die Personen, die die Mitglieder im EVTZ vertreten, müssen nicht weisungsfrei sein. Die zuständigen Organe können daher auch eine bestimmte Abstimmungsweise durch ihren Vertreter verlangen.[58]

In der Zeit zwischen den Sitzungen kann der Senat[59] oder Vorstand agieren. Diese Gremien sind dann „kleine" Versammlungen, die aus Praktikabilitätsgründen errichtet werden, um die Entscheidungen schneller und einfacher zu fassen. Diese Gremien bereiten die Beschlüsse der Versammlung vor, Begutachten die Beschlussvorlagen. In dem EVTZ Pamina kann die Versammlung Teil ihrer Aufgaben auf den Präsidenten bzw. Vorstand übertragen.

Einige EVTZ-Satzungen sehen vor, dass aus der Versammlung ein Vorsitzender gewählt wird. Dessen Aufgabe ist grundsätzlich die Leitung von Beratungen der Versammlung.[60] In einigen Fällen wurden die Vorsitzenden (Präsidenten) der Versammlung mit Repräsentationsaufgaben beauftragt[61] oder üben die Funktion des Direktors aus.[62]

---

57 In EGTC „Gorizia, Nova Gorica and Šempeter-Vrtojba" ist der Präsident der Versammlung der rechtliche Vertreter des EVTZ (http://www.euro-go.eu/en/chi-siamo/struttura).
58 *Bußjäger*, S. 535.
59 Art. X.4. Satzung „Ister Granum EGTC".
60 Art. 17 ff. Satzung des EVTZ „Euregio Senza confini R.L. – Euregio Ohne Grenzen mbH".
61 Art. 5.2.1. Übereinkunft „Interregional Alliance for the Rhine-Alpine-Corridor EGTC".
62 Art. 8 Abs. 2 Satzung „EVTZ Pamina".

3. Direktor

Vertreten wird der EVTZ durch einen Direktor (Art. 10 Abs. 1 Buchst. b) EVTZ-VO). Es handelt sich daher um einen gesetzlichen Vertreter des Verbundes. Der Direktor ist ein monokratisches Organ; er kann aber Mitglied von Gremien sein (z.b. des Vorstandes).

Über die Benennung (z. B. durch eine Wahl) des Direktors enthält die EVTZ-VO keine Regelung, so dass die Mitglieder dies autonom bestimmen dürfen. In der Regel wird der Direktor von der Versammlung gewählt. Es gibt auch EVTZ, in denen der Direktor vom Präsidenten ernannt wird.[63] Zum Direktor kann ein von den Mitgliedern der Versammlung benannt werden. Beim „EVTZ Interreg Programm IV A Grande Region/ Großregion" waren die Aufgaben des Direktors als Vorsitz des EVTZ dem jeweiligen Präfekten der Region Lothringen zugewiesen.[64] Es kann aber durchaus auch ein Externer zum Direktor bestellt werden.[65]

Die Vertretung des Verbundes ist eine der Hauptaufgaben des Direktors. Seine weiteren Kompetenzen werden in der Satzung festgelegt. In der Regel wird der Direktor mit der Ausführung von Beschlüssen der Mitgliederversammlung beauftragt.

Auch die Bezeichnung dieser Funktion unterscheidet sich in einigen Verbünden. In einigen EVTZ nimmt die Aufgaben des Direktors der Präsident wahr.[66] In diesen Fällen wird der Direktor nur mit technischen Aufgaben zur Einhaltung und Sicherung von langfristigen Bedingungen für den EVTZ beauftragt.[67]

4. Sonstige Organe

Nach Art. 10 Abs. 2 EVTZ-VO können noch weitere Organe berufen und mit entsprechenden Befugnissen ausgestattet werden. Die Arbeitsweise dieser Organe, ihre Kompetenzen sowie die Zusammensetzung sind in der

---

63 Art. 15 Satzung "AECT Huesca Pirineos-Hautes Pyrénées".
64 Art. 16 Satzung EVTZ „Interreg IV A Grande Region/Großregion".
65 *Drab/Kledzik*, S. 566.
66 Art. 15 Abs. 1) Buchst. c) Satzung „EVTZ Europaregion"; Art. 9 Satzung „EGTC Conurbation".
67 § 46 Satzung „Pannon EGTC"; Art. 8 Satzung „EGTC Conurbation"; Art. 17 Satzung EVTZ „Interreg IV A Grande Region/Großregion".

Satzung festzulegen (Art. 9 Abs. 2 Buchst. a) EVTZ-VO). Insofern haben die Mitglieder einen weiten Spielraum, den sie umfassend nutzen. Es wurden in den EVTZ solche Kollegialorgane wie Vorstand oder Aufsichtsrat eingerichtet.[68] Der Vorstand entscheidet in der Regel über die Angelegenheiten, die nicht dem Rat vorbehalten sind. Der Vorstand kann auch über den Abschluss von Verträgen entscheiden, durch welche Verbindlichkeiten für den Verbund entstehen, sofern ein bestimmter Wert überschritten wird. Die Aufsichtsräte sind als Kontrollorgane gedacht.[69] Ferner werden Arbeitsgruppen und Ausschüsse errichtet, die sich inhaltlich mit bestimmten Bereichen beschäftigen.[70]

Zur Abwicklung von technischen Angelegenheiten und als Unterstützung des Ausführungsorgans wird das Sekretariat des EVTZ eingerichtet. Dieser wird entweder vom Direktor (bzw. Generalsekretär) geleitet. Im Sekretariat werden die Mitarbeiter des EVTZ angestellt bzw. sind die entsandten Mitarbeiter von Mitgliedern tätig. Der Sitz des Sekretariats kann sich auch zum Ausgleich von Interessen in dem jeweils anderen Staat befinden als dem Sitzstaat. Dies hat aber zur Folge, dass das in einem Mitgliedstaat ansässige Büro nach anderem Recht tätig ist, als an seinem Sitz gilt. Es wird auch allgemein gehalten, dass die Versammlung über die Errichtung weiterer Organe entscheiden kann.

5. Willensbildung in den Organen

Die internen Prozeduren werden in erster Linie durch die Satzung bestimmt (Art. 9 Abs. 1 Buchst. b) EVTZ-VO). Damit liegt die genauere Ausgestaltung der Entscheidungsfindung und sonstiger Regeln der Zusammenarbeit in der Hand der Mitglieder. Mit entsprechenden Mechanismen in der Satzung des EVTZ können eventuell vorhersehbare, organisatorische Probleme durch klare Kompetenzzuweisung oder effektive Eskalationsmechanismen frühzeitig entschärft werden.

---

68 Art. 17 Satzung EVTZ Europaregion, Art. X.6. Satzung von „Ister Granum EGTC".
69 „EVTZ Europaregion", „EGTC Conurbation", „EVTZ Euregio Senza confini R.L. – Euregio Ohne Grenzen mbH", „EGTC Archimed", EGTC Tritia Ltd., EGTC Tatry Ltd.
70 „EGTC Amphictony": International Relations, Environment, Incorporation; „EGTC Conurbation": Transport Committee, Energy Committee.

6. Zwischenergebnis

Die EVTZ-VO bestimmt die Innenstruktur der Verbünde nur im Grundriss. Die Mitglieder haben daher breiten Spielraum für die organisatorische Anpassung des Verbundes an ihre Bedingungen. Damit können auch die Mitglieder mit unterschiedlichen Verwaltungstraditionen sich in der neuen Institution finden. Auf der anderen Seite sind in organisatorischer Hinsicht die EVTZ sehr unterschiedlich. Beim Kontakt mit den einzelnen Verbunden ist daher stets die Prüfung von Kompetenzen der jeweiligen Organe erforderlich.

IX. Schlussfolgerungen

Im Innenverhältnis scheint der EVTZ auf den ersten Blick relativ überschaubar zu sein; die Mitgliedschaft ist auf die Subjekte mit öffentlich-rechtlichen Hintergrund beschränkt, die vertraglichen Grundlagen sollen einen nach der EVTZ-VO vorprogrammierten Inhalt aufweisen und zwei obligatorische Organe haben von Anfang an fest bestimmte Zuständigkeiten. Auch das Gründungsverfahren soll klar geregelt und nach zehn Jahren der Geltung der Verordnung erprobt sein. Auf der anderen Seite versucht die EU mit den weit auszulegenden Begriffen unterschiedliche Verwaltungsstrukturen in der EU-Mitgliedstaaten zu berücksichtigen. Dies eröffnet den Mitgliedern die Möglichkeit, den institutionellen Rahmen der Zusammenarbeit nach Belieben zu gestalten. Die Folge davon ist, dass die einzelnen EVTZ sich voneinander sehr stark unterscheiden können. Eine weitere Folge ist, dass die Lösungen, die in einem Verbund sich bestätigt haben, nicht unbedingt für andere EVTZ zutreffen können. Zu überlegen wäre künftig, die organisatorischen Spielregeln in der EVTZ-VO konkreter zu fassen (wie es bei anderen unionalen Kooperationsinstrumenten der Fall ist) und einem einheitlichen Regime zu unterstellen.

Abstract

The study constitutes an analysis of the internal structure of the EGTC. Firstly, the range of potential members of a grouping is presented. As per the provisions of the regulation, the groupings are mainly considered an instrument dedicated for the public entities of the EU member states.

Through the reform of 2013, the eligibility of private companies carrying out services in general economic interest on behalf of public entities has been acknowledged, therefore facilitating the joint realisation of public services by local companies. It is an aspect which shall undoubtedly contribute to the increase of the economic and social cohesion within the EU. Moreover, due to the inclusion of subjects from non-member states in the catalogue of potential members, the interest to constitute EGTC on the external borders of the EU has been awoken.

The cooperation principles within an EGTC are set mainly by two acts: a convention and a statute. It is however possible to specify the activities of the groupings in further, additional legal documents. As far as the content of a convention is rather strictly determined, the statute however leaves considerable leeway for the parties to set out the "rules of the game". Nonetheless, the lack of regulations on the choice of law applicable to the grouping and its activity is still troublesome. Only some areas (e.g. public procurement) have been liberalised in this regard.

Undertaking the cooperation, the members need to agree as to the seat of the grouping. In terms of their legal character, the EGTC still mostly rely on the law of the state where they are located. As a result, the administrations of most EU member states are rather reluctant in relation to this instrument. Acquiring an approval to join an EGTC therefore remains a time consuming task.

The article also lays down the principles of the financing and the liquidation of the groupings. The distinct treatment of the groupings in various legal systems has been indicated. Due to that, the necessity of an in-depth analysis of the legal situation in a given country, where an EGTC is seated, arises in each case.

The final part of the publication is devoted to the authorities of the EGTC. The regulation provides considerable freedom for the members to shape their inner structure. Thanks to that, each grouping can adjust according to the administrative traditions of the respective EU member states. This also contributes to the diversity of the groupings, which very often leads to impediments in the cooperation and requires great caution from the partners when it comes to mutual contacts.

Literaturverzeichnis

Branda, Europejskie Ugrupowanie Współpracy Terytorialnej, 2009.

Bußjäger, Rechtsprobleme um den Europäischen Verbunde für territoriale Zusammenarbeit (EVTZ), in: Bußjäger/Rosner (Hrsg.), 60 Jahre Verbindungsstelle der Bundesländer – Festschrift 60 Jahre Verbindungsstelle der Bundesländer, 2011, S. 525.

Bußmann, Europejskie ugrupowanie współpracy terytorialnej (EUWT); wdrażanie rozporządzenia (WE) nr 1082/2006 do polskiego porządku prawnego, Samorząd Terytorialny 5 (2009), 9.

Calliess/Ruffert (Hrsg.), EUV/AEUV. Das Verfassungsrecht der Europäischen Union mit Europäischer Grundrechtscharta, 2011.

Drab/Kledzik, Europejskie ugrupowanie współpracy terytorialnej nową instytucją polskiego prawa administracyjnego, in: Boć/Chajbowicz (Hrsg.), Nowe problemy badawcze w teorii prawa administracyjnego, 2009, S. 555.

Engl, Zusammenhalt und Vielfalt in Europas Grenzregionen. Der Europäische Verbund für territoriale Zusammenarbeit in normativer und praktischer Dimension, 2014.

Gałuszka, Europejskie ugrupowanie współpracy terytorialnej jako forma współpracy transgranicznej Zeszyty Naukowe Uniwersytetu Szczecińskiego 620 (2010), 107.

Gireaud, Die Eurodistrikte - Eine neue Form der grenzüberschreitenden Kooperation. Eine vergleichende Analyse des Eurodistrikts Straßburg-Ortenau und des Trinationalen Eurodistricts Basel, 2014.

Grosse, Europejskie Ugrupowanie Współpracy Terytorialnej - ocena dotychczasowych efektów i dalszy rozwoju z polskiej perspektywy, Samorząd Terytorialny, 4 (2012), 5.

Groupe d'études politiques européennes, Europäischer Verbund für territoriale Zusammenarbeit, 2007.

Krzymuski/Kubicki, EVTZ-2.0 – Neue Chance für die grenzübergreifende Zusammenarbeit öffentlicher Einrichtungen? NVwZ 20(2014), 1338.

Lipiec-Warzecha, Ustawa o finansach publicznych. Komentarz, 2011.

Miaskowska-Daszkiewicz/Mazuryk, Europejskie Ugrupowanie Współpracy Terytorialnej – nowe ramy transgranicznej współpracy terytorialnej, Roczniki Nauk Prawnych 2 (2010), 247.

Obwexer, Der EVTZ als neues unionsrechtliches Instrument territorialer Zusammenarbeit, in: *Bußjäger/Gamper/Happacher/Woelk* (Hrsg.), Der Europäische Verbund für territoriale Zusammenarbeit (EVTZ): Neue Chancen für die Europaregion Tirol-Südtirol-Trentino, 2011, S. 46.

Pechstein/Deja, Was ist und wie funktioniert ein EVTZ?, EuR 2011, 357.

Peine/Starke, Der europäische Zweckverband. Zum Recht der Europäischen Verbünde für territoriale Zusammenarbeit (EVTZ), LKV 2008, 402.

Pucher/Gaspari/Radzyner, EGTC Monitoring Report 2012, 2013.

Soós, Contribution of EGTCs to multilevel governance, EGPA´s Papers 2013.

Zillmer/Böhme/Lüer/Stumm, Leitfaden zur Gründung eines EVTZ für Akteure der transnationalen Zusammenarbeit, 2014.

Zillmer et al., EGTC as an instrument for promotion and improvement of territorial cooperation in Europe, 2015.

Der EVTZ im Außenverhältnis

Dr. Marcin Krzymuski, LL.M. (Viadrina) [1]

I. Einleitung

Nachdem der EVTZ zum Innenverhältnis beschrieben worden ist, gebührt es nunmehr, das Phänomen des EVTZ im Hinblick auf seine Außenwirkungen darzustellen. Demzufolge werden im Folgenden der Aufgabenumfang des EVTZ sowie dessen Beschränkungen näher dargestellt (II.). Folglich sollen die Formen vorgestellt werden, in denen der EVTZ seine Handlungen vornimmt (III.). Hier wird zwischen den öffentlich-rechtlichen und privatrechtlichen Geschäften unterschieden, womit die anzuwendende Rechtsordnung zusammenhängt (IV.). Letztlich sind die Fragen der aus den Handlungen des EVTZ möglicherweise resultierenden Haftung zu besprechen (V.).

II. Aufgabenumfang und dessen Beschränkungen

Nach Art. 7 Abs. 1 EVTZ-VO[2] führt ein EVTZ die Aufgaben aus, die ihm von seinen Mitgliedern „übertragen werden". Was unter letzterem in rechtlicher Hinsicht zu verstehen ist, insbesondere in den Kategorien der innerstaatlichen kommunalen Zusammenarbeit, soll an dieser Stelle zunächst ausgeklammert bleiben. Zu betrachten ist allein das im Einklang mit der EVTZ-VO „Übertragbare".

---

1 EVTZ-Kompetenzzentrum, Viadrina Center B/ORDERS IN MOTION, Europa-Universität Viadrina Frankfurt (Oder)
2 Alle folgenden Artikel ohne Normangabe sind solche der konsolidierten EVTZ-VO (Fn. 2).

1. Bindung an Ziele und Zwecke der EVTZ-VO

a. Vorbemerkungen

Einen ersten groben Rahmen hierfür setzt nach Art. 7 Abs. 2 i.V.m. Art. 1 Abs. 2 EVTZ-VO die Bindung an die durch die EVTZ-VO vorgegebenen Ziele und Zwecke, die durchaus praktische Bedeutung hat. Wie sich aus dem erst genannten Artikel („*EVTZ handelt innerhalb der Grenzen...*") sowie aus Art. 4 Abs. 3 Buchst. a) Nr. i) EVTZ-VO ergibt, der den Widerspruch zwischen der grundlegenden EVTZ-Übereinkunft und der Verordnung als Ablehnungsgrund im Rahmen des Genehmigungsverfahrens regelt, ist die Einhaltung der sich aus den Zielen und Zwecken der EVTZ-VO ergebenden Grenzen seitens der nationalen Genehmigungsbehörden (rechtlich) überprüfbar.

Bereits die Errichtung eines EVTZ als institutionalisierte Form der Zusammenarbeit zwischen grenznahen Kommunen aus zwei oder mehr Mitgliedstaaten kann als Ausdruck der Erleichterung und Förderung territorialer Zusammenarbeit gewertet werden. Die Einschränkung des Tätigkeitsbereiches des EVTZ auf ausschließlich fördernde Maßnahmen wäre aber unangemessen. Wegen seiner Rechtspersönlichkeit und mitgliedschaftlichen Zusammensetzung soll er an der *Durchführung* der territorialen Zusammenarbeit direkt beteiligt werden.[3] Dies erfasst die Verwaltung von Programmen und Ausführung von Projekten der territorialen Zusammenarbeit.[4] Gleichwohl darf sich der Betrieb eines EVTZ nicht darin erschöpfen, für *de facto* voneinander unabhängige Maßnahmen seiner Mitglieder eine zusätzliche Finanzierung aus EU-Quellen zu gewinnen. Der Bezug des jeweiligen Vorhabens zur grenzübergreifenden Zusammenarbeit sollte daher mindestens nachvollziehbar, wenn nicht sogar direkt ersichtlich sein. Ausgeschlossen werden im Lichte dieses Ziels bzw. Zwecks daher jedenfalls solche Aufgaben, denen im konkreten Fall – in Anlehnung an die Rechtsprechung zu den Grundfreiheiten des Binnenmarktes – kein territorial bezogenes, grenzüberschreitendes Moment innewohnt.[5]

---

3 *Groupe d'études politiques européennes*, S. 119.
4 *Branda*, S. 7.
5 Beispielhaft sei an eine durch ein EVTZ errichtete und betriebene Schwimmhalle gedacht, die in tatsächlicher Hinsicht aus geografischen Gründen nur den Einwohnern einer der beteiligten Gemeinden zugutekommen kommen würde.

Über die Stärkung der Kohäsion, verstanden als wirtschaftlicher, sozialer und territorialer Zusammenhalt (vgl. Art. 7 Abs. 2 EVTZ-VO), entscheiden dann die Bereiche der im EVTZ vereinten Zusammenarbeit. Bei der Daseinsvorsorge oder auch nur der gemeinsamen Infrastrukturverwaltung dürfte dies zweifelsohne der Fall sein, ebenso wie bei der rechtlich unverbindlichen Koordinierung – Förderung – Unterstützung (KFU) gemeinsamer Vorhaben.

b. Überwindung von Hindernissen auf dem Binnenmarkt

Mit der Reform der EVTZ-VO wurde in Art. 7 Abs. 1 ein weiteres Ziel bzw. ein weiterer potentieller Aufgabenbereich hinzugefügt, nämlich die Überwindung von Hindernissen auf dem Binnenmarkt. In den Rechtssetzungsdokumenten finden sich dazu erstaunlicherweise keine Erläuterungen. Einen Beitrag hierzu leisten vermag ein EVTZ jedenfalls nach herkömmlichen Verständnis dieser Anforderung nicht, da ihm – ungeachtet der ohnehin gebietsbezogenen Beschränkung seines Wirkungsradius – grundsätzlich keine Regelungsbefugnisse zukommen (vgl. Art. 7 Abs. 4 UAbs. 1 EVTZ-VO), mit denen er Unterschiede in den beteiligten mitgliedstaatlichen Rechtsordnungen beseitigen könnte. Soll diesem Element gleichwohl eine materielle Bedeutung zukommen, könnte sie vor allem darin liegen, die übertragbaren Aufgaben eines EVTZ (auch) auf die Förderung der grenzüberschreitenden Mobilität insbesondere von Personen und Dienstleistungen auszurichten. Dieser Anforderung dürfte bei gemeinsam über mitgliedstaatliche Grenzen hinweg organisierter Daseinsvorsorge oder einer gemeinsamen Infrastrukturverwaltung, die Einwohnern aller beteiligten Kommunen zugutekommt, ohne weiteres genüge getan sein. Im Hinblick auf die KFU-Aufgaben würde dies immer dann gelten, wenn die davon erfassten gemeinsamen Vorhaben im konkreten Fall einen Beitrag zur grenzüberschreitenden Mobilität leisten.

2. Gemeinsame Aufgabenübertragung

a. Allgemeine Anmerkungen

Die Übertragung von Aufgaben auf ein EVTZ setzt nach Art. 7 Abs. 2 UAbs. 2 EVTZ-VO zunächst voraus, dass die zu übertragende Materie jeweils in die Zuständigkeit *aller* Mitglieder fällt. Mit der Reform 2013 wurde zwar versucht, eine Ausnahme von dem Zuständigkeitsgleichlauf zu statuieren. Nach Art. 7 Abs. 2 UAbs. 2 HS. 2 EVTZ-VO kann ein Mitgliedstaat die Teilnahme eines seiner Hoheitsgewalt unterliegenden Mitglieds auch dann genehmigen, wenn es nicht über die erforderliche Kompetenz für *alle* übertragenen Aufgaben verfügt. Es ist jedoch fraglich, ob die Mitgliedstaaten gewillt sein werden, ihre Zuständigkeitsordnung für die grenzüberschreitende Kooperation von Kommunen zu opfern.

b. Gemeinsame Aufgabenübertragung im Bereich der Daseinsvorsorge

Der deutsche Begriff „Daseinsvorsorge"[6] findet seine europäische Entsprechung (weitgehend) in dem Terminus „Dienstleistung von allgemeinen wirtschaftlichem Interesse" (DAWI).[7] Leistungen in diesem Bereich gehören zu den Kernaufgaben von Kommunen[8] und sind regelmäßig Gegenstand interkommunaler Zusammenarbeit auf nationaler Ebene. Ähnlich verhält es sich in anderen Mitgliedstaaten,[9] so dass hier bei vielen kommunalen Aufgaben ein Zuständigkeitsgleichlauf und damit die Möglichkeit eines grenzübergreifenden Zusammenwirkens bestehen wird. Die reformierte EVTZ-VO nimmt nun an mehreren Stellen ausdrücklich Bezug auf die europäische Begrifflichkeit (vgl. Art. 3 Abs. 1 Buchst. e) und Art. 7 Abs. 4 EVTZ-VO), so dass keine Zweifel daran bestehen, dass der EVTZ mit Aufgaben der Daseinsvorsorge beauftragt werden kann.[10] Die damit verbundene Klarstellung ist zu begrüßen, da aus EU-Sicht DAWI eine wichtige Rolle bei der Förderung des sozialen und territorialen Zusammenhalts spielen[11] und damit von Anbeginn den Zielen und Zwecken der EVTZ-VO entsprechen.

---

6 Siehe zu Begriff und Inhalt *Knauff*, Die Kommunen als Träger der Daseinsvorsorge, S. 81; *Schoch/Röhl*, Rn. 150; *Schmidt-Assmann/Röhl*, S. 81.
7 Vgl. *Knauff*, Die Daseinsvorsorge im Vertrag von Lissabon, S. 725-745.
8 Vgl. etwa § 2 II Kommunalverfassung des Landes Brandenburg (BbgKVerf) vom 18. 12. 2007 (GVBl. I S. 286 i.d.g.F.).
9 Z.B. Art. 7 I 1 des poln. Gesetzes über die Selbstverwaltung in Gemeinden (Dz.U [GBl.] von 2014 Pos. 594 i.d.g.F.).
10 So bereits im Hinblick auf die ursprüngliche EVTZ-VO *Pechstein/Deja*, S. 362; *Peine/Starke*, S. 405; *Czarnecka-Zawada*, S. 199.
11 Mitteilung der Kommission über die Anwendung der Beihilfevorschriften der Europäischen Union auf Ausgleichsleistungen für die Erbringung von Dienstleis-

c. Gemeinsame Aufgabenübertragung im Bereich der Infrastrukturverwaltung

Mit der Daseinsvorsorge oft eng verknüpft,[12] darüber hinaus zugleich Querschnittsaufgabe kommunaler Tätigkeit, ist die Infrastrukturverwaltung.[13] Nahezu alle Aufgaben der Kommunen wie etwa Schul-, Sozial- und Gesundheitswesen, Kultur und Sport, Straßenbau, örtliches und regionales Verkehrswesen (ÖPNV, Regionalverkehr), Ver- und Entsorgung (mit Energie oder Wasser) setzen den Bau und die Erhaltung von entsprechenden Infrastruktureinrichtungen voraus. Bereits nach der ursprünglichen EVTZ-VO kam dem EVTZ in jedem Mitgliedstaat die weitestgehende Rechtsfähigkeit (Art. 1 Abs. 4 EVTZ-VO) zu, so dass er jedenfalls als Eigentümer oder Besitzer von Infrastruktureinrichtungen in Betracht kam. Ob bereits hieraus gefolgert werden konnte, dass auch die Verwaltung von kommunaler Infrastruktur übertragbar war, ist seit der Reform der EVTZ-VO dahingestellt.

Obgleich die Errichtung nicht zwingend von dem Begriff der Verwaltung mitumfasst wird, wird man ersteres wohl ebenfalls als zulässige Aufgabenübertragung ansehen können. Beispielhaft kann etwa an den Bau einer kommunalen Sportstätte gedacht werden. Es ist nicht ersichtlich, warum interessierte Kommunen aus zwei oder mehr aneinander angrenzenden Mitgliedstaaten nur die Verwaltung dieser Stätte einem EVTZ übertragen könnten, nicht aber bereits den Bau. Gerade bei letzterem ließe sich zudem von den neuen EU-Vergabevorschriften Gebrauch machen, die für gemeinsame grenzüberschreitende Einrichtungen wie den EVTZ die Möglichkeit einer Rechtswahl in Bezug auf das anwendbare (nationale, aber EU-determinierte) Vergaberecht einräumen.[14]

---

tungen von allgemeinem wirtschaftlichem Interesse (ABl. EU Nr. C 8 vom 11. 01. 2012, 4 ff.), Rn. 1.
12 Vgl. *Pielow*, S. 24.
13 Vgl. dazu bereits grundlegend *Hünnekens*, S. 183.
14 Dazu ausführlich *Klinkmüller* in diesem Band. Vgl. Art. 39 IV Richtlinie 2014/24/EU des Europäischen Parlaments und des Rates vom 26.02.2014 über die öffentliche Auftragsvergabe […] (ABl. EU 2014 Nr. L 94, 65 ff.) sowie Art. 57 IV Richtlinie 2004/17/EG des Europäischen Parlaments und des Rates vom 31. 03. 2004 zur Koordinierung der Zuschlagserteilung durch Auftraggeber im Bereich der Wasser-, Energie- und Verkehrsversorgung sowie der Postdienste (ABl. EU 2004 Nr. L 134, 1 ff.).

d. Aufgabenübertragung im Bereich der Koordinierung, Förderung und Unterstützung (KFU)

In der bisherigen Praxis werden EVTZ weit überwiegend für die Koordinierung eigener Aufgaben oder die Förderung und Unterstützung gemeinsamer Vorhaben eingesetzt. Eine solche Zusammenarbeit kommt u. a. dann in Betracht, wenn etwa zunächst die Belastbarkeit der Zusammenarbeit über Staatsgrenzen hinweg erprobt werden soll oder aber kein Zuständigkeitsgleichlauf besteht. Im letztgenannten Fall stellt sich die (generelle) Frage, ob der Einsatz eines EVTZ überhaupt zulässig ist, wenn die von der KFU in Bezug genommenen Bereiche als solche nicht in Zuständigkeit zumindest einiger kommunaler Mitglieder fallen. Da die EVTZ-VO diesbezüglich keinerlei Regelungen enthält, ist davon auszugehen, dass das jeweilige nationale Recht die Grenze dessen darstellt, was die Mitglieder gemeinsam in Gestalt eines EVTZ koordinieren, fördern oder unterstützen können. Zu prüfen wäre in solchen Konstellationen, ob es auf die Art der Aufgabe oder den davon betroffenen Bereich ankommt. Nach deutschem Recht dürfte genügen, wenn zwar nicht der Bereich an sich in die Zuständigkeit der Kommune fällt (etwa im Bereich des Schienenverkehrs), aber die darauf bezogene KFU aufgrund eines zu dem Bereich bestehenden lokalen Bezugs als Aufgabe der örtlichen Gemeinschaft anzusehen wäre (etwa Lobbying für die Errichtung und den Betrieb von Schienenverkehr auf dem Gebiet der EVTZ-Mitglieder zur Förderung des lokalen Tourismus).[15]

3. *Einschränkungen des Aufgabenspektrums*

a. Auf Grundlage der EVTZ-VO

Die Einschränkungen unmittelbar auf Grundlage der EVTZ-VO ergeben sich aus Art. 7 Abs. 4 UAbs. 1. Danach dürfen die einem EVTZ übertragenen Aufgaben *„nicht die Ausübung hoheitlicher Befugnisse oder Verpflichtungen zur Wahrung der allgemeinen Interessen des Staates oder sonstiger öffentlicher Einrichtungen betreffen, etwa der Polizei- und Regelungsbefugnisse oder der Befugnisse und Verpflichtungen in den Bereichen*

---

15 Vgl. *Oebbecke*, S. 669 (allerdings im Zusammenhang mit der Aufgabenkongruenz bei Zweckverbänden).

Justiz und Außenpolitik betreffen." Hieraus folgt eine Einschränkung von übertragbaren Aufgaben zunächst insoweit, als dass mit ihnen eine bestimmte – und zwar hoheitliche – Ausübung von Befugnissen verbunden ist.[16] Soweit sich die betreffende Aufgabe darin nicht erschöpft, kann sie somit in dem entsprechenden Umfang auf einen EVTZ übertragen werden.

Im Bereich polizei- und ordnungsrechtlicher Zuständigkeiten könnten dies Aufgaben der Koordinierung, Förderung oder Unterstützung sein, etwa die Organisation gemeinsamer Übungen, von Bedienstetenschulungen etc.

b. Auf Grundlage nationalen Rechts

Den Kreis der Aufgaben für die auf seinem Territorium ansässigen EVTZ kann der betroffene Mitgliedstaat selbst in Form einer abschließenden Aufzählung bestimmen (Art. 16 Abs. 1 UAbs. 2 EVTZ-VO).[17] Nach Art. 7 Abs. 3 UAbs. 3 EVTZ-VO dürfen aber die Mitgliedstaaten den Aufgabenbereich auch bestimmen, indem sie die Aufgaben, die ohne „finanzielle Unterstützung der Union" ausgeführt werden, einschränken.

Von dieser letzten Befugnis hat u.a. Polen Gebrauch gemacht. In Art. 16 polEVTZG[18] bestimmte man, dass die Verbünde, nur diejenigen Handlungen vornehmen können, welche durch Art. 7 der ETZ-VO[19] umfasst werden. Dies soll zum einen die Konzentration der Handlungen des EVTZ auf die ETZ-Maßnahmen bewirken.[20] Zum anderen soll auch die Kontrolle über die EVTZ vereinfacht werden. Diese Einschränkung bezieht sich nur auf diejenigen Verbünde, welche ihren Sitz in Polen haben. Daraus folgt, dass „polnische" EVTZ sich nur für die Maßnahmen einsetzen können, die durch die Investitionsprioritäten der ETZ gedeckt werden. Diese Ein-

---

16 Missverständlich sind allerdings die englische und polnische Sprachfassung, die nicht auf hoheitliche Befugnisse abstellen, wie dies in der zitierten deutschen Fassung der Fall ist, sondern auf „Befugnisse auf Grundlage des öffentlichen Rechts".
17 *Greco/Marchesi* S. 103.
18 Gesetz vom 07. 11. 2008 über den Europäischen Verbund für territoriale Zusammenarbeit (Dz.U. [GBl.] von 2008 Nr. 218 Pos. 1390 i.d.g.F.).
19 Verordnung (EU) Nr. 1299/2013 des Europäischen Parlaments und des Rates vom 17. Dezember 2013 mit besonderen Bestimmungen zur Unterstützung des Ziels "Europäische territoriale Zusammenarbeit" aus dem Europäischen Fonds für regionale Entwicklung (EFRE), ABl. EU Nr. L 347, 20.12.2013, S. 259-280.
20 Debatte im Gesetzgebungsverfahren des polnischen Ausführungsgesetzes zur EVTZ-VO, Biuletyn Sejmowy Nr. 1257/VI vom 7. 10. 2008, S. 16-17.

schränkung soll aber kaum empfindlich sein.[21] *Lege non distiguente*, ob es sich um die Finanzierung aus den ESI-Fonds oder aus anderen Programmen (IPA, CEF, spezielle Unterstützungsinstrumente) handelt. Somit dürfen die EVTZ mit Sitz in Polen sich immer in dem durch den Art. 7 ETZ-VO genannten Bereich bewegen. Wenn sie darüber hinaus gehen wollen, dann nur dann, wenn die EU dies unterstützt und allgemeine Voraussetzungen (siehe unter III.) vorliegen.

Solch eine Einschränkung des Handlungsumfangs der EVTZ ist dem deutschen Ausführungsrecht unbekannt. Daraus folgt, dass „deutsche" EVTZ eigentlich jede Aufgabe durchführen können, soweit sie sich im wirksam übertragenen Bereich befinden und zwar unabhängig von der Finanzierungsquelle.

Diese unterschiedliche Behandlung kann die Tätigkeit des EVTZ erheblich beeinflussen und erfordert eine genaue Überprüfung von Aufgaben in der EVTZ-Übereinkunft aus dem Gesichtspunkt ihrer Förderfähigkeit aus EU-Töpfen. Ferner ist dies auch bei der Wahl des Sitzes zu berücksichtigen.

Des Weiteren ist zu beachten, dass für unterschiedliche Bestandteile der ETZ (grenzüberschreitend, transnational und interregional) ebenfalls unterschiedliche Investitionsprioritäten bestimmt worden sind. Es muss daher jeweils unter diesem Aspekt entschieden werden, welchen Charakter der EVTZ haben sollte. Man kann daher einen interregionalen EVTZ nicht mit denselben Aufgaben betrauen, wie dies bei einem grenzüberschreitenden Verbund der Fall wäre.

4. Zwischenergebnis

Festzuhalten ist, dass den EVTZ eine große Reichweite und Flexibilität hinsichtlich des unionsrechtlich zulässig übertragbaren Aufgabenspektrums kennzeichnet. Die gemeinsame Aufgabenübertragung kann sich auf eine oder auch mehrere Aufgaben beziehen. Ferner kann ein EVTZ Aufgaben auch nur für bestimmte Gebietsteile seiner Mitglieder wahrnehmen oder die Durchführung der ihm übertragenen Aufgaben auf ein Mitglied übertragen (vgl. Art. 7 Abs. 5 EVTZ-VO).

---

21 *Bußmann*, S. 14.

Die übertragene Aufgabe muss vor der Übertragung nicht wahrgenommen werden. Es kann sein, dass auf einen EVTZ auch solche Aufgaben übertragen werden, die zwar in die Zuständigkeit der Mitglieder fallen, aber bisher noch nicht wahrgenommen wurden, weil etwa das einzelne Mitglied nicht über ausreichende Ressourcen verfügte, um die Aufgaben alleine bewältigen zu können.[22]

Ungeachtet dieser Flexibilität ist es gleichwohl notwendig, die übertragenen Aufgaben hinreichend präzise festzulegen, um nicht den Verdacht einer möglichen Umgehung der nationalen Zuständigkeitsordnung aufkommen zu lassen bzw. für Dritte, die mit EVTZ in Kontakt treten, Sicherheit zu schaffen.[23]

III. Handlungsformen

Steht fest, mit welchen Aufgaben ein EVTZ betraut werden kann, gilt es ferner zu klären, welcher Handlungsformen er sich bedienen kann, um sie zu erfüllen. An diesem Punkt entscheidet sich, was im Lichte der innerstaatlichen Kategorien interkommunaler Zusammenarbeit unter der durch die EVTZ-VO ermöglichten *Übertragung* von Aufgaben (Art. 7 Abs. 1 EVTZ-VO) verstanden werden kann. Bereits an dieser Stelle ist anzumerken, dass die EVTZ-VO keine neuen rechtlichen Handlungsformen begründet, sodass die Handlungsformen dem nationalen Recht zu entnehmen sind.[24]

1. Keine Ausübung hoheitlicher Befugnisse

Dürfen die übertragbaren Aufgaben nach Art. 7 Abs. 4 UAbs. 1 EVTZ-VO, wie oben beschriebenen, nicht mit der Ausübung hoheitlicher Befugnisse verbunden sein, so steht damit zugleich fest, dass einem EVTZ derartige Befugnisse nicht übertragen werden dürfen[25] und er auf diese Art und Weise somit auch nicht handeln kann. Zu klären ist daher, was unter „hoheitlichen Befugnissen" im Sinne der EVTZ-VO zu verstehen ist und

---

22 Vgl. *Oebbecke*, S. 669.
23 *Greco/Marchesi*, S. 103-104.
24 *Bußjäger*, S. 534.
25 Vgl. *Pechstein/Deja*, S. 361; *Peine/Starke*, S. 403; *Krainer*, S. 51.

welches Verständnis der hiervon in Art. 7 Abs. 4 UAbs. 2 EVTZ-VO neu geregelten Ausnahme zugrunde liegt.

Diese Voraussetzung ist autonom auszulegen.[26] Demzufolge ist auf den Sinn und Zweck der VO zurückzugreifen,[27] die sich aus der Präambel und Entstehungsgeschichte der EVTZ-VO ergeben. Sie sprechen für die Auslegung, dass der EVTZ nicht mit Befugnissen ausgestattet werden soll, die zum hoheitlichen Kernbereich gehören.[28] Auch Art. 15 Abs. 3 Buchst. a) EVTZ-VO bestätigt diese Auffassung. Die Bürger sind hiernach berechtigt, gegen die Verwaltungsakte, welche im Zusammenhang mit den Handlungen des EVTZ getroffen werden, gegen die Mitglieder vorzugehen und zwar vor Gerichte desjenigen Mitgliedstaates, aus dessen Verfassung das Recht auf Einlegung von Rechtsmitteln erwächst. Mit dem EVTZ entsteht in der Regel weder eine neue Verwaltungsbehörde[29] noch werden auch Mitglieder ersetzt.[30]

Daraus ist zu schließen, dass der EVTZ *grundsätzlich* keine Verwaltungsakte, Bescheide und Rechtsverordnungen erlassen, keine Satzungen beschließen, keine Urteile fällen sowie nicht in den Bereichen handeln darf, die wegen ihrer Relevanz für den Staat zu dessen Monopol gehören (etwa Justiz, Außenpolitik, Steuerhoheit).[31] Die Kompetenzen für den Erlass und die Durchsetzung von Maßnahmen, welche die Wirksamkeit und Effizienz der Aufgabenwahrnehmung sichern sollen, verbleiben daher bei den Mitgliedern. Aus der Sicht des österreichischen Rechts ist auch der Abschluss von öffentlich-rechtlichen Verträgen durch den EVTZ nicht zulässig.[32]

---

26 *Obwexer*, S. 53. Kritisch zu der Regelung *Groupe d'études politiques européennes*, S. 125.
27 Allgemein über Europäische Methodenlehre: *Riesenhuber* in: Riesenhuber (Hrsg.), Europäische Methodenlehre, 2015, § 10 Rn. 11 (m.N. auf EuGH-Rechtsprechung).
28 *Obwexer*, S. 53 und 70; *Bußjäger*, S. 530.
29 Anders könnte es sein, wenn der EVTZ als eine Verwaltungsbehörde im Rahmen der ESIF eingesetzt wird: *Obwexer*, S. 70.
30 *Miaskowska-Daszkiewicz/Mazuryk*, S. 255.
31 Vgl. *Bußjäger*, S. 534.
32 *Bußjäger*, S. 534.

2. Ausnahme nach Art. 7 IV UAbs. 2

Nach Art. 7 Abs. 4 UAbs. 2 EVTZ-VO darf der EVTZ[33] „*jedoch*" unter Einhaltung des geltenden Unions- und nationalen Rechts die Bedingungen für die Verwendung einer von dem EVTZ verwalteten Infrastruktur oder die Bedingungen, zu denen DAWI erbracht werden, bestimmen. Dazu gehören auch die von den Nutzern zu zahlenden Tarife und Gebühren.

Fraglich ist, wie diese Ausnahme vom dem generellen Ausschluss hoheitlicher Befugnisse in UAbs. 1 zu verstehen ist. In Betracht kommen zwei Deutungen: zum einen als hoheitliche Rechtssetzungsbefugnis für die ausdrücklich beschriebenen Fälle, zum anderen als Gewährleistung, dass solche Fragen durch den EVTZ festgelegt werden dürfen, auch wenn dies nach dem jeweiligen nationalen Recht (*„unter Einhaltung des geltenden [...] nationalen Rechts"*) nur auf Grundlage hoheitlicher Befugnisse erfolgen darf. Bei einem solchen Verständnis müsste es somit möglich sein, dass der EVTZ die Bedingungen für die Nutzung von Infrastruktur und DAWI auch dann festlegen darf, aber eben nicht auf Grundlage hoheitlicher Befugnisse, sondern privatrechtlich.

Die erste Deutung steht mit dem allgemeinen Charakter des EVTZ nicht im Einklang. Zwar besagt Art. 7 Abs. 4 UAbs. 2 EVTZ-VO, dass diese (Ausnahme)Kompetenz von der Mitgliederversammlung wahrzunehmen ist und damit in der Regel von Kommunen, die hoheitlich handeln können, und nicht durch andere Organe wie dem Direktor ausgeübt wird. Eine entsprechende demokratische Legitimation wäre damit gewährt. Dies erscheint aber mit anderen Regelungen, insbesondere mit Art. 15 Abs. 3 Buchst. a) EVTZ-VO, nicht vereinbar, wonach der Rechtsweg nicht direkt gegen den EVTZ, sondern gegen die Mitglieder eröffnet wird.

Zu betonen ist daher, dass bei der Bestimmung von Nutzungsbedingungen durch den EVTZ „*das geltende nationale Recht*" zu berücksichtigen ist. Dies bedeutet, dass über den anzuwendenden Normen letztendlich das nationale Recht der in den EVTZ involvierten Einrichtungen entscheidet. Im Zweifel sind aber die privatrechtlichen Handlungsformen anzuwenden, da es sich hier um eine Ausnahme vom Verbot des hoheitlichen Handelns handelt.

---

33 Dies hat durch Beschluss der Mitgliederversammlung zu erfolgen, vgl. Art. 7 Abs. 4 UAbs. 2.

Für die hier vorgeschlagene Handhabung von Vorschriften der EVTZ-VO spricht vor allem der Umstand, dass damit unterschiedlichen Rechtskulturen Rechnung getragen werden kann. Sie schließt die Möglichkeit der öffentlich-rechtlichen Betätigung des Verbundes nicht aus, behält aber die Entscheidung dem Recht vor, dem die jeweiligen Mitglieder unterliegen.[34]

3. Ergänzende, autonom nationale Hoheitsrechtsübertragung?

Wie bereits erwähnt wurde, ist bei bestimmten Handlungsbereichen der Verbünde das geltende nationale Recht zu beachten. Dieses kann, wie etwa Art. 24 Abs. 1a GG, die Übertragung von Hoheitsbefugnissen auf „grenznachbarschaftliche Einrichtungen" erlauben.[35]

Dass der EVTZ eine grenznachbarschaftliche oder zwischenstaatliche Einrichtung im Sinne der grundgesetzlichen Vorschrift anzusehen ist, bestehen wohl keine Bedenken.[36] Allerdings kommen nur grenzüberschreitende EVTZ als Einrichtungen i.S. von Art. 24 Abs. 1a GG, da im Wort *grenznachbarschaftlich* ein enger räumlicher Bezug zum Ausdruck kommt.[37] Die Übertragung von Hoheitsrechten kann auch ausschließlich den kommunalen Aufgabenbereich (insb. die Aufgaben der Daseinsvorsorge) betreffen.[38] Dementsprechend sind die Kommunen auch aktiv legitimiert, wobei hier der Bedarf für eine entsprechende Ermächtigung durch ein Landesgesetz besteht.[39]

In solchem – von Art. 24 Abs. 1a GG und EVTZ-VO kombinierten – Fall käme daher auch die Delegation von Aufgaben, verstanden als die Übergabe der Trägerschaft von Aufgaben zusammen mit den damit verbundenen (Hoheits)Rechten und Pflichten auf den EVTZ in Betracht.

---

34 Dazu ausführlich *Kubicki* in diesem Band.
35 Ausdrücklich dagegen *Obwexer*, S. 53. Vgl. aber noch *Kotzur* S. 74 f.
36 Vgl. *Pechstein/Deja*, S. 361.
37 Vgl. *Kannler*, S. 135-136.
38 Vgl. *Kannler*, S. 116.
39 Vgl. *Kannler*, S. 119-120.

4. Zwischenergebnis

Somit steht dem EVTZ für die Aufgabenwahrnehmung ein an sich eingeschränktes Instrumentarium zu. Es beinhaltet grundsätzlich privatrechtliche Handlungsformen. Dies erlaubt ihm zwar die Nutzung der damit verbundenen Vorteile, insbesondere vom Rechtswahlprinzip zu profitieren. Ein Rückgriff auf die Autorität der Staatsgewalt ist dem EVTZ grundsätzlich verwehrt, soweit die Mitglieder durch ihre nationalen Rechtsordnungen zur Übertragung von Hoheitsbefugnissen nicht ermächtigt werden.

IV. Anwendbares Recht

Unabhängig von der Frage der Handlungsnormen ist zu prüfen, welchem Recht die Handlungen des Verbundes unterliegen. Insbesondere ist die Möglichkeit der Anwendung des gewählten öffentlichen Rechts eines der Mitglieder zu untersuchen. Des Weiteren sind die Regelungen für die Bestimmung des maßgeblichen Privatrechts (Statut) mit seinen besonderen Fazilitäten darzustellen.

1. Öffentliches Recht

Die nach der Reform der EVTZ-VO eingeführten Bestimmungen zum Inhalt der EVTZ-Übereinkunft geben Anlass zur Auslegung, dass die Mitglieder für die Tätigkeiten eines EVTZ im Zusammenhang mit der Wahrnehmung von Aufgaben auch das anwendbare *öffentliche* Recht bestimmen können (Art. 2 Abs. 1a UAbs. 1, Art. 8 Abs. 2 Buchst. j) EVTZ-VO).[40] So wurden im Fall des EVTZ-Krankenhaus Cerdanya, das sich auf dem spanischen Gebiet befindet und Einwohner aus Katalonien und Frankreich bedient, in Bezug auf die Behandlungsmaßnahmen die jeweils strengeren Normen Spaniens oder Frankreichs für anwendbar erklärt.[41] Man hat also eigentlich eine Rechtswahl getätigt, obwohl der europäische Rechtsgeber selbst diese Regelung nicht unbedingt als Rechtsgrundlage für die subjektive Anknüpfung ausgestaltet hat.[42]

---

40 *Krzymuski/Kubicki*, S. 1341.
41 *Sanjuán/Gil*, S. 171.
42 *Krzymuski/Kubicki*, S. 1340.

Wird der EVTZ kraft eines besonderen Aktes doch mit Hoheitsrechten ausgestattet, dann wird die Frage nach dem anwendbaren Rechtsregime dringend antwortbedürftig. Die rechtstheoretischen Analysen kommen zum Schluss, dass bei der Übertragung von Hoheitsbefugnissen nach Art. 24 Abs. 1a GG das nationale öffentliche Recht des Sitzstaates der grenznachbarschaftlichen Einrichtung bzw. eine autonome Rechtsordnung zur Anwendung kommen kann, soweit Mindeststandards der demokratischen Legitimation erfüllt werden.[43] Diesen Handlungsspielraum gewährt aber Art. 24 Abs. 1a GG und nicht die EVTZ-VO.[44]

2. Anwendbares Privatrecht

In der Regel handelt der EVTZ privatrechtlich. Bei den grenzüberschreitenden Rechtsgeschäften wird das anwendbare Recht nach den Kollisionsnormen des internationalen Privatrechts ermittelt.

Die Regeln des internationalen Privatrechts sind aktuell in zwei Verordnungen kodifiziert: Rom I-VO[45] und Rom II-VO[46]. Der Anwendungsbereich der erst genannten Rechtsordnung ist für rechtsgeschäftliche Ansprüche offen. Dagegen bezieht sich die Rom II-VO auf Ansprüche, die sich aus den außervertraglichen Schuldverhältnissen ergeben.

Die Rom-Verordnungen haben einen universellen Geltungsanspruch. Sie finden daher Anwendung unabhängig davon, ob es das Haftungsrecht das Recht eines EU-Mitgliedstaates oder eines Drittstaates ist (Art. 2 Rom I-VO, Art. 3 Rom II-VO).

---

43 Zusammenfassend *Kannler*, S. 150-152 m.w.N.
44 Über eine vertane Chance für die Einführung einer einheitlichen Kollisionsordnung kritisch *Kment*, S. 167.
45 Verordnung (EG) Nr. 593/2008 des Europäischen Parlaments und des Rates vom 17. Juni 2008 über das auf vertragliche Schuldverhältnisse anzuwendende Recht (Rom I) (ABl. Nr. L 177 vom 4.7.2008, S. 6-16).
46 Verordnung (EG) Nr. 864/2007 des Europäischen Parlaments und des Rates vom 11. Juli 2007 über das auf außervertragliche Schuldverhältnisse anzuwendende Recht (Rom II) (ABl. Nr. L 199 vom 31.7.2007, S. 40-49).

a. Anwendungsbereich des europäischen internationalen Privatrechts

Für Art. 1 Abs. 1 S. 2 Rom I-VO sowie Art. 1 Abs. 1 S. 2 Rom II-VO ist aber gemeinsam, dass sie u.a. nicht für Steuer- und Zollsachen, verwaltungsrechtliche Angelegenheiten sowie die Haftung des Staates für Handlungen oder Unterlassungen im Rahmen der Ausübung hoheitlicher Rechte (*acta iure imperii*) gelten.[47] Da dem EVTZ mangels hoheitlicher Befugnissen keine Steuer- oder Zollhoheit zusteht, ist dieser Ausschlusstatbestand für die EVTZ-Praxis von geringer Bedeutung.

Wenn aber der EVTZ im Auftrag von Hoheitsträgern handelt, dann soll exakt untersucht werden, ob seine Handlungen nicht als Erledigung einer verwaltungsrechtlichen Angelegenheit oder als Ausübung der öffentlichen Gewalt (*acta iure imperii*) zu begreifen sind. Diese Begriffe sind autonom auszulegen.[48] Sie erfassen Kernbereiche des öffentlichen Rechts, zu denen u.a. die Hoheitsverwaltung im engsten Sinn (z.B. Staats- und Kultusorganisation, Landesverteidigung, Gefahrenabwehr) aber auch die öffentliche Vorsorge- und Fürsorgeverwaltung, das Recht der öffentlichen Sachen und Unternehmen gehören.[49] Die Verbindlichkeiten, die aus Handlungen resultieren, die sich als Ausübung hoheitlicher Gewalt qualifizieren lassen, unterliegen der selbständigen Anknüpfung nach dem nationalen Kollisionsrecht und nicht nach den Rom-Verordnungen.[50] Dieses kann z.B. bestimmen, dass solche Ansprüche dem Recht des Staates unterliegen, dem die hoheitlich handelnden Organe angehören.[51] In solchen Fällen ist Art. 2 Abs. 1 S. 2 EVTZ-VO relevant, wonach der EVTZ als Körperschaft des Mitgliedstaats zu behandeln ist, in dem er seinen Sitz hat. Die Ausschlüsse von der Anwendbarkeit von unionalen Kollisionsnormen gelten aber nicht, wenn der EVTZ zwar als öffentliche Stelle oder als im Namen einer öffentlichen Stelle tätiger öffentlicher Bediensteter agiert, aber seine Handlungen als schlichtes Verwaltungshandeln qualifiziert werden. Auf hieraus

---

47 Vgl. Erwägungsgrund Nr. 9 Rom II-VO.
48 BeckOK BGB/*Spickhoff* VO (EG) 593/2008 Art. 1 Rn. 25.
49 *Hüßtege/Mansel/Knöfel*, BGB. Rom-Verordnungen, 2013, Art. 1 Rom II-VO Rn. 21.
50 In Deutschland im EGBGB kodifiziert.
51 Vgl. etwa Art. 35 des polnischen IPR-Gesetzes vom 4.11.2011 (Dz.U. [GBl.] 2011 Nr. 80 Pos. 432 i.d.g.F.).

entstandene außervertragliche Ansprüche sind die Kollisionsnormen der Rom II-VO ohne weiteres anwendbar.[52]

b. Rechtswahl (subjektive Anknüpfung)

Steht der Anwendungsbereich des Kollisionsrechts wegen privatrechtlichen Handlungen eines EVTZ offen, ist in erster Linie auf die Rechtswahlfreiheit zurückzugreifen. Maßgeblich ist daher die Rechtsordnung, die die Parteien eines Schuldverhältnisses selbst als anwendbar genannt haben. Diese ist bei den vertraglichen Schuldverhältnissen, die durch den Grundsatz der Vertragsfreiheit geprägt werden, ohne weiteres klar (Art. 3 Rom I-VO). Seit dem Inkrafttreten der Rom II-VO dürfen auch die Parteien eines außervertraglichen Schuldverhältnisses nach Art. 14 Rom II-VO das anzuwendende Schuldstatut autonom bestimmen. Dabei ist aber zu beachten, dass diese Rechtswahl in der Regel nach der Entstehung des Schuldverhältnisses erfolgen darf (*ex post*-Bestimmung). Damit können sich der EVTZ und eine von ihm – z.B. infolge eines durch den EVTZ-Direktor verursachten Autounfalls – geschädigte Person auf eine Rechtsordnung einigen. Aufgrund dieses Rechts werden die Haftungsvoraussetzungen und Umfang der Haftung des Verbundes nachträglich bestimmt.

c. Objektive Anknüpfung von vertraglichen Ansprüchen

Liegt aber keine wirksame Rechtswahl vor, wird das Haftungsstatut anhand von objektiven Anknüpfungspunkten ermittelt. Für vertragliche Ansprüche wird nach Art. 4 ff. Rom I-VO je nach dem Vertragstyp auf gewöhnlichen Aufenthalt einer Partei oder Belegenheit der betroffenen Immobilie abgestellt.

Sollte der „gewöhnliche Aufenthalt" des EVTZ maßgeblich sein, dann ist der Ort der Hauptverwaltung des Verbundes ausschlaggebend (Art. 19 Abs. 1 UAbs. 1 Rom I-VO). Als Hauptverwaltung gilt diejenige Geschäftsstelle, in der die zentralen Leitungs- und Organisationsentscheidungen getroffen werden.[53] Dies ist im Fall des EVTZ der Sitz des Direktors.

---

52 MüKoBGB/*Junker*, Rom II-VO (2015), Art. 1 Rn. 12.
53 Vgl. MüKoBGB/*Martiny* Rom I-VO (2015), Art. 19 Rn. 18 m.w.N.

Es zählt daher nicht der satzungsmäßige Sitz sondern der Ort, an dem das vertretungsberechtigte Organ handelt.

Dies steht nicht im Widerspruch zu Art. 2 Abs. 1 S. 2 EVTZ-VO, wonach der EVTZ als Körperschaft des Mitgliedstaats behandelt wird, in dem er seinen Sitz hat. Für die Kollisionsnormen der Rom I-VO ist nämlich der Sitz der Hauptverwaltung und nicht die Zugehörigkeit des EVTZ zu einem Staat maßgeblich.[54]

d. Objektive Anknüpfung von außervertraglichen Ansprüchen

Auf die Ansprüche wegen unerlaubter Handlung findet dagegen das Recht des Staates Anwendung, in dem der Schaden eingetreten ist (Art. 4 Abs. 1 Rom II-VO), es sei denn, dass eine besondere Kollisionsnorm (Art. 5-9 Rom II-VO) anderen Anknüpfungspunkt vorsieht. Es wird daher nicht auf den Ort des Ereignisses (*lex loci delicti*), sondern auf den Ort, an dem der Sachen tatsächlich eingetreten ist (*lex loci damni*), abgestellt. Der Ort des Schadeneintritts ist der Staat, in dem sich der objektiv eingetretene Primärschaden verwirklicht hat (Erfolgsort).[55] Möglich ist auch, dass dem Geschädigten – wie es bei der Umwelthaftung der Fall ist – die Wahl zwischen dem Handlungs- und Erfolgsort zusteht (Art. 7 Rom II-VO).

e. Umfang des Haftungsstatutes

Das über die objektive oder subjektive Anknüpfung (Rechtswahl) ermittelte Haftungsstatut entscheidet über die Voraussetzungen des Anspruchs sowie den Umfang der Haftung. Auch weitere Folgen des Haftungsschuldverhältnisses (Verjährung usw.) unterliegen diesem Recht (Art. 12 Rom I-VO und Art. 15 Rom II-VO).

Als besondere Zurechnungsnorm ist Art. 10 Abs. 3 EVTZ-VO zu beachten. Danach haftet der Verbund gegenüber Dritten auch für die Handlungen seiner Organe auch dann, wenn solche Handlungen nicht zu den Aufgaben des Verbundes gehören (*ultra vires*). Diese Rechtsnorm erwei-

---

54 Die Zugehörigkeit des EVTZ und damit Art. 2 Abs. 1 S. 2 hat vor allem für die Fälle der Haftung für *acta iure imperii* (Art. 1 Abs. 1 Rom II-VO) Bedeutung.
55 *Hüßtege/Mansel/Lehmann*, BGB. Rom-Verordnungen, 2013, Art. 4 Rom II-VO, Rn. 104; MüKoBGB/*Junker* Rom II-VO (2015), Art. 4 Rn. 18.

tert daher wesentlich den Haftungsumfang des Verbundes auch auf die Ereignisse, die nicht unbedingt mit den Aufgaben des EVTZ im Zusammenhang stehen.

3. Zuständigkeit von Gerichten

Vor welchen Gerichten die Ansprüche durchzusetzen sind, ist nach den Regeln des internationalen Zivilverfahrensrechts (IZVR) zu entscheiden. Nach Art. 15 Abs. 2 S. 1 EVTZ-VO gelten für Streitigkeiten, an denen ein EVTZ beteiligt ist, die Rechtsvorschriften der Union über die gerichtliche Zuständigkeit. Somit bestimmt sich aktuell die Zuständigkeit der Gerichte für privatrechtliche Klagen gegen einen EVTZ nach der sog. Brüssel Ia-VO.[56] Auch hier spielen die oben angesprochene Ausschlusstatbestände für verwaltungsrechtliche Betätigung eine wesentliche Rolle (Art. 1 Brüssel Ia-VO). Damit wird zwischen dem Verfahrens- und Kollisionsrecht ein Gleichlauf hergestellt.

Für vertragliche und außervertragliche Ansprüche gilt nach wie vor der allgemeine Gerichtsstand des Wohnsitzstaates des Beklagten (Art. 4 Abs. 1 Brüssel Ia-VO). Die eventuellen Klagen gegen den EVTZ sind daher in der Regel vor den Gerichten seines Sitzstaates zu erheben (vgl. Art. 2 Abs. 1 S. 2 EVTZ-VO). In bestimmten Fällen der vertraglichen Haftung sowie für Ansprüche aus unerlaubter Handlung kommt die besondere Zuständigkeit nach Art. 7 Nr. 1 und 2 Brüssel Ia-VO in Betracht. Solange die Streitigkeiten mit dem EVTZ nicht durch Art. 24 Brüssel Ia-VO erfasst werden, kann zwischen dem Verbund und seinen Streitgegnern auch entsprechender Prorogationsvertrag abgeschlossen werden (Art. 25 Brüssel Ia-VO).

---

56 Verordnung (EU) Nr. 1215/2012 des Europäischen Parlaments und des Rates vom 12. Dezember 2012 über die gerichtliche Zuständigkeit und die Anerkennung und Vollstreckung von Entscheidungen in Zivil- und Handelssachen (ABl. Nr. L 351 S. 1), zuletzt geändert durch Art. 1 ÄndVO (EU) Nr. 542/2014 vom 15. Mai 2014 (ABl. Nr. L 163 S. 1).

V. Haftung

Abschließend sollen noch die Haftungsfragen erörtert werden. Entsprechend Art. 12 Abs. 2 EVTZ-VO ist zwischen der Haftung des Verbundes und der Haftung seiner Mitglieder zu unterscheiden.

1. Haftung des Verbundes nach der EVTZ-VO

Nach Art. 12 Abs. 1 UAbs. 2 EVTZ-VO haftet der EVTZ selbst für alle seinen Verbindlichkeiten. Grundsätzlich ist also der Verbund als selbständige juristische Person (vgl. Art. 1 Abs. 3 und 4 EVTZ-VO) für seine Verbindlichkeiten selbst verantwortlich. Diese hat er auch aus eigenem Vermögen zu begleichen. Dieses Vermögen können sowohl Finanzmittel als auch Mobilien und Immobilien bilden (vgl. Art. 1 Abs. 4 S. 2 EVTZ-VO), die er selbst erwirbt oder von seinen Mitgliedern erhält. Die Haftungsvoraussetzungen selbst sowie der Umfang der Haftung des Verbundes werden durch die EVTZ-VO nicht näher bestimmt. Diese definieren sich daher nach dem anwendbaren nationalen Privatrecht (sog. Haftungsstatut), welches nach den Kollisionsregeln des internationalen Privatrechts ermittelt wird (siehe oben IV.2.). Es ist davon auszugehen, dass es sich – wenn überhaupt – lediglich um schadensrechtliche Haftung handeln wird.[57]

Art. 10 Abs. 3 EVTZ-VO begründet die Haftung des Verbundes für alle seine Organe. Dazu gehören sowohl obligatorische Organe wie Direktor und Versammlung (Art. 10 Abs. 1 EVTZ-VO), aber auch fakultative Organe, die aufgrund der Ermächtigung aus Art. 10 Abs. 2 EVTZ-VO in der Satzung errichtet worden sind. Die wichtigste Rolle wird die Haftung für den Direktor spielen, da dieser als Vertretungsorgan des Verbundes agiert und damit ein Verbindungsglied zwischen dem Verbund und dem Rechtsverkehr auftritt. Allerdings können in der Verbundsatzung auch andere Organe zur Vertretung berufen werden (z.B. Präsident des Verbundes). Für diese wird ebenfalls gehaftet.

Anders als § 31 BGB muss die haftungsrelevante Handlung nicht „in Ausführung der ihm zustehenden Verrichtungen" begangen werden. Nach Art. 10 Abs. 3 EVTZ-VO wird die Haftung des Verbundes sogar auf die *ultra vires*-Handlungen seiner Organe ausgedehnt. Der Verbund haftet da-

---

57 *Bußjäger*, S. 536.

her auch dann, wenn das Organ nicht in seiner Eigenschaft als EVTZ-Organ gehandelt hat.

2. Haftung der EVTZ-Mitglieder

Die grundsätzliche Haftung des Verbundes bedeutet aber nicht, dass die Haftung der Mitglieder für die Verbindlichkeiten des Verbundes von vornherein nicht in Betracht zu ziehen ist. Im Gegenteil – der unionale Gesetzgeber sieht in der EVTZ-VO eine subsidiäre Haftung der Mitglieder eines EVTZ ausdrücklich vor.[58] Diese kommt aber erst dann zur Anwendung, wenn die Aktiva des EVTZ nicht ausreichend sind, um seine Schulden zu decken (Art. 12 Abs. 1 UAbs. 1 1. HS EVTZ-VO) und kein Haftungsausschluss vorliegt.

a. Allgemeines

Die EU-Verordnung erklärt aber nicht, wie die Unzulänglichkeit des Vermögens des EVTZ festzustellen ist und ob vor der Feststellung die Liquidation des EVTZ primär zu betreiben ist. Nicht geregelt wird ferner, ob der Gläubiger direkt gegen die Mitglieder vorgehen darf (unmittelbare Haftung der Mitglieder) oder ob im Haftungsfall den Mitgliedern gegenüber dem Verbund die Leistung von Nachschüssen obliegt (mittelbare Haftung). Es wird des Weiteren nicht entschieden, ob der Gläubiger alle Mitglieder (gemeinschaftliche Haftung[59]) oder nur ausgewählte Mitglieder (gesamtschuldnerische Haftung) zur Rechenschaft ziehen kann. Mangels entsprechender Regelungen in der EVTZ-VO ist auf das Haftungsstatut zurückzugreifen, welches nach den Kollisionsregeln des IPR ermittelt wird (dazu siehe oben IV.).

b. Beschränkung der Haftung nach EVTZ-VO

Nach Art. 12 Abs. 2 UAbs. 2 EVTZ-VO wird den Mitgliedern erlaubt, die Haftungsanteile in der Satzung des Verbundes zu bestimmen. Der Haf-

---

58 *Pechstein/Deja*, S. 376; *Peine/Starke*, S. 405.
59 So *Pechstein/Deja*, S. 377.

tungsanteil eines jeden Mitglieds wird entsprechend seinem Beitrag festgelegt. Es handelt sich hierbei um die Finanzbeiträge der Mitglieder im Sinne von Art. 9 Abs. 2 Buchst. f) EVTZ-VO. Es ist inzwischen übliche Praxis, dass die EVTZ durch die Finanzbeiträge der Mitglieder unterhalten werden.[60] Diese werden zu gleichen Teilen[61] oder für jedes Mitglied unterschiedlich[62] festgelegt. Es sind auch gemischte Lösungen auffindbar.[63]

Entsprechend diesen Beiträgen wird auch die Haftung der Mitglieder bestimmt, wenn für die Gläubiger keine ausreichende Haftungsmasse bei dem EVTZ vorhanden ist. Dem Sinn und Zweck der jeweiligen Regelungen in Satzungen ist zu entnehmen, dass dementsprechend nicht eine summenmäßige, sondern eine verhältnismäßige (=prozentuale) Beteiligung des jeweiligen Mitglieds an der gesamten Haftungssumme festgelegt wird.[64] Im Fall von EVTZ mbH (Art. 12 Abs. 2a UAbs. 2 EVTZ-VO) beschränkt sich die Haftung der Mitglieder nur auf dessen Finanzbeitrag.[65]

c. Ausschluss der Mitgliederhaftung

Wie bereits eingangs angedeutet, kommt die subsidiäre Haftung der Mitglieder nur dann in Frage, wenn das nationale Recht des Staates, dem die Mitglieder angehören, deren Haftung nicht ausschließt oder ausschließen lässt (Art. 12 Abs. 2a UAbs. 1 EVTZ-VO).

---

60 Vgl. etwa EVTZ mit deutscher Beteiligung: 12.1. Statutes of the EGTC European Urban Knowledge Network Limited (EUKN); Art. 18.1. der Satzung des EVTZ „Gipfelsekretariat der Großregion"; Art. 9.1. der Satzung des EVTZ „Eurodistrikt Saarmoselle"; Art. 10.1. der Satzung des EVTZ „Eurodistrikt Strasbourg-Ortenau".
61 Art. 18.1. der Satzung des EVTZ „Gipfelsekretariat der Großregion" (fünf gleiche Anteile).
62 Berechnung nach dem Einwohnerschlüssel: Art. 9.2.§ 4. der Satzung des EVTZ „Eurodistrikt Saarmoselle".
63 Art. 10.1. der Satzung des EVTZ „Eurodistrikt Strasbourg-Ortenau" (die Beiträge werden zur Hälfte von deutscher und französischer Seite getragen; innerhalb der jeweiligen Nationalgruppe werden aber unterschiedliche Schlüssel angewandt, um den Beitrag des jeweiligen Mitglieds zu bestimmen).
64 Vgl. etwa Art. 15.3. der Satzung des EVTZ „Eurodistrikt Strasbourg-Ortenau". Vgl. auch *Bußmann*, S. 10.
65 Vgl. etwa 12.4 Statutes of the European Grouping of Territorial Cooperation European Urban Knowledge Network Limited (EUKN).

(1) Sinn und Zweck des Haftungsausschlusses

Bei der Einführung der Haftungsbeschränkung ist daher stets zu beachten, welche Aufgaben dem EVTZ übertragen werden. Sollen diese darauf abzielen, Tätigkeiten nur für seine Mitglieder auszuführen (*in house*-EVTZ), dann ist die Haftungsbeschränkung obsolet. Wenn der EVTZ nur zugunsten der Mitglieder handelt, dann bedeutet die Vollstreckung von Verbindlichkeiten, die das Vermögen des EVTZ überschreiten, eigentlich das Vorgehen der Mitglieder gegen sich selbst.

Soll dagegen der EVTZ den Dritten gegenüber auftreten, dann ist ein Haftungsausschluss durchaus sinnvoll. Insbesondere aus der Sicht der Mitglieder ist die Beschränkung ihrer Haftung immer wünschenswert, da der EVTZ grenzüberschreitend handelt, was das Schadensrisiko erheblich erhöht. Für Dritte bedeutet dagegen eine Haftungsbeschränkung die Reduzierung des Kreises von potentiell Verantwortlichen. Zur Warnung von Dritten müssen daher die Haftungsbeschränkungen ausdrückliche Rechtsgrundlage haben sowie nach außen durch den Zusatz „mit beschränkter Haftung" (Art. 12 Abs. 2a UAbs. 2 EVTZ-VO) deutlich kommuniziert werden. Es ist allerdings nicht klar, ob diesen Zusatz der EVTZ bereits dann zu tragen hat, wenn bereits nur ein Mitglied beschränkt haftet. Dies wird z.B. im ungarischen Ausführungsgesetz dahin geklärt, dass dies bereits bei einem beschränkt haftenden Mitglied der Fall sein soll (Article 4 Act LXXV. of 2014 on the European Grouping of Territorial Cooperation[66]).

(2) Absoluter Haftungsausschluss nach nationalem Recht

Die EVTZ-VO in der aktuellen Fassung[67] begründet selbst aber keine ausdrückliche Rechtsgrundlage für eine derartige Haftungsbeschränkung. Diese muss sich daher aus nationalem Ausführungsrecht zur EVTZ-VO ergeben.

Ein Beispiel für eine solche Bestimmung stellt Art. 19 polEVTZG dar. Dies ist eine absolute Haftungsbeschränkung. Danach haften weder der polnische Staat noch andere polnische Mitglieder für Verbindlichkeiten ei-

---

66 Englische Übersetzung http://egtc.kormany.hu/download/f/7a/e0000/Act%20LXXV%20of%202014%20on%20EGTCs.pdf (letzter Zugang am 19.4.2016).
67 Vgl. Art. 12 Abs. 2 UAbs. 3 EVTZ-VO (in der Fassung vor dem 24.6.2014).

nes EVTZ, dem sie angehören. Die Erweiterung einer solcher Regelung wie Art. 19 polEVTZG auf ausländische Gebietskörperschaften, die sich an einem in Polen ansässigen EVTZ beteiligen, ist zum einen aufgrund des Territorialitätsprinzips schwer vorstellbar. Zwar ist für die grenzüberschreitende Zusammenarbeit in Form des Rechtsinstruments des EVTZ die Anwendung des fremden Rechts auf inländische Gebietskörperschaften eine natürliche Folge. Die nationalen Ausführungsvorschriften beziehen sich aber nur auf die Mitglieder, die dem Recht unterstehen. Somit werden polnische Kommunen von der Haftung auch dann befreit, wenn z.B. das deutsche Recht das Haftungsstatut ist, welches eine solche Haftungserleichterung nicht vorsieht.

(3) Abgeleitete und fakultative Haftungsbeschränkung

Nach Art. 12 Abs. 2a UAbs. 1 EVTZ-VO ist die Haftungsbeschränkung zulässig, wenn die Haftung anderer Mitglieder durch deren Heimatrecht ausgeschlossen ist und das nationale Recht des betroffenen Mitglieds eine solche Haftungsbeschränkung zulässt. Bei der ersten Voraussetzung handelt sich daher um das Vorliegen eines absoluten Haftungsausschlusses wie bereits oben (b.) angesprochen.

Die zweite Voraussetzung knüpft dagegen an das nationale Recht desjenigen Mitglieds, dessen Recht sich dazu nicht eindeutig äußert. Sie ist im Zuge der Reform der EVTZ-VO hinzugekommen und bezieht sich gem. Art. 2 EVTZ-ÄndVO[68] nur auf diejenigen EVTZ, auf welche das neue Recht anzuwenden ist. Solche Haftungsbeschränkungen sehen z.B. Art. § 18a Abs. 4 des tschechischen Gesetzes vom 29.6.2000 über die Förderung der Regionalentwicklung[69] bzw. Art. 5 des niederländischen EVTZ-Ausführungsgesetzes.[70] Fakultativ kann die Haftungsbeschränkung der Mitglieder nach nationalen Vorschriften durch die Genehmigungsbehörde

---

68 Verordnung (EU) Nr. 1302/2013 des Europäischen Parlaments und des Rates vom 17. Dezember 2013 zur Änderung der Verordnung (EG) Nr. 1082/2006 über den Europäischen Verbund für territoriale Zusammenarbeit (EVTZ) im Hinblick auf Präzisierungen, Vereinfachungen und Verbesserungen im Zusammenhang mit der Gründung und Arbeitsweise solcher Verbünde, ABl. Nr. L 347 vom 20.12.2013, S. 303-319.
69 Zákon o podpoře regionálního rozvoje (248/2000 Sb.).
70 Wet van 26 november 2009, houdende uitvoering van verordening (EG) nr. 1082/2006 van het Europees Parlement en de Raad van de Europese Unie van 5

gefordert werden.[71] Danach kann die Haftungsbeschränkung durch die Landesregierung als Auflage auferlegt werden,
In Deutschland sind *bis dato* solche Haftungsfreistellungen nicht vorgesehen. Folglich dürfen deutsche Mitglieder ihre Haftung für den EVTZ nicht einschränken. Die mangelnde Haftungsbeschränkungsoption nach nationalem Recht kann sogar das Scheitern des EVTZ-Projektes zur Folge haben.[72] Indessen deutet darauf nichts hin, dass sich die Rechtslage diesbezüglich ändern soll. Trotzdem werden die Fragen der Haftung nicht immer kritisch bewertet.[73]

(4) Rechtsgeschäftlicher Haftungsausschluss

Denkbar sind noch die rechtsgeschäftlichen Haftungsbeschränkungen. Diese können im externen (mit den Gläubigern eines EVTZ) sowie im internen (zwischen den EVTZ-Mitgliedern bzw. diesen und dem EVTZ) Rechtsverhältnis festgelegt werden. Die Zulässigkeit, das Zustandekommen sowie die Wirksamkeit der rechtsgeschäftlichen Haftungsausschlüsse richtet sich dann nach dem auf den Hauptvertrag anzuwendenden Recht (*lex causae*), welches nach den Kollisionsnormen des internationalen Privatrechts ermittelt wird.

(5) Berücksichtigung von Eingriffsnormen

Die bereits genannten gesetzlichen Haftungsausschlüsse greifen unabhängig davon durch, welches Privatrecht als Haftungsstatut angewandt wird. Damit sind sie aus der Sicht des IPR als international zwingende Normen

---

juli 2006 betreffende een Europese groepering voor territoriale samenwerking (EGTS) (PbEU L 210) (Uitvoeringswet EGTS-verordening).
71 § 2 Abs. 4 Oberösterreicher EVTZGesetz (LGBl. Nr. 31/2011); § 2 Abs. 2 Kärntner EVTZ-Gesetz (LGBl Nr. 20/2009), welches dies aus Gründen der Gleichbehandlung der Mitglieder oder zur Verhinderung einer unverhältnismäßigen hohen Belastung der Mitglieder erforderlich ist.
72 Uni-Großregion als EVTZ konnte wegen der Unmöglichkeit der Haftungsbeschränkung durch deutsche Hochschulen vor dem Hintergrund § 104 Abs. 4 HochSchulG Rheinland-Pfalz nicht genehmigt werden.
73 *Zillmer/Böhme/Lüer/Stumm*, S. 26.

(sog. Eingriffsnormen) im Sinne von Art. 9 Abs. 3 Rom I-VO bzw. Art. 16 Rom II-VO unabhängig vom Statut zu beachten.

d. Anspruch gegen die Mitglieder aus Art. 12 II UAbs. 1

Zu prüfen ist auch, ob Art. 12 Abs. 2 UAbs. 1 EVTZ-VO dem Gläubiger einen direkten Anspruch gegen Mitglieder des EVTZ gewährt oder es sich vielmehr um eine Forderung des EVTZ gegen seine Mitglieder auf die Leistung von Nachschüssen, die zur Deckung der Vermögenslücke notwendig sind, handelt.

Für die Durchgriffshaftung spricht der Wortlaut von Art. 12 Abs. 2 UAbs. 1 EVTZ-VO. Danach handelt sich nämlich um *eigene* Haftung der Mitglieder für fremde Verbindlichkeiten (nämlich die des EVTZ). Eine (teilweise) vergleichbare Vorschrift findet sich in Art. 24 Abs. 1 S. 1 EWIV-VO[74]. Sie dient dort zwar nicht erstrangig dem Schutz der Gläubiger der Vereinigung, sondern ist die Folge einer flexiblen Grundausstattung der EWIV.[75] Sie erlaubt aber den unmittelbaren Zugriff der EWIV-Gläubiger auf die Mitglieder.

Die zweite Lösung wäre anzuwenden, wenn der EVTZ wie ein Zweckverband des deutschen Rechts zu behandeln wäre. In Landesgesetzten der einzelnen Bundesländer sind Regelungen enthalten, nach denen die Haftung der Zweckverbandsmitglieder für Fehlbeträge gem. einem Umlageschlüssel bestimmt wird.[76] Diese begründen eine Verbindlichkeit der Zweckverbandsmitglieder gegenüber dem Zweckverband. Die Umlage des jeweiligen Mitglieds ist als eine separate Teilschuld zu behandeln.[77] Der Rückgriff auf die nationalen Regelungen bereits an der Stelle ist aber wohl nicht möglich. Die EVTZ-VO regelt die Fragen der Haftung abschließend. Auch die analoge Anwendbarkeit der Vorschriften über Zweckverbandrecht ist voreilig, zumal man die Einigung auf den Rechtscharakter des EVTZ nicht erzielt wurde.

---

74 Verordnung (EWG) Nr. 2137/85 des Rates vom 25. Juli 1985 über die Schaffung einer Europäischen wirtschaftlichen Interessenvereinigung (EWIV), ABl. Nr. L 199 S. 1 ff.
75 *Siwik*, S. 259.
76 *Paulick*, S. 110-111.
77 *Paulick*, S. 111.

Folglich dürfen die EVTZ-Gläubiger ihre Ansprüche gegen EVTZ direkt gegen dessen Mitglieder geltend machen, wenn die Aktiva des Verbundes unzulänglich sind und die Haftung der Mitglieder nicht ausgeschlossen ist. Damit ist Art. 12 Abs. 2 UAbs. 1 EVTZ-VO als eigenständige Anspruchsgrundlage gegen die EVTZ-Mitglieder zu betrachten.

3. Haftung des Sitzstaates für den EVTZ

Letztlich ist noch die Haftung des Sitzstaates des Verbundes anzusprechen. Nach Art. 2 Abs. 1 S. 2 EVTZ-VO ist der Verbund als Körperschaft des Mitgliedstaats zu behandeln, in dem er seinen Sitz hat. Damit treffen auch bestimmte Folgen den Mitgliedstaat des satzungsmäßigen Sitzes. Insbesondere ist hier auf Art. 122 Abs. 2 UAbs. 4 VO 1303/2013 zu verweisen. Danach haften die Mitgliedstaaten für rechtsgrundlos an einen Begünstigten gezahlte Beträge aufgrund eines Fehlers oder einer Fahrlässigkeit eines Mitgliedstaats. Wird der EVTZ mit Aufgaben der Verwaltungsbehörde beauftragt (Art. 7 Abs. 3 UAbs. 2 und Art. 22 ETZ-VO), so kann die Haftung für nicht wieder einziehbare Zahlungen den Mitgliedstaat treffen.

VI. Schlussfolgerungen

Der EVTZ ist ein multifunktionales Werkzeug zur Erledigung von Aufgaben öffentlicher Einrichtungen im grenzüberschreitenden Handlungsbereich. Er kann ihm anvertraute Aufgabenbereiche selbständig wahrnehmen. Dabei darf er aber vornehmlich auf die privatrechtlichen Handlungsformen zurückgreifen, da hoheitliche Befugnisse außerhalb seiner Kompetenzen liegen. Dies hindert aber Vertragsstaaten nicht, auch solche hoheitlichen Handlungsmöglichkeiten auf den EVTZ zu übertragen.

Bei der Wahrnehmung von Geschäften handelt der EVTZ eigenverantwortlich.[78] Ihn trifft auch die Haftung aus den eingegangenen Schuldverhältnissen, die ihren Ursprung in Rechtsgeschäften (Verträgen) aber auch in unerlaubten Handlungen haben können. Die Details der Haftung des Verbundes bestimmen sich nach dem nationalen Privatrecht, welches sub-

---

78 Anders wohl *Czarnecka-Zawada*, S. 191.

jektiv oder objektiv bestimmt wird. Bei unzureichendem Vermögen des EVTZ können seine Mitglieder zur Rechenschaft gezogen werden. Dies ist aber nur dann der Fall, wenn das ihr nationales Recht erlaubt. Hier ist ein breites Spektrum von Lösungen möglich (von dem vollständigen Haftungsausschluss nach polnischem EVTZ-Recht bis zu einer Null-Regelung des deutschen Rechts). Aus dem Grunde gebietet sich immer eine genaue Prüfung von haftungsrechtlichen Regelungen, um die internen Haftungsverhältnisse zwischen dem Verbund und seiner Mitglieder richtig zu gestalten. Im Zweifel dürfen die Gläubiger des Verbundes direkt gegen die Mitglieder vorgehen, deren Haftung nicht ausgeschlossen ist.

Abstract

The article addresses the issue of the functioning of the EGTC in external relations. In the first place, issues in regard to the scope of activities that the groupings are capable of undertaking are put to an extensive analysis. It leads to a conclusion that the tasks are flexibly formulated, which allows to adjust the operations of the EGTC to the objectives set by their members. In the following part, it is indicated that an EGTC may only use a somewhat limited set of measures. As a rule, public law instruments remain beyond its scope. The activity of the EGTC is therefore subject to the private law. Determining the applicable law, according to which the activity of an EGTC is to be assessed, occurs with the help of the provisions on the conflict of laws in the private international law. The parties may choose to subject the legal relations to their legal system of choice. The applicable law determines the criteria and the scope of liability. It is primarily the EGTC which is accountable for the effects of its actions. The liability of its members is only subsidiary and can be considered if the members had not decided to exclude it. However, the variety of regulations in the EU member states impedes the possibility of the exclusion of liability of all the members. This leads to a frequent practical problem, namely that some members are not held accountable at all, whilst others incur full liability.

Literaturverzeichnis

Bamberger/Roth, BeckOK BGB, München 2016.

Branda, Europejskie Ugrupowanie Współpracy Terytorialnej, 2009.

Bußmann, Europejskie ugrupowanie współpracy terytorialnej (EUWT); wdrażanie rozporządzenia (WE) nr 1082/2006 do polskiego porządku prawnego, Samorząd Terytorialny 5/2009, S. 9-16.

Bußjäger in: Bußjäger/Rosner (Hrsg.), FS 60 Jahre Verbindungsstelle der Bundesländer, 2011, S. 525-537.

Czarnecka-Zawada, Europäische Verbünde für die territoriale Zusammenarbeit (EVTZ) und ihre Bedeutung für das IKZM am Beispiel der deutsch-polnischen Odermündung, Osteuropa-Recht, 2008 Nr. 3-4, S. 183-200.

Greco/Marchesi, Rechtliche und praktische Aspekte der Teilnahme an einem EVTZ aus italienischer Sicht in: Bußjäger/Gamper/Happacher/Woelk (Hrsg.), Der Europäische Verbund für territoriale Zusammenarbeit (EVTZ): Neue Chancen für die Europaregion Tirol-Südtirol-Trentino, 2011, S. 93-116.

Groupe d'études politiques européennes, Europäischer Verbund für territoriale Zusammenarbeit, 2007.

Hünnekens, Rechtsfragen der wirtschaftlichen Infrastruktur. Studien zum öffentlichen Wirtschaftsrecht Bd. 30,1995.

Hüßtege /Mansel, Rom-Verordnungen. 5 Band., 2. Aufl.,2013.

Kannler, Dezentrale grenzüberschreitende Zusammenarbeit und die Übertragung von Hoheitsrechten auf grenznachbarschaftliche Einrichtungen nach Artikel 24 Absatz 1 a des Grundgesetzes, 1999.

Kment, Der Europäische Verbund für territoriale Zusammenarbeit. Vergegenwärtigung und kritische Analyse eines weithin unbekannt gebliebenen europäischen Organisationsmodells, Die Verwaltung, 2012 (45), S. 155-169.

Knauff, Die Daseinsvorsorge im Vertrag von Lissabon, EuR 6/2010, S. 725-745.

Knauff, Die Kommunen als Träger der Daseinsvorsorge, WiVerw 2/2011, S. 80-93.

Kotzur, Rechtsfragen grenzüberschreitenden Zusammenarbeit, in: Janssen Gerold (Hrsg.), Europäische Verbünde für territoriale Zusammenarbeit, LIT-Verlag Berlin 2006, S. 55-76.

Krainer, Europa – ein Grenzfall oder die Überwindung der Grenzen? – Neue Chancen mit dem Rechtsinstrument „EVGZ", in: Janssen Gerold (Hrsg.), Europäische Verbünde für territoriale Zusammenarbeit, 2006, S. 47-54.

Krzymuski/Kubicki, EVTZ-2.0 – Neue Chance für die grenzübergreifende Zusammenarbeit öffentlicher Einrichtungen? NVwZ 20/2014, 1338-1344.

Miaskowska-Daszkiewicz, Mazuryk, Europejskie Ugrupowanie Współpracy Terytorialnej – nowe ramy transgranicznej współpracy terytorialnej, Roczniki Nauk Prawnych 2/2010, S. 247-261.

Obwexer, Der EVTZ als neues unionsrechtliches Instrument territorialer Zusammenarbeit in: Bußjäger /Gamper /Happacher /Woelk (Hrsg.), Der Europäische Verbund für territoriale Zusammenarbeit (EVTZ): Neue Chancen für die Europaregion Tirol-Südtirol-Trentino, 2011, S. 46-74.

Oebbecke, Die Aufgaben des Zweckverbandes, NVwZ 2010, S. 665-669.

Paulick, Ausgewählte Haftungsfragen im Recht des Zweckverbands, DÖV 2009, S. 110-116.

Pechstein/Deja, Was ist und wie funktioniert ein EVTZ?, EuR 2011, S. 357-383.

Peine/Starke, Der europäische Zweckverband. Zum Recht der Europäischen Verbünde für territoriale Zusammenarbeit (EVTZ), LKV 2008, S. 402-405.

Pielow, Grundstrukturen öffentlicher Versorgung, 2001.

Riesenhuber, Die Auslegung, in: Riesenhuber Karl (Hrsg.), Europäische Methodenlehre. Handbuch für Ausbildung und Praxis, 3. Aufl. Berlin 2015.

Schoch, Besonderes Verwaltungsrecht, 15. Aufl.,2013.

Sanjuán/Gil, One hospital for the border region: building the new Cerdanya Hospital (Spain-France), in: *Glinos/Wismar* (Hrsg.), Hospital and Borders. Seven case studies on cross-border collaboration and health system interactions, WHO 2013, S. 155-197.

Schmidt-Assmann (Hrsg.), Besonderes Verwaltungsrecht, De Gruyter Berlin 2005.

Siwik, Die Haftung der Geschäftsführer in Polen für Verbindlichkeiten der Europäischen wirtschaftlichen Interessenvereinigung, WiRO 9/2007, S. 257-263.

Zillmer/Böhme/Lüer/Stumm, Leitfaden zur Gründung eines EVTZ für Akteure der transnationalen Zusammenarbeit, 2014.

EVTZ und (Internationales) Arbeitsrecht

Prof. Dr. Oliver L. Knöfel[1]

I. Einleitung

Europäische Verbünde für territoriale Zusammenarbeit (EVTZ) verwalten Strukturfondsmittel, bahnen strategische Kooperationen an, setzen sie um und realisieren ggf. weitere Kooperationsprojekte.[2] Diese Aufgaben sind wesensmäßig grenzüberschreitend. Zu ihrer Erfüllung benötigt ein EVTZ Personal. Bei den Arbeitnehmern eines EVTZ handelt es sich nicht nur um stationäre Bürokräfte. Eingesetzt werden auch grenzüberschreitend mobile, typischerweise im gesamten Gebiet mehrerer oder vieler Mitglied- oder Drittstaaten[3] tätige Arbeitnehmer. Damit rückt der EVTZ in das Blickfeld des Internationalen Arbeitsvertragsrechts (Arbeitskollisionsrechts). Dessen Fragestellungen liegen auf der Hand: Welchen Staates Arbeitsrechtsordnung ist anwendbar und bestimmt die Rechte und Pflichten der Arbeitsvertragsparteien? In welchen Staaten werden ein EVTZ bzw. seine Mitglieder als Arbeitgeber und die jeweiligen Arbeitnehmer gerichtspflichtig? Dies sind Regelungsgegenstände des Internationalen Privatrechts (IPR) und des Internationalen Zivilverfahrensrechts (IZVR). Wenn sich besondere Verbund- oder Handlungsformen aufgrund Unionsrechts für die grenzüberschreitende Tätigkeit konstituieren, dient das allgemeine IPR als Fundament. Auch supranationale Rechtsformen kommen nicht ohne kollisi-

---

1 Universitätsprofessor, Inhaber des Lehrstuhls für Bürgerliches Recht sowie Europäisches und Internationales Privatrecht, Juristische Fakultät, Europa-Universität Viadrina Frankfurt (Oder).
2 *Pechstein/Deja*, EuR 2011, 357 (362).
3 Der derzeit (Februar 2016) geographisch am weitesten ausgreifende EVTZ involviert neun Staaten (Belgien, Deutschland, Frankreich, Luxemburg, Niederlande, Rumänien, Tschechien, Ungarn, Zypern), vgl. die Angaben zum EUKN EGTC mit Sitz in Den Haag im Register der Europäischen Verbünde für Territoriale Zusammenarbeit (Stand: 16.11.2015) des Ausschusses der Regionen (AdR), Nr. 32, abrufbar unter <https://portal.cor.europa.eu/egtc/Register/Pages/DE.aspx> (4.2.2016).

onsrechtliche Anknüpfungen aus.[4] Nach den bisherigen Erfahrungen mit dem EVTZ liegt in der Frage, wie die Arbeitsverhältnisse des EVTZ-Personals in dieser Hinsicht zu behandeln sind, ein durchaus wesentliches Interesse der Praxis,[5] und daher auch ein nicht unbedeutender Gesichtspunkt bei der Neufassung der Verordnung über den Europäischen Verbund für territoriale Zusammenarbeit (EVTZ-VO[6]) durch die Änderungsverordnung (EU) Nr. 1302/2013 (ÄnderungsVO[7]).

Gesonderte, hier nicht näher zu behandelnde Anknüpfungsgegenstände oder Anwendungsbereiche mit Bezug zum Personal des EVTZ hat das Europäische Internationale Sozialrecht, insbesondere das Koordinierungsrecht der Grundverordnung (EG) Nr. 883/2004[8] mit der Durchführungsverordnung (EG) Nr. 987/2009.[9]

Ebenfalls nicht vertieft wird die Frage, inwieweit das (Internationale) Beamten- und Dienstrecht auf Bedienstete des EVTZ Anwendung findet, zumal zu bezweifeln ist, dass einem EVTZ aus deutscher Sicht derzeit überhaupt Dienstherrnfähigkeit im beamtenrechtlichen Sinn (§ 2 BeamtStG, § 2 BBG, § 121 BRRG) zukommt.

---

4 Siehe allgemein *Kotzur*, Rechtsfragen grenzüberschreitender Zusammenarbeit, in: Janssen (Hrsg.), Europäische Verbünde für territoriale Zusammenarbeit (EVTZ), 2006, 55(72 f.).
5 *Krzymuski/Kubicki*, NVwZ 2014, 1338 (1342).
6 Verordnung (EG) Nr. 1082/2006 des Europäischen Parlaments und des Rates vom 05.07.2006 über den Europäischen Verbund für territoriale Zusammenarbeit (EVTZ), ABl. EU 2006 Nr. L 210, 19 ff.
7 Verordnung (EU) Nr. 1302/2013 des Europäischen Parlaments und des Rates vom 17.12.2013 zur Änderung der Verordnung (EG) Nr. 1082/2006 über den Europäischen Verbund für territoriale Zusammenarbeit (EVTZ) im Hinblick auf Präzisierungen, Vereinfachungen und Verbesserungen im Zusammenhang mit der Gründung und Arbeitsweise solcher Verbünde, ABl. EU 2013 Nr. L 347, 303 ff., anwendbar seit dem 22. Juni 2014.
8 Verordnung (EG) Nr. 883/2004 des Europäischen Parlaments und des Rates vom 29.4.2004 zur Koordinierung der Systeme der sozialen Sicherheit, ABl. EG 2004 L 166/1.
9 Verordnung (EG) Nr. 987/2009 des Europäischen Parlaments und des Rates vom 16. September 2009 zur Festlegung der Modalitäten für die Durchführung der Verordnung (EG) Nr. 883/2004 über die Koordinierung der Systeme der sozialen Sicherheit, ABl. EU 2009 L 284/1.

II. Rechtstatsächliches

Statistische Erhebungen zur Anzahl und zu den sonstigen Verhältnissen der EVTZ-Mitarbeiter sind nicht verfügbar. Für einige – beileibe nicht für alle – Verbünde lassen sich die Beschäftigtenzahlen, die 2012 bestanden haben, aus Kurzportraits entnehmen, die im Internetangebot des EVTZ-Registers beim AdR[10] abrufbar sind.[11] Danach waren die Personaldecken der Verbünde eher dünn, da – jedenfalls in der Aufbauphase und bei der Mitteleinwerbung – kaum personalintensive Tätigkeiten auszuführen und selbstverständlich auch die Personalkosten im Blick zu behalten waren. Einige Verbünde beschäftigten gar keine Mitarbeiter.[12] Zahlreiche Verbünde wurden gleichsam als Kleinstbetriebe geführt, d.h. im Wesentlichen durch den Direktor, dem ggf. ein oder zwei Mitarbeiter, z.T. lediglich Teilzeitbeschäftigte, unterstellt waren.[13] Einige EVTZ-Belegschaften waren größer; sie umfassten gelegentlich fünf,[14] sechs[15] oder acht[16] Mitarbeiter, aber offenbar nur in Ausnahmefällen mehr. Der EVTZ Eurorégion Pyrénées-Méditerranée hatte 2012 immerhin elf Mitarbeiter, der EVTZ Duero-Douro besaß seinerzeit durchschnittlich dreißig Mitarbeiter.[17] Aus dem Rahmen fällt nur der EVTZ Hôpital de Cerdagne/Hospital de la Cerdanya: Für die Zukunft ist eine Belegschaft von ca. 170 Personen geplant, da der Verbund Träger eines Krankenhausbetriebes, also eines besonders

---

10 Vgl. Committee of the Regions, The Secretary General, Decision No. 0114/2012 on the Register of European Groupings of Territorial Cooperation (EGTC), abrufbar unter <https://portal.cor.europa.eu/egtc/Register/Documents/SG%20Decision%20114_2012%20Register%20EGTC.pdf> (23.2.2016).
11 Alle nachfolgenden Angaben zu den Beschäftigtenzahlen namentlich genannter EVTZ in 2012 (Fn. 12-18) sind dem Internetangebot unter <https://portal.cor.europa.eu/egtc/CoRActivities/Pages/egtc-list.aspx> („EGTC full list") entnommen (23.2.2016).
12 Beispiele: EVTZ Karst-Bodva; EVTZ West-Vlaanderen/Flandre-Dunkerque-Côte d'Opale; EVTZ Amphictyony; EVTZ Ung - Tisza - Túr – Sajó; EVTZ Tirolo – Alto Adige Südtirol – Trentino.
13 Beispiele: EVTZ Linieland van Waas en Hulst, EVTZ Arrabona, EVTZ Bánát-Triplex Confinium, EVTZ Euroregion Aquitaine-Euskadi, EVTZ Archimed, EVTZ Ister-Granum, EVTZ Alzette-Belval, EVTZ Abaúj-Abaújban.
14 Beispiel: EVTZ Strasbourg Ortenau.
15 Beispiele: EVTZ Pons Danubii, EVTZ Galicia – Norte de Portugal.
16 Beispiel: EVTZ SaarMoselle.
17 Angaben abrufbar unter <https://portal.cor.europa.eu/egtc/CoRActivities/Pages/Duero-Douro.aspx> (23.2.2016): „on average 30 employees, both from Spain and Portugal".

personalintensiven Betriebes, im französisch-spanischen Grenzgebiet ist bzw. werden soll.[18]

Darüber hinaus lässt der bisherige Kenntnisstand von der Arbeitsweise der EVTZ allgemeine Beobachtungen zu. Für die Zwecke der Verbünde werden Beschäftigte eingesetzt, die entweder unmittelbar mit dem EVTZ oder mit einem Mitglied kontrahiert haben und in den Geschäftsstellen und ähnlichen Arbeitsstätten des jeweiligen Verbundes oder von diesen Stellen aus wirken.[19] Es bilden sich multinationale Belegschaften. Die eingesetzten Arbeitnehmer sind z.B. als Juristen, Finanz- und Verwaltungsfachleute teilweise hoch qualifiziert[20] und in ihrem Arbeitsalltag für einen EVTZ grenzüberschreitend mobil. Beispielsweise beschäftigte die in Belgien eingerichtete gemeinsame Dienststelle des EVTZ Eurométropole Lille-Kortrijk-Tournai bis 2014[21] – abgesehen von einem Direktor[22] – elf Personen, die sich mit den Handlungsfeldern des EVTZ und mit kommunikativen, administrativen und finanziellen Belangen befassten, wobei den einzelnen Abteilungen jeweils ein Projektmanager vorstand.[23] Das Wesen der Erwerbsarbeit für einen EVTZ illustriert auch der in Metz (Frankreich) ansässige EVTZ INTERREG „Programm Großregion",[24] der für die Zeit vom 1. November 2014 bis zum 31. Dezember 2015 die Stelle einer Referentin zu besetzen hatte. Die erfolgreiche Kandidatin musste einen „Universitätsabschluss Niveau Master oder Gleichwertiges" in Jura[25] oder an-

---

18 2012 gab es freilich erst vier Mitarbeiter; Angaben abrufbar unter <https://portal.c or.europa.eu/egtc/CoRActivities/Pages/Cerdanya-Cross-Border-Hospital.aspx> (23.2.2016).
19 Zum EVTZ Eurométropole Lille-Kortrijk-Tournai *Engl*, Zusammenhalt und Vielfalt in Europas Grenzregionen – Der Europäische Verbund für territoriale Zusammenarbeit in normativer und praktischer Dimension, 2014, 288.
20 Siehe die Übersicht über die zwölfköpfige Belegschaft des in Luxemburg ansässigen ESPON EGTC „European Node for Territorial Evidence" unter <http://www.e spon.eu/main/Menu_Contact/> (4.2.2016).
21 Angaben nach *Engl* (Fn. 19), 287, die den Zeitpunkt ihrer Erhebungen nicht präziser angibt, so dass hier nur auf den Zeitpunkt ihrer Publikation als solcher (2014) abgestellt werden kann.
22 Zur Rechtsstellung der Direktoren unten IV 4.
23 *Engl* (Fn. 19), 287.
24 Außendarstellung abrufbar unter <http://www.interreg-4agr.eu> (24.2.2016).
25 Siehe auch die im Mai 2015 veröffentlichte Ausschreibung des ESPON EGTC „European Node for Territorial Evidence" für die Stellen eines „Project Expert/ Data, Toolbox and IT", eines „Lawyer/European and Luxembourg law" und eines „Project Expert/Policy and Projects", abrufbar unter <http://www.dat.public.lu/act ualites/2015/ 05/Recruitments-of-the-ESPON-EGTC/index.html> (24.2.2016).

deren Fächern besitzen, um ihr Aufgabengebiet „unter Berücksichtigung eines multikulturellen und transversalen Ansatzes" abdecken zu können.[26] Ausdrücklich hervorgehobene Einstellungsvoraussetzung war die „Bereitschaft zu häufigen Dienstreisen im Gebiet der Großregion",[27] d.h. auf den Staatsgebieten Belgiens, Deutschlands, Frankreichs und Luxemburgs. Derartige Fachkräfte verkörpern den Typ von international ausgerichteten Leistungsträgern im Arbeitsverhältnis, der für das heutige Erscheinungsbild grenzüberschreitender Erwerbsarbeit charakteristisch und führend ist und das einschlägige Kollisionsrecht prägt.

III. Rechtsnormen zur Beschäftigung von EVTZ-Mitarbeitern

Die EVTZ-VO enthält zwar einige sachrechtliche Vorgaben zur Organisation von Erwerbsarbeit für den Verbund, jedoch keine auf Arbeitsverhältnisse anwendbaren Kollisionsnormen.

1. Sachnormen

Der EVTZ ist rechtsfähig (Art. 1 Abs. 3 EVTZ-VO). Er besitzt diesen Status alternativ als Rechtsfolge des Unionsrechts oder nach Maßgabe eines nationalen Errichtungsstatuts.[28] Art. 1 Abs. 4 EVTZ-VO stellt klar, dass die Rechts- und Geschäftsfähigkeit des EVTZ das in allen Mitgliedstaaten jeweils juristischen Personen gewährte Höchstmaß erreicht (S. 1) und daher überall auch die Fähigkeit einschließt, Arbeitsverträge zu schließen (S. 2). Dies ist freilich eine derart evidente Folge der zu maximaler Wirksamkeit gebrachten Rechts- und Geschäftsfähigkeit, dass Art. 1 Abs. 4 S. 2 EVTZ-VO nur deklaratorischen Charakter („insbesondere") hat. Darüber hinaus kennt das Recht des EVTZ keine grundlegenden sachrechtlichen

---

26 EVTZ-INTERREG „Programm Großregion" – Stellenausschreibung (Version 1. September 2014), abrufbar unter <http://www.dglive.be/PortalData/2/Resources/downloads/divers/grossregion_emr/Referent_EVTZ_DE.pdf.> (24.2.2016).
27 EVTZ-INTERREG „Programm Großregion" – Stellenausschreibung (Version 1. September 2014), abrufbar unter <http://www.dglive.be/PortalData/2/Resources/downloads/divers/grossregion_emr/Referent_EVTZ_DE.pdf.> (24.2.2016).
28 Die Rechtspersönlichkeit des EVTZ lässt sich sowohl als eine solche des Unionsrechts als auch als nationalrechtliche Zuweisung begründen bzw. verstehen, vgl. *Pechstein/Deja*, EuR 2011, 357 (364).

Vorgaben für Beschäftigungsverhältnisse, z.B. – im Unterschied zu Art. 3 Abs. 2 lit. c) EWIV-VO[29] für die Europäische Wirtschaftliche Interessenvereinigung (EWIV) – keine Höchstgrenze für die Anzahl der Arbeitnehmer.[30]

Es steht einem EVTZ frei, einzustellenden Mitarbeitern eine privatrechtliche oder eine öffentlich-rechtliche Beschäftigungsform[31] anzubieten. Die EVTZ-VO schreibt insoweit nichts vor. Im Gegenteil ist spätestens mit der ÄnderungsVO von 2013 deutlich geworden, dass die Wahl der Beschäftigungsform möglichst frei und unreglementiert erfolgen können soll. Nach einer Gemeinsamen Erklärung von 2013, die Parlament, Rat und Kommission im Hinblick auf die ÄnderungsVO abgegeben haben, sollen sich die mitgliedstaatlichen Genehmigungsbehörden darum bemühen, dass alle verfügbaren bzw. vom EVTZ in Betracht gezogenen Rechtsformen einer Beschäftigung ausgeschöpft werden.[32] Aus der Praxis wird von Verbünden berichtet, die offenbar öffentlich-rechtliche Beschäftigungsmodalitäten bevorzugen,[33] aber auch von Verbünden, die selbstverständlich (auch) von privatrechtlichen Rechtsgrundlagen für die Beschäftigung von Arbeitnehmern Gebrauch machen.[34]

Ferner enthält die EVTZ-VO einige sachrechtliche Gebote zur Gestaltung der Übereinkunft und der Satzung, die sich auf die Beschäftigung von Arbeitnehmern beziehen. Seit dem In-Kraft-Treten der ÄnderungsVO von 2013 gehören „die auf die Mitarbeiter des EVTZ anzuwendenden Regelungen sowie die Grundsätze für die Vereinbarungen über die Personalverwaltung und Einstellungsverfahren" (Art. 8 Abs. 2 lit. k) EVTZ-VO)

---

29 Verordnung (EWG) Nr. 2137/85 des Rates vom 25.7.1985 über die Schaffung einer Europäischen Wirtschaftlichen Interessenvereinigung, ABlEG 1985 L 199/1.
30 Eine EWIV darf nach Art. 3 Abs. 2 lit. c) EWIV-VO nicht mehr als 500 Arbeitnehmer beschäftigen.
31 Das Parlament, der Rat und die Kommission gehen davon aus, dass auf öffentlich-rechtlicher Rechtsgrundlage geschlossene Anstellungsverträge dem Recht des Sitzmitgliedstaats des EVTZ unterstehen, vgl. Gemeinsame Erklärung des Europäischen Parlaments, des Rates und der Kommission zu Artikel 1 Absatz 9 der EVTZ-Verordnung, Abs. 3, ABl. EU 2013 L 347/318.
32 Gemeinsame Erklärung des Europäischen Parlaments, des Rates und der Kommission zu Artikel 1 Absatz 9 der EVTZ-Verordnung, Abs. 1, ABl. EU 2013 L 347/318.
33 Zum EVTZ Ister-Granum *Engl* (Fn. 19), 314: Beschäftigung ausschließlich aufgrund des Öffentlichen Rechts Ungarns.
34 Zum EVTZ Europaregion Tirol-Südtirol-Trentino *Engl* (Fn. 19), 347 f.

zum Pflichtinhalt der Übereinkunft.[35] Ebenso muss der EVTZ seither seine „Verfahren über die Personalverwaltung und für Einstellungen" in der Satzung festhalten (Art. 9 Abs. 2 lit. e) EVTZ-VO[36]). In der Praxis werden diese Pflichtinhalte der Übereinkunft und der Satzung z.B. in eine Dienstordnung des EVTZ überführt,[37] die in die Arbeitsverhältnisse des Verbundes einbezogen wird. Jedenfalls seit der ÄnderungsVO 2013 dürfen die Gründungsakte bzw. -dokumente aber auch eine gewisse Variabilität zulassen. Nach Erwägungsgrund (26) S. 2 ÄnderungsVO „sollte möglich sein, dass in der Übereinkunft verschiedene Optionen für die Wahl der auf die Mitarbeiter von EVTZ anzuwendenden Vorschriften festgelegt werden können." Dies ist nur so zu verstehen, dass die Inhalte der Satzung oder der Übereinkunft Rechtssicherheit schaffen sollen, die allgemeinen Regeln bzw. Gestaltungsoptionen des Kollisionsrechts aber anwendbar bleiben.

2. Kollisionsnormen

Werden die Arbeitsverhältnisse der für den EVTZ tätigen Personen nach den allgemeinen Regeln des IPR angeknüpft? Oder gelten Abweichungen oder Besonderheiten aufgrund der Eigenart und der Struktur des EVTZ? Es ist bereits zweifelhaft, ob die EVTZ-VO die Rechtsanwendungsfrage für die verbands- oder korporationsrechtlichen Aspekte der Verbünde hinreichend beantwortet.[38] Jedenfalls das Arbeitsverhältnisstatut legt die Verordnung nicht fest. Vielmehr gibt sie den allgemeinen, heute unionsrechtlichen Regelungen über die internationalprivatrechtliche Anknüpfung von Arbeitsverhältnissen Raum.

---

35 Vom EVTZ Eurométropole Lille-Kortrijk wird berichtet, dass die für anwendbar gehaltene Rechtsordnung schon unter Geltung der alten Fassung der EVTZ-VO in der Satzung und in der Übereinkunft festgeschrieben wurde, weshalb man spätere Abweichungen davon für genehmigungspflichtig hielt, vgl. *Engl* (Fn. 19), 288.
36 Nach Art. 9 Abs. 2 lit. d) der Erstfassung der EVTZ-VO von 2006 hatte darüber hinaus die „Gestaltung der Arbeitsverträge" zum Pflichtinhalt der Satzung gehört.
37 Zum EVTZ Eurométropole Lille-Kortrijk-Tournai *Engl* (Fn. 19), 288.
38 Siehe *Kment*, Verw 2012, 155 (167), der auch bemängelt, dass die EVTZ-VO kein ausdifferenziertes öffentlich-rechtliches Kollisionsrecht (Internationales Öffentliches Recht) enthält. Aus kollisionsrechtlicher Sicht ungenau *Schilling*, EuR 2016, 338 (340), der „häufig nach internationalem Privatrecht oder Gemeinschaftsrecht die Kollision verschiedener Rechtsordnungen mit unterschiedlichen Haftungsregeln (…) prüfen" will.

a) Anwendbarkeit des Sitzrechts aufgrund Art. 2 EVTZ-VO?

In Art. 2 EVTZ-VO finden sich detaillierte Regelungen zum Thema „Anwendbares Recht". Der Sache nach handelt es sich dabei um eine Anknüpfungsleiter für das Personalstatut des Verbandes, die – ähnlich wie jeweils auch Art. 9 SE-VO,[39] Art. 8 SCE-VO[40] und Art. 3 des Verordnungsvorschlags für ein FE-Statut[41] – in erster Linie die Verordnung, sodann die Übereinkunft, auffangend das Sitzrecht als Organisationsrecht des Verbundes beruft.[42]

Gelegentlich hat man angenommen, dass das über Art. 2 EVTZ (subsidiär) anwendbare Sitzrecht des Verbundes generell die Arbeitsverhältnisse der EVTZ-Mitarbeiter regiere, also unabhängig vom Einsatzort der Mitarbeiter das Arbeitsverhältnisstatut stelle. Ein anderes (Arbeits-)Recht könne erst oder lediglich zum Zuge kommen, wenn seine Anwendung förmlich beschlossen und von der zuständigen Behörde als Abweichung von der EVTZ-VO genehmigt werde.[43] Der EVTZ Eurométropole Lille-Kortrijk-Tournai soll diese Sichtweise in der Vergangenheit geteilt, eine Genehmigung eingeholt und (erst) auf diese Weise seinen in Belgien eingesetzten Arbeitnehmern belgisches Sachrecht als Arbeitsverhältnisstatut (anstelle des französischen Rechts als sitzstaatlichem Recht) gesichert haben.[44] Ähnliche Probleme soll der in Frankreich ansässige EVTZ Eurorégion Pyrénées-Méditerranée im Hinblick auf die in Spanien für den Verbund arbeitenden Spanier gehabt und gelöst haben, indem man sich für diese Mitarbeiter auf „die Anwendung des Territorialprinzips"[45] verständigte[46] – gemeint ist wohl die Anwendung spanischen Rechts als das Recht des gewöhnlichen Arbeitsorts.[47]

---

39 Verordnung (EG) Nr. 2157/2001 des Rates vom 8.10.2001 über das Statut der Europäischen Gesellschaft (SE), ABl. EG 2001 L 294/1.
40 Verordnung (EG) Nr. 1435/2003 des Rates vom 22.7.2003 über das Statut der Europäischen Genossenschaft (SCE), ABl. EG 2003 L 207/1.
41 Vorschlag für eine Verordnung des Rates über das Statut der Europäischen Stiftung (FE), KOM (2012), 35 endg., von der Kommission vorgelegt am 8.2.2012 („Für die FE maßgebendes Recht").
42 Näher *Peine/Starke*, LKV 2008, 402; *Pechstein/Deja*, EuR 2011, 357 (369 f.); *Krzymuski/Kubicki*, NVwZ 2014, 1338 (1340 f.).
43 *Engl* (Fn. 19), 288.
44 *Engl* (Fn. 19), 288.
45 *Engl* (Fn. 19), 333.
46 *Engl* (Fn. 19), 332 f.
47 Zum Anknüpfungspunkt des gewöhnlichen Arbeitsorts näher unten V 2 d).

Diese Sichtweise überzeugt nicht, und auch die (angebliche) Notwendigkeit einer Genehmigung oder sonstiger EVTZ-spezifischer besonderer Maßnahmen jenseits einer schlichten Subsumtion unter das anwendbare allgemeine IPR[48] leuchtet nicht ein. Zum Anknüpfungsgegenstand – d.h. zum sachlichen Anwendungsbereich – der Rechtsanwendungsregeln in Art. 2 EVTZ gehören die Arbeitsverträge des EVTZ-Personals gar nicht. Der Rechtsanwendungsbefehl bezieht sich explizit auf „die Handlungen der Organe eines EVTZ" (Abs. 1 S. 1). Dazu gehört ein Arbeitsverhältnis aber nicht; seine Existenz ist allenfalls eine Folge des (Vertreter-)Handelns eines Organs. Vielmehr bezieht sich die Anknüpfung an das Sitzrecht auf „den EVTZ" in seiner Gesamtheit, d.h. „als Körperschaft" (Abs. 1 S. 2). Das Sitzrecht gilt, sowie die Verordnung selbst oder die Übereinkunft ihm nicht vorgehen, daher nur für Rechtsverhältnisse des EVTZ *als Verband bzw. Rechtsperson*, in erster Linie für die (interne) Organisationsverfassung. Art. 2 EVTZ-VO bezieht sich aber nicht auf Schuldverträge des Verbundes mit Dritten. Es handelt sich nicht um eine Universalanknüpfung sämtlicher grenzüberschreitender Belange oder Rechtsverhältnisse des EVTZ,[49] sondern um eine sachlich beschränkte Rechtsanwendungsregel. Wenn Art. 2 Abs. 1 S. 2 EVTZ-VO davon spricht, dass ein EVTZ als Körperschaft des Sitzmitgliedstaats angesehen wird, soweit dies „nach dem Unionsrecht und dem internationalen Privatrecht erforderlich ist", ist damit allein das *Personalstatut des EVTZ* gemeint, soweit es in der nationalen Rechtsanwendung – z.B. in Prozessen mit einem EVTZ zur Bestimmung der Partei- oder Prozessfähigkeit – benötigt wird. Die Arbeitsverhältnisse der EVTZ-Mitarbeiter sind ein davon klar zu trennender Anknüpfungsgegenstand, der von Art. 2 Abs. 1 S. 2 EVTZ-VO daher nicht erfasst wird.[50]

Dass die EVTZ-VO nicht die Arbeitsverhältnisse der EVTZ-Mitarbeiter anknüpft, sondern dies den allgemeinen Regeln des IPR, heute der Rom I-Verordnung (Rom I-VO) von 2009,[51] überlassen bleibt, unterstreicht auch eine mit der ÄnderungsVO von 2013 veröffentlichte Gemeinsame Erklä-

---

48 Dazu sogleich unten III 2 b).
49 In diese Richtung *Krzymuski/Kubicki*, NVwZ 2014, 1338 (1340).
50 Anders wohl *Krzymuski/Kubicki*, NVwZ 2014, 1338 (1340).
51 Verordnung (EG) Nr. 593/2008 des Europäischen Parlaments und des Rates vom 17. Juni 2008 über das auf vertragliche Schuldverhältnisse anzuwendende Recht (Rom I), ABl. EG 2008 Nr. L 177/6.

rung des Parlaments, des Rats und der Kommission. Darin wird die Notwendigkeit, die Rom I-VO heranzuziehen, ausdrücklich hervorgehoben.[52]

Im Übrigen ist auch bei der Europäischen Aktiengesellschaft (SE) und bei der Europäischen Genossenschaft (SCE), deren Organisationsgesetze sehr ähnliche Rechtsanwendungsnormen wie Art. 2 EVTZ-VO aufweisen (Art. 9 SE-VO, Art. 8 SCE-VO),[53] völlig fraglos, dass die darin jeweils enthaltenen Anknüpfungen *verbandsrechtlicher* Fragen keineswegs das Arbeitsverhältnisstatut von SE- bzw. SCE-Mitarbeitern bestimmen oder beeinflussen. Da jene Verordnungen jeweils kein „Vollstatut"[54] bereitstellen, nicht einmal in gesellschafts- bzw. genossenschaftsrechtlicher Hinsicht, werden die Arbeits- und Anstellungsverträge mit einer SE oder mit einer SCE selbstverständlich nach der Rom I-VO angeknüpft.[55] Es ist nicht ersichtlich, weshalb es beim EVTZ anders liegen sollte. Zudem ist auch zweifelhaft, ob Art. 175 Abs. 3 AEUV, der Kompetenztitel für die EVTZ-VO,[56] überhaupt dazu geeignet ist, die Schaffung internationalprivatrechtlicher Kollisionsnormen für Arbeitsverhältnisse abzudecken.[57]

---

52 Gemeinsame Erklärung des Europäischen Parlaments, des Rates und der Kommission zu Artikel 1 Absatz 9 der EVTZ-Verordnung, Abs. 2, ABl. EU 2013 L 347/318: „Richten sich Anstellungsverträge für EVTZ-Mitarbeiter nach privatem Recht, so berücksichtigen die Mitgliedstaaten auch einschlägiges EU-Recht, beispielsweise die Verordnung (EG) Nr. 593/2008 des Europäischen Parlaments und des Rates vom 17. Juni 2008 über das auf vertragliche Schuldverhältnisse anzuwendende Recht (Rom I), sowie die entsprechende Rechtspraxis der anderen im EVTZ vertretenen Mitgliedstaaten".
53 *Frenz*, Jura 2012, 120 (125), stellt den EVTZ in eine Reihe mit der SE und SCE, und behandelt alle als „Supranationale Gesellschaftsformen".
54 Begriff bei *Forst*, NZS 2012, 801 (802).
55 Zu Anstellungsverträgen der SE mit Geschäftsleitern *Reufels*, in: Hümmerich/Reufels, Gestaltung von Arbeitsverträgen, 3. Aufl. 2015, § 3 Rn. 258.
56 Dazu *Engl*, EuR 2013, 285.
57 Auf Art. 175 Abs. 3 AEUV gestützte spezifische Aktionen dürfen allein die Unionspolitik des territorialen Zusammenhalts verfolgen, vgl. EuGH 3.9.2009 – Rs. C-166/07, BeckRS 2009, 500193 Rn. 46 – Finanzbeiträge der Gemeinschaft zum Internationalen Fonds für Irland sowie *Magiera*, in: Streinz (Hrsg.), EUV/AEUV, 2. Aufl. 2012, Art. 175 AEUV Rn. 10.

b) Europäisches Internationales Arbeitsvertragsrecht

Die Arbeitsverhältnisse des EVTZ-Personals unterstehen demnach den allgemeinen Regeln des IPR, die sich aus deutscher Sicht zunächst im Einführungsgesetz zum Bürgerlichen Gesetzbuch (EGBGB) fanden und heute in den Mitgliedstaaten einheitlich der Rom I-VO zu entnehmen sind. Seit dem 1. August 2007,[58] dem Anwendungsbeginn der EVTZ-VO, ist das auf Arbeitsverhältnisse des EVTZ-Personals anwendbare Recht (Arbeitsvertragsstatut) zunächst nach dem seinerzeit noch unvereinheitlichten Kollisionsrecht der Mitgliedstaaten bestimmt worden, aus deutscher Sicht im Wesentlichen nach Art. 30 EGBGB a.F., der früheren, inhaltlich auf Art. 6 EVÜ[59] beruhenden autonomen Kollisionsnorm für Arbeitsverhältnisse. 2009 ist das gesamte Internationale Schuldvertragsrecht der Artt. 27-37 EGBGB a.F.[60] durch unionales Kollisionsrecht abgelöst worden. Arbeitsverträge, die am oder nach dem 17. Dezember 2009 geschlossen wurden, sind seither ausschließlich nach der Rom I-VO anzuknüpfen, insbesondere nach Art. 8 Rom I-VO, der spezifischen Kollisionsnorm der EU für Arbeitsverträge. Mit dem Anwendungsbeginn der Rom I-VO wurde Art. 30 EGBGB a.F. außer Kraft gesetzt, wobei allerdings erhebliche inhaltliche Kontinuität zwischen dem Altrecht und der *lex praesens* besteht.[61]

Die Verordnung ist *loi uniforme* (Art. 2 Rom I-VO); sämtliche Verweisungen gehen auf jede nationale Rechtsordnung. Als anwendbare Arbeitsrechtsordnung kann daher selbstverständlich auch das Recht eines Staates außerhalb der Europäischen Union – eines Drittstaats – verwiesen sein, sofern die auf Arbeitsverhältnisse anwendbaren Anknüpfungsmomente[62] in dem Drittstaat verwirklicht sind.[63] Bedeutsam ist dies unter Umständen für Verbünde, denen Mitglieder aus angrenzenden Drittländern beigetreten sind (Art. 3a EVTZ-VO), was seit der ÄnderungsVO 2013 möglich ist.

---

58 Vgl. Art. 18 EVTZ-VO.
59 Römisches EWG-Übereinkommen über das auf vertragliche Schuldverhältnisse anzuwendende Recht vom 19.6.1980, BGBl. 1986 II 810, ABl. EG 1998 C 27/34 (konsolidierte Fassung).
60 Aufgehoben durch Art. 1 Nr. 4 Gesetz zur Anpassung der Vorschriften des Internationalen Privatrechts an die Verordnung (EG) Nr. 593/2008, BGBl. 2009 I 1574.
61 BeckOGK/*Knöfel*, Art. 8 Rom I-VO Rn. 13 (Juli 2015); siehe auch *Junker*, FS Peter Gottwald, 2014, 293 (299).
62 Im Einzelnen unten V 2.
63 Siehe näher BeckOGK/*Knöfel*, Art. 8 Rom I-VO Rn. 44 (Juli 2015).

Auf Erwerbsarbeit z.B. für den EVTZ Tisza (Ungarn/Ukraine[64]) könnte danach selbstverständlich ukrainisches Recht Anwendung finden, sofern die Anknüpfungsmomente der Rom I-VO das Recht der Ukraine berufen.

IV. Wer ist Arbeitnehmer?

Der sachliche Anwendungsbereich – in kollisionsrechtlicher Terminologie: der Anknüpfungsgegenstand – des Art. 8 Rom I-VO erfasst „*Individualarbeitsverträge*".[65]

1. Arbeitnehmerbegriff

Zur Bestimmung des Vertragstyps für kollisionsrechtliche Zwecke wird – im Interesse unionsrechtlich-autonomer Qualifikation – von der herrschenden Ansicht der vom EuGH zu Art. 45 AEUV geprägte Arbeitnehmerbegriff herangezogen,[66] also die Arbeitnehmereigenschaft bejaht, wenn eine Person während einer bestimmten Zeit für einen anderen nach dessen Weisungen eine tatsächliche und echte Tätigkeit erbringt, für die sie als Gegenleistung eine Vergütung erhält.[67] Begriffskern ist das Merkmal der

---

64 Register der Europäischen Verbünde für Territoriale Zusammenarbeit des Ausschusses der Regionen (AdR), Nr. 57, abrufbar unter <https://portal.cor.europa.eu/egtc/Register/Pages/DE.aspx> (23.2.2016).
65 Zum Anknüpfungsgegenstand nur *Knöfel*, RdA 2006, 269 (273 f.).
66 NK-BGB/*Doehner*, 2. Aufl. 2015, Art. 8 Rom I-VO Rn. 6; *Junker*, Arbeitsverträge, in: Ferrari/Leible (Hrsg.), Ein neues Internationales Vertragsrecht für Europa, 2007, 111 (113 f.); *Martiny*, in: Münchener Kommentar zum BGB, 6. Aufl. 2015, Art. 8 Rom I-VO Rn. 18. Zum IPR der Arbeitsverträge krit. *Knöfel*, IPRax 2006, 552 (553 ff.); *ders.*, RdA 2006, 269 (271 ff.); BeckOGK/*Knöfel*, Art. 8 Rom I-VO Rn. 15 (Juli 2015); zum Europäischen Arbeitsprozessrecht krit. Schlosser/Hess/*Schlosser*, EuZPR, 4. Aufl. 2015, Art. 20 EuGVVO Rn. 1; *Knöfel*, EuZA 9 (2016), 348 ff.
67 EuGH 23.3.1982 – Rs. 53/81, Slg. 1982, 1035, 1048 Rn. 9 – D.M. Levin/Staatssecretaris van Justitie; EuGH 3.7.1986 – Rs. 66/85, Slg. 1986, 2121, 2144 Rn. 16 f. – Deborah Lawrie-Blum/Land Baden-Württemberg; EuGH 21.6.1988 – Rs. 197/86, Slg. 1988, 3205, 3244 Rn. 21 – Steve Malcolm Brown/Secretary of State for Scotland; EuGH 26.2.1992 – Rs. C-357/89, Slg. 1992, I-1027, I-1059 Rn. 10 – V.J.M. Raulin/Minister van Onderwijs en Wetenschappen; EuGH 26.2.1992 – Rs. C-3/90, Slg. 1992, I-1071, I-1104 Rn. 14 – M.J.E. Bernini/Minister van Onderwijs en Wetenschappen; EuGH 8.6.1999 – Rs. C-337/97, Slg. 1999, I-3289, I-3310 Rn. 13 –

Weisungsbindung.[68] Jedenfalls wird nicht auf einen bestimmten Status oder persönliche Merkmale der Beteiligten abgestellt, sondern auf die konkrete Ausführung der Tätigkeit.

2. *Öffentlich-rechtlicher Hintergrund der Beschäftigung*

Für die Feststellung der Arbeitnehmereigenschaft dürfte es in der Regel unschädlich sein, dass auf der Dienstgeberseite Körperschaften des Öffentlichen Rechts auftreten, d.h. entweder der EVTZ selbst, sofern ihm nach nationalem Recht eine öffentlich-rechtliche Rechtsnatur bzw. Rechtspersönlichkeit zugewiesen ist,[69] oder ein Mitglied, das eine lokale, regionale oder nationale Gebietskörperschaft oder ein Mitgliedstaat ist (Art. 3 Abs. 1 lit. a)-c), f), 1. Var. EVTZ-VO). Denn auch der – nach herrschender Meinung für das Kollisionsrecht leitende – Arbeitnehmerbegriff nach Art. 45 AEUV umschließt grundsätzlich Tätigkeiten, die als Angestellter

---

CPM Meeusen/Hoofddirectie van de Informatie Beheer Groep; EuGH 31.5.2001 – Rs. C-43/99, Slg. 2001, I-4265, I-4313 Rn. 55 – Ghislain Leclere und Alina Deaconescu/Caisse nationale des prestations familiales; EuGH 19.11.2002 – Rs. C-188/00, Slg. 2002, I-10691, I-10724 Rn. 34 – Bülent Kurz, geb. Yüce/Land Baden-Württemberg; EuGH 6.11.2003 – Rs. C-413/01, Slg. 2003, I-13187, I-13228 Rn. 25 – Franca Ninni-Orasche/Bundesminister für Wissenschaft, Verkehr und Kunst; EuGH 23.3.2004 – Rs. C-138/02, Slg. 2004, I-2703, I-2743 Rn. 26 – Brian Francis Collins/Secretary of State for Work and Pensions; EuGH 7.9.2004 – Rs. C-456/02, Slg. 2004, I-7573, I-7604 Rn. 15 – Michel Trojani/Centre public d'aide sociale de Bruxelles (CPAS); EuGH 17.3.2005 – Rs. C-109/04, Slg. 2005, I-2421, I-2438 Rn. 12 – Karl Robert Kranemann/Land Nordrhein-Westfalen; EuGH 15.12.2005 – verb. Rs. C-151/04, 152/04, Slg. 2005, I-11203 Rn. 31 – Strafverfahren gegen Claude Nadin, Nadin-Lux SA und Jean-Pascal Durré; EuGH 18.7.2007 – Rs. C-213/05, Slg. 2007, I-6347 = NZA 2007, 887 f. Rn. 16 – Wendy Geven/Land Nordrhein-Westfalen; EuGH 4.2.2010 – Rs. C-14/09, NZA 2010, 213 (214) Rn. 19 – Hava Genc/Land Berlin; EuGH 10.9.2014 – Rs. C-270/13, EuZW 2014, 946 Rn. 28 – Iraklis Haralambidis/Calogero Casilli; EuGH 11.11.2015 – Rs. C-422/14, EuZW 2016, 25 (26) Rn. 29 – Cristian Pujante Rivera/Gestora Clubs Dir SL, Fondo de Garantía Salarial.
68 BAG 25.6.2013, NZA-RR 2014, 46 (48)= ArbR 2013, 549 m. Anm. *Hoppe*; *Griebeling*, NZA 1998, 1137 (1139); *Worzalla*, FS 50 Jahre BAG, 2004, 311 (327); BeckOGK/*Knöfel*, Art. 8 Rom I-VO Rn. 14 (Juli 2015).
69 Vgl. *Pechstein/Deja*, EuR 2011, 357 (366 f.). Jeder nationale Gesetzgeber entscheidet selbst, ob der EVTZ eine privatrechtliche oder eine öffentlich-rechtliche Rechtsnatur bzw. Rechtspersönlichkeit erhält.

im Öffentlichen Dienst oder sogar als Beamter ausgeführt werden,[70] sofern die Ausnahme für die „Beschäftigung in der öffentlichen Verwaltung" (Art. 45 Abs. 4 AEUV) nicht erfüllt ist. Letzteres ist – im Interesse größtmöglicher Effektuierung der Arbeitnehmerfreizügigkeit – aber nur der Fall, wenn sich die Tätigkeit – bei funktioneller Betrachtung[71] – im engen Sinn als Mitwirkung an der Ausübung hoheitlicher Befugnisse oder an der Erfüllung von Aufgaben darstellt, die allgemeine Belange des Staates und anderer öffentlicher Körperschaften wahren sollen.[72] Bleiben zahlreiche von Staatbediensteten ausgeführte Tätigkeiten, die nicht klassische Eingriffsverwaltung oder in sonstiger Weise von einem besonderen Näheverhältnis zum Staat geprägt sind, danach im Anwendungsbereich des Art. 45 AEUV, ist es nur konsequent, diese Tätigkeiten auch internationalprivatrechtlich unter Art. 8 Rom I-VO zu fassen.[73]

Für Tätigkeiten, die einem EVTZ dienen sollen, kommt hinzu, dass Art. 7 Abs. 4 S. 1 EVTZ-VO den Aufgabenkreis der Verbünde von vornherein einschränkt, indem einem EVTZ von seinen Mitgliedern nicht „die

---

70 EuGH 12.2.1974 – Rs. 152/73, Slg. 1974, 153, 163 Rn. 5 – Johannes Maria Sotgiu/ Deutsche Bundespost; EuGH 3.7.1986 – Rs. 66/85, Slg. 1986, 2121, 2145 Rn. 20 – Deborah Lawrie-Blum/Land Baden-Württemberg; EuGH 27.11.1991 – Rs. C-4/91, Slg. 1991, I-5627, 5640 f. Rn. 6 – Annegret Bleis/Ministère de l'Éducation national; EuGH 15.1.1998 – Rs. C-15/96, Slg. 1998, I-47, 65 f. Rn. 12 f. – Kalliope Schöning-Kougebetopoulou/Freie und Hansestadt Hamburg.
71 EuGH 12.2.1974 – Rs. 152/73, Slg. 1974, 153, 163 Rn. 5 f. – Johannes Maria Sotgiu/Deutsche Bundespost; EuGH 3.6.1986 – Rs. 307/84, Slg. 1986, 1725, 1738 Rn. 12 – Europäische Kommission/Frankreich; *Schneider/Wunderlich*, in: Schwarze/Becker/Hatje/Schoo (Hrsg.), EU-Kommentar, 3. Aufl. 2012, Art. 45 AEUV Rn. 135; *Kreuschitz*, in: v. d. Groeben/Schwarze/Hatje (Hrsg.), Europäisches Unionsrecht, 7. Aufl. 2015, Art. 45 AEUV Rn. 157.
72 EuGH 26.5.1982 – Rs. 149/79, Slg. 1980, 3881, 3900 Rn. 10 f. – Europäische Kommission/Belgien; EuGH 3.6.1986 – Rs. 307/84, Slg. 1986, 1725, 1738 f. Rn. 12 – Europäische Kommission/Frankreich; EuGH 3.7.1986 – Rs. 66/85, Slg. 1986, 2121, 2144 Rn. 16 – Deborah Lawrie-Blum/Land Baden-Württemberg; EuGH 2.7.1996 – Rs. C-473/93, Slg. 1996, I-3207, 3250 Rn. 2 – Europäische Kommission/Luxemburg; EuGH 2.7.1996 – Rs. C-173/94, Slg. 1996, I-3265, 3278 Rn. 2 – Europäische Kommission/Belgien; EuGH 2.7.1996 – Rs. C-290/94, Slg. 1996, I-3285, 3319 f. Rn. 2 – Europäische Kommission/Griechenland; EuGH 15.1.1998 – Rs. C-15/96, Slg. 1998, I-47, 65 f. Rn. 13 – Kalliope Schöning-Kougebetopoulou/Freie und Hansestadt Hamburg.
73 LAG Berlin 20.7.1998, NZA-RR 1998, 555 = IPRax 2001, 144 m. Aufs. *Mankowski* 123; siehe auch BeckOK BGB/*Spickhoff*, Art. 8 Rom I-VO Rn. 9 (Feb. 2013); BeckOGK/*Knöfel*, Art. 8 Rom I-VO Rn. 17 (Juli 2015).

Ausübung hoheitlicher Befugnisse oder Verpflichtungen zur Wahrung der allgemeinen Interessen des Staates oder sonstiger öffentlicher Einrichtungen" übertragen werden darf. Als Beispiele für unübertragbare Aufgaben nennt Art. 7 Abs. 4 S. 1 EVTZ-VO die Ressorts „Polizei- und Regelungsbefugnis", Justiz und Auswärtiges, also genau diejenigen Ressorts, die üblicherweise auch unter Art. 45 Abs. 4 AEUV fallen. Geht man davon aus, dass Arbeitnehmer nur für zulässig auf den EVTZ übertragene Aufgaben eingesetzt werden, können sie an sich keine Tätigkeiten ausführen, denen der Anwendungsbereich der Arbeitnehmerfreizügigkeit über Art. 45 Abs. 4 AEUV versagt ist. Man nimmt freilich an, dass es „Hoheitsrechtseinräumungen" zugunsten des EVTZ gibt, die von Art. 7 Abs. 4 EVTZ-VO – womöglich aber nicht vom anwendbaren nationalen Staatsrecht – toleriert werden.[74] Sollten Arbeitnehmer in solche unionsrechtlich zulässig übertragenen hoheitlichen (Rand-)Aufgaben eingeschaltet werden, könnte die jeweilige Tätigkeit ggf. über Art. 45 Abs. 4 AEUV aus der Arbeitnehmerfreizügigkeit und deshalb auch aus Art. 8 Rom I-VO ausscheiden. In der Mehrzahl der Fälle dürften Arbeitnehmer eines EVTZ aber nichthoheitliche, vom Übertragungsverbot des Art. 7 Abs. 4 EVTZ-VO gar nicht berührte Aufgaben des Verbundes auszuführen haben, und im Regelfall dürfte dies auch in einer vom primärrechtlichen Arbeitnehmerbegriff erfassten Art und Weise geschehen, weshalb das unionale Arbeitskollisionsrecht zur Geltung kommt.

3. Insbesondere: Abordnungen ins Ausland

Ordnet ein Mitglied eines EVTZ einen Beamten oder Angestellten im Öffentlichen Dienst des Mitglieds an eine (Geschäfts-)Stelle des Verbundes im Ausland ab, kann die reale Beschäftigung ggf. auch ungeachtet des im Entsendestaat bestehenden, öffentlich-rechtlichen Status als Tätigkeit aufgrund eines Individualarbeitsvertrages i.S.v. Art. 8 Rom I-VO anzusehen sein, sofern die aufgezeigten Kriterien für die Qualifikation erfüllt sind. Eine kategorische, allein an persönliche Statusfragen im Entsendestaat anknüpfende Betrachtung verbietet sich auch hier. In dieser Hinsicht können sich jedenfalls die in Frankreich ansässigen, in Deutschland operierenden Verbünde (z.B. Eurodistrikt Strasbourg-Ortenau, Eurodistrikt SaarMosel-

---

74 *Pechstein/Deja*, EuR 2011, 357 (361).

le[75]) an einem einschlägigen Urteil des LAG Berlin von 1998 orientieren.[76] Im Streitfall war eine dem Erziehungsministerium der Französischen Republik zugeordnete Beamtin aufgrund eines öffentlich-rechtlichen Beschäftigungsverhältnisses französischen Rechts (*contrat de droit public*) in einer Dienststelle des französischen Außenministeriums in Deutschland tätig gewesen. Das Gericht sah sich nicht gehindert, die konkrete Tätigkeit als eine arbeitsvertragliche zu betrachten und als solche anzuknüpfen, unterstellte sie im Ergebnis allerdings nicht deutschem Recht als dem Recht des gewöhnlichen Arbeitsorts,[77] sondern aufgrund der arbeitskollisionsrechtlichen Ausweichklausel[78] französischem Recht.[79] Dafür war – wohl mit Recht – ausschlaggebend, „dass die „beamtenrechtlich-französische" Färbung dem Rechtsverhältnis das Gepräge gibt."[80]

4. Direktoren

Aufgrund ihrer herausgehobenen Stellung an der Spitze der Belegschaft und des korporationsrechtlichen Hintergrunds machen Geschäftsleiter bzw. Organpersonen von Verbänden im Internationalen Arbeitsrecht besondere Erwägungen nötig.[81] Für die Direktoren der Verbünde gilt ähnliches. Der Direktor eines EVTZ hat Organstellung (Art. 10 Abs. 1 lit. b) EVTZ-VO), ist mit dem EVTZ aber auch durch ein Schuldverhältnis verbunden, das ein freies Dienstverhältnis oder ein Arbeitsvertrag sein kann. Auch dieses Schuldverhältnis ist anzuknüpfen und dazu zunächst anhand der aufgezeigten Maßstäbe aus Art. 8 Rom I-VO zu qualifizieren. Rechtsverhältnisse zwischen juristischen Personen und ihren Organpersonen be-

---

75 Über „Deutsch-französische Zusammenarbeit in der Grenzregion" zuletzt *Guckelberger/Dilek*, DÖV 2016, 1 ff.
76 LAG Berlin 20.7.1998, NZA-RR 1998, 555 = IPRax 2001, 144 m. Aufs. *Mankowski* 123.
77 Zum gewöhnlichen Arbeitsort unten V 2 d).
78 Zur Ausweichklausel unten V 2 e).
79 LAG Berlin 20.7.1998, NZA-RR 1998, 555 (558) = IPRax 2001, 144 m. Aufs. *Mankowski* 123.
80 LAG Berlin 20.7.1998, NZA-RR 1998, 555 (558) = IPRax 2001, 144 m. Aufs. *Mankowski* 123 (Hervorh. im Original).
81 Siehe z.B. *Mankowski*, RIW 2004, 167 ff.; *Lüttringhaus*, EuZW 2015, 904 ff.

wertet der EuGH neuerdings als Arbeitsverhältnisse,[82] sofern die bereits dargestellten allgemeinen Merkmale des Arbeitnehmerbegriffs verwirklicht sind, wofür es konkreter, auf alle Umstände gestützter Feststellungen „speziell des Unterordnungsverhältnisses" bedarf.[83] Ein Unterordnungsverhältnis als positives Indiz für ein Arbeitsverhältnis folgt bei einem EVTZ-Direktor z.b. aus seiner Bindung an Weisungen, die von der Versammlung (Art. 10 Abs. 1 lit. a) EVTZ-VO) ausgehen. Weisungsgebundenheit des Direktors ist in der EVTZ-VO zwar nicht in allgemeiner Form geregelt, kann aber in der Satzung vorgesehen werden.[84] Negativanzeichen für ein Arbeitsverhältnis ist dagegen eine „nicht unerhebliche" Einflussmöglichkeit der jeweiligen Organperson auf die Willensbildung des Verbandes,[85] wofür bei einem Direktor eines EVTZ freilich nichts ersichtlich ist.

Von Ansprüchen und Streitigkeiten aus dem Dienst- oder Arbeitsverhältnis mit einem Direktor zu trennen ist die verbandsrechtliche *Organhaftung*, also der allein an die Organstellung anknüpfende, unabhängig von vertraglichen Bindungen bestehende Pflichtenkreis des Direktors. Die Organhaftung folgt aus dem Personalstatut des EVTZ und implizit aus Art. 10 Abs. 3 EVTZ-VO,[86] wenngleich dort explizit nur die Außenhaftung des EVTZ *für* die Organe (auch *ultra vires*) geregelt ist.

---

82 EuGH 11.11.2009 – Rs. C-232/09, EuZW 2011, 74 (77) Rn. 56 – Dita Danosa/LKB Līzings SIA (zur Richtlinie 92/85/EWG); EuGH 9.7.2015 – Rs. C-229/14, EuZW 2015, 682 (684) Rn. 39-43 – Ender Balkaya/Kiesel Abbruch- und Recycling Technik GmbH (zur Richtlinie 98/59/EG); EuGH 10.9.2015 – Rs. C-47/14, EuZW 2015, 922 (924) Rn. 42-49 – Holterman Ferho Exploitatie BV, Ferho Bewehrungsstahl GmbH, Ferho Vechta GmbH, Ferho Frankfurt GmbH/ Friedrich Leopold Freiherr Spies von Büllesheim (zu Art. 18-21 EuGVVO a.F.); dazu *Lüttringhaus*, EuZW 2015, 904; *Mankowski*, RIW 2015, 821; *Mansel/Thorn/ Rolf Wagner*, IPRax 2016, 1 (13 f.); *Kindler*, IPRax 2016, 115; *Knöfel*, EuZA 9 (2016), 348.
83 EuGH 10.9.2015 – Rs. C-47/14, EuZW 2015, 922 (924) Rn. 46 – Holterman Ferho Exploitatie BV, Ferho Bewehrungsstahl GmbH, Ferho Vechta GmbH, Ferho Frankfurt GmbH/Friedrich Leopold Freiherr Spies von Büllesheim.
84 *Pechstein/Deja,* EuR 2011, 357 (375).
85 EuGH 10.9.2015 – Rs. C-47/14, EuZW 2015, 922 (924) Rn. 47 – Holterman Ferho Exploitatie BV, Ferho Bewehrungsstahl GmbH, Ferho Vechta GmbH, Ferho Frankfurt GmbH/Friedrich Leopold Freiherr Spies von Büllesheim.
86 *Pechstein/Deja*, EuR 2011, 357 (376).

V. Konstellationen der Erwerbsarbeit für einen EVTZ

Die Konstellationen der Erwerbsarbeit für einen EVTZ sind vielfältig, mit den hergebrachten und bewährten, heute aus Art. 8 Rom I-VO zu entnehmenden Anknüpfungsregeln aber gut zu bewältigen.

1. Orts- oder Lokalkräfte

Wird Arbeit für einen EVTZ so organisiert, dass sich der Arbeitnehmer und sein Kontrahent (EVTZ oder Mitglied) in ein- und demselben Staat befinden und ausschließlich dort wirken bzw. verbleiben, trägt sich das Arbeitsverhältnis innerhalb nur einer Rechtsordnung zu. Dann gilt selbstverständlich das Recht des realen Tätigkeitsstaates als das Recht des einzigen mit dem Sachverhalt verbundenen Staates. Solche Arbeitsverhältnisse bestehen mit sog. Orts- oder Lokalkräften – nicht entsandten, sondern am realen Arbeitsort rekrutierten, allein dort verweilenden Kräften –, z.B. mit Bürokräften, die im Sitzmitgliedstaat des EVTZ eingestellt werden, dort ansässig und stationär nur dort tätig sind. Dass solche Arbeitsverhältnisse, falls überhaupt Auslandsbezug besteht,[87] der gewählten Rechtsordnung unterstehen, ggf. durch materiellrechtliche Verweisung, während ohne Rechtswahl das Recht des gewöhnlichen – und einzigen realen – Arbeitsorts zur Anwendung kommt, lässt sich aus Artt. 3, 8 Abs. 2 Rom I-VO ableiten,[88] versteht sich aber auch von selbst.

2. Grenzüberschreitend eingesetztes Personal

Jedenfalls zum Zuge kommen die Anknüpfungen nach Art. 8 Rom I-VO, wenn die Personen, die Arbeit für den EVTZ verrichten, tatsächlich grenzüberschreitend bzw. im Ausland tätig sind.

---

87 Die bloße Mitgliedschaft des Arbeitgebers in einem auslandsansässigen EVTZ vermittelt jedenfalls keinen Auslandsbezug.
88 *Reiter*, NZA-Beil. 2014, 22 (24); NK-BGB/*Doehner* (Fn. 66), Art. 8 Rom I-VO Rn. 23; *Weller/Nordmeier*, in: Spindler/Schuster (Hrsg.), Recht der elektronischen Medien, 2. Aufl. 2015, Art. 8 Rom I-VO Rn. 8; MüKoBGB/*Martiny* (Fn. 66), Art. 8 Rom I-VO Rn. 24.

a) Sachverhaltsgestaltungen

Über Art. 8 Rom I-VO zu bewältigende Sachverhaltskonstellationen ergeben sich bei alltäglichem Personaleinsatz über Grenzen,[89] aber ebenso bei Verbünden, die Geschäftsstellen oder Sekretariate in anderen Staaten als im Sitzstaat des EVTZ unterhalten und diese Stellen die Geschäfte des EVTZ führen lassen. Beispielsweise hat der EVTZ „Eurodistrikt Strasbourg-Ortenau" seinen Sitz in Strasbourg (Frankreich),[90] aber eine nach außen als Ansprechpartner präsentierte Geschäftsstelle in Kehl (Deutschland).[91] Sitz des EVTZ „Eurodistrikt SaarMoselle" ist Sarreguemines (Frankreich);[92] operiert wird aber augenscheinlich vor allem von einem Kooperationsbüro in Saarbrücken (Deutschland) aus.[93] Weitere Beispiele für wesensmäßig grenzüberschreitende Arbeit für einen EVTZ könnten sich in Zukunft im Bereich des grenzüberschreitenden Personenverkehrs ergeben, sofern dabei (auch) die im Transportwesen aktiven Verbünde als Arbeitgeber auftreten sollten. Die bis 2018 geplante Streckenverlängerung der Straßenbahnlinie D der Compagnie des Transports Strasbourgeois (CTS) bis nach Kehl (Deutschland), ein Projekt des EVTZ Strasbourg-Ortenau,[94] ist bereits aus europa- und arbeitskollisionsrechtlicher Sicht näher betrachtet worden.[95] Konkreter Bedarf nach grenzüberschreitender Transportarbeit wird sich auch im Umfeld des künftigen EVTZ Trans-Oderana

---

89 Siehe die Beispiele oben unter II.
90 Register der Europäischen Verbünde für Territoriale Zusammenarbeit des Ausschusses der Regionen (AdR), Nr. 11, abrufbar unter <https://portal.cor.europa.eu/egtc/Register/Pages/DE.aspx> (23.2.2016).
91 Vgl. die Kontaktdaten unter <http://www.eurodistrict.eu/de/generalsekretariat> (23.2.2016).
92 Register der Europäischen Verbünde für Territoriale Zusammenarbeit des Ausschusses der Regionen (AdR), Nr. 15, abrufbar unter <https://portal.cor.europa.eu/egtc/Register/Pages/DE.aspx> (23.2.2016).
93 Vgl. die Kontaktdaten unter <http://www.saarmoselle.org/page360-impressum.html#top> (23.2.2016).
94 Siehe die Informationen der CTS unter <http://www.cts-strasbourg.eu/fr/la-cts/projets-dextension/> (24.2.2016) und des EVTZ Strasbourg Ortenau unter <http://www.eurodistrict.eu/de/projets/tram-nach-kehl> (24.2.2016).
95 *Michael Frey,* RdTW 2014, 92 ff.

ergeben,[96] der die Errichtung der Bahnstrecke Berlin – Gorzów Wielkopolski – Piła (Polen) zum Gegenstand haben wird.[97]

b) Rechtswahl

Das Arbeitsverhältnis eines grenzüberschreitend, z.B. in einer (ausländischen) Geschäftsstelle tätigen Mitarbeiters untersteht in erster Linie der im Arbeitsvertrag gewählten (staatlichen) Rechtsordnung (Artt. 3 Abs. 1, 8 Abs. 1 Rom I-VO). Selbstgeschaffenes (nichtstaatliches) Recht ist freilich nicht wählbar.[98] Dies kann für Verbünde bedeutsam sein, die sich eine spezielle Dienstordnung oder ein vergleichbares eigenes Regelwerk für die Behandlung von Arbeitnehmern gegeben haben. Beispielsweise soll der EVTZ Eurométropole Lille-Kortrijk-Tournai eine Dienstordnung haben, die eine Synthese oder einen Normenmix aus den Rechtsordnungen Belgiens und Frankreichs darstellt.[99] Teilweise ist Gleichbehandlung aller Mitarbeiter vorgesehen, teilweise wird nach Herkunftsländern differenziert. Beispielsweise wird der Erholungsurlaub für alle Mitarbeiter einheitlich nach französischem (Kommunal-)Recht bemessen, während die Feiertagsordnung dem belgischem Recht entnommen worden ist, jedoch mit der aus französischer Sicht wichtigen Modifikation, dass auch am 14. Juli nicht gearbeitet zu werden braucht. Demgegenüber sollen die Mitarbeiter jeweils so in Vergütungsgruppen zur Entgeltbemessung eingestuft werden und Sonderurlaube (z.B. wegen Mutterschaft) erhalten, wie es im Recht ihrer jeweiligen Herkunftsstaaten vorgesehen ist.[100]

---

96 Dazu *Ulrich* (in diesem Band); derzeitiger Status (Februar 2016): „In preparation", vgl. die Angaben unter <https://portal.cor.europa.eu/egtc/ /Pages/egtc-under-construction.aspx> (24.2.2016).
97 Entwicklungskonzept für einen EVTZ abrufbar unter <http://www.ostbahn.eu/20 110902_handout-TransOderana-EVTZ-09-2011-Deutsch.pdf> (24.2.2016).
98 Trib. Padova 21.1.2005 – n. 40287 del 2001 (Wiedergabe bei *Mankowski*, RIW 2005, 481 (491); *Mankowski*, Stillschweigende Rechtswahl und wählbares Recht, in: Leible (Hrsg.), Das Grünbuch zum Internationalen Vertragsrecht, 2004, 63 (86 ff.); *ders.*, IPRax 2006, 101 (102); dazu *Wenner*, FS Ulrich Werner, 2005, 39 ff.; *Knöfel*, RdA 2006, 269 (277 f.); *Deinert*, Internationales Arbeitsrecht, 2013, § 9 Rn. 25.
99 Nachfolgende Angaben nach *Engl* (Fn. 19), 288.
100 *Engl* (Fn. 19), 288.

Hat sich der EVTZ eine solche Dienstordnung gegeben, ist oder stellt aber nicht etwa dieses Regelwerk selbst die gewählte Rechtsordnung;[101] vielmehr sind die Aussagen der Dienstordnung an dem gewählten oder sonst anwendbaren staatlichen Recht zu messen und erst *mit dieser Maßgabe* auf die Arbeitnehmer zur Anwendung zu bringen.[102]

c) Rechtswahlergänzende Sonderanknüpfung (Günstigkeitsprinzip)

In jedem Fall wird eine im Arbeitsvertrag vorgenommene Rechtswahl durch die für das Arbeitskollisionsrecht charakteristische, rechtswahlergänzende Sonderanknüpfung zwingender Arbeitnehmerschutzvorschriften – des objektiv verwiesenen Rechts, in der Regel des Rechts am gewöhnlichen Arbeitsort – stark eingeschränkt (Art. 8 Abs. 1 S. 2 Rom I-VO). Sinn und Zweck dieser Sonderanknüpfung ist die Gewährleistung eines spezifisch kollisionsrechtlichen Schutzes des Arbeitnehmers als strukturell schwächerer Vertragspartei.[103] Unabdingbare Arbeitnehmerschutzregeln desjenigen Rechts, dessen Anwendung der Arbeitnehmer in Abwesenheit einer Rechtswahl hätte erwarten dürfen, gelten neben dem gewählten Recht und in Einzelfragen an dessen Stelle, wenn das erwartbare Niveau des Arbeitnehmerschutzes höher ist als das des gewählten Rechts. Fällt das im Arbeitsvertrag benannte Wahlstatut hinter die Standards zurück, die nach dem intern zwingenden Arbeitnehmerschutzrecht des gewöhnlichen Arbeitsorts oder der einstellenden Niederlassung bestanden hätten, kommen diese Standards zum Zuge. Dazu muss das Prozessgericht zwangsläufig – und mit erheblichem Aufwand – beide in Betracht kommenden Rechtsordnungen feststellen und wertend miteinander vergleichen. Im Ergebnis gilt ein „Mischstatut"[104] oder „law mix",[105] der einerseits aus gewählten Normen, andererseits aus Normen besteht, die über die Sonderan-

---

101 Siehe auch Erwägungsgrund (13) zur Rom I-VO, wonach „ein nichtstaatliches Regelwerk oder ein internationales Übereinkommen" mit materiellrechtlicher, nicht aber mit kollisionsrechtlicher Wirkung gewählt werden kann.
102 Siehe auch zu Codes of Conduct transnationaler Unternehmen *Junker*, in: Ferrari/Leible (Hrsg.), Ein neues Internationales Vertragsrecht für Europa, 2007, 111 (118); BeckOGK/*Knöfel*, Art. 8 Rom I-VO Rn. 27 (Juli 2015).
103 Mit allen Einzelheiten BeckOGK/*Knöfel*, Art. 8 Rom I-VO Rn. 34-43 (Juli 2015).
104 BeckOGK/*Knöfel*, Art. 8 Rom I-VO Rn. 35 (Juli 2015).
105 Begriff (zu Art. 3 Abs. 4 Rom I-VO) bei MüKoBGB/*Martiny* (Fn. 66), Art. 3 Rom I-VO Rn. 98.

knüpfung zur Geltung gekommen sind. Typische zwingende, über Art. 8 Abs. 1 S. 2 Rom I-VO durchzusetzende Normen[106] sind z.b. Vorschriften über Kündigungsschutz,[107] Mindestlohn und Mindesturlaub, allgemeine Arbeitsverbote an Sonn- und Feiertagen, besondere Arbeitsverbote für Kinder, Jugendliche und Frauen, Bestimmungen über Maximalarbeitszeiten, Regelungen über die allgemeine Ordnung des Betriebes, den betriebsärztlichen Dienst, Arbeitshygiene und Unfallverhütung, außerdem Vorschriften über die Ausübung gewerkschaftlicher Rechte, die Betriebsvertretung der Arbeitnehmer und den besonderen Schutz ihrer Mitglieder, ferner Normen über behördliche Genehmigungsvorbehalte zur Beendigung des Arbeitsverhältnisses und über die Nichtigkeit bestimmter Klauseln in Arbeitsverträgen.

Der dargestellte Mechanismus erfasst aber jede zwingende Bestimmung, die dem objektiven Arbeitsvertragsstatut entstammt und den Arbeitnehmer – verglichen mit dem gewählten Recht – günstiger stellt, wobei in der Praxis oft Rechtsunterschiede bei belastenden Fristenregelungen eine Rolle spielen. Sollten z.B. die Arbeitsverträge mit einem portugiesisch-spanischen EVTZ eine Rechtswahlklausel zugunsten spanischen Rechts enthalten, und darüber hinaus eine Ausschlussfrist für die Geltendmachung von Ansprüchen aus dem Arbeitsverhältnis[108] oder auch für die Erhebung einer Kündigungsschutzklage[109] vorsehen, ist im Streitfall je-

---

106 Art. 8 Rom I-VO definiert den als zwingend sonderanzuknüpfenden Normenbestand nicht. Der im Weiteren dargestellte Katalog von typischen Vorschriftengruppen (vgl. BeckOGK/*Knöfel*, Art. 8 Rom I-VO Rn. 41.1 [Juli 2015]) orientiert sich an einer einschlägigen Aufzählung in Art. 4 Abs. 1 Nr. 2 lit. a)-i) des Entwurfs einer Konfliktsrechts-Verordnung für Arbeitsverhältnisse von 1972/1976 (Vorschlag einer VO [EWG] des Rates über das auf Arbeitsverhältnisse innerhalb der Gemeinschaft anzuwendende Konfliktrecht v. 23.3.1972, ABl. EG 1972 C 49, 26, Text: RabelsZ 37 [1973], 585; endg. Fassung v. 28.4.1976, Dok. [EG-Kommission] IV/622/75 D = KOM 75/653 endg.), der freilich nie in Kraft trat.
107 S. nur BAGE 63, 17 (24 f.); BAGE 87, 144 (150); BAG AP GVG § 20 Nr. 8 Rn. 45 = IPRax 2015, 342 (346) m. Aufs. *Mankowski* 309; LAG Berlin-Brandenburg BeckRS 2013, 74308; Cass. soc. JCP éd. S N° 41, 12 octobre 2010, 24 note *Brissy*; Oetker/Preis/*Winkler v. Mohrenfels/Block*, Europäisches Arbeits- und Sozialrecht, 2010, B 3000 Rn. 77; BeckOGK/*Knöfel*, Art. 8 Rom I-VO Rn. 35 (Juli 2015).
108 So in BAG 19.3.2014, NZA 2014, 1076 (1078) = AP Nr. 26 zu § 130 BGB m. Anm. *Mankowski*.
109 So in EuGH 15.12.2011 – C-384/10, Slg. 2011, I-13309 = EuZW 2012, 61 m. Anm. *Lüttringhaus/Schmidt-Westphal* – Jan Voogsgeerd/Navimer.

denfalls zu prüfen, „ob nach portugiesischem Recht zwingende arbeitnehmerschützende Vorschriften auf den Sachverhalt Anwendung finden"[110] und insbesondere, „ob zwingendes arbeitnehmerschützendes portugiesisches Recht einer Ausschlussfristenregelung wie der in § (...) Arbeitsvertrag entgegensteht."[111] Ist dies zu bejahen, muss der Arbeitnehmer einen ihm nachteiligen Fristlauf nicht gegen sich gelten lassen.

d) Objektive Anknüpfung

Fehlt eine Rechtswahl, gilt das Recht des gewöhnlichen Arbeitsorts (Art. 8 Abs. 2 S. 1 Rom I-VO) als das am Erfüllungsort der Arbeitsleistung geltende Recht. Der gewöhnliche Arbeitsort ist der reale Tätigkeitsort,[112] der in genau einem Staat lokalisierbar sein muss.[113] Der objektive Anknüpfungspunkt ist auf möglichst breiter Tatsachengrundlage zu ermitteln;[114] er bestimmt sich nach Maßgabe „sämtlicher Umstände (...), die die Tätigkeit des Arbeitnehmers kennzeichnen".[115] Auf den Ablieferungsort des Arbeitsergebnisses kommt es nicht an,[116] so dass Arbeitnehmer, die im Inland wirken, z.B. in den Räumen eines Mitglieds des EVTZ, de facto da-

---

110 BAG 19.3.2014, NZA 2014, 1076 (1078) = AP Nr. 26 zu § 130 BGB m. Anm. *Mankowski.*
111 BAG 19.3.2014, NZA 2014, 1076 (1078) = AP Nr. 26 zu § 130 BGB m. Anm. *Mankowski.*
112 *Deinert* (Fn. 98), § 9 Rn. 85; MüKoBGB/*Martiny* (Fn. 66), Art. 8 Rom I-VO Rn. 49
113 BeckOGK/*Knöfel*, Art. 8 Rom I-VO Rn. 48 (Juli 2015).
114 EuGH Urt. v. 15.3.2011 – C-29/10, Slg. 2011, I-1595 = EuZW 2011, 302 = IPRax 2011, 582 m. Aufs. *Lüttringhaus* = SEW 2011, 362 m. Anm. *Kruger* – Heiko Koelzsch/Großherzogtum Luxemburg.
115 EuGH Urt. v. 15.12.2011 – C-384/10, Slg. 2011, I-13275 = EuZW 2012, 61 (63) Rn. 38 m. Anm. *Lüttringhaus/Schmidt-Westphal* = Clunet 139 (2012), 652 m. Aufs. *Parisot* = DMF 2012, 734 m. Anm. *Chaumette* 227 = RDT 2012, 115 m. Anm. *Jault-Seseke* – Jan Voogsgeerd/Navimer.
116 Für Telearbeit *Mankowski*, DB 1999, 1854 (1856 f.); *Oppertshäuser*, NZA-RR 2000, 393 (395); *Schlachter*, N: Rechtsfragen virtueller Unternehmensorganisation – Telearbeit, in: Noack/Spindler (Hrsg), Unternehmensrecht und Internet, 2001, 199 (228 f.); *Taschner*, Arbeitsvertragsstatut und zwingende Bestimmungen nach dem Europäischen Schuldvertragsübereinkommen, 2003, 159 f.; *Däubler*, NZA 2003, 1297 (1300); *Knöfel*, Telearbeitsverhältnisse im Internationalen Arbeitsrecht, in: Taeger/Wiebe (Hrsg.), Aktuelle Rechtsfragen von IT und Internet, 2006, 135 ff.

mit aber den Verbund im Ausland unterstützen, jedenfalls einen gewöhnlichen Arbeitsort im Inland haben und nicht etwa im Ausland, auch nicht aufgrund „virtueller" Entsendung. Kaum eine Rolle spielt sodann die subsidiäre objektive Anknüpfung an die einstellende Niederlassung (Art. 8 Abs. 3 Rom I-VO), da sie grundsätzlich nur hilfsweise, bei völligem Fehlen eines gewöhnlichen Arbeitsorts in genau einem Staat, zum Zuge kommt, und ein solcher sich bei Arbeitnehmern, die für einen EVTZ tätig sind, in der Regel wird bejahen lassen. Denn der gewöhnliche Arbeitsort liegt nach der ausdrücklichen, gegenüber Art. 6 EVÜ/Art. 30 EGBGB a.F. neuen Formulierung in Art. 8 Abs. 2 S. 1 Rom I-VO nicht nur an dem physischen Ort, „an dem" Arbeit ausgeführt wird, sondern in geeigneten Fallgestaltungen auch an einem Ort, „von dem aus" zur Arbeit – ggf. in mehreren Staaten – aufgebrochen wird. Damit sind – bei richtiger weiter Auslegung dieser „von dem aus"-Klausel (*base rule*)[117] – nahezu alle Fälle von grenzüberschreitender Erwerbsarbeit, selbst von stark oder nahezu völlig delokalisierter Arbeit, abgedeckt, solange nur ein fester „Stützpunkt" für die Arbeit identifizierbar bleibt.[118] Der – arbeitgeberfreundlichen und daher dem Normzweck des Art. 8 Rom I-VO tendenziell abträglichen – Anknüpfung an die einstellende Niederlassung bedarf es dann gar nicht mehr.[119]

e) Ausweichklausel

Die regelhaft über den gewöhnlichen Arbeitsort (Art. 8 Abs. 2 S. 1 Rom I-VO) vorgenommene Anknüpfung kann sich noch durch Einzelfallerwägungen ändern, die sich auf die sog. Ausweichklausel (*escape clause*) des Art. 8 Abs. 4 Rom I-VO stützen.[120] Danach kommt ein anderes als das ob-

---

117 *Knöfel*, IPRax 2014, 130 (133 f.); BeckOGK/*Knöfel*, Art. 8 Rom I-VO Rn. 57 (Juli 2015); siehe auch LAG Mecklenburg-Vorpommern, HmbSchRZ 2009, 9 (12); *Knöfel*, RdA 2006, 269 (277); *Magnus*, FS Willibald Posch, 2011, 443 (450); *Schlachter*, in: Erfurter Kommentar, 16. Aufl. 2016, Art. 8 Rom I-VO Rn. 12.
118 Im Einzelnen BeckOGK/*Knöfel*, Art. 8 Rom I-VO Rn. 52-59 (Juli 2015). Gegen die Relevanz von Stützpunkten allerdings tendenziell das Bundesarbeitsgericht, das sich zumindest für Seearbeitsverhältnisse dagegen ausspricht, den Anknüpfungspunkt „an Land zu verlegen", vgl. BAGE 132, 182 (191).
119 *Knöfel*, IPRax 2014, 130 ff.
120 Mit allen Einzelheiten BeckOGK/*Knöfel*, Art. 8 Rom I-VO Rn. 68-72 (Juli 2015).

jektiv berufene Recht zum Tragen, sofern die „Gesamtheit der Umstände" eher auf jenes andere Recht als auf die Rechtsordnung des gewöhnlichen Arbeitsorts oder der einstellenden Niederlassung deutet. Gefordert ist, dass das andere Recht – gemessen an der Rechtsordnung, die nach Art. 8 Abs. 2 oder Abs. 3 Rom I-VO zur Geltung käme – eine „engere Verbindung" zum Arbeitsvertrag aufweist.[121] Die Ausweichklausel ist zwar ein fester Bestandteil des Anknüpfungssystems,[122] aber als Ausnahmebestimmung[123] eng auszulegen, um die objektive Anknüpfung nicht zu destabilisieren, und nur in eindeutigen, eher seltenen Fällen zur Anwendung zu bringen. Bedeutsame Faktoren, die eine rechtserhebliche engere Verbindung ausmachen können, sind z.B. die räumlichen Anbindungen der Beteiligten (Sitz, Wohnsitz, Niederlassungsort, Ort des gewöhnlichen Aufenthalts) und auch eine – ggf. gemeinsame – Staatsangehörigkeit von Arbeitgeber und Arbeitnehmer,[124] außerdem der Ort der Heranziehung der Parteien zu öffentlich-rechtlichen Lasten (Einkommensteuer,[125] Sozialversicherungsbeiträge), daneben auch „die Parameter, die mit der Bestimmung des Gehalts und der Arbeitsbedingungen zusammenhängen".[126]

Die Rechtsprechung bringt Art. 8 Abs. 4 Rom I-VO gelegentlich zur Geltung, wenn der gewöhnliche Arbeitsort zwar in einem anderen Staat liegt, dort aber eher eine Enklave bildet, und starken Bezug auf einen Hei-

---

121 Siehe LAG Rheinland-Pfalz BeckRS 2010, 67046; *Knöfel*, EuZA 7 (2014), 375 (381).
122 EuGH 12.9.2013 – Rs. C-64/12, EuZW 2013, 825 (827) Rn. 36 ff. m. Anm. *Lüttringhaus* – Anton Schlecker, handelnd im Namen der Firma Anton Schlecker/Melitta Josefa Boedeker.
123 *Mankowski*, RabelsZ 53 (1989), 487 (492 f.); *Knöfel*, EuZA 7 (2014), 375 (380); *Lüttringhaus*, EuZW 2013, 821; MüKoBGB/*Martiny* (Fn. 66), Art. 8 Rom I-VO Rn. 75.
124 BAG, NZA 2002, 734 (737); BAG NZA 2014, 1076 (1078) = AP Nr. 26 zu § 130 BGB m. Anm. *Mankowski*; LAG Rheinland-Pfalz BeckRS 2010, 67046; BeckOGK/*Knöfel*, Art. 8 Rom I-VO Rn. 71 (Juli 2015); *ders.*, RdA 2006, 269 (277); krit. *Lüttringhaus*, EuZW 2013, 821 (822).
125 *Knöfel*, EuZA 7 (2014), 375 (384 f.) gegen *Lüttringhaus*, EuZW 2013, 821 (822 f.).
126 EuGH 12.9.2013 – Rs. C-64/12, EuZW 2013, 825 (827) Rn. 41 – Anton Schlecker, handelnd im Namen der Firma Anton Schlecker/Melitta Josefa Boedeker.

mat- oder Ursprungsstaat behält.[127] Dies kann ggf. bei abgeordneten EVTZ-Mitarbeitern der Fall sein.[128]

3. Entsendungen

Beschäftigte, deren Arbeitskraft dem EVTZ zugutekommt, werden nicht selten „von den EVTZ-Mitgliedern zugeteilt bzw. zur Verfügung gestellt".[129] Ein Beispiel unter vielen bietet der EVTZ Europaregion Tirolo – Alto Adige Südtirol – Trentino, dessen Personalbedarf im Wesentlichen aus solchen Abordnungen gedeckt wird.[130] Bei diesem Verbund – Stand 2014 – werden die Personalkosten im Wesentlichen (für sieben entsandte Mitarbeiter) von den Mitgliedern getragen, jedoch zum Teil (für zwei entsandte Mitarbeiter) vom EVTZ erstattet.[131] Solche Abreden zwischen dem EVTZ und einer Mitgliedskörperschaft über die Bereitstellung von Arbeitskraft und die daran geknüpften Rechte und Pflichten, z.B. zur Lohnkostenerstattung, sind keine Arbeitsverträge, sondern als Schuldverhältnisse nach allgemeinen Regeln anzuknüpfen, insbesondere dem gewählten Recht unterstellt (Art. 3 Rom I-VO).

Aus dem Blickwinkel der Arbeitnehmer fragt sich, wie Beschäftigte, die nicht originär für den EVTZ gewonnen wurden, sondern aus der Betriebsorganisation oder der Sphäre eines Mitglieds des EVTZ stammen, kollisionsrechtlich behandelt werden. Ersichtlich unerheblich für das anwendbare Recht sind bloße Auslandsdienstreisen.[132] Ist die Auslandsarbeit länger und stärker verfestigt als eine Reise, kommt die Regel des Art. 8 Abs. 2 S. 2 Rom I-VO zum Tragen, wonach die nur vorübergehende Entsendung eines Arbeitnehmers in einen anderen Staat als den Staat des gewöhnlichen Arbeitsorts keinen Wechsel des anwendbaren Rechts (Statu-

---

127 LAG Rheinland-Pfalz BeckRS 2012, 68453; siehe auch LAG Berlin 20.7.1998, NZA-RR 1998, 555 = IPRax 2001, 144 m. Aufs. *Mankowski* 123.
128 Siehe oben IV 2.
129 *Engl* (Fn. 19), 348.
130 2014 stand neben neun Entsandten nur ein Mitarbeiter, der unmittelbar mit dem EVTZ kontrahiert hatte, und für den die Geschäftsordnung des Verbundes die Geltung des Sitzrechts (Italien) vorsah, näher *Engl* (Fn. 19), 348.
131 *Engl* (Fn. 19), 348.
132 Siehe *Alles*, Das Arbeitsrecht der Auslandsdienstreise, 2013; dazu *Knöfel*, EuZA 8 (2015), 124; siehe auch BeckOGK/*Knöfel*, Art. 8 Rom I-VO Rn. 61 (Juli 2015).

tenwechsel) bewirkt.[133] Erwägungsgrund (36) S. 1 zur Rom I-VO konkretisiert den Tatbestand der Entsendung dahingehend, dass die Erbringung der Arbeitsleistung in einem anderen Staat als vorübergehend – und damit als kollisionsrechtlich neutral – gilt, „wenn von dem Arbeitnehmer erwartet wird, dass er nach seinem Arbeitseinsatz im Ausland seine Arbeit im Herkunftsstaat wieder aufnimmt." Diese Definition trägt dauerhaften und stetigen Motivlagen beider Vertragsparteien Rechnung.[134] Danach gilt die Verrichtung der Arbeit in einem anderen Staat als vorübergehend, wenn der Arbeitnehmer nach seinem Arbeitseinsatz im Ausland seine Arbeit im Herkunftsstaat wiederaufzunehmen hat. Festgestellt wird dies über subjektive Momente, nämlich Rückkehrwille (*animus revertendi*) des Arbeitnehmers und Rückrufwille (*animus retrahendi*) des Arbeitgebers.[135] Liegt beides vor, will kein Beteiligter, dass das Arbeitsverhältnis einer anderen Rechtsordnung unterstellt wird.[136] In der Regel unterliegen Personen, die auf Geheiß ihres Arbeitgebers für einen EVTZ tätig sind, daher weiterhin dem (Arbeits-)Recht des Ursprungs- oder Entsendestaates, z.B. „im Hinblick auf Urlaubstage, Entlohnung oder Sozialleistungen".[137]

Entsendesachverhalte, die unter die Entsende-Richtlinie 96/71/EG[138] mit der Durchsetzungsrichtlinie 2014/67/EG[139] und das dazu ergangene Umsetzungsrecht – in Deutschland das AEntG[140] – fallen, haben zur Folge, dass die in § 2 Nr. 1-7 AEntG genannten „allgemeinen Arbeitsbedin-

---

133 S. nur *Junker*, Internationales Arbeitsrecht im Konzern, 1992, 182; *dens.*, FS Andreas Heldrich, 2005, 719 (737 f.); *dens.*, JZ 2005, 481 (485); *Knöfel*, RdA 2006, 269 (274); *Mankowski*, IPRax 2003, 21 (24); MüKoBGB/*Martiny* (Fn. 66), Art. 8 Rom I-VO Rn. 62 sowie IPG 2002 Nr. 30, 443 (Köln 27.11.2002).
134 *Knöfel*, RdA 2006, 269 (275); BeckOGK/*Knöfel*, Art. 8 Rom I-VO Rn. 61 (Juli 2015).
135 Siehe *Knöfel*, RdA 2006, 269 (275); MüKoBGB/*Martiny*, Art. 8 Rom I-VO Rn. 62.
136 BeckOGK/*Knöfel*, Art. 8 Rom I-VO Rn. 61 (Juli 2015).
137 Zutreffend, aber ohne nähere Begründung *Engl* (Fn. 19), 348.
138 Richtlinie 96/71/EG des Europäischen Parlaments und des Rates über die Entsendung von Arbeitnehmern im Rahmen der Erbringung von Dienstleistungen v. 16.12.1996, ABl. EG 1997 L 18/1.
139 Richtlinie 2014/67/EU des Europäischen Parlaments und des Rates zur Durchsetzung der RL 96/71/EG über die Entsendung von Arbeitnehmern im Rahmen der Erbringung von Dienstleistungen und zur Änderung der VO (EU) Nr. 1024/2012 über die Verwaltungszusammenarbeit mit Hilfe des Binnenmarkt-Informationssystems („IMI-VO"), ABl. EU 2014 L 159/11.
140 Arbeitnehmer-Entsendegesetz vom 20.4.2009, BGBl. 2009 I 799.

gungen" als international zwingendes Recht – d.h. als Eingriffsnormen nach Art. 9 Rom I-VO – durchzusetzen sind, also unabhängig vom anwendbaren Recht zur Geltung kommen. Für die Entsendung von Arbeitnehmern durch ein Mitglied eines EVTZ gelten die allgemeinen Regeln des Arbeitnehmerentsenderechts.[141] Problematisch erscheint allenfalls, dass die Entsende-Richtlinie 96/71/EG nach Art. 1 Abs. 1 ausdrücklich bzw. nur für entsendende „Unternehmen" gelten will, während zum Kreis der Mitglieder eines EVTZ (Art. 3 EVTZ-VO) zwar auch (öffentliche) Unternehmen gehören (Art. 3 Abs. 1 lit. d), e), f), 3. Var. EVTZ-VO), jedoch ebenso Gebietskörperschaften auf nationaler, regionaler oder lokaler Ebene oder die Mitgliedstaaten (Art. 3 Abs. 1 lit. a)-c), f), 1. Var. EVTZ-VO). Jedenfalls nach dem deutschen Umsetzungsrecht kommt es aber nicht auf eine – wie auch immer geartete – Unternehmenseigenschaft an, sondern allein auf den gewählten Vertragstyp. Nach dem Wortlaut des § 2 AEntG, der Art. 3 der Entsende-Richtlinie 96/71/EG umsetzt, knüpft sich die Wirkung der Norm an „Arbeitsverhältnisse zwischen einem im Ausland ansässigen Arbeitgeber und seinen im Inland beschäftigten Arbeitnehmern und Arbeitnehmerinnen". Gelangen die Arbeitnehmer eines EVTZ-Mitglieds durch Entsendung ins Inland, dürfte § 2 AEntG daher zur Geltung kommen. Klarer Schwerpunkt des Arbeitnehmerentsenderechts ist die Pflicht zur Zahlung von Mindestentgelten im Inland, deren international zwingender Charakter aus deutscher Sicht aus § 2 Nr. 1 AEntG und auch aus § 20 MiLoG[142] folgt.[143] Über § 8 AEntG können unter bestimmten Voraussetzungen außerdem auch tarifvertraglich vorgesehene Arbeitsbedingungen als international zwingend durchzusetzen sein.[144]

---

141 Siehe z.B. BeckOGK/*Knöfel*, Art. 8 Rom I-VO Rn. 60-60.1 u. ebd. Rn. 82-82.1 (Juli 2015).
142 Gesetz zur Regelung eines allgemeinen Mindestlohns (Mindestlohngesetz – MiLoG) v. 11.8.2014, BGBl. 2014 I 1348.
143 Siehe dazu *Sittard*, RdA 2013, 301 (302); *ders.*, NZA 2015, 78 (79 f.); *Wank*, RdA 2015, 88 (93); BeckOGK/*Knöfel*, Art. 8 Rom I-VO Rn. 82.1 (Juli 2015).
144 Näher *Deinert*, in: Internationales Recht im Wandel – Symposium für Peter Winkler v. Mohrenfels, 2013, 95 (104 f.).

VI. Europäisches Internationales Arbeitsprozessrecht

Die EVTZ-VO kennt keine Zuweisung von Streitigkeiten an ein besonders zu errichtendes Schiedsgericht,[145] wie dies in völkervertraglichen Instrumenten zur grenznachbarlichen Zusammenarbeit gelegentlich vorgesehen ist.[146] Daher verbleibt die internationale Entscheidungszuständigkeit für Streitigkeiten aus Arbeitsverhältnissen mit dem EVTZ bei den staatlichen Gerichten; sie ist seit dem 10. Januar 2015 nach Artt. 20-23 der Europäischen Gerichtsstands- und Vollstreckungsverordnung (EuGVVO[147]) zu bestimmen. Aus der EVTZ-VO folgen keine spezifischen Aussagen zu den Gerichtspflichten. Vielmehr beruft Art. 15 Abs. 2 S. 1 EVTZ-VO für Streitigkeiten, an denen ein EVTZ beteiligt ist, „die Rechtsvorschriften der Union über die gerichtliche Zuständigkeit" zur Anwendung.[148] Zu den insoweit verwiesenen Kompetenznormen gehört auch die EuGVVO. An der Verweisungsregelung in Art. 15 EVTZ-VO hat man freilich auszusetzen gehabt, dass sie „für all diejenigen Betroffenen, die nicht im Sitzstaat des EVTZ angesiedelt sind, zu einer Verlagerung ihrer Rechtsschutzmöglichkeiten ins Ausland"[149] und im Ergebnis zu untunlichen „Belastungen von Rechtsschutzsuchenden in grenzüberschreitenden Fällen"[150] führe.[151] Jedenfalls für die arbeits- und überhaupt privatrechtlichen Aspekte und Rechtsverhältnisse des EVTZ lässt sich diese Kritik nicht teilen. Solcher „Belastungen" nimmt sich das Internationale Zivilverfahrensrecht seit jeher an und mildert sie erheblich und sehr erfolgreich ab. In EU-Europa geschieht dies heute durch die EuGVVO, die sich – gerade in Arbeitssachen, d.h. mit einem gezielt schützenden Impetus zugunsten der Arbeitnehmer – außerordentlich bewährt hat.

Im Hinblick auf Streitigkeiten aus dem Arbeitsverhältnis sieht Art. 22 Abs. 1 EuGVVO einen exklusiven Gerichtsstand am Wohnsitz des Arbeitnehmers für Klagen des Arbeitgebers vor. Demgegenüber können Aktiv-

---

145 *Kment*, Verw 2012, 155 (166).
146 Siehe *Kment*, Verw 2012, 155 (166) mit einem Beispiel.
147 Verordnung (EU) Nr. 1215/2012 des Europäischen Parlaments und des Rates vom 12. Dezember 2012 über die gerichtliche Zuständigkeit und die Anerkennung und Vollstreckung von Entscheidungen in Zivil- und Handelssachen, ABl. EU 2012 L 351/1.
148 Dazu *Pechstein/Deja*, EuR 2011, 357 (379).
149 *Kment*, Verw 2012, 155 (164).
150 *Kment*, Verw 2012, 155 (166).
151 *Kment*, Verw 2012, 155 (164-166).

prozesse des Arbeitnehmers nach Art. 21 Abs. 1 EuGVVO alternativ vor den Wohnsitzgerichten des Arbeitgebers oder am gewöhnlichen Arbeitsort bzw. am Ort der einstellenden Niederlassung geführt werden. Vor Nachteilen durch Gerichtsstandsvereinbarungen ist der Arbeitnehmer nach Art. 23 EuGVVO weitgehend geschützt.

VII. Zusammenfassung

1. Die EVTZ-VO enthält zwar einige sachrechtliche Vorgaben zur Organisation von Erwerbsarbeit, aber kein Arbeitskollisionsrecht. Die Arbeitsverhältnisse des EVTZ unterstehen auch nicht über Art. 2 EVTZ-VO pauschal dem Sitzrecht des Verbundes. Vielmehr sind die anwendbaren Kollisionsnormen den allgemeinen Regeln des unionalen IPR und insbesondere Art. 8 Rom I-VO zu entnehmen.
2. Für kollisionsrechtliche Zwecke sind die für einen EVTZ tätigen Personen – inklusive der Direktoren und wohl auch abgeordneter Bediensteter mit öffentlich-rechtlichem Hintergrund – in der Regel als Arbeitnehmer zu behandeln.
3. Arbeitsverhältnisse mit Ortskräften unterstehen der einzigen Rechtsordnung, mit der sie zu tun haben.
4. Wesensmäßig grenzüberschreitende Erwerbsarbeit für einen EVTZ untersteht zuvörderst dem gewählten Recht, wobei die Besonderheiten des Europäischen Arbeitskollisionsrechts, insbesondere das Günstigkeitsprinzip, zum Tragen kommen.
5. Ist eine Rechtswahl nicht getroffen worden, gilt das Recht am gewöhnlichen Arbeitsort, ggf. aufgefasst als Recht am Ort eines Stützpunkts für die in mehreren Staaten ausgeübte Arbeit. Der subsidiär vorgesehenen Anknüpfung an eine einstellende Niederlassung des Arbeitgebers bedarf es regelmäßig nicht. Das Ergebnis der Anknüpfung kann über die Ausweichklausel korrigiert werden, z.B. wenn besonders starke Bezüge zu einem öffentlich-rechtlichen Hintergrund in einem anderen Staat vorhanden sind. Entsendungen ändern das anwendbare Recht nicht, führen aber zur Durchsetzung bestimmter Arbeitsbedingungen des Aufnahmestaates. In arbeitsprozessrechtlicher Hinsicht gelten aufgrund Verweisung (Art. 15 EVTZ-VO) die allgemeinen arbeitnehmerschützenden Kompetenzregeln der Artt. 20-23 EuGVVO.

Abstract

The EGTC Regulation (Regulation [EC] No. 1082/2006) contains some substantive law provisions on the organisation of employment, but does not comprise any rules on the conflict of laws in employment matters. In particular, Art. 2 of the EGTC Regulation ("Applicable Law") does not refer to matters of labour law. As a consequence, contracts of employment concluded by an EGTC are not automatically governed by the law of the Member State where the EGTC has its registered office. Today, employment contracts are addressed by uniform rules of EU private international law in general and by Art. 8 of the Rome I Regulation of 2009 in particular.

EGTC staff members – including directors – may be considered employees within the meaning of Art. 8 of the Rome I Regulation, provided that the given person performs services for and under the direction of another person in return for which she receives remuneration (cf. Art. 45 TFEU).

Cross-border employment contracts concluded by an EGTC are subject to free choice of law. The preferential law approach as contained in Art. 8 (1) of the Rome I Regulation must be taken into account.

In the absence of a choice of law clause, contracts of employment are governed by the law of the country in which the employee habitually carries out her work in performance of the contract (*locus laboris*). If there is a fixed base from which work is organised, the habitual workplace is determined by virtue of the *base rule* in Art. 8 (2) cl. 1 Rome I Regulation. Thus, the conflict of laws rule bearing relevance to the engaging place of business in Art. 8 (3) of the Rome I Regulation will apply rarely. In extraordinary cases, an *escape clause* contained in Art. 8 (4) of the Rome I Regulation might apply. A temporary posting of an EGTC employee to another country does not alter the applicable law. Workers posted to the territory of a Member State are guaranteed certain terms and conditions of employment laid down by law in the aforementioned Member State. Art. 15 of the EGTC Regulation refers to "community legislation on jurisdiction", including Art. 20-23 of the Brussels Ia-Regulation on "jurisdiction over individual contracts of employment".

Literaturverzeichnis

Beck'scher Online-Großkommentar (BeckOGK), Edition 1 (Hrsg. *Gsell, Beate/Krüger, Wolfgang/Lorenz, Stephan/Mayer, Jörg*) (Stand Juli 2015)

Chaumette, Patrick, De l'établissement d'exploitation du navire et du lieu habituel de travail d'un marin, DMF 2012, 227-233

Däubler, Wolfgang, Die internationale Zuständigkeit der deutschen Arbeitsgerichte - Neue Regeln durch die Verordnung (EG) Nr. 44/2001, NZA 2003, 1297-1302

Deinert, Olaf (Hrsg.), Die international-privatrechtliche Behandlung öffentlich-rechtlichen Arbeitsrechts, in: Internationales Recht im Wandel – Symposium für Peter Winkler von Mohrenfels, Baden-Baden 2013, 95-127

Deinert, Olaf, Internationales Arbeitsrecht, Tübingen 2013

Engl, Alice, Ein Instrument zwischen Gemeinschaftspolitik und nationalem Recht: Die Durchführung der Verordnung über den Europäischen Verbund für Territoriale Zusammenarbeit in ausgewählten EU-Mitgliedstaaten, EuR 2013, 285-307

Engl, Alice, Zusammenhalt und Vielfalt in Europas Grenzregionen: Der Europäische Verbund für territoriale Zusammenarbeit in normativer und praktischer Dimension, Baden-Baden 2014

Erfurter Kommentar zum Arbeitsrecht (Hrsg.: *Müller-Glöge, Rudi/Preis, Ulrich/ Schmidt, Ingrid*), 16. Aufl. München 2016

Forst, Gerrit, Unterliegen die Organwalter einer Societas Europaea mit Sitz in Deutschland der Sozialversicherungspflicht?, NZS 2012, 801-808

Frenz, Walter, Supranationale Gesellschaftsformen, Jura 2012, 120-126

Frey, Michael, Die Straßburger Tram kommt wieder nach Kehl, Europarechtliche und kollisionsrechtliche Fragen des grenzüberschreitenden Einsatzes von Arbeitnehmern am konkreten Fall, RdTW 2014, 92-99

Griebeling, Gert, Die Merkmale des Arbeitsverhältnisses, NZA 1998, 1137-1144

von der Groeben, Hans/Schwarze, Jürgen/Hatje, Armin (Hrsg.), Europäisches Unionsrecht: Vertrag über die Europäische Union, Vertrag über die Arbeitsweise der Europäischen Union, Charta der Grundrechte der Europäischen Union, 7. Aufl. Baden-Baden 2015

Guckelberger, Annette/Dilek, Emrah, Deutsch-französische Zusammenarbeit in der Grenzregion, DÖV 2016, 1-12

Hümmerich, Klaus/Reufels, Martin (Hrsg.), Gestaltung von Arbeitsverträgen und Dienstverträgen für Geschäftsführer und Vorstände, Kommentierte Klauseln und Musterverträge, 3. Aufl. Baden-Baden 2015

Hüßtege, Rainer/Mansel, Heinz-Peter (Hrsg.), Nomos-Kommentar zum Bürgerlichen Gesetzbuch: Rom-Verordnungen zum internationalen Privatrecht, 2. Aufl. Baden-Baden 2015

Jault-Seseke, Fabienne, Loi applicable aux salariés mobiles: La Cour de justice de l'Union européenne poursuit son travail d'interprétation de l'article 6 de la Convention de Rome, RDT 2012, 115-119

Junker, Abbo, Internationales Arbeitsrecht im Konzern, Tübingen 1992

Junker, Abbo, Arbeitnehmerentsendung aus deutscher und europäischer Sicht, JZ 2005, 481-488

Junker, Abbo, Gewöhnlicher Arbeitsort und vorübergehende Entsendung im Internationalen Privatrecht, in: Festschrift für Andreas Heldrich zum 70. Geburtstag, München 2005, 719-741

Junker, Abbo, Arbeitsverträge, in: *Ferrari, Franco/Leible, Stefan* (Hrsg.), Ein neues internationales Vertragsrecht für Europa – Der Vorschlag für eine Rom I-Verordnung, Jena 2007, 113-131

Junker, Abbo, Arbeitsverträge im Internationalen Privat- und Prozessrecht, in: Festschrift für Peter Gottwald zum 70. Geburtstag, München 2014, 293-305

Kindler, Peter, Internationale Zuständigkeit bei der Geschäftsführerhaftung gegenüber der Gesellschaft, IPRax 2016, 115-119

Kment, Martin, Der Europäische Verbund territorialer Zusammenarbeit, Verw 2012, 155-169

Knöfel, Oliver, Kommendes Internationales Arbeitsrecht: Der Vorschlag der Kommission der Europäischen Gemeinschaften vom 15.12.2005 für eine "Rom I"-Verordnung, RdA 2006, 269-281

Knöfel, Oliver, Telearbeitsverhältnisse im Internationalen Arbeitsrecht, in: *Taeger, Jürgen/Wiebe, Andreas* (Hrsg.), Aktuelle Rechtsfragen von IT und Internet, Edewecht 2006, 135-144

Knöfel, Oliver, Navigare necesse est - Zur Anknüpfung an die einstellende Niederlassung im Europäischen Internationalen Arbeitsrecht der See (EuGH 15.12.2011 - Rs. C-384/10 - Jan Voogsgeerd/Navimer SA), IPRax 2014, 130-136

Knöfel, Oliver, The Sweet Escape – Zur Ausweichklausel im Europäischen Internationalen Arbeitsvertragsrecht, EuZA 7 (2014), 375-385

Knöfel, Oliver, Besprechung von B. Alles, Das Arbeitsrecht der Auslandsdienstreise (Göttingen 2013), EuZA 8 (2015), 124-126

Knöfel, Oliver, Grenzüberschreitende Organhaftung als Arbeitnehmerhaftung?, EuZA 9 (2016), 348-367

Kotzur, Markus, Rechtsfragen grenzüberschreitender Zusammenarbeit, in: *Janssen, Gerold* (Hrsg.), Europäische Verbünde für territoriale Zusammenarbeit (EVTZ), Münster 2006, 55-77

Kruger, Thalia, Noot onder Zaak C-29/10, Koelzsch/Groothertogdom Luxemburg, SEW 2011, 363-367

Krzymuski, Marcin/Kubicki, Philipp, EVTZ-2.0 - Neue Chance für die grenzübergreifende Zusammenarbeit öffentlicher Einrichtungen?, NVwZ 2014, 1338-1344

Lüttringhaus, Jan, Vorboten des internationalen Arbeitsrechts unter Rom I: Das bei „mobilen Arbeitsplätzen" anwendbare Recht und der Auslegungszusammenhang zwischen IPR und IZVR, IPRax 2011, 554-559

Lüttringhaus, Jan, Die "engere Verbindung" im europäischen internationalen Arbeitsrecht, EuZW 2013, 821-824

Lüttringhaus, Jan, Die Haftung von Gesellschaftsorganen im internationalen Privat- und Prozessrecht, EuZW 2015, 904-907

Lüttringhaus, Jan/Schmidt-Westphal, Oliver, Neues zur „einstellenden Niederlassung" im europäischen internationalen Arbeitsrecht, EuZW 2012, 139-141

Magnus, Ulrich, Seearbeitsverhältnisse und die Rom I- und II-Verordnungen, in: Festschrift für Willibald Posch zum 65. Geburtstag, Wien 2011, 443-461

Mankowski, Peter, Arbeitsverträge von Seeleuten im deutschen Internationalen Privatrecht, RabelsZ 53 (1989), 487-525

Mankowski, Peter, Internet, Telearbeit und Internationales Arbeitsvertragsrecht, DB 1999, 1854-1858

Mankowski, Peter, Europäisches Internationales Arbeitsprozessrecht - Weiteres zum gewöhnlichen Arbeitsort, IPRax 2003, 21-28

Mankowski, Peter, Organpersonen und Internationales Arbeitsrecht, RIW 2004, 167-172

Mankowski, Peter, Stillschweigende Rechtswahl und wählbares Recht, in: *Leible, Stefan* (Hrsg.), Das Grünbuch zum internationalen Vertragsrecht, Beiträge zur Fortentwicklung des Europäischen Kollisionsrecht der vertraglichen Schuldverhältnisse, München 2004, 63-109

Mankowski, Peter, Entwicklungen im Internationalen Privat- und Prozessrecht, RIW 2005, 481-500

Mankowski, Peter, Der Vorschlag für die Rom I-Verordnung, IPRax 2006, 101-113

Mankowski, Peter, Anm. zu EuGH 10.09.2015 (Rs. C-47/14), RIW 2015, 821-823

Mansel, Heinz-Peter/Thorn, Karsten/Wagner, Rolf, Europäisches Kollisionsrecht 2015: Neubeginn, IPRax 2016, 1-33

Münchener Kommentar zum Bürgerlichen Gesetzbuch (Hrsg.: *Rebmann, Kurt/Säcker, Franz Jürgen/Rixecker, Roland*),

XI: Internationales Privatrecht - Internationales Wirtschaftsrecht; Einführungsgesetz zum Bürgerlichen Gesetzbuche (Art. 25 - 248), 6. Aufl. München 2015

Oppertshäuser, Joachim, Das Internationale Privat- und Zivilprozessrecht im Spiegel arbeitsgerichtlicher Rechtsprechung, NZA-RR 2000, 393-400

Parisot, Valérie, Vers une cohérence verticale des textes communautaires en droit du travail? Réflexion autour des arrêts Heiko Koelzsch et Jan Voogsgeerd de la Cour de justice, Clunet 139 (2012), 597-660

Pechstein, Matthias/Deja, Michał, Was ist und wie funktioniert ein EVTZ?, EuR 2011, 357-384

Peine, Franz-Joseph/Starke, Thomas, Der europäische Zweckverband - Zum Recht der Europäischen Verbünde für territoriale Zusammenarbeit (EVTZ), LKV 2008, 402-405

Reiter, Christian, Entsendung zu Tochtergesellschaften im In- und Ausland, NZA-Beil. 2014, 22-28

Schilling, Stefan, Der Europäische Verbund für territoriale Zusammenarbeit – Sinnvolles Instrument grenzüberschreitender Kooperation oder Haftungsfalle?, EuR 2016, 338-351

Schlachter, Monika, N: Rechtsfragen virtueller Unternehmensorganisation: Telearbeit, in: *Noack, Ulrich/Spindler, Gerald* (Hrsg.); Unternehmensrecht und Internet - Neue Medien im Aktien-, Börsen-, Steuer- und Arbeitsrecht, München 2001, 199-233

Schlosser, Peter/Hess, Burkhard, EuZPR, 4. Aufl. München 2015

Schwarze, Jürgen/Becker, Ulrich/Hatje, Armin/Schoo, Johann (Hrsg.), EU-Kommentar, 3. Aufl. Baden-Baden 2012

Sittard, Ulrich, Im Dschungel der Mindestlöhne - ein Versuch der Systematisierung, RdA 2013, 301-309

Sittard, Ulrich, Gilt das Mindestlohngesetz auch beim Kurzeinsatz in Deutschland?, NZA 2015, 78-82

Spindler, Gerald/Schuster, Fabian (Hrsg.), Recht der elektronischen Medien, Kommentar, 2. Aufl. München 2015

Streinz, Rudolf (Hrsg.), EUV, AEUV : Vertrag über die Europäische Union und Vertrag über die Arbeitsweise der Europäischen Union, 2. Aufl. München 2012

Taschner, Martin, Arbeitsvertragsstatut und zwingende Bestimmungen nach dem Europäischen Schuldvertragsübereinkommen, Frankfurt am Main 2003

Wank, Rolf, Der Mindestlohn, RdA 2015, 88-94

Wenner, Christian, Rechtswahlblüten, in: Festschrift für Ulrich Werner zum 65. Geburtstag, Düsseldorf 2005, 39-47

Worzalla, Michael, Arbeitsverhältnisse und sonstige Rechtsverhältnisse in der Rechtsprechung des BAG, in: Festschrift 50 Jahre Bundesarbeitsgericht, München 2004, 311-331.

Soziale Sicherheit in Grenzregionen durch Europäisches koordinierendes Sozialrecht

Prof. Dr. Eberhard Eichenhofer[1]

I. Einführung

1. Soziale Sicherung durch Staaten und internationale Folgen

Vor über 20 Jahren sind die Grenzbefestigungen unter den EU- Staaten gefallen. Dennoch bleibt die EU in Staaten untergliedert und somit auch in unterschiedliche Rechtsräume aufgeteilt. Obgleich Europäisches Recht supranational ist, verdrängt dieses nicht die Rechte der Mitgliedstaaten, sondern wird mit diesen auf komplizierte Weise verbunden.

Der „Europäische Verbund für territoriale Zusammenarbeit" (EVTZ) hat vor diesem Hintergrund den Auftrag, die sich daraus ergebenden Schwierigkeiten theoretisch zu identifizieren und praktisch zu lösen. Fragen der grenzüberschreitenden Zusammenarbeit ergeben sich auf allen Gebieten des öffentlichen wie privaten Lebens. Diese Zusammenhänge zeigen sich auch in der sozialen Sicherheit – also dem Schutz bei Krankheit und Mutterschaft, Alter, Invalidität und im Hinterbliebenenfall, bei Arbeitsunfällen und Berufskrankheiten, Arbeitslosigkeit und im Hinblick auf Familienleistungen durch öffentliche Leistungen der Sozialversicherung.

Für diese macht die Staatsgrenze bewusst, dass es derzeit noch keine einheitliche europäische Sozialversicherung gibt, sondern jeder Mitgliedstaat sein eigenes System hat. Deshalb ist zu entscheiden: Wer ist in welchem System erfasst, und was gilt, wenn jemand im System eines Staates gesichert ist und im anderen Staat Hilfe braucht? Und was passiert schließlich, wenn jemand sein Erwerbsleben nacheinander in unterschiedlichen Systemen verbracht hat und darin Rentenanwartschaften mehrerer Staaten erworben hat?

---

1 Friedrich-Schiller-Universität Jena/Berlin.

Die daraus folgenden Fragen regelt das Internationale Sozialrecht (ISR) und unter den Mitgliedstaaten der EU das Europäische koordinierende Sozialrecht. Für die Arbeit der EVTZ sind die damit verbundenen Probleme doppelt bedeutsam: zum einen weil sie sich im Hinblick auf die bei ihnen Beschäftigten stellen; zum anderen, weil es für EVTZ einen wichtigen Teil ihres Beratungs- und Hilfeauftrages bedeutet, auf Fragen der grenzüberschreitenden Gewährleistung sozialer Sicherheit die angemessenen Antworten zu geben und zu finden.

2. Was ist ISR?

„ISR" ist der Teil des Sozialrechts, der die sich aus dessen Internationalität ergebenden Folgen regelt.[2] ISR ist – anders formuliert – für das Sozialrecht, was Internationales Privatrecht (IPR) für das Privatrecht ist: das Teilgebiet des Rechts, welches besteht, weil auf der Welt viele materielle Sozial- und Privatrechte nebeneinander bestehen. Nationale Rechte, die nebeneinanderstehen, haben also eine internationale Dimension. Daraus ergeben sich für jedes Sozialrecht zwei elementare Rechtsfragen, deren Antworten das ISR ausmachen: Erstens, für welche sich weltweit ereignenden Sachverhalte beansprucht es Geltung und für welche nicht, weil diese das Sozialrecht eines anderen Staates regelt? Zweitens, entfaltet das inländische Sozialrecht im Ausland und das ausländische Sozialrecht im Inland Wirkungen? Und falls ja, welche? Diese Antworten gibt jedes Recht grundsätzlich selbst. Deshalb ist das ISR Teil jedes Sozialrechts. Der Regelungsgegenstand von ISR ist demgemäß die Bewältigung sämtlicher Folgen aus der Internationalität für das Sozialrecht des normsetzenden Staates. Unter den EU-Mitgliedstaaten ist das ISR jedoch durch EU-Recht ersetzt.

---

2 Vgl. zur Begriffsbildung *Eichenhofer*, Internationales Sozialrecht, 1994, Rn. 1 ff.; *von Maydell*, Sach- und Kollisionsnormen im Internationalen Sozialversicherungsrecht, 1967, S. 15 ff.; *Janda*, Migranten im Sozialstaat, 2012.

3. Territorialprinzip?

Es findet sich immer noch weit verbreitet die Aussage: Das ISR beruhe auf dem „Territorialprinzip".[3] Diesem zufolge ergebe sich aus der Beschränkung der Hoheitsgewalt eines Staates auf sein Staatsgebiet, dass auch dessen Gesetze nur für die sich auf dessen Territorium ereignenden Sachverhalte gelten könnten.[4]

Könnte ISR allerdings aus besagtem Prinzip abgeleitet werden, wäre es ziemlich einfach. Das ISR wird allerdings nur nötig, wenn ein Sachverhalt zu mehreren Staaten Bezüge aufweist. Was dann aber gilt, wird vom Territorialprinzip gerade nicht beantwortet. Die Behauptung, das Sozialrecht gelte nur für Inlandssachverhalte, ist deshalb zum einen schlicht unrichtig, und zum anderen ohne jeglichen Aussagegehalt, weil offen bleibt, was ein Inlandssachverhalt ist. Es wäre ferner methodisch unkorrekt, die Grenzen sozialrechtlichen Sollens aus den Grenzen staatlichen Könnens abzuleiten.[5] Vor allem aber folgt das ISR nicht aus irgendwelchen allgemeinen Prinzipien, sondern aus konkreten Rechtssätzen. Der Rückgriff auf ein „Territorialprinzip" ist angesichts der Positivität des Sozialrechts und auch der Regelung seiner internationalen Dimensionen in konkreten Rechtssätzen also falsch, irritierend und überflüssig – und deshalb ganz und gar verfehlt!

4. Wo ist ISR zu finden?

Das ISR ist im Gesetzesrecht sowie in zwischen- und überstaatlichen Normen niedergelegt. In § 30 SGB I wird der internationale Geltungsbereich deutscher Sozialgesetze allgemein umrissen. Danach gilt deutsches Sozialrecht für sämtliche Personen, die ihren gewöhnlichen Aufenthalt in Deutschland haben, vorbehaltlich zwischen- und überstaatlichen Rechts. Davon finden sich jedoch wichtige Abweichungen. § 30 SGB I formuliert

---

3 *Rauscher*, VSSR 10 (1982), S. 319; *Selb*, Probleme des Territorialprinzips, in *Tomandl* (Hrsg.), Auslandsberührungen in der Sozialversicherung, 1980, S. 17 f.
4 Klassisch: BSGE 32, S. 174 f.; 33, S. 280, S. 285.
5 Vgl. *ILO* (Ed.), Social Security for Migrant Workers, 1977, 53 ff.; Begründung: *Eichenhofer*, Internationales Sozialrecht, Rn. 89, Deutsches Sozialrecht gilt auch für Auslandssachverhalte, z.B. Auslandsmonteur eines im Inland ansässigen Unternehmens erleidet Arbeitsunfall im Ausland; Entschädigung nach deutschem Recht.

deshalb weder den Regelfall noch ein für das ISR grundlegendes Prinzip. Nach §§ 3 Nr. 1, 4 f. SGB IV gelten die deutschen Vorschriften über Versicherungspflicht und -berechtigung der Sozialversicherung für Beschäftigte oder Selbständige, die ihrer Tätigkeit gewöhnlich im Inland nachgehen. §§ 4 f. SGB IV stellen weiter klar, dass eine Inlandsbeschäftigung auch bei vorübergehender Auslandsbetätigung besteht (Ausstrahlung), wie umgekehrt solche Beschäftigung nicht vorliegt, falls sie im Inland nur vorübergehend ausgeübt wird (Einstrahlung).

Dieses im Gesetzesrecht enthaltene ISR wird ergänzt oder modifiziert durch das Abkommen auf dem Gebiet sozialer Sicherheit (§§ 6 SGB IV, 30 II SGB I). Deutschland hat mit vielen Staaten solche Abkommen[6] geschlossen, welche die zwei- oder mehrseitigen Beziehungen regeln. Sie können sich auf die soziale Sicherheit insgesamt oder einzelne Teile (Kranken-, Renten-, Unfall- und Arbeitslosenversicherung sowie Familienbeihilfen), Versorgung und Sozialhilfe erstrecken. Die für Deutschland wichtigsten Regeln des ISR sind jedoch heute im Europäischen koordinierenden Sozialrecht enthalten. Denn dieses verdrängt die bilateralen Verträge; mit zunehmender geographischer Erweiterung der EU dominiert heute das EU-Recht. Das international „harmonisierende" Sozialrecht verbindet die Sozialrechte der Staaten und grenzt sie voneinander ab.

II. Das Europäische koordinierende Sozialrecht

1. Begriff

Das Europäische Sozialrecht bezieht sich auf das Sozialrecht der Mitgliedstaaten. Es soll diese voneinander abgrenzen oder miteinander verbinden.[7] Das Europäische Sozialrecht unterfällt in das „harmonisierende", „stan-

---

6 *Fuchs/Preis*, Sozialversicherungsrecht, § 63; *Petersen*, in SRH, § 35; umfassend *Deutsche Rentenversicherung Bund* (Hrsg.), SVA.
7 *Barwig/Schulte* (Hrsg.), Freizügigkeit und Soziale Sicherheit, 1999; *Devetzi*, Die Kollisionsnormen des europäischen Sozialrechts, 2000; *Eichenhofer*, Sozialrecht der Europäischen Union, 2013; *ders.* (Hrsg.), 50 Jahre nach ihrem Beginn..., 2009; *Fuchs*, Nomos-Kommentar zum Europäischen Sozialrecht, 2013; *Pennings*, Introduction to European Social Security Law, 2003; *Rodière*, Droit Social de l'Union Européenne, 2008; *Hauck/Noftz/Eichenhofer*, EU-Sozialrecht, 2010; *Schrammel/ Winkler*, Europäisches Arbeits- und Sozialrecht, 19 ff., 285 ff.; *Schuler*, Das Internationale Sozialrecht der Bundesrepublik Deutschland, 1988; Schulte, in SRH, § 33;

dardisierende" und „koordinierende" Sozialrecht. Jenes gibt den Mitgliedstaaten Grundsätze zur Ausgestaltung ihres Sozialrechts vor (z.b. gleiches Rentenalter, gleiche Rentenformel, gleiche Techniken der Sicherung bei Krankheiten allen Mitgliedstaaten); diese bezweckt die wechselseitige Verflechtung der Sozialrechtsordnungen. „Harmonisierung" meint Schaffung einheitlichen „Sachrechts" (= materiellen Rechts), „Koordinierung" dagegen Schaffung einheitlichen ISR. Die zuletzt genannte Umschreibung verdeutlicht, dass auch „Koordinierung" letztlich Harmonisierung bezweckt. Der Unterschied liegt im Gegenstand: „Harmonisierung" bezweckt Angleichung von Sachrecht, „Koordinierung" dagegen von ISR. Seit 2000 fördert die EU – auf Art. 153 lit. k),162 f. AEUV gestützt – den Annäherungsprozess der Sozialrechtsordnungen der Mitgliedstaaten durch die „offene Methode der Koordinierung".

Deren Anliegen ist weder die „Koordinierung" der Sachrechte, noch die „Harmonisierung" der Berechtigungen, sondern die Annäherung von deren ökonomischen Wirkungen. Mittels dieser Methode beeinflusst die EU zunehmend die Sozialgesetzgebung der Mitgliedstaaten in der Beschäftigungspolitik, Alterssicherung, dem Gesundheitswesen und der Armutsbekämpfung mit dem Ziel, die Rechtseinheitlichkeit auszuformen und die Gesellschaften der Mitgliedstaaten sozial auszuformen und einander anzunähern.

2. Koordinierung im Primärrecht

Das Europäische koordinierende Sozialrecht geht auf das Primär- und Sekundärrecht zurück. Für das Europäische Sozialrecht sind die Art. 45, 48 AEUV maßgeblich. Art. 45 AEUV gewährleistet allen Arbeitnehmern Freizügigkeit als eine der vier Grundfreiheiten.[8] Danach kann jeder EU-Bürger in jedem Mitgliedstaat Arbeit suchen, dazu in jeden Mitgliedstaat einreisen, sich dort ansässig machen und nach Beendigung der Arbeit dort verbleiben (Art. 45 III AEUV). Art. 48 AEUV enthält einen Rechtset-

---

ders., Sozialstaat Europa?, in: *Haerendel* (Hrsg.), Gerechtigkeit im Sozialstaat, 2012, S. 153.
8 Zu diesem Zusammenhang *Cornelissen*, in: Eichenhofer (Hrsg.), 50 Jahre nach ihrem Beginn, 2009, S. 17 ff.

zungsauftrag.[9] Danach hat der Rat die sozialrechtlichen Folgen der Freizügigkeit durch ein System Europäischen Sozialrechts zu bewältigen. Nimmt ein Arbeitnehmer Freizügigkeit in Anspruch, wird der Beschäftigungsstaat gewechselt. Dies hat nicht nur den Wechsel des Arbeitsrechts,[10] sondern auch des an die Beschäftigung geknüpften Sozialrechts (= „das Sozialrechtsstatut") zur Folge. Solcher Wechsel ist regelmäßig sozialrechtlich nachteilig: Sozialversicherungsgesetze schlossen die Gewährung von Renten bei Aufenthalt des Berechtigten außerhalb des leistungspflichtigen Staates aus oder binden einen Leistungsanspruch an die Einbeziehung des Versicherten über einen hinreichend langen Zeitraum vor Eintritt des Leistungsfalles in die Versicherung des leistungspflichtigen Staates. Das nach Art. 48 AEUV zu schaffende System sieht folglich die Zusammenrechnung von Versicherungszeiten verschiedener Mitgliedstaaten und die Ausfuhr von Sozialleistungen vor. Die Regeln sichern die in einem Mitgliedstaat erworbenen Anrechte auch bei Wechsel des Sozialrechtsstatuts.

3. Koordinierung durch Sekundärrecht

Der primärrechtlichen Verpflichtung zur Schaffung des koordinierenden Sozialrechts ist der Rat unmittelbar nach der EWG-Gründung durch die VO (EWG) Nrn. 3, 4/58 nachgekommen. Diese wurden durch die VO (EWG) 1408/71 und die VO (EWG) 574/72 abgelöst, welche die Koordination von Systemen „sozialer Sicherheit" der Mitgliedstaaten regeln. VO (EWG) 1408/71 traf substantielle Regelungen, VO (EWG) 574/72 Durchführungsbestimmungen. VO (EWG) 1408/71 ist seit 2010 durch die VO (EG) 883/2004, 987/2009 ersetzt. Darüber hinaus untersagen Art. 7 II, 12 VO (EU) 492/2011 Diskriminierungen von EU-Bürgern, die Freizügigkeit in Anspruch genommen haben, bei der Gewährung „sozialer Vergünstigungen" an die Arbeitnehmer und deren Familienangehörige. Diese Regeln bestimmen im Verhältnis der Mitgliedstaaten das für diese geltende ISR. Das vormals in nationaler Zuständigkeit stehende zwischenstaatliche

---

9 *Schulte*, in: Barwig/Schulte (Hrsg.), Freizügigkeit und Soziale Sicherheit, 1999, S. 39 ff.
10 Vgl. Art. 8 Rom I-VO; *Eichenhofer*, EuZA 2012, S. 140 ff.

Recht ist damit vollständig europäisiert; das Europäische koordinierende Sozialrecht tritt an die Stelle nationalen ISR.[11]

Die VO (EG) 883/2004 bestimmt den internationalen Geltungsbereich der Sozialrechte für die Mitgliedstaaten identisch und sichert die internationalen Wirkungen, deren Sozialrechts durch Leistungsaushilfe und -ausfuhr, die Zusammenrechnung von Versicherungszeiten und weitere Äquivalenzregeln. Das ISR aller Mitgliedstaaten wird vereinheitlicht und Normenmangel wie Normenhäufung werden vermieden.[12] Normenmangel träte ein, wenn eine nach den beteiligten Sozialrechten schutzbedürftige Person wegen unterschiedlicher Anknüpfungen schutzlos bliebe – namentlich in einem Staat beschäftigt wäre, dessen soziale Sicherung alle Bewohner erfasst und in einem Staat wohnte, dessen Sicherung alle Beschäftigten einbezieht. Umgekehrt träte Normenhäufung ein, wenn jemand in einem Staat beschäftigt wäre, der alle Beschäftigten, und in einem Staat wohnte, der alle Bewohner erfasst. Beide Konsequenzen werden vermieden, wenn unter den Mitgliedstaaten eine einheitliche Regelung der internationalen Zuständigkeit für die Sozialversicherungszweige besteht.

III. Europäisches koordinierendes Sozialrecht - Auftrag und allgemeine Bestimmungen

Ein Sozialrecht wirkt zunächst nur für den es setzenden Staat. Krankenversicherungen begründen Ansprüche auf Behandlung durch die in dem Staat jeweils niedergelassenen Ärzte und Krankenhäuser. Die in einem Sozialrecht gründenden Erwartungen auf Sicherung bei Eintritt sozialer Risiken sind angesichts internationaler Mobilität nicht auf das Staatsgebiet zu beschränken. Sie sind auch zu befriedigen, falls sich das geschützte Risiko im Ausland verwirklicht, der Gesicherte im Ausland wohnt oder sein Versicherungsleben in mehreren Staaten verbracht hat. Die Sicherung der internationalen Wirkungen nationalen Sozialrechts ist jedoch angesichts internationaler Mobilität zu wünschen; dieser Wunsch wird durch das Europäische koordinierende Sozialrecht verwirklicht.

---

11 *Eichenhofer*, Sozialrecht der Europäischen Union, 2013 (5. Aufl.), Rn. 84 ff.; vgl. auch § 6 SGB IV.
12 *Schoukens/Pieters*, in: Eichenhofer (Hrsg.), 50 Jahre nach ihrem Beginn, 2009, S. 143 ff.

1. Allgemeine Bestimmungen

Die VO (EG) 883/2004 wird durch „allgemeine Bestimmungen" eingeleitet (vgl. Art. 1-10).[13] Diese bestimmen die Begriffe (Art. 1), deren persönlichen (Art. 2) und sachlichen Geltungsbereich (Art. 3), untersagen jede Diskriminierung wegen der Staatsangehörigkeit unter EU-Angehörigen (Art. 4), sehen die allgemeine Tatbestandsgleichstellung in Form einer Äquivalenzregelung (Art. 5)[14] vor, gebieten die Zusammenrechnung von Zeiten (Art. 6) und den grundsätzlichen Export von Leistungen (Art. 7) und regeln die Rechtsfolgen bei Kumulation von Leistungsansprüchen aufgrund unterschiedlichen nationalen Rechts (Art. 10).

Nach Art. 2 VO (EG) 883/2004 gilt die Verordnung für die soziale Sicherung der Staatsangehörigen der Mitgliedstaaten. Darüber hinaus bezieht VO (EG) Nr. 1231/2010[15] die Angehörigen von Drittstaaten in die Koordination ein. Die VO (EG) 883/2004 gilt für Leistungen „sozialer Sicherheit". Nach Art. 3 VO (EG) 883/2004 rechnen hierzu Leistungen für Krankheit und Mutterschaft, Invalidität, Alter, Hinterbliebene, Arbeitsunfall und Berufskrankheiten, Arbeitslosigkeit sowie Familienleistungen.[16] Nicht zur sozialen Sicherheit gehören dagegen Leistungen der Sozialhilfe, der sozialen Entschädigung sowie von privaten Trägern (namentlich betriebliche Sozialleistungen). Seit 1998 sind auch die vormals ausgeschlossenen Sondersysteme für öffentliche Bedienstete (Beamtenversorgung) wie die berufsständischen Versorgungen einbezogen.[17]

---

13 Vgl. dazu *Schulte*, in SRH, § 33 Rn. 142 ff.; *Eichenhofer*, Sozialrecht der Europäischen Union, 2013, Rn. 80 ff.; *Jorens/Van Overmeiren*, in: Eichenhofer (Hrsg.), 50 Jahre nach ihrem Beginn, 2009, S. 105 ff.

14 Hierzu grundlegend *Eichenhofer*, Internationales Sozialrecht und Internationales Privatrecht, S. 247 ff.

15 ABl. EU vom 29.12.2010 L 344/13.

16 Vgl. EuGH 22.6.1972 – C-1/72, Slg. 1972, 457 (Frilli); EuGH 12.7.1979 – C-237/78, Slg. 1979, 2645 (CRAN/Toia); EuGH 27.1.1981 – C- 70/80, Slg. 1981, 229 (Vigier); EuGH 15.3.1984 – C-313/82, Slg. 1984, 1389 (N.V. Tiel – Utrecht); EuGH 27.3.1985 – C- 249/83, Slg. 1985, 973 (Hoeckx).

17 *Fuchs*, in ders. (Hrsg.), Nomos-Kommentar zum Europäischen Sozialrecht, 2015(6.Aufl.), Art. 4 Rn. 6.

2. Begriffsbildung

Die genannten Begriffe sind internationale, weil sie auf sozialrechtliche Gestaltungen aller EU-Staaten anzuwenden sind.[18] Diese verknüpfen unterschiedliche Elemente und entziehen sich so einer eindeutigen systematischen Einordnung. Wie schwierig diese Abgrenzung ist, zeigt beispielhaft die Frage,[19] ob die Mindestrente (*pensione sociale*) des italienischen Rechts[20] als Leistung sozialer Sicherheit oder als Sozialhilfe zu qualifizieren sei. Als Leistung der sozialen Sicherheit wäre sie auch bei Auslandsaufenthalt des Berechtigten zu zahlen (Art. 7 VO (EG) 883/2004), als Leistung der Sozialhilfe könnte sie bei Auslandsaufenthalt dagegen versagt werden. Zugunsten der Qualifikation als Sozialhilfe spricht, dass die *pensione sociale* nur an Bedürftige gewährt und ihr Ertrag aus öffentlichen Mitteln finanziert wird. Zugunsten ihrer Qualifikation als Leistung sozialer Sicherheit spricht, dass sie im Alter zu erbringen ist und bei mangelndem sozialversicherungsrechtlichem Schutz Sicherungslücken schließt, der Empfänger also im Alter nicht Sozialhilfe in Anspruch nehmen muss. Deshalb hat der EuGH die *pensione sociale* als Leistung sozialer Sicherheit qualifiziert. Sie ist jedoch als besondere beitragsunabhängige Geldleistung zu bestimmen und deshalb nicht zu exportieren.[21]

3. Koordinierung und Günstigkeit

Falls ein Arbeitnehmer Leistungsansprüche in mehreren Rechten erworben hat, bestimmt Art. 10 VO (EG) 883/2004, dass diese nicht deshalb gekürzt werden dürfen, weil nach dem Recht eines anderen Mitgliedstaates ebenfalls Leistungsansprüche bestehen. Diesen Grundsatz hat der EuGH in der Rechtssache Petroni[22] zu einem das gesamte EU-Koordinationsrecht leitenden Grundprinzip ausgebaut. Ein Arbeitnehmer, der in Italien und in Belgien Versicherungszeiten zurückgelegt hat und aus den belgi-

---

18 Sie entsprechen damit dem „Anknüpfungsgegenstand" in Kollisionsnormen des IPR. Das sind die in der Sprache materiellrechtlicher Systembegriffe umschriebenen Tatbestandsmerkmale von Kollisionsnormen; eingehend: *Devetzi*, Die Kollisionsnormen des europäischen Sozialrechts, 2000.
19 EuGH 5.5.1983 – C-139/82, Slg. 1983, 1427 (Piscitello).
20 *Sandri*, Istituzioni di legislazione sociale, 1983, Rn. 106.
21 Art. 70 VO (EG) 883/2004.
22 EuGH 21.10.1975 – C-24/75, Slg. 1975, 1149 (Petroni).

schen Zeiten einen Anspruch auf die höchstmögliche belgische Rente erhielt, müsse nicht hinnehmen, dass von der belgischen Rente der Zahlbetrag der italienischen Rente abgezogen werde. Der EuGH hat daraus das Grundprinzip abgeleitet: die Regeln des Europäischen koordinierenden Sozialrechts wirken niemals rechtsverkürzend, sondern stets nur rechtserweiternd.

Diese Problematik stellte sich in den drei dem EuGH zur Vorabentscheidung unterbreiteten Fällen „Bosmann"[23], „Hudzinski"[24] und „Franzen"[25]. In diesen hätte die Anwendung Europäischen koordinierenden Sozialrechts dazu geführt, dass die Berechtigten ihre erworbenen Rechte und Ansprüche verlieren würden, die sie bei Anwendung des Rechts des zuständigen Mitgliedstaates behalten hätten. Deswegen erschien fraglich, ob der EU-Rechtsvorrang auch insoweit besteht.

Diese Frage hat der EuGH dreifach verneint. In der Rechtssache „Bosmann"[26] führte das Gericht aus, Arbeitnehmer dürften nicht „deshalb Ansprüche auf Leistungen sozialer Sicherheit verlieren oder geringere Leistungen erhalten (...), weil sie das (...) Recht auf Freizügigkeit ausgeübt haben". Daher gilt das Recht des im Grunde unzuständig gewordenen Staates, falls die Berechtigten andernfalls bei ausschließlicher Anwendung des EU-Rechts die Sicherungen beider konkurrierender Staaten verlieren würden. Im Rahmen dieser Prüfung fand indes keine Beachtung, dass die mittelbar geschützten Kinder auf Grund ihres Wohnsitzes in dem anderen Staat eine eigene Studienförderung erhalten. Im Urteil „Hudzinski"[27] sprach der EuGH dem Mitgliedstaat, der nach den Kollisionsnormen für die Gewährung von Familienleistungen nicht zuständig war, in dessen Gebiet ein Arbeitnehmer aber vorübergehend seine Arbeit ausführt, befugt sei, eigenes Kindergeld zusätzlich zu dem im Wohnsitzstaat gewährten Kindergeld zu gewähren. Es ist demnach deutsches wie polnisches Kindergeld zu gewähren; dieses ist auf jenes anteilig anzurechnen. In der Rechtssache „Franzen" räumte der EuGH ein, dass auch im Recht der Alterssicherung eine Ausnahme vom Grundsatz sei.

---

23 EuGH 20.5.2008 – C-352/06, Slg. 2008, I 3827 (Bosmann).
24 EuGH 12.6.2012 – C-611/10, ECLI:EU:C:2012:339 (Hudzinski).
25 EuGH 23.4.2015 – C-382/13, ECLI:EU:C:2015:261 (Franzen).
26 EuGH 20.5.2008 – C-352/06, Slg. 2008, I 3827 (Bosmann), Rn. 28-31.
27 EuGH 12.6.2012 – C-611/10 ECLI:EU:C:2012:339 (Hudzinski); vgl. auch EuGH 12.6.2012 – C-612/10 (Wawrzyniak).

Die daraus abgeleitete Konkurrenzregel besagt, dass bei einer doppelten Regelungszuständigkeit mehrerer Mitgliedstaaten im Falle einer materiell günstigeren Regelung das Recht des nicht zuständigen Mitgliedstaates neben dem des prinzipiell vorrangigen EU- Rechts erhalten bleibt.[28] Diese Maxime gilt im Übrigen auch für die Auflösung von Rangkonflikten im Verhältnis von EU-und völkervertraglichen Regeln. Sie stellen sich namentlich in zwischenstaatlichen Abkommen über die soziale Sicherheit und dem darin niedergelegten Recht. Zwar beansprucht Art. 8 VO (EG) 883/2004 den allgemeinen Anwendungsvorrang des EU-Rechts auch gegenüber dem konkurrierenden Völkerrecht. Dieser gilt nach der Rechtsprechung des EuGH[29] aber nicht, falls die völkerrechtlichen Verträge für den Berechtigten günstigere Regeln enthalten. Auch hier wirkt also die Maxime, dass EU-Recht stets nur soziale Rechte gibt, diese aber niemals nimmt.

IV. Kollisionsnormen europäischen koordinierenden Sozialrechts

1. Kollisionsnormen

In den Art. 11-16 VO (EG) 883/2004 finden sich Kollisionsnormen.[30] Danach ist das Sozialversicherungsstatut Beschäftigter und Selbständiger grundsätzlich durch Anknüpfung an den Beschäftigungsort oder Unternehmenssitz zu bestimmen. Sonderregeln gelten für Hilfskräfte der EU,[31] Beamte[32] sowie Personen, die gewöhnlich in zwei oder mehr Mitgliedstaaten eine die soziale Sicherung nach sich ziehende Beschäftigung oder selbständige Erwerbstätigkeit ausüben (Art. 13 VO (EG) 883/2004). Schließlich ist den Beteiligten eines Sozialversicherungsverhältnisses (Arbeitnehmer, Arbeitgeber und den betroffenen Sozialverwaltungen) gestattet, Ausnahmen von den Bestimmungen des Gesetzes zu vereinbaren (Art. 16 VO (EG) 883/2004). Diese Regeln sollen die Freizügigkeit der Arbeitnehmer

---

28 *Bokeloh* ZESAR 2012,121; *Devetzi* ZESAR 2012,447; *Rennuy* CMLR 2013,1221.
29 EuGH 7.2.1979 – C-227/87, Slg. 1991, I-323 (Rönfeldt); EuGH 9.11.1995 – C-475/93, Slg. 1995, I-3813 (Thévenon); EuGH 9.11.2000 – C-75/99, Slg. 2000, I-9399 (Thelen); EuGH 5.2.2002 – C-277/99, Slg. 2000, I-1261 (Kaske).
30 *Devetzi*, Die Kollisionsnormen des europäischen Sozialrechts, 2000; *Eichenhofer*, Sozialrecht der Europäischen Union, 2013, Rn. 130 ff.
31 Art. 15 VO (EG) 883/2004.
32 Art. 11 III lit. b) VO (EG) 883/2004.

sichern, die gegenseitige Verflechtung der Volkswirtschaften der Mitgliedstaaten fördern und die sich aus einem kurzfristigen Wechsel des Statuts sozialer Sicherheit ergebenden Nachteile einer Vervielfachung von Rechten und den damit verbundenen administrativen Verwicklungen für Arbeitnehmer, Unternehmer und Sozialversicherungsträger vermeiden.[33] Ein nur kurzzeitiger Wechsel dieses Statuts bleibt in der Rentenversicherung folgenlos. Dort werden nach Art. 57 VO (EG) Nr. 883/2004 Wohn-, Beschäftigungs- oder Versicherungszeiten von kürzerer als einjähriger Dauer nicht vom System des Mitgliedstaates, in dem sie wirksam begründet wurden, sondern anstelle dessen von dem Mitgliedstaat der zuletzt ausgeübten Tätigkeit entgolten.

Diese Regeln sind auch auf die Entsendung in Drittstaaten anzuwenden.[34] Bescheinigungen über die Entsendung von Arbeitnehmern oder Selbständigen zur vorübergehenden Arbeitsausübung in andere Mitgliedstaaten nach Art. 19 VO (EG) Nr. 987/2009 durch die Sozialleistungsträger des Beschäftigungs- oder Sitzstaates binden auch die Träger dieser Staaten.[35] Dadurch werden die Behörden des aufnehmenden Staates jedoch nicht den Verwaltungsentscheidungen des entsendenden Staates unterworfen. Die Bescheinigung A1 bekundet vielmehr den während des Entsendezeitraums nach den Regeln des Entsendestaates fortwährenden sozialrechtlichen Schutz des Entsandten. Dadurch wird der Aufnahmestaat zur Vermeidung von Doppelsicherungen daran gehindert, den in sein Gebiet Entsandten seinen Regeln zu unterwerfen. Die Bescheinigung A1 dokumentiert folglich das bei Entsendung fortwirkende Statut des Entsendungsstaates.

2. Arbeitsort

Der „Arbeitsort" ist der maßgebliche Anknüpfungspunkt für das Sozialrecht. Dieser ist der Ort, wo die versicherungspflichtige Person ihrer geschuldeten Tätigkeit regelmäßig nachgeht. Bei EVTZ- Beschäftigten, die diesseits und jenseits der Grenze tätig sind, mag deshalb fraglich erscheinen, wo ihr Beschäftigungsort ist. Hier kommt es entscheidend darauf an, wo der die Beschäftigten beschäftigende Arbeitgeber seinen Sitz hat.

---

33 Art. 11 III lit. b) VO (EG) 883/2004.
34 Art. 11 III lit. b) VO (EG) 883/2004.
35 Art. 11 III lit. b) VO (EG) 883/2004.

Denn die Anknüpfungspunkte des Beschäftigungsortes für abhängig Beschäftigte oder des Sitzes für Selbständige werden nicht wesentlich durch den Ort der Ausübung einer einzelnen Tätigkeit, sondern durch die soziale und wirtschaftliche Zuordnung der Gesamtbetätigung bestimmt.[36]

Dieser Gedanke gelangt namentlich in Art. 11 V VO (EG) Nr. 883/2004 und auch in Art. 13 VO (EG) Nr. 883/2004 zum Ausdruck. Danach unterliegen das Flug- und Kabinenbesatzungspersonal von Fluggesellschaften dem Recht des Staates, in dem die Gesellschaft ihren Sitz und tatsächlichen Ausgangs- und Endpunkt der Aktivitäten ihrer Beschäftigten (Art. 14 Va UA 2 VO (EG) 987/09)[37] ("Heimatbasis" von engl. homebase) hat. Daraus wäre verallgemeinernd zu folgern, dass die im internationalen Transportgewerbe beschäftigten Arbeitnehmer grundsätzlich dem Recht des Staates unterliegen, in dessen Gebiet der Arbeitgeber seinen Sitz hat – einerlei, in welchen Mitgliedstaaten der Arbeitnehmer auch immer tätig werde.

3. Entsendung

Ein Arbeitsort kann in einem Staat aber auch bestehen, ohne dass der Beschäftigte stets und ständig dort tätig würde: auch bei Auslandsbetätigung kann Inlandsbeschäftigung wie umgekehrt bei Inlandsbetätigung eine Auslandsbeschäftigung vorliegen.[38] Das Auseinanderfallen von Betätigungs- und Arbeitsort ist für das Sozialrechtsstatut bei Aus- (§ 4 SGB IV) oder Einstrahlung (§ 5 SGB IV) unschädlich. In der Regelung des Art. 14 Va UA 2 VO (EG) 987/09 gelangt damit auch ein für die Entsendung leitender Rechtsgedanke zum Ausdruck.

Aus- und Einstrahlung sind dadurch charakterisiert, dass ein Beschäftigter seine Tätigkeit vorübergehend statt im Gebiet des zuständigen im Gebiet eines anderen Staates verrichtet. Ist die Auslandtätigkeit vorübergehend, verändert sich das Sozialrechtsstatut nicht;[39] ist die Auslandstätigkeit dagegen auf Dauer angelegt, tritt sofort ein Wechsel des Sozialrechtsstatuts ein. Die Beibehaltung des Sozialrechtsstatus bei vorübergehender Auslandsbeschäftigung rechtfertigt sich aus der damit verbundenen Ver-

---

36 Art. 11 III lit. b) VO (EG) 883/2004.
37 *Devetzi*, in: Hauck/Noftz, EU-Sozialrecht, Art. 11 Rn. 27a.
38 Vgl. auch Art. 12 VO (EG) 883/2004.
39 *Steinmeyer*, Die Einstrahlung im internationalen Sozialversicherungsrecht, 1981.

waltungsvereinfachung. Vorübergehende Betätigungen in anderen Mitgliedstaaten sind in einem Binnenmarkt auch keine „Ausnahme", sondern ein Regelfall und zwar mit zunehmender Tendenz! Der zentrale Aussagegehalt der Bestimmung lautet daher: vorübergehende Auslandsbeschäftigungen sollen für die Bestimmung des Beschäftigungs- oder Sitzstaates unerheblich sein. Deshalb kommt eine Entsendung auch nicht in Betracht, wenn ein Arbeitgeber seine gesamte Geschäftstätigkeit in einem Mitgliedstaat entfaltet, in einem anderen Mitgliedstaat lediglich über eine Adresse verfügt und dort ausschließlich interne Verwaltungstätigkeiten ausübt.[40]

4. Mehrfachbeschäftigung

Bei Mehrfachbeschäftigungen begründet Art. 13 I lit. a), II lit. a) VO (EG) Nr. 883/2004 die Primäranknüpfung des Wohnstaates, weil darin regelmäßig auch der wesentliche Teil der Beschäftigung oder Erwerbstätigkeit stattfindet[41] oder eine Mehrfachbeschäftigung bei Arbeitgebern vorliegt, die in verschiedenen Mitgliedstaaten ihren Unternehmenssitz haben. Der erste Teil dieser Regelung bekräftigt das Grundprinzip des Art. 11 III lit. a) VO (EG) Nr. 883/2004, wonach der Beschäftigungs- oder Sitzstaat das Sozialrechtsstatut des Beschäftigten oder Selbständigen bestimmt. Die Anknüpfung an den Wohnstaat geschieht entscheidend, weil dieser der Beschäftigungs- oder Sitzstaat ist – jedenfalls für den wesentlichen Teil der Betätigung. Ist ein EVTZ-Beschäftigter bei einer Behörde im Heimat- und Wohnstaat und bei einem EVTZ beschäftigt, so entscheidet sich das anwendbare Recht danach, welche der beiden Tätigkeiten überwiegt. Die Bestimmung der Wesentlichkeit ist – wie immer – schwierig: Zweckmäßigerweise sollte eine Gesamtschau aus zeitlicher Inanspruchnahme, erzielten Einkünften und Dauerhaftigkeit der Tätigkeit vorgenommen werden.

Falls die Beschäftigung oder selbständige Tätigkeit nicht wesentlich im Wohnstaat ausgeübt wird, ist derjenige Mitgliedstaat der berufene Staat, in welchem die Beschäftigung oder selbständige Tätigkeit wesentlich ausgeübt wird oder ihren Mittelpunkt hat. Auch diese Umschreibung ist nur in der Tendenz klar – im Einzelfall bereitet sie Anwendungsschwierigkeiten.

---

40 EuGH 9.11.2000 – C-404/98, Slg. 2000, I-9379 (Plum).
41 *Raschke*, Die BG 2005, S. 767, S. 768.

Auch hierfür beantwortet sich die Wesensfrage durch eine Gesamtabwägung aller Umstände der Tätigkeit.

V. Koordination einzelner Leistungsansprüche

Um die internationalen Wirkungen nationalen Rechts zu sichern, finden sich in den einzelnen Teilen der VO (EG) 883/2004 für die unterschiedlichen sozialen Risiken verschiedene Äquivalenzregeln. Diese betreffen Rechte bei Krankheit (vgl. Art. 17 ff.), Arbeitsunfall und Berufskrankheiten (vgl. Art. 36 ff.), Invalidität, Alter und Tod (vgl. Art. 44 ff.), Arbeitslosigkeit (vgl. Art. 61 ff.) sowie Familienleistungen (Art. 67 ff.). Grundsätzlich hat ein in einem Staat gegen Erkrankung Versicherter Ansprüche auf Leistungen nur gegenüber den im zuständigen Staat niedergelassenen Leistungserbringern. Das Sozialrecht eines Mitgliedstaates wirkte unter diesen Voraussetzungen territorial begrenzt – internationale Wirkungen blieben aus. Diese Regelung wäre indes in einer international mobilen Gesellschaft unzuträglich. Diese Unzulänglichkeiten werden überwunden durch die Äquivalenzregeln.[42]

1. Sicherung bei Krankheit und Mutterschaft

Sie kennt das EU-Sozialrecht für Grenzgänger, bei vorübergehendem Auslandsaufenthalt des Versicherten oder bei nicht hinreichender Behandlungsmöglichkeit im zuständigen Staat. In diesen Fällen stehen ihm und seinen Familienangehörigen Behandlungsleistungen im Wohnstaat aufgrund der Versicherungsmitgliedschaft im Beschäftigungsstaat zu.[43] Desgleichen stehen einem Versicherten bei Erkrankung in einem anderen Mitgliedstaat alle erforderlichen Leistungen für die Akutbehandlung der eingetretenen Erkrankung zu, wenn sich der Versicherte vorübergehend – z.B. wegen Urlaubs, Auslandstätigkeit oder Transitreise – in einem anderen Mitgliedstaat aufhält und dort erkrankt (Art. 19 VO (EG) 883/2004). Schließlich hat ein in einem Staat gegen Krankheit Versicherter Anspruch

---

42 Dazu eingehend: *Eichenhofer*, Internationales Sozialrecht und Internationales Privatrecht, 1987, S. 247 ff.; *ders.*, Internationales Sozialrecht, Rn. 190 ff.
43 *Marhold*, in: Eichenhofer (Hrsg.), 50 Jahre nach ihrem Beginn, 2009, S. 193 ff.; *Windisch-Graetz*, Europäisches Krankenversicherungsrecht, 2003.

auf die von der Krankenversicherung eines anderen Mitgliedstaats angebotenen gleichen Leistungen, wenn die angemessene Behandlung im zuständigen Staat nicht rechtzeitig oder überhaupt nicht erhältlich ist (Art. 20 VO (EG) 883/2004).[44] Diese Regeln gelten entsprechend für die Pflegeversicherung (Art. 34 VO (EG) 883/2004).[45]

Durch die Richtlinie über die Ausübung der Patientenrechte in der grenzüberschreitenden Gesundheitsversorgung[46] werden die bisher von der Rechtsprechung aufgehobenen Grundsätze der Leistungsaushilfe auf Kosten des zuständigen Trägers bei Erbringung ambulanter Behandlungen geregelt. Die Richtlinie sichert den EU-weiten Zugang zu ambulanten Behandlungen; Krankenhausbehandlungen sind davon weithin ausgenommen. Sie regelt die grenzüberschreitende Inanspruchnahme von Gesundheitsleistungen ohne Genehmigung durch die Mitgliedstaaten. Sie wurde auf Art. 114, 168 AEUV gestützt, um den Binnenmarkt in der Gesundheitspolitik zu ermöglichen und auszuweiten. Die Koordination wird nicht durch die VO (EG) 883/2004, sondern eine entsprechende Umgestaltung der Gesundheitssicherungssysteme der Mitgliedstaaten versucht. Allerdings sind die Schlüsselbegriffe der Richtlinie mit denen der VO (EG) 883/2004 identisch. Der Kreis der Berechtigten stimmt überein; ferner sieht die Richtlinie für die Mitgliedstaaten ergänzende Behandlungsleistungen in allen den Fällen vor, in denen kein derartiger Behandlungsanspruch aufgrund der Koordinierungsregeln der VO (EG) 883/2004 besteht. Eine solche Verdoppelung der Anspruchsberechtigung wie der Zugangswege zur Auslandsbehandlung überzeugt nicht, sondern bringt unnötige Komplikationen mit sich und schafft Abgrenzungsschwierigkeiten ohne greifbaren Vorteil.

---

44 EuGH 16.3.1978 – C-177/77, Slg. 1978, 825 (Pierik I).
45 EuGH 5.3.1998 – C-160/96, Slg. 1998, I-843 (Molenaar); *Eichenhofer*, in: HS-PV, § 30; *Sieveking* (Hrsg.), Soziale Sicherung bei Pflegebedürftigkeit in der Europäischen Union, 1998.
46 RL 2011/24/EU vom 9.3.2011 ABl. EU vom 4.4.2011 L 88, S. 45; *Benedict*, VuR 2008, 441; *Benedict/Reich*, VuR 2008, S. 448; *Krajewski*, EuR 2010, S. 165; *Palm/Glinos*, in: Mossialos/Permanand/Baeten/Hervey (eds.), 2010, S. 509; *Pennings*, in: van de Gronden/Krajewski/Neergaard/Szyszczak (eds.), 2011, S. 133; *Szyszczak*, 2000, S. 103; *Schulte*, GesR 2012, S. 72; *Wollenschläger*, EuR 2012, S. 149; *Bieback*, ZESAR 2013, S. 143; *Raptopoulou*, European Journal of Social Law 2012, S. 193.

2. Leistungen bei Arbeitsunfall und Berufskrankheiten

Wurde ein Versicherter geschädigt, stehen ihm bei Arbeitsunfall oder Eintritt der Berufskrankheit außerhalb des zuständigen Staates die Versicherungsleistungen auch bei einem Wohnsitz außerhalb des zuständigen Staates in einem anderen Mitgliedstaat zu (Art. 36 II VO (EG) Nr. 883/2004).[47] Nach Art. 36 II lit. a) VO (EG) 883/2004 darf der zuständige Träger nach Art. 20 I VO (EG) 883/2004 eine Krankenbehandlung in einem anderen Mitgliedstaat auch dann nicht versagen, falls im zuständigen Staat die dem Gesundheitszustand angemessene Behandlung nicht innerhalb eines vertretbaren Zeitraums gewährleistet ist. Das hat auch für EVTZ-Beschäftigte Bedeutung. Ist die nötige Behandlung im zuständigen Staat nicht oder nicht rechtzeitig möglich, hat dessen Träger eine Behandlung in dem Nachbarstaat zu genehmigen.

Da Geldleistungen unbeschränkt exportpflichtig sind (Art. 7 VO (EG) Nr. 883/2004), werden sie durch den Träger des zuständigen Staates – gegebenenfalls unter Vermittlung des Trägers des Wohnstaates – ungeschmälert erbracht. Dienst- und Sachleistungen, Heilbehandlung und Rehabilitation leistet dagegen der Wohnstaat nach seinen Vorschriften für Rechnung des zuständigen Trägers; der zuständige Träger wird dem aushelfenden Träger demgemäß erstattungspflichtig (Art. 41 VO (EG) Nr. 883/2004). Die außerhalb des zuständigen Staates Beschäftigten und Leistungsberechtigten können bei Aufenthalt im oder Umzug in den zuständigen Staat weiterhin die Leistungen des zuständigen Staates beanspruchen.

3. Sicherung bei Alter, Invalidität und im Hinterbliebenenfall

Für die Sicherung vor Alter, Invalidität und Tod sieht das koordinierende Recht die anspruchsbegründende Zusammenrechnung von Versicherungszeiten vor.[48] Bei Prüfung der versicherungsrechtlichen Voraussetzungen für einen Rentenanspruch bei Alter, Invalidität und Tod werden die in anderen Mitgliedstaaten verbrachten Versicherungs-, Beschäftigungs- oder Wohnzeiten wie Zeiten nach dem Recht dieses Staates behandelt. Den in anderen Mitgliedstaaten verrichteten Tätigkeiten oder Wohnzeiten erwach-

---

47 *Raschke*, in: Schulin (Hrsg.), HS-KV, 1994, §§ 73–121.
48 *Eichenhofer*, in: HS-RV, § 76; *Verschueren*, in: Eichenhofer (Hrsg.), 50 Jahre nach ihrem Beginn, 2009, S. 223.

sen dieselben sozialversicherungsrechtlichen Anrechte wie aus den im zuständigen Staat begründeten. Die Leistungshöhe bemisst sich nach den im Mitgliedstaat verbrachten Zeiten. Allerdings ist eine Optimierungsberechnung vorzunehmen, welche die höchstmögliche Leistung sichert. Jeder Träger hat die Rente nur aus den unter seinem Recht verbrachten Zeiten zu berechnen; er schuldet den Zahlbetrag, der sich bei Anwendung des dem Versicherten günstigsten Berechnungsmodus ergibt. Für alle Betroffenen – auch EVTZ – Beschäftigte, soweit sie eine internationale Versicherungskarriere aufweisen – ist also die in jedem Staat zurückgelegte Rentenanwartschaft zum einen isoliert nach dem Recht dieses Staates und zum anderen als Anteil einer fiktiven gesamten Versicherungskarriere zu errechnen (*pro-rata-temporis*). Daraus ergeben sich zwei Werte. Der höhere Wert ist der Rentenzahlung zugrunde zu legen.

4. Leistungen bei Arbeitslosigkeit

Die Leistungen der Arbeitslosensicherung hat der Staat der letzten Beschäftigung zu gewähren, jedoch die von einem Arbeitnehmer in einem anderen Mitgliedstaat verbrachten Versicherungs- und Beschäftigungszeiten bei der Berechnung des Leistungsanspruchs zu berücksichtigen wie wenn sie im zuständigen Staat zurückgelegt worden wären (Art. 61 VO (EG) 883/2004). Der Arbeitslose hat sich während der Arbeitslosigkeit im zuständigen Staat verfügbar zu halten. Art. 64 VO (EG) 883/2004 erlaubt dem Arbeitslosen, sich für drei Monate in einen anderen Mitgliedstaat auf Arbeitssuche zu begeben;[49] diese Zeit kann von der Arbeitsverwaltung des zuständigen Staates bis auf sechs Monate verlängert werden. Von dem Grundsatz, dass der Staat der letzten Beschäftigung zuständig ist, sieht Art. 65 VO (EG) 883/2004 für die in einem anderen Staat als demjenigen der letzten Beschäftigung wohnenden Arbeitnehmer eine Ausnahme vor. Für diese ist der Wohnstaat zuständig; der Berechtigte erhält aber die Leistungen in Höhe des Rechts des Mitgliedstaates der bisherigen Beschäftigung oder Erwerbstätigkeit und kann auch dort seine Verfügbarkeit begründen.[50]

---

49 *Pennings*, in: *Eichenhofer* (Hrsg.), 50 Jahre nach ihrem Beginn, 2009, 265; Die Rechtsprechung des EuGH (EuGH 19.6.1980 – C-41/79, Slg. 1980, 1979 (Testa, Maggio, Vitale)) hat diese Grundsätze jedoch immer wieder bestätigt.
50 Folgerung aus dem Urteil EuGH 12.6.1986 – C-1/85, Slg. 1986, 1837 (Miethe).

5. Familienleistungen

Im internationalen Recht des Familienleistungsausgleichs wird das anwendbare Recht grundsätzlich durch Anknüpfung an den Beschäftigungsort eines Elternteils bestimmt. Bei der Leistungsberechtigung sind sämtliche Kinder eines Elternteils zu berücksichtigen, auch die außerhalb des zuständigen Staates wohnenden (Art. 67 VO (EG) 883/2004). Die Rechtsprechung des EuGH erstreckt dieses Prinzip auf andere leistungsbegründende Tatbestandsmerkmale, insbesondere die Arbeitslosigkeit eines Kindes in einem anderen Mitgliedstaat, wenn von dieser der Anspruch auf Kindergeld abhängt.[51] Diese Rechtsprechung wird nun durch die in Art. 5 VO (EG) 883/2004 niedergelegte allgemeine Äquivalenzregelung legitimiert.

Ein Kind hat regelmäßig zwei Eltern. Es vermittelt beiden jeweils einen Anspruch auf Familienleistungen. Sind die Eltern in unterschiedlichen Mitgliedstaaten erwerbstätig und/oder ansässig, so erhält jeder Elternteil einen Anspruch auf Familienleistungen aus unterschiedlichen Staaten. Der Familienleistungsausgleich beruht jedoch auf dem Grundsatz, dass für ein Kind nur eine Leistung gezahlt werden soll (Prinzip des einmaligen Belastungsausgleichs).[52] Könnten Eltern, welche dem Recht des Familienleistungsausgleichs verschiedener Mitgliedstaaten unterliegen, für ein Kind jedoch die volle Familienleistung erhalten, würde gegen dieses Prinzip verstoßen und Wanderarbeitnehmer stellten sich unbegründet besser. Denn Art. 48 AEUV gebietet zwar den Ausgleich sozialrechtlicher Nachteile von Wanderarbeitnehmern, aber nicht den Erhalt sozialrechtlicher Bevorzugungen.[53] Daher sind Doppelleistungen auszuschließen.

Art. 68 VO (EG) Nr. 883/2004 vermeidet Doppelleistungen. Es geht der Beschäftigungsstaat dem Wohnstaat eines Elternteils vor. Ist ein Elternteil außerhalb des Wohnstaates des Kindes erwerbstätig, während der andere Elternteil eine Rente bezieht oder nicht erwerbstätig ist, so hat der Staat der Erwerbstätigkeit Vorrang.[54] Sind die Familienleistungen des Beschäftigungsstaates höher als die Familienleistungen des Wohnstaates des Kindes, führt Art. 68 I VO (EG) Nr. 883/2004 zu dessen vollständiger Frei-

---

51 *Devetzi*, in: Eichenhofer (Hrsg.), 50 Jahre nach ihrem Beginn, 2009, 291 ff.; EuGH 22.2.1990 – C-228/88, Slg. 1990, I-531 (Bronzino).
52 *Becker*, in: Schulte/Barwig (Hrsg.), 1999, S. 191, S. 206.
53 *Fischer*, SGB 1991, S. 432.
54 *Reinhard*, in: Hauck/Noftz, EU-Sozialrecht, Art. 68, Rn. 6 ff.

stellung. Bleiben die Familienleistungen des Wohnstaates des Kindes dagegen hinter denjenigen des anderen Staates zurück, gehen die Familienleistungen des Wohnstaates des Kindes zwar vor; der ungedeckte Rest ist aber von dem Träger des Beschäftigungsstaates zu tragen.

Diese Regelung vermeidet Doppelleistungen und sichert zugleich Leistungsansprüche, die ein Elternteil nach dem Recht eines Staates erworben hat. Denn sie kürzt diese nur, falls für dasselbe Kind nach dem Recht eines anderen Staates ebenfalls vorrangig eine Leistungspflicht besteht. Diese Lastenverteilung begründet sich daraus, dass der Wohnstaat des Kindes und Beschäftigungsstaat eines Elternteils eine höhere Verantwortung für den Ausgleich der Familienlasten hat als der Staat, in dem ein Elternteil zwar beschäftigt ist, das zu fördernde Kind aber nicht wohnt. Diese Verteilungsregel gilt auch für das Elterngeld und für alle anderen Familienleistungen.[55]

EVTZ-Beschäftigte, die Grenzgänger sind und zugleich bei ihren Heimatbehörden beschäftigt sind, werden durch die dargestellten Regelungen in vielfacher Weise berührt. Zunächst fragt sich, ob eine Mehrfachbeschäftigung vorliegt und falls ja – welche überwiegt. Danach bestimmt sich das anwendbare Recht. Liegt dieses fest bei dem Recht der hauptsächlichen Beschäftigung, so sind die im anderen Staat erworbenen Einkünfte bei der Beitragszahlung im zuständigen Staat zu berücksichtigen und abzuführen. Außerdem ergeben sich aus der Lage als Grenzgänger(in) besondere Probleme bei Mutterschaft und Krankheit. Sie werden durch eine doppelte Leistungsberechtigung in Beschäftigungs- und Wohnstaat zufriedenstellend gelöst. Bei der Sicherung im Falle der Arbeitslosigkeit ergeben sich besondere Probleme. Sie erklären sich wesentlich aus der Kompliziertheit der Regeln des EU-Rechts bei der sozialen Sicherung im Falle der Arbeitslosigkeit von Grenzgängern. Die volle Komplexität des EU-Koordinationsrecht wird bei Familienleistungen sichtbar, wenn wie regelmäßig Vater und Mutter in mehreren EU-Mitgliedstaaten erwerbstätig sind.

---

55 EuGH 7.6.2005 – C-543/03, Slg. 2005, I-5049 (Dodl, Oberhollenzer).

VI. Internationale Amtshilfe und Nichtdiskriminierung

1. Kooperation der Verwaltung

Des Weiteren sieht das EU-Recht die Öffnung der Sozialverwaltungen einzelner Mitgliedstaaten für die Belange von Bürgern aus anderen Mitgliedstaaten vor. Ausprägungen solchen Bemühens sind die Zulassung von Anträgen und Schriftstücken in einer anderen Sprache als der Amtssprache[56] des über den Antrag oder das Begehren entscheidenden Verwaltungsträgers, die im Recht eines Mitgliedstaates vorgesehene Befreiung von Abgabepflichten oder Steuern bei Vorlage von Schriftstücken oder von Urkundsbeamten dieses Staates ausgestellten Urkunden und die Begründung einer Empfangszuständigkeit der Verwaltungsträger eines anderen Staates für Erklärungen, die an einen Versicherungsträger eines anderen Mitgliedstaates oder Vertragsstaates zu richten sind (Art. 81 VO (EG) Nr. 883/2004).

Auch Art. 12 Nr. 3 des ILO-Übereinkommens Nr. 157 sieht vor, dass die Sozialverwaltungen eines Mitgliedstaates der ILO Anträge und Dokumente nicht zurückweisen dürfen, weil sie in der Amtssprache eines anderen Mitgliedstaates abgefasst sind. Diese EU- oder internationalrechtlichen Äquivalenzregeln modifizieren die in § 19 SGB X getroffene Bestimmung, wonach die Amtssprache der deutschen Sozialverwaltung Deutsch ist, weshalb für Erklärungen in der Amtssprache eines anderen Mitgliedstaates auf Anordnung der Behörde eine Übersetzung in deutscher Sprache beizubringen wäre. Die erwähnten Regeln erleichtern damit den Staatsangehörigen anderer Mitgliedstaaten die Geltendmachung ihrer Sozialleistungsrechte und geben den Berechtigten einen unmittelbaren und kostenfreien Anspruch, sich in ihrer Sprache an die Sozialverwaltung jedes Mitgliedstaates zu wenden.

Ferner sind Urkunden aus einem anderen Mitglied- oder Vertragsstaat abgabenfrei, falls für vergleichbare, nach dem Recht des über das Begehren entscheidenden Staates errichtete Schriftstücke und Urkunden ebenfalls keine Abgaben erhoben werden (Art. 80 VO (EG) Nr. 883/2004).[57] Desgleichen wird das Erfordernis einer Legalisation von Urkunden (d.h. Bestätigung deren Echtheit durch den Konsularbeamten, vgl. § 13 Konsu-

---

56 *Wollenschläger*, in: Deutscher Sozialrechtsverband (Hrsg.), 1983, S. 94.
57 *Hauschild*, in: Hauck/Noftz, EU-Sozialrecht, K Art. 80 Rn. 3.

larG) aufgehoben. Diese Äquivalenzregeln sichern die Gleichbehandlung in- und ausländischer Urkunden und Schriftstücke und erleichtern damit dem Berechtigten den Nachweis der Anspruchsvoraussetzungen. Aus der Aufhebung des Gebots der Legalisation folgt nichts über den Beweiswert ausländischer Urkunden. Dies folgt aber aus den internationalen Regeln für einzelne Gattungen von Urkunden anderer Staaten (z. B. Personenstandsurkunden). Diese bestimmen, dass jenen derselbe Beweiswert wie inländischen Urkunden zukommt.[58]

Art. 81 VO (EG) Nr. 883/2004 begründet für die fachlich jeweils zuständigen Verwaltungen der Vertrags- oder Mitgliedstaaten eine eigene Empfangszuständigkeit für sämtliche Anträge auf Sozialleistungen.[59] Diesen Regelungen entspricht Art. 13 Nrn. 1 und 2 ILO-Übereinkommen Nr. 157, wonach jeder Berechtigte Anspruch auf Geltendmachung von Leistungsansprüchen gegenüber den fachlich zuständigen Trägern seines Wohnstaates auch für Sozialleistungsansprüche hat, die von einem ausländischen Träger zu erfüllen sind. Der Träger des Wohnstaates ist zur unverzüglichen Weiterleitung des Antrages an den zuständigen ausländischen Träger verpflichtet. Ist für den Antrag eine Frist einzuhalten, wahrt diese auch die Antragstellung bei dem international unzuständigen Träger. Damit begründet Art. 81 VO (EG) Nr. 883/2004 eine eigene Empfangszuständigkeit für den international unzuständigen Träger.[60] So sollen Ansprüche gegenüber einem ausländischen Träger bei einem wohnortnahen Verwaltungsträger geltend gemacht werden können. Die Antragstellung erfordert oft die Beratung durch den Verwaltungsträger. Der angerufene, international unzuständige Verwaltungsträger hat dem Antragsteller auf Verlangen auch Rat nach ausländischem Recht zu erteilen. Die Empfangszuständigkeit des international unzuständigen Trägers entlastet den Antragsteller vom Übermittlungsrisiko im internationalen Postverkehr.

2. Nichtdiskriminierung auf Grund der Staatsangehörigkeit

Es gilt ferner die strikte Nichtdiskriminierung unter EU-Bürgern (Art. 2 EUV, 18 AEUV). Für die Gewährung sämtlicher Sozialleistungen gilt des-

---

58 EuGH 2.12.1997 – C-336/94, Slg. 1997, I-6761 (Dafeki).
59 EuGH 22.5.1980 – C-143/79, Slg. 1980, 1639 (Walsh).
60 Anders das Verfahren in Zivil- und Handelssachen: EuGH 8.11.2005 – C-443/03, Slg. 2005, I-9611 (Leffler).

halb das Gebot der Gleichbehandlung in der „sozialen Sicherheit" (Art. 3 VO (EG) 883/2004). Für den begrifflich viel weiter gefassten Kreis der „sozialen Vergünstigungen für Arbeitnehmer" gilt dieser Grundsatz gemäß Art. 7 II VO (EU) 492/2011. Als soziale Vergünstigungen gelten z.b. Leistungen der Sozialhilfe,[61] öffentliche Stipendien – BAföG,[62] Geburtsdarlehen[63] oder Fahrpreisermäßigungen für Großfamilien bei öffentlichen Bahnen.[64]

Neben dem im Rahmen der bisherigen Erörterungen vorgestellten Art. 4 VO (EG) 883/2004, 7 II VO (EU) 492/2011 statuiert das EU-Recht auch ein weiteres Diskriminierungsverbot bei der Gewährung von Leistungen sozialer Sicherheit aufgrund der zum 25.12.2013 umzusetzenden Richtlinie 2011/98/EU über die sozialrechtliche Gleichstellung von Drittstaatern.[65]

Sie steht im Zusammenhang mit der europäischen Migrations- und Integrationspolitik und zielt auf die sozialrechtliche Gleichstellung von Drittstaatsangehörigen, die sich in einem anderen Mitgliedstaat zu Zwecken der Ausübung einer Erwerbstätigkeit oder anderen Gründen aufhalten und dementsprechend eine Arbeitserlaubnis oder eine Aufenthaltserlaubnis nach innehaben.

Die der Gleichbehandlung dienende Richtlinie 2011/98/EU gewährt Drittstaatsangehörigen die Gleichbehandlung im Hinblick auf Staatsangehörige des Aufenthaltsstaates in Arbeitsbedingungen und bei Arbeitsentgelt Kündigungsschutz, Gesundheitsschutz und Arbeitssicherheit, in der Vereinigungsfreiheit, Gewerkschaftsmitgliedschaft oder Mitgliedschaft in Arbeitgeberverbänden, bei der beruflichen Bildung, bei der Anerkennung von Diplom und sonstigen Qualifikationsnachweisen sowie allen Zweigen der sozialen Sicherung im Sinne der VO (EG) 883/2004. Von dieser Gleichstellung können die Mitgliedstaaten unter bestimmten Voraussetzungen abweichende Entscheidungen treffen, namentlich den Studienzugang und die Studienbedingungen, Studienförderungen und Wohnraum-

---

61 EuGH 12.7.1984 – C-261/83, Slg. 1984, 3199 (Castelli); EuGH 27.3.1985 – C-249/83, Slg. 1985, 973 (Hoeckx); EuGH 20.6.1985 – C-94/84, Slg. 1985, 1873 (Deak).
62 EuGH 3.7.1994 – C-9/74, Slg. 1974, 773 (Casagrande); EuGH 13.11.1990 – C-308/89, Slg. 1990, I-4185 (Di Leo).
63 EuGH 14.1.1982 – C-65/81, Slg. 1982, 33 (Reina/Landeskreditbank Baden-Württemberg).
64 EuGH 30.9.1975 – C-32/75, Slg. 1975, 1085 (Cristini).
65 ABl. EU L 343 vom 23.12.2011, 1.

versorgung für Staatsangehörige anderer Staaten beschränken (Art. 24 Abs. 2 RL 2004/38/EG).

Zulasten der Drittstaatsangehörigen ist jedenfalls eine Differenzierung in der gesetzlichen Alters-, Invaliditäts- und Hinterbliebenensicherung unstatthaft. Demgemäß hat das deutsche Recht in §§ 317a, 113, 114, 272 und 317 SGB VI mit Wirkung ab dem 25.12.2013 entsprechende diese Gleichstellung gewährleistenden Regeln beschlossen.[66] Schließlich sieht das am 25. April 1964 in Kraft getretene ILO-Übereinkommen Nr. 118 die Gleichbehandlung von Inländern und Ausländern in der sozialen Sicherheit vor. Nach dieser Bestimmung ist die Gleichbehandlung von In- und Ausländern unter anderem auch für die Leistungen der sozialen Sicherheit (Art. 2 Nr. 1 lit. j einschließlich der Familienleistungen) zu garantieren. Dies verbietet insbesondere, unterschiedliche Regelungen für Staatsangehörige aus unterschiedlichen Staaten vorzusehen. Das Ziel ist die umfassende Gleichbehandlung von In- und Ausländern in allen Zweigen der sozialen Sicherheit.

3. Beratungsfunktionen der EVTZ

Vor dem Hintergrund dieser Regelungen wird ein beachtliches Aufgabenfeld für EVTZ-Tätigkeit sichtbar. Für die Sozialverwaltungen der betroffenen Sozialrechtszweige ist die grenzüberscheitende Kooperation zwingend und durch EU-Recht weitgehend geregelt. Nichtregierungsorganisationen, welche den von grenzüberscheitenden Rechtsfragen der sozialen Sicherheit Betroffenen helfen, müssen diese Strukturen kennen, um zu verstehen, wie die Verwaltungsabläufe zu gestalten sind. Außerdem müssen sie das von den Sozialverwaltungen zu verwirklichende Programm verstehen, um sachgerechte Auskünfte über die Rechte und Pflichten im grenzüberschreitenden Verkehr zu geben.

Abstract

This article describes the impact of EU law on the coordination of social security. It shows how EU law helps people living and working in frontier

---

[66] BR-Drucks. 379/13; *Nagel*, RVaktuell 2013, S. 197; *Eichenhofer*, SGB 2013, S. 613.

areas within the EU to make use of their social rights, embedded in the various legislations of the Member States, from which they could otherwise not profit. It shows the legislative history of this very important part of EU law, describes the justification for enacting it under the primary legislation (Art. 48 of TFEU) and gives an overview to the three components of this legislation (reg. (EC) 883/2004): establishing general principles of coordination, determining the competent state by unified choice of law rules and coordinating social benefits for the various social risks (sickness and motherhood, work accident and occupational diseases, old age, invalidity and survivors' protection, unemployment and family benefits). A special emphasis is put on the international administration, established by EU law. It is crucial for the functioning of each coordination system, international cooperation among social administrations of the Member States is conceived as its backbone.

Literaturverzeichnis

Barwig, Klaus / Schulte, Bernd (Hrsg.), Freizügigkeit und Soziale Sicherheit. Die Durchführung der Verordnung (EWG) Nr. 1408/71 über die soziale Sicherheit der Wanderarbeitnehmer in Deutschland, Baden-Baden, 1999.

Becker Ulrich, Die Koordinierung von Familienleistungen. Praktische und rechtliche Fragen der Anwendung der VO 1408/71 in: Schulte/Barwig (Hrsg.), Freizügigkeit und Soziale Sicherheit, 1999, S. 191-228.

Benedict Jörg, Die Liberalisierung der Gesundheitsversorgung in Europa, VuR 2008, S. 441-448.

Benedict Jörg / Reich Anke, Zum Vorschlag für eine Richtlinie über die Ausübung der Patientenrechte in der grenzüberschreitenden Gesundheitsversorgung, VuR 2008, S. 448-457.

Bieback Karl-Jürgen, Abgrenzung der grenzüberschreitenden Nachfrage nach Gesundheitsleistungen auf Grund der Patienten- Richtlinie und auf Grund der VO (EG) Nr. 883/2004, ZESAR 2013, S. 143-152.

Bokeloh Arno, Das Petroni-Prinzip des Europäischen Gerichtshofes, ZESAR 2012, S. 121-129.

Cornelissen Rob, 50 Years of European Social Security Coordination in: *Eichenhofer Eberhard* (Hrsg.), 50 Jahre nach ihrem Beginn, 2009, S. 17-72.

Deutsche Rentenversicherung Bund (Hrsg.), SVA – Sozialversicherungsabkommen, 2012.

Devetzi Stamatia, Die Kollisionsnormen des europäischen Sozialrechts, Berlin 2000.

Devetzi Stamatia, Von „Bosmann" zu „Hudzinski" und „Wawrzyniak" – Deutsches Kindergeld in Europa, ZESAR 2012, S. 447-451.

Devetzi Stamatia, Familienleistungen in der Verordnung (EG) 883/2004, in: *Eichenhofer Eberhard* (Hrsg.), 50 Jahre nach ihrem Beginn, 2009, S. 291-304.

Eichenhofer Eberhard, Auslandsarbeit – Anknüpfung im Internationalen Arbeitsrecht und im Internationalen Sozialrecht, EuZA 2012, S. 140-154.

Eichenhofer Eberhard, in: *Schulin Bertram* (Hrsg.), Handbuch des Sozialversicherungsrechts – Pflegeversicherungsrecht, München 1997.

Eichenhofer Eberhard, in: *Schulin Bertram* (Hrsg.), Handbuch des Sozialversicherungsrechts – Rentenversicherungsrecht, München 1999.

Eichenhofer Eberhard, Internationales Sozialrecht und Internationales Privatrecht, Baden Baden 1987.

Eichenhofer Eberhard, Internationales Sozialrecht, München 1994.

Eichenhofer Eberhard, Sozialrecht der Europäischen Union, 2013.

Eichenhofer Eberhard (Hrsg.), 50 Jahre nach ihrem Beginn, Neue Regeln für die Koordinierung sozialer Sicherheit Jahrestagung des Europäischen Instituts für soziale Sicherheit (EISS) 26./27. September 2008 in Berlin, Berlin 2009.

Eichenhofer Eberhard, Wenner Ulrich (Hrsg.), Kommentar zum Sozialgesetzbuch V, Köln 2013.

Fischer, Der neue Art. 76 der VO (EWG) Nr. 1408/71, SGb 1991, S. 432 ff.

Fuchs Maximilian (Hrsg.), Nomos-Kommentar zum Europäischen Sozialrecht, Baden Baden 2013.

Fuchs Maximilian / Preis Ulrich, Sozialversicherungsrecht. Lehrbuch für Studium und Praxis, 2009.

ILO (Ed.), Social Security for Migrant Workers, 1977.

Hauck Karl / Noftz Wolfgang (Hrsg.), EU-Sozialrecht, Kommentar, 2015.

Janda Constanze, Migranten im Sozialstaat, Tübingen 2012.

Jorens Yves / Van Overmeiren Filip, Allgemeine Prinzipien der Koordinierung in Verordnung 883/2004 in *Eichenhofer Eberhard* (Hrsg.), 50 Jahre nach ihrem Beginn, 2009, S. 105-142.

Krajewski Markus, Grenzüberschreitende Patientenmobilität in Europa zwischen negativer und positiver Integration der Gesundheitssysteme, EuR 2010, S. 165-189.

Marhold Franz, Neuerungen europäischer Sozialrechtskoordinierung bei Krankheit, in *Eichenhofer Eberhard* (Hrsg.), 50 Jahre nach ihrem Beginn, 2009, S. 193-206.

von Maydell Bernd, Sach- und Kollisionsnormen im Internationalen Sozialversicherungsrecht, Berlin 1967.

Nagel Ralf, Ausländer für die Rentenzahlung gleichgestellt, RVaktuell 2013, S. 197-200.

Palm Willy / Glinos Irene A., Enabling patient mobility in the EU: between free movement and coordination in: *Elias Mossialos, Govin Permanand, Rita Baeten and Tamara Hervey* (eds.), Health Systems Governance in Europe: The Role of EU Law and Policy, 2010, S. 509-560.

Pennings Frans, Introduction to European Social Security Law, 2003.

Pennings Frans, The Draft Patient Mobility Directive and the Coordination Regulations of Social Security, in: *van de Gronden, J.W. / Szyszczak, E. / Neergaard, U. / Krajewski, M.* (eds.), Health Care and EU Law 2011, S. 133-159.

Pennings Frans, Koordinierung der Leistungen bei Arbeitslosigkeit nach der Verordnung 883/2004 in: Eichenhofer (Hrsg.), 50 Jahre nach ihrem Beginn, 2009, S. 265-290.

Petersen, Sozialversicherungsabkommen, in: *von Maydell/Ruland/Becker* (Hrsg.), Sozialrechtshandbuch, 2012 (5. Aufl.), § 35.

Raptopoulou K.M., The Directive on cross-border health care: signalling the coordination or the harmonisation of public health systems. European Journal of Social Law 2012, S. 193 ff.

Raschke Ulrich, Vergleich der Wanderarbeitnehmerverordnung 1408/71 und der Ersetzungsverordnung 883/04: Erste Hinweise für den Versicherungszweig gesetzliche Unfallversicherung, Die BG 2005, S. 767-770.

Raschke Ulrich, in: *Schulin Bertram* (Hrsg.), Handbuch des Sozialversicherungsrechts – Krankenversicherungsrecht, München 1994.

Rauscher Bruno, Von der Territorialität der Sozialgesetze, VSSR 10 (1982), S. 319 ff..

Rennuy Nicolas, The emergence of a parallel system of social security coordination, CMLR 2013, S. 1221-1266.

Rodière Pierre, Droit Social de l'Union Européenne, Paris 2008.

Sandri Levi, Istituzioni di legislazione sociale, Milano 1983.

Paul Schoukens / Danny Pieters, Verordnung (EG) 883/2004 – Eine neue Architektur der Koordination? Neue Regeln über das anwendbare Recht, in: *Eichenhofer Eberhard* (Hrsg.), 50 Jahre nach ihrem Beginn, 2009, S. 143-192.

Schrammel Walter / Winkler Gottfried, Europäisches Arbeits- und Sozialrecht, 2010.

Schuler Rolf, Das Internationale Sozialrecht der Bundesrepublik Deutschland. Grundlagen und systematische Zusammenschau des für die Bundesrepublik Deutschland geltenden Internationalen Sozialrechts, Baden Baden 1988.

Schulte Bernd, Patientenmobilität in Europa, GesR 2012, S. 72-78.

Schulte Bernd, Europäisches Sozialrecht, in: *von Maydell/Ruland/Becker* (Hrsg.), Sozialrechtshandbuch, 2012 (5.Aufl.), § 33.

Schulte Bernd, Sozialstaat Europa? Wege zu einer sozialen Werte- und Rechtsgemeinschaft in der Europäischen Union, in: *Haerendel Ulrike* (Hrsg.), Gerechtigkeit im Sozialstaat, 2012, S. 153-178.

Schulte Bernd, Freizügigkeit und Soziale Sicherheit, in *Schulte/Barwig* (Hrsg.), Freizügigkeit und Soziale Sicherheit, 1999, S. 39-88.

Selb Walter, Probleme des Territorialprinzips, in *Tomandl Theodor* (Hrsg.), Auslandsberührungen in der Sozialversicherung, 1980, S. 17 ff.

Sieveking Klaus (Hrsg.), Soziale Sicherung bei Pflegebedürftigkeit in der Europäischen Union, Baden-Baden 1998.

Steinmeyer Heinz-Dietrich, Die Einstrahlung im internationalen Sozialversicherungsrecht, Berlin 1981.

Szyszczak Erika, EC labour law, 2000.

Verschueren Herwig, Neue Vorschriften in der Verordnung 883/2004 über Leistungen bei Invalidität und Altersrenten sowie beitragsunabhängige Leistungen in: *Eichenhofer Eberhard* (Hrsg.), 50 Jahre nach ihrem Beginn, 2009, S. 223-264.

Windisch-Graetz Michaela, Europäisches Krankenversicherungsrecht, 2003.

Wollenschläger, in Deutscher Sozialgerichtsverband (Hrsg.), Ausländer in der inländischen Sozialrechtsordnung, 1983.

Wollenschläger Ferdinand, Patientenmobilität in der Europäischen Union – von der Rechtsprechung des EuGH zur neuen Richtlinie 2011/24/EU über die Ausübung der Patientenrechte in der grenzüberschreitenden Gesundheitsversorgung, EuR 2012, S. 149-184.

Der EVTZ und grenzüberschreitendes Vergaberecht

Dr. Severin Klinkmüller, LL.M. (LSE)[1]

I. Einführung

Als europäischer Verwaltungsverbund bietet der EVTZ seinen Mitgliedern einen institutionalisierten Rahmen für grenzüberschreitende Kooperationen. Die Tätigkeiten des Verbunds erfordern dabei in der Regel mehr als die schlichte Auftragsverwaltung für seine Mitglieder. Tatsächlich muss der EVTZ zur Ausführung der auf ihn übertragenen Aufgaben, Waren und Leistungen auf dem Markt einkaufen und vergibt hierzu öffentliche Aufträge. Diese Einkaufstätigkeit des EVTZ unterliegt zu weiten Teilen dem Vergaberecht.

Eine thematische Nähe des EVTZ zum Vergaberecht folgt bereits aus seiner Einbindung in die europäische Kohäsionspolitik. Verteilt der Verbund in diesem Rahmen Finanzmittel aus den Europäischen Struktur- und Investitionsfonds zur Förderung von bestimmten Wirtschaftsteilnehmern oder von strukturschwachen Regionen, geschieht dies regelmäßig durch die Vergabe von Bau- oder Dienstleistungsaufträgen. Das Vergaberecht betrifft den EVTZ damit im Wesentlichen in zwei Konstellationen: einerseits bei Auftragsvergaben zur Deckung seines Eigenbedarfs, andererseits bei gebündelten Auftragsvergaben für seine Mitglieder.

Ausgehend vom europäischen Recht der öffentlichen Auftragsvergabe bestimmen die einzelnen mitgliedstaatlichen Vergaberechtsordnungen, welche staatlichen Aufträge durch öffentliche Ausschreibung bekannt zu machen sind, die Form des anschließenden Bieterwettstreits sowie die Voraussetzungen der abschließenden Zuschlagserteilung an den erfolgreichen Bieter. Vergaberecht ist somit im Wesentlichen Verfahrensrecht. Zugunsten der Wirtschaftsteilnehmer soll es die öffentliche Hand bei ihrer

---

[1] Der Beitrag beruht auf der Veröffentlichung des Autors „Die grenzüberschreitende gemeinsame Vergabe öffentlicher Aufträge – Auftraggebergemeinschaften im europäischen und deutschen Recht unter besonderer Berücksichtigung grenzüberschreitender Vergabekooperationen", Kommunal- und Schul-Verlag, Wiesbaden, 2014.

Einkaufstätigkeit anleiten, ihre Aufträge in einem transparenten und nichtdiskriminierenden Verfahren zu vergeben. Der wirtschaftliche Umgang des Staates mit Haushaltsmitteln im Interesse seiner Bürger ist daneben ein weiteres Ziel des Vergaberechts.

II. Der EVTZ als Adressat des europäischen Vergaberechts

1. Rechtsgrundlagen des Vergaberechts

Die Beschaffungstätigkeit der öffentlichen Hand in den Mitgliedstaaten der Europäischen Union wird maßgeblich durch unionsrechtliches Sekundärrecht ausgestaltet. Drei Richtlinien zur öffentlichen Auftragsvergabe stellen hierbei die wichtigsten Rechtsakte des europäischen Vergaberechts dar: die allgemeine Vergaberichtlinie 2014/24/EU,[2] die Richtlinie 2014/25/EU über die Vergabe von Aufträgen durch Auftraggeber bestimmter Sektoren,[3] sowie nunmehr die eigenständige Richtlinie 2014/23/EU über die Konzessionsvergabe.[4] Im Verbund mit weiteren Rechtsakten der Union und einer umfassenden Rechtsprechung der europäischen Gerichte, bestimmen diese Richtlinien, welche staatlichen Einrichtungen als öffentliche Auftraggeber zu qualifizieren sind und welche ihrer Einkäufe von Leistungen oder Waren, deren Auftragswerte bestimmte Schwellenwerte erreichen, sodann als öffentliche Aufträge in festgelegten Vergabeverfahren auszuschreiben sind.

Die Umsetzung dieser europäischen Rechtsakte erfolgte in Deutschland im Vierten Teil des Gesetzes gegen Wettbewerbsbeschränkungen (GWB).[5] Dem Entschluss, das öffentliche Auftragswesen dem Kartellrecht zu unter-

---

2 Richtlinie 2014/24/EU vom 26.02.2014 über die öffentliche Auftragsvergabe und zur Aufhebung der Richtlinie 2004/18/EG, ABl. L 94 vom 28.03.2014, S. 65 (im Folgenden: Vergaberichtlinie - VRL).
3 Richtlinie 2014/25/EU vom 26.02.2014 über die Vergabe von Aufträgen durch Auftraggeber im Bereich der Wasser-, Energie- und Verkehrsversorgung sowie der Postdienste und zur Aufhebung der Richtlinie 2004/17/EG, ABl. L 94 vom 28.03.2014, S. 243 (im Folgenden: Sektorenrichtlinie - SRL).
4 Richtlinie 2014/23/EU vom 26.02.2014 über die Konzessionsvergabe, ABl. L 94 vom 28.03.2014, S. 1.
5 Eine weitere Novellierung des deutschen GWB zur Umsetzung der reformierten EU Richtlinien zum Vergaberecht erfolgte durch das „Gesetz zur Modernisierung des Vergaberechts" vom 17. Februar 2016, BGBl. I Nr. 8 vom 23.02.2016, S. 203.

stellen, liegt die Absicht des deutschen Gesetzgebers zugrunde, das Vergaberecht primär unter dem Gesichtspunkt eines gleichberechtigten und transparenten Zugangs der privaten Wirtschaftsteilnehmer zu öffentlichen Aufträgen zu gestalten.[6] Das stark zersplitterte deutsche Kartellvergaberecht speist sich daneben aus weiteren untergesetzlichen Rechtsquellen.[7]

Angesichts dieses schwer überschaubaren nationalen Regelungsgeflechts ist klarstellend festzuhalten, dass das deutsche Kartellvergaberecht deckungsgleich mit dem europäischen Vergaberecht ist. Infolge der mitgliedstaatlichen Pflicht zur Umsetzung von sekundärem Unionsrecht ist das deutsche Vergaberecht im Lichte der europäischen Vergaberichtlinien sowie der Rechtsprechung der Unionsgerichte auszulegen. Daher sind insbesondere die Kernbegriffe für die Anwendung des Vergaberechts im europäischen wie in den nationalen Vergaberechtsordnungen identisch.[8] Die weiteren Ausführungen konzentrieren sich daher auf das europäische Vergaberecht als dem verbindenden Normursprung aller mitgliedstaatlichen Vergaberechtsordnungen.

Eine ausdrückliche Verbindung zwischen dem EVTZ und dem europäischen Vergaberecht stellt die Vergaberichtlinie in Art. 39 Abs. 5 VRL her, indem es den EVTZ als mögliche Rechtsform für eine grenzüberschreitende Vergabeeinrichtung anführt.[9] Öffentliche Auftraggeber aus verschiedenen Mitgliedstaaten können demnach den EVTZ gründen und diesen als gemeinsame Einrichtung für ihre gebündelte Beschaffung einsetzen. Dies geschieht indes ohne weitere Ausführungen hinsichtlich seiner Auftraggebereigenschaft und ohne, dass der Verweis auf den EVTZ näher begründet wird. Die Erwähnung in der Richtlinie genügt insofern nicht, die genauen Verpflichtungen zu bestimmen, die für den EVTZ aus dem europäischen Vergaberecht folgen. Es ist vielmehr anzunehmen, dass die Nennung des EVTZ an dieser Stelle als konkretes Beispiel für gemeinsame Einrichtungen von mehreren Auftraggebern ein legislatorisches Werben darstellt und als solches den Wunsch des europäischen Gesetzgebers verdeutlicht, den

---

6 *Burgi*, NZBau 2009, S. 612.
7 Für eine umfassende Übersicht aller untergesetzlichen Rechtsakte, siehe *Fehling*, in: Pünder/Schellenberg, § 97 GWB, Rn. 28 ff.
8 *Schotten/Hüttinger*, in: Dreher/Motzke, § 99 GWB, Rn. 11.
9 Die weiteren Ausführungen stützen sich auf die allgemeine Vergaberechtsrichtlinie 2014/24/EU. Sie gelten entsprechend für die Sektorenrichtlinie; die vergleichbare Norm findet sich hier in Art. 57 Abs. 5 SRL.

EVTZ als Rechtsform zur grenzüberschreitenden Bündelung von öffentlichen Auftragsvergaben stärker zu etablieren.[10]

2. Der EVTZ und seine Mitglieder als öffentliche Auftraggeber

Der Kernbegriff des öffentlichen Auftraggebers bezeichnet den Adressaten der vergaberechtlichen Verpflichtungen und bestimmt damit den subjektiven Anwendungsbereich des Vergaberechts. Nach Art 2 Abs. 1 Nr. 1 VRL können öffentliche Auftraggeber die Mitgliedstaaten, die Gebietskörperschaften, die Einrichtungen des öffentlichen Rechts sowie die aus diesen Körperschaften und Einrichtungen des öffentlichen Rechts bestehenden Verbände sein.[11] Diese Aufzählung der subjektiv vom Vergaberecht verpflichteten Auftraggeber verdeutlicht, dass die Bestimmung der Auftraggebereigenschaft im Hinblick auf den EVTZ in zweifacher Weise relevant wird: einerseits zur Bestimmung der unmittelbaren Anwendbarkeit des Vergaberechts auf den Verbund selbst im Rahmen seiner eigenen Beschaffungsverfahren. Andererseits werden auch die Vergaberechtsverpflichtungen seiner öffentlich-rechtlichen Mitglieder dann mittelbar für den EVTZ relevant, wenn er für sie zentral oder mit ihnen gemeinsam Beschaffungen durchführt.

Der EVTZ stellt zunächst eine vom Vergaberecht verpflichtete *Einrichtung des öffentlichen Rechts* im Sinne von Art. 2 Abs. 1 Nr. 4 VRL dar.[12] Er weist die drei Merkmale einer solchen Einrichtungen auf, nämlich die Gründung zu dem besonderen Zweck der Erfüllung von im Allgemeininteresse liegenden Aufgaben nicht gewerblicher Art, eine eigene Rechtspersönlichkeit sowie eine überwiegend staatliche Finanzierung oder Kontrolle.

Der erforderliche besondere Gründungszweck der Einrichtung zur Erfüllung von nichtgewerblichen Aufgaben im Allgemeininteresse, spiegelt sich beim EVTZ regelmäßig in den nach Art. 7 EVTZ-VO auf den Verbund übertragenen Aufgaben wider. Hiernach liegt der von den Mitgliedern des EVTZ durch Gründung des Verbunds verfolgte Zweck in der ge-

---

10 Siehe in diesem Kontext die euphorische Feststellung, EVTZ könnten die „harmonische Entwicklung der gesamten [Europäischen] Union stärker fördern und besser verwirklichen"; Erw.Gr.(4) Änd-VO.
11 Für das deutsche Vergaberecht, § 99 GWB.
12 Entsprechend Art. 3 Nr. 4 SRL.

meinsamen Erfüllung der ihnen obliegenden hoheitlichen Aufgaben. Diese Zusammenarbeit dient damit letztlich dem Ziel „der Erleichterung und Förderung der territorialen Zusammenarbeit zur Stärkung des wirtschaftlichen, sozialen und territorialen Zusammenhalts der Union".[13] Folglich übersteigen die vom EVTZ ausgeführten Aufgaben und verfolgten Ziele regelmäßig das reine Eigeninteresse seiner Mitglieder. Dem entspricht ferner, dass der Verbund darüber hinaus keine primären gewerblichen Ziele verfolgt.[14] Zweitens, besitzt der EVTZ ausweislich Art. 1 Abs. 3 EVTZ-VO auch die erforderliche Rechtspersönlichkeit.

Schließlich weist der EVTZ ebenso die dritte Voraussetzung – eine Kontrolle und Finanzierung durch die öffentliche Hand – auf. Einerseits finanziert sich der EVTZ überwiegend aus den Beiträgen seiner Mitglieder, die diese in der Satzung des Verbunds festlegen.[15] Andererseits unterstehen sowohl die Tätigkeiten des Verbunds als auch sein Haushaltsplan der Kontrolle und der Aufsicht seiner Mitglieder, die diese durch ihre Vertreter in der Versammlung des EVTZ ausüben.[16] Daneben üben die Behörden des Mitgliedstaats, in dem der EVTZ seinen Sitz hat, nach Art. 6 Abs. 1 EVTZ-VO über den Verbund die Kontrolle der Verwaltung der öffentlichen Mittel aus. Überdies besitzen die Mitgliedstaaten gegenüber dem Verbund umfassende Eingriffsrechte, die bis hin zur Auflösung des EVTZ reichen, falls dieser seine Zuständigkeiten überschreitet.[17] Da der EVTZ mithin alle drei Voraussetzungen einer Einrichtung des öffentlichen Rechts nach der Vergaberichtlinie aufweist, ist er ein öffentlicher Auftraggeber und als solcher im Rahmen seiner Beschaffungstätigkeit dem Vergaberecht unmittelbar unterworfen.[18]

Gleichzeitig besteht der Mitgliederkreis des EVTZ überwiegend aus öffentlichen Auftraggebern, die selbst als Gebietskörperschaften, Verbände oder Einrichtungen des öffentlichen Rechts Adressaten des Vergaberechts sind. Diese Übereinstimmung zwischen der Zusammensetzung des EVTZ und dem persönlichen Anwendungsbereich des Vergaberechts wird deutlich mit Blick auf die Liste der potentiellen Mitglieder des Verbunds.

---

13 Art. 7 Abs. 2 EVTZ-VO n.F.
14 Zu den möglichen Aufgaben des EVTZ, siehe *Pechstein/Deja*, EuR 2011, S. 362.
15 Art. 9 Abs. 2 Buchst. f EVTZ-VO n.F.
16 Der jährliche Haushaltsplan wird von der Versammlung verabschiedet, Art. 11 Abs. 1 EVTZ-VO.
17 Art. 13 und 14 EVTZ-VO.
18 Im Ergebnis *Krzymuski/Kubicki*, NVwZ 2014, S. 1344.

Weitgehend deckungsgleich mit den Normadressaten des europäischen Vergaberechts werden hier als mögliche Mitglieder des EVTZ die öffentlichen Auftraggeber im Sinne der Vergaberichtlinie benannt. Die EVTZ-VO übernimmt diesbezüglich sogar die vergaberechtliche Terminologie, indem sie direkt auf die Begriffe des öffentlichen Unternehmens und der Einrichtung des öffentlichen Rechts verweist.[19]

Die Verknüpfung der EVTZ-Mitgliedschaft eines öffentlichen Auftraggebers mit seiner bestehenden Verpflichtung zur Beachtung des Vergaberechts wirkt sich dann aus, wenn der EVTZ für seine Mitglieder gebündelte Auftragsvergaben durchführt. Übt der Verbund zentrale Beschaffungstätigkeiten für seine Mitglieder aus, d.h. erwirbt er Lieferungen oder Leistungen *für* seine Mitglieder, so handelt der EVTZ als zentrale Beschaffungsstelle und ist allein für die Durchführung eines korrekten Vergabeverfahrens verantwortlich.[20] Kauft der EVTZ hingegen Leistungen oder Lieferungen *gemeinsam* mit seinen Mitgliedern ein und wird das Vergabeverfahren im Namen und im Auftrag des Verbunds und seiner Mitglieder zur Gänze gemeinsam durchgeführt, besteht für alle Beteiligten insoweit ihre Vergaberechtsverpflichtung fort.[21] Dies gilt ebenso im Kontext grenzüberschreitender Kooperationen. Den am Verbund beteiligten Auftraggebern sind derartige grenzüberschreitende Bündelungen ihrer Nachfrage indes dann untersagt, sofern sie sich hierdurch ihrer verbindlichen mitgliedstaatlichen Bestimmungen entledigen wollen, zu denen auch das mitgliedstaatliche Vergaberecht zählt.[22]

3. Der objektive Anwendungsbereich: Öffentliche Auftragsvergabe durch den EVTZ

Das Vergaberecht erfasst nur die Einkaufstätigkeiten der öffentlichen Hand, bei denen objektiv eine Vergabe von öffentlichen Aufträgen stattfindet. Die Vergaberichtlinie definiert diese als „zwischen einem oder mehre-

---

19 Art. 3 Abs. 1 Buchst. d EVTZ-VO n.F.
20 Art. 37 Abs. 2 UAbs. 1 VRL; die Annahme einer vergaberechtsmäßigen Beschaffung zugunsten der vertretenen öffentlichen Auftraggeber gilt nur soweit diese nicht selbst für die Durchführung von Teilen des zentralen Beschaffung verantwortlich sind, Art. 37 Abs. 2 UAbs. 3 VRL.
21 Art. 38 Abs. 2 VRL.
22 Art. 39 Abs. 1 UAbs. 2 VRL.

ren Wirtschaftsteilnehmern und einem oder mehreren öffentlichen Auftraggebern schriftlich geschlossene entgeltliche Verträge über die Ausführung von Bauleistungen, die Lieferung von Waren oder die Erbringung von Dienstleistungen".[23] Die notwendigen Vertragsparteien eines öffentlichen Auftrags sind demnach ein oder mehrere Wirtschaftsteilnehmer – sprich Auftrag*nehmer* – auf der einen Seite, sowie ein oder mehrere öffentliche Auftrag*geber* als Abnehmer der Waren oder Leistungen auf der anderen Seite. Beschaffungen der öffentlichen Hand unterstehen somit nur dann dem Vergaberecht, wenn ihr Einkauf tatsächlich auf dem privatwirtschaftlichen Beschaffungsmarkt stattfindet.

Der notwendige Vertragsgegenstand eines öffentlichen Auftrags muss auf den Erwerb von Waren, Bau- oder Dienstleistungen gerichtet sein. Auf Beschaffungsverfahren des EVTZ findet somit das Vergaberecht unabhängig davon Anwendung, ob die beschafften Leistungen oder Waren der Erfüllung einer dem EVTZ von seinen Mitgliedern übertragenen öffentlichen Aufgabe dienen oder nicht. Daneben muss ein öffentlicher Auftrag schriftlich erteilt werden und entgeltlich sein, wobei hinsichtlich der Entgeltlichkeit des Auftrags bereits jede geldwerte Gegenleistung im Rahmen eines einheitlichen Leistungsaustausches tatbestandlich ist.[24]

Bündelt der EVTZ – wie vorstehend beschrieben – als eine zentrale Beschaffungsstelle die Nachfrage seiner Mitglieder, so ist diese zentrale Beschaffungstätigkeit eine vergaberechtlich relevante Dienstleistung, welche die Verbundmitglieder grundsätzlich ausschreiben müssten. Die Vergaberichtlinie stellt insofern klar, dass in den Fällen der Beauftragungen einer Beschaffungsplattform diese *Vergabe der zentralen Vergabe* jedoch vom Anwendungsbereich des Vergaberechts ausgenommen ist.[25]

Das Vergaberecht erfasst schließlich nur die Beschaffungen eines öffentlichen Auftraggebers, deren Auftragswert bestimmte Schwellenwerte erreicht. Durch Art. 4 VRL wird die öffentliche Auftragsvergabe damit unterteilt in einen Oberschwellenbereich, in dem das unionsrechtliche und mitgliedstaatliche Vergaberecht die staatliche Beschaffungstätigkeit regelt, und in einen Unterschwellenbereich, in dem allein grundlegende Verfahrensprinzipien die Einkaufstätigkeit der öffentlichen Hand leiten.[26]

---

23 Art. 2 Abs. 1 Nr. 5 VRL; entsprechend Art. 2 Nr. 1 SRL; § 103 Abs. 1 GWB.
24 BGH, NZBau 2009, S. 203.
25 Art. 37 Abs. 4 UAbs. 1 VRL.
26 Nach Art. 4 VRL betragen die Schwellenwerte für Bauaufträge 5,186 Mio. EUR, für Liefer- und Dienstleistungsaufträge jeweils von zentralen Regierungsbehörden

II. Besonderheiten des grenzüberschreitenden Charakters des EVTZ

Der transnationale Charakter des EVTZ verdeutlicht sich anhand seiner Zusammensetzung aus Mitgliedern aus verschiedenen Mitgliedstaaten sowie der ihm übertragenen grenzüberschreitenden Aufgaben. Vergibt der EVTZ öffentliche Aufträge, so wirkt sich dieser grenzüberschreitende Kontext auf verschiedenen Ebenen des Vergabeverfahrens aus.

1. Der EVTZ im grenzüberschreitenden Beschaffungswesen

Beide Rechtsquellen – die EVTZ-VO und das europäische Vergaberecht – erkennen jeweils die Möglichkeit einer grenzüberschreitenden Auftragsvergabe durch den EVTZ an: Die Vergaberichtlinie regelt in Art. 39 VRL die *Auftragsvergabe durch öffentliche Auftraggeber aus verschiedenen Mitgliedstaaten* und normiert damit erstmals ausdrücklich grenzüberschreitende Beschaffungsgemeinschaften von öffentlichen Auftraggebern aus unterschiedlichen Mitgliedstaaten.[27] Dabei benennt die Richtlinie den EVTZ als eine mögliche Handlungsform, auf die eine Gemeinschaft von Auftraggebern bei ihrer grenzüberschreitenden Beschaffung zurückgreifen kann.[28] Das europäische Vergaberecht erkennt damit an, dass der EVTZ unabhängig von den ihm übertragenen Aufgaben als zentrale Beschaffungsplattform grenzüberschreitende Einkäufe bündeln kann.

Auch der EVTZ-VO ist zu entnehmen, dass sich der europäische Normgeber der Möglichkeit einer grenzüberschreitenden Beschaffung durch den EVTZ bewusst ist. Dort heißt es eingangs: „Die vorliegende Verordnung sollte nicht die Probleme im Zusammenhang mit grenzüberschreitender Auftragsvergabe erfassen, mit denen EVTZ konfrontiert sind."[29] Damit bringt die EVTZ-VO zwar zum Ausdruck, dass EVTZ grundsätzlich am grenzüberschreitenden Beschaffungswesen teilnehmen und dass dies mit besonderen Problemen verbunden ist. Welche Probleme dies sind, verrät

---

134.000 EUR, von subzentralen Auftraggebern 207.000 EUR, bzw. 750.000 EUR für bestimmte besondere Dienstleistungen. Zu Vergabeverfahren unterhalb der Schwellenwerte, siehe *Masing*, in: Dreher/Motzke, § 100 GWB, Rn. 6 ff.

27 Entsprechend Art. 57 SRL.
28 Art. 39 Abs. 5 UAbs. 1 VRL.
29 Erw.Gr. (25) Änd-VO.

die Verordnung indes nicht und lässt ferner unbeantwortet, warum sie hierauf keine Antwort geben soll.

Die von der Verordnung angesprochenen Probleme „im Zusammenhang mit grenzüberschreitenden Auftragsvergaben" bestehen in der Tat und sind die Ursache, dass grenzüberschreitende Auftragsvergaben bislang nur einen verschwindend geringen Anteil am gesamten europäischen Beschaffungsmarkt ausmachen.[30] Dieser Umstand ist vorrangig einer unklaren Rechtslage geschuldet, mit der sich öffentliche Auftraggeber in allen Mitgliedstaaten konfrontiert sehen und die es insbesondere nicht vermag, Kollisionen zwischen mitgliedstaatlichen Vergaberechtsordnungen im Rahmen von grenzüberschreitenden Beschaffungen aufzulösen. Ob das reformierte EU-Vergaberecht dieser Unsicherheit mit den neu enthaltenen Vorschriften zum grenzüberschreitenden Beschaffungswesen erfolgreich abhilft, bleibt abzuwarten.[31] Daneben erschweren weitere Faktoren die Teilnahme an grenzüberschreitenden Beschaffungsverfahren, insbesondere Sprachbarrieren, das Fehlen einschlägiger Erfahrungen mit der Durchführung derartiger Verfahren sowie die mangelnde Verfügbarkeit von Informationen über gleichlaufende Beschaffungsvorgänge anderer Auftraggeber im Ausland, die sich für eine Nachfragebündelung eignen.[32]

Für diese Probleme bietet der EVTZ eine ernstzunehmende Lösung. Die am Verbund beteiligten staatlichen Stellen werden auf Grund der institutionalisierten Form ihrer Zusammenarbeit in die Lage versetzt, bewährte Vorgehensweisen für grenzüberschreitende Vergabeverfahren zu entwickeln und können zudem einen dauerhaften Informationsaustausch zwischen den Mitgliedern des EVTZ über geplante Beschaffungen einrichten.[33] Dank der Möglichkeiten, die die elektronische Kommunikation zur Zusammenführung dieser Informationen bietet, besteht grundsätzlich keine geografische Beschränkung des potentiellen Teilnehmerkreises einer grenzüberschreitenden Auftraggebergemeinschaft.[34]

---

30 Der Anteil von direkt grenzüberschreitend vergebenen öffentlichen Aufträgen am gesamten europäischen Beschaffungsmarkt betrug in den Jahren 2007 bis 2009 lediglich 1,6 %; *Ramboll/FH Chur*, S. 37.
31 Laut Erw.Gr. (73) VRL soll das reformierte Vergaberecht helfen, in Zukunft das Potential der grenzüberschreitenden gemeinsamen öffentlichen Auftragsvergabe stärker zu nutzen.
32 Ramboll/FH Chur, S. 91.
33 Ähnlich *Pechstein/Deja*, EuR 2011, S. 360 f.
34 Zu den Möglichkeiten der *e-Vergabe*, *Schäfer*, NZBau 2015, S. 131.

2. Anwendbares Vergaberecht bei Auftragsvergaben des EVTZ

Öffentliche Auftraggeber unterliegen bei ihrer Beschaffungstätigkeit als Einheiten ihres Mitgliedstaats dem jeweiligen nationalen Vergaberecht. So besteht beispielsweise die Bindung deutscher öffentlicher Auftraggeber an das deutsche GWB-Vergaberecht unverändert auch bei Auftragsvergaben, die das Staatsgebiet eines oder mehrerer Mitgliedstaaten berühren.[35] Bei grenzüberschreitenden Beschaffungen sind deutsche Auftraggeber daher grundsätzlich nicht befugt, eine Disposition über das anwendbare Vergaberecht zu treffen.[36] Schließen sich mehrere öffentliche Auftraggeber aus verschiedenen Mitgliedstaaten zur gemeinsamen Beschaffung zusammen – sei es *ad hoc* zur Vergabe eines konkreten Auftrags oder innerhalb von institutionalisierten Strukturen, etwa durch die Gründung des EVTZ – so kollidieren hierbei die mitgliedstaatlichen Vergaberechtsordnungen.[37]

Der unmittelbare Rückgriff auf das europäische Vergaberecht, dem gemeinsamen Ursprungsrecht aller nationalen Vergaberechtsordnungen, scheidet ebenso aus, wie die parallele Anwendung mehrerer nationaler Vergaberechtsordnungen auf den gleichen Beschaffungsvorgang. Die Rechtmäßigkeit einer grenzüberschreitenden gemeinsamen Auftragsvergabe des EVTZ beurteilt sich anhand von *einer* Rechtsordnung. Da das anwendbare mitgliedstaatliche Vergaberecht der Nationalität des öffentlichen Auftraggebers folgt, ist bei einer grenzüberschreitenden Nachfragebündelung ausschlaggebend, als wessen Auftrag sich die gemeinsame Vergabe darstellt.[38] Bedient sich ein öffentlicher Auftraggeber einer ausländischen Vergabestelle zur Beschaffung – liegt also eine Stellvertretung im Vergabeverfahren vor – so gilt der Grundsatz, dass nach außen hin der maßgebliche öffentliche Auftraggeber diejenige Vergabestelle ist, die auch gegenüber den Bietern im Vergabeverfahren als solcher auftritt.[39]

---

35 OLG Düsseldorf, ZfBR 2008, S. 822; OLG Düsseldorf, VergabeR 2013, S. 551.
36 OLG München, NZBau 2011, S. 632; *Hök*, ZfBR 2010, S. 447; *Ollmann*, VergabeR 2013, S. 554.
37 Eine andere Frage ist, welchem mitgliedstaatlichen Recht der spätere Vertrag zwischen dem öffentlichen Auftraggeber und dem erfolgreichen Bieter unterliegt. Dieser zivilrechtliche Vertrag beurteilt sich unabhängig vom vorher durchgeführten Vergabeverfahren, eine Rechtswahl ist diesbezüglich möglich, hierzu OLG Düsseldorf, ZfBR 2008, S. 822.
38 Im Ergebnis OLG München, NZBau 2011, S. 632.
39 *Eschenbruch*, in: Kulartz/Kus/Portz, § 98 GWB, Rn. 65; *Ollmann*, VergabeR 2013, S. 554.

Das anwendbare Vergaberecht bei der Beschaffungstätigkeit des EVTZ hängt damit entscheidend davon ab, als wessen Auftragsvergabe sich die vom Verbund durchgeführte zentrale Beschaffung darstellt. Hier ist wiederum auf die vorstehend erläuterte Unterscheidung zu verweisen, zwischen einer Beschaffung des EVTZ zum Eigengebrauch und einer zentralen Beschaffung für seine Mitglieder. Bezüglich letzterer Konstellation ist ferner wesentlich, ob diese Stellvertretung offengelegt wird.

a. Beschaffung zum Eigenbedarf

Kauft der EVTZ zur Deckung des Eigenbedarfs auf dem Beschaffungsmarkt ein, so gilt seine Vergabetätigkeit im Rechtsverkehr als die Vergabe eines öffentlichen Auftrags durch den EVTZ selbst. Das Vergabeverfahren folgt somit dem für den EVTZ maßgeblichen Vergaberecht. Dieses ergibt sich zum einen aus dem in der Übereinkunft festgelegten Recht des Mitgliedstaates, in dem der EVTZ entweder seinen Sitz hat oder in dem seine Organe tätig sind.[40] Vergaberechtlich spezieller ist zudem Art. 39 Abs. 5 UAbs. 1 VRL. Hiernach kann eine grenzüberschreitende Auftraggebergemeinschaft bei ihrer gebündelten Beschaffung auf eine gemeinsame Einrichtung zurückgreifen, wobei der EVTZ als ausdrückliches Beispiel genannt wird. Welches nationale Vergaberecht anwendbar ist, bestimmt sich sodann anhand der Einigung der teilnehmenden Auftraggeber, die per Beschluss des zuständigen Organs der gemeinsamen Einrichtung gefasst wird.[41] Entsprechend der Rechtswahlmöglichkeit der Mitglieder bei Gründung des EVTZ, besteht auch hinsichtlich des anwendbaren Vergaberechts die Wahl zwischen dem Vergaberecht des Sitzstaats des EVTZ oder der Mitgliedstaaten, in dem er seine Tätigkeit ausübt. Diese Entscheidung kann nach Art. 39 Abs. 5 UAbs. 2 VRL zeitlich unbefristet und für bestimmte Auftragsarten im Gründungsakt des EVTZ festgelegt werden, so dass es für die nachfolgend durchgeführten Auftragsvergaben des EVTZ keiner gesonderten Feststellung des anwendbaren Vergaberechts mehr bedarf.

---

40 Art. 8 Abs. 2 Buchst. h und j EVTZ-VO n.F.
41 Beim EVTZ erfolgt dies in der Regel durch eine Entscheidung der Versammlung, *Krzymuski/Kubicki*, NVwZ 2014, S. 1344.

b. Zentrale Beschaffung für seine Mitglieder

Gleiches gilt im Falle von Beschaffungen, die der EVTZ zentral für seine Mitglieder durchführt. Vergibt der EVTZ gesammelte Aufträge in eigenem Namen aber auf Rechnung seiner Mitglieder, so treffen die Rechtswirkungen der vom EVTZ als mittelbaren Stellvertreter abgegebenen Willenserklärungen nur diesen selbst, nicht jedoch die dahinterstehenden Mitglieder des Verbunds.[42] Da diese sodann ihre Leistungen oder Waren vom EVTZ erwerben, treten sie nicht aktiv als Nachfrager im Beschaffungsverfahren auf. Im Rechtsverkehr gegenüber den Bietern handelt somit allein der EVTZ als öffentlicher Auftraggeber.[43] Führt dieser eine Vergabe öffentlicher Aufträge durch, richtet sich das diesbezügliche Vergabeverfahren somit auch dann nach dem von den Mitgliedern gewählten mitgliedstaatlichen Vergaberecht.[44]

Wird der EVTZ dagegen im Rahmen einer offenkundigen Stellvertretung als echter Vertreter ausdrücklich für seine Mitglieder tätig, d.h. nimmt er eine bloße Vermittlerfunktion zur Nachfragekoordinierung wahr, bündelt der EVTZ zwar die Beschaffungen seiner Mitglieder. Die hierbei auf den Abschluss der Beschaffungsverträge vom EVTZ als Stellvertreter abgegebenen Willenserklärungen wirken jedoch allein für und gegen den jeweils vertretenen öffentlichen Auftraggeber.[45] Während der im Namen der übrigen Vergabestellen handelnde EVTZ dagegen aus diesen Vergabeverfahren selbst nicht verpflichtet wird, schließen die vertretenen Mitglieder sodann mit dem erfolgreichen Bieter ihren jeweiligen Beschaffungsvertrag.[46] In den Fällen einer ausdrücklichen Stellvertretung folgt daher das für die Auftragsvergabe des EVTZ maßgebliche Vergaberecht dem mitgliedstaatlichen Recht des vertretenen EVTZ-Mitglieds.

---

42 Eine mittelbare Stellvertretung ohne Offenlegung der hinter der verfahrensleitenden Vergabestelle stehenden Auftraggeber sehen die Vergaberichtlinie etwa in Art. 38 Abs. 2 UAbs. 1 S. 2 VRL vor; hierzu *Dörr*, in: Dreher/Motzke, § 98 GWB, Rn. 30.
43 Vgl. VK Bund, ZfBR 2007, S. 199.
44 Vgl. *Hök*, ZfBR 2010, S. 447.
45 Zu dieser Rechtsfolge einer Zuschlagsvermittlung in Vergabeverfahren siehe etwa OLG Düsseldorf, BeckRS 2009, 29065; BayObLG, Beschluss v. 01.07.2003, Verg 3/03, juris; OLG Celle, NZBau 2003, S. 60.
46 Vgl. OLG Schleswig, NZBau 2013, S. 396 m.w.N.

3. Rechtsschutz der unterlegenen Bieter – Nachprüfung von grenzüberschreitenden Auftragsvergaben

Auch die Vergabe eines öffentlichen Auftrags durch den EVTZ unterliegt der vergaberechtlichen Nachprüfbarkeit. Unterlegene Bieter mit Interesse am Auftrag können hiernach einen Schaden auf Grund der Verletzung ihrer subjektiven Bieterrechte geltend machen und erhalten Rechtsschutz gegen die Nichtbeachtung von bieterschützenden Vergabevorschriften. Nach den Rechtsmittelrichtlinien zum Vergaberecht obliegt es den Mitgliedstaaten, dass Auftragsvergaben im Anwendungsbereich des europäischen Vergaberechts „wirksam und vor allem möglichst rasch" auf Rechtsverstöße nachgeprüft werden können.[47]

Die Ausgestaltung des vergaberechtlichen Rechtsschutzes unterscheidet sich in den jeweiligen Mitgliedsstaaten. So ist etwa in Deutschland das vergaberechtliche Nachprüfungsverfahren besonderen Vergabekammern zugewiesen, die Verletzungen von Bieterrechten feststellen und damit über die Rechtmäßigkeit einer öffentlichen Auftragsvergabe entscheiden.[48] Die Nachprüfung von Vergabeentscheidungen stellt einen primären Rechtsschutz dar und zielt auf die Beseitigung von Verfahrensfehlern, so dass das beanstandete Vergabeverfahren anschließend fortgeführt werden kann. Dem rechtsschutzsuchenden Bieter bleibt es weiterhin möglich, den begehrten Zuschlag zum öffentlichen Auftrag zu erhalten. Da die Antragsbefugnis des unterlegenen Bieters mit der wirksamen Zuschlagserteilung des öffentlichen Auftraggebers an den erfolgreichen Bieter entfällt, muss er mit seinen Rechtsmitteln der Zuschlagserteilung zuvorkommen.[49] Im Interesse des öffentlichen Auftraggebers und des erfolgreichen Bieters an der Durchführung des Auftrags unterliegt der vergaberechtliche Rechtschutz allerdings zeitlichen Einschränkungen.[50] Rechtsmittel des unterlegenen Bieters sind nur zulässig, soweit Verstöße gegen Vergabevorschrif-

---

47 Art. 1 Abs. 1 UAbs. 3 Richtlinie 89/665/EWG, zuletzt geändert durch Richtlinie 2007/66/EG vom 11.12.2007 zur Änderung der Richtlinien 89/665/EWG und 92/13/EWG des Rates im Hinblick auf die Verbesserung der Wirksamkeit der Nachprüfungsverfahren bezüglich der Vergabe öffentlicher Aufträge, Abl. Nr. L 335 vom 20.12.2007, S. 31.
48 §§ 155 - 184 GWB; gegen Entscheidungen der Vergabekammern ist nach § 171 GWB die sofortige Beschwerde zu den Vergabesenaten des zuständigen Oberlandesgerichten zulässig.
49 Art. 2 Abs. 3 RL 2007/66/EG; entsprechend § 168 Abs. 2 GWB.
50 *König*, in: Heuvels/Höß/Kuß/Wagner, § 116 GWB, Rn. 12.

ten unverzüglich gerügt werden, ebenso hat die Nachprüfungsinstanz ihre Entscheidung über das Rechtsmittel „so schnell wie möglich" zu treffen.[51]

Beschaffungsverfahren, die das Staatsgebiet mehrerer Mitgliedstaaten betreffen, werfen auf der Rechtsschutzebene die Frage nach der international zuständigen Nachprüfungsinstanz auf.[52] In Ermangelung besonderer vergaberechtlicher Regeln bestimmt sich die zuständige mitgliedsstaatliche Nachprüfungsstelle nach den europäischen Vorschriften über die gerichtliche Zuständigkeit,[53] auf die auch die EVTZ-VO verweist.[54] Folgt man der höchstrichterlichen Zuordnung des Vergabeverfahrens zum Zivilrecht,[55] liegt nach der sodann einschlägigen Brüssel Ia-VO der Gerichtsstand bei Streitigkeiten mit mehrstaatlichem Bezug am Sitz der verklagten juristischen Person.[56] Das im Sitzstaat des EVTZ geltende nationale Vergaberecht bestimmt daher, vor welchen Nachprüfungsinstanzen ein unterlegener Bieter Rechtsschutz gegen behauptete vergaberechtswidrige Beschaffungsverfahren des EVTZ suchen muss.[57]

Der Vergaberechtsweg steht Bietern allerdings nur bei Auftragsvergaben im Anwendungsbereich des europäischen Vergaberechts offen. Alle übrigen Auftragsvergaben im Unterschwellenbereich, sowie weitere An-

---

[51] Art. 2 Abs. 1 Buchst. a RL 2007/66/EG; deutsche Vergabekammern müssen ihre Entscheidung innerhalb einer Frist von fünf Wochen ab Eingang des Antrags treffen, § 167 Abs. 1 GWB. Die Unzulässigkeit nicht unverzüglicher Rügen folgt aus § 160 Abs. 3 GWB.

[52] So treffen etwa die deutschen Vorschriften über die Zuständigkeiten der Vergabekammern keine Aussagen über deren internationale Zuständigkeiten, *Horn/Hofmann*, in: Dreher/Motzke, § 106a GWB, Rn. 38; *Ollmann*, VergabeR 2013, S. 554.

[53] OLG München, NZBau 2011, S. 632.

[54] Der Verweis in Art. 15 Abs. 2 UAbs. 1 EVTZ-VO n.F. gilt der Verordnung (EU) Nr. 1215/2012 vom 12.12.2012 über die gerichtliche Zuständigkeit und die Anerkennung und Vollstreckung von Entscheidungen in Zivil- und Handelssachen, ABl. Nr. L 351 vom 20.12.2012, S. 1, (Brüssel Ia-VO).

[55] BVerfGE 116, S. 149; BVerwGE 129, S. 13.

[56] Dies betrifft den *allgemeinen Gerichtsstand* einer juristischen Person nach Art. 4 Abs. 1 i.V.m. Art. 63 Abs. 1 Buchst. a VO (EU) Nr. 1215/2012, sowie den *besonderen Gerichtsstand* des Erfüllungsortes, sofern dieser am Sitz des EVTZ ist, Art. 7 Nr. 1 i.V.m. Art. 63 Abs. 1 Buchst. a VO (EU) Nr. 1215/2012, siehe ferner zur Zuständigkeit von delikts- und deliktsähnlichen Ansprüchen aus dem Vergabeverfahren *Opitz*, S. 99.

[57] Dieses Ergebnis sieht die EVTZ-VO auch für Streitigkeiten vor, die ausnahmsweise nicht in den Anwendungsbereich der Brüssel Ia-VO fallen, Art. 15 Abs. 2 UAbs. 1 S. 2 EVTZ-VO.

sprüche aus Verletzungen des Wettbewerbs- und Kartellrechts angesichts einer kritischen Konzentration von öffentlicher Nachfragemacht,[58] müssen daneben auf dem ordentlichen Rechtsweg geltend gemacht werden.[59]

III. Vergabefreiheit für den EVTZ als verwaltungsinterne Kooperation

Während grundsätzlich jeder Erwerb von Waren und Leistungen durch die öffentliche Hand auf dem Beschaffungsmarkt dem Vergaberecht unterfällt, gibt es Bereiche, in denen öffentliche Auftraggeber untereinander Leistungen austauschen können, ohne dass hierauf das Vergaberecht Anwendung findet. Da ein öffentlicher Auftrag den Vertragsschluss zwischen einem öffentlichen Auftraggeber und einem von ihm verschiedenen Wirtschaftsteilnehmer erfordert,[60] liegt kein solcher öffentlicher Auftrag bei verwaltungsinternen Beschaffungen vor, bei dem sowohl Auftraggeber als auch Auftragnehmer dem öffentlichen Sektor angehören. Vergaberechtsfreie Räume bestehen sowohl zugunsten von vertikalen Kooperationen zwischen nach- und übergeordneten Auftraggebern, sowie von horizontalen Kooperationen zwischen gleichgeordneten öffentlichen Auftraggebern.

Als institutionalisierte Zusammenarbeit zwischen öffentlichen Auftraggebern, werden diese Ausnahmen vom Vergaberecht für den EVTZ in mehrfacher Hinsicht relevant. Im Verhältnis zu seinen Mitgliedern kann der EVTZ Dienstleistungen erbringen, die als öffentliche Aufträge an sich ausschreibungspflichtige Beschaffungen seiner Mitglieder sind. Die Frage der Vergaberechtsfreiheit stellt sich ferner im Hinblick auf Kooperationen des EVTZ mit anderen staatlichen Stellen zur gemeinsamen Wahrnehmung einer öffentlichen Aufgabe.

---

58 Zur kartellrechtlichen Dimension staatlicher Nachfragebündelungen, BGHZ 152, 347; allgemein *Zimmer*, in: Immenga/Mestmäcker, § 1 GWB, Rn. 27 ff.
59 Zum primären Rechtsschutz bei unterschwelligen Vergaben sowie außerhalb des Vergaberechts, *Horn/Hofmann*, in: Dreher/Motzke, Vorb § 102 GWB, Rn. 30 ff.
60 Art. 2 Abs. 1 Nr. 5 VRL.

1. Vertikale Kooperation: Vergabefreie Zusammenarbeit der Mitglieder mit dem EVTZ

Ein verwaltungsinterner Beschaffungsvorgang außerhalb des Vergaberechts liegt zunächst ohne Frage dann vor, wenn die beauftragte Stelle mit dem Auftraggeber identisch ist, d.h. eine eigene Abteilung oder ein nicht selbstständiger Eigenbetrieb des öffentlichen Auftraggebers ist. Darüber hinaus sind ebenso Beauftragungen von juristisch selbstständigen Organisationseinheiten vergaberechtsfrei, sofern der beauftragende öffentliche Auftraggeber über diese Einheit eine Kontrolle wie über seine eigenen Dienststellen ausübt und diese zugleich ihre Tätigkeit im Wesentlichen für den beauftragenden öffentlichen Auftraggeber verrichtet.[61] Diese nach der Leitentscheidung des EuGH benannten *Teckal*-Kriterien sind nunmehr in Art. 12 Abs. 1 UAbs. 1 VRL wiedergegeben und müssen für eine vergaberechtsfreie *In House*-Vergabe kumulativ vorliegen.[62] Die Vergaberichtlinien stellen klar, dass diese Befreiungen vom Vergaberecht auch im Kontext grenzüberschreitender Auftragsvergaben unverändert bestehen.[63]

a. Die qualifizierte Kontrolle über den EVTZ „wie über eigene Dienststellen"

Entscheidend für eine vergaberechtsfreie Beauftragung des EVTZ mit der Erbringung von Leistungen an seine Mitglieder ist das Kriterium der qualifizierten Kontrolle. Diese besteht jedenfalls bei einer umfassenden Inhaberschaft des beauftragenden Auftraggebers an der leistungserbringenden Einrichtung.[64] Zwar untersteht der EVTZ der Aufsicht und Leitung seiner Mitglieder, so dass in diesem Verhältnis der nach der Vergaberichtlinie erforderliche „ausschlaggebende[...] Einfluss sowohl auf die strategischen Ziele als auch auf die wesentlichen Entscheidungen der kontrollierten juristischen Person" regelmäßig besteht.[65] Die erforderliche Kontrolle über

---

61 EuGH, Urt. v. 18.11.1999, Rs. C-107/98 (Teckal), Rn. 50.
62 Entsprechend Art. 28 Abs. 1 SRL.
63 Art. 39 Abs. 1 UAbs. 1 VRL; Art. 57 Abs. 1 UAbs. 1 SRL.
64 EuGH, Urt. v. 11.01.2005, Rs. C-26/03 (Stadt Halle); EuGH, Urt. v. 13.10.2005, Rs. C-458/03 (Parking Brixen); EuGH, Urt. v. 10.11.2005, Rs. C-29/04 (Stadt Mödling); EuGH, Urt. v. 19.04.2007, Rs. C-295/05 (Ansemfo).
65 Art. 12 Abs. 1 UAbs. 2 VRL.

die leistungserbringende Einrichtung wird indes nur durch alle Mitglieder gemeinschaftlich ausgeübt. Diesbezüglich enthält die Vergaberichtlinie aber die Aussage, dass eine qualifizierte Kontrolle ebenso vom öffentlichen Auftraggeber „gemeinsam mit anderen öffentlichen Auftraggebern" ausgeübt werden kann.[66]

Eine gemeinsame qualifizierte Kontrolle von öffentlichen Auftraggebern über die beauftragte Person liegt nach der Richtlinie unter den drei kumulativen Voraussetzungen vor, dass (i) die beschlussfassenden Organe der kontrollierten juristischen Person aus Vertretern sämtlicher teilnehmenden öffentlichen Auftraggeber besteht, (ii) die öffentlichen Auftraggeber gemeinsam einen maßgeblichen Einfluss auf die strategischen Ziele und die wesentlichen Entscheidungen der kontrollierten juristischen Person ausüben, und (iii) die kontrollierte juristische Person keine Interessen verfolgt, die denen der kontrollierenden öffentlichen Auftraggeber zuwiderlaufen.[67]

Angewendet auf den EVTZ, verdeutlicht dieser Kriterienkatalog, dass die am EVTZ beteiligten öffentlichen Auftraggeber regelmäßig über den Verbund eine gemeinschaftliche Kontrolle im Sinne der Vergaberichtlinie ausüben.

Die Versammlung ist das Organ des EVTZ, das rechtlich und tatsächlich in der Lage ist, die wesentlichen Entscheidungen der juristischen Person zu beeinflussen,[68] sie besteht wiederrum nach Art. 10 Buchst. a EVTZ-VO aus den Vertretern der Mitglieder. Darüber hinaus sind die am EVTZ beteiligten öffentlichen Auftraggeber in sämtlichen daneben gebildeten Organen vertreten.[69] In dieser Funktion bestimmen die Mitglieder das Ziel und die Aufgaben des EVTZ und zwar bereits in ihrer Übereinkunft zur Gründung des Verbunds.[70] Jede nachfolgende Änderung dieser Übereinkunft bedarf ferner der Zustimmung der beteiligten Mitgliedstaaten.[71] Damit liegt einerseits, wie nach der Richtlinie gefordert, die Entscheidung über die vom EVTZ verfolgten strategischen Ziele bei seinen Mitgliedern. Andererseits folgt aus der Organmitgliedschaft der öffentli-

---

66 Art. 12 Abs. 3 UAbs. 1 Buchst. a VRL; so bereits EuGH, Urt. v. 11.05.2006, Rs. C-340/04 (Carbotermo), Rn. 69.
67 Art. 12 Abs. 3 UAbs. 2 VRL.
68 Ausführend zur Richtlinie, *Ziekow*, NZBau 2015, S. 262.
69 Vgl. Art. 9 Abs. 2 Buchst. a EVTZ-VO n.F.
70 Art. 4 Abs. 5, Art. 8 Abs. 2 Buchst. c EVTZ-VO n.F.
71 Art. 4 Abs. 6 EVTZ-VO n.F.

chen Auftraggeber in der Versammlung des EVTZ sowie in seinen übrigen Organen, dass die am Verbund beteiligten Auftraggeber darüber hinaus die wesentlichen Entscheidungen des EVTZ mitbestimmen. Der Verbund, der von den öffentlichen Auftraggebern gegründet, finanziert und beaufsichtigt wird, besitzt darüber hinaus keinerlei eigenen Spielraum, von den Vorgaben seiner Mitglieder abzuweichen. Er ist somit weder rechtlich noch faktisch in der Lage, Interessen zu verfolgen, die der Gesamtheit seiner Mitglieder zuwiderliefen.[72]

b. Fehlende Marktorientierung des EVTZ

Eine Freistellung staatsinterner Auftragsvergaben vom Vergaberecht kann ferner nur erfolgen, wenn die beauftragte Stelle tatsächlich nicht zumindest teilweise als regulärer Wirtschaftsteilnehmer Leistungen erbringt. Für eine vergabefreie Beauftragung des EVTZ folgt hieraus, dass der Verbund einerseits „im Wesentlichen" für seine Mitglieder tätig sein muss. Andererseits schließt dies eine Beteiligung von Privaten am Verbund weitgehend aus, da der Staat diese andernfalls durch seine vergaberechtsfreie Auftragsvergabe mittelbar begünstigen würde.

Weitgehend unproblematisch stellt sich bei der Beauftragung des EVTZ zunächst das Wesentlichkeitskriterium dar. Als Voraussetzung für ein vergaberechtsfreies *In House*-Geschäft muss die Tätigkeit des beauftragten Auftraggebers zu mehr als 80% der Ausführung von Aufgaben dienen, mit denen er von den ihn kontrollierenden öffentlichen Auftraggebern betraut wurde.[73]

Nach dem insoweit eindeutigen Wortlaut des Art. 7 Abs. 1 EVTZ-VO wird der EVTZ tätig, um die Aufgaben auszuführen, die ihm von seinen Mitgliedern übertragen wurden. Dabei zieht die Handlungsermächtigung des EVTZ zugleich die Grenze der möglichen Tätigkeiten des Verbunds.[74] Der EVTZ nimmt folglich ausschließlich die Aufgaben seiner Mitglieder wahr, eine hiervon abweichende oder autonome Tätigkeit ist dem Verbund untersagt. Entsprechend des Wesentlichkeitskriteriums wird der EVTZ da-

---

72 Siehe in diesem Zusammenhang die weitreichenden Eingriffsrechte der Mitgliedstaaten in Art. 13, 14 EVTZ-VO.
73 Art. 12 Abs. 3 UAbs. 1 Buchst. b VRL. Die Bestimmung des prozentualen Anteils erfolgt anhand der tätigkeitsgestützten Werte nach Art. 12 Abs. 5 UAbs. 1 VRL.
74 Art. 7 Abs. 2 EVTZ-VO n.F.; *Pechstein/Deja*, EuR 2011, S. 361.

her ganz überwiegend für seine Mitglieder tätig. An diesem Befund ändert der Umstand nichts, dass der EVTZ daneben unmittelbar Aufgaben für andere Stellen ausführen kann, etwa im Rahmen der Europäischen Territorialen Zusammenarbeit.[75] Als Alleinbegünstigter kann der Verbund hier gegenüber den Europäischen Struktur- und Investitionsfonds die Verwaltung von Kooperationsprogrammen übernehmen und in dieser Funktion, Gelder der europäischen Fonds ohne eine Beteiligung seiner Mitglieder empfangen und verteilen.[76] Jedoch handelt der EVTZ in diesem Fall nicht als deren Beauftragter, seine diesbezügliche Tätigkeit gilt insofern nicht der Ausführung von Aufgaben der europäischen Fonds im Sinne des Wesentlichkeitskriteriums. Vielmehr stellt die Verwaltung der Kooperationsprogramme eine Aufgabe dar, die der EVTZ anstelle seiner Mitglieder wahrnimmt, so dass der Verbund ebenso in der Rolle des Alleinbegünstigten tatsächlich für seine Mitglieder handelt.[77]

Auftragsvergaben innerhalb des Verwaltungssektors können schließlich nur insoweit vom Vergaberecht ausgenommen werden, wie kein privater Wirtschaftsteilnehmer in den Genuss einer unzulässigen Begünstigung gelangt. Aus diesem Grund darf der vergabefrei beauftragte öffentliche Auftraggeber grundsätzlich keine private Kapitalbeteiligung aufweisen.[78] Nach den Vergaberichtlinien ist eine Beteiligung von privaten Rechtsträgern am Kapital des beauftragten Auftragnehmers nur dann ausnahmsweise unschädlich, wenn dies Folge einer nationalen gesetzlichen Bestimmung ist.[79] Auch in diesem Fall sind ausschließlich nicht beherrschende Formen der privaten Kapitalbeteiligung zulässig, sowie Formen der priva-

---

75 Vgl. Erw.Gr. (4) Änd-VO; hierzu *Krzymuski/Kubicki*, NVwZ 2014, S. 1343.
76 Art. 12 Abs. 3 UAbs. 1 VO (EU) Nr. 1299/2013 vom 17.12.2013 mit besonderen Bestimmungen zur Unterstützung des Ziels "Europäische territoriale Zusammenarbeit" aus dem Europäischen Fonds für regionale Entwicklung (EFRE), ABl. L 347 vom 20.12.2013, S. 259.
77 Nach Art. 22 VO (EU) Nr. 1299/2013 können Mitgliedstaaten den EVTZ „nutzen", um ihn mit der Verwaltung des Kooperationsprogrammes zu beauftragen, „indem sie ihm insbesondere die Aufgaben einer Verwaltungsbehörde übertragen". Ähnlich wird deutlich, dass diese Verwaltung eine eigenständige Aufgabe ist, die dem EVTZ von seinen Mitgliedern übertragen werden kann, vgl. Erw.Gr. (32) VO (EU) Nr. 1299/2013.
78 EuGH, Urt. v. 11.01.2005, Rs. C-26/03 (Stadt Halle), Rn. 49-51; EuGH, Urt. v. 09.06.2009, Rs. C-480/06 (Stadtreinigung Hamburg), Rn. 47.
79 Eine Beteiligung von Privaten ist in einigen Mitgliedstaaten gesetzlich zwingend vorgeschrieben, etwa für bestimmte Wasserverbände und soziale Wohnungsbaugesellschaften im deutschen Recht, *Schwab/Giesemann*, VergabeR 2014, S. 354.

ten Kapitalbeteiligung ohne Sperrminorität.[80] Relevant wird diese Einschränkung für den EVTZ sofern zu seinem Mitgliederkreis nichtstaatliche, von Privaten gehaltene oder kontrollierte Stellen zählen, wie etwa die Privatunternehmen nach Art. 3 Abs. 1 UAbs. 1 Buchst. e EVTZ-VO n.F. In diesen Fällen ist eine vergaberechtsfreie Auftragsvergabe nach den *In House*-Prinzipien nur dann möglich, wenn die Beteiligung von privatwirtschaftlichen Personen am EVTZ durch nationales Recht vorgeschrieben ist und eine nichtbeherrschende Form der Kapitalbeteiligung darstellt. Diesem Umstand sollte bereits bei der Errichtung des Verbunds und der Gestaltung der Satzung Rechnung getragen werden, so dass ein maßgeblicher Einfluss dieser privaten Mitglieder auf den Verbund ausgeschlossen wird.

Weist der EVTZ demnach sämtliche von den Vergaberichtlinien formulierten Voraussetzungen an eine gemeinsam ausgeübte Kontrolle durch eine Gruppe öffentlicher Auftraggeber über die für sie weit überwiegend tätige juristische Person auf, folgt hieraus, dass Auftragsvergaben von EVTZ-Mitgliedern an den Verbund nach den Grundsätzen der *In House*-Vergabe nicht ausschreibungspflichtig sind.

Klarstellend sei angemerkt, dass eine vergaberechtsfreie *In House*-Vergabe weder die Vergabe von Folgeaufträgen präjudiziert, die vom EVTZ weiterhin auszuschreiben sind. Noch sind hiernach ausnahmefähig, Beauftragungen zwischen den Mitgliedern des EVTZ untereinander sowie ein umgekehrter Leistungserwerb des EVTZ von seinen Mitgliedern. Bezüglich letzterer Konstellation sehen die Richtlinien zwar die Vergaberechtsfreiheit zugunsten von Auftragsvergaben eines kontrollierten Auftraggebers an seinen kontrollierenden Auftraggeber vor.[81] Aufgrund des eingeschränkten Verweises einzig auf Konstellationen eines alleinkontrollierenden Auftraggebers gilt diese Freistellung indes nicht für Konstellationen einer gemeinsam ausgeübten Kontrolle nach Artikel 12 Abs. 3 VRL, welche – wie vorstehend erläutert – bei der Beauftragung des EVTZ einschlägig ist.

---

80 Art. 12 Abs. 3 UAbs. 1 Buchst. c VRL.
81 Art. 12 Abs. 2 VRL.

2. Horizontale Kooperation: Kooperationen des EVTZ mit anderen staatlichen Einrichtungen

Ebenso stellen gleichrangige Kooperationen zwischen dem EVTZ und anderen öffentlichen Einrichtungen auf horizontaler Ebene die Anwendung des Vergaberechts in Frage. Eine solche *öffentlich-öffentliche Kooperation* unterscheidet sich darin, dass zwischen den kooperierenden öffentlichen Auftraggebern weder ein Kontrollverhältnis besteht, noch der eine Auftraggeber im Wesentlichen für den anderen tätig ist. Zwar sind im Grundsatz auch diese gegenseitigen Unterstützungshandlungen ausschreibungspflichtige Leistungen. Vereinbart der EVTZ mit einer anderen staatlichen Stelle eine derartige Zusammenarbeit zur gemeinsamen Wahrnehmung einer öffentlichen Aufgabe, ist jedoch fraglich, ob dieser Vorgang die Sphäre staatlichen Handelns tatsächlich verlässt und damit für das Vergaberecht relevant wird.

Entsprechend nehmen die Richtlinien zum Vergaberecht in Art. 12 Abs. 4 VRL Kooperationen zwischen öffentlichen Auftraggebern vom Vergaberecht aus, bei denen diese ohne Beteiligung von Privaten vertraglich vereinbaren, eine ihnen allen obliegende öffentliche Aufgabe gemeinsam wahrzunehmen.[82] Eine gemeinsame Wahrnehmung der Aufgabe bedeutet, dass die Kooperationspartner zur Erfüllung eines gemeinsamen Ziels gegenseitige Pflichten eingehen; die tatsächliche Ausführung der Aufgabe kann hingegen auf einer ungleichen Aufgabenverteilung beruhen.[83] Die kooperierenden Auftraggeber sind zudem frei in der Wahl der Rechtsform ihrer horizontalen Zusammenarbeit, so dass hierzu auch die Beteiligung des EVTZ denkbar ist.[84]

Vergaberechtsfrei kann eine Kooperation zwischen den öffentlichen Auftraggebern nur dann sein, wenn sie ausschließlich durch Überlegungen und Erfordernisse bestimmt wird, die mit der Verfolgung von im öffentlichen Interesse liegenden Zielen zusammenhängen.[85] Dies schließt zwar insbesondere aus, dass mit der Kooperation markterhebliche Leistungen erbracht werden, die eine Quote von 20% der durch die Zusammenarbeit erfassten Tätigkeiten übersteigen.[86] Was daneben genau die von der Richt-

---

82 Entsprechend Art. 28 Abs. 4 SRL.
83 *Ziekow*, NZBau 2015, S. 263.
84 EuGH, Urt. v. 09.06.2009, Rs. C-480/06 (Stadtreinigung Hamburg), Rn. 47.
85 Art. 12 Abs. 4 Buchst. b VRL.
86 Art. 12 Abs. 4 Buchst. c VRL.

linie geforderten „Überlegungen im Zusammenhang mit dem öffentlichen Interesse" sind, bleibt hingegen weitgehend unklar. Die Kommission leitet hieraus lediglich das Verbot von Finanztransfers zwischen den kooperierenden Auftraggebern ab, die über eine Kostenerstattung hinausgehen.[87]

Abschließend sei darauf hingewiesen, dass Vereinbarungen zwischen öffentlichen Auftraggebern erst gar nicht in den Regelungsbereich des Vergaberechts fallen, sofern sie die Übertragung von Befugnissen und Zuständigkeiten für die Ausführung von öffentlichen Aufgaben vorsehen, ohne dass hierfür eine Vergütung fällig wird. Eine derartige Vereinbarung ist als Akt der internen Organisation eines Mitgliedstaats dem Vergaberecht von vornherein entzogen.[88] Während eine derart vollständige Aufgabenübertragung selten Inhalt einer öffentlich-öffentlichen Kooperation sein dürfte, wird diese Ausnahme vom Vergaberecht indes im Hinblick auf die anfängliche Aufgabenübertragung der Mitglieder auf den EVTZ bei Gründung des Verbunds relevant.

IV. Fazit

Das europäische Vergaberecht steht der Beschaffungstätigkeit des EVTZ überaus positiv gegenüber. Einerseits erfasst es den Verbund als öffentlichen Auftraggeber und unterwirft dessen Beschaffungen als eine Vergabe von öffentlichen Aufträgen seinem Anwendungsbereich. Andererseits privilegieren die reformierten Richtlinien zum Vergaberecht wesentliche, an sich vergaberechtsrelevante Leistungsbeziehungen im Verhältnis des EVTZ zu seinen Mitgliedern und nehmen sie vom Vergaberecht aus. Weitere Ausnahmen gelten zudem den horizontalen Kooperationen des Verbunds mit anderen staatlichen Einrichtungen zur Erfüllung gemeinsamer öffentlicher Aufgaben.

Insbesondere steht der EVTZ als Instrument bereit, um Beschaffungsvorgänge seiner Mitglieder grenzüberschreitend zu bündeln und diese gemeinsam auf dem europäischen Beschaffungsmarkt durchzuführen. Der EVTZ ist *die* Rechtsform für eine institutionalisierte Kooperation zwischen Einheiten der staatlichen Verwaltung im Vergaberecht über Staatsgrenzen hinweg. Es überrascht daher nicht, dass der europäische Normge-

---

87 SEK(2011) 1169 endg., 16.
88 Art. 1 Abs. 6 VRL.

ber dem EVTZ eine herausgehobene Rolle bei der territorialen Zusammenarbeit zwischen den Mitgliedstaaten zumisst. Entsprechend nehmen beide Rechtsquellen, die EVTZ-VO wie auch das europäische Vergaberecht, daher ausdrücklich Bezug auf eine grenzüberschreitende Vergabe öffentlicher Aufträge durch den EVTZ.

Dank seiner institutionalisierten Form bietet der EVTZ Antworten auf die mit grenzüberschreitenden Beschaffungskooperationen weithin verbundenen Rechtsunsicherheiten. Es ist somit an den Einheiten der Mitgliedstaaten, sich des EVTZ als Rechtsform für ihre Vergabekooperationen zu bedienen und sich hierdurch die marktwirtschaftlichen und administrativen Vorteile einer Zusammenführung ihrer öffentlichen Nachfrage auf dem europäischen Beschaffungsmarkt zu eigen zu machen.

Abstract

The European public procurement law recognizes the ability of European Groupings of Territorial Cooperation to conduct cross-border procurement procedures, both to supply their own demand as well as that of its incorporated members. On the one hand, such groupings fall under the definition of a contracting authority and as such, tendering goods or services by EGTC is to be qualified as the award of public contracts within the meaning of the procurement directives. However, on the other hand, the reformed European procurement law also stipulates certain privileges for the exchange of goods and services between EGTC and its members; most notably, by excluding these in-house procurement actions from the directives' scope of application. It further excludes horizontal cooperation between such groupings and other public entities for the purpose of meeting needs in the general interest.

For its members, the EGTC offers a helpful tool to bundle their separate tendering processes across member states and to award joint contracts in a cross-border context. More generally, the EGTC represents a suitable legal structure to facilitate cooperation between different units of the public administration within the European procurement market. Not only does it answer legal uncertainties regarding the applicable procurement law and review mechanisms in cross-border procurement proceedings. It also enables its members to develop best practices and to manage their common demand while overcoming language and geographic barriers.

Thus, it is not surprising that both European legal sources, the procurement directives as well as the EGTC directive, emphasize the groupings' role for facilitating joint cross-border procurement as one element of European territorial cooperation between member states.

Literaturverzeichnis

Burgi, Die Zukunft des Vergaberechts, NZBau 2009, S. 609 ff.

Dreher/Motzke, Beck'scher Vergaberechtskommentar, 2. Aufl., 2013.

Europäische Kommission, Arbeitsdokument der Kommissionsdienststellen über die Anwendung des EU-Vergaberechts im Fall von Beziehungen zwischen öffentlichen Auftraggebern (öffentlich-öffentliche Zusammenarbeit), SEK(2011) 1169 endg., Brüssel, 4. Oktober 2011.

Heuvels/Höß/Kuß/Wagner, Vergaberecht - Gesamtkommentar zum Recht der öffentlichen Auftragsvergabe, 2012.

Hök, Zum Vergabeverfahren im Lichte des Internationalen Privatrechts, ZfBR 2010, S. 440 ff.

Immenga/Mestmäcker, Wettbewerbsrecht, Band 2. GWB, Kommentar zum Deutschen Kartellrecht, 5. Aufl., 2014.

Kulartz/Kus/Portz, Kommentar zum GWB-Vergaberecht, 3. Aufl., 2014.

Krzymuski/Kubicki, EVTZ-2.0 – Neue Chance für die grenzübergreifende Zusammenarbeit öffentlicher Einrichtungen?, NVwZ 2014, S. 1338 ff.

Ollmann, Anmerkungen zu OLG Düsseldorf VII-Verg 47/12, VergabeR 2013, S. 552 ff.

Opitz, Das neue international Vergaberecht, in: Pünder/Prieß (Hrsg.) Vergaberecht im Umbruch II, 2015, S. 91 ff.

Pechstein/Deja, Was ist und wie funktioniert ein EVTZ?, EuR 2011, S. 357 ff.

Pünder/Schellenberg, Vergaberecht - Handkommentar, 2. Aufl., 2015.

Ramboll Management Consulting/Fachhochschule Chur, Cross-Border Procurement above EU Thresholds, Final Report, März 2011.

Schäfer, Perspektiven der eVergabe, NZBau 2015, S. 131 ff.

Schwab/Giesemann, Mit mehr Regeln zu mehr Rechtssicherheit?, VergabeR 2014, S. 351 ff.

Ziekow, Inhouse-Geschäft und öffentlich-öffentliche Kooperationen: Neues vom europäischen Vergaberecht?, NZBau 2015, S. 258 ff.

Steuerliche Rahmenbedingungen der Beteiligung an einem EVTZ

Prof. Dr. Stephan Kudert, Dr. Agnieszka Kopec LL.M.[1]

I. Einleitung

Der Europäische Verbund für territoriale Zusammenarbeit (EVTZ), hat sich als ein modernes und innovatives Rahmenwerkzeug etabliert, das vorrangig das Ziel verfolgt, eine grenzüberschreitende, transnationale und interregionale Zusammenarbeit von lokalen mitgliedstaatlichen Gebietskörperschaften zu fördern und diese zu erleichtern. Obwohl der Verbund nach der EVTZ-VO über eine eigene Rechtspersönlichkeit verfügt, ist die genaue Feststellung seiner Rechtsnatur aufgrund der unionsrechtlichen Einfügung dieser Kooperations- und Handlungsform in die nationalen Rechtsordnungen eine große wissenschaftliche Herausforderung. Von der Frage, wie dieses Rechtsgebilde privatrechtlich einzustufen ist, hängt jedoch eng die steuerliche Würdigung des Verbunds und der von ihm erzielten Einkünfte ab.

Die nachfolgenden Ausführungen haben das Ziel, die bisher im Steuerschrifttum nicht erforschten Fragestellungen betreffend die Rechtsform des EVTZ und die steuerlichen Konsequenzen seiner Einordnung zu diskutieren.

In einem ersten Schritt wird eine Analyse der steuerlichen Folgen auf der Gesellschaftsebene nach deutschem, innerstaatlichem Recht durchgeführt. Hierfür wird zunächst unterstellt, dass der EVTZ sowohl den Satzungs- als auch Verwaltungssitz im Inland innehat.[2] Da der Verbund durch seine grenzüberschreitende Betätigung geprägt ist, ist es allerdings auch denkbar, davon auszugehen, dass der Satzungssitz und der Verwaltungssitz auseinanderfallen. Werden vom Verbund auch ausländische Einkünfte bezogen, ist es erforderlich, neben dem nationalen Recht auch bilaterale Ver-

---

1 Europa-Universität Viadrina.
2 Das Steuerrecht verwendet, anders als das Gesellschaftsrecht, nicht die Begriffe Satzungs- und Verwaltungssitz, sondern Sitz und Ort der Geschäftsleitung; vgl. §§ 10 und 11 AO.

träge (Doppelbesteuerungsabkommen, folgend DBA) zu berücksichtigen, um eine gerechte Aufteilung der Besteuerungsbefugnisse herzustellen. Um den abstrakten Charakter der Untersuchung zu behalten, wird dabei auf die einschlägigen Artikel des OECD-Musterabkommens (folgend OECD-MA) abgestellt.[3] Darauf aufbauend wird die Frage behandelt, mit welchen steuerlichen Folgen die Beteiligung an einem EVTZ für seine Mitglieder verbunden sein kann. Daran anschließend wird die Ebene der EVTZ-Mitarbeiter in die steuerliche Beurteilung einbezogen. Auch hier wird die internationale Natur des EVTZ berücksichtigt, indem neben dem klassischen Fall des Zusammenfallens des Wohnsitz- und Tätigkeitsstaates auch eine Entsendungssituation behandelt wird. In einem letzten Schritt wird aufgezeigt, wie die Einkünfte aus einem EVTZ in einem Nachbarland – Polen – besteuert werden. Die Analyse schließt mit einer Zusammenfassung der wichtigsten Erkenntnisse.

II. EVTZ im deutschen Steuerrecht

Die Frage, wie ein EVTZ und das von ihm erzielte Einkommen nach deutschem Steuerrecht zu behandeln ist, kann nach derzeitigem Rechtsstand nicht abschließend beantwortet werden. Es wurde zwar in Art. 1 Abs. 3 der EVTZ-VO kodifiziert, dass der EVTZ eine eigene Rechtspersönlichkeit besitzt; aus welchem Teil der Rechtsordnung diese abzuleiten ist, aus dem öffentlichen Recht oder dem Privatrecht, wird jedoch in der Verordnung nicht erörtert. Da die Verordnung in jedem einzelnen EU-Mitgliedsstaat umgesetzt werden muss, basiert die EVTZ-Einordnung je nach nationaler Beurteilung entweder auf Privat- oder öffentlichem Recht. Die Frage welchen Rechtscharakter der EVTZ nach deutschem (Steuer-)Recht aufweist, wurde bisher weder gesetzlich geregelt, noch von der deutschen Gerichtsbarkeit geklärt. Auch in dem bislang vorliegenden Schrifttum besteht keine Einigkeit darüber, welcher Rechtscharakter dem EVTZ überhaupt

---

3 Die auf Grundlage des OECD-MA ausgearbeiteten Steuerfolgen sollten grundsätzlich auf andere von Deutschland mit EU-Staaten abgeschlossene DBA übertragbar sein. Letzteres ist dem Umstand geschuldet, dass die meisten von Deutschland abgeschlossenen DBA dem OECD-MA folgen. Hierfür siehe auch die einzelnen vorliegend relevanten Abkommensübersichten in *Vogel/Lehner*: Art. 7 DBA (2015), Rn. 48 bzw. Art. 15 DBA (2015), Rn. 69.

zukommt.[4] Mit der Antwort auf diese Frage hängt jedoch eng die Ausarbeitung adäquater steuerlicher Konsequenzen der Betätigung über dieses Rechtsgebilde zusammen.[5] Aus diesem Grund stellt die Beurteilung der steuerlichen Folgen aufseiten des Verbundes selbst und aufseiten der an ihm beteiligten Mitglieder, die Forschung und Praxis vor große Herausforderungen.

Da die zivilrechtliche Einstufung des EVTZ bislang unbestimmt ist, wird für Zwecke des vorliegenden Beitrages eine Fallunterscheidung vorgenommen. Demnach werden die steuerlichen Rahmenbedingungen für zwei verschiedene Rechtsformen herausgearbeitet, die bei einem EVTZ gegebenenfalls in Frage kommen:

- eine juristische Person des öffentlichen Rechts bzw.
- eine juristische Person des Privatrechts.

---

4 Siehe hierzu z.B. *Pechstein/Deja*, EuR 2011, S. 365ff. Die Autoren begründen die fehlende Zuordnung des EVTZ zu einer der bekannten Rechtsformen mit der großen Flexibilität, die der Verbund seinen Mitgliedern gewährleisten soll. Nach der von *Peine* und *Starke* vertretenden Ansicht entspricht der EVTZ am nächsten dem Rechtskonstrukt des deutschen Zweckverbands. Siehe *Peine/Starke*, LKV 2008, S. 403.

5 Da einem steuerlichen Sachverhalt im Regelfall die Rechtsbegriffe bzw. Rechtsverhältnisse des Zivilrechts zugrunde liegen, ist das Ziehen einer trennscharfen Linie zwischen den beiden Rechtsgebieten durchaus fraglich. Das BVerfG hat zwar bereits Anfang der neunziger Jahre festgestellt, dass Steuerrecht und Zivilrecht als nebengeordnete, gleichrangige Rechtsgebiete anzusehen sind, die den gleichen Sachverhalt aus einer anderen Perspektive beurteilen [können] (siehe BVerfG-Beschluss, NJW 1992, S. 1219). Da das Steuerrecht aber Teil der Gesamtordnung ist, wird jedoch im Schrifttum die Meinung vertreten, dass die Grundwertungen, die der Gesetzgeber in anderen Rechtsgebieten getroffen hat, bei der Auslegung steuerlicher Rechtsnormen ebenfalls Beachtung finden sollen. Siehe *Tipke/Lang*, § 1 Rn. 44 ff. Aus einer solchen Anknüpfung des Steuerrechts an andere Rechtsgebiete (hier das Zivilrecht) kann z.B. die hier relevante steuerliche Anerkennung der Selbständigkeit juristischer Personen hergeleitet werden; siehe *Hummel*, in: Gosch, § 1 KStG (2015), Rn. 32; *Seibold*, S. 144. Für die Wahrung der zivilrechtlichen Einordnung der in § 1 Abs. 1 Nr. 1 KStG aufgeführten Gesellschaften für Besteuerungszwecke siehe bereits RFH, RStBl. 1944, S. 396; BFHE 68, S. 130.

1. Besteuerung auf Gesellschaftsebene

a. Besteuerung nach innerstaatlichem Recht

(1) EVTZ als juristische Person des öffentlichen Rechts

i) Körperschaftsteuerpflicht

Wird unterstellt, dass der EVTZ nach deutschem Recht am nächsten einer Körperschaft des öffentlichen Rechts entspricht, ist für Zwecke der Ertragsteuern klärungsbedürftig, welche Aufgaben auf den EVTZ übertragen werden sollen. Die ertragsteuerliche Behandlung juristischer Personen des öffentlichen Rechts wird nämlich vorrangig nach ihrem Tätigkeitsbereich bestimmt.

Für den Fall, dass der EVTZ sich in Aufgabenbereichen betätigen soll, die überwiegend dem Hoheitsbereich[6] zurechenbar sind (sog. Hoheitsbetrieb), wäre seine Steuersubjekteigenschaft nach dem deutschen KStG ausgeschlossen.[7] Kennzeichnend für die Ausübung hoheitlicher Gewalt ist die Erfüllung öffentlich-rechtlicher Aufgaben, die aus der Staatsgewalt abgeleitet sind und staatlichen Zwecken dienen.[8]

Das Vorliegen eines Hoheitsbetriebes würde man dann verneinen, wenn sich der EVTZ am wirtschaftlichen Verkehr beteiligen und Tätigkeiten übernehmen würde, die sich ihrem Inhalt nach von Tätigkeiten privater Unternehmen nicht wesentlich unterscheiden.[9]

---

6 Gem. Art. 7 Abs. 4 EVTZ-VO sind von der Übertragung auf den EVTZ hoheitliche Befugnisse oder Verpflichtungen zur Wahrung des allgemeinen Interesses des Staates ausgenommen. Als Beispiel nennt die EVTZ-VO Befugnisse in den Bereichen der Rechtsetzung, Justiz, des Polizeiwesens und Außenpolitik.

7 § 1 Abs. 1 KStG, der die Voraussetzungen der Steuerbarkeit i.S.d. KStG bestimmt, enthält eine abschließende Aufzählung der der KSt unterliegenden (Rechts-)Subjekte und ist einer erweiternden Auslegung bzw. der Analogie nicht zugänglich; siehe BFH-Beschluss, BStBl. II 1984, 751. Weil juristische Personen des öffentlichen Rechts, welche ihrem Wesen nach der Ausübung öffentlicher Aufgaben dienen, vom Anwendungsbereich der § 1 Abs. 1 Nrn. 1 – 6 KStG nicht erfasst sind, sind sie auch keine Steuersubjekte nach deutschem Ertragsteuerrecht; siehe auch *Hummel*, in: Gosch, § 1 KStG (2015), Rn. 96.

8 Siehe BFH: BStBl. II 1968, S. 218; BStBl. III 1955, S. 201; BFH/NV 2008, S. 1792, BStBl. II 2009, S. 208; BStBl. II 1998, S. 410; BStBl. II 1997, S. 139; BStBl. II 2005, S. 501.

9 Siehe BFH, BStBl. II 2012, S. 837 sowie BStBl. II 2010, S. 502.

Ist der Verbund gleichzeitig hoheitlich und gewerblich tätig, könnte im Hinblick auf seine wirtschaftliche Betätigung ein Betrieb gewerblicher Art (folgend BgA) i.S.d. §§ 1 Abs. 1 Nr. 6 i.V.m. 4 KStG in Frage kommen. Nach der Legaldefinition in § 4 Abs. 1 Satz 1 KStG fallen darunter jegliche Einrichtungen, die einer nachhaltigen, wirtschaftlichen Tätigkeit (außerhalb der Land- und Forstwirtschaft) zur Erzielung von Einnahmen dienen und sich wirtschaftlich herausheben.[10] Dabei sind nach § 4 Abs. 1 Satz 2 KStG weder Gewinnerzielungsabsicht noch Teilnahme am allgemeinen wirtschaftlichen Verkehr erforderlich.[11] Explizit von dem persönlichen Anwendungsbereich werden gem. § 4 Abs. 3 KStG Einrichtungen erfasst, die der Versorgung der Bevölkerung mit Wasser, Gas, Elektrizität oder Wärme sowie dem öffentlichen Verkehr oder dem Hafenbetrieb dienen. Solche Versorgungs- und Verkehrsbetriebe stellen immer BgA dar.[12]

Ist der Verbund neben der Erfüllung seiner hoheitlichen Aufgaben wirtschaftlich tätig, unterliegt er im Rahmen des von ihm unterhaltenen BgA nach § 1 Abs. 1 Nr. 6 KStG einer *unbeschränkten Körperschaftsteuerpflicht* in Deutschland. Voraussetzung hierfür ist, dass er im Inland entweder seinen Sitz (gemeint ist der statuarische Satzungssitz) oder Ort seiner Geschäftsleitung (Verwaltungssitz) hat. Anzumerken ist, dass der BgA als solcher nicht körperschaftsteuerpflichtig ist. Körperschaftsteuersubjekt ist vielmehr die juristische Person des öffentlichen Rechts, also der EVTZ, mit jedem einzelnen im Inland stehenden BgA.[13] Bei den Einkünften aus

---

10 Von einem wirtschaftlichen Gewicht einer Tätigkeit geht die Finanzverwaltung regelmäßig bei einem nachhaltigen Jahresumsatz von mehr als 35.000 € aus (R 4.1 Abs. 5 S. 1 KStR). Bei einem Jahresumsatz von mehr als 130.000 € wird die wirtschaftliche Selbständigkeit stets angenommen (R 4.1. Abs. 4 S. 2 KStR).
11 Zu den einzelnen Tatbestandsmerkmalen siehe auch *Märtens*, in: Gosch, § 4 KStG (2015), Rn. 35 ff.; *Sauter*, in: Erlse/Sauter, § 4 KStG (2010), Rn. 7 ff.; *Augsten*, in: Lademann, § 4 KStG (März 2016), Rn. 7ff; *Frotscher/Maas*, § 4 KStG (September 2015), Rn. 14 ff.
12 Dies ist darin begründet, dass die öffentlichen Versorgungsbetriebe Aufgaben erfüllen, die regelmäßig in gleicher oder ähnlicher Weise von privaten Unternehmen erfüllt werden können. Siehe *Frotscher/Maas*, § 4 KStG (September 2015), Rn. 6f. Anzumerken ist, dass § 4 Abs. 3 KStG eine lex-specialis-Wirkung gegenüber § 4 Abs. 5 KStG entfaltet; siehe BFH, BStBl. II 1988, S. 473; BStBl. II 1975, S. 549.
13 Grundlegend BFH, BStBl. II 1974, S. 391; siehe auch BFH, BFH/NV 11, S. 1194. Das Einkommen des EVTZ, das aus seiner wirtschaftlichen Tätigkeit stammt, ist für jeden einzelnen BgA gesondert zu ermitteln und gegenüber dem EVTZ festzustellen; siehe BFH, BStBl. II 1990, S. 242 und BFH/NV 97, S. 626.

dem BgA handelt es sich nach überwiegender Ansicht[14] um Einkünfte aus Gewerbebetrieb,[15] auf die Körperschaftsteuer i.H.v. 15% zzgl. SolZ zu erheben ist. Zu beachten sind gegebenenfalls die in § 5 KStG vorgesehenen tätigkeitsbezogenen Befreiungen.

i) Gewerbesteuerpflicht

Gewerbesteuerpflichtig wäre der vom Verbund unterhaltene BgA nur dann, wenn er einen im Inland stehenden Gewerbebetrieb i.S.d. § 2 Abs. 1 Satz 2 GewStG i.V.m. § 15 Abs. 2 EStG darstellen würde.[16] Die Merkmale des Gewerbebetriebes decken sich weitgehend mit den Tatbestandsmerkmalen des BgA nach § 4 Abs. 1 Satz 1 KStG. Im Gegensatz zu § 4 Abs. 1 Satz 2 KStG ist es allerdings für die Annahme des Gewerbebetriebes für Gewerbesteuerzwecke erforderlich, dass dieser unter Beteiligung am allgemeinen wirtschaftlichen Verkehr eine selbständige nachhaltige Betätigung mit Gewinnerzielungsabsicht betreibt.[17] Sofern der BgA die beiden letzten Voraussetzungen erfüllt und mithin einen Gewerbebetrieb i.S.d. § 2 Abs. 1 Satz 2 GewStG begründet, sind ggf. die in § 3 GewStG greifende GewSt-Befreiungen zu beachten.

---

14 Siehe BFH, BStBl. II 1979, S. 716 sowie BStBl. II 1990, S. 246. Siehe auch *Augsten*, in: Lademann, § 4 KStG (März 2016), Rn. 60; *Alvermann*, in: Streck, § 4 KStG (2014), Rn. 50. A.A. *Wenk/Stein*, FR 1999, S. 574; *Märtens*, in: Gosch, § 4 KStG (2015), Rn. 124; *Frotscher/Maas*, § 4 KStG (September 2015), Rn. 32.

15 Für die Einkünftebestimmung und -ermittlung verweist § 8 Abs. 1 Satz 1 KStG auf das EStG. Beim BgA kommen in erster Linie Einkünfte aus Gewerbebetrieb nach §§ 2 Abs. 1 Nr. 2 i.V.m. 15 EStG in Betracht. Dabei ist zu beachten, dass die beim BgA fehlenden zwei Merkmale des Gewerbebetriebes - die Gewinnerzielungsabsicht und die Beteiligung am allgemeinen wirtschaftlichen Verkehr – für die Annahme gewerblicher Einkünfte gem. § 8 Abs. 1 Satz 2 KStG als unschädlich anzusehen sind.

16 Damit zählt der BgA nicht zu den Gewerbebetrieben kraft Rechtsform nach § 2 Abs. 2 Satz 1 GewStG. Siehe *Drüen*, in: Blümich, § 2 GewStG (Mai 2016), Rn. 34.

17 Siehe BFH, BStBl. II 1985, S. 61; FG Düsseldorf, DStRE 2007, S. 142; FG Düsseldorf, DStRE 2003, S. 1162.

ii) Umsatzsteuerpflicht

Die *Umsatzsteuerpflicht* eines EVTZ kommt gem. § 2b Abs. 1 S. 2 UStG dann in Betracht, wenn eine Behandlung als Nichtunternehmer zu größeren Wettbewerbsverzerrungen führen würde. Bis zum JStG 2015[18] wurde bei der Begriffsbestimmung des BgA für Umsatzsteuerzwecke auf die körperschaftsteuerliche Legaldefinition in §§ 1 Abs. 1 Nr. 6 i.V.m. § 4 Abs. 1 Satz 1 und 2 KStG verwiesen.[19] Die Umsatzsteuerpflicht wurde somit äquivalent zum KStG, durch die Art der Betätigung bestimmt und begrenzt.[20] Nach Auffassung des BFH war jedoch die bisherige Unternehmerstellung juristischer Personen des öffentlichen Rechts in deutschem Umsatzsteuersystem, das die Maßstäbe des Gemeinschaftsrechts (Art. 13 Abs. 1 S. 2 MwStSystRL[21]) außer Acht ließ, nicht richtlinienkonform.[22] Als Reaktion auf diese Rechtsprechung und die Entscheidungen des EuGH[23] wurde in das UStG der neue § 2b UStG aufgenommen, der am 1.1.2016 in Kraft getreten ist und nach einer Übergangsvorschrift i.S.v. § 27 Abs. 22 S. 2 UStG erst auf Umsätze anzuwenden ist, die nach 31.12.2016 ausgeführt sind. Nach der Neuvorschrift soll sich die Beantwortung der Frage, ob eine Einrichtung des öffentlichen Rechts eine wirtschaftliche Tätigkeit ausführt, vorrangig danach richten, ob eine Behandlung als Nichtunternehmer zu „größeren Wettbewerbsverzerrungen" führen würde.[24] Wird die gleiche Tätigkeit, wie jene des EVTZ, auch von pri-

---

18 BGBl. I 2015, S. 1834.
19 Siehe § 2 Abs. 3 UStG a.F.
20 Siehe BFH, BFH/NV 2003, S. 128; BStBl. II 2003, S. 375. Auch nach EuGH-Auffassung lässt sich der Umfang der USt-Befreiung der öffentlichen Einrichtungen anhand der Modalitäten der Ausübung der jeweiligen Tätigkeiten bestimmen; siehe EuGH, Urt. v. 17.10.1989, Rs. 231/87 und 129/88 (Ufficio distrettuale delle imposte dirette di Fiorenzuola d'Arda e.a / Comune di Carpaneto Piacent), Rn. 15 und v. 15.5.1990, Rs. C-4/89 (Comune di Carpaneto Piacentino u.a.), Rn. 10.
21 Richtlinie 2006/112/EG des Rates über das gemeinsame Mehrwertsteuersystem v. 28.11.2006, Abl. Nr. L 347, S. 1.
22 Siehe BFH, DStR 2010, S. 1280; BFH, BStBl. II 2009, S. 213.
23 Siehe EuGH, Urt. v. 16.9.2008, Rs. C-288/07 (Isle of Wight Council); EuGH, Urt. v. 4.6.2009, Rs. C-102/08 (SALIX).
24 Dieser Begriff wurde vom EuGH in seiner ständigen Rechtsprechung präzisiert und ist dahingehend zu verstehen, dass die gegenwärtigen oder potenziellen Wettbewerbsverzerrungen mehr als unbedeutend sein müssen; siehe EuGH, Urt. v. 16.9.2008, Rs. C-288/07 (Rs. Isle of Wight), Rn. 34f. und 53. Nach EuGH gehören zur öffentlichen Gewalt nicht solche Tätigkeiten, die eine Einrichtung des öf-

vaten Wettbewerbern angeboten, so gelten die Unternehmereigenschaft des Verbunds nach § 2b Abs. 1 S. 2 UStG n.f. und dessen Umsatzsteuerpflicht im Regelfall als gegeben. Solche Wettbewerbsverzerrungen sollen insbesondere in zwei Fällen von vorneherein nicht vorliegen: wenn der aus jeweils gleichartigen Tätigkeiten erzielte Umsatz 17.500 € im Kalenderjahr voraussichtlich nicht übersteigen wird; oder aber, wenn die Tätigkeit ohne Recht auf Vorsteuerabzug steuerfrei ist.

Aufgrund der Umsetzungspflicht der MwStSystRL in allen EU-Mitgliedstaaten, ist davon auszugehen, dass die gleichen Anforderungen an Unternehmerstellung des EVTZ auch in anderen EU-Rechtsordnungen anzuwenden sind.

(2) EVTZ als juristische Person des Privatrechts

i) Körperschaftssteuer

Wird davon ausgegangen, dass der EVTZ hinsichtlich der Rechtsnatur am ehesten einer juristischen Person des Privatrechts entspricht, könnte seine *KSt-Subjekteigenschaft* ggf. aus § 1 Abs. 1 Nr. 4 KStG hergeleitet werden.[25] Für die Annahme der unbeschränkten KSt-Pflicht in Deutschland wäre allerdings auch hier das Vorhandensein des inländischen Sitzes bzw. Ortes der Geschäftsleitung nach §§ 10 bzw. 11 AO erforderlich. Weil die Gewerblichkeitsfiktion nach § 8 Abs. 2 GewStG bei sonstigen juristischen Personen des Privatrechts i.S.v. § 1 Abs. 1 Nr. 4 KStG nicht gilt, bestimmt sich die Einkunftsart nach den Vorschriften des EStG (§ 8 Abs. 1 Satz 1 KStG i.V.m. § 2 Abs. 1 EStG). Grundsätzlich ist somit beim EVTZ das Er-

---

fentlichen Rechts unter den gleichen rechtlichen Bedingungen ausübt wie private Wirtschaftsteilnehmer; siehe EuGH, Urt. v. 12.9.2000, Rs. C-276/97 (Kommission/ Frankreich), Rn. 40; v. 14.12.2000, Rs. C-446/98 (Fazenda Pública/Câmara Municipal do Porto), Rn. 17; v. 16.9.2008, Rs. C-288/07 (Isle of Wight), Rn. 21. Diese Urteile betrafen die Auslegung des Art. 13 Abs. 1 Satz 2 MwStSystRL bzw. der Vorgängerregelung - der sechsten EG-RL 77/388/EWG.

25 § 1 Abs. 1 Nr. 4 KStG regelt die unbeschränkte Steuerpflicht solcher Körperschaften des privaten Rechts, die trotz der ihnen von der Rechtsordnung zugewiesenen Rechtsfähigkeit weder unter § 1 Abs. 1 Nr. 1 KStG (typische Kapitalgesellschaften wie GmbH, AG, KGaA), noch unter § 1 Abs. 1 Nr. 2-3 KStG (Genossenschaften, Versicherungs- und Pensionsvereine) fallen. Siehe *Hummel*, in: Gosch, § 1 KStG (2015), Rn. 81.

zielen der Einkünfte aus allen sieben Einkunftsarten (§ 2 Abs. 1 Satz 1 Nr. 1 bis 7 EStG) möglich. Soll der Verbund (auch) wirtschaftlich tätig werden, wäre für die Annahme gewerblicher Einkünfte nach § 15 Abs. 2 EStG neben der Nachhaltigkeit und Selbständigkeit der von ihm ausgeführten Tätigkeiten auch die Gewinnerzielungsabsicht und Teilnahme am allgemeinen wirtschaftlichen Verkehr unabdingbar.[26]

ii) Gewerbesteuer

Die Gewerbesteuerpflicht eines EVTZ würde nur dann zum Tragen kommen, wenn er entweder selbst einen Gewerbebetrieb i.S.d. § 2 Abs. 1 Satz 2 GewStG i.V.m. § 15 Abs. 2 EStG (Merkmale siehe oben) darstellen oder einen wirtschaftlichen Geschäftsbetrieb nach § 2 Abs. 3 GewStG i.V.m. § 14 AO im Inland unterhalten würde.[27] Nach § 14 Satz 1 AO ist ein wirtschaftlicher Geschäftsbetrieb ein Betrieb, der auf eine selbstständige, nachhaltige Tätigkeit gerichtet ist, durch die Einnahmen oder sonstige wirtschaftliche Vorteile erzielt werden, und die über den Rahmen einer Vermögensverwaltung hinausgeht. Im Gegensatz zu einem Gewerbebetrieb, sind für den wirtschaftlichen Geschäftsbetrieb weder die Absicht, Gewinn zu erzielen noch dessen Beteiligung am allgemeinen wirtschaftlichen Verkehr erforderlich (§ 14 Satz 2 AO). Fehlt also die Gewinnerzielungsabsicht, liegt aber zugleich eine Einnahmenerzielungsabsicht vor, ist der EVTZ mit seinem wirtschaftlichen Geschäftsbetrieb gewerbesteuerpflichtig, obwohl er keine Einkünfte aus Gewerbebetrieb erzielt. § 2 Abs. 3 GewStG stellt diesbezüglich klar, dass er insoweit als Gewerbebetrieb „gilt".

---

26 § 8 Abs. 1 Satz 2 KStG gilt nur für BgA juristischer Personen des öffentlichen Rechts (§ 1 Abs. 1 Nr. 6 KStG) und nicht für sonstige Körperschaften des privaten Rechts i.S.d. § 1 Abs. 1 Nr. 4 KStG.
27 Diese Vorschrift ist gegenüber § 2 Abs. 1 Satz 2 GewStG subsidiär anzuwenden. Erfüllt ein EVTZ selbst die Tatbestandsmerkmale eines Gewerbebetriebes, so tritt die Anwendung des § 2 Abs. 3 GewStG zurück. Zum Normenverhältnis siehe BFH-Beschluss, BFH/NV 1986, S. 433.

iii) Umsatzsteuer

Die Umsatzsteuerpflicht eines EVTZ kommt gem. § 1 Abs. 1 UStG nur im Rahmen seiner unternehmerischen Tätigkeit, die im Inland gegen Entgelt ausgeübt wird, in Betracht. Hierzu müsste der EVTZ zunächst als ein Unternehmer i.S.d. UStG gelten, d.h. eine gewerbliche Tätigkeit zur Erbringung entgeltlicher Leistungen selbständig ausüben (§ 2 Abs. 1 Satz 1 i.V.m. S. 3 UStG). Hierbei ist zu beachten, dass auch das UStG eine Gewerblichkeit annimmt, wenn lediglich eine Einnahmenerzielungsabsicht vorliegt, was regelmäßig bei Gründung eines EVTZ der Fall sein wird. Die Gewinnerzielungsabsicht ist hingegen nicht erforderlich. Eine Unternehmerstellung ist auch dann gegeben, wenn der EVTZ nur gegenüber ihren Mitgliedern tätig wird (§ 2 Abs. 1 S. 3 UStG). Wird die Unternehmereigenschaft des Verbundes bejaht und sind die Voraussetzungen steuerbarer Umsätze nach § 1 Abs. 1 Nr. 1 UStG erfüllt, so sind im nächsten Schritt die Steuerbefreiungen nach §§ 4, 4b und 5 UStG zu prüfen, die für ausgewählte unternehmerische Tätigkeiten gelten.

Soll der EVTZ seinen Mitgliedern unentgeltlich Gegenstände für deren privaten Bedarf zuwenden oder sonstige Leistungen erbringen, könnten diese gegebenenfalls gem. § 3 Abs. 1b Nr. 2 bzw. § 3 Abs. 9a Nr. 2 UStG als den Lieferungen bzw. sonstigen Leistungen gleichgestellte Wertabgaben, umsatzsteuerpflichtig sein.

(3) Steuerbegünstigung aufgrund der Gemeinnützigkeit der Aufgaben

Eine Ausnahme von der Körperschaft- und Gewerbesteuer könnte in Betracht kommen, soweit der EVTZ als juristische Person des öffentlichen Rechts[28] mit einem BgA bzw. als juristische Person des Privatrechts nach § 5 Abs. 1 Nr. 9 KStG (für KSt) bzw. nach § 3 Nr. 6 GewStG (für GewSt) ausschließlich und unmittelbar gemeinnützigen Zwecken dienen würde.[29] Für die Annahme einer gemeinnützigen Betätigung ist gem. § 52 Abs. 1 Satz 1 AO eine Tätigkeit erforderlich, die darauf gerichtet ist, die Allge-

---

28 Die Anwendung steuerlicher Vergünstigungen bei juristischen Personen des öffentlichen Rechts wurde auch vom BFH bestätigt; siehe BFH, BStBl. II 2012, S. 601.
29 Unter welchen Voraussetzungen eine Körperschaft gemeinnützige Zwecke verfolgt, ergibt sich aus §§ 51 bis 68 AO.

meinheit auf materiellem, geistigem oder sittlichem Gebiet selbstlos zu fördern.[30] Als gemeinnützig anerkannte Zwecke sind in § 52 Abs. 2 Satz 1 Nrn. 1 – 25 AO aufgeführt. Dieser Katalog ist jedoch nicht abschließend.[31]

Für Zwecke der Belastung mit USt wäre dann der ermäßigte Steuersatz i.H.v. 7% anzuwenden (§ 12 Abs. 2 Nr. 8 Buchst. a S. 1 UStG). Dies gilt jedoch nicht, wenn der EVTZ seine Leistungen im Rahmen eines wirtschaftlichen Geschäftsbetriebes ausführt. Im letzteren Fall greift der regelmäßige Umsatzsteuersatz i.H.v. 19% (§ 12 Abs. 2 Nr. 8 Buchst. a S. 2 UStG).

Ob der EVTZ die o.g. Steuervergünstigung in Anspruch nehmen kann, ist auch hier eng mit der Art der auf ihn übertragenen Aufgaben verknüpft und sollte im Vorfeld der Gründung sorgfältig geprüft werden.

Wird vom steuerbegünstigten Verbund ein wirtschaftlicher Geschäftsbetrieb i.S.d. § 14 AO (Legaldefinition siehe oben) unterhalten, ist die KSt-Befreiung insoweit ausgeschlossen (§ 5 Abs. 1 Nr. 9 Satz 2 KStG).[32] Die wirtschaftliche Betätigung einer steuerbegünstigten Körperschaft wäre steuerrechtlich nur dann nicht schädlich, wenn diese einen Zweckbetrieb

---

30 Die Tätigkeiten, die nur einem kleinen, exklusiven Kreis der Bevölkerung zugute kommen, fördern die Allgemeinheit nicht (§ 52 Abs. 1 Satz 2 AO). Bei Auslandsaktivitäten wird nach § 51 Abs. 2 AO verlangt, dass entweder natürliche Personen mit Wohnsitz oder gewöhnlichen Aufenthalt im Inland gefördert werden oder die Tätigkeit neben der Verwirklichung der steuerbegünstigten Zwecke zum Ansehen der Bundesrepublik Deutschland im Ausland beitragen kann.
31 Als beispielhafte Tätigkeiten sind zu nennen: Förderung von Wissenschaft und Forschung, Kunst und Kultur, Sport, Förderung der Entwicklungszusammenarbeit. Auch ein Zweck, der nicht unter den Katalog i.S.d. § 52 Abs. 2 Satz 1 AO fällt, kann für gemeinnützig erklärt werden, wenn er die Allgemeinheit auf materiellem, geistigem oder sittlichem Gebiet entsprechend selbstlos fördert. Darüber, ob ein bislang nicht aufgeführter Zweck für gemeinnützig erklärt werden kann, hat eine von den obersten Finanzbehörden der Länder festgelegte Finanzbehörde zu bestimmen (§ 52 Abs. 2 Satz 2 und 3 AO). Siehe hierzu *Hüttemann*, DB 2007, S. 2053.
32 Zu beachten ist, dass die Steuerschädlichkeit eines wirtschaftlichen Geschäftsbetriebs nur im Rahmen der ihm zuzuordnenden Besteuerungsgrundlagen gilt. Abgemildert wird diese Regelung durch § 64 Abs. 3 AO, nach dem bis zur Höhe der Bruttoeinnahmen von 35.000 € im Kalenderjahr die KSt- und GewSt-Befreiung weiterhin gelten.

(§§ 64 AO ff.) unterhalten würde.³³ Nach der in § 65 AO vorgeschriebenen Legaldefinition ist ein Zweckbetrieb dann gegeben, wenn (1) der wirtschaftliche Geschäftsbetrieb in seiner Gesamtrichtung dazu dient, die steuerbegünstigten satzungsmäßigen Zwecke der Körperschaft zu verwirklichen, (2) die Zwecke nur durch einen solchen Geschäftsbetrieb erreicht werden können und (3) der wirtschaftliche Geschäftsbetrieb zu nicht begünstigten Betrieben derselben oder ähnlicher Art nicht in größerem Umfang in Wettbewerb tritt, als es bei Erfüllung der steuerbegünstigten Zwecke unvermeidbar ist. Ließe sich die Tätigkeit des EVTZ einem solchen Zweckbetrieb zuordnen, wäre die Ausübung einer wirtschaftlichen Tätigkeit für die Inanspruchnahme einer Steuerbefreiung nach § 5 Abs. 1 Nr. 9 KStG und § 3 Nr. 6 GewSt unter den oben genannten Voraussetzungen unschädlich.

(4) Zwischenergebnis

Aufgrund des Art. 1 Abs. 3 EVTZ-VO besitzt der EVTZ eine eigene Rechtspersönlichkeit. Ob er aber eine juristische Person des öffentlichen oder des privaten Rechts ist, ist nach deutschem (Zivil-)Recht nach wie vor offen. Von der zivilrechtlichen Einordnung des EVTZ hängt jedoch die steuerliche Würdigung ab.

Wird der Verbund als juristische Person des öffentlichen Rechts behandelt, ergeben sich für ihn im Inland nur dann steuerliche Konsequenzen, sofern er im Inland einen BgA unterhält. Während für die Annahme der KSt-Pflicht die bloße Einnahmeerzielungsabsicht ausreicht, wäre für die Auslösung gewerbesteuerlicher Folgen die Absicht Gewinne zu erzielen, unabdingbar. Nur wenn diese vorliegt, ergibt sich für den EVTZ die GewSt-Pflicht. Wird er hingegen als juristische Person des Privatrechts eingeordnet, reicht dies bereits um die Steuerfolgen auszulösen. Allerdings ist in beiden Fällen zu prüfen, ob ggf. steuerliche Befreiungsnormen im KStG oder GewStG greifen.

---

33 Daneben enthalten die §§ 66-67a AO spezielle, vorrangige Regelungen für Einrichtungen der Wohlfahrtspflege, Krankenhäuser und sportliche Veranstaltungen. Den umfangreichen Beispielskatalog steuerbegünstigter Zweckbetriebe enthält auch § 68 AO.

b. Besteuerung nach dem DBA-Recht

Aufgrund der grenzüberschreitenden Ausrichtung des EVTZ sind auch Fälle vorstellbar, in denen der Staat, in dem der EVTZ hauptsächlich tätig ist und Einnahmen erzielt, vom Staat seines Satzungs- und/bzw. Verwaltungssitzes abweicht. Möglich ist auch eine Konstellation, bei der die Orte des Satzungs- und Verwaltungssitzes auseinanderfallen. Weil in solchen Fällen zwei verschiedene nationale Rechtsordnungen aufeinander treffen und somit die Gefahr der Doppelbesteuerung droht, ist das Abkommensrecht[34] als Schrankenrecht zur Hilfe zu ziehen.

Anzumerken ist, dass das DBA nur dann zu prüfen ist, wenn der EVTZ steuerbare und steuerpflichtige Einkünfte nach nationalem Steuerrecht erzielt. Soweit sich die Tätigkeit eines EVTZ auf die der öffentlichen Gewalt vorbehaltenen Aufgaben beschränkt, unterliegt er in Deutschland nicht der unbeschränkten Steuerpflicht. Weil in diesem Fall kein Besteuerungsanspruch nach innerstaatlichem Recht entsteht, erübrigt sich der Rückgriff auf das DBA-Recht. Die Prüfung des Abkommensrechts wäre aus deutscher Perspektive also nur dann notwendig, wenn man unterstellte, dass der Verbund:

- eine juristische Person des öffentlichen Rechts darstellt, die sich wirtschaftlich mit Hilfe eines BgA betätigt oder
- eine juristische Person des Privatrechts ist.

(1) Abkommensberechtigung des EVTZ

Bevor man der Frage nachgeht, in welchem Anwenderstaat die EVTZ-Einkünfte mit Auslandsbezug nach dem Abkommensrecht besteuert werden dürfen, muss zunächst geklärt werden, ob das jeweilige DBA auf den EVTZ überhaupt persönlich anwendbar ist, d.h. ob der EVTZ abkommensberechtigt ist. Die Voraussetzung hierfür ist, dass der Verbund eine i.S.d. DBA in einem Vertragsstaat *ansässige Person*, hier eine Gesellschaft, gem. Art. 1 i.V.m. 3 Abs. 1 Buchst. a und b i.V.m. 4 OECD-MA ist. Während die Bejahung des zweiten Tatbestandsmerkmals grundsätzlich

---

34 Deutschland hat ein breites DBA-Netz und unterhält zurzeit nahezu 100 DBA weltweit. Zum aktuellen Stand der DBA im Bereich des Steuerrechts siehe BMF, BStBl. I, S. 128.

unproblematisch sein sollte, weil abkommensrechtlich für die Annahme einer „Gesellschaft", die Rechtsfähigkeit nach nationalem (Privat- oder öffentlichem) Recht maßgeblich ist,[35] kann sich die Bestimmung der Ansässigkeit des Verbunds insbesondere beim Auseinanderfallen des Satzungs- und Verwaltungssitzes als etwas komplexer erweisen.

Art. 4 Abs. 1 Satz 1 DBA, der die abkommensrechtliche Ansässigkeit regelt, verweist zunächst auf die ortsbezogenen Merkmale, die nach dem jeweiligen innerstaatlichen Recht die unbeschränkte Steuerpflicht begründen. Bei Körperschaften sind dies regelmäßig alternativ der statuarische Sitz[36] und der Ort der tatsächlichen Geschäftsleitung (in Deutschland: §§ 10 bzw. 11 AO). Sollte der Fall eintreten, dass die maßgebenden Entscheidungen des Direktors in einem anderen Staat getroffen werden, als dem, in dem der EVTZ im Handelsregister eingetragen ist, also Sitz und Geschäftsleitung regional auseinanderfallen, ist der EVTZ in beiden Vertragsstaaten ansässig.

Doppelbesteuerungsabkommen sind jedoch so konstruiert, dass sie nur anwendbar sind, wenn der Abkommensberechtigte in genau einem der beiden Vertragsstaaten als ansässig gilt. Bei der vorliegenden Doppelansässigkeit, gilt der Verbund daher abkommensrechtlich nach Art. 4 Abs. 3 OECD-MA als in dem Staat ansässig (Fiktion), in dem er den Ort der tatsächlichen Geschäftsleitung[37] hat, d.h. wo der Direktor die ihm obliegende

---

35 Siehe auch *Vogel*, in: Vogel/Lehner, Art. 3 DBA (2015), Rn. 13 und 14; *Wassermeyer*, in: Debatin/Wassermeyer, Art. 3 DBA (Januar 2016), Rn. 18. Für die Abkommensberechtigung einer juristischen Person des öffentlichen Rechts ist es dabei unerheblich, dass diese nach nationalem Steuerrecht im hoheitlichen Bereich tätig ist und somit nicht der unbeschränkten Steuerpflicht im Inland unterliegt; siehe FG München, EFG 2004, 478. Nach Wassermeyer gehören die BgA zu „Gesellschaften" im Abkommenssinne als sog. quasi-juristische Personen; siehe *Wassermeyer*, in: Debatin/Wassermeyer, Art. 3 DBA (Januar 2016), Rn. 19.

36 Art. 4 Abs. 1 Satz 1 OECD-MA nennt zwar explizit nur den Ort der tatsächlichen Geschäftsleitung als das ansässigkeitsbegründende Merkmal. Der im Wortlaut enthaltene Ausdruck „ein anderes ähnliches Merkmal" macht aber deutlich, dass es sich dabei nur um ein Regelbeispiel handelt und dass auch andere ortsbezogene Merkmale die unbeschränkte Steuerpflicht nach nationalem Recht begründen können (z.B. der Satzungssitz in Deutschland); siehe auch *Lehner*, in: Vogel/Lehner, Art. 4 DBA (2015), Rn. 110.

37 Der OECD-Musterkommentar (OECD-MK) versteht unter den Ort tatsächlicher Geschäftsleitung den Ort, an dem die grundlegenden Leitungs- und kaufmännischen Entscheidungen getroffen werden. Siehe Art. 4, Rn. 24 OECD-MK. Hierbei sind die Entscheidungen über das Tagesgeschäft, nicht aber die strategischen Entscheidungen, gemeint.

geschäftsführende Tätigkeit entfaltet. Der EVTZ mit deutschen Mitgliedern und ausländischem Satzungssitz wäre also im abkommensrechtlichen Sinne nur dann im Inland ansässig, wenn der Direktor die Geschäftsleitung von Deutschland aus ausführen würde. Damit wäre der EVTZ eine abkommensberechtigte, im Inland ansässige Person und der persönliche Anwendungsbereich des DBA würde eröffnet sein.

(2) Aufteilung der Besteuerungsrechte

Anschließend ist klärungsbedürftig, unter welche Verteilungsnorm die vom Verbund erzielten betrieblichen Einkünfte abkommensrechtlich subsumierbar sind. Ist der EVTZ neben Erfüllung seiner hoheitlichen Befugnisse auch wirtschaftlich tätig, so kommt in erster Linie Art. 7 OECD-MA in Betracht, welcher die Verteilung der Steuerhoheit bei Unternehmensgewinnen zwischen zwei Vertragsstaaten regelt.

Art. 7 enthält keine Definition der „Unternehmensgewinne". Art. 3 Abs. 1 Buchst. c OECD-MA schreibt zwar vor, dass sich der Ausdruck „Unternehmen" auf die Ausübung einer Geschäftstätigkeit bezieht, definiert jedoch nur unvollkommen, wie Letztere zu verstehen ist. Aus diesem Grund wird zwecks der Begriffsbestimmung (so die herrschende Meinung[38]) auf das innerstaatliche Recht des jeweiligen Anwenderstaates zurückgegriffen.[39] Aus deutscher Sicht würde man § 15 Abs. 2 EStG heranziehen, welcher die Merkmale eines Gewerbebetriebes regelt.[40] Damit dürfte es sich beim EVTZ mit einem BgA[41] (bei juristischer Person des

---

[38] So u.a. Art. 3 Rn. 4 OECD-MK; *Schänzle/Engel*, in: Mössner (Hrsg.), Rn. 5.52; *Wassermeyer*, in: Debatin/Wassermeyer, Art. 7 DBA (Januar 2016), Rn. 14; *Hemmelrath*, in: Vogel/Lehner, Art. 7 DBA (2015), Rn. 21; *Pohl*, in: Schönfeld/Ditz, Art. 3 DBA (2013), Rn. 29; *Suchanek/Herbst*, Ubg 2011, S. 781; *Richter*, FR 2010, S. 551.

[39] Den Rückgriff auf das nationale Recht bei den im Abkommen nicht definierten Ausdrücken gestattet Art. 3 Abs. 2 OECD-MA.

[40] Ähnlich siehe *Schänzle/Engel*, in: Mössner (Hrsg.), Rn. 5.52; *Wassermeyer*, in: Debatin/Wassermeyer, Art. 7 DBA (Januar 2016), Rn. 14 bzw. Art. 3 Rn. 23. Auch deutsche Finanzverwaltung zieht § 15 Abs. 2 (bzw. 18) EStG heran, siehe BMF, BStBl. I, S. 1258.

[41] Beim BgA ist zu beachten, dass die Annahme eines ertragsteuerlichen Gewerbebetriebes nach § 15 Abs. 2 EStG und damit abkommensrechtlicher „Unternehmensgewinne" auch ohne Vorliegen der Gewinnerzielungsabsicht und ohne Teilnahme am allgemeinen wirtschaftlichen Verkehr möglich ist. Siehe breites Fn. 15. Insge-

öffentlichen Rechts) oder mit einem wirtschaftlichen Gewerbebetrieb (bei juristischer Person des Privatrechts), der mit Gewinnerzielungsabsicht am allgemeinen wirtschaftlichen Verkehr tätig ist, um ein „Unternehmen" und bei den von ihm bezogenen Einkünften um „Unternehmensgewinne" i.S.d. Art. 7 OECD-MA handeln.

Soll der EVTZ seine wirtschaftlichen Einkünfte in einem anderem Staat als dem seines Verwaltungssitzes (Ansässigkeitsstaat) erzielen oder in zwei Staaten gleichzeitig tätig werden, so muss ermittelt werden, wie die Besteuerungsansprüche der betroffenen Länder aufzuteilen sind. Art. 7 Abs. 1 Satz 1 Halbsatz 1 OECD-MA ordnet zunächst an, dass Gewinne eines Unternehmens nur im Ansässigkeitsstaat des Unternehmers zu besteuern sind. Fungiert Deutschland aufgrund des inländischen Orts der Geschäftsleitung als Ansässigkeitsstaat des Verbunds, so sind die Gewinne folglich ausschließlich der deutschen Körper- und gegebenenfalls Gewerbesteuer (nebst SolZ) zu unterwerfen.

Von diesem Grundsatz gibt es allerdings eine Ausnahme. Diese besteht gem. Art. 7 Abs. 1 Satz 1 Halbsatz 1 i.V.m. Satz 2 OECD-MA für den Fall, dass das Unternehmen seine Tätigkeit in einem anderen Vertragsstaat durch eine dort gelegene Betriebsstätte i.S.d. Art. 5 OECD-MA (z.B. Zweigniederlassung oder Fabrikationsstätte) ausübt. Weil auf den Verbund gemäß der EVTZ-VO vornehmlich die Aufgaben, die auf die Erleichterung und Förderung grenzüberschreitender Zusammenarbeit ausgerichtet sind, zu übertragen sind, ist davon auszugehen, dass die wirtschaftliche Betätigung, die beim Verbund zwar möglich ist, bei ihm nur eine nachrangige Rolle spielen wird. Aus diesem Grund ist es naheliegend, zu unterstellen, dass der EVTZ, der grenzüberschreitend tätig ist, keine vorrangig den gewerblichen Unternehmen vorbehaltene Betriebstätte unterhalten wird.

Demnach bleibt es für die Besteuerung gewerblicher Einkünfte eines EVTZ mit Auslandsberührung bei dem Grundsatz: Sie werden im Ansässigkeitsstaat des Verbunds, also in dem Vertragsstaat, von dem aus der Direktor die maßgebenden Entscheidungen trifft, besteuert. Auf den statuarischen Sitz des EVTZ kommt es somit im internationalen Kontext für Besteuerungszwecke nicht an.

---

samt bejahend für die abkommensrechtliche Unternehmereigenschaft des BgA siehe auch *Wassermeyer*, in: Debatin/Wassermeyer, Art. 7 DBA (Januar 2016), Rn. 42.

Sollte der EVTZ ausnahmsweise tatsächlich in anderen Mitgliedstaaten eine oder mehrere Betriebsstätten i.S.d. Art. 5 OECD-MA unterhalten, sind die Gewinne zwischen dem Stammhaus und der/den Betriebsstätte/n aufzuteilen. Deutschland würde dann die Gewinne des EVTZ, die auf ausländische Betriebsstätten entfallen, von der Besteuerung freistellen (Art. 23a Abs. 1 OECD-MA).

2. Ebene der EVTZ-Mitglieder

Da der EVTZ eine eigene Rechtspersönlichkeit besitzt, gilt das sogenannte Trennungsprinzip; d.h., die juristische Person entfaltet für die EVTZ-Mitglieder eine steuerliche Abschirmwirkung. Nur im praktisch wenig realistischen Fall, dass der EVTZ Gewinne erwirtschaftet und diese an seine Mitglieder auszahlt („ausschüttet"), würden sich für diese steuerliche Konsequenzen ergeben. Abkommensrechtlich lägen Dividenden i.S.v. Art. 10 OECD-MA vor, sofern die Zahlungen im Ansässigkeitsstaat des EVTZ als Dividenden behandelt werden. Da das Abkommensrecht jedoch lediglich Schrankenrecht darstellt, wäre vorab zu prüfen, ob die Zahlungen an EVTZ-Mitglieder nach dem jeweils nationalen Recht steuerpflichtig wären. Nur in diesen Fällen, würde das DBA die Höhe der Steuern begrenzen. Relevanz könnte die Besteuerung z.B. dann haben, wenn der EVTZ Gewinne erzielt, die die EVTZ-Mitglieder zur Quersubventionierung anderer Aufgaben nutzen. In diesen Fällen lägen verdeckte Gewinnausschüttungen vor, die zur Besteuerung auf Ebene des EVTZ und seiner Mitglieder führen können.

3. Ebene der EVTZ-Mitarbeiter

Im folgenden Abschnitt wird gezeigt, wie die Mitarbeiter eines EVTZ, die mit diesem in einem Dienstverhältnis stehen, besteuert werden. Neben den rein nationalen Rechtsverhältnissen, werden auch hier die Fälle mit einem grenzüberschreitenden Bezug betrachtet, die z.B. durch die Inbound-Tätigkeit von Grenzgängern oder Mitarbeiterentsendung zum Ausdruck kommen können. Es wird davon ausgegangen, dass der EVTZ über einen inländischen Sitz und Ort der Geschäftsleitung verfügt und somit einen inländischen Arbeitgeber[42] nach § 38 Abs. 1 Satz 1 Nr. 1 EStG darstellt, der nach Art. 4 Abs. 1 Satz 1 OECD-MA in Deutschland ansässig ist.

a. Besteuerung nach innerstaatlichem Recht

Nach innerstaatlichem Recht gehören Löhne, Gehälter und sonstige Bezüge, die die Arbeitnehmer eines EVTZ beziehen, zu den Einkünften aus nichtselbständiger Arbeit (§ 19 Abs. 1 Satz 1 Nr. 1 EStG). Zu beachten gilt, dass der steuerliche Begriff „nichtselbständige Arbeit" sowohl die Beschäftigung im Rahmen eines privaten als auch nach einem öffentlichen Dienstverhältnis umfasst.[43] Auf den zivilrechtlichen Charakter des Vertrages kommt es somit nicht an. Entscheidend ist allein, ob sich aus der Vereinbarung ergibt, dass der Steuerpflichtige Dienste in abhängiger Stellung zum Arbeitgeber erbringt.[44]

Damit Deutschland einen Zugriff auf die Besteuerung der Einkünfte aus nichtselbständiger Arbeit erhalten könnte, müsste eine hinreichende Anknüpfung des Steuertatbestands mit dem deutschen Hoheitsgebiet bestehen. Diese kann auf zwei Arten begründet werden: Der erste Anknüpfungspunkt ist eng mit den ortsbezogenen Tatbestandsmerkmalen für die unbeschränkte Steuerpflicht im Inland verbunden. Verfügt ein Angestellter eines EVTZ über einen inländischen Wohnsitz oder seinen gewöhnlichen Aufenthalt in Deutschland (§§ 8 bzw. 9 AO), so unterliegt er mit seinen sämtlichen Einkünften (sog. Welteinkommensprinzip), also auch Einkünften aus nichtselbständiger Arbeit und ausländischen Einkünften, der Ertragsbesteuerung in Deutschland (§ 1 Abs. 1 Satz 1 EStG).

Erhält hingegen ein Arbeitnehmer, der in Deutschland weder einen Wohnsitz noch seinen gewöhnlichen Aufenthalt hat, vom inländischen EVTZ ein Gehalt, so stellt das Beziehen inländischer Einkünfte den Anknüpfungspunkt für das deutsche Besteuerungsrecht dar. Die so begründete beschränkte Steuerpflicht im Inland (§ 1 Abs. 4 EStG) erfasst dann nur

---

[42] Im Regelfall deckt sich der Begriff des steuerlichen Arbeitgebers mit dem zivilrechtlichen Arbeitgeberbegriff; siehe BFH, BStBl. II 2011, S. 986 und BStBl. II 2004, DStRE 2004, S. 632. Nur in Sonderfällen (wie z.B. die Arbeitnehmerüberlassung bzw. -entsendung) weicht der steuerliche Arbeitgeber von dem zivilrechtlichen ab. Ausführlich dazu *Thürmer*, in: Blümich, § 38 EStG (Mai 2016), Rn. 65.
[43] Siehe Wortlaut des § 19 Abs. 1 Satz Nr. 1 EStG: „für Beschäftigung im öffentlichen oder privaten Dienst".
[44] Siehe auch BFH, BFH/NV 96, S. 325.

die im Inland erwirtschafteten Einkünfte aus nichtselbständiger Arbeit i.S.d. §§ 49 Abs. 1 Nr. 4 Buchst. a i.V.m. 2 Abs. 1 Satz 1 Nr. 4 i.V.m. 19 EStG.

Bei Einkünften aus nichtselbständiger Arbeit gilt die Einkommensteuerpflicht des Arbeitnehmers durch den Lohnsteuereinbehalt seitens des Arbeitgebers nach §§ 46 Abs. 4 i.V.m. 38 EStG (§§ 50 Abs. 2 Satz 2 EStG i.V.m. 38 EStG bei beschränkt Steuerpflichtigen) grundsätzlich als abgegolten. Nichtsdestotrotz kann, bzw. in bestimmten Fällen, die in § 46 Abs. 2 Nr. 1 bis 7 EStG geregelt sind, sogar muss der steuerpflichtige Arbeitnehmer eine Einkommensteuererklärung abgeben.[45] Die speziellen Fragen, wie das Verfahren bei der Lohnsteuererhebung abläuft und wann die Abgabepflicht für Arbeitnehmer besteht, werden an dieser Stelle nicht weiter thematisiert.

Für sogenannte Grenzpendler, die im Ausland ansässig sind, aber den größten Teil ihrer Einkünfte in Deutschland erzielen, hat der deutsche Gesetzgeber eine Sonderregelung in § 1 Abs. 3 EStG eingeführt. Danach können beschränkt Steuerpflichtige auf Antrag als unbeschränkt steuerpflichtig behandelt werden und somit auch z.B. ihre außergewöhnlichen Belastungen geltend machen, soweit ihre Einkünfte im Kalenderjahr zu mindestens 90% der deutschen Besteuerung unterliegen oder die nicht inländischen Einkünfte geringer als der (gegebenenfalls gekürzte) Grundfreibetrag[46] sind (§ 1 Abs. 3 Satz 2 EStG)[47]. EU- und EWR-Staatsangehörige können darüber hinaus den Splittingvorteil in Anspruch nehmen (§ 1a

---

45 Weil die einbehaltenen Lohnsteuerbeträge nicht immer der geschuldeten Einkommensteuer entsprechen, sollen mit der Veranlagung systembedingt auftretende Steuerüberhebungen und Steuerunterhebungen ausgeglichen werden (siehe BFH-Beschluss, BStBl. II 2006, S. 820). Diese können bspw. durch Werbungskosten, abziehbare Sonderausgaben oder außergewöhnliche Belastungen entstehen, die beim Lohnsteuerabzug keine Berücksichtigung finden.
46 Für das Veranlagungsjahr 2016 beträgt der einkommensteuerliche Grundfreibetrag 8.652 € (§ 32a Abs. 1 S. 2 Nr. 2 EStG).
47 Der Grundfreibetrag ist gegebenenfalls zu kürzen, soweit es nach den Verhältnissen im Wohnsitzstaat des Steuerpflichtigen notwendig und angemessen ist (vgl. § 1 Abs. 3 Satz 2 Halbsatz 2 EStG). Maßgeblich für die Kürzungen ist die vom BMF erlassene Ländergruppeneinteilung. Mit Wirkung ab 1.1.2014 siehe BMF, BStBl. I, S. 1462 und ab 1.1.2017 das BMF-Schrb. v. 20.10.2016. Für Polen ist der Freibetrag um die Hälfte zu kürzen.

Abs. 1 Nr. 2 EStG) und sich zusammen mit Ihren, in einem EU/EWR-Staat lebenden Ehegatten in Deutschland veranlagen lassen.[48]

b. Besteuerung nach dem DBA-Recht

Hat ein EVTZ-Arbeitnehmer in einem anderen Staat als dem Tätigkeitsstaat seinen Wohnsitz, so kann es unter Umständen zu einer Doppelbesteuerung kommen. Der Grund dafür ist, dass zwei verschiedene Staaten – der Heimatstaat im Rahmen der unbeschränkten Steuerpflicht (Welteinkommensprinzip) und der Tätigkeitsstaat im Rahmen der beschränkten Steuerpflicht (Territorialprinzip) – gleichzeitig Besteuerungsansprüche im Hinblick auf dieselben Einkünfte erheben. Die daraus resultierende Gefahr der Doppelbesteuerung kann durch das zwischen beiden Staaten abgeschlossene DBA vermieden werden.

Die Grundregel für die Zuteilung des Besteuerungsrechts bei Arbeitnehmern ist in Art. 15 OECD-MA kodifiziert.[49] Grundsätzlich weist

---

48 Die Voraussetzung für die Anwendung der Zusammenveranlagung ist, dass der Ehegatte seinen Wohnsitz bzw. gewöhnlichen Aufenthalt in einem EU-/bzw. EWR-Staat besitzt. Siehe § 1a Abs. 1 Nr. 2 S. 2 iV.m. Nr. 1 S. 2 Buchst. a EStG. Weiterführend *Kudert/Glowienka,* StuW 2010, S. 278 ff.

49 Dabei stellt Art. 15 OECD-MA die Grundnorm dar, während die anschließenden Artikel Sonderregeln (Art. 16 bis 20 OECD-MA) für besondere Berufsgruppen enthalten. Die in Art. 19 OECD-MA enthaltene Sondervorschrift für Vergütungen aus öffentlich-rechtlichen Arbeitsverhältnissen (sog. Kassenstaatsprinzip) kommt vorliegend nicht zur Anwendung. Art. 19 Abs. 1 Buchst. a OECD-MA erfordert, dass die betreffenden Vergütungen für in dem Vertragsstaat oder seinen Gebietskörperschaften geleistete Dienste gezahlt werden müssen und ist dahin auszulegen, dass der Zahlungsschuldner stets der Vertragsstaat oder eine Gebietskörperschaft selbst sein muss. Eine materielle Betrachtungsweise, der zufolge auch durch Gebietskörperschaften errichtete, rechtlich verselbständigte Einheiten, dem Anwendungsbereich des Art. 19 unterfallen, wird von der h.M. abgelehnt. Allein der Umstand, dass der Zahlungsschuldner öffentlich-rechtlich organisiert ist, führt mithin nicht zur Anwendung des Art. 19 OECD-MA. Siehe *Jochum/Lampert,* in: Schönfeld, Art. 19 DBA (2013), Rn. 27; *Dürrschmidt,* in: Vogel/Lehner, Art. 19 DBA (2015), Rn. 22. Etwas anderes gilt nur dann, wenn die Vertragsstaaten sich im DBA selbst oder im Rahmen einer Konsultationsvereinbarung entschieden haben, den persönlichen Anwendungsbereich entsprechend zu erweitern. Siehe *Jochum/ Lampert,* in: Schönfeld, Art. 19 DBA (2013), Rn. 27; *Dürrschmidt,* in: Vogel/ Lehner, Art. 19 DBA (2015), Rn. 22. Eine solche Erweiterung ist z.B. in Art. 19 DBA Deutschland-Schweiz zu finden, welcher auch auf die „Vergütungen einer juristischen Person des öffentlichen Rechts" anzuwenden ist. Siehe *Kempermann,*

Art. 15 Abs. 1 Halbsatz 1 OECD-MA als Auffangregel dem abkommensrechtlichen Ansässigkeitsstaat des Arbeitnehmers das Besteuerungsrecht für die Einkünfte aus unselbständiger Tätigkeit zu. Durchbrochen wird dieser Grundsatz durch das Arbeitsortprinzip, wenn der Arbeitnehmer die unselbständige Tätigkeit in einem anderen Vertragsstaat ausübt. In diesem Fall steht das Besteuerungsrecht nach Art. 15 Abs. 1 Halbsatz 2 OECD-MA ausschließlich dem Tätigkeitsstaat zu.

Das Arbeitsortprinzip findet nur in Ausnahmefällen keine Anwendung. Die beiden wichtigsten sind die 183-Tage-Regel, bei der das Besteuerungsrecht an den Ansässigkeitsstaat unter bestimmten Voraussetzungen zurückfällt sowie die sog. Grenzgängerregelungen,[50] die Deutschland in einigen, vor allem mit den westlichen und südlichen Nachbarstaaten abgeschlossenen DBA, vereinbart hat.[51]

Die 183-Tage-Regelung kommt voranging in Entsendungsfällen zum Tragen. Damit nicht jeder Arbeitnehmer, der von seinem Arbeitgeber für einen kurzen Zeitraum ins Ausland entsendet wird, aufgrund des Arbeitsortprinzips sofort in die Steuerpflicht der fremden Steuerhoheit gerät, enthält Art. 15 Abs. 2 Buchst. a bis c OECD-MA die sog. 183-Tage-Grenze, durch die das Besteuerungsrecht bei unbedeutenden Auslandseinsätzen weiterhin seinem Ansässigkeitsstaat vorbehalten bleibt. Danach ist in Entsendungsfällen vom Prinzip des Arbeitsorts dann abzusehen, wenn sich der Arbeitnehmer im anderen Staat innerhalb eines Zeitraums von 12 Monaten nicht länger als 183 Tage aufgehalten hat und wenn die Vergütungen von einem oder für einen Arbeitgeber, der nicht im Staat des Arbeitsorts ansässig ist, sowie nicht von einer Betriebstätte oder festen Einrichtung des Arbeitgebers im Staat des Arbeitsortes gezahlt worden sind. Sind diese drei Voraussetzungen kumulativ erfüllt, fällt das Besteuerungsrecht an den Ansässigkeitsstaat zurück. Sofern der EVTZ selbst der Arbeitgeber ist, wird die 183-Tage-Regel in der Praxis kaum Anwendung finden.

---

in: Flick/Wassermeyer/Kempermann, DBA Deutschland-Schweiz, Art. 19 DBA (Januar 2016), Rn. 14.
50 Diese Regelungen sind in den Abkommen unterschiedlich ausgestaltet. Gemeinsam ist ihnen aber, dass abweichend von der allgemeinen Regel, nach der die unselbstständige Arbeit im Staat der Arbeitsausübung besteuert wird, die Einkünfte der Grenzgänger ausschließlich im Ansässigkeitsstaat zu besteuern sind. Siehe *Prokisch,* in: Vogel/Lehner, Art. 15 DBA (2015), Rn. 143.
51 Siehe z.B. Art. 13 Abs. 5 DBA Deutschland-Frankreich; Art. 15a DBA Deutschland-Schweiz oder Art. 15 Abs. 6 und Rn. 8 des Protokolls zum DBA Deutschland-Österreich.

Weil EVTZ vornehmlich für die Umsetzung grenzüberschreitender Projekte eingeschaltet werden, kann es durchaus nicht ausgeschlossen werden, dass die vom Verbund eingestellten Mitarbeiter auch außerhalb ihres Wohnsitzstaates tätig werden. Das Überschreiten der Landes- und Steuergrenze bringt beim Arbeitnehmer zwar steuerliche Risiken (Gefahr der Doppelbesteuerung), eröffnet aber gleichzeitig neue Gestaltungsmöglichkeiten (z.B. das Unterfallen in ein niedrigeres Steuerniveau im Ausland). Um diese rechtzeitig erkennen zu können, sollen vor dem Einsatz des Arbeitnehmers ins Ausland ein steuerlicher Abgleich mit dem ausländischen Recht und die Prüfung des DBA-Rechts durchgeführt werden.

III. EVTZ im polnischen Steuerrecht

Polen kodifizierte als einer der ersten Mitgliedsstaaten ein EVTZ-Gesetz, welches am 7.11.2008 verabschiedet wurde.[52] Art. 3 dieses Gesetzes verweist in allen im Gesetz und in der EVTZ-VO nicht geregelten Bereichen auf das Gesetz über privatrechtliche Vereine.[53] In der Konsequenz schreibt die polnische Rechtsordnung für den EVTZ „stillschweigend" die Rechtsform des privatrechtlichen Vereins vor. Die auf diese Art und Weise zivilrechtlich begründete Rechtsnatur des EVTZ wird analog für steuerliche Zwecke übernommen. Durch eine gesetzliche Einordnung des EVTZ in den Kreis privatrechtlicher Körperschaften hat der polnische Gesetzgeber somit für Rechtssicherheit auch auf dem Gebiet des Steuerrechts gesorgt. Als eine dem Verein entsprechende Rechtsform ist der Verbund als ein eigenständiges Körperschaftsteuersubjekt anzusehen, welches beim Vorliegen des polnischen Sitzes und/oder des Orts der Geschäftsleitung in Polen unbeschränkt steuerpflichtig ist.[54]

Umstritten war jedoch, ob der EVTZ aufgrund der ihm übertragenden Aufgaben, die vornehmlich der Ausübung öffentlicher Befugnisse vorbehalten sind, nicht von der Körperschaftsteuer befreit sein kann. Letzteres stellte den Gegenstand einer verbindlichen Auskunft, die vom Finanzdi-

---

52 Siehe Gesetz über den Europäischen Verbund für territoriale Zusammenarbeit der Republik Polen v. 7.11.2008 (Dz.U. 2008 Nr. 218, Pos. 1390 i.d.g.F.).
53 Siehe Vereinsgesetz v. 7.4.1989 (Dz.U. 1989 Nr. 20, Pos. 104 i.d.g.F.).
54 Für die Voraussetzungen unbeschränkter Körperschaftsteuerpflicht in Polen siehe Art. 3 Abs. 1 KStG-PL. KStG-PL gilt für Körperschaftsteuergesetz der Republik Polen v. 15.2.1992 (Dz.U. 1992 Nr. 21, Pos. 86 i.d.g.F.).

rektor in Kattowitz im Jahr 2013 bearbeitet wurde, dar.[55] Zunächst hat der Finanzdirektor ausgeführt, dass beim EVTZ mangels ausdrücklicher Regelung keine personenbezogene Freistellung nach Art. 6 KStG-PL in Frage kommt. Daran anschließend hat der Direktor die sachlichen Steuerbefreiungen in Art. 17 KStG-PL geprüft und bestätigt, dass unter bestimmten Umständen eine Freistellung nach Art. 17 Abs. 1 Nr. 4 KStG-PL möglich ist. Demnach kann der Verbund steuerfreie Einkünfte in Polen erzielen, soweit sich seine satzungsmäßigen Ziele in wissenschaftlichen, unterrichtenden, kulturellen, umweltschützenden, gesellschaftsrechtlichen Tätigkeiten erschöpfen, etwa in der Förderung vom Sport, Straßenbau, Wasserversorgung, Gesundheitsschutz, Sozialhilfe. Die Steuerfreistellung greift jedoch nur, soweit die von der steuerbegünstigten Einrichtung erwirtschafteten Einnahmen für satzungsmäßige Zwecke verwendet werden.

Mit der Einführung des EVTZ-Gesetzes und der Erteilung der verbindlichen Auskunft durch die polnische Finanzverwaltung wurden in Polen die wesentlichen offenen Fragen, die die Rechtsform und steuerliche Behandlung des EVTZ betreffen, abgebaut. Damit scheint Polen, im Vergleich zu Deutschland, eine Vorreiterrolle übernommen zu haben.

IV. Zusammenfassung

Der Einsatz eines EVTZ ist aus steuerlicher Perspektive mit vielen Fragen und Unklarheiten verbunden, die für Rechtsunsicherheiten sorgen und auf potenzielle Mitglieder und Investoren eine abschreckende Wirkung haben können. Da der Rechtscharakter des Verbunds nach wie vor in Deutschland ungeklärt ist, ist die steuerliche Einordnung des EVTZ und der von ihm erzielten Einnahmen umstritten und bedarf einer Fallunterscheidung.

Geht man davon aus, dass der EVTZ privatrechtlich wie eine juristische Person des öffentlichen Rechts zu behandeln ist, ergeben sich in Deutschland steuerliche Folgen nur dann, wenn der Verbund neben seinen hoheitlichen Befugnissen wirtschaftlich tätig ist und damit im Inland einen BgA unterhält. In diesem Fall ist der EVTZ mit den dem BgA zurechenbaren Einnahmen in Deutschland körperschaftsteuerpflichtig. Für das Entstehen gewerbesteuerlicher Ansprüche wäre hingegen das Vorliegen der Gewinn-

---

55 Siehe Finanzdirektor in Katowice, Verbindliche Auskunft v. 10.12.2013, IBPBI/2/423-1136/13/PC.

erzielungsabsicht notwendig. Stuft man den EVTZ hingegen zivilrechtlich als eine juristische Person des Privatrechts ein, ist der Verbund als solcher im Inland körperschaftsteuerpflichtig. Für die Begründung der Gewerbesteuerpflicht reicht es schon, dass er sich mit der Absicht betätigt, durch sein Engagement Einnahmen zu erzielen. Allerdings ist in beiden Fällen zu prüfen, ob gegebenenfalls steuerliche Befreiungsnormen im KStG und GewStG greifen.

Bei der Betrachtung der vom EVTZ eingestellten Mitarbeiter wurde gezeigt, dass diese grundsätzlich in dem Staat besteuert werden, in dem sie ihre Arbeit ausüben (sog. Arbeitsortprinzip). Bei diesem Grundsatz verbleibt man auch in den Entsendungssituationen, sofern der EVTZ selbst als Arbeitgeber fungiert und die Vergütung für die ihm geleistete unselbständige Arbeit wirtschaftlich trägt.

Weil die Rechtsform des EVTZ im Inland wenig verbreitet ist, so dass die deutsche Finanzverwaltung mit dieser Rechtsform bislang wenig Erfahrung machen durfte, wird den potenziellen Mitgliedern empfohlen, im Vorfeld der Gründung eine verbindliche Auskunft einzuholen, um dadurch die Planungs- und Dispositionssicherheit des Projekts zu erhöhen.

Abstract

European Grouping of Territorial Cooperation (EGTC) can be seen as a modern and innovative legal form, whose primary aim is to facilitate and promote cross-border, transnational or interregional cooperation between local or regional authorities. Although the EGTC has its own legal personality, the exact identification of its legislative nature is facing in Germany considerable difficulties. This is due to the insertion of this cooperation form in the national legal orders of EU Member States. However, the qualification of the EGTC for the purposes of private law determines how this legal form and the generated income will be treated for tax purposes. The following article is intended to examine how the income earned by EGTC will be perceived in regard to tax purposes in Germany. In addition to the examination of fiscal consequences at the level of national tax law, the article provides an analysis of fiscal aspects in the cross-border situation in the case where the management office and the register office of EGTC are located in two different EU Member States. The following article focuses on the investigation of income tax, trade tax and value added tax, both at the level of EGTC as well as at the level of its members. Finally, it will be depicted how the income of EGTC is taxed in Poland.

Literaturverzeichnis

Debatin/Wassermeyer, Doppelbesteuerung Kommentar, 132. Ergänzungslieferung, 2016.

Erlse/Sauter, Körperschaftsteuergesetz - Die Besteuerung der Kapitalgesellschaft und ihrer Anteilseigner, 3. Aufl., 2010.

Frotscher/Maas, Kommentar zum Körperschaft-, Gewerbe- und Umwandlungssteuergesetz, 130. Ergänzungslieferung, 2015.

Gosch, KStG-Kommentar, 3 Aufl., 2015.

Heuermann/Bradis, Blümich EStG KStG GewStG Kommentar, 132. Ergänzungslieferung, 2016.

Hüttemann, Gesetz zur weiteren Stärkung des bürgerschaftlichen Engagements und seine Auswirkungen auf das Gemeinnützigkeits- und Spendenrecht, DB 38/2007, 2053.

Kudert/Glowienka, Grenzpendlerbesteuerung - Eine Analyse der Optionen beschränkt einkommensteuerpflichtiger Arbeitnehmer aus dem Europäischen Wirtschaftsraum, StuW 3/2010, S. 278.

Lademann, Kommentar zum Körperschaftsteuergesetz, 57. Ergänzungslieferung, 2016.

Pechstein/Deja, Was ist und wie funktioniert ein EVTZ?, EuR 3/2011, S. 357.

Peine/Starke, Der europäische Zweckverband. Zum Recht der Europäischen Verbünde für territoriale Zusammenarbeit (EVTZ), LKV 9/2008, 402.

Richter, Einzelfragen internationaler Personengesellschaften im Abkommensrecht, FR 12/2010, S. 544.

Schänzle/Engel in: Mössner (Hrsg.), Steuerrecht international tätiger Unternehmen, 4. Aufl., 2012.

Schönfeld/Ditz, Doppelbesteuerungsabkommen (DBA) Kommentar, 2013.

Seibold, Steuerliche Betriebswirtschaftslehre in nationaler und transnationaler Sicht, 2002.

Streck, Körperschaftsteuergesetz: KStG, 8 Aufl., 2014.

Suchanek/Herbst, Status quo zur Behandlung intransparent besteuerter ausländischer Personengesellschaften. Auswertung aktueller Rechtsprechung, Ubg 10/2011, S. 779.

Tipke/Lang, Steuerrecht, 22. Aufl., 2015.

Vogel/Lehner, DBA Doppelbesteuerungsabkommen Kommentar, 6 Aufl., 2015.

Wenk/Stein, Der körperschaftsteuerliche Verlustausgleich zwischen Betrieben gewerblicher Art von juristischen Personen des öffentlichen Rechts, FR 10/1999, S. 573.

EVTZ im Spannungsfeld zwischen der europäischen Eigenverwaltung und der Verwaltung der Mitgliedstaaten

Dr. Renata Kusiak-Winter[1]

I. Einleitung

Der EVTZ stellt einen eigenen Typus der Verwaltungsorganisation dar, die nach dem EU-Recht gebildet wird. Um ihre Bedeutung und Merkmale hervorzuheben, reicht es nicht, die entsprechende EU-Verordnung und die ausführenden Gesetze auf nationaler Ebene zu analysieren. Zusätzlich empfiehlt es sich, an die klassischen Institutionen und Verwaltungsstrukturen anzuknüpfen, um die Bedeutung und Besonderheiten von EVTZ im europäischen Organisationsgefüge zu identifizieren. Schnell wird aber eine wichtige Erkenntnis deutlich, dass das objektive und holistische Forschungsergebnis an einer eindimensionalen Sicht des Betrachters scheitert, der methodologisch an *ein* nationales Verwaltungsrechtssystem und an die dazu gehörende Verwaltungsrechtslehre anknüpft.[2] Von diesem Problem ist übrigens die ganze komparatistische Verwaltungsforschung betroffen. Vergleichende Untersuchungen schöpfen von den universellen Begriffen der sozialwissenschaftlichen Disziplinen, die problemlos in allen Sprachen gleich verständlich sind.[3] Dagegen wirft die Übersetzung und vielmehr das einheitliche Verständnis der verwaltungsrechtlichen und der verwaltungsrechtsdogmatischen Begriffe viele unüberwindbare Schwierigkeiten

---

1 Fakultät für Recht, Verwaltung und Wirtschaftswissenschaften, Universität Wrocław.
2 Das Vorhaben wird zusätzlich dadurch erschwert, dass das Verwaltungsrecht zurecht als eine „Ordnung von großer Geschlossenheit" bezeichnet wird. Auch im Zuge der europäischen Integration prägen die markanten Eigenelemente weiterhin deren Bild in entscheidender Weise. *Schmidt-Aßmann* und *Dagron* beschreiben dieses Phänomen als „eine Ansammlung von Rechtsregeln. Es ist eine Disziplin, die über eigene Entwicklungskräfte, eigene Diskursmuster und Mechanismen der Selbstbeobachtung verfügt – mögen diese nun eher universitär oder justiziell geprägt sein", *Schmidt-Aßmann/Dagron*, ZaöRV 2007, 395 (397).
3 Hier ist beispielhaft an die komparatistischen Studien der Verwaltungswissenschaft hinzuweisen z.B.: *Bouckaert/ Halligan*; *Kuhlmann*, S. 90.

auf.⁴ Sie spiegeln die Strukturmerkmale wider, die in den jeweiligen Verwaltungsrechtssystemen historisch, politisch, kulturell und auch axiologisch tief verwurzelt sind. Eine Art von Konkurrenz zwischen der angelsächsischen und kontinentaleuropäischen Betrachtungsweise in der juristischen Komparatistik mit dem auf *common-* bzw. *civil law* basierten Staats- und Verwaltungsverständnis macht die Sache nicht leichter.⁵

Die Aufgabe der Verwaltungsrechtslehre ist es jedoch, gerade bei den heterogenen und hybriden Verwaltungsstrukturen durch eine systematische Aufarbeitung für Klarheit zu sorgen, umso mehr, als gleich mehrere Rechtsordnungen ins Forschungsfeld miteinbezogen werden⁶. Der Ausgangspunkt dieser Abhandlung beruht auf der Annahme, dass sich die Eigenart von EVTZ im Spannungsfeld zwischen europäischen, nationalen, wie auch grenzüberschreitend regional-, bzw. lokalspezifischen Elementen widerspiegelt. Die Konstellation dieser Elemente, geprägt durch den vorgeschriebenen hierarchischen Rechtsquellenaufbau,⁷ soll die Bestrebung nach einem Gleichgewicht zwischen einem Mindestmaß an europäischer Standarisierung, nationaler Anpassung und akteursbezogener Individualisierung der Strukturen wiedergeben.

II. Die Klassifizierung der europäischen Verwaltung

Die Standarisierung oder gar Homogenisierung der administrativen Strukturen in Europa gehört nicht zu den Aufgaben der Europäischen Union.⁸

---

4 Zu diesem Problem zutreffend: *Mehde*, S. 686.
5 *Fleiner*, S. 46 ff.
6 Diesbezüglich ist in den letzten Jahren ein großer Fortschritt erzielt worden. Aus der deutschen Sicht ist vorrangig das Projekt „Ius Publicum Europeum" des Max-Planck-Instituts für ausländisches öffentliches Recht und Völkerrecht zu erwähnen, in dessen Rahmen seit 2007 mehrbändiges monumentales Werk entstanden ist und das Beiträge bedeutendsten zeitgenössischen Verwaltungsrechtswissenschaftler aus mehreren europäischen Staaten beinhaltet. S. Handbuch Ius Publicum Europaeum, Band I: *von Bogdandy/Cruz Villalón/Huber* (Hrsg.), 2007; Band II: *von Bogdandy/ Cruz Villalón/Huber*, 2008; Band III: *von Bogdandy/Cassese/Huber* (Hrsg.), 2010; Band IV: *von Bogdandy/Cassese/Huber* (Hrsg.), 2011; Band V: *von Bogdandy/ Cassese/Huber* (Hrsg.), 2014; Band VI: *von Bogdandy/Grabenwarter/Huber* (Hrsg.), 2016.
7 Art. 2 Abs. 2 S. 1 EVTZ-VO.
8 Der Union ist es grundsätzlich verwehrt, in den innerstaatlichen Verwaltungsaufbau einzugreifen (Art 4 Abs. 2 EUV, Art. 5 EUV). Im Gegenzug sind die Mitgliedstaa-

Es wird diesbezüglich stets auf die historische und rechtliche Eigenart und Eigendynamik der nationalen Strukturen der öffentlichen Verwaltung hingewiesen, die auch durch die Mitgliedschaft in einer supranationalen Organisation, wie der EU, weiterhin zu bewahren gilt.[9] Auch die Herstellung spezieller Verbindungsmechanismen zwischen den heterogenen nationalen Verwaltungsstrukturen – etwa durch die Einführung der einheitlichen NUTS-Systematik[10] – dient nicht der Standardisierung, sondern ausschließlich der Statistik, die mit quantitativen Größen Entwicklungstendenzen in den territorialen Verwaltungseinheiten der Mitgliedstaaten darstellt und als Grundlage der Gestaltung der Regionalpolitik dient.[11]

Den zahlreichen Verwaltungsstrukturen der Mitgliedstaaten steht die „eigentliche" europäische Verwaltung gegenüber, deren Eigenschaften nach dem klassischen kontinentaleuropäischen Verständnis jeglichen Rahmen sprengen.[12] In dieser Hinsicht kann von keiner europäischen Standardisierung der administrativen Strukturen die Rede sein, was jedoch nicht daran hindert, dass die Vollziehung des Unionsrechts erhebliche Auswir-

---

ten verpflichtet, für einen geordneten Verwaltungsvollzug des Unionsrechts zu sorgen (gem. Art. 4 Abs. 3 EUV und 291 Abs. 1 AEUV). Siehe *Schroeder* § 8, Rn. 61, S. 708.

9 An dieser Stelle soll an den vielzitierten Satz von Ulrich Scheuner erinnert werden: „Verwaltungsorganisation eines Staates widerspiegelt in besonderem Maße dessen Eigenart und Identität", *Scheuner*, 714. Aus der polnischen Sicht ist auf die Aussage von *Jeżewski* zu verweisen: „Die geschichtlichen Determinanten haben zahlreiche strukturelle Lösungen in der öffentlichen Verwaltung der Mitgliedstaaten geprägt und aus diesem Grund weisen sie eine erstaunliche Resistenz gegenüber dem europäischen Harmonisierungsdruck auf (institutionelle Autonomie)", *Jeżewski*, Porównawcze badania, S. 55.

10 Verordnung (EG) Nr. 1059/2003 des Europäischen Parlaments und des Rates vom 26. Mai 2003 über die Schaffung einer gemeinsamen Klassifikation der Gebietseinheiten für die Statistik (NUTS), ABl. L 154; geändert durch VO (EU) Nr. 868/2014 der Kommission vom 8. August 2014, L 241, S. 1.

11 *Dolnicki*, S. 154.

12 Die europäische Verwaltung funktioniert nicht nach dem Prinzip der Gewaltenteilung in Legislative, Exekutive und Judikative. Die Kompetenzverteilung in der EU folgt dem Prinzip der Funktionalität, in der Bestrebung nach der Balance zwischen den Interessen der einzelnen Mitgliedstaaten einerseits und der ganzen Union andererseits. Die Gewaltenteilung ist somit nicht mit dem in Art. 13 Abs. 2 AEUV verankerten Prinzip der institutionellen Balance (institutional balance) zu verwechseln. Dazu ausführlich: *Curtin*, S. 55; *Galster*, S. 97.

kungen auf die Verwaltungsorganisation der Mitgliedstaaten mit sich bringt[13].

In der Fachliteratur verweist man auf binäre Teilung der europäischen Strukturen und unterscheidet zwischen der direkten und indirekten europäischen Verwaltung (*direct administration, in-direct administration*).[14] Somit stellt sich die Frage nach der strukturellen Einordnung von EVTZ in dieses binäre Organisationsgefüge Europas, die nicht nur aus rechtsdogmatischen sondern auch aus praktischen Gründen von großer Relevanz ist.[15]

Anfangs herrschte das in den Gründungsverträgen kreierte Prinzip, nach dem der Vollzug des Europarechts, sowie die Implementierung der Gemeinschaftspolitiken ausschließlich der indirekten, also der Verwaltung der Mitgliedstaaten obliegt. Die direkte Verwaltung hatte somit einen nicht vollziehenden Charakter (*non-executive administration*) und sollte vorrangig das Aktivwerden der Verwaltung der Mitgliedstaaten initiieren. Das dezentrale Modell setzte ausschließlich auf den Verwaltungsapparat der Mitgliedstaaten, der im Auftrag der EU handelt, weil die EU keine eigenen Verwaltungsorgane in den einzelnen Mitgliedstaaten besitzt, von der Anwendung der Hoheitsmaßnahmen gegenüber natürlichen oder juristischen Personen zur Vollstreckung der europarechtlichen Verpflichtungen ganz zu schweigen.[16] Wenn es bei dem Prinzip geblieben wäre, würden wir die EVTZ-Struktur ohne eine weitere Untersuchung als Verwaltung der Mitgliedstaaten einstufen, weil sich ihr vollziehender Charakter durch die Bestimmung ihres Ziels manifestiert, nämlich durch die europäische territoriale Zusammenarbeit für die Stärkung des wirtschaftlichen, sozia-

---

13 Der europarechtliche Einfluss betrifft unterschiedliche Bereiche der nationalen Organisationshoheit der Verwaltung der Mitgliedstaaten. An dieser Stelle sind zu erwähnen sowohl Anforderungen des primärrechtlichen Charakters (bspw. die Einräumung der Unabhängigkeit der nationalen Banken in Art. 130 AEUV), als auch zahlreiche Vorschriften des Sekundärrechts der EU (bspw. Art. 6 der EU-Dienstleistungsrichtlinie (2006/123/EG), s. *Ehlers*, Europäisches Recht und Verwaltungsrecht, § 5, Rn. 54, S. 226-228.
14 *Franchini*, S. 246.
15 Beispielhaft dafür sind die Verantwortungs- und Legitimationsfragen, die sich entweder nach Maßgabe des einschlägigen nationalen Rechts oder des primären und sekundären Unionsrechts bestimmen lassen, siehe *Schmidt-Assmann*, Verwaltungsrechtliche Dogmatik, S. 157 ff.
16 *Dudzik*, S. 235.

len und territorialen Zusammenhalts Europas zu sorgen.[17] Bei diesem Prinzip ist es jedoch nicht geblieben. Mit dem Aufbau des gemeinsamen europäischen Marktes und der sukzessiven Ausdehnung der Aufgabenfelder der EU[18] weicht die strikte Teilung in vollziehende und nicht vollziehende europäische Verwaltung dem Modell der kooperativen Verwaltung.[19] Danach liegen die Vollzugsbefugnisse im Zuständigkeitsbereich sowohl der direkten als auch der indirekten Verwaltung. Es gilt zwar nach wie vor der Regelmodus des Verwaltungsvollzugs des EU-Rechts durch mitgliedstaatliche Behörden (Art. 197 AEUV), es fehlt jedoch an einer systematisch eigenständigen Grundlage für die Abgrenzung der Vollzugskompetenzen zwischen Unionsebene und Mitgliedstaaten.[20] Darüber hinaus liegt dem Modell der kooperativen Verwaltung die Überzeugung zugrunde, dass das konstruktive Handeln der europäischen Verwaltungsträger gemeinsam mit den Verwaltungseinheiten der Mitgliedstaaten einer Effektivitätssteigerung des Verwaltens dient[21], sowie die Steuerungskraft der Union zur Vollziehung des Unionsrechts durch die Mitgliedstaaten erhöht[22].

III. EVTZ und die europäische Eigenverwaltung

Das Primärrecht der EU formuliert keine Definition der europäischen Verwaltung und das Sekundärrecht bezieht sich diesbezüglich speziell auf die konkreten Ziele der Unionspolitiken.[23] Der Begriff der Verwaltung, bzw. des Verwaltens taucht in den Verträgen gleich an mehreren Stellen auf (bspw. Art. 163, 197, in der englischen, französischen oder polnischen Fassung des Art. 228 AEUV), aber von der „europäischen Verwaltung" ist expressis verbis in Art. 298 Abs. 1 AEUV die Rede. Danach „[stützen

---

17 Darauf deutet insb. Art. 1 Abs. 2 der EVTZ-VO Nr. 1302/2013.
18 Die Grundlage dafür bildeten Art. 94 und 95 EGV (Art. 114 und 115 AEUV).
19 Danach sind zahlreiche Verwaltungsvollzugstypen in der EU zu verzeichnen: unionsunmittelbarer Vollzug, der wiederum entweder den unionsinternen Bereich oder den externen unionsunmittelbaren Vollzug beinhaltet, und mitgliedstaatliche Vollziehung, die sich als unmittelbar und mittelbar einstufen lässt. Dazu siehe *Streinz*, § 7 Rn. 572 ff., S. 207.
20 *Saurer*, S. 15.
21 *Chiti*, S. 671.
22 *Schroeder*, § 8, Rn. 85, S. 720.
23 *Półtorak*, S. 106.

sich] zur Ausübung ihrer Aufgaben die Organe, Einrichtungen und sonstigen Stellen der Union auf eine offene, effiziente und unabhängige europäische Verwaltung". Aus dem zitierten Wortlaut können wir zwei Ebenen ein und derselben Verwaltung entnehmen. Erstens geht es um „die Organe, Einrichtungen und sonstige Stellen", die die Aufgaben der Union wahrnehmen und die für eine außenwirksame Verwaltung zuständig sind. Diese Art der Verwaltung wird im Schrifttum als Verwaltung im materiellen Sinn oder als Exekutive bezeichnet.[24] Zweitens geht es um die diesen Organen, Einrichtungen und sonstigen Stellen zuarbeitetende „Administration", die wiederum als Verwaltung im organisatorischen Sinn[25] oder sogar durch Neologismus „Administrative" genannt wird.[26] Vor diesem Hintergrund stellt sich die Frage, ob sich die EVTZ-Struktur in eine von den beiden Kategorien der Verwaltung einstufen lässt.

1. Die europäische Eigenverwaltung im materiellen Sinn

Die Auslegung des Art. 298 Abs. 1 AEUV soll unter besonderer Berücksichtigung seiner Verortung in der Systematik des AEUV erfolgen. Und diese lässt keine Zweifeln daran, dass es sich bei den „Organen, Einrichtungen und sonstigen Stellen" um die Eigenverwaltung der EU und nicht um die Verwaltung der Mitgliedstaaten handelt.[27] Zu den Verwaltungsorganen der EU zählen laut den Verträgen an erster Stelle die Kommission, ferner auch der Rat, die EZB und der Rechnungshof.[28] Eine erhebliche Bedeutung kommt auch den „Einrichtungen" und „sonstigen Stellen" zu, die als nachgelagerte Verwaltungseinheiten meist durch Verordnungen auf

---

24 *Niedobitek*, § 1 Rn. 253, S. 154.; *Gundel*, § 3 Rn. 16 ff.
25 *Niedobitek* § 1 Rn. 253, S. 154.
26 Der Neologismus „Administrative" geht auf den Vorschlag von *Kotzur* zurück, der zurecht hinweist, dass die klassische rechtsstaatliche Trennung zwischen Exekutive, Legislative und Judikative nicht die tatsächliche duale Teilung der Verwaltung in Exekutive und Administrative wiederspiegelt, was in Art 298 Abs. 1 AEUV zum Ausdruck kommt, s. *Kotzur*, Rn. 3, S. 884.
27 Art. 298 bildet einen Bestandteil des Sechsten Teils des AEUV „Institutionelle Bestimmungen und Finanzvorschriften" im Titel I „Vorschriften über die Organe", wobei der Begriff der Organe im Lichte des Art. 13 EUV auszulegen ist, d.h. unter Ausschluss der Verwaltung der Mitgliedstaaten. Mehr dazu: *Kawka*, S. 77.
28 *Reithmann*, Rn. 8, S. 1439; *Niedobitek*, § 1 Rn. 251, S. 153.

Vertragsgrundlage entstehen.[29] In erster Linie sind hier die Ämter und Agenturen der Union zu erwähnen, die zum Teil mit eigener Rechtspersönlichkeit ausgestattet sind und über eigene Entscheidungsbefugnisse, eigenes Personal sowie Finanzmittel verfügen.

a) EVTZ als Verwaltungsorgan der EU

Die Analyse der konstitutiven Merkmale der EVTZ weist darauf hin, dass diese Rechtsform nicht als Organ im klassischen Sinne bezeichnet werden kann, weil ein Organ nicht für sich selbst sondern für den Verwaltungsträger handelt, dessen Einrichtung es ist.[30] EVTZ's verfügen über das Attribut der Rechtspersönlichkeit und handeln somit im eigenen Namen und benötigen zur Willensbildung bzw. Willensäußerung selbst eigene Organe.[31] Sowohl auf der unionalen[32], als auch auf der mitgliedstaatlichen[33] Ebene kommt es zwar vor, dass selbständige Rechtssubjekte als Organ für eine andere Rechtsperson agieren, es muss dafür jedoch eine rechtliche Grundlage geben und dies ist bei EVTZs eben nicht der Fall. Die größte Relevanz besitzt diesbezüglich eine abschließende primärrechtliche Aufzählung der EU-Organe (Art. 13 EUV mit dem Verweis auf Bestimmungen des AEUV), die man nicht ohne Vertragsänderung erweitern oder ergänzen kann.[34]

Das Handeln einer Rechtsperson als Organ einer anderen ist von der sog. Organleihe zu unterscheiden. Es ist eine Konstruktion des öffentlichen Rechts und bezieht sich auf die Fälle, wenn ein Organ eines Hoheits-

---

29 Solch eine Grundlage bildet vor allem Art. 352 AEUV (ex-Art. 308 EGV).
30 Das polnische wie das deutsche Verwaltungsrecht bzw. Verwaltungsrechtslehre haben nicht nur einen identischen Wortlaut des Begriffes „Organ" (pol.: organ), sondern auch eine weitgehend ähnliches Begriffsverständnis. Dies wurde deutlich, als der deutsche Lehrbuchklassiker von Hartmut Maurer ins polnische übersetzt wurde, siehe *Maurer*, S. 234 ff.
31 Ein EVTZ hat mindestens zwei Organe: eine Versammlung und einen Direktor (Art. 10 Abs. 1 der EVTZ-Verordnung Nr. 1082/2006).
32 Das wohl bekannteste Beispiel bildet hier EZB, die als primärrechtliches Organ der EU agiert und gleichzeitig über Attribut der Rechtspersönlichkeit verfügt Art. 13 Abs. 1 EUV und Art. 282 Abs. 3 S. 1 AEUV.
33 So ist z.B. eine Gemeinde in Deutschland, die selbst als Gebietskörperschaft Verwaltungsträger ist, in Auftragsangelegenheiten Organ des Staates, weil sie insoweit für einen anderen Verwaltungsträger tätig ist, siehe *Burgi*, § 8 II, Rn. 28.
34 *Niedobitek* § 1, Rn 191, S. 119.

trägers für einen anderen Hoheitsträger tätig wird und dabei nach außen als Organ des entleihenden Hoheitsträgers auftritt[35]. Sowohl das Unionsrecht[36] als auch das nationale Verwaltungsrecht[37] bilden Grundlagen für die Anwendung dieser Rechtskonstruktion. Die Ermächtigung der EVTZ-Organe zum Handeln für die Europäische Union bedarf einer ausdrücklichen Legitimation, die sowohl seitens der Union als auch der Mitgliedstaaten zu erstellen ist[38]. Eine solche Legitimation liegt zur Zeit nicht vor.

b) EVTZ als Einrichtung oder sonstige Stelle der EU

Etwas anderes gilt für „Einrichtungen" und „sonstige Stellen", deren Katalog nicht aus dem Primärrecht, sondern aus dem Sekundärrecht der EU herzuleiten ist. Abgesehen von den unterschiedlichen terminologischen Abgrenzungen der Begrifflichkeiten, die in den jeweiligen Sprachfassungen des EU-Rechts verwendet werden, lässt sich feststellen, dass nach einem allgemein geltenden Verständnis ein EVTZ durchaus als „Einrichtung" und nicht in allen EU-Ländern als „sonstige Stelle" bezeichnet werden kann.[39] Nach dem Wortlaut des Art. 298 Abs. 1 AEUV handelt es sich

---

35 *Burgi*, § 9 Rn 17.
36 Als Beispiel der Organleihe wird in der Fachliteratur auf den Fall der „Verstärkten Zusammenarbeit" hingewiesen (Art. 20 Abs. 1 EUV), *Obwexer*, § 10 Rn. 63.
37 Z.B in den deutschen in Bundesländern, in denen keine Vollkommunalisierung erfolgt ist, agiert der Landrat nicht nur als Organ des Kreises, sondern gleichzeitig in der Funktion der unteren Verwaltungsbehörde, s. *Röhl*, Rn. 119.
38 Die Auflistung der Kompetenzen der EVTZ-Organe bildet einen obligatorischen Bestandteil der Übereinkunft (Art. 8 Abs. 2 Buchst. f EVTZ-VO), deren Inkrafttreten ggf. spätere Veränderung Genehmigung der Mitgliedstaaten benötigt (Art. 4 Abs. 3 EVTZ-VO).
39 An dieser Stelle ist auf terminologische Nuancen hinzuweisen, die vergegenwärtigen, wie unterschiedlich die Auslegung der primärrechtlichen Begrifflichkeiten sein könnte, wenn man sie mit der festgelegten Bedeutung vergleicht, die in den nationalen Gesetzen gelten und der einschlägigen Literatur verwendet werden. Die polnische Fassung des Art. 298 AEUV unterscheidet sich von der deutschen Fassung, in der „Einrichtungen" als „instytucje" und „sonstige Stellen" als „jednostki organizacyjne" (Organisationseinheiten) übersetzt worden sind. Nach der deutschen Verwaltungsrechtsdogmatik wäre ein EVTZ als Rechtssubjekt durchaus als „Einrichtung" zu bezeichnen, aber nicht mehr als „sonstige Stelle", da das Schrifttum als Verwaltungsstelle nur solche Subjekte bezeichnet, die nicht rechtsfähig sind und ausschließlich Angelegenheiten eines Verwaltungsträgers wahrnehmen (zu den Begrifflichkeiten allgemein *Rudolf*, § 53 Rn.27). In der polnischen Kom-

hier jedoch um Einrichtungen und sonstige Stellen „der Union". Das bedeutet, dass die EU ihre Einrichtungen oder sonstigen Stellen im Rahmen ihrer Organisationshoheit selbst zu errichten hat. Dies trifft bei dem EVTZ nicht zu. Die EVTZ-VO bestimmt in einer enumerativen Aufzählung, wer Mitglied eines EVTZ werden darf (Art. 3 Abs. 1 EVTZ-VO) und die Europäische Union zählt nicht dazu. EVTZ kann also keine Einrichtung oder sonstige Stelle von der Union werden.

2. *EVTZ und die europäische Eigenverwaltung im organisatorischen Sinn*

Nachdem festgestellt wurde, dass die EU-Eigenverwaltung im materiellen Sinn nicht mit EVTZ kongruent ist, ist zu prüfen, ob der EVTZ als Bestandteil der „offenen, effizienten und unabhängigen europäischen Verwaltung" im organisatorischen Sinn betrachtet werden kann, auf die sich die unionseigenen Organe, Einrichtungen oder sonstige Stellen stützen können. Der organisatorische Aspekt der Verwaltung bezieht sich auf ihre inneren Arbeitsabläufe, die von dem Verwaltungspersonal durchgeführt werden. Die Analyse des Art. 298 Abs. 2 AEUV und insb. die Berücksichtigung des dort formulierten Verweises auf Art. 336 AEUV lässt keine Zweifeln, dass dieses Personal sich sowohl aus Beamten als auch aus sonstigen Bediensteten der Europäischen Union zusammensetzt. Was die Fragen der Personalverwaltung von EVTZ angeht, werden sie obligatorisch von den Mitgliedern sowohl in der Übereinkunft[40] als auch in der Satzung[41] ganz individuell geregelt. Im Gegensatz zu dem relativ einheitlichen Regelungsmodus des EU-Beamten-, bzw. Bedienstetenrechts[42], kommen im Fall von EVTZ zahlreiche Modalitäten in Betracht, je nach-

---

mentarliteratur wird darauf hingewiesen, dass sowohl Institutionen als auch Organisationseinheiten das Attribut der Rechtspersönlichkeit durchaus besitzen können (insb. in Bezug auf Art. 205 Abs. 2 der Verfassung der Republik Polen vom 2. April 1997 (Dz. U. Nr. 78, Pos. 483), s. *Jagoda*, S. 5 f. Erläuterung bezüglich der Begrifflichkeiten des europäischen Rechts und der Problematik der Übersetzung in die Sprachen der Mitgliedstaaten, siehe bei *Niedobitek*, § 1, Rn. 191, S. 119.

40 Art. 8 Abs. 2 Buchst. k) EVTZ-VO.
41 Art. 9 Abs. 2 Buchst. e) EVTZ-VO.
42 *Oppermann/Classen/Nettesheim*, EU-Dienstrecht, S. 79 ff.

dem ob EVTZ eigene Mitarbeiter beschäftigt oder delegiertes Personal von den einzelnen Mitglieder in Anspruch nimmt.[43]

EVTZ als ein rechtsfähiges eigenständiges Subjekt benötigt selbst zu seiner Aufgabenwahrnehmung ein Verwaltungsapparat im organisatorischen Sinn. An dieser Stelle ist auf die bisherige Praxis hinzuweisen, dass einige von den bestehenden EVTZs auf fachkundige Bedienstete ganz verzichten und mit der Wahrnehmung der Aufgaben einzig und alleine die Organe, also der Verwaltung im materiellen Sinn, betraut.[44]

Was die postulierten Prinzipien der Arbeitsweise der europäischen Verwaltung anbelangt, offen, effizient und unabhängig zu handeln (Art. 298 Abs. 1), ist festzustellen, dass dies im freien Ermessen der Gründungsmitglieder bleibt, die Arbeitsweise von EVTZ in der Satzung nach diesen Kriterien zu bestimmen.[45]

3. Gegenseitige Wechselwirkungen

Wenn man EVTZs im Kontext der europäischen Eigenverwaltung analysiert, wäre es unzureichend, bloß bei der Feststellung der fehlenden inhaltlichen Kongruenz zwischen EVTZ und der EU-Eigenverwaltung im materiellen und organisatorischen Sinn zu verbleiben. Es ist durchaus die Frage nach den gegenseitigen Wechselwirkungen von EVTZ und der EU-Eigenverwaltung zu stellen.

Mit dem EVTZ wird ein Instrument für die Realisierung wichtiger Ziele der Union zur Verfügung gestellt, nämlich der Ziele der Erleichterung und Förderung der territorialen Zusammenarbeit zur Stärkung des wirtschaftlichen, sozialen und territorialen Zusammenhalts der Union, sowie der Überwindung von Hindernissen auf dem Binnenmarkt (Art. 1 Abs. 2 EVTZ-VO in Bezug auf Art. 174-178 AEUV). Die Ziele von EVTZ sollen in einen breiteren Kontext des Integrationsprozesses als „Endziel" (Finalität)[46] und gleichzeitig als „Ziel des fortschreitenden Ausbaus der mitgliedstaatlichen Verflechtungen"[47] verortet werden. Das EVTZ-Instrumentarium stellt eine institutionelle Verdichtung der Verflechtungen auf der Ver-

---

43 *Krzymuski/Kubicki*, S. 32-33.
44 *Studzieniecki*, S. 39.
45 Art. 9 Abs. 2 Buchst. d) EVTZ-VO Nr. 1302/2013.
46 *Oppermann/Classen /Nettesheim*, S 27.
47 *Blanke*, S. 412 ff.

waltungsebene dar. Da die o.g. Ziele zum großen Teil durch das Handeln der Verwaltung realisiert werden und als EU-Hauptverwaltungsorgan die Kommission gilt,[48] ist der EVTZ zweifelsohne als eine wichtige Stütze der Kommission beim Vorantreiben der europäischen Integrationsprozesse zu begreifen.

Auf der anderen Seite hat die Kommission bezüglich der Anwendung der EVTZ-VO dem Europäischen Parlament, dem Rat und dem Ausschuss der Regionen einen Bericht vorzulegen (Art. 17 EVTZ-VO). Nach der letzten Novellierung wird von der Kommission zusätzlich verlangt, in diesem Bericht auf Grundlage von Indikatoren die Wirksamkeit, Effizienz, Relevanz, den europäischen Mehrwert und die Möglichkeit einer Vereinfachung zu evaluieren (Art. 17 und 17a EVTZ-VO).

Dies ist Ausdruck der Verantwortung der Kommission für die Anwendung der EVTZ-VO. Die Verantwortung spiegelt sich nicht in der unmittelbaren Wahrnehmung konkreter Aufgaben wider, sondern in der Pflicht zur Evaluierung des bestehenden rechtlichen Rahmens, der es den nationalen (Gebiets)Körperschaften ermöglicht, im allgemeinen Interesse und auf eigene Verantwortung die Ziele des wirtschaftlichen, gesellschaftlichen und territorialen Zusammenhalts Europas zu verwirklichen. Mit der Verabschiedung der EVTZ-VO sowie durch die Verpflichtung zum Erlass der entsprechenden Gesetze auf nationaler Ebene, wird der Verantwortung der EU Rechnung getragen, dass bestimmte Angelegenheiten bzw. Probleme von EVTZ erledigt werden können. Diese Verantwortung beinhaltet jedoch keine Garantie der EU für die konkreten Ergebnisse der Zusammenarbeit in Form von EVTZs. Es geht hier ausschließlich um eine Steuerung des Handelns der nationalen (Gebiets)Körperschaften, die durch die Festlegung der rechtlichen Rahmen sowie durch eine allgemeine Zielsetzung erfolgt.[49]

---

48 In der Kommentarliteratur wird die Kommission oft mit Hinweis auf ihre zahlreichen Verwaltungsaufgaben als „Hauptverwaltungsorgan" bezeichnet: *Gundel*, § 3 Rn. 12; *Niedobitek*, § 1 Rn. 250.
49 An dieser Stelle sind durchaus Parallelen zu dem Leitbild des sog. Gewährleistungsstaates sichtbar. Mehr dazu: *Trute*, S. 954; *Hoffmann-Riem*, S. 441; *Schuppert*, Verwaltungswissenschaft, S. 401.

IV. EVTZ und die Verwaltung der Mitgliedstaaten

Wenn man die binäre Teilung der europäischen Verwaltung als eine vollständige Klassifizierung betrachtet und EVTZs nicht zum Kreis der unionseigenen Verwaltung zählt, bleibt keine andere Möglichkeit, als EVTZs als Bestandteile der Verwaltung der Mitgliedstaaten zu betrachten. Diese Lösung ist naheliegend aus dem Grund der Provenienz der EVTZ-Mitglieder, die Körperschaften der Mitgliedstaaten sind. Der präzisen Bezeichnung wegen handelt es sich bei der Rechtsform des EVTZ um eine Einrichtung „der Verwaltungen" der Mitgliedstaaten, weil er strukturelle und funktionelle Bindungen zu Körperschaften gleich aus mehreren Mitgliedstaaten aufweist.[50] Dabei ist zu erwähnen, dass es sich hier um die Verwaltung in einem weiteren, funktionellen Sinn handelt, weil nach Art. 3 Abs. 1 EVTZ-VO als EVTZ-Mitglieder nicht nur öffentliche (nationale, lokale und regionale) Gebietskörperschaften oder Unternehmen zugelassen werden, sondern auch nicht-öffentliche Körperschaften, die mit öffentlichen Aufgaben auf Grundlage des Unionsrechts ggf. der nationalen Gesetze oder mit der Erbringung von Dienstleistungen von allgemeinem wirtschaftlichem Interesse betraut worden sind (Art. 3 Abs. 1 Buchst. e) EVTZ-VO)[51].

1. EVTZ als Körperschaft des Mitgliedstaats

Die Verordnung begründet eine Rechtsvermutung für die Behandlung des EVTZ als Körperschaft des Mitgliedstaats, in dem er seinen Sitz hat (Art. 2 Abs. 1 EVTZ-VO a.E.). Dies bedeutet jedoch nicht, dass damit eine

---

50 In struktureller Hinsicht besteht eine stärkere Bindung von EVTZs an den Sitz-Mitgliedstaat. Diese Bindung kann theoretisch durch die Mitglieder zusätzlich dadurch verstärkt werden, dass man sich in der Satzung auf die Wahl nur der einen Arbeitssprache und auf die Einstellung von Personal nur aus dem Sitz-Mitgliedstaat verständigt. In funktioneller Hinsicht dagegen pocht die EVTZ-VO auf eine Parität der Übertragung von Aufgaben und Kompetenzen (Art. 7 Abs. 2 der EVTZ-VO Nr. 1082/2006). Es ist zu erwähnen, dass durch die letzte Novellierung der EVTZ-VO eine Ausnahme bezüglich der zwingenden Kompetenzübertragung geschaffen worden ist (Art. 7 Abs. 2 a.E. der EVTZ-VO Nr. 1302/2013). Erläuterung dazu: *Krzymuski/Kubicki*, 24 ff.
51 Mehr dazu: *Krzymuski/Kubicki*, S. 31.

inhaltliche Kongruenz beider Begriffe besteht.[52] Mindestens zwei Gründe sind hier zu erwähnen: Erstens, im Gegensatz zu mitgliedstaatlichen Körperschaften ist die Entstehung des EVTZ-Instruments nicht als souveräne Entscheidung eines Mitgliedstaates zu betrachten. Vielmehr ist es unter europäischer Federführung als Zusammenspiel von Mitgliedstaaten zu begreifen, wobei die letzteren zur Schaffung der nationalen Rechtsgrundlagen verpflichtet worden sind (Art. 16 Abs. 1 EVTZ-VO). Die (Verwaltungs-)Körperschaften des Mitgliedstaates entstehen dagegen nach dem Willen des Staates und auf Grundlage nationaler Gesetze.

Der zweite Grund hat eine weitaus praktischere Bedeutung. Der EVTZ entsteht zwar im Prozess der Willensbildung von (meist öffentlichen) Rechtssubjekten aus unterschiedlichen Mitgliedstaaten (oder auch Drittländern), bildet aber nicht eine bloße Addition der Aufgaben seiner Mitglieder oder der übertragenen Kompetenzen. Wie jedes Rechtssubjekt, das für das Gemeinwohl Sorge zu tragen hat, übernimmt der EVTZ die Verantwortung für seine Handlungen. Für die Festlegung der Verantwortung werden klare Rechtsgrundlagen benötigt, die bei nationalen und multinationalen Körperschaften unterschiedlich ausgestaltet werden. Die Besonderheit besteht darin, dass die Handlungen von einem EVTZ nicht nach einem homogenen Rechtssystem, sondern nach den hierarchisch geordneten Rechtsvorschriften zu beurteilen sind (Art. 2 Abs. 1 EVTZ-VO), deren Herkunft unterschiedlicher Natur ist. Da EVTZ an erster Stelle der EVTZ-VO (nicht dem gesamten europäischen Recht) und in ausdrücklich vorgesehenen Fällen der Übereinkunft (Art. 8 EVTZ-VO) unterliegen, bleibt für die ganze ungeregelte Materie ein immenser Bedarf für eine verbindliche Wahl des anwendbaren Unions- und nationalen Rechts.[53]

Zusammenfassend ist festzuhalten, dass EVTZ nicht mit der Körperschaft des Mitgliedstaats gleichzustellen sind, also nicht als Subjekte des öffentlichen oder privaten Rechts *eines* Mitgliedstaats bezeichnet werden

---

52 In der Kommentarliteratur wird zurecht interpretiert, dass dieser Rechtsvermutung kein materiell-rechtlicher Inhalt beigemessen werden kann. Die Vorschrift ist eine Kollisionsnorm, nach welcher das anzuwendende materielle Recht ermittelt wird, wenn sonstige Anknüpfungen fehlen http://www.evtz.eu/EVTZ.
53 Besonders deutlich wird dies in den Erwägungsgründen Nr. 6, 24 und 27 zu der Verordnung (EU) Nr. 1302/2013 sichtbar.

können.[54] Die Festlegung der rechtlichen Vermutung dient lediglich dazu, einen EVTZ *wie* die Körperschaft des Mitgliedstaats, in dem er seinen Sitz hat, zu beurteilen.

2. EVTZ als Maßnahme der Pluralisierung der nationalen Verwaltungsorganisation

Wenn man EVTZ im Kontext der Verwaltung der Mitgliedstaaten analysiert, wäre es unzureichend mit der Feststellung der fehlenden inhaltlichen Kongruenz zwischen EVTZ und Körperschaften der Mitgliedstaaten vorliebzunehmen. Es ist durchaus die Frage nach dem Einfluss von EVTZ auf das Organisationsgefüge der Verwaltung der Mitgliedstaaten zu stellen. Es liegt auf der Hand, dass die Verabschiedung der EVTZ-VO die institutionelle Autonomie der Mitgliedstaaten betrifft.[55] Genauer gesagt, die Verordnung trägt zur Steigerung der Pluralisierung der nationalen Verwaltungsorganisation in der staatsgrenzüberschreitenden Dimension bei. Damit sind zwei wesentliche Aspekte der Verwaltungsorganisation anzusprechen – die Einheit der Verwaltung und die Wechselwirkungen zweier Organisationsformen (Zentralisation vs. Dezentralisation).

a) Einheit der nationalen Verwaltung

EVTZ soll vor dem Hintergrund der Idee der Einheit der Verwaltung betrachtet werden. Die Vorstellung von der Einheit der Verwaltung spiegelt traditionell die Verflechtungen zwischen der Staatstheorie, dem Verfassungs- und dem Verwaltungsrecht wider, mit besonderem Augenmerk auf der Bindung zwischen der Verwaltung und dem Staat.[56] Die Einheit der Verwaltung ist vollkommen bei der exklusiven Behandlung des Staates als juristische Person, wenn die öffentliche Verwaltung nur für den Staat

---

54 Zur fehlenden Kongruenz der Begrifflichkeiten „EVTZ" und „Rechtssubjekt der Selbstverwaltung" auf der Grundlage des polnischen Selbstverwaltungs- und Finanzrechts einerseits und der Literatur andererseits, Die Analyse des polnischen Selbstverwaltungs- und Finanzrechts sowie der einschlägigen Fachliteratur lässt keine Zweifel, dass „EVTZ" nicht als „Rechtssubjekt der Selbstverwaltung" bezeichnet werden kann, dazu ausführlich siehe *Barczewski*, S. 58.
55 *Kment*, S. 161.
56 *Möllers*, S. 22.

agiert und ihre Organisation einheitlich hierarchisch aufgebaut ist. Spätestens mit dem Entfachen der Debatte um das verselbstständigte Agenturwesen in Europa wird die Forderung nach Herstellung der Einheit der Verwaltung nicht als Ziel diskutiert, sondern nach wirksamen Kohärenz- und Koordinierungsmechanismen, die die funktionelle Einheit der Verwaltung sicher stellen sollen, gesucht.[57] Vor diesem Hintergrund sind die EVTZ-VO und die sie ausführenden nationalen Gesetze unter dem Gesichtspunkt der Sicherung sowohl der Aufsichts- und Kontrollbefugnisse des Staates über EVTZ, als auch bezüglich der demokratischen Legitimation von EVTZ zu prüfen.[58] Die Frage ist für jeden Mitgliedstaat auf der Grundlage des nationalen Rechts gesondert zu beantworten. An dieser Stelle ist auf die Komplexität der relevanten Rechtsvorschriften hinzuweisen, die sich nicht nur auf die Rechtsnormen zur Aufsicht und Kontrolle des Staates beschränken. Vielmehr wird die Einheit der Verwaltung durch das Gesamtsystem des Verwaltungsrechts bewahrt, von den Prinzipien des allgemeinen Verwaltungsrechts als ordnungsstiftende Konstante[59] bis hin zu den prozeduralen Vorschriften, die unterschiedliche Zuständigkeiten und vielfach gegenläufige Interessen der Verwaltungseinheiten gegeneinander abzuwiegen ermöglichen.[60]

b) Zentralisierung vs. Dezentralisierung

Es ist von Bedeutung, den Einfluss von EVTZs auf das Organisationsgefüge der Verwaltungen der Mitgliedstaaten (bzw. der beteiligten Drittländer) vor dem Hintergrund der Zentralisierung und der Dezentralisierung der Verwaltung hervorzuheben. Diesbezüglich sind zweierlei Auswirkungen zu beobachten: eine Schwächung des klassisch-hierarchischen Verwaltungsprinzips auf der einen Seite und eine Stärkung der Selbstständigkeit der dezentralen Verwaltungsträger auf der anderen Seite.

In der Literatur wird betont, dass die Prozesse der Zentralisierung und Dezentralisierung der Verwaltung im Spannungsfeld der gegenseitigen

---

57 *Schuppert*, Die Einheit..., S. 757.
58 *Groß*, S. 349 f.
59 Mehr dazu: *Schmidt-Aßmann*, Das Allgemeine Verwaltungsrecht, passim; *Zimmermann*, passim.
60 *Groß*, S. 759.

Wechselwirkungen stattfinden.[61] Das bedeutet, dass die Teilung von Aufgaben und Befugnissen zwischen dem Staat und anderen selbstständigen Verwaltungsträgern zur Stärkung (oder Schwächung) der staatlichen Strukturen führt, bei gleichzeitiger und entsprechender Schwächung (oder Stärkung) der dezentralen Einheiten. Beim EVTZ ist dies nicht der Fall, da die Gründung eines EVTZ keine Aufgaben- und Kompetenzverschiebung zwischen zentralen und dezentralen Verwaltungsträgern zum Ziel hat. Vielmehr wird die organisatorische Handlungsmöglichkeit der Verwaltung durch die Erweiterung ihrer Kooperationshoheit (Organisationshoheit)[62] erhöht. Die Ausübung dieser Hoheit führt zur Entstehung einer neuen rechtsfähigen Körperschaft des EU-Rechts namens EVTZ. Und wenn dies bei den selbständigen, dezentralen Verwaltungseinheiten eine zusätzliche, willkommene Stärkung ihrer Selbstständigkeit im organisatorischen Sinn darstellt, führt dies bei den monolithischen Verwaltungsstrukturen zu einer gewissen Aushöhlung des Hierarchieprinzips.[63] Dieses Phänomen ist in den breiteren Kontext der organisatorischen Binnen- und Außendifferenzierung der Verwaltung in den EU-Mitgliedstaaten einzuordnen.

V. EVTZ und die europäische Verwaltung im funktionellen und prozessualen Sinn

Wenn man EVTZ im Kontext der europäischen Verwaltung verorten will, reicht es nicht das Augenmerk ausschließlich auf den institutionell-organisatorischen Aspekt zu legen. Die bisherigen Untersuchungen haben gezeigt, wie unzulänglich die Suche nach den Gemeinsamkeiten und Paralle-

---

61 *Burgi*, § 8 II 1, S. 278.
62 Die Kooperationshoheit wird in der Literatur entweder als Unterfall der Organisationshoheit oder als eine selbstständige Hoheit dargestellt. Zur Organisationshoheit bezüglich der kommunalen Selbstverwaltung siehe *Engels/Krausnick* passim; *Schmidt*, S. 123, Rn. 365. Mit Hinweis auf die begrifflichen Gemeinsamkeiten im polnischen und deutschen Kommunalrecht siehe *Stasikowski*, S. 87.
63 Das bedeutet, dass gewisse öffentliche Aufgaben, die innerhalb der zentral gesteuerten Strukturen wahrgenommen werden, durch die Mitgliedschaft an den EVTZ weitergeleitet werden. Die Verantwortung über die Mitgliedschaft in einem EVTZ (und entsprechend über deren eventuellen Beendigung) liegt bei dem höchsten Organ. Das bedeutet zum einen, dass die Letztverantwortung über die Aufgaben bei der hierarchischen Verwaltungsstruktur liegt und zum anderen, dass die Einräumung des Kooperationsrechts in der EVTZ-VO keinen Rechtsanspruch der nachgeordneten Behörden oder Amtswalter auf Beteiligung an einem EVTZ begründet.

len zu den Verwaltungseinrichtungen der Union oder der Mitgliedstaaten ist. Dadurch gelangt man zwar an einige wichtige Erkenntnisse, es entsteht jedoch eine einseitige Betrachtungsweise, die das holistische Untersuchungsergebnis verfehlt.

Die europäische Verwaltungsrechtslehre versucht das komplexe Bild der Verwaltung mit der Erforschung ihrer organisatorischen, funktionalen und prozessualen Komponente zu erreichen. Es wird zurecht darauf hingewiesen, dass das Erfassen und Konzeptualisieren der vielfältigen Erscheinungsformen der europäischen Verwaltung nur bei gleichzeitiger Berücksichtigung aller drei Komponente möglich ist.[64]

1. Funktionale Komponente

Nach der Erörterung der organisatorischen Aspekte der europäischen Verwaltung in Bezug auf EVTZ ist der Fokus auf deren funktionale und prozessuale Komponente zu werfen. Laut der Definition umfassen die funktionalen Aspekte der europäischen Verwaltung ihre Gesamtaufgaben, unabhängig davon, wer sie wahrnimmt und auf welche Art und Weise dies erfolgt.[65]

a) Aufgaben und Ziele

Der funktionelle Nukleus des EVTZ besteht aus den Aufgaben, die ihm von den Mitgliedern in der Übereinkunft übertragen worden sind (Art. 3 Abs. 1 EVTZ-VO). Es handelt sich hier um öffentliche Aufgaben[66] und

---

64 *Hoffmann/Rowe/Türk*, S. 3 f.
65 *Ibid.*, S. 4.
66 Der öffentliche Charakter der EVTZ-Aufgaben wurde hier nach der deutschen und polnischen Verwaltungsrechtsdogmatik ermittelt. In der Kommentarliteratur wird betont, dass die Abgrenzung zwischen öffentlichen und anderen Aufgaben in den EU-Mitgliedstaaten variiert (http://www.evtz.eu/EVTZ). Derartige Termini wie „öffentliche Aufgaben" können übrigens nur teilweise auf Grundlage des geltenden Rechts interpretiert werden und weisen in hohem Maße auch einen außerrechtlichen Charakter auf. Einer Aufgabe kommt ein öffentlicher Charakter zu, wenn sie allgemeine Interessen betrifft und einen Gemeinschaftsnutzen herbeiführt (utilitas publica). Im kontinentaleuropäisch geprägten Denken – stark präsent in Deutschland und in Polen – wird hervorgehoben, dass das gesamte Verwaltungs-

zwar unabhängig von dem öffentlichen oder privaten Charakter der Mitglieder. Im Gegensatz zu den meisten nationalen, regionalen und lokalen (Gebiets-) Körperschaften hat der EVTZ keinen rechtlich festgelegten Aufgabenkatalog. Die EVTZ-VO legt obendrein eine wichtige Einschränkung fest, nämlich das Verbot der Übertragung von Aufgaben, die mit der Ausübung von Hoheitsbefugnissen verbunden sind (Art. 7 Abs. 4 EVTZ-VO).[67]

Eine gemeinsame funktionelle Basis bildet das rechtlich festgelegte und obligatorische Ziel eines jeden EVTZ, nämlich die Erleichterung und Förderung der territorialen Zusammenarbeit zur Stärkung des wirtschaftlichen, sozialen und territorialen Zusammenhalts der Union, sowie die Überwindung von Hindernissen auf dem Binnenmarkt (Art. 1 Abs. 2 EVTZ-VO). Die einschlägige Literatur weist darauf hin, dass die Aufgaben nicht mit dem Ziel gleichzusetzen sind. Das Ziel beinhaltet eine zukunftsorientierte richtungsweisende Festlegung eines gewünschten Zustands und eine Aufgabe wird erst in Anlehnung an das übergeordnete Ziel festgelegt.[68]

b) Kompetenzen

Für die Wahrnehmung konkreter Aufgaben sind wiederum die Kompetenzen notwendig. Die Kompetenzen werden nicht der öffentlich-rechtlichen Körperschaft, sondern dem agierenden Organ zugeschrieben. In der Entwurfsphase der EVTZ-VO haben nicht so sehr die Aufgaben als vielmehr die Kompetenzen des EVTZ die meisten Kontroversen unter den Mitglied-

---

handeln im Rechtsstaat unter dem Gesichtspunkt der Gemeinwohlbildung zu bewerten ist (*Ehlers*, Die verfassungsrechtliche Garantie der kommunalen Selbstverwaltung, S. 1308; *Błaś*, S. 131). In der Rechtsprechung beider Staaten wird stets auf die „Gemeinschaft" als primären Bezugspunkt des gesamten Verwaltungshandelns hingewiesen (BVerfGE 79, 127 [151]; Beschluss des polnischen Verfassungstribunals vom 27. September 1994 [W 10/93], OTK 1994, Teil. II, Pos. 46, S. 197).

67 Kritisch dazu in Bezug auf die fehlenden Kompetenzen im Bereich der regulierenden Verwaltung (Art. 7 Abs. 4 der EVTZ-VO), siehe *Krzymuski/Kubicki*, S. 25.
68 *Jeżewski*, Funkcje administracji, S. 109; *Ziembiński*, S. 17.

staaten ausgelöst.⁶⁹ Abgesehen von der Problematik der Klassifizierung des EVTZ als Körperschaft mit öffentlich-rechtlichen Charakter,⁷⁰ ist auf unterschiedliche verwaltungsrechtsdogmatische Begriffsauffassungen von Kompetenzen in jedem einzelnen Mitgliedstaat hinzuweisen.⁷¹ Das klassische und zugleich am weitesten verbreitete Verständnis verbindet mit Kompetenz die hoheitliche Eingriffsermächtigung des Organs in die Rechte und Pflichte Dritter.⁷² In Bezug auf das rechtliche Verbot der Übertragung solcher Aufgaben auf den EVTZ, die mit der Ausübung von Hoheitsbefugnissen verbunden sind (Art. 7 Abs. 4 der EVTZ-VO), ist festzustellen, dass ein EVTZ zwar Aufgaben hat, aber dessen Organe über keine Kompetenzen verfügen.

Ein weiteres Verständnis von Kompetenzen beschreibt sie als Mittel, die Verwaltungsträger und -stellen an ihre Aufgaben zu binden, d.h. die Zuständigkeit einer Aufgabe wahrzunehmen („allgemeine" Zuständigkeit sich einer Angelegenheit annehmen zu dürfen).⁷³ In diesem Sinne bedeuten Zuständigkeiten auch Rechte und Pflichten, inklusive der Befugnisse, auf bestimmte Rechtsformen zur Aufgabenwahrnehmung zurückzugreifen. Heutzutage benötigen die komplexen Verwaltungsaufgaben die Inanspruchnahme von Rechtsformen, die weit mehr über die Setzung von Zwangsakten und Bescheiden hinausgehen. Daher nimmt die Bedeutung und Vielfalt vom nicht-hoheitlichen Handeln der Verwaltung zu. Der europäische Gesetzgeber ist sich dessen zweifelsohne bewusst, weil laut der Verordnung die Verwirklichung der ambitionierten EVTZ-Ziele aus-

---

69 Arbeitsgemeinschaft Europäischer Grenzregionen, Stellungnahme zum Vorschlag für eine Verordnung des Europäischen Parlaments und des Rates zur Änderung der Verordnung (EG) Nr. 1082/2006 des Europäischen Parlaments und des Rates vom 5. Juli 2006 über den Europäischen Verbund für Territoriale Zusammenarbeit (EVTZ) im Hinblick auf Präzisierungen, Vereinfachungen und Verbesserungen im Zusammenhang mit der Gründung und der Verwaltung solcher Verbünde, KOM(2011) 610 endgültig, 1. November 2011, S. 3 f.
70 In der Verordnung wurde offen gelassen, ob der EVTZ eine juristische Person des Privat- oder des öffentlichen Rechts ist. Ausführliche Erläuterung dazu: http://www w.evtz.eu/EVTZ.
71 An dieser Stelle ist an einige bedeutende europäische Wissenschaftler zu erinnern, die auf beachtliche Weise das Verständnis von Rechtsbegrifflichkeiten (auch in Bezug auf Kompetenzen) in Gesamteuropa geprägt haben: *Kelsen*, S. 153; *von Wright*, S. 190; *Ross*, S. 118.
72 Mehr dazu aus der Sicht der polnischen Verwaltungsrechtsdogmatik, *Matczak*, S. 413.
73 *Ibid*, S. 422 f; *Zieliński*, S. 587 f.

schließlich durch die Wahrnehmung der Aufgaben und Ausübung von Befugnissen im nicht-hoheitlichen Bereich stattfindet (Art. 7 Abs. 4 EVTZ-VO).

Das Handeln von EVTZ ausschließlich im nicht-hoheitlichen Bereich hat zur Folge, dass es eine wesentlich schwächere Rechtsdeterminierung aufweist als dies bei der Hoheitsverwaltung der Fall ist. Dabei sind selbstverständlich die geltenden Rechtsvorschriften zu beachten, etwa im Bereich des Kartellrechts, des Beihilferecht sowie im Rahmen der Vorschriften über das öffentliche Auftragswesen.

2. Prozessuale Komponente

Vor dem Hintergrund des EVTZ-Handelns ausschließlich im nicht hoheitlichen Bereich ist auch der prozessuale Aspekt zu erläutern. Wenn man all die Prozesse und Verflechtungen, die zwischen den Institutionen, Organen und anderen Stellen bei der Wahrnehmung der Aufgaben berücksichtigt, ist vor allem festzustellen, dass hier weitgehend die Standardvorgänge einer auf Gesetzesvollzug ausgerichteten Hoheitsverwaltung, wie sie die nationalen Exekutive prägen, fehlen. Stattdessen bestimmen die organisatorischen Abläufe sowie das Agieren mit privatrechtlichen Rechtsformen das Bild. Dazu gehört das Sammeln und Verwalten von grenzübergreifenden Informationen, die Überwindung von Kompatibilitätsproblemen,[74] das Schaffen bzw. Stärken der Netzwerke mit allen relevanten Akteuren sowie das Abschließen von privatrechtlichen Verträgen. Hier sind auch keine unmittelbaren supranationalen Zugriffsbefugnisse der Europäischen Eigen-

---

74 Suggestiv und auch mit einer gesunden Dosis Selbstironie hat dieses Problem *Karl-Heinz Lambertz* auf den Punkt gebracht: „Wenn das Abschaffen der Grenzen Sinn haben soll und erfolgreich sein will, dann muss mehr Mobilität und Grenzverkehr ermöglicht werden. Daraus entsteht dann ein unaufhaltsamer Prozess, der immer wieder neue Kompatibilitätsprobleme mit sich bringt. Deswegen stolpern viele Menschen, die eine Grenze überqueren, immer wieder in irgendwelche Situationen hinein, wo sie die Unterschiedlichkeiten und Inkompatibilitäten der Systeme schmerzhaft erleiden (…). Diejenigen, die daran arbeiten, müssen eine Unzahl von Kleinigkeiten regeln und lösen. Dabei werden sie immer wieder feststellen, dass für jedes gelöste Problem drei neue hinzukommen. Anderseits ist das für sie und für mich eine Art Arbeitsplatzgarantie", *Lambertz*, S. 19.

verwaltung festzustellen, wie dies beim Europäischen Verwaltungsverbund der Fall ist.[75]

Eine durchaus starke Rechtsdeterminierung hinsichtlich der prozessualen Abläufe ist im Falle der Umsetzung der Programme und Projekte für territoriale Zusammenarbeit, kofinanziert aus einem EU-Fond, zu verzeichnen (Art. 7 Abs. 2 EVTZ-VO). Dabei sind zwei Fälle zu unterscheiden. Zum einen wenn ein EVTZ die Erstellung und Umsetzung des Förderprogramms (Projekts) selbst durchführt, ist er an das Unionsrecht, die ausführenden Gesetze der Mitgliedstaaten sowie die Vorgaben, die jeweils im operationellen Programm für territoriale Zusammenarbeit von zwei oder mehr Mitgliedstaaten gemeinsam erstellt worden sind, gebunden. Den zweiten Fall bildet die Einbindung eines EVTZ in die Verwaltung der Fördermittel für Projekte, an denen seine Mitglieder beteiligt sind. Dies können die jeweiligen Mitgliedstaaten direkt im operationellen Programm für territoriale Zusammenarbeit vereinbaren und dem EVTZ die Funktion der Verwaltungsbehörde und des gemeinsamen Technischen Sekretariats auferlegen (i.S.d. Art. 18 EFRE-VO 1080/2006). Als problematisch stellt sich hier jedoch die Frage der Gewährleistung des unabhängigen Finanzkontrollsystems, das der Mitgliedstaat, in dem die Verwaltungsbehörde (also EVTZ) ihren Sitz hat in Absprache mit dem anderen Mitgliedstaat zu gewährleisten hat.[76] Auch das Fehlen von Hoheitsbefugnissen bei EVTZs schränkt die Ausübung der Aufgaben beachtlich ein.[77]

3. Bedeutung des Handelns im nicht-hoheitlichen Bereich

Die empirischen Untersuchungen zeigen, dass die überwiegende Mehrheit von bereits bestehenden EVTZs durch die lokalen oder regionalen Selbstverwaltungsträger gegründet worden sind.[78] Die Körperschaften der territorialen Selbstverwaltung sind für die Gestaltung der Entwicklungspolitik

---

75 *Mager*, S. 369 f.; *Supernat*, S. 207 f.
76 Art. 14 Abs. 1 und Abs. 2, Art. 16 der EFRE-VO in Verbindung mit Art. 24 der VO 1828/2006 zur Festlegung von Durchführungsvorschriften zur Verordnung 1083/2006 und der Verordnung 1080/2006, Abl. 2006 L 371/1. Mehr dazu *Heesen*, S. 176.
77 Ibid., S. 178.
78 *Studzieniecki*, S. 29.

auf ihrem Gebiet zuständig.[79] Hierfür sind die Standardvorgänge der Vollzugsverwaltung fehl am Platz, stattdessen besteht ein großer Bedarf an diversen Arrangementsmechanismen, auch – oder umso mehr – wenn die europäische Fördermittel knapp sind. Vor diesem Hintergrund wird vom EVTZ eine Steigerung der Effektivität durch individuelle funktionelle Lösungen und nicht durch den Einsatz der Eingriffsverwaltung gegenüber Dritten erwartet. Der Schwerpunkt wird hier also nicht auf die klassische Kategorie des Verwaltungsorgans mit seinen Kompetenzen, sondern auf das selbständige Rechtssubjekt, das durch das Agieren im eigenen Namen die Verantwortung für das Gemeinwohl übernimmt, gerichtet.

Das große Interesse der lokalen und territorialen Gebietskörperschaften vergegenwärtigt, dass durch das EVTZ-Instrumentarium die grundsätzlichen Prinzipien wie Subsidiarität, Dezentralisierung sowie Selbstständigkeit gelebt werden. Die Dezentralisierung bedeutet nicht die Selbstständigkeit in der hoheitlichen Sphäre *imperium* (wie dies im 19. Jahrhundert der Fall war), zumal die Kompetenzgestaltung gegenüber dem Bürger durch eine strikte Rechtsdeterminierung nicht selten keinen Raum für freies Ermessen lässt. Vielmehr bildet die Dezentralisierung die Grundlage des selbständigen Verwaltens (Managements) von öffentlichen Aufgaben im sozialen, wirtschaftlichen und territorialen Bereich. Die Wahrnehmung dieser Aufgaben erfolgt durch das Agieren nicht im hierarchischen sondern, im netzwerkartigen System, wobei die Koordination und die Zusammenarbeit mit dem Konkurrieren stark verflochten ist (sog. Koopetition). Gemeinsam für alle Selbstverwaltungsträger ist der gezielte Einsatz für die lokale bzw. regionale Entwicklung, die Sicherstellung der öffentlichen Dienstleistungen, sowie die Präsenz und Anteilnahme an den lokalen bzw. regionalen Märkten. EVTZ öffnet diesbezüglich neue Perspektiven der grenzüberschreitenden Aufgabenwahrnehmung.

---

79 Dies ist in Polen auf die verfassungsrechtlich verankerte Zuständigkeitsvermutung der Einheiten der territorialen Selbstverwaltung zurückzuführen, alle öffentlichen Aufgaben wahrzunehmen (Art. 163 der Verfassung der Republik Polen). Darüber hinaus wurde gesetzlich festgelegt, dass die Einheiten der territorialen Selbstverwaltung berechtigt sind, Maßnahmen zu ergreifen, die zur lokalen bzw. regionalen Entwicklung beitragen (Art. 10 Abs. 3 in fine des Gesetzes vom 20. Dezember 1996 über die kommunale Wirtschaft [Dz.U. 1997 Nr. 9 Pos. 43 m. Änd.] sowie Art. 2 und 3 des Gesetzes vom 6. Dezember 2006 über die Grundsätze zur Durchführung der Entwicklungspolitik [Dz.U. 2006 Nr. 27, Pos. 1658 m. Änd.]).

VI. Abschließende Bemerkungen

Der EVTZ als eine Rechtskonstruktion *sui generis* ist in das Organisationsgefüge der europäischen Verwaltung einzuordnen. So wie die unionalen und mitgliedstaatlichen Verwaltungsstrukturen ist auch die Existenz von EVTZs durch den Vollzug des Europarechts gekennzeichnet. EVTZ dient der Verwirklichung des primärrechtlich festgelegten Kohäsionsziels zur Stärkung des wirtschaftlichen, sozialen und territorialen Zusammenhalts (Art. 174 AEUV), das durch die EFRE-VO sekundärrechtlich konkretisiert wird.

Die Gegenüberstellung und Untersuchung der europäischen Eigenverwaltung und der Verwaltung der Mitgliedstaaten auf der einen Seite und des EVTZ auf der anderen Seite dient nicht der Feststellung des Fehlens der inhaltlichen Kongruenz zwischen den analysierten Strukturen und ihren Funktionen. Vielmehr geht es darum, die gegenseitigen Wechselwirkungen aufzuzeigen und EVTZ im breiteren Kontext der europäischen Integrationsprozesse auf der Verwaltungsebene zu verorten.

Gleichzeitig hilft der EVTZ dabei, die klassischen Institutionen des Verwaltungsrechts aus einer neuen Perspektive zu betrachten. Dazu gehören das Prinzip der institutionellen Autonomie der Mitgliedstaaten der EU und das damit verbundene Postulat der Einheit der Verwaltung, vor allem aber die Grundsätze der Zentralisation, der Dezentralisation und der Selbstständigkeit der öffentlich-rechtlichen Strukturen. Die Gestaltung des letztgenannten Prinzips der Selbstständigkeit ist eng mit der klassischen Rechtsformenlehre der Verwaltung verbunden, die durch das EVTZ-Instrumentarium Schwerpunkte auf das kooperative staatsgrenzübergreifende Handeln im nicht-hoheitlichen Bereich setzt.

Abstract

The EGTC as a *sui generis* legal structure should be seen as a part of the organizational structure of the European administration. Just as in the case of administration structures of the EU and the member states, the purpose of the EGTC is to enforce European law. The EGTC is designed to achieve the cohesion objective as specified in the primary legislation and aiming to strengthen the economic, social and territorial cohesion (Art. 174 TFEU) which is more specifically defined in secondary legislation by the ERDF Regulation.

The juxtaposition and examination of the European self-administration and the administration of the member states on the one hand and the EGTC on the other hand does not pursue the aim of establishing an absence of congruency between the analyzed structures and their functions. It is rather to show the mutual interactions and to situate the EGTC in a broader context of the European integration processes at the administrative level.

Simultaneously, the EGTC helps to look at the classic institutions of administrative law from a new perspective. These include the principle of institutional autonomy of the EU member states and the associated postulate of the unity of the administration, and especially the principles of centralization, decentralization and the autonomy of the public structures. The design of the latter principle of autonomy is closely linked to the traditional theory of legal forms in administration which by the EGTC instruments sets the priorities on the cooperative cross-border activity in non-sovereign areas.

Literaturverzeichnis

Barczewski, Analiza uregulowań prawnych dotyczących prawa podatkowego, prawa finansowego oraz kwestii własności w odniesieniu do działalności EUWT z siedzibą statutową w RP, in: *Krzymuski* (Hrsg.), Analiza uwarunkowań prawnych polskiego obszaru projektu na potrzeby implementacji Strategii zintegrowanej współpracy czesko-polskiego pogranicza oraz utworzenia Europejskiego Ugrupowania Współpracy Terytorialnej na pograniczu polsko-czeskim, z siedzibą statutową w Rzeczypospolitej Polskiej, Analiza sporządzona na zamówienie Urzędu Marszałkowskiego Województwa Dolnośląskiego, 2013, S. 58.

Blanke, Der Unionsvertrag von Maastricht - Ein Schritt auf dem Weg zu einem europäischen Bundesstaat?, DÖV 1993, S. 412.

Błaś, Zadania administracji publicznej, in: *Błaś/Boć/Jeżewski* (Hrsg.), Nauka administracji, 2013, S. 131 ff.

von Bogdandy/Cruz Villalón /Huber (Hrsg.), Handbuch Ius Publicum Europaeum: Grundlagen und Grundzüge staatlichen Verfassungsrechts, Band I, 2007.

von Bogdandy/Cruz Villalón/Huber (Hrsg.), Handbuch Ius Publicum Europaeum: Offene Staatlichkeit - Wissenschaft vom Verfassungsrecht, Band II, Heidelberg 2008.

von Bogdandy/Cassese /Huber (Hrsg.), Handbuch Ius Publicum Europaeum: Verwaltungsrecht in Europa: Grundlagen, Band III, Heidelberg 2010.

von Bogdandy/Cassese /Huber (Hrsg.), Handbuch Ius Publicum Europaeum: Verwaltungsrecht in Europa: Wissenschaft, Band IV Heidelberg 2011.

von Bogdandy/Cassese /Huber (Hrsg.), Handbuch Ius Publicum Europaeum: Verwaltungsrecht in Europa: Grundzüge, Band V, Heidelberg 2014.

von Bogdandy/Grabenwarter/Huber (Hrsg.), Handbuch Ius Publicum Europaeum: Verfassungsgerichtsbarkeit in Europa: Institutionen, Band VI, Heidelberg 2016.

Bouckaert/Halligan, Managing Performance: International Comparisons, 2008.

Burgi, Verwaltungsorganisationsrecht, in: *Ehlers/Pünder* (Hrsg.), Allgemeines Verwaltungsrecht, 15. Aufl., 2016.

Chiti, Introduction: Les droits administratifs nationaux entre harmonisation et pluralism eurocompatible, in: *Auby* (Hrsg.), Droit administratif européen, 2007, S. 671 ff.

Curtin, Executive Power of the European Union. Law, Practices and the Living Constitution, 2009.

Dolnicki, Samorząd terytorialny, 5. Aufl., 2012.

Dudzik, Wpływ członkostwa Polski w Unii Europejskiej na administrację rządową na przykładzie kooperacyjnego modelu stosowania wspólnotowego prawa konkurencji, in: *Biernat/Dudzik/Niedźwiedź* (Hrsg.), Przystąpienie Polski do Unii Europejskiej. Traktat Akcesyjny i jego skutki, 2003, S. 235 ff.

Ehlers, Europäisches Recht und Verwaltungsrecht, in: *Ehlers/Pünder* (Hrsg.), Allgemeines Verwaltungsrecht, 15. Aufl., 2016.

Ehlers, Die verfassungsrechtliche Garantie der kommunalen Selbstverwaltung, DVBl. 2000, S. 1308 ff.

Engels /Krausnick, Kommunalrecht, 1. Aufl., 2015.

Fleiner, Rechtsvergleichende Überlegungen zum Staatsverständnis in Ländern mit anglo-amerikanischer und kontinentaleuropäischer Rechtsordnung – Rechts- und staatsphilosophische sowie kulturelle Aspekte, in: *Häberle/Morlok/Skouris* (Hrsg.), Staat und Verfassung in Europa, 2000, S. 46 FF.

Franchini, Les notions d'Administration indirecte et de coadministration, in: *Auby* (Hrsg.), Droit administratif européen, 2007, S. 246 FF.

Galster, Równowaga instytucjonalna jako kategoria doktrynalna, orzecznicza i normatywna. Studium zasady Unii Europejskiej, 2008.

Groß, Die öffentliche Verwaltung als normative Konstruktion, in: *Trute/Groß/Röhl/ Möllers* (Hrsg.), Allgemeines Verwaltungsrecht – zur Tragfähigkeit eines Konzepts, 2008, S. 349 ff.

Gundel, Verwaltung, in: *Schulze/Zuleeg/Kadelbach* (Hrsg.), Europarecht. Handbuch für die deutsche Rechtspraxis, 3. Aufl., 2015.

Hoffmann/Rowe/Türk, Administrative Law and Policy of the European Union, 2011.

Hoffmann-Riem, Tendenzen in der Verwaltungsrechtentwicklung, DÖV 1997, S. 441.

Jagoda, Samorządowe osoby prawne, Samorząd Terytorialny Nr. 1-2, 2011, S. 5 ff.

Jeżewski, Funkcje administracji. Zagadnienia wstępne, Acta Universitas Wratislaviensis – Prawo CXLIII, 1985, S. 109 ff.

Jeżewski, Porównawcze badania prawa a europeizacja prawa administracyjnego, in: *Janku/Leoński* (Hrsg), Europeizacja polskiego prawa administracyjnego, 2005, S. 55 ff.

Kawka, Komentarz do art. 298 Traktatu o funkcjonowaniu Unii Europejskiej, in: *Wróbel/Kornobis-Romanowska/Łacny* (Hrsg.), Traktat o funkcjonowaniu UE. Komentarz, 2012, S. 77 ff.

Kelsen, Reine Rechtslehre: Einleitung in die wissenschaftliche Problematik, 1934.

Kment, Der Europäische Verbund für territoriale Zusammenarbeit. Vergegenwärtigung und kritische Analyse eines weithin unbekannt gebliebenen Organisationsmodells, Die Verwaltung 45 (2012), S. 161 ff.

Kotzur, Art 298 AEUV, in: *Geiger/Khan/Kotzur* (Hrsg.), EUV/AEUV, 2010.

Krzymuski/Kubicki, EUWT 2.0? Reforma rozporządzenia o europejskich ugrupowaniach współpracy terytorialnej szansą na ożywienie współpracy transgranicznej podmiotów publicznych, Samorząd Terytorialny Nr. 6, 2015, S. 23 ff.

Kuhlmann, Performancesteuerung und Leistungsvergleich Verwaltungsmodernisierung im kontinentaleuropäischen, angelsächsischen und skandinavischen Kontext, in: *Beck/Larat* (Hrsg.), Reform von Staat und Verwaltung in Europa – Jenseits von New Public Management?, 2011, S. 90 ff.

Lambertz, Entwicklungslinien grenzüberschreitender Zusammenarbeit in Europa. in: *Beck* (Hrsg.), Grenzüberschreitende Zusammenarbeit mit deutscher Beteiligung. Ein Erfahrungsaustausch, Bundesministerium des Innern / EURO-Institut Kehl-Strasbourg, 2014, S. 19 ff.

Mager, Die europäische Verwaltung zwischen Hierarchie und Netzwerk, *Trute/Groß/ Röhl/Möllers* (Hrsg.), Allgemeines Verwaltungsrecht – zur Tragfähigkeit eines Konzepts, 2008, S. 369 ff.

Matczak, Kompetencja, in: *Hauser/Niewiadomski/Wróbel* (Hrsg.), Instytucje prawa administracyjnego, Tom. 1 Systemu Prawa Administracyjnego, 2015, S. 413 ff.

Maurer, Ogólne prawo administracyjne. Allgemeines Verwaltungsrecht, 2003.

Mehde, Verwaltungswissenschaft, Verwaltungspraxis und die Wissenschaft vom öffentlichen Recht – Eine Bestandsaufnahme, Festschrift Bull, 2011, S. 686 ff.

Möllers, Staat als Argument, 2. Aufl., 2011.

Niedobitek, Vertragliche Grundlagen, rechtliche Gestalt, Institutionen der Union, in: *Niedobitek* (Hrsg.), Europarecht – Grundlagen der Union, 2014.

Oppermann/Classen/Nettesheim, Europarecht, 6. Aufl., 2014.

Półtorak, Pojęcie państwa w prawie Wspólnot Europejskich (zarys problemu), in: *Biernat* (Hrsg.), Studia z prawa Unii Europejskiej, 2000, S. 106 ff.

Reithmann, Art 298, in: *Groeben /Schwarze /Hatje* (Hrsg.), Europäisches Unionsrecht, 7 Aufl., 2015.

Röhl, Kommunalrecht, in: *Schoch* (Hrsg.), Besonderes Verwaltungsrecht, 14. Aufl., 2013.

Ross Alf, Directives and Norms, London 1968.

Rudolf, Verwaltungsorganisation, in: *Erichsen* (Hrsg.), Allgemeines Verwaltungsrecht, 1995.

Saurer, Der Einzelne im europäischen Verwaltungsrecht. Die institutionelle Ausdifferenzierung der Verwaltungsorganisation der Europäischen Union in individueller Perspektive, 2014.

Scheuner, Der Einfluss des französischen Verwaltungsrechts auf die deutsche Rechtsentwicklung, DÖV 1963, S. 714.

Schmidt, Kommunalrecht, 2. Aufl., 2014.

Schmidt-Aßmann, Das Allgemeine Verwaltungsrecht als Ordnungsidee, Grundlagen und Aufgaben der verwaltungsrechtlichen Systembildung, 3. Aufl., 2006.

Schmidt-Aßmann, Verwaltungsrechtliche Dogmatik: Eine Zwischenbilanz zu Entwicklung, Reform und künftigen Aufgaben, 2013.

Schmidt-Aßmann/Dagron, Deutsches und französisches Verwaltungsrecht im Vergleich ihrer Ordnungsideen – Zur Geschlossenheit, Offenheit und gegenseitigen Lernfähigkeit von Rechtssystemen, ZaöRV 67 (2007), S. 395 ff.

Schroeder, Durchsetzung des Unionsrechts – Durchführung, Sanktionen, Rechtsschutz, in: *Niedobitek* (Hrsg.), Europarecht – Grundlagen der Union, 2014.

Schuppert, Die Einheit der Verwaltung als Rechtsproblem, DÖV 1987, S. 757.

Schuppert, Verwaltungswissenschaft. Verwaltung, Verwaltungsrecht, Verwaltungslehre, 2000.

Stasikowski, Gwarancje samorządności gminnej w systemie prawnym Republiki Federalnej Niemiec i Rzeczypospolitej Polskiej, 2005.

Streinz, Europarecht, 9. Aufl., 2012.

Studzieniecki, Europejskie Ugrupowania Współpracy Terytorialnej – ujęcie podmiotowe, przedmiotowe i przestrzenne, 2015.

Supernat, Koncepcja sieci organów administracji publicznej, in: *Zimmermann* (Hrsg.), Koncepcja systemu prawa administracyjnego, 2006, S. 207 ff.

Trute, Die Verwaltung und das Verwaltungsrecht zwischen gesellschaftlicher Selbstregulierung und staatlicher Steuerung, DVBl. 1996, S. 954 ff.

Wright von, Norm and Action. A Logical Enquiry, 1963.

Zieliński, Dwa nurty pojmowania „kompetencji", in: *Olszewski/Popowska* (Hrsg.), Gospodarka, Administracja, Samorząd, 1997, S. 587 ff.

Ziembiński, O pojmowaniu celu, zadania, roli i funkcji państwa, Państwo i Prawo 1987 Nr. 12, S. 17 ff.

Zimmermann, Aksjomaty prawa administracyjnego, 2013.

Teil 3: Der EVTZ aus politikwissenschaftlicher Sicht

Lokales Europa. Das integrationspolitische Versprechen von EVTZ

Prof. Dr. Jürgen Neyer[1]

I. EVTZ in der Politikwissenschaft

Warum sollte sich die Sozialwissenschaft mit Europäischen Verbünden Territorialer Zusammenarbeit (EVTZ) beschäftigen? Für den theorieorientierten Sozialwissenschaftler stellt sich die Frage in einer ganz anderen Weise als für den praxisorientierten und in Grenzlage arbeitenden Lokalpolitiker. Letzterer mag in EVTZ eine Möglichkeit sehen, grenzüberschreitende Problemlagen im Rahmen einer neuen grenzüberschreitenden und mit Rechtspersönlichkeit ausgestatteten Körperschaft bearbeiten zu können. EVTZ versprechen einen neuen überregionalen Handlungsverbund mit besserer interner Organisation und stärkerer Vertretung nach außen. Sie sollen die unterschiedlichen Partikularinteressen auf beiden Seiten der Grenze bündeln und in einen gemeinsamen politischen Willen überführen. Mit der Gründung eines EVTZ sollen somit mehr Unabhängigkeit von der Landes- oder zentralstaatlichen Politik und der Zugang zu neuen rechtlichen Ressourcen verbunden sein. Bisher scheinbar unlösbare Probleme können so in den Bereich des konstruktiv Bearbeitbaren rücken.

Aber was steckt in der Untersuchung von EVTZ für den an breiteren politik- und gesellschaftswissenschaftlichen Fragestellungen interessierten Wissenschaftler? Stellen EVTZ lediglich ein neues rechtstechnisches Instrument mit ausschließlich regionalpolitischer Relevanz dar oder bergen sie vielleicht doch auch das Versprechen auf ein anderes, bürgernäheres und lokaleres Europa? In diesem Text soll auf eine für den sozialwissenschaftlichen Laien verständliche Weise argumentiert werden, dass EVTZ eine Chance für Letztes darstellen. Sie sind eben nicht nur bürokratische Rechtstechnik, sondern sollten zumindest auch als Chance verstanden werden, die Bürgerferne Europas zu verringern, den Integrationsprozess

---

1 Europa-Universität Viadrina.

dahin zu bringen wo die Bürger Europas Politik erfahren und damit Europa mit neuem bürgergesellschaftlichen Leben zu erfüllen.

II. Der Eigenwert des Lokalen und die Dynamik Europas

Die grenzüberschreitende Integration kommunaler Einheiten ist heute vielleicht wichtiger als jemals zuvor im Integrationsprozess. Bis in die letzten Jahre konnte sich der Integrationsprozess auf einen gesellschaftlichen „permissiven Konsens"[2] verlassen: die Idee einer allgemeinen Öffnung der Grenzen für Waren, Dienstleitungen, Kapital und Personen stieß auf breite Zustimmung oder bewegte sich zumindest unterhalb des Radars breiterer öffentlicher Wahrnehmung. Auch die Vorstellung einer „ever closer union", in der nationalstaatliche Grenzen allmählich verschwinden und eine neue supranationale politische Gemeinschaft entstehen würde, erschien den meisten Menschen in Bürger als eine große Hoffnung. Europaweite Liberalisierung und die Verbesserung konkreter Lebensbedingungen wurden als zwei Seiten einer Medaille verstanden. Vieles hiervon hat sich in den letzten Jahren verändert.

1. Beschleunigung, Entfremdung und der neue Illiberalismus

Spätestens seit dem Ausbruch der europäischen Finanzkrise 2008 ist Europa von einer zunehmenden Kluft zwischen dem Versprechen einer europaweiten Liberalisierung und den wahrgenommenen Lebensrealitäten seiner Bürger geprägt. Europa ist ganz offensichtlich nicht die erhoffte Schutzburg vor der Globalisierung, sondern vielmehr selbst Teil eines umfassenden Liberalisierungsprozesses und damit Ursache einer viele Menschen betreffenden Verunsicherung. Die von uns allen erfahrene Welt ist größer und unübersichtlicher geworden. Der Nationalstaat mit seinen überschaubaren Handlungszusammenhängen und seiner selbstbestimmten Politikgestaltung ist immer weniger in der Lage, die Erwartung sozialer Sicherheit und stabiler politischer Identität zu erfüllen. Soziale Strukturen werden komplexer, das Fremde und Unbekannte erhält immer nachhaltiger Einzug in die ehemals so überschaubare Welt.

---

2 *Schäfer*, 2006.

Die Entgrenzung unserer Lebenszusammenhänge steht daher nicht bloß für neue Chancen und Möglichkeiten, sondern hat auch eine unübersehbare Schattenseite. Menschen leben eben nicht in entgrenzten Kontexten und anonymen Zusammenhängen, sondern ganz konkret an bestimmten Orten und zusammen mit bestimmten Menschen. Die Erweiterung von Lebenschancen durch den Liberalisierungsprozess ist daher immer auch eine Irritation des Bekannten und Wertgeschätzten. Sie wird oftmals weniger als Chance denn vielmehr als Bedrohung eigener Identität wahrgenommen.

Diese Irritation ist politisch überaus folgenreich. Von Finnland bis Italien und von Bulgarien bis Spanien droht sich heute ein resignierter Illiberalismus auszubreiten, der den Integrationsprozess insgesamt ablehnt. Rechts- und linkspopulistische Parteien mit offen anti-liberalen, anti-europäischen und anti-pluralistischen Parteiprogrammen greifen um sich. Die alte parteipolitische Trennung zwischen Rechts und Links wird immer stärker begleitet von einer neuen Spaltung zwischen Öffnen und Schließen.[3] Hier deutet sich eine europaweite Lagerbildung auf der Basis einer Kombination von sozialen und nationalen Argumentationsversatzstücken an, die fatal an die Vergangenheit erinnert. Wir beobachten derzeit die Entstehung eines neuen Parteiensystems, in dem die alte Differenz zwischen moderat recht und links von einem neuen Radikalismus des politischen, ökonomischen und kulturellen Schließens offener Gesellschaften abgelöst wird. Die liberal und pro-europäisch orientierten Parteien sehen sich einer wachsenden und immer selbstbewusster auftretenden Front der traditionell-autoritär-nationalen Fundamentalkritiker gegenüber.

Die Wahlergebnisse der letzten Jahre sprechen hier eine deutliche Sprache. In Großbritannien hat die europafeindliche UKIP bei den letzten Wahlen zum Europäischen Parlament 27 Prozent erhalten, in Frankreich der Front National 25 Prozent und im ehemals so liberalen Dänemark die Dänische Volkspartei 26 Prozent. Rechtspopulistische Parteien wurden ebenfalls in Österreich, Polen, Schweden, Griechenland, Bulgarien, Rumänien, den Niederlanden und Ungarn in das Europäische Parlament gewählt. In Ungarn und Polen regieren heute offen europakritische und illiberale Parteien. In Spanien, Griechenland, Italien und Portugal wird ebenfalls intensiv über die Frage der Wiedereinführung nationaler Währungen und der Verringerung europäischer Integration gestritten. Politische Interventionen seitens der Europäischen Union werden immer häufiger als

---

3 *Bakker*, 2012.

übergriffig zurückgewiesen und anstelle dessen das Recht behauptet, autonom über alle innenpolitischen Fragen entscheiden zu können.
Diese neue illiberale und europaskeptische Ideologie ist nicht zuletzt Ausdruck einer tiefen Entfremdung zwischen Europa und seinen Bürgern. Die EU wird nach wie vor als ein Elitenprojekt wahrgenommen, das den Unternehmen und Politiker nützt, aber den Menschen vor Ort nur wenig anzubieten hat. Diese Entfremdung hat viel damit zu tun, dass die EU nur über sehr ungenügende Instrumente verfügt, um überhaupt auf lokaler Ebene wahrgenommen werden zu können. Ihre wesentlichen Instrumente sind Richtlinien und Verordnungen, die sich an die mitgliedstaatlichen Regierungen wenden. Die EU hat weder Sozialämter noch zahlt sie Unterstützungsleistungen an Bedürftige aus. Sie kennt jenseits des vom Umfang her bescheidenen Europäischen Sozialfonds keine umverteilende Sozialpolitik und reicht jenseits von Erasmus-Programmen für Studierende kaum jemals direkt an die Menschen heran. Selbst in der Strukturpolitik wird Europa vor Ort nur im Rahmen von Schildern mit Hinweisen auf eine europäische Ko-Finanzierung sichtbar. Die Verwaltung und Verwendung der ausgeschütteten Geldmittel obliegt den zuständigen nationalen oder regionalen Gebietskörperschaften. Kurz: Europa ist immer dann zuständig, wenn es um die Erhöhung von gesellschaftlicher Komplexität und Unüberschaubarkeit geht, und so gut wie nie wenn unterstützende Hilfsmaßnahmen ausgereicht werden.

2. Europäische Subsidiarität

Europa ist allerdings mehr als nur Marktöffnung und Beschleunigung. Der Integrationsprozess ist von Anbeginn an auf der gleichzeitigen Idee legitimer Ausnahmen von der Liberalisierung und einer Schutzwürdigkeit des Lokalen aufgebaut gewesen. Französischer Champagner, griechischer Feta-Käse, deutsche Nürnberger Würste und viele andere lokalen Produzenten vorbehaltene Ausnahmen sprechen für eine grundsätzlich in der europäischen Idee angelegte Sensibilität für den „Eigenwert des Lokalen". Auf verfassungspolitischer Ebene hat sich diese Sensibilität lange Zeit in dem Konzept eines Europas der Regionen zum Ausdruck gebracht. Der Nationalstaat galt in diesem Konzept nur als eine Ebene des Regierens, die aus Subsidiaritätsgründen um zumindest eine regionale Ebene zu ergänzen sei. Die in den achtziger Jahren stark ausgedehnten Strukturfonds der EU und insbesondere der (neu aufgelegte) Europäische Fond für regionale

Entwicklung (EFRE) brachten die bewusste Entscheidung der Politik zum Ausdruck, dass regionale Strukturen zu befördern und dass der Eigenwert des Lokalen ein hohes schützenswertes Gut sei. Zum Ausdruck kam hier ein „Selbstverständnis der Menschen als in ihrer Region verwurzelte(r) Europäer".[4]

Mit dem Vertrag von Maastricht und der in den neunziger Jahren einsetzenden Debatte um den demokratischen Charakter der EU ist das Konzept eines Europas der Regionen in den Hintergrund gedrängt worden. Die Ausdehnung von Mehrheitsverfahren im Rat und die Erweiterung der Teilhaberechte von Europäischem Parlament und – seit dem Vertrag von Lissabon – nationalen Parlamenten, hat die ehemals hohe Bedeutung der Regionen für die Legitimierung des Integrationsprozesses verdrängt.

Aus integrationspolitischer Sicht ist diese Verdrängung des Lokalen aus der verfassungspolitischen Debatte alles andere als begrüßenswert. Wenn es zutreffend ist, dass Menschen Politik und Gesellschaft überwiegend lokal erfahren und wenn Europa hier lediglich als Bedrohung, nicht aber als Ermöglichungsstruktur auftritt, dann ist da irgendetwas grundlegend korrekturbedürftig.

3. Bürgerschaftliche Beteiligung

Den aktuellen illiberalen Entwicklungen in Europa wird nur dann begegnet werden können, wenn der Gedanke der Subsidiarität und der Bürgernähe mit neuem Leben erfüllt wird. Menschen müssen Europa konkret vor Ort als eine gestaltbare Chance begreifen können. Das Lokale ist der Ort, an dem wir uns mit unserer Lebensweise eingerichtet haben, uns aktiv in die Nachbarschaft einbringen und ganz konkret Gesellschaft leben. Diese Welt des unmittelbaren Erfahrbaren ist ein eigenständiges und schützenswertes Gut, das in der immer schneller und unüberschaubarer werdenden Moderne leicht in Vergessenheit gerät.

Benjamin Barber hat in „Starke Demokratie"[5] darauf hingewiesen, dass der Gedanke der politischen Gemeinschaft von zentraler Bedeutung für die gelebte Demokratie und damit auch für die Legitimierung von Politik ist. Europa hat im Rahmen seiner regionalpolitischen Instrumente und ins-

---

4 *Menasse*, 2011.
5 *Barber*, 1994.

besondere mit dem Instrument der EVTZ hier durchaus etwas anzubieten. Die Regionalpolitik bietet der EU die Möglichkeit, direkt vor Ort in Erscheinung zu treten und den Menschen ein Gesicht Europas zu zeigen, dass das gemeinschaftliche Engagement auf lokaler Ebene unterstützt. Im Rahmen lokaler Kooperationen entstehen neue Ansatzpunkte für gemeinsame Gespräche zwischen Bürgern über Anliegen, die sie direkt betreffen. Nicht auf der nationalen Ebene, sondern in der lokalen Zivilgesellschaft entsteht die bürgerliche Gesellschaft. In der lokalen Politik geben Bürger nicht bloß ihre Stimme an der Wahlurne ab, sondern sprechen mit Nachbarn über so konkrete Dinge wie die Einstellung eines Schülerlotsen oder eine Spendenaktion für die örtliche Schule. Hier wird darüber diskutiert, wie und wo Unterkünfte für Flüchtlinge geschaffen werden können, wie die Abfallentsorgung verbessert und neue Angebote im öffentlichen Nahverkehr geschaffen werden können. „In diesem Bereich" so Barber, „sind wir ‚öffentliche' Wesen, wie eine Regierung haben wir einen Sinn für öffentliche Aufgaben und Achtung vor dem Gemeinwohl". Die lokal konstituierte Zivilgesellschaft „ist somit öffentlich-politisch, ohne Zwangscharakter zu haben; sie ist freiwillig-voluntaristisch, ohne privatisiert zu sein".[6]

EVTZ haben die Chance, genau hier anzusetzen. Sie bieten eine neue Chance auf ein bürgernäheres und den Eigenwert des Lokalen betonendes Europas. Im Gegensatz zu früheren Versuchen der europapolitischen Aktivierung der Regionalpolitik definieren EVTZ Regionen als grenzüberschreitende Einheiten mit eigenständiger Rechtspersönlichkeit. Sie haben damit zumindest zwei große Potentiale. Zum einen bauen sie rechtliche Hindernisse für die Bearbeitung drängender lokaler Probleme wie der grenzüberschreitenden Müllentsorgung, der Tourismusförderung und der Abwasserklärung ab. EVTZ können seit der letzten Verordnungsreform damit betraut werden, Dienstleistungen von allgemeinem und wirtschaftlichen Interesse sowie Daseinsvorsorgemaßnahmen ausführen. Sie erlauben damit neue Formen politischen Handels, die bisher durch rechtliche Restriktionen verunmöglicht wurden. Ihr zumeist direkter Bezug auf die lebenspraktischen Bedingungen vor Ort bringt sie zudem direkt an die Menschen und schafft eine Verbindung zwischen Europa und dem Bürger wie sie kaum ein anderes Instrument der EU zu leisten in der Lage ist.

---

6 *Barber*, Coca Cola..., S. 281.

Von nicht zu unterschätzender Bedeutung ist ebenfalls die Schaffung einer neuen grenzüberschreitenden Rechtspersönlichkeit. Hiermit werden Bedingungen geschaffen, die einen neuen politischen Akteur konstituieren und damit längerfristig auch das Potential haben, neue politische Loyalitäten zu begründen. Hiervon ist zwar sicherlich weder eine Konkurrenz zu nationalstaatlichen Zugehörigkeitsgefühlen zu erwarten noch zu erhoffen. Was aber sehr wohl entstehen kann, ist ein zusätzlicher Bezugsrahmen für das Handeln und Empfinden der Menschen. Europa hat hiermit letztlich eine neue Chance, aus den bürgerenthobenen Verhandlungen in Brüssel heraus zu treten und den Menschen in ihrem gelebten Alltag zu begegnen.

III. Wunschtraum oder Wirklichkeit?

Die hier zum Ausdruck gebrachten Hoffnungen und Erwartungen in das Potential von EVTZ mögen manchen als normativ arg überschossen vorkommen. Die EVTZ-begründenden Rechtsakte weisen an keiner Stelle auf das gesellschaftspolitische Potential lokaler Kooperationen hin. Ebenfalls sind keine expliziten Anreize dafür vorgesehen, das Instrument bewusst zur Beförderung lokaler Gemeinschaftsbildung einzusetzen. Es ist daher relativ leicht, das Instrument der EVTZ ebenso wie alle anderen Maßnahmen der europäischen Regionalpolitik als von überbordendem Legalismus und Bürokratismus gekennzeichnet zu kritisieren. Detaillierte Rechtsvorschriften verbinden sich in der Praxis mit überaus schwierigen Verhandlungen zwischen Ministerien und regionalen Gebietskörperschaften sowie eifersüchtig gehüteten Kompetenzen zu einem jegliche Kreativität frustrierenden administrativen Dickicht. EVTZ, so ließe sich die Kritik weiterführen, sind letztlich nichts anderes als ein neuer vergeblicher Versuch der EU-Bürokratie mittels rechtlicher Instrumente an den Mitgliedstaaten vorbei Politik betreiben zu wollen. Eine eigenständige grenzüberschreitende gesellschaftspolitische Dynamik in die Praxis von EVTZ hineinlesen zu wollen, sei kaum ernst zu nehmen oder bedürfte, etwas vorsichtiger formuliert, zumindest der Plausibilisierung im Rahmen empirischer Evidenzen.

Genau hier ist die empirische Sozialforschung gefordert. Wir wissen nach wie vor noch sehr wenig über die Bedingungen, unter denen EVTZ die Hoffnung einlösen können, an einem bürgernäheren Europa mitzuwirken. Wann und wie schaffen es EVTZ, interregionales bürgerschaftliches Engagement zu befördern? Lassen sich Ansätze der Bestärkung lokaler politischer Gemeinschaften beobachten und wenn ja, was waren die hierfür förderlichen Bedingungen? Oder sind alle derartigen Hoffnungen doch nur Ausdruck von überbordendem Idealismus und finden keinerlei empirische Fundierung?

Die Auswertungen bisheriger Erfahrungen durch das Europäische Parlament (EP) helfen bei der Beantwortung dieser Fragen nicht wirklich weiter. Sie informieren uns zwar über die Gründe, weswegen regionale Gebietskörperschaften EVTZ gründen („creation of an integrated strategic approach for regional development, stabilisation and continuity of cooperation, increased visibility of cooperation and the improvement of the participation in EU programmes"[7]), machen aber keine Aussage darüber, ob und inwiefern breitere integrationspolitische Ziele und die Ausdehnung lokaler Zivilgesellschaft befördert werden konnten. Erste vorliegende empirische Studien zur gesellschaftlichen Praxis von EVTZ bleiben noch weitgehend bei der Beschreibung institutioneller Strukturen stehen[8] und werfen kaum jemals einen genaueren Blick auf die Praxis regional verdichteter gesellschaftlicher Verständigungsprozesse.[9] Ein wesentlicher Grund für die Dominanz juristischer und auf formale Institutionen ausgerichteter Analysen dürfte darin zu finden sein, dass das Phänomen EVTZ noch recht jung ist und daher noch wenig Gelegenheit zur Sammlung breiterer empirischer Daten bestand. Hier besteht ein dringender sozialwissenschaftlicher Forschungsbedarf.

Abstract

EGTCs are far more than mere technical instruments for implementing cross-border integration. They carry the promise to revitalize the integration project by strengthening social and political ties among citizens on two sides of one border. What we lack today, however, is insights into the conditions under which that promise can be put into practice. Here is an important desideratum for social science research.

---

7 Zillmer et al., S. 11.
8 *Engl*, 2015; *Alber*, 2015.
9 Siehe aber *Niderseer*, 2015.

Literatur

Alber Elisabeth, Deliberative Demokratie in der Europaregion Tirol-Südtirol-Trentino: Rahmenbedingungen, Instrumente und ausgewählte Fallbeispiele, in: *Bußjäger Peter, Gamper Anna* (Hrsg.), Demokratische Innovation und Partizipation in der Europaregion, Wien 2015, S. 185-204.

Bakker Ryan, de Vries Catherine, Edwards Erica, Hooghe Liesbet, Jolly Seth, Marks Gary, Polk Jonathan, Rovny Jan, Steenbergen Marco, Vachudova, Milada, Measuring Party Positions in Europe: The Chapel Hill Expert Survey Trend File, 1999-2010, Party Politics published online 29 November 2012.

Barber Benjamin, Starke Demokratie: Über die Teilhabe am Politischen, Rotbuch Verlag, Hamburg 1994.

Barber Benjamin, Coca Cola und Heiliger Krieg. Wie Kapitalismus und Fundamentalismus Demokratie und Freiheit abschaffen, Scherz, München 1996.

Engl Alice, Partizipative Governance und Mehrebenen-Governance in grenzüberschreitenden Kontexten: Ausgewählte EVTZ-Beispiele im Vergleich, in: *Bußjäger Peter, Gamper Anna* (Hrsg.), Demokratische Innovation und Partizipation in der Europaregion, Wien 2015, S. 123-134.

Menasse Robert, Über die Feigheit der europäischen Politiker, Die Zeit, 30.09.2011 (http://www.zeit.de/politik/2011-09/europa-krise-menasse/komplettansicht), letzter Zugang am 5.6.2016.

Niederseer Karoline, Politische Partizipation junger Erwachsener am Beispiel des euroregionalen Projekts „Paths of Participation", in: *Bußjäger Peter, Gamper Anna* (Hrsg.), Demokratische Innovation und Partizipation in der Europaregion, Wien 2015, S. 205-210.

Schäfer, Armin: Nach dem permissiven Konsens. Das Demokratiedefizit der Europäischen Union, in: Leviathan 2006 34:3, 350-376.

Zillmer Sabine, Lüer Christian, Toptsidou Maria, Krzymuski Marcin, Dallhammer Erich, Kintisch Max, Schuh Bernd, Celotti Pietro, Colin Alice, Preku Arta, Brignani Nicola, Waterhout Bas, Zonneveld Wil, Stead Dominic, European Grouping of Territorial Cooperation as an instrument for promotion and improvement of territorial cooperation in Europe. Study, European Parliament, Brussels 2015.

Der EVTZ und seine Akteure – Territoriale Entwicklungssteuerung im Kontext transnationaler Institutionenbildung

Prof. Dr. Joachim Beck[1]

I. Einleitung

Die grenzüberschreitende Zusammenarbeit in Europa gewinnt beständig an Bedeutung. Spätestens mit der Verwirklichung des Europäischen Binnenmarktes, d.h. dem offiziellen Wegfall der internen Grenzen in Europa, wurde offensichtlich, dass die europäischen Grenzregionen eine sehr spezifische und zentrale Rolle im Europäischen Integrationsprozess spielen.[2] Dies wurde nochmals durch die Osterweiterung verstärkt, die das Spektrum dessen, was wir als grenzüberschreitende Gebiete in Europa definieren können, quantitativ, vor allem aber auch qualitativ erweiterte.[3] Die Bedeutung der grenzüberschreitenden Gebiete lässt sich durch einige wenige Zahlen illustrieren: ca. 40% der EU-Fläche lässt sich als Grenzgebiet einstufen in dem schätzungsweise 30% der EU-Bevölkerung leben. Eine jüngere Erhebung hat in Europa 364 grenzüberschreitende Kooperationsformen identifiziert.[4] Lediglich sieben Millionen Staatsangehörige von EU-Staaten[5] sind innerhalb der EU in dem Sinne mobil, dass sie im Laufe ihres Lebens in einem anderen als ihrem Herkunftsstaat wohnen oder arbeiten, rund 1,2 Millionen sind als Entsendete in einem anderen Staat der EU tätig und 1,1 Millionen pendeln als Grenzgänger täglich von ihrem Wohnsitzstaat in einen Nachbarstaat zur Arbeit.[6] Ein hoher Anteil dieses insgesamt sehr relativen Mobilitätsphänomens findet dabei in den Grenzregionen der Gemeinschaft statt.

---

1 Hochschule für öffentliche Verwaltung, Kehl.
2 *Wassenberg/Beck.*
3 *Foucher.*
4 *Wassenberg/Reithel.*
5 Das entspricht etwa 3,3 % der europäischen Erwerbsbevölkerung.
6 *Eurostat.*

Dieser spezifische Gebietstypus, der in den offiziellen Dokumenten sowie in den fachlichen und räumlichen Entwicklungsstrategien der Europäischen Kommission bislang eine eher untergeordnete Nebenrolle gespielt hat,[7] erbringt spezifische Funktionen für die Verwirklichung des Europäischen Integrationsprozesses. Insbesondere im Zusammenhang mit der Neugestaltung der Europäischen Kohäsionspolitik (2014-2020) sowie der Verwirklichung des Vertragsziels der Territorialen Kohäsion,[8] wird deutlich, dass die Grenzregionen in diesem Kontext eine strategische Aufwertung erfahren.[9] Eine besondere Rolle nimmt in diesem Zusammenhang der EVTZ als spezifische Rechtsform zur Förderung der territorialen Zusammenarbeit in Europa wahr[10].

Der vorliegende Beitrag untersucht, welche Rolle der EVTZ als Instrument der rechtlichen Institutionalisierung von grenzüberschreitender Zusammenarbeit in der Praxis spielt und arbeitet Ursachen für den bisherigen Stand seiner Umsetzung heraus. Teil II analysiert dafür zunächst als Grundlage die Genese und aufgabenseitige Charakteristika der grenzüberschreitenden Zusammenarbeit. Hierauf aufbauend, widmet sich Teil III den Akteuren der grenzüberschreitenden Zusammenarbeit im Kontext transnationaler Governanceansätze. Teil IV analysiert aus einer um territoriale Gesichtspunkte erweiterten neo-institutionalistischen Sicht Ausprägungen und Erklärungsansätze der bisherigen Nutzung des EVTZ durch die Akteure der grenzüberschreitenden Zusammenarbeit, dessen Ergebnisse dann im abschließenden Teil V in Perspektive gestellt werden.

II. Territoriale Kooperation im transnationalen Kontext

Grenzen sind heute in Europa ein komplexes multidimensionales Phänomen. [11] Blickt man auf die Realitäten der Lebens- und Arbeitswelten sowie des Freizeitverhaltens der Grenzbewohner,[12] die horizontalen Ver-

---

7 *Beck*, Grenzüberschreitende Zusammenarbeit im Prozess der Europäischen Integration.
8 *Ahner/Fuechtner*, Information zur Raumentwicklung Heft 8 (2010), S. 543.
9 *Beck*, The future of European Territorial Cohesion.
10 *Krzymuski/Kubicki*.
11 *Speer; Blatter*, Entgrenzung der Staatenwelt?; *Rausch; Beck*, Netzwerke in der transnationalen Regionalpolitik.
12 *Wille; Beck/Thevenet/Wetzel*.

flechtungen von Wirtschaft und Forschung,[13] die Kooperationen zwischen Politik und Verwaltungen,[14] so lässt sich feststellen, dass das Grenzphänomen und damit auch der Gegenstand der grenzüberschreitenden Zusammenarbeit sich nicht mehr nur auf eine einfache räumliche Trennfunktion reduzieren lässt.[15] Grenzüberschreitende Gebiete und die in ihnen stattfindenden Kooperationen sind Subsysteme,[16] die sich aus der horizontalen Vernetzung (und punktuellen Integration) von funktionalen Teilsystemen der jeweils beteiligten nationalen Referenzsysteme konstituieren. Neben der räumlichen umfasst die Grenze damit auch politische, ökonomische, rechtliche, administrative, sprachliche und kulturelle Dimensionen,[17] welche den analytischen Fokus der Ausgangsbedingungen, Strukturierungen, Verfahrensmuster und materiellen Lösungsbeiträge des Subsystems „Grenzüberschreitende Zusammenarbeit" erweitern.[18]

Die Kompetenzen für die grenzüberschreitende Zusammenarbeit wurden in Deutschland seit den 1970er Jahren schrittweise vom Bund auf die Ebene der Bundesländer verlagert, welche diese zum Teil sogar in ihren Landesverfassungen festgeschrieben haben. 10 von 16 Bundesländern sind in dieses Politikfeld aktiv einbezogen, darunter alle Flächenländer außer Sachsen-Anhalt, Thüringen und Hessen. Die sogenannte „kleine Außenpolitik" der grenzüberschreitenden Zusammenarbeit spielt für die beteiligten Bundesländer eine strategisch wichtige Rolle, da sie ein spezifisches, europapolitisches Handlungsfeld darstellt. Neben dem direkten Aufbau und der landespolitischen Ausgestaltung von Außenbeziehungen zu Akteuren anderer Staaten, ermöglicht dieses Politikfeld auch eine unmittelbare Präsenz auf und Wahrnehmung durch die Europäischen Institutionen.

Die grenzüberschreitende Zusammenarbeit mit deutscher Beteiligung ist ferner dadurch gekennzeichnet, dass Deutschland eine wichtige Schnittstelle zwischen zwei Basis-Modellen dieses Kooperationstypus darstellt. An den nördlichen, westlichen und südwestlichen Grenzen finden wir einen Typus grenzüberschreitender Zusammenarbeit vor, der bereits sehr lange besteht und bis in die 1950er Jahre zurückgehende Erfah-

---

13 *Jakob/Friesecke/Beck/Bonnafous.*
14 *Beck,* Netzwerke in der transnationalen Regionalpolitik; *Wassenberg; Kohlisch;* BVBS; *Frey,* VBLBW 12 (2005), S. 449.
15 *Casteigts.*
16 *Frey,* Informationen zur Raumentwicklung Heft 8/9 (2003), S. 451.
17 Vgl. auch Beitrag von *Engl* in diesem Band.
18 *Beck,* La coopenteration transfrontalière, objet de recherche interdiciplinaire, 21.

rungen gekennzeichnet ist.[19] An den nord-östlichen, östlichen und süd-östlichen Grenzen Deutschlands lassen sich dem gegenüber Kooperationsmuster erkennen, die erst seit dem Fall des Eisernen Vorhangs bzw. den EU-Erweiterungsrunden von 1995 (Österreich) und 2004 (Polen, Tschechische Republik) entstanden, mithin also noch sehr jung, experimentell und teilweise noch immer erst im Aufbau sind.[20] Die grenzüberschreitende Zusammenarbeit unter deutscher Beteiligung unterscheidet sich durch diese Parallelität von eher stabilen Verhältnissen, wie sie beispielsweise in Frankreich, Spanien, Portugal oder den Beneluxstaaten gegeben sind. Sie ermöglicht es dadurch, die spezifischen Funktionen, welche die grenzüberschreitende Zusammenarbeit für die weitere Integration sowie insbesondere die territoriale Kohäsion in Europa haben, besonders gut zu illustrieren.

Grenzregionen und die in ihnen stattfindenden Kooperationsprozesse können heute durchaus als eigenes Politikfeld definiert werden, dessen konstitutive Merkmale und Funktionalitäten neben ihrer Eigenschaft als Sub-System nationaler und regionaler Governance auch durch die europäische Ebene mitbestimmt werden. Aus dem Blickwinkel der europäischen Integration und der damit verbundenen Mehrebenen-Perspektive zeigt sich, dass grenzüberschreitende Governance heute ein zunehmend bedeutsames Objekt europäischer Politik ist.

Es ist offensichtlich, dass die grenzüberschreitenden Gebiete wie vielleicht kein anderer Regionstyp von den Fortschritten des europäischen Integrationsprozesses profitiert haben. Durch die großen europäischen Projekte wie das Schengener-Übereinkommen (1985), die Einheitliche Europäische Akte (EEA - 1987), den Vertrag von Maastricht (1992) oder die Einführung des Euros (2002) im Rahmen der Währungsunion wurden wichtige Integrationsschritte realisiert, die das Leben der Bevölkerung in Grenzregionen maßgeblich und nachhaltig positiv beeinflusst haben. Allerdings stellen die Grenzregionen innerhalb dieser Projekte letztlich keinen wirklichen Objektbereich dar, sondern müssen eher als symbolische Anwendungsfelder übergeordneter europäischer Politikstrategien betrachtet werden.

Als Objektbereich europäischer Politik im eigentlichen Sinne wird grenzüberschreitende Zusammenarbeit auf der europäischen Ebene zum

---

19 Gründung der ersten Euroregion im deutsch-niederländischen Grenzgebiet 1958.
20 Vgl. dazu auch Beitrag von *Ulrich* zur deutsch-polnischen Kooperation diesem Band.

einen als spezifische Dimension der Kohäsionspolitik sowie als allgemeiner Gebietstypus im Rahmen der europäischen Raumentwicklungspolitik definiert.

Innerhalb der Europäischen Kohäsionspolitik standen bis Ende der 1980er Jahre nur relativ geringe EU-Mittel für die Förderung der grenzüberschreitenden Zusammenarbeit bereit. Allerdings führte die Einführung der Gemeinschaftsinitiative INTERREG als eigene Förderkulisse zu einem regelrechten Schub. Über 100 grenzüberschreitende Programmregionen haben sich seitdem gebildet und es werden bis zum Jahr 2020 insgesamt 29,5 Milliarden Euro an EU-Mitteln sowie ein annähernd großer Betrag an nationalen und regionalen Kofinanzierungsmitteln in Grenzregionen investiert worden sein.[21] Hinzu kommen – allein für die Förderperiode 2014 bis 2020 – im Rahmen der grenzüberschreitenden Komponente der Nachbarschaftspolitik (IPA-CBC und ENPI-CBC) nochmals 876 Millionen Euro[22]. In diesen territorialen Kooperationsfeldern wurden nicht nur eine Vielzahl konkreter Entwicklungsprojekte partnerschaftlich konzipiert und umgesetzt, sondern das generelle Handlungsmodell der europäischen Regionalpolitik führte – jenseits dem engeren Projektbezug - vielfach auch zu optimierten Strukturierungen in der Aufbau- und Ablauforganisation der grenzüberschreitenden Zusammenarbeit selbst.

Zwischen 2000 und 2006 trug allein das INTERREG III Programm zudem zur Schaffung oder Erhaltung von 115 200 Arbeitsplätzen und zur Schaffung von fast 5800 neuen Unternehmen bei und unterstützte weitere 3900 Unternehmen. Mehr als 544 000 Personen nahmen an Veranstaltungen teil, in denen es um Fragen der Zusammenarbeit ging. Gefördert wurde ferner die Zusammenarbeit im Rahmen von fast 12 000 Netzwerken, die dazu führten, dass rund 1285 Einzelpläne zu grenzübergreifenden oder transnationalen Themen erarbeitet und fast 63 000 Vereinbarungen abgeschlossen wurden. Mehr als 18 000 km Straßen, Schienen und Wege in Grenzgebieten wurden gebaut oder ausgebessert, dazu kamen Investitionen in Telekommunikations- und Umweltverbesserungen, und es wurden mehr als 25 000 spezifische lokale und regionale Initiativen gefördert.[23] Mit der vierten Förderperiode (2007 -2013) wurde aus INTERREG ein sogenanntes „Mainstream-Programm" der europäischen Strukturpolitik, in-

---

21 http://ec.europa.eu/regional_policy/de/policy/cooperation/european-territorial/
22 http://ec.europa.eu/regional_policy/de/policy/cooperation/european-territorial/
23 *Beck*, Grenzüberschreitende Zusammenarbeit im Prozess der Europäischen Integration.

dem die grenzüberschreitende Zusammenarbeit neben der interregionalen und der transnationalen Kooperation generell im neuen Ziel 3 „Europäische Territoriale Zusammenarbeit" (ETZ) aufgewertet wurde.[24] Grenzüberschreitende Kooperationsprozesse werden damit als explizite Experimentierfelder für eine europäische territoriale Governance gesehen und erhalten einen unmittelbaren kohäsionsbezogenen Handlungsauftrag, der im Zusammenhang mit dem im Lissabon-Vertrag neu eingeführten Ziel der territorialen Kohäsion weiter gestärkt wurde. Das aktuelle Programm der ETZ (2014 – 2020) ist durch eine stärkere thematische Schwerpunktsetzung bei der Programmierung sowie einen intensiveren Nachweis der Wirkungsorientierung sowohl bei der Projektauswahl als auch bei der Berichterstattung gekennzeichnet.

Vom aufgabenstrukturellen Fokus her, decken praktizierte grenzüberschreitende Kooperationsansätze in Europa ein breites Spektrum materieller Handlungsfelder ab. Dieses reicht, je nach territorialem Kontext, von klassischen Aufgabenfeldern der Regionalentwicklung (wie etwa Raum- und Stadtentwicklungsplanung, Wirtschaftsförderung, Forschung und Entwicklung, öffentlicher Nahverkehr u.a.) über Ansätze von Kooperationen in sektoralen Politikfeldern (Gesundheit, soziale Sicherung, Aus- und Weiterbildung, Wissenschaft und Forschung, Umwelt, Naturschutz und Tourismus u.a.) bis hin zu Bereichen der öffentlichen Daseinsvorsorge (Ver- und Entsorgung, Sicherheit und Ordnung, Infrastruktur, Freizeit und Sport u.a.).

Eine Klassifizierung dieser vielfältigen Aufgaben, wie sie für die Frage nach der Rolle relevant ist, die ein EVTZ für ihre Erfüllung spielen kann, kann anhand des Merkmals „thematische Differenzierung" sowie anhand des Merkmals „funktionale Differenzierung der Zusammenarbeit" erfolgen.[25]

Eine Aufgabenklassifizierung anhand des Merkmals der *thematischen Differenzierung* kommt zu folgender Typologisierung:

1. Kooperation im Rahmen monothematischer Einzel-Projekte (Brücken, Radwege, Buslinien, Kindergärten, Informationseinrichtungen für Bürger, Unternehmen, Touristen etc.) inkl. INTERREG-life-cycle-Management („single issue");

---

24 Vgl. auch Beitrag von *Zillmer et al.* in diesem Band.
25 Vgl. dazu auch die Klassifizierung von *Zillmer et al.* in diesem Band.

2. Kooperation innerhalb ganzer Themen/-Politikfelder (Umwelt, Gesundheit, Verkehr, Bildung, Wissenschaft und Forschung etc.) („policy-related");
3. Themenübergreifende Kooperation (z.b. klassische INTERREG-Programmierung und – Umsetzung; Zusammenarbeit in politischen Gremien wie Regierungskommissionen, Euroregionen, Eurodistrikten; Intersektorale Zusammenarbeit im Rahmen neuartiger vernetzter Governance-Ansätze der integrierten territorialen Entwicklungssteuerung („integrated-cross-sectorial").

Demgegenüber betrachtet die Typologie der *funktionellen grenzüberschreitenden Aufgaben*, dass diese sich auf unterschiedliche Intensitäten der auf die Aufgabenwahrnehmung bezogenen Kooperationsanforderungen selbst beziehen können. Idealtypisch lassen sich sechs Funktionsebenen der grenzüberschreitenden Zusammenarbeit identifizieren, die in der Praxis – im Sinne eines Kernprozesses – sehr oft sequenziell im Sinne unterschiedlicher Entwicklungsstufen auf einander aufbauen.[26]

Als Basisfunktion der grenzüberschreitenden Aufgabenerfüllung kann die Begegnung zwischen Akteuren aus unterschiedlichen nationalen politisch-administrativen Kontexten betrachtet werden. Auf dieser Ebene stehen die Aspekte des gegenseitigen Kennenlernens sowie des Austausches über die jeweiligen Spezifika des Heimatkontextes im Vordergrund. Gegenseitige Begegnung befördert gegenseitiges Verständnis und bildet damit die Grundlage für den Aufbau vertrauensvoller gegenseitiger Beziehungen. Auf dieser Basis können die Partner dann auf die zweite Stufe eintreten, welche durch eine regelmäßige gegenseitige Information gekennzeichnet ist. Sind die informativen Beziehungen tragfähig, führen diese in einem dritten Schritt zur grenzüberschreitenden Koordination der jeweiligen Handlungen und Politikansätze der beteiligten Partner. Hieraus wächst dann auf einer vierten Ebene der Bedarf, gemeinsame grenzüberschreitende Planungen und Strategien zu entwickeln, die ein abgestimmtes, integriertes Vorgehen in relevanten Aufgabenfeldern sicherstellen können. Darauf aufbauend können dann gemeinsame Entscheidungen getroffen werden, die schließlich auf einer sechsten Ebene zu einer integrierten, grenzüberschreitend abgestimmten und gemeinsam getragenen Umsetzung von Aufgabenstellungen führen.

---

26 *Beck/Pradier*, Governance in der transnationalen Regionalpolitik, 107.

Diese Typologisierung von sechs auf einander aufbauenden grenzüberschreitenden Funktionsebenen steht zum einen für die empirische Beobachtung, dass die Intensität, die Verbindlichkeit sowie die Integration der Kooperation über die einzelnen Stufen hinweg wachsen. Jede Stufe für sich stellt dabei eine notwendige und legitime Dimension der grenzüberschreitenden Aufgabenerfüllung dar.

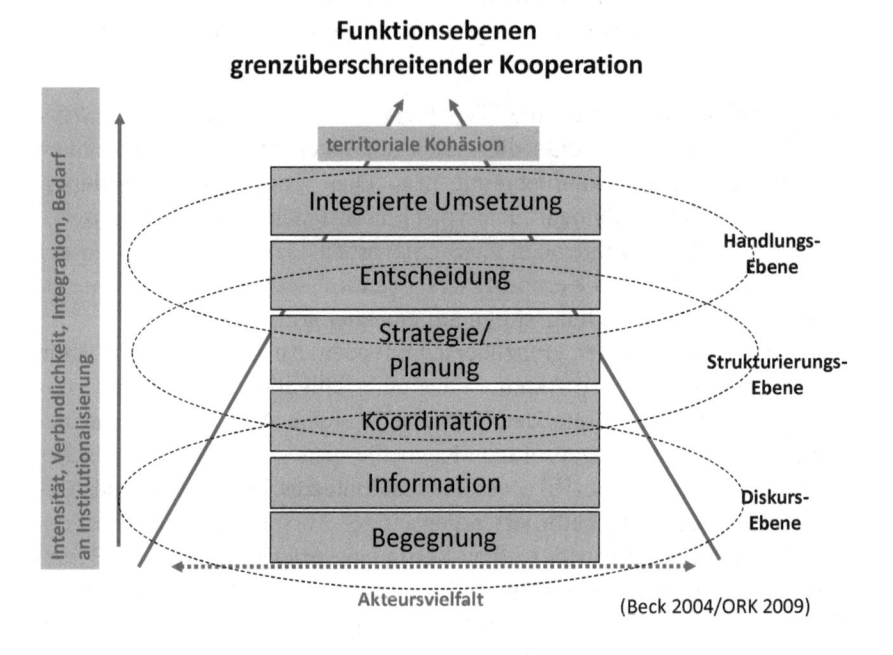

Funktionsebenen grenzüberschreitender Kooperation

- territoriale Kohäsion
- Integrierte Umsetzung
- Entscheidung — Handlungs-Ebene
- Strategie/Planung
- Koordination — Strukturierungs-Ebene
- Information
- Begegnung — Diskurs-Ebene
- Akteursvielfalt

(Intensität, Verbindlichkeit, Integration, Bedarf an Institutionalisierung)

(Beck 2004/ORK 2009)

Zum anderen thematisiert sie, dass das Spektrum der beteiligten Akteure über die einzelnen Stufen hinweg tendenziell ab-, der Institutionalisierungsbedarf hingegen tendenziell zunimmt. Damit lassen sich die sechs Stufen in einen Zusammenhang mit drei sich überlappenden Interaktionslogiken bringen: die ersten beiden Stufen stellen primär eine Diskursebene, die folgenden beiden Stufen eher eine Strukturierungs- sowie die letzten beiden Stufen eine umsetzungsbezogene Handlungsebene dar. Eine empirisch belastbare grenzüberschreitende Aufgabenerfüllung liegt demnach nur vor, wenn alle Funktionsebenen in allen in Frage stehenden Bezugsebenen zumindest im Ansatz verwirklicht sind. Dass gerade bei den beiden Funktionen „Entscheidung" und „Umsetzung" vielfach noch empirische Defizite zu beobachten sind, verdeutlicht die Herausforderungen hinsichtlich der Verwirklichung einer integrierten grenzüberschreitenden

Aufgabenwahrnehmung. Das folgende Schaubild fasst das funktionale Stufenmodell der grenzüberschreitenden Aufgabenwahrnehmung zusammen.

Territoriale Kooperation der neuen Generation versucht verstärkt die integrierte grenzüberschreitende Potenzialentwicklung zu befördern. Damit kommt als neues Thema heute vermehrt die Frage ins Spiel, durch welche Governance-Formen diese Territorialentwicklung am besten befördert werden kann. Aufbauend auf der oben skizzierten Aufgaben-Typologisierung sollen daher im nächsten Kapitel die Akteure einer solchen grenzüberschreitenden Governance, welche wiederum als materielle (Aufgaben-)Träger die Basis für die Nutzung des Instruments EVTZ bilden, näher betrachtet werden.

III. Akteure als Träger von grenzüberschreitender Governance

1. Governance

„Der Begriff Governance gehörte um die Jahrtausendwende zu den Favoriten im Wettbewerb um den Titel des meistgenutzten Begriffes in den Sozialwissenschaften".[27] Mit diesem Befund verbindet sich zugleich eine weitere Beobachtung: „Entsprechend unterschiedlich und vielfältig ist [...] das Verständnis dessen, was denn Gegenstand der Governance-Forschung sein soll".[28] Es ist daher nicht verwunderlich, dass der Governance-Begriff auch in dem bislang von der Wissenschaft erst relativ wenig aufgearbeiteten Forschungsfeld der grenzüberschreitenden Zusammenarbeit in Europa seinen Einzug zunehmend findet. Im Hinblick auf die Eingrenzung eines grenzüberschreitenden Governance-Verständnisses erscheint es zielführend, sich zunächst über dessen Einordung im Hinblick auf zwei konzeptionelle Basis-Ausprägungen des Governance-Begriffs selbst zu verständigen. Alternativ wird in Literatur wie Praxis sowohl ein 1. eher normativer Governance-Begriff verwendet, wie er etwa im Konzept der „Good Governance" zuerst in der Entwicklungszusammenarbeit seinen Ausdruck gefunden hat.[29] Zum anderen wird - auch 2. ein eher neutrales, empiri-

---

27 *Blatter*, Governance als transdisziplinäres Brückenkonzept für die Analyse von Formen und Transformationen politischer Steuerung und Integration, S. 50.
28 *Grande*, S. 77.
29 *Theobald*, S. 35.

sches Begriffsverständnis von Governance verwendet, wie es insbesondere den Arbeiten des Autorenkreises um Arthur Benz zugrunde gelegt wurde:[30]

Was die definitorische Annäherung an den Governance-Begriff anbelangt, so hat Renate Mayntz eine breite Begriffsvariante von Governance vorgelegt: Diese dient der „Bezeichnung der verschiedenen Mechanismen, die in einer Population von Akteuren Ordnung stiften. Dies kann geschehen durch einseitige Anpassung (Markt), Befehl und Gehorsam (Hierarchie), durch Verhandeln in Netzwerken, oder …]durch die gemeinsame Orientierung des Handelns an den Normen und Praktiken in einer Gesellschaft",[31] wobei es dabei im Sinne einer engeren Begriffsvariante dann letztlich darum geht, verschiedene Formen der „absichtsvollen Regelung kollektiver Sachverhalte"[32] zu unterscheiden und zu klären, welches die in Frage stehenden Sachverhalte und welches die regelnden Akteure und ihre Interaktionsmuster sind.

In Anlehnung an Fürst[33] lassen sich hieraus zwei analytische Differenzierungen ableiten: Zum einen stellt sich die Frage nach dem Verfahren des Zustandekommens kollektiver Regelungen (z.B. Entscheidungsprozesse, Entscheidungsregeln, Politikstile u.a.), also um „Govern*ance* im engeren Sinne" als Prozess-Dimension[34] zum anderen diejenige nach den unterschiedlichen Organisationsformen dieses Verfahrens (z.B. klassische Institutionen vs. Netzwerke) also im Sinne einer Abgrenzung von „Govern*ment*" im engeren Sinne als Strukturierungsdimension.

Ergänzend können für den Bereich der grenzüberschreitenden Zusammenarbeit noch zwei weitere Differenzierungen betrachtet werden.[35] So kann eine dritte analytische Dimension entwickelt werden, die insbesondere in den Politikwissenschaften von großer Bedeutung ist, nämlich diejenige von Governance als einer spezifischen Form des Regierens, bei der private korporative Akteure an der Regelung gesellschaftlicher Sachverhalte mitwirken und die in analytischer Sicht eine Unterscheidung zwischen einer spezifischen Form der nicht-hierarchischen Regelung und dem Zu-

---

30 *Benz* et al.
31 *Mayntz*, S. 9.
32 *Mayntz*, S. 9.
33 *Fürst*.
34 *Botzem* et al.
35 *Beck/Pradier*.

sammenwirken hierarchischer und nicht-hierarchischer bzw. staatlicher und nicht-staatlicher Regelungsformen beinhaltet.[36]

Als vierte Dimension kann schließlich eine Differenzierung des Governance-Begriffs nach unterschiedlichen Ebenen erfolgen, die sich in der vertikalen Perspektive auf die Frage nach den verschiedenen räumlichen Handlungsebenen und in der horizontalen Dimension auf die Typologie der beteiligten Akteure (staatlich/nicht-staatlich; öffentlich- privat-gesellschaftlich) bezieht, und die damit die Perspektive der sogenannten Multi-Level-Governance[37] in den Objektbereich der grenzüberschreitenden Zusammenarbeit integriert. Gerade für das Verständnis von Kooperationsansätzen, die sich im Bereich der grenzüberschreitenden Zusammenarbeit bewegen und die durch einen hohen und zugleich sehr voraussetzungsvollen Praxisbezug gekennzeichnet sind sowie insbesondere im Hinblick auf die Frage, welchen Mehrwert dabei ein EVTZ generieren kann, erscheint es ferner nötig, ergänzend auch die jeweils in Frage stehenden materiellen Inhalte (=Policy) als weitere Analysedimension zu berücksichtigen.

2. Akteurstypen in der grenzüberschreitenden Kooperation

Blickt man auf die Empirie der an der grenzüberschreitenden Zusammenarbeit in Europa beteiligten Akteure, so fällt zunächst die starke Dominanz der öffentlichen im Vergleich zu privaten und/oder gesellschaftlichen Akteuren ins Auge. Die grenzüberschreitende Zusammenarbeit ist in allen transnationalen Räumen zunächst einmal primär eine „öffentliche" Angelegenheit, in der staatliche und kommunale Akteure eine tragende Rolle spielen. Dies kann zum einen dadurch erklärt werden, dass diese Form der sog. „kleinen Außenpolitik" natürlich noch immer sehr stark auf die Legitimation, Anerkennung und auch Unterstützung der beteiligten Staaten angewiesen ist, da sich diese im sensiblen Bereich der Außenbeziehungen, also klassischerweise historisch gewachsener und nationalstaatlich definierter staatlicher Kernkompetenz bewegt. Grenzüberschreitende Zusammenarbeit ist und muss in der Regel durch bi- bzw. trilaterale Staatsverträge abgesichert werden, da die nationalen Rechtsordnungen eine externe

---

36 Vgl. *Mayntz*, S. 10.
37 Vgl. *Benz*.

materielle Handlungskompetenz für dekonzentrierte oder dezentrale Einheiten der Staatsorganisation nur in sehr eingeschränktem Maße vorsehen. Zum anderen bewegt sich die grenzüberschreitende Zusammenarbeit klassischerweise in Themenfeldern, die in den beteiligten Ländern dem Kernbereich öffentlicher Aufgaben zuzuordnen sind: Bei der Entwicklung grenzüberschreitender Handlungsansätze etwa in der Raumordnung, im Umweltschutz, beim öffentlichen Personennahverkehr (ÖPNV), in der Bildung, Forschung und Innovation oder der öffentlichen Sicherheit und Ordnung sind zunächst einmal öffentliche Akteure zuständig. Ferner erfordern grenzüberschreitende Projekte, zumal wenn sie durch europäische Programme wie z.b. INTERREG gefördert werden, zum Teil substanzielle finanzielle Beteiligungen in Form von nationalen und regionalen Kofinanzierungen. Hinzu kommt, dass gerade EU-geförderte Projekte solide institutionelle Trägerschaften z.B. im Hinblick auf die vollständige Vorfinanzierung im Kontext des sogenannten Erstattungsprinzips erfordern, woraus sich insbesondere für Akteure der Zivilgesellschaft vielfach systemische Grenzen ergeben. Eine direkte oder indirekte Förderung privater Akteure kann zudem aufgrund der EU-Beihilfenregelungen im Einzelfall problematisch sein, was z.b. die Einbindung privater Unternehmen in grenzüberschreitende Projekte erheblich erschwert. In der Regel sind es daher kommunale und staatliche Verwaltungsakteure oder sonstige institutionelle Akteure wie Kammern (IHK, HWK) und Verbände des Dritten Sektors, die in der grenzüberschreitenden Zusammenarbeit tätig sind und die Projekte und Programme aus öffentlichem Budget kofinanzieren.

Dieser generelle Befund zu den Akteursstrukturen in der grenzüberschreitenden Zusammenarbeit lässt sich indessen durchaus in vertikaler und horizontaler Hinsicht differenzieren. Zum einen lässt sich erkennen, dass auf der gesamträumlichen Ebene grenzüberschreitender Kooperationsräume sehr viel stärker staatliche Akteure eingebunden sind. Dabei handelt es sich entweder um Vertreter der betroffenen Ministerien und/oder – in Bundesländern, die über einen dreistufigen Verwaltungsaufbau verfügen – um Vertreter der Mittelbehörden (Regierungspräsidien, Bezirksregierungen etc.). Dieses deutsche Muster sucht dann seine Pendants in vergleichbaren Staats- und Verwaltungsebenen der Partnerländer. Auf der teilräumlichen Ebene (Euroregionen, Eurodistrikte) lassen sich wiederum eher kommunale Akteure identifizieren, teilweise ergänzt um Vertreter der Kammern, der Wissenschaft sowie um institutionelle Vertreter der Zivilgesellschaft.

Was die Arbeits- und Steuerungsstrukturen anbelangt, findet sich sowohl auf der gesamt- wie auf der teilräumlichen Ebene ein sehr breites Spektrum von Formen und Verfahren. Dieses reicht von Begleit- bzw. Lenkungsausschüssen, gemischten Kommissionen über parlamentsartigen Versammlungen und Räte, Steuerungskreise und Sekretariate bis hin zu einzelnen Projekt- und Initiativgruppen. Generell kann die institutionelle Intensität (Zahl vorhandener Gremien, Institutionen, Einrichtungen) der grenzüberschreitenden Zusammenarbeit als hoch eingestuft werden.

Charakteristisch ist dabei jedoch andererseits, dass in der Regel so gut wie keine aufgabenseitigen Kompetenzübertragungen vom nationalen auf den grenzüberschreitenden Kontext stattfinden. Was das Grundmuster der grenzüberschreitenden Governance anbelangt, und was diese insofern grundsätzlich von entsprechenden Formen der Regional Governance im nationalen Kontext unterscheidet, ist die ausgeprägte Problematik des institutionellen Stellvertreterhandelns: die in grenzüberschreitenden Gremien von institutionellen Vertretern gefassten Beschlüsse, müssen anschließend im jeweiligen nationalen Einzelkontext umgesetzt werden. Beschlüsse können in der Regel nur auf Basis der Einstimmigkeitsregel gefasst werden, kein Partner kann von einem anderen zu einem Projekt gezwungen werden (Ausschluss hierarchischer Steuerungsmodi), Verhandlungen müssen in aufwendigen Verfahren informell abgeklärt und von allen mitgetragen werden, bei der Umsetzung der Beschlüsse im nationalen Kontext fehlt häufig die Bindungswirkung. Durch die Beteiligung von Akteuren, die aus unterschiedlichen politisch-administrativen Kontexten kommen, sind sowohl die Verfahren der Entscheidungsvorbereitung wie auch deren -findung und -umsetzung hoch komplex und störungsanfällig. Innovation wird dadurch tendenziell behindert, es dominieren sehr oft Grundsatzbeschlüsse, Grundsatz- und Absichtserklärungen auf der politischen Ebene, die dann in hochkomplexen Diskursen durch die technische Ebene umzusetzen versucht werden.

Auf der Ebene von Arbeitsgruppen und Projektgruppen schließlich erweitert sich das Akteursspektrum in horizontaler Sicht, je nach thematischer oder funktionaler Ausrichtung des in Frage stehenden Projekts. Das charakteristische Handlungsmuster in der grenzüberschreitenden Kooperation ist die sektor- bzw. themenspezifische Projektarbeit. Diese findet sowohl innerhalb der offiziellen Kooperationsstrukturen als auch in Form von Netzwerken zwischen Akteuren mit gleichgelagerten Interessen und komplementären fachlichen Profilen statt. Da ein Projekt jedoch immer *per se* eine endliche Form der Zusammenarbeit darstellt, wirft diese in der

Joachim Beck

grenzüberschreitenden Zusammenarbeit sehr häufig die Frage der Nachhaltigkeit auf.

Die Vielfalt an Strukturen und Formen der grenzüberschreitenden Zusammenarbeit symbolisiert zudem unterschiedliche Integrationsgrade der territorialen Kooperation. Hierbei finden sich zum einen Regionen, wie der Oberrhein, die Großregion, der Bodensee oder die Euroregionen an der deutsch-niederländischen Grenze, die durchgängig durch eher integrierte Governance-Strukturen gekennzeichnet sind: auf allen Ebenen finden sich fast ausschließlich Gremien, Einrichtungen und Institutionen, die durch eine bi- bzw. trinationale Trägerschaft, eigene Budgets, integrierte Steuerungsformen sowie eigenes bzw. für die in Frage stehende grenzüberschreitende Aufgabe freigestelltes Personal gekennzeichnet sind.

Diesen stehen andererseits Kooperationsräume wie etwa Bayern-Österreich, Deutschland-Polen, Deutschland-Tschechien und partiell auch Deutschland-Dänemark gegenüber, bei denen der Integrationsgrad noch immer weniger stark ausgeprägt ist, sei es, weil z.B. eine grenzüberschreitende Euregio von zwei nationalen Vereinen getragen wird und damit zwei getrennte Steuerungsmuster bestehen, oder programmspezifische Sekretariatsfunktionen dezentral von den beteiligten Ministerien erbracht werden oder es nur sehr schwache gemeinsame Organe, dafür aber sehr stark regionale Zuständigkeiten auf der Ebene der beteiligten Partner gibt.

Je weniger sich einerseits sozioökonomische Verflechtungen auch in grenzüberschreitender Hinsicht an administrativen Grenzen orientieren, und je bedeutender das kooperative Zusammenwirken von Akteuren unterschiedlicher Sektoren für die territoriale Entwicklung wird, desto stärker stellt sich auch im grenzüberschreitenden Kontext die Frage, inwiefern horizontale Differenzierungen in der Akteursstruktur, wie sie in vielen nationalen Räumen zu beobachten sind, auch für grenzüberschreitende Verflechtungsräume von erfolgskritischer Bedeutung sind.[38] Wie die zielgerichtete Mobilisierung und Integration der Handlungspotenziale und -beiträge öffentlicher, gesellschaftlicher und privater Akteure im grenzüberschreitenden Kontext sichergestellt und gegebenenfalls sogar gesteuert werden kann, stellt gerade auch im Hinblick auf die Nutzung des EVTZ durch die beteiligten Akteure eine zentrale Herausforderung der zukünftigen Governance in grenzüberschreitenden Verflechtungsräumen dar.[39] Der

---

38 *Ludwig* et al.
39 *Kohlisch*.

Frage, welches der geeignete Grad und die geeignete Form von Institutionalisierung im grenzüberschreitenden Kontext ist, kommt dabei besondere Bedeutung zu.

IV. Territoriale Entwicklung und transnationale Institutionenpolitik

1. Theoretische Modelle in der Institutionalismusforschung

Institutionen, wie der EVTZ, können verstanden werden als stabile, auf Dauer angelegte Einrichtungen zur Regelung, Herstellung oder Durchführung bestimmter Zwecke.[40] Hierbei können sie sich sowohl auf soziale Verhaltensweisen oder Normen als auch auf konkret-materielle wie auch abstrakt-immaterielle zweckgerichtete Einrichtungen beziehen. In einem politik- oder verwaltungswissenschaftlichen Grundverständnis, wie es diesem Beitrag zugrunde gelegt werden soll, stellen Institutionen einen Handlungskorridor dar, der im Hinblick auf die Strukturierung der Interaktionen zwischen unterschiedlichen Akteuren als eine „structural suggestion"[41] wirkt. Die Frage nach der Schaffung und Veränderbarkeit von Institutionen, bzw. in einem breiteren Begriffsverständnis, der Möglichkeiten und Grenzen einer Ausgestaltung institutioneller Arrangements im Sinne von „institutional dynamics",[42] ist Gegenstand unterschiedlicher wissenschaftlicher Theorieansätze, die in jüngerer Zeit über das Konzept des Neo-Institutionalismus verschiedene monodisziplinäre Prämissen zu integrieren suchen. In Anlehnung an Kuhlmann/Wollmann[43] lassen sich dabei drei zentrale Argumentationslinien bzw. theoretische Modelle unterscheiden:

Der *historische Neo-Institutionalismus* geht davon aus, dass Institutionen als historisch gewachsene Artefakte sich in der Regel nur in sehr geringem Umfang und wenn dann nur im Kontext größerer historisch-politischer Brüche bzw. Gestaltungslinien verändern lassen. Institutionelle Faktoren wirken in diesem Sinne für Akteure, die Veränderungen und Innovationen an gegebenen institutionellen Arrangements intendieren, eher restringierend. Dem gegenüber betont der *Rational-Choice bzw. akteurszentrierte Neo-Institutionalismus* die generelle, interessengeleitete Gestaltbar-

---

40 *Schubert/Klein.*
41 *Kuhlmann/Wollmann*, S. 51.
42 *Olson*, 1992.
43 *Kuhlmann/Wollmann*, S. 52.

keit von Institutionen durch handelnde Akteure,[44] wobei die Wahlmöglichkeiten allerdings durch bestehende institutionelle Rahmen limitiert werden.

Ansätze des *Soziologischen Neo-Institutionalismus* wiederum anerkennen zwar ebenfalls die grundsätzliche (interessengeleitete) Ausgestaltbarkeit institutioneller Arrangements durch handelnde Akteure, betonen aber in diesem Zusammenhang in Abgrenzung zu Theorien der Institutionenökonomik und deren auf individuelle Nutzenmaximierung ausgerichtetes Denkmodell, die Kulturgebundenheit sowie die Gruppenzugehörigkeit von Akteuren als erklärende Variable.

Auch wenn jüngere Ansätze des Neo-Institutionalismus versuchen, die traditionell unterschiedlichen Erklärungsmodelle auf einander zu beziehen und in einer interdisziplinären Betrachtung z.B. für die international vergleichende Analyse unterschiedlicher Ansätze von Veraltungsmodernisierung nutzbar zu machen,[45] sind monodisziplinäre Forschungslinien noch immer eher durch alternative Deutungsmuster gekennzeichnet.

Integrierte Sicht von territorialem Neo-Institutionalismus

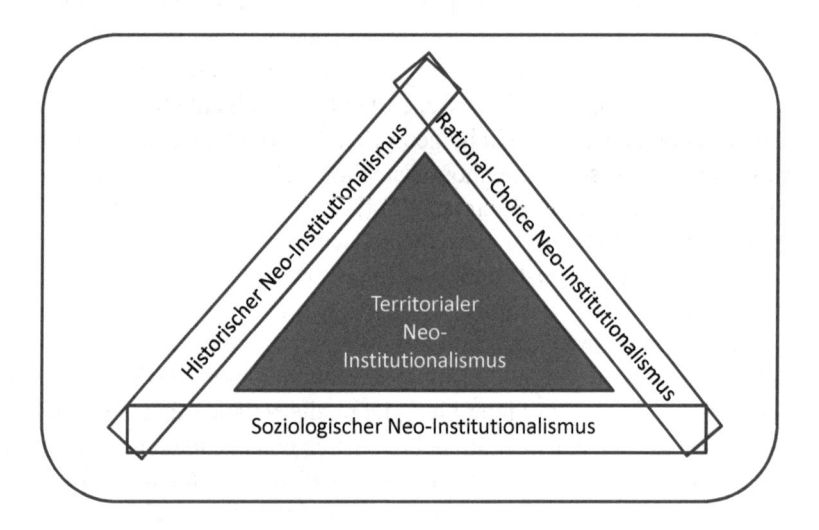

© Prof. Dr. Joachim Beck, HÖV Kehl

---

44 Siehe auch „Institutional Choice".
45 *Schmid/Maurer*.

Territoriale Zusammenarbeit stellt – bezogen auf die konzeptionelle Nutzung neo-institutioneller Theorieansätze – ein zweifach interessantes Anwendungsfeld dar. Zum einen bietet sie einen objektbezogenen Bezugsrahmen, auf den sich die oben dargestellten Theorieansätze letztlich alle beziehen: die räumlich-territoriale Bezugsebene von Politik, in der sich institutionelle Arrangements in der administrativen Praxis zumeist noch immer[46] manifestieren[47]. Zum anderen lässt sich territoriale Zusammenarbeit selbst , verstanden als abhängige Variable, im Hinblick auf ihre Genese, strukturell-funktionale Ausprägung und materielle Wirksamkeit, letztlich nur erklären, wenn sowohl historische, kulturelle sowie auch interessengeleitete Prämissen in ihrer jeweiligen Wechselbezüglichkeit als erklärende Variablen herangezogen werden. Das folgende Schaubild versucht ein solches integratives Verständnis von „territorialem Neo-Institutionalismus" darzustellen:

Konkret handelt es sich dabei um die Frage, welche Grade und Formen der Institutionalisierung grenzüberschreitender Kooperation aus der Sicht der handelnden Akteure funktional sinnvoll sind, warum dies der Fall ist und zu welchen institutionellen Ausgestaltungen dies dann im Ergebnis führt. Dabei interessieren aus der Praxis der grenzüberschreitenden Zusammenarbeit heraus und im Hinblick auf die Funktionen, die ein EVTZ in diesem Kontext spielt, in besonderem Maße Fragestellungen des Kontinuums von informalen, interpersonellen, interinstitutionellen Netzwerken und darauf bezogener eher lose gekoppelter Interaktionsmuster auf der einen Seite (im Sinne von „grenzüberschreitender Gover*nance*") und eher formalen, institutionell-verfassten Organisationsstrukturen (im Sinne von „grenzüberschreitendem Govern*ment*") auf der anderen. Bezugspunkt, so die Hypothese einer solchen territorialen Sicht des Neo-Institutionalismus – und damit letztlich intervenierende Variable – sind dabei unterschiedliche territoriale Kooperationsbedarfe, die sich wiederum aus verschiedenen materiellen und funktionalen Aufgabenstellungen ergeben. Verschiedene Grade an kooperationsbezogener Institutionalisierung können dabei als eine *territorial* bestimmte, zumindest aber beeinflusste Funktion des kollektiven „Abgleichs" zwischen unterschiedlichen, historisch gewachsenen – und damit äußerst persistenten – *Systemen* (Verwaltungen, Recht, politisches System, gesellschaftliches System, Wirtschaftssystem u.a. mit je-

---

46 Die virtuelle Dimension z.B. von e-government-Ansätzen soll hier ausgeblendet werden.
47 *Schimanke*.

weils eigenen gewachsenen Funktionalitäten und Charakteristika), *zweckgerichteter Interaktion* zwischen den beteiligten Akteuren (Kommunen, Kreise, Regionen, Unternehmen, Verbände, Ministerien, Hochschulen u.a. mit jeweiligen institutionellen Eigeninteressen) sowie *kultureller und gruppenbezogener Prägungen* (Verwaltungskulturen, Leitideen und Normen, mentale Modelle u.a. der beteiligten korporativen bzw. individuellen Akteure) verstanden werden. Dass in der grenzüberschreitenden Zusammenarbeit dabei Systeme, Interessen und Prägungen unterschiedener Staaten aufeinandertreffen, erhöht die Komplexität und damit zugleich auch die Schwierigkeit dabei zu einvernehmlichen institutionellen Lösungen zu gelangen.

Im Sinne des oben dargelegten Stufenmodells der grenzüberschreitenden Kooperationsfunktionen würde der Bedarf nach formaler Institutionalisierung von den Basisfunktionen „Begegnung/Information" bis zu den Funktionen „Entscheidung/Umsetzung" zunehmen. Die Basisfunktionen wären demnach eher dem Bereich der grenzüberschreitenden Gover*nance*, die letzten beiden eher dem klassischen Bereich eines grenzüberschreitenden Govern*ment* zuzuordnen.

2. *EVTZ und funktionale Institutionalisierung territorialer Governance*

Im Hinblick auf die Rolle, die ein EVTZ in diesem Kontext spielen kann, ist dabei die Frage aufzuwerfen, welcher Funktionslogik grenzüberschreitende Zusammenarbeit aus der Sicht der handelnden Akteure primär folgt bzw. folgen sollte. Im Spannungsfeld zwischen der funktionalistischen Prämisse eines „structure follows function" und der strukturalistischen Sichtweise eines „function follows stucture" scheint in der grenzüberschreitenden Zusammenarbeit eher Letzteres zu dominieren. Anders als die europäische Integration, die sich über tatsächliche funktionale Verflechtungen als veritables Kern-Projekt auf der internationalen/globalen Agenda manifestiert, ist eine breitere grenzüberschreitende Realität (jenseits punktueller Phänomene wie z.B. Grenzgänger) per se nicht gegeben, sondern muss konstruiert werden.[48] Institutionenbildung bringt dabei jenseits der jeweiligen zweckbezogenen Begründung im grenzüberschreitenden Kontext immer auch eine übergeordnete aufgaben- und politikfeldbe-

---

48 *Gailing/Kilper*, S. 99.

zogene Symbolisierung mit sich.[49] Nicht umsonst ist gerade auch die nachhaltige grenzüberschreitende Strukturbildung eines der wichtigsten Ziele der INTERREG-Programme, weil mit jedem nach Auslaufen der Förderung weitergeführten Projekt eben auch eine neue grenzüberschreitende Realität begründet wird, die es zuvor in dieser Form nicht gegeben hat. Über die Strukturen werden so auch immer grenzüberschreitende Funktionen und Funktionalitäten institutionalisiert.[50]

Jüngere empirische Erhebungen zum EVTZ belegen, dass offensichtlich im grenzüberschreitenden Kontext ein wachsender Bedarf nach Institutionalisierung und einer Verbesserung des transnationalen Government besteht.[51] Bei näherem Betrachten zeigt sich, dass dieser Bedarf durchaus differenzierend zu betrachten ist: Die ursprüngliche Intention der EU, mit dem EVTZ ein Instrument zur Professionalisierung und Integration der in vielen Programmräumen noch immer auf verschiedene Partner verteilten Trägerschaft von INTERREG-Programmen zu schaffen (=EVTZ als Programmansatz), findet in der Praxis eher weniger Anwendung. Auch die Bestrebungen, die Verbindlichkeit der gemeinsamen Aufgabenwahrnehmung zu erhöhen (=EVTZ als Aufgabenträgeransatz) sind bislang eher nur moderat ausgeprägt. Die meisten EVTZ-Projekte werden offensichtlich von der Intention getrieben, entweder die Verbindlichkeit der politischen Funktionen sowie die Koordination innerhalb eines grenzüberschreitenden Kooperationsraumes zu erhöhen (=EVTZ als Gremienansatz).[52] Dies lässt darauf schließen, dass sich offensichtlich in der Praxis ein grenzüberschreitender Aufgabenwandel andeutet, der sich in materieller Hinsicht von einzelnen Projekten hin zur eher integrierten Wahrnehmung gesamtterritorialer Entwicklungsaufgaben und in funktionaler Hinsicht von Basisfunktionen hin zu integrierten Entscheidungs- und Umsetzungsfunktionen bewegt.

Andererseits belegen die vorliegenden Studien ebenfalls, dass der EVTZ in der Praxis der grenzüberschreitenden Zusammenarbeit Europas doch noch immer nur sehr zaghaft genutzt wird: Wenn es bis dato in ganz Europa nur 59 EVTZ [53] gibt, bedeutet dies rein rechnerisch, dass gerade mal in der Hälfte aller INTERREG-Programm-Räume ein EVTZ zu fin-

---

49 *Edelmann.*
50 *Röber.*
51 *European Parliament.*
52 *European Parliament.*
53 Stand: Januar 2016, EVTZ-Plattform des Ausschusses der Regionen.

den ist! Der EVTZ und die mit ihm intendierte grenzüberschreitende Institutionenbildung kann zumindest bislang kaum als ein echtes Erfolgsmodell betrachtet werden.

Dieser Befund kann institutionentheoretisch in verschiedene Richtungen interpretiert werden. Einerseits ist er ein Indikator dafür, dass in nicht wenigen grenzüberschreitenden Gebieten offensichtlich der bisherige Grad an Kooperation (interpersonelle und interinstitutionelle Netzwerke) durchaus als unzureichend betrachtet wird und man versucht, unter Nutzung des EVTZ, dem Sub-System der Kooperation eine größere integrative Verbindlichkeit zu vermitteln, d.h. er symbolisiert letztlich einen Wunsch nach Weiterentwicklung der Kooperation durch Schaffung eines belastbareren institutionellen Handlungskorridors für neue, verbindlichere Formen der territorialen Entwicklungssteuerung.[54] Andererseits zeigt sich an der Tatsache, dass in Europa von diesem Instrument noch immer eher zurückhaltend Gebrauch gemacht wird aber auch, dass die handelnden Akteure offensichtlich in größerem Umfange noch immer nicht bereit sind, sich auf der Ebene der materiellen und/oder funktionalen Aufgabenerfüllung auf gemeinsame grenzüberschreitende Institutionen und daraus abgeleitete Organisationsstrukturen zu verständigen – zumindest unter Nutzung des dafür eigentlich hervorragend geeigneten Instruments des EVTZ. Offensichtlich besteht seitens der beteiligten rationalen Akteure eine Tendenz zur interessengeleiteten „Nicht-Gestaltung" des institutionellen grenzüberschreitenden Handlungskorridors, weil diese hierin zumeist noch immer keinen faktischen (zweckgerichteten) Mehrwert sehen.

Aus einer eher historischen Sicht könnte man dem gegenüber zu dem Schluss kommen, dass das neuartige EVTZ-Instrument nicht mit den langfristig unterschiedlich gewachsenen politisch-administrativen Systemen der beteiligten Partner kompatibel ist und deshalb nur geringe Akzeptanz findet:. Dadurch, dass mit einem EVTZ letztlich kein transnationales Rechtsinstrument geschaffen wurde, sondern in seiner Anwendung durch das Sitzlandprinzip im Ergebnis immer eine nationalstaatlich evolvierte Rechtsordnung über die andere gestellt werden muss, wird die technische Umsetzung so sehr erschwert, dass die nationalen institutionellen Muster dominieren bzw. eben nicht effektiv überwunden werden können.

Zu einem ähnlichen Ergebnis würde man – allerdings mit anderen konzeptionellen Vorzeichen – auch aus einer soziologischen Institutionensicht

---

54 Vgl. auch *Blatter*, Entgrenzung der Staatenwelt?, S. 256.

kommen. In diesem Falle wäre sowohl die neue Rechts- und Organisationskultur als auch die Mitgliedergruppe eines grenzüberschreitenden EVTZ letztlich eben nicht kompatibel mit den politisch-administrativen Kulturen und formal zuständigen institutionellen Akteursstrukturen der beteiligten Partnerländer; existierende und bislang durchaus als funktional empfundene Identitäten von Akteursnetzwerken würden durch eine formale Institutionalisierung aus dieser Sicht jedenfalls tendenziell gefährdet.

Anders als dies im einzelstaatlichen Kontext z.B. im Zusammenhang mit der Schaffung von Metropolregionen zu beobachten ist, erscheinen aus einer territorial-neoinstitutionalistischen Interpretation heraus die räumlichen Gegebenheiten, Entwicklungsbedarfe und Potenziale der grenzüberschreitenden Gebiete in Europa noch immer als nicht so bedeutend erscheinen, als dass diese — einen spürbaren Einfluss auf die Akteure, Systeme und Kulturen hätten, eine leistungsfähige grenzüberschreitende Institutionenbildung unter Zuhilfenahme des EVTZ zu initiieren. Zumal sich im nationalen und europäischen öffentlichen wie privaten Recht, hinreichend viele alternative Rechtsformen finden, mit deren Hilfe als notwendig erkannte Institutionalisierungsbedarfe zum Zwecke der Erfüllung grenzüberschreitender territorialer Aufgaben offensichtlich einfacher realisiert werden können.

V. Ausblick

Grenzüberschreitende Gebiete sind Schnittstellen unterschiedlicher politisch-administrativer sowie – in einem weiteren Verständnis – eben auch kultureller Systeme. Ob das Zusammentreffen unterschiedlicher Strukturen, Verfahren, Werte, Aufgabenverteilungen, Handlungsspielräume etc. sich produktiv gestaltet oder zu regelmäßigen Blockaden führt, wird ganz wesentlich dadurch bestimmt, ob die handelnden Akteure willens und in der Lage sind, den vielfältigen intersystemischen Herausforderungen aktiv zu begegnen und diese produktiv als Chance für die Entwicklung eines auf gegenseitigem Lernen beruhenden territorialen Innovations- bzw. Integrationspfads zu nutzen. Dabei ergibt sich die doppelte Herausforderung, dass solches Lernen – soll es territorial nachhaltig sein – sowohl auf der interpersonellen, als auch auf der interinstitutionellen Ebene stattfinden muss. Wenn im Zusammenhang mit den Perspektiven einer Weiterentwicklung der grenzüberschreitenden Zusammenarbeit in Europa in Wissenschaft wie Praxis immer häufiger das Konzept des Netzwerks als normative

Denkfigur einer territorialen Governance bemüht wird, so verbindet sich damit unter den real-weltlichen Bedingungen letztlich die Frage nach den Akteuren selbst sowie deren faktischen Handlungsmöglichkeiten im grenzüberschreitenden Raum. Die vorliegende Analyse zum EVTZ verdeutlicht, wie sehr grenzüberschreitende Gebiete und die Funktionalität der in ihnen stattfindenden Kooperationen nicht nur von der (passiven) Duldung, sondern auch und gerade von der aktiven Förderung durch die beteiligten territorialen, institutionellen und auch zivilgesellschaftlichen Partner des jeweiligen „Heimatkontexts" abhängig sind. Dabei wird ersichtlich, dass die Perspektive der Institutionalisierung eines transnationalen Handlungsraums sich nicht nur auf den Teilaspekt des Einsatzes eines bestimmten Rechtsinstruments verkürzen lässt, sondern sich letztlich auf die sehr viel weitergehende Frage der Möglichkeiten und Grenzen einer Flexibilisierung des rechtlichen, administrativen und politischen Handlungsrahmens der beteiligten Partner bezieht.

Ein pragmatischer Schritt in diese Richtung könnte darin bestehen, im nationalen Recht der beteiligten Partner für Aufgabenfelder mit nachgewiesener grenzüberschreitender Relevanz (z.B. grenzüberschreitender Nahverkehr, Aus- und Weiterbildung, Ver- und Entsorgung, Arbeitsmarkt- und Wirtschaftsförderung, Umweltschutz und Gefahrenabwehr, soziale Sicherheit und Gesundheitsversorgung etc.) jeweils spezifische grenzüberschreitende Kompetenzbereiche für deren gemeinsame Umsetzung und Durchführung mit Partnern aus dem Nachbarstaat zu schaffen. Dies erfordert für die beteiligten kommunalen Akteure in relevanten Aufgabenbereichen die Bereitschaft zur horizontalen Aufgabenübertagung auf in der Regel suprakommunale grenzüberschreitende Trägerstrukturen – unter aktiver Nutzung des EVTZ. Für die beteiligten Mitgliedsstaaten und ihre subnationalen Untergliederungen bedeutet dies, dass in all jenen Aufgaben- bzw. Rechtsgebieten, in denen der europäische Gesetzgeber – zumeist aufgrund eines Eigeninteresses der Mitgliedsstaaten – bislang nicht harmonisierend tätig wurde, im Falle des Nachweises eines entsprechenden Bedarfes die nicht erfolgte europäische Integration zumindest auf grenzüberschreitender Ebene horizontal (d.h. auf Basis bilateraler Vereinbarungen zwischen Nachbarstaaten) nachvollzogen werden könnte. Hierzu können natürlich nicht alle nationalen Fachgesetze in mobilitätsrelevanten Bereichen wie Steuer-, Arbeits-, Sozial- oder Wirtschaftsrecht an alle verschiedenen territorialen Spezifika der Grenzgebiete angepasst werden (dies würde schon allein aufgrund des Gleichbehandlungsgrundsatzes nicht funktionieren). Es wäre aber denkbar, zumindest auf Verordnungsebene grenzüberschreitende Öffnungs- bzw. Experimentierklauseln oder – analog der sog. beihilferechtlichen de-minimis-Regel – zumindest bestimmte Freistellungsregelungen für grenzüberschreitende Sachverhalte zu integrieren, die eine flexiblere Anpassung an die grenzüberschreitenden Gegebenheiten ermöglichen können. Zudem scheint es zielführend, noch stärker zu analysieren, welche Potenziale das EU-Prinzip der „mutual recognition"[55] für den grenzüberschreitenden Kontext der inter-administrativen Kooperation beinhalten kann. In diesem Zusammenhang sollte auch das Konzept der sogenannten „shared services"[56] stärker aufgegriffen werden, da dieses gerade in Zeiten finanzieller Knappheit in besonderem Maße geeignet ist, der grenzüberschreitenden Zusammenarbeit bedarfsgerechte Anreize und damit dauerhaft tragfähige Zukunftsperspektiven zu geben.

Schließlich erscheint es sinnvoll, im Rahmen von *ex-ante*-Gesetzesfolgenabschätzungen zukünftige Initiativen des europäischen und nationalen Gesetzgebers verstärkt daraufhin zu untersuchen, ob diese auch mit den grenzüberschreitenden Gegebenheiten der jeweiligen Nachbarstaaten kompatibel sind, damit nicht – z.B. im Falle der vermeintlich „subsidiaritätsfreundlichen" Richtlinien – bei der Implementation europäischen Rechts durch die Mitgliedsstaaten fachliche Unterschiede beiderseits der Grenze eher festgeschrieben denn angeglichen werden. Auch dies kann dazu beitragen, die transnationale Institutionenbildung und damit die Nutzung vorhandener Rechtsinstrumente wie den EVTZ, in Zukunft noch bedarfsgerechter im Sinne eines „territorialen institutional choice" auszugestalten.

Abstract

Cross-border cooperation has been gaining increasing importance throughout recent years. Stimulated by territorial development needs, facilitated through productive forms of inter-personnel and inter-institutional networks and promoted actively with the financial support from the European Commission, today ETC (European Territorial Cooperation) is an effective approach of handling both the challenges and potentialities of the many cross-border territories in Europe. In this context, the legal instru-

---

55 *Beck*, 2015.
56 *Tomkinson*.

ment of EGTC can be interpreted as a specific mode of improving the process of transnational institution-building. Based on a functional and thematic classification of cross-border tasks, the article analyzes the role an EGTC can play in fostering actor-centered cross-border governance approaches. Drawing on recent neo-institutional thinking, the article both develops and uses the concept of territorial neo-institutionalism for a critical review and explanation of the current state of implementation of EGTC in Europe. The article concludes with the needs of a greater flexibility with regard to the respective legal and administrative framework conditions in order to allow for a better use of the EGTC instrument.

Literaturverzeichnis

Ahner/Fuechtner, Territoriale Kohäsion: EU-Politik im Dienste regionaler Potenziale, Informationen zur Raumentwicklung Heft 8(2010) 543.

Beck, Netzwerke in der transnationalen Regionalpolitik. Rahmenbedingungen, Funktionsweise, Folgen, 1997.

Beck /Thevenet/Wetzel, Europa ohne Grenzen – 15 Jahre gelebte Wirklichkeit am Oberrhein / L 'Europe sans frontières – 15 ans de réalité dans le Rhin supérieur, 2009.

Beck, La coopération transfrontalière, objet de recherche interdiciplinaire: Quelques réflexions sur un programme de travail scientifique, in: Wassenberg (Hrsg.), Vivre et penser la coopération transfrontalière (Volume I): les régions françaises, 2010, S. 21.

Beck/Pradier, Governance in der transnationalen Regionalpolitik : Bestandsaufnahme und Perspektiven der Kooperationsbeziehungen in grenzüberschreitenden Verflechtungsräumen, in: Beck/Wassenberg (Hrsg.), Grenzüberschreitende Zusammenarbeit erforschen und leben (Band 2): Governance in deutschen Grenzregionen,2011, S. 107.

Beck, Grenzüberschreitende Zusammenarbeit im Prozess der Europäischen Integration, in: Wassenberg /Beck (Hrsg.), Living and researching cross-border cooperation (Vol. 3): The European Dimension of Cross-Border Cooperation, 2011, S. 129.

Beck, The future of European Territorial Cohesion: Capacity-building for a new quality of cross-border cooperation, in Beck/Wassenberg (Hrsg.), Vivre et penser la coopération transfrontalière (Vol. 6), Vers une cohésion territoriale transfrontalière ?, 2014, S. 333.

Beck, Cross-border cooperation and the European Administrative Space – Prospects from the principle of mutual recognition, International Public Administration Review Vol. 13, No. 2 (2015),9.

Benz/Lütz/Schimank/Simonis, Handbuch Governance, Theoretische Grundlagen und empirische Anwendungsfelder, 2007.

Benz, Politik in Mehrebenensystemen, 2009.

Blatter, Entgrenzung der Staatenwelt? Politische Institutionenbildung in grenzüberschreitenden Regionen in Europa und Nordamerika, 2000.

Blatter, Governance als transdisziplinäres Brückenkonzept für die Analyse von Formen und Transformationen politischer Steuerung und Integration, in: Bogumil/Jann/ Nullmeier (Hrsg.), Politik und Verwaltung, 2006, S. 50.

Botzem/Hofmann/Quack/Schuppert/Straßheim, Governance als Prozess. Koordinationsformen im Wandel, 2009.

BVBS- Bundesministerium für Verkehr, Bau und Stadtentwicklung,Metropolitane Grenzregionen. Abschlussbericht des Modellvorhabens der Raumordnung (MORO) „Überregionale Partnerschaften in grenzüberschreitenden Verflechtungsräumen", 2011.

Casteigts, La mise en cohérence des politiques publiques en territoire transfrontalier, in : Wassenberg (Hrsg.),Vivre et penser la coopération transfrontalière (Volume I): les régions françaises, 2010, S. 307.

Edelman, Politik als Ritual. Die symbolische Funktion staatlicher Institutionen und politischen Handelns, 1990.

Eurostat, Labour market and labour force survey (LFS), 2014.

European Parliament, European grouping of territorial cooperation as an instrument for promotion and improvement of territorial cooperation in Europe, 2015.

Foucher, L'obsession des frontières, 2007.

R. Frey, Regional Governance zur Selbststeuerung territorialer Subsysteme, Informationen zur Raumentwicklung Heft 8/9 (2003), 451.

M. Frey, Eurodistrikte als neue Form der grenzüberschreitenden Zusammenarbeit am Oberrhein – Grundlagen und Gestaltungsmöglichkeiten, VBLBW 12 (2005), 449.

Fürst, Regional Governance – Was ist neu an dem Ansatz und was bietet er?, in: Beck/ Wassenberg (Hrsg.), Grenzüberschreitende Zusammenarbeit erforschen und leben (Band 2): Governance in deutschen Grenzregionen, 2011, S. 89.

Gailing/Kilper, Institutionen- und Handlungsräume als sozio-politische Konstruktion, in: *Kilper (Hrsg.)* Governance und Raum, Baden-Baden, 2010, S. 93 – 109.

Grande, Perspektiven der Governance-Forschung: Grundzüge des Forschungsprogramms des Münchner Centrums für Governance-Forschung, in: Grande/May (Hrsg.), Perspektiven der Governance-Forschung, Baden-Baden, 2009, S. 77 - 89.

Jakob/Friesecke/Beck/Bonnafous, Bildung, Forschung und Innovation am Oberrhein. Dokumente zum 12. Dreiländerkongress vom 2. Dezember 2010 in Basel – Formation, recherche et innovation dans la région du Rhin supérieur. Documents du 12ème Congrès Tripartite du 2 décembre 2010 à Bâle,2011.

Kohlisch, Regional Governance in europäischen Regionen. Eine empirische Analyse der transnationalen Verbünde Großregion/Grande Région und Oder-Partnerschaft/ Partnerstwo-Odra, 2008.

Krzymuski/Kubicki, EVTZ-2.0 – Neue Chance für die grenzübergreifende Zusammenarbeit öffentlicher Einrichtungen? NVwZ 20/2014, 1338

Kuhlmann/Wollmann, Verwaltung und Verwaltungsreformen in Europa. Einführung in die vergleichende Verwaltungswissenschaft, 2013.

Ludwig/Mandel/Schwieger/Terizakis, Metropolregionen in Deutschland. 11 Beispiele für Regional Governance, 2009.

Mayntz, Governancetheorie: Erkenntnisinteresse und offene Fragen, in: Grande/May (Hrsg.), Perspektiven der Governance-Forschung, 2009, S. 9.

Olson, Analyzing institutional dynamics, Staatswissenschaften und Staatspraxis 3 (1992), 247.

Rausch, Grenzüberschreitende Kooperationen. Der kanadisch – US-amerikanische Nordosten und die Oberrheinregion im Vergleich, 1999.

Ricq, Handbook of transfrontier cooperation, 2006.

Röber, Zukunftsfähig durch Regionsbildung? Institutionenbildung in politisch-administrativen Verflechtungsräumen, 2015.

Schimanke, Verwaltung und Raum. Zur Diskussion um Leistungsfähigkeit und Integrationsfunktion von Verwaltungseinheiten, 2010.

Schubert/Klein, Das Politiklexikon, 5.Aufl.,2011.

Schmid/Maurer, Ökonomischer und soziologischer Institutionalismus. Interdisziplinäre Beiträge und Perspektiven der Institutionentheorie und – analyse, 2006.

Speer, Grenze und grenzüberschreitende Zusammenarbeit im historischen Kontext: eine explorative politikwissenschaftliche Studie am Fallbeispiel des Pyrenäenraums, 2010.

Theobald, Zehn Eckpunkte zu Good Governance, in: König/Adam (Hrsg.), Governance als Entwicklungspolitischer Ansatz, 2001, S. 35.

Tomkinson, Shared services in Local Government. Improving Service Delivery, 2007.

Wassenberg, Vers une eurorégion? La coopération transfrontalière franco-germano-suisse dans l'espace du Rhin supérieur de 1975 à 2000, 2007.

Wassenberg/Beck, Living and researching cross-border cooperation (Vol. 3): The European Dimension of Cross-border Cooperation, 2011.

Wassenberg/Reithel, Territorial Cooperation in Europe. A Historical Perspective, (DG Regional and Urban Policy), 2015

Wassermann, Die Region Hannover – Regionale Kooperation vor dem Hintergrund einer institutionalisierten Gebietskörperschaft, 2007.

Wille, Grenzgänger und Räume der Grenze. Raumkonstruktionen in der Großregion SaarLorLux, 2012.

Grenzüberschreitende funktionale Kooperation im deutsch-polnischen Grenzraum am Beispiel des TransOderana EVTZ - Akteure, Strategien und Institutionen

Peter Ulrich M.A.[1]

I. Einleitung und Zielsetzung

Die Institutionalisierung der grenzüberschreitenden funktionalen Territorialkooperation in Europa hat in den letzten 25 Jahren an enormer Quantität und Qualität dazugewonnen. Mit etwa 150 Euroregionen[2] und mehr als 60 EVTZ[3] in Europa sind in der EU zahlreiche grenzregionale Verflechtungsräume, sowie rechtlich-administrative Überlappungssysteme entstanden, die von Praktikern wie Wissenschaftlern gemeinhin als „Mikrolabore der europäischen Integration"[4] bezeichnet werden. Gleichzeitig bedingen kontextabhängige historische, kulturelle und soziale Variablen die Form und Tiefe der Institutionalisierung grenzüberschreitender Kooperation. Die deutsch-polnische Grenzregion ist in dieser Hinsicht eine Grenzregion, die auf eine vergleichsweise kurze rechtlich-administrative Kooperationsgeschichte zurückblickt. An der Schnittstelle des „alten" und „neuen" Europa stellt sie eine Grenzregion dar, die etwa zeitgleich zu der EG-Strukturfondsreform (1988) und der Einführung der Gemeinschaftsinitiative INTERREG (1990) rechtlich in vier gegründeten Euroregionen im deutsch-polnischen Grenzraum (1991-1995) verbunden und institutionalisiert wurde. Die Institutionalisierung der grenzüberschreitenden Zusammenarbeit ist im Anschluss der politgeschichtlichen Zäsur nach dem Fall des Kommunismus politisch durch Integration der ostdeutschen Bundesländer in die EG sowie durch eine Politik der Annäherung der jungen Republik

---

1 EVTZ-Kompetenzzentrum, Viadrina Center B/ORDERS IN MOTION, Europa-Universität Viadrina Frankfurt (Oder).
2 *Svensson*, Eurasian Geography and Economics 54 (2013), 409.
3 Ende Oktober 2016 waren 63 EVTZ im Register des Ausschusses der Regionen der Europäischen Union gemeldet, siehe *Ausschuss der Regionen*, List of European Groupings of Territorial Cooperation in Europe – EGTC, 1.7.2016.
4 u.a. *Jańczak*, Public Policy and Economic Development 5 (2014), 7 (14).

Polen auf europäischer Ebene und durch Schaffung von deutsch-polnischen Euroregionen subnational administrativ befördert worden.

Der Artikel versucht diese junge Kooperationsgeschichte an der deutsch-polnischen Grenzregion einzufangen und anhand der rechtlichen, administrativen und strategischen Verflechtung auf institutioneller Ebene wiederzugeben. Dabei wird der Fokus primär auf Akteure, Institutionen und Strategien gelegt. Diese deskriptive Studie der grenzüberschreitenden Zusammenarbeit im deutsch-polnischem Grenzraum mündet in einer tiefergehenden Analyse einer konkreten Fallstudie: der *TransOderana EVTZ* und seine Entstehungsgeschichte.

Der Beitrag verfolgt drei Ziele: 1. einen Überblick über die territoriale Kooperation (Akteure, Strategien, Institutionen) im deutsch-polnischen Grenzraum zu geben, 2. den inter- und intrainstitutionellen Gründungsprozess eines EVTZ in der Praxis darzustellen und „Governance"-Strukturen in der europäischen Mehrebenenstruktur wiederzugeben 3. die Chancen und bestehende Barrieren der EVTZ-Gründung herauszufiltern und kritisch darzulegen. Die Grundannahme dieses Artikels ist, dass die rechtliche Institutionalisierung (supranationale und subnationale Integration) die Basis für die administrative, finanzielle und politische Institutionalisierung ist, und das weiterhin soziale, kulturelle und historische Aspekte für eine strategiegeleitete Vertiefung der Zusammenarbeit bedeutsam sind – auch wenn diese in dieser Studie eine untergeordnete Rolle spielen und einer weitergehenden Analyse bedürfen.

Um die multi-akteursbasierte, grenzüberschreitende Kooperationsgeschichte im Grenzraum wiederzugeben, bedarf es eines ordnungsgebenden, anleitenden und aussagekräftigen theoretischen Modells. Das nächste Kapitel stellt daher die theoretischen Modelle der (Multi-Level) „Governance" und den akteurszentrierten Institutionalismus vor, die in erster Linie anhand ihrer theoretischen Prämissen die Fallstudie anleiten.

Kapitel III. wiederum gibt einen Überblick über die rechtlichen, administrativen und politischen Rahmenbedingungen sowie Akteure, Strategien und institutionellen Verflechtungen im deutsch-polnischen Grenzraum wieder. Das Kapitel IV. zeigt dann den konkreten Fall der TransOderana EVTZ mit der Entwicklung der Kooperation, der rechtlichen, administrativen und finanziellen Institutionalisierung der Zusammenarbeit sowie der politischen Ausverhandlungsprozesse im Mehrebenensystem auf.

II. Multi-Level-Governance und akteursbasierter Institutionalismus als theoretischer Rahmen der funktionalen Kooperation

Der wissenschaftliche Diskurs rund um die Institutionalisierung von grenzüberschreitend-funktionaler Kooperation dreht sich im Kern um die zwei wesentlichen Strömungen der europäischen Integrationsforschung. Der Ausgangspunkt ist die simple Frage: Warum treten Regionen und Verwaltungen auf beiden Seiten der Grenze in Kooperationsverbünde? Welche kausalen Mechanismen greifen in der Ausverhandlung von Interessen und wer ist/sind die Prinzipalen? Zur Beantwortung dieser Fragen wird in der europäischen Integrationsforschung häufig die neofunktionalistische Perspektive (z.B. im Modell „Multi-Level-Governance"[5]) und die intergouvernementalistisch-realistische Perspektive (z.B. liberaler Intergouvernementalismus[6]) herangezogen.

Der Neofunktionalismus beschreibt und erklärt grenzüberschreitende Integrationsprozesse aufgrund von zunehmender funktionaler Differenzierung von Politikbereichen in heutigen modernen Gesellschaften.[7] Die Folge ist eine Institutionalisierung gemeinsamer rechtlicher Verwaltungsräume, die Entscheidungs- und Implementierungskompetenzen in den rechtlich-administrativen Politikfeldern erlangen, die ursprünglich im nationalstaatlichen Geltungsbereich zugeordnet waren (im Vergleich zum Intergouvernementalismus, der Nationalstaaten als Auftraggeber [„Principals"] und supranationale, sowie subnationale Institutionen als Ausführungsgehilfen [„Agent"] beschreibt).

Strategische Problemlösung erfolgt durch funktional-regionale Kooperation (grenzüberschreitend oder transnational) in spezifischen Politik- und Verwaltungsbereichen, die durch eine übergeordnete (supranational-europäische) Koordinierungseinheit angeleitet wird – und sich im Idealfall via „Spill-Over-Effekte" auf andere Politikbereiche überträgt.[8] In dem Fall der TransOderana könnte man von einer Form der funktionalistischen Territorialkooperation im Verkehrssektor sprechen, der auf weitere administrative Bereiche der Wirtschafts-, Sozial- und Regionalpolitik bei effektiver Steuerung übergehen kann.

---

5 Vgl. *Hooghe und Marks*; *Benz, Jachtenfuchs und Kohler-Koch*.
6 Vgl. *Moravcsik* 1998
7 *Wolf*, S. 66.
8 Vgl. *Haas*; *Wolf*; *Lindberg*.

Der auf neofunktionalistischen Prämissen beruhende Multi-Level-Governance-Ansatz,[9] der die Europäische Union (Gemeinschaft) „wie bei einer russischen Puppe"[10] als „Verflechtungssystem",[11] „fusionierter Föderalstaat",[12] oder als „europäische Zwiebel mit vielen Schichten in der Gesetzgebung"[13] beschreibt, weist auf den Mehrebenencharakter bei Akteurskonstellationen und -strukturen („*Polity*"), Ausverhandlungs-, Gesetzgebungs- und Implementierungsprozessen („*Politics*") in speziellen Politikbereichen („*Policy*") in der EU hin. Gover*nance* ist ein Konzept in Abgrenzung zu hierarchisch staatlicher Steuerung („Gover*nment*"), das eine moderne, auf breite Mitwirkung angelegte Politik symbolisiert.[14] Es stellt einen Mechanismus dar, der Lösungsstrategien für eine Bandbreite von Konflikten auf Basis von Meinungsbildung, Entscheidungsfindung und Implementierung durch regelmäßigen Austausch und Verhandeln von einer Vielzahl von teilnehmenden Akteuren auf unterschiedlichen Ebenen generiert.[15]

Das Mehrebenen-System der EU, bei dem zentralstaatliche Kompetenzen „nach oben, nach unten, und seitwärts"[16] abgegeben werden, umfasst eine vertikale (EU, national, subnational), horizontale (lokale private und öffentliche Akteure etc.) und im grenzüberschreitenden Kontext eine diagonale (asymmetrische Kompetenz- und Regelungskompetenzen zwischen Staat A und Staat B) Interaktionsebene.[17] Bei grenzüberschreitend-regionaler Governance findet ein Zusammenspiel zwischen staatlichen, kommunalen, und privatwirtschaftlichen Akteuren über Grenzen hinweg statt, um Probleme zu bearbeiten.[18] Am Beispiel der deutsch-polnischen Zusammenarbeit und der konkreten Fallstudie TransOderana EVTZ werden die verschiedenen Ebenen der Interaktion von einigen Autoren auch als „Cross-Border-Governance"[19] bezeichnet.

---

9 Siehe auch Beitrag von *Beck* in diesem Band.
10 *Knodt/Große Hüttmann*, S. 223.
11 Vgl. *Scharpf*, Die Politikverflechtungs-Falle.
12 Vgl. *Wessels*.
13 Vgl. *De Neve*.
14 Vgl. Knodt und Große Hüttmann, S. 223.
15 Vgl. *Schmitter*, S. 53.
16 *Hooghe* und *Marks*, S. 233.
17 Vgl. *Hooghe* und *Marks*; *Maier*, S. 459.
18 Vgl. *Fürst*, S. 49.
19 Vgl. Kramsch und Hooper; Strüver; Leresche und Saez.

Der Multi-Level-Governance-Ansatz ist akteursbasiert, zugleich geht er von einer Interaktionsstruktur mit institutionellen Akteuren aus – ohne sich konkret auf die institutionellen Eigenheiten und Handlungsmaxime der Akteure im Mehrebenensystem zu fokussieren. Dieser Umstand bedarf der Heranziehung eines weiteren Erklärungsmodells. Der akteurszentrierte Institutionalismus von Mayntz und Scharpf, der handlungstheoretische und institutionalistische Paradigmen zusammenführt, beschreibt „theoretische Perspektiven und beobachtbare Realitäten politischer Interaktionen, die von den Strategien zweckgerichteter Akteure bestimmt sind, welche in institutionellen Kontexten handeln, die diese Strategien zugleich ermöglichen und beschränken" und betont den „Einfluß von Institutionen auf die Wahrnehmungen, Präferenzen und Fähigkeiten individueller und korporativer Akteure".[20] Institutionelle Rahmenbedingungen geben die Handlungspraxis von Akteuren vor. Laut Scharpf sind Institutionen Regelsysteme, die „einer Gruppe von Akteuren offenstehende Handlungsverläufe strukturieren"[21] und somit in gewissem Rahmen Freiheiten zur strategischen und taktischen Interessensvertretung und Verhandlungsspielraum gewähren.

In den Politikbereichen der EU-Kohäsionspolitik, sowie der Verkehrspolitik erkennt man den Mehrebenencharakter, sowie die Beteiligungspotentiale von zahlreichen institutionellen Akteuren. In der grenzüberschreitend-funktionalen Kooperationen in den genannten Policy-Bereichen sind zahlreiche öffentliche sowie private Akteure involviert.

III. Territoriale Governance und funktionale Kooperation in der deutsch-polnischen Grenzregion in den Bereichen der EU-Kohäsionspolitik und der Verkehrspolitik

Die territoriale Governance und grenzüberschreitende Kooperation in Europa umfassen folgende „Policy"-Bereiche: die europäisch geprägte Regionalpolitik und im Hinblick auf den TransOderana EVTZ auch die Verkehrspolitik. Während der Policy-Bereich Verkehrspolitik ziemlich trennscharf umrissen ist und den Transport von Personen und/ oder Güter auf

---

20 *Scharpf*, Interaktionsformen, S. 74ff.
21 *Scharpf*, Interaktionsformen, S. 77.

Schiene, Wasser, Straße oder Luft beinhaltet,[22] ist der Bereich der EU-Regionalpolitik recht undefiniert: Er umfasst im weitesten Sinne Komponenten der Umwelt-, Sozial- und Wirtschaftspolitik und ist durch seinen lokalen Vor-Ort-Charakter charakterisiert. Laut Art. 174 AEUV zielt die EU-Regionalpolitik auf die Stärkung des wirtschaftlichen, sozialen und territorialen Zusammenhalts.

Um die Territoriale Governance in der deutsch-polnischen Grenzregion im Kontext der EU-Regionalpolitik zu beschreiben, ist es erst erforderlich auf die rechtliche Integration der beiden Staaten nach 1990 einzugehen, um im Anschluss die administrative Verflechtung wiederzugeben.

1. Rechtliche Grundlagen der grenzüberschreitenden Kooperation in Deutschland und Polen nach 1990

Im Vergleich zur westdeutschen Grenze, wo erste symbolische grenzüberschreitende Aktivitäten bereits in den 1950er Jahre begannen,[23] besteht die europarechtlich geprägte grenzüberschreitende Kooperation an der deutsch-polnischen Grenze erst seit dem Fall des Kommunismus und des Eisernen Vorhangs um 1990. Wassenberg unterscheidet nach der geographisch-historischen Lage der Grenzregionen zwischen „old borders", „old-new borders", „new borders" und "post-conflict borders".[24] Der deutsch-polnische Grenzraum zählt nach dieser Klassifizierung zu den „post-conflict" Grenzregionen.

Einer der Meilensteine der jungen Beziehung ist der auf nationalstaatlicher Ebene getroffene „Vertrag zwischen der Bundesrepublik Deutschland und der Republik Polen über die Bestätigung der zwischen ihnen bestehenden Grenze" (14.11.1990), der auch als „Grenzvertrag" bezeichnet wird.[25] Das Ziel der Bundesrepublik Deutschland und der jungen Republik Polen war die nationalstaatlich-außenpolitische Grenzfrage mit einer völkerrechtlichen Vereinbarung zu lösen, wobei während der Ausarbeitung des Vertrags für Deutschland die friedvolle Wiedervereinigung Deutschlands das oberste Ziel war und für die polnischen Vertreter die

---

22 http://eur-lex.europa.eu/summary/chapter/transport.html?locale=de&root_default=SUM_1_CODED%3D32 , 12.2.2016.
23 Vgl. *Engl* und *Beck* in diesem Band.
24 Vgl. *Wassenberg,* S. 16f.
25 Vgl. Eberwein und Ecker-Ehrhardt, S. 55.

endgültige Anerkennung der polnischen Westgrenze an der Oder und Neiße eine zentrale Rolle gespielt hat.[26] Die Vereinbarung, die die deutschpolnische Grenze endgültig völkerrechtlich gesondert bestätigt, stellt einen Wendepunkt in den deutsch-polnischen Beziehungen dar, die insbesondere die freundschaftliche Zusammenarbeit der deutsch-polnischen Beziehungen im supranationalen Kontext betont und „Stabilisierung der europäischen Friedensordnung" erreichen will.[27]

Während über völkerrechtliche Verträge, wie dem Grenzvertrag, die Hoheit der territorialen Staatsgrenze konsolidiert („high politics") und „durabel" gemacht wird, ist die Grenze im Bereich der „low politics"[28] durch verschiedene Rechts- und Verwaltungsakte primär durch den europäischen Integrationsprozess sukzessive *durchlässig* („permeabel").

Ein tiefgreifender Schritt in der Manifestation der deutsch-polnischen Kooperation entlang verschiedener Politikfelder ist der „Vertrag zwischen der Bundesrepublik Deutschland und der Republik Polen über gute Nachbarschaft und freundschaftliche Zusammenarbeit" (17.6.1991), der wiederum als „Nachbarschaftsvertrag" abgekürzt wird. Der Nachbarschaftsvertrag stellt eine „politische Initialzündung" und ein umfangreiches, konkretes Vertragswerk, das mehrere Politikbereiche als Kooperationsfelder benennt.[29] So werden u.a. die politische und wirtschaftliche Heranführung Polens an die EU mit deutscher Unterstützung (Art. 8), die partnerschaftliche Zusammenarbeit zwischen Regionen, Städten, Gemeinden und anderen Gebietskörperschaften, insbesondere im grenznahen Bereich (Art. 12) und die Erweiterung der Infrastruktur der Transportverbindungen (Luft-, Eisenbahn-, Straßenverkehr; See- und Binnenschifffahrt (Art. 18) vereinbart. Der Nachbarschaftsvertrag legt demnach auch den konkreten Schwerpunkt auf grenzüberschreitende Kooperation zwischen Deutschland und Polen. Nach Art. 12 Abs. 2 wurde die Schaffung einer Regierungskommission für regionale und grenznahe Zusammenarbeit bestimmt. Des Weiteren knüpft der Vertrag an die rechtlichen Konventionen vom Eu-

---

26 Vgl. *Morhard*, S. 87.
27 Vgl. *Morhard*, S. 87 f.
28 *Hoffmann* unterscheidet nach „high" und „low politics" – Hohe Politik umreisst Politikfelder, die die Existenzsicherheit des Nationalstaates gewähren (z.B. Verteidigungspolitik und Außen- und Sicherheitspolitik), während „low politics" häufiger die Bereiche der Daseinsvorsorge der Bevölkerung umfassen, wie etwa die Wirtschafts- und Sozialpolitik.
29 *Morhard*, S. 90.

roparat an, wie dem „Europäischen Rahmenabkommen über die grenzüberschreitende Zusammenarbeit zwischen Gebietskörperschaften" und der „Europäischen Charta der kommunalen Selbstverwaltung".[30] Das Madrider Rahmenübereinkommen wirkt mit seinen 12 Artikeln eher wie eine Absichtserklärung[31] mit einem „relativ geringen juristischen Wert"[32] und einer „sehr beschränkten völkerrechtlichen Bindungswirkung",[33] dennoch führte es zu einer Strukturierung und Grundlage für die grenzüberschreitende Zusammenarbeit der europäischen Grenzregionen und Initialzünder für die Schaffung zahlreicher Euroregionen.[34] An westdeutschen Grenzen diente das Madrider Übereinkommen als Basis für bi- und multilaterale Verträge, wie dem Anholter[35] und dem Karlsruher Abkommen.[36] An der deutsch-polnischen Grenze gibt es noch kein solches bilaterales Abkommen basierend auf dem Madrider Übereinkommen. Der entscheidende Grund dafür ist, dass die Republik Polen zwar das Abkommen, aber nicht die drei Zusatzprotokolle von 1995, 1998 und 2009 ratifiziert und zudem in der Verfassung den Schutz des Einheitsstaats stark verankert hat.[37]

Polens Beitritt in die Europäische Union am 1.5.2004 erwirkte eine ökonomische und juristische Dimension der Permeabilität der Grenze. Aus juristisch-administrativer Perspektive ist Polen ein souveräner Nationalstaat, der zugleich Mitglied eines supranationalen Gebildes mit eigener Rechtspersönlichkeit ist. Aus ökonomischer Perspektive ermöglichte der

---

30 *Morhard*, S. 90, siehe auch Beitrag von *Jóskowiak* und *Engl* in diesem Band.
31 Vgl. *Nadalutti*, S. 759.
32 *Eisendle*, S. 17.
33 *Jóskowiak* in diesem Band.
34 Vgl. *Ulrich*, S. 197.
35 Das Anholter Abkommen stellt Gebietskörperschaften in Niedersachsen, Nordrhein-Westfalen und den Niederlanden folgende Kooperationsinstrumente zur Verfügung: Zweckverband, öffentlich-rechtliche Vereinbarungen und kommunale Arbeitsgemeinschaft. Auf dem Abkommen basiert die Euregio Rhein-Waal, die rechtlich als Zweckverband gilt.
36 Siehe auch Beitrag von *Jóskowiak* aus diesem Band. Das Karlsruher Abkommen umfasst den sogenannten grenzüberschreitenden Zweckverband (GÖZ), der eine juristische Person des öffentlichen Rechts ist und Aufgaben und Dienstleistungen ausführen soll, an denen die beteiligten Gebietskörperschaften und örtliche öffentliche Stellen ein Interesse haben. Auf dem Abkommen basiert die Regio Pamina. Die Regio Pamina hat sich 2001 als Lokaler Verbund für territoriale Zusammenarbeit gegründet und sich 2003 in einen Eurodistrikt als grenzüberschreitender örtlicher Zweckverband auf Basis des Karlsruher Abkommens umgewandelt.
37 Vgl. *Bußmann*, S. 230.

EU-Beitritt nach Art. 26 Abs. 2 AEUV eine freie grenzüberschreitende Zirkulation von Personen, Waren, Dienstleistungen und Kapital garantiert durch die vier Grundfreiheiten im europäischen Binnenmarkt, der allerdings bezüglich der Arbeitnehmerfreizügigkeit erst sieben Jahre nach Beitritt – am 1.5.2011 – auch nach Drängen Deutschlands auf europäischer Ebene – vollständig wirkmächtig wurde.[38] Diese Asynchronität der grenzüberschreitenden Kooperation Deutschlands und Polens äußerte sich auch in der Reisefreiheit - der Beitritt Polens zum Schengen-Raum erfolgte am 21.12.2007.[39] Neben der Asynchronität besteht auch eine Assymetrie in der „Tiefe der Integration" beider EU-Mitgliedsstaaten im Bereich der Währungspolitik- während Deutschland Teil der europäischen Währungsunion ist, ist Polen noch nicht Mitglied in der Euro-Gruppe.

2. Territoriale Governance-Strukturen an der deutsch-polnischen Grenze

An der mehr als 460 km langen Grenze[40] zwischen Deutschland und Polen gibt es verschiedene Arten von grenzüberschreitenden Initiativen, die von symbolischen Aktivitäten bis hin zu konkreten Governance-Strukturen der funktionalen Kooperation reichen. Man kann nach folgenden transregionalen Institutionstypen territorial und funktional differenzieren:

a. Grenzüberschreitende Städtepartnerschaften („town twinning")

Städtepartnerschaften aus mindestens zwei Ländern können große Distanzen überwinden – grenzüberschreitende Städtepartnerschaftsprojekte hingegen liegen direkt auf einer jeden Seite der nationalstaatlichen Grenze. Der passende Begriff dafür kommt aus dem Englischen - „town twinning".[41] Er beschreibt beide Städte entlang der nationalstaatlichen Grenze als einen vernetzten, miteinander verbundenen Organismus.[42] Diese funktionale Vernetzung fängt primär auf der Organisations- und Verwaltungs-

---

38 *Riemer*, S. 38.
39 *Mihułka*, Lublin Studies in Modern Languages and Literature 32 (2008), 301 (309).
40 Vgl. *Bundesministerium für Verkehr, Bau und Stadtentwicklung*, S. 4.
41 Siehe *Jańczak*, Public Policy and Economic Development 5 (2014).
42 *Jańczak*, Public Policy and Economic Development 5 (2014), 7 (14).

ebene an und soll durch gezielte Maßnahmen auch auf die Begegnung und die Integration der Bevölkerung auf beiden Seiten der Grenze abzielen. An der deutsch-polnischen Grenze gibt es drei solcher grenzüberschreitenden Städtepartnerschaftsprojekte: die Eurostadt Guben-Gubin, die Europastadt Görlitz-Zgorzelec und das Kooperationszentrum der Doppelstadt Frankfurt-Słubice. Die Euro(pa)städte Guben-Gubin und Görlitz-Zgorzelec wurden jeweils 1998 gegründet.[43]

Guben-Gubin ist eine Doppelstadt in der Niederlausitz, die entlang der Neiße durch die nationalstaatliche Grenze getrennt ist. Mit dem „Räumlichen Strukturkonzept der Eurostadt Guben-Gubin" von 1998 wurde ein Beitrag zu einem „städtebaulichen Rahmen für das Zusammenführen der geteilten Stadt Guben-Gubin"[44] geleistet, das durch gemeinsame Planung, Management und Realisierung ein nach außen erkennbar einheitliches Stadtbild entsteht.[45] Das Strukturkonzept, das in seiner ersten Phase mit 17 untergeordneten stadtplanerischen Projekten ausgestattet war (die zu 75% aus INTERREG-Fördermittel finanziert wurden), ist eines von insgesamt sechs Vorhaben des Modellprojekts Eurostadt Guben-Gubin.[46] Die gemeinsamen Projekte der beiden Stadtverwaltungen sollen zur „verbindlichen Landschafts-, Flächen, Verkehrs- und Infrastrukturplanung"[47] dienen. Eine konkrete Maßnahme der grenzüberschreitenden funktionalen Kooperation in der Doppelstadt ist mit der Einrichtung einer gemeinsamen Abwasserbehandlungsanlage auf der polnischen Stadtseite nach polnischem Recht erbaut worden.[48] Bis auf diese konkrete Maßnahme ging die Kooperation nicht über eine symbolische Form der Kooperation hinaus.[49]

Die Doppelstadt Görlitz-Zgorzelec wurde nach einem Kooperationsvertrag der beiden Städte von 1992 zu einer Europastadt 1998 proklamiert. Dabei hat die Europastadt auf Basis des Städtepartnerschaftsvertrages (1991), des Kooperationsvertrages zwischen Görlitz und Zgorzelec (1993) und des Vertrages über die partnerschaftliche Zusammenarbeit (1996) zwei grenzüberschreitende Buslinien (1992 und 1999), eine grenzüberschreitende Krankenhauskooperation (1991), und seit 1994 einen deutsch-

---

43 Vgl. *Jajeśniak-Quast/ Stokłosa*, S. 134/ 233f.
44 *Knippschild*, S. 73.
45 Vgl. *Gering/Neiß*, S. 20.
46 Vgl. *Knippschild*, S. 73.
47 *Gering/Neiß*, S. 20; Stadt Guben.
48 Vgl. *Gering/Neiß*, S. 20.
49 Vgl. *Kube/Nagler/Schwartze*, S. 131.

polnischen Kindergarten errichtet.[50] Die grenzüberschreitende Kooperation ist also in Görlitz schon recht fortgeschritten und speziell in der Daseinsvorsorge ausgeprägt. Im Rahmen einer Förderinitiative des Bundesministeriums für Bildung und Forschung (BMBF) versucht die Doppelstadt im Projekt „Stadt 2030" das „Zusammenführen der geteilten Grenzstädte zur Europastadt zu fördern".[51] Die Europastadt erhofft sich durch die Namensgebung „positive Standortmarketing-Effekte".[52] So wurde die „Europastadt GörlitzZgorzelec" mit der privaten Rechtsform einer GmbH gegründet, die als 100%ige Gesellschaft der Stadt Görlitz im Jahr 2007 die Arbeit aufnahm.[53] Die Gesellschaft fördert dabei das Standortmarketing, Wirtschaftsförderung und das Tourismusmanagement.[54]

Das Kooperationszentrum der Doppelstadt Frankfurt-Słubice ist eine 2010 gegründete gemeinsame Einrichtung der beiden Stadtverwaltungen mit dem Ziel, eine nachhaltige grenzüberschreitende Stadt- und Wirtschaftsentwicklung, Forschung und Entwicklung zu fördern sowie die Doppelstadt als internationalen Bildungsstandort zu etablieren.[55] In einer Zukunftskonferenz wurde mit einem partizipativen Ansatz (Teilnahme von 200 Bürgern) der Frankfurt-Słubicer Handlungsplan 2010-2020 ausgearbeitet und 2010 verabschiedet.[56] Als bereits fertiggestellte Projekte der Daseinsvorsorge sind der deutsch-polnische Nahverkehr in Form einer grenzüberschreitenden Buslinie[57] in der Doppelstadt, eine Installation eines gemeinsamen Fernwärmesystems[58] und deutsch-polnische Kindergärten in der Doppelstadt zu erwähnen. Bereits in den 20 Jahren zuvor gab es

---

50 http://welcome-in-goerlitz.jimdo.com/startseite-deutsch/zgorzelec-die-nachbarin/, 29.10.2016.
51 *Kreibich*, Vorwort.
52 *Bembnista*, Pogranicze. Polish Borderland Studies 2 (2014), 196 (198).
53 Siehe http://www.goerlitz.de/Ueber_uns.html, 29.10.2016.
54 Siehe http://www.goerlitz.de/Ueber_uns.html, 29.10.2016.
55 http://www.frankfurt-slubice.eu/article,de,16,vision___ziele.html, 29.10.2016.
56 http://www.frankfurt-slubice.eu/article,de,15,geschichte_der_zusammenarbeit.html, 29.10.2016.
57 *Bollmann*, S. 9...
58 Siehe Stadtwerke Frankfurt (Oder), Präsentation „Wärme verbindet - Ciepło zbliża", https://www.stadtwerke-ffo.de/fileadmin/user_upload/BilderText/Das-Projekt-im-Ueberblick.pdf, 29.10.2016.

in der Doppelstadt gemeinsame Bemühungen u.a. den Tourismus,[59] den Wirtschafts-[60] und Wissenschaftsstandort[61] zu fördern.

Grenzüberschreitende Städtepartnerschaften sind zwar von der Fläche her gedacht die kleinste Form von grenzüberschreitenden Verwaltungsterritorien, aber im Hinblick auf Bevölkerungsdichte die am dichtesten besiedelten. Die Doppelstadt Frankfurt-Słubice umfasst mit etwa 80.000, Europastadt Görlitz-Zgorzelec 88.000 und die Eurostadt Guben-Gubin etwa 37.000 Einwohner.[62] Es besteht dadurch auch ein gewisser Bedarf an Koordination von Maßnahmen zur Daseinsvorsorge der städtischen Bevölkerung. Daher sollte die grenzüberschreitende Verwaltungspraxis neben symbolisch-bürgernahen Aktivitäten wie Begegnungstreffen auch Projekte zur Unterstützung und Versorgung der lokalen Bevölkerung umsetzen. Dafür sind in erster Linie europäische Fördermittel aus dem *Europäischen Fond für regionale Entwicklung* (EFRE), speziell dem dritten Förderziel der *Europäischen Territorialen Zusammenarbeit* (ETZ) gedacht, die zum Teil von den deutsch-polnischen Euroregionen verwaltet werden.[63]

Weitere kommunale grenzüberschreitend-projektbezogene Kooperationen bestehen zum Beispiel in Świnoujście und Heringsdorf (städtebauliches Leitbild mit Doppelzentrum, Entwicklungszentrum einer Doppelregion, Verlängerung der Usedomer Bäder-Bahn bis Świnoujście), bei der Städtepartnerschaft Cottbus und Zielona Góra (Bürgerbegegnungen, gemeinsame Jugend-, Kultur-, Sportprojekte und grenzüberschreitender Tourismus), bei der Metropolregion Stettin (Projektverbund aus öffentlichen und privaten Akteuren, die die Entwicklung der Metropolregion fördern) und im Bereich des Umwelttourismus der Internationalpark „Unteres

---

59 Deutsch-polnische Tourist Information, http://www.frankfurt-oder-tourist.de/index.php, 29.10.2016.
60 1996 wurde das Investor Center Ostbrandenburg (ICOB) gegründet, das in Kooperation mit der Kostrzyn-Słubicer Sonderwirtschaftszone den gemeinsamen Wirtschaftsstandort vermarkten zu versucht, http://www.icob.de/content/, 29.10.2016.
61 Das Collegium Polonicum ist eine gemeinsame grenzüberschreitende Forschungseinrichtung der Europa-Universität Viadrina Frankfurt (Oder) und der Adam-Mickiewicz-Universität Poznań, das seit 2002 von der Republik Polen und dem Land Brandenburg getragen wird, siehe http://www.cp.edu.pl/de/index.html, 29.10.2016.
62 Vgl. *Opiłowska*, Eurostudia 7 (2011), 153 (154).
63 Die Euroregion Pro Europa Viadrina etwa verwaltet in der Haushaltsperiode 2014-2020 den Klein-Projekte-Fonds des Kooperationsprogramms INTERREG V A Brandenburg-Polen 2014-2020.

Odertal" zwischen Mieszkowice und Schwedt sowie der auf beiden Seiten der Grenze gelegene „Pückler"-Park in und um Bad Muskau.[64]

b. Euroregional-grenzüberschreitende Kooperationsformen („Euroregionen")

Euroregionale Formen der grenzüberschreitenden Zusammenarbeit – auch Euroregionen oder Europaregionen bezeichnet – haben häufig eine Verwaltungsfunktion der ETZ (INTERREG V A) im jeweiligen grenzregionalen Fördergebiet, das meist unter dem Schlagwort der „Technischen Hilfe" zusammengefasst wird.[65] Euroregionen kann man nach Zusammenschlüssen ohne Rechtspersönlichkeit, als privatrechtliche oder öffentlich-rechtliche Verbünde differenzieren.[66] Des Weiteren werden sie häufig von zwei nationalen Vereinen grenzüberschreitend getragen.[67] An der deutsch-polnischen Grenze sind innerhalb vier Jahre vier Euroregionen geschaffen worden: Die *Euroregion Neisse-Nisa-Nysa* (21.12.1991), die Euroregion *Spree-Neisse-Bober* (Sprewa-Nysa-Bóbr) (21.09.1993), *Euroregion Pro Europa Viadrina* (21.12.1993) und die *Euroregion Pomerania* (15.12.1995). Die Euroregion, in der das Einzugsgebiet des TransOderana EVTZ gelegen ist, ist die Euroregion Pro Europa Viadrina. Sie ist ein Zusammenschluss ohne Rechtspersönlichkeit, der von den Trägerorganisationen (gemeinnützige Vereine) Mittlere Oder e.V. auf deutscher und „Stowarzyszenie Gmin Polskich Euroregionu Pro Europa Viadrina" auf polnischer Seite gebildet wird.[68] Der Mitgliederkreis umfasst 28 Gemeinden der Wojewodschaft Lubuskie in Polen, die in fünf Landkreisen zusammengeschlossen sind sowie die kreisfreie Stadt Frankfurt (Oder), die Landkreise Märkisch-Oderland und Oder-Spree auf deutscher Seite, die aus 13 Ämtern, 12 amtsfreien Gemeinden und 12 Städten bestehen.[69] Die

---

64 Vgl. Bundesministerium für Verkehr, Bau und Stadtentwicklung, S. 4ff.
65 *Perkmann*, On-Line Paper Lancaster University, Department of Sociology (2002), 1 (11).
66 Vgl. *Engl* in diesem Band.
67 Vgl. *Beck* in diesem Band.
68 Siehe dazu Vertrag über die Gründung der Euroregion Pro Europa Viadrina vom 21.12.1993, http://www.euroregion-viadrina.de/euroregion-pro-europa-viadrina/zur-geschichte/, 29.10.2016.
69 http://www.euroregion-viadrina.de/euroregion-pro-europa-viadrina/ueber-die-euroregion/, 29.10.2016.

Ziele sind das Zusammenwachsen im deutsch-polnischen Grenzbereich auf verschiedenen Ebenen, die Anhebung des Lebensniveaus, sowie die Erhöhung der Wirtschaftskraft, die mit der Ausarbeitung des „Entwicklungs- und Handlungskonzepts der Euroregion Pro Europa Viadrina – Viadrina 2014" strategisch angegangen werden.[70] Der deutsche Trägerverein ist zudem an der Umsetzung des Operationellen Programms (OP) der ETZ (INTERREG V A) durch den Betrieb der regionalen Kontaktstelle und als Koordinierungsbehörde über Technische Hilfe aktiv als Verwaltungsorgan beteiligt.[71]

Auch die anderen Euroregionen sind zu einem gewissen Grad koordinierend für die ETZ – etwa für kleinere Projekte aus dem INTERREG V A – tätig und bestehen wie die Euroregion Pro Europa Viadrina aus je einem deutschen und einem polnischen Trägerverein (und im Fall der Euroregion Pomerania bis 2013 zusätzlich aus einem schwedischen Gemeindeverband).[72]

c. Multinationale territoriale Programmräume („Makroregionen")

Wie auch schon die Euroregion Pomerania, die Grenzregionen dreier Staaten als Mitglieder bis 2013 hatte, sind auch die sogenannten „Makroregionen" transnational – also mehr als zwei Länder umfassend – ausgeprägt. Der wesentliche Unterschied etwa zu multilateralen Euroregionen ist aber, dass Makroregionen nicht nur Grenzregionen umfassen, sondern Programmräume der transnationalen Kooperation (INTERREG V B) darstellen, die auch ganze EU-Mitgliedsstaaten umfassen. Auf nationalstaatlicher Ebene ist das Bundesministerium für Verkehr und digitale Infrastruktur (BMVI) und das Bundesinstitut für Bau-, Stadt- und Raumforschung (BBSR) für das Bundesprogramm der Transnationalen Zusammenarbeit aus dem ETZ zuständig.[73] Deutschland ist dabei in den Programmräumen

---

70 http://www.euroregion-viadrina.de/euroregion-pro-europa-viadrina/ziele/, 29.10.2016.
71 Siehe auch Euroregion Pro Europa Viadrina, Grenzüberschreitende Zusammenarbeit – Stand und Perspektiven, http://www.euroinstitut.org/pdf/Download-Unterlagen/2012-Erfahrungsaustausch-Berlin/8_Stepien.pdf, 29.10.2016.
72 Vgl. Bundesministerium für Verkehr, Bau und Stadtentwicklung, S. 10.
73 Vgl. http://www.interreg.de/INTERREG2014/DE/Bundesfoerderung/BundesprogrammTransnationaleZusammenarbeit/ bundesprogrammtransnationalezusammenarbeit-node.html, 29.10.2016.

Alpen-, Donau-, Nordsee- und Ostseeraum sowie Mittel- und Nordwesteuropa vertreten.[74] Der deutsch-polnische Grenzraum befindet sich in den Programmräumen Ostseeraum und Mitteleuropa. Dabei hat für den Zeitraum 2014-2020 der Ostseeraum deckungsgleiche Prioritäten wie der TransOderana EVTZ, etwa unter dem Förderpunkt „Nachhaltiger Verkehr" mit „Interoperabilität im Güter- und Personenverkehr" oder „Erreichbarkeit peripherer und vom demographischen Wandel betroffenen Regionen".[75] Auch das „Mitteleuropa"-Kooperationsprogramm 2014-2020 unterstützt die verkehrspolitische Kooperation etwa mit „bessere Anbindung des Nah- und Regionalverkehrs" und den „multimodalen, umweltfreundlichen Güterverkehr".[76]

3. Weitere Akteure und Strategien der deutsch-polnischen Kooperation in der Regional- und EU-Verkehrspolitik

Neben den grenzüberschreitenden Städtepartnerschaften, Euroregionen und Makroregionen bestehen noch weitere grenzüberschreitende Kooperationen auf Regierungs-, Landes- bzw. Wojewodschaftsebene. So ist die aus dem Nachbarschaftsvertrag von 1991 hervorgegangene *„deutsch-polnische Regierungskommission für regionale und grenznahe Zusammenarbeit"* eine Institution, die „die strategische Ausrichtung der deutsch-polnischen Kooperation auf inter-ministerieller Ebene [bestimmt]".[77] Im Jahr 1992 wurde die *Deutsch-Polnische Raumordnungskommission*, bestehend aus Vertretern aus deutschen und polnischen Ministerien, grenznahen Ländern und Wojewodschaften gebildet, „um die grenzüberschreitende Zusammenarbeit in den Bereichen der Raumordnung und der räumlichen Planung auf allen Ebenen zu koordinieren".[78] Die Entscheidungen dieses informellen Netzwerks sind nicht bindend, allerdings bringt der aus der deutsch-polnischen Raumordnungskommission gebildete Ausschuss für Raumordnung der deutsch-polnischen Regierungskommission für regiona-

---

74 Vgl. http://www.interreg.de/INTERREG2014/DE/Interreg/SechsProgrammraeume/sechsprogrammraeume-node.html, 29.10.2016.
75 Vgl. http://www.interreg.de/INTERREG2014/DE/Interreg/SechsProgrammraeume/Ostseeraum/ostseeraum-node.html, 29.10.2016.
76 Vgl. http://www.interreg.de/INTERREG2014/DE/Interreg/SechsProgrammraeume/Mitteleuropa/mitteleuropa-node.html, 29.10.2016.
77 *Bundesministerium für Verkehr, Bau und Stadtentwicklung*, S. 6.
78 *Bundesministerium für Verkehr, Bau und Stadtentwicklung*, S. 6.

le und grenznahe Zusammenarbeit grenzüberschreitende Akteure, politische Ausrichtungen und strategische Konzepte der Verkehrs- und Regionalplanung zusammen und gibt maßgebliche Impulse der strategischen Kooperation. Ein Schwerpunkt der letzten Jahre war und ist die Verkehrsplanung. Ein aktuelles Vorzeigeprojekt ist das „Gemeinsame Zukunftskonzept für den deutsch-polnischen Verflechtungsraum 2030", das „gemeinsame programmatische Vorstellungen der Raumentwicklung für die deutsch-polnische Grenzregionen"[79] darstellen soll. Das Zukunftskonzept zielt auf eine höhere Sichtbarkeit des Verflechtungsraums auf europäischer und nationaler Ebene, auf die Identifizierung der wichtigen Herausforderungen und Chancen und die Ableitung von konkreten Handlungsansätzen und versucht das mit einem partizipativem, multi-akteur-basierten Ansatz mit Wissenschaftlern und Praktikern zu erarbeiten.[80] Unter Federführung des BMVI und des polnischen Ministeriums für wirtschaftliche Entwicklung wird mit den im Raumordnungsausschuss vertretenen Bundesländern Mecklenburg-Vorpommern, Berlin, Brandenburg und Sachsen sowie den polnischen Wojewodschaften Zachodniopomorskie (Westpommern), Lubuskie (Lebuser Land), Dolnośląskie (Niederschlesien) und Wielkopolskie (Großpolen) über das Zukunftskonzept-Projekt beraten.[81]

Das Projektgebiet ist daher auch deckungsgleich mit dem Gebiet der *Oder-Partnerschaft*, die „eine informelle, projektorientierte Initiative zur Zusammenarbeit von Wojewodschaften, Ländern und einzelnen Städten in Ostdeutschland und Westpolen [ist]" mit dem Ziel der „wirtschaftlichen Stärkung der Region, die unter anderem durch eine engere politische und infrastrukturelle Verknüpfung gefördert werden soll".[82] Der 2006 gegründete Verbund hat zum Ziel gemeinsam einen Wirtschaftsraum in der Mitte Europas zu gestalten, der sich langfristig im Wettbewerb der europäischen Regionen behaupten kann.[83] Daher verfolgt die Oder-Partnerschaft eine politisch-strategische Marschroute, um zum einen die Grenzregion wirt-

---

79 http://gl.berlin-brandenburg.de/raumentwicklung/europaeische-raumentwicklung/gemeinsames-zukunftskonzept-fuer-den-deutsch-polnischen-verflechtungsraum-2030-433538.php, 29.10.2016.
80 Vgl. http://zk2030.kooperation-ohne-grenzen.de/de/, 29.10.2016.
81 Vgl. http://gl.berlin-brandenburg.de/raumentwicklung/europaeische-raumentwicklung/gemeinsames-zukunftskonzept-fuer-den-deutsch-polnischen-verflechtungsraum-2030-433538.php, 29.10.2016.
82 *Bundesinstitut für Bau-, Stadt- und Raumforschung*, S. 3.
83 Vgl. *Pupier*, S. 36.

schaftlich wettbewerbsfähiger zu konzipieren und zum anderen die Region auf europäischer Ebene sichtbarer zu machen.

Im Bereich der europäischen Verkehrspolitik ist primär die EU-Strategie der *Transeuropäischen Netze (Trans-European Transport Network)*, kurz TEN-V (oder auf Englisch TEN-T) zu nennen. Die verkehrspolitische Initiative, die auch durch das EU-Förderprogramm *Connecting Europe Facility (CEF)*[84] finanziell unterstützt wird, zielt auf eine Verbesserung und Harmonisierung der Verkehrssysteme, die auch einen Beitrag zur Entwicklung des Binnenmarktes in der EU leisten soll.[85]

Von den neun Kernverkehrsnetzen innerhalb der EU durchqueren zwei die deutsch-polnische Grenzregion: Die „Baltisch-Adriatische Achse"[86] von Polen nach Italien und die „Nordsee-Baltische Achse"[87] von Belgien bis nach Finnland.

Ein weiteres großräumig vernetztes Verkehrsprojekt ist der *Central European Transport Corridor (CETC)*: Der Modellkorridor, der mit der Genehmigung am 24.3.2014 der erste Verkehrsverbund mit einer EVTZ-Rechtsform ist,[88] integriert verschiedene Verkehrszweige entlang der Oder auf der Nord-Süd-Achse und „die europäische Raumentwicklungsinitiative ‚Ostsee-Adria-Entwicklungskorridor', die unter anderem in den konkreten europäischen Projekten „South-North-Axis (SoNorA)" und „Scandinavian-Adriatic Corridor for Innovation and Growth" (Scandria) umgesetzt wird".[89] Der CETC und der Ostsee-Adria-Entwicklungskorridor stellen hierbei wichtige raumplanerische und europapolitisch geprägte Verkehrsstrategien dar, die für die wirtschaftliche Entwicklung im deutsch-polnischen Grenzraum von hoher Bedeutung sind.

Das Kapitel III. hat zum Ziel gehabt, einen groben Überblick über Akteure, Strategien und Governance-Strukturen an der deutsch-polnischen Grenze zu geben. Selbstverständlich ist dabei nur ein Ausschnitt möglich, da zumal die grenzüberschreitende Verflechtung von öffentlichen Einrichtungen auch sukzessive zunimmt. Nachdem hier nur ein kurzer Überblick

---

84 Vgl. https://ec.europa.eu/inea/en/connecting-europe-facility, 29.10.2016.
85 Vgl. http://ec.europa.eu/transport/themes/infrastructure/index_en.htm, 29.10.2016.
86 Vgl. http://ec.europa.eu/transport/themes/infrastructure/ten-t-guidelines/corridors/bal-adr_en.htm, 29.10.2016.
87 Vgl. http://ec.europa.eu/transport/themes/infrastructure/ten-t-guidelines/corridors/northsea-baltic_en.htm, 29.10.2016.
88 *Ausschuss der Regionen*, List of European Groupings of Territorial Cooperation in Europe.
89 *Bundesinstitut für Bau-, Stadt- und Raumforschung*, S. 11.

von grenzüberschreitenden Aktivitäten gegeben worden ist, geht das nächste Kapitel tiefergehend auf den Gründungsprozess einer konkreten grenzüberschreitenden Initiative ein: Der TransOderana EVTZ.

IV. Der TransOderana EVTZ i.G.

In der Analyse der Fallstudie zum TransOderana EVTZ i.G. wird auf die Geschichte und Institutionalisierungsschritte der Zusammenarbeit, auf rechtliche, administrative und finanzielle Aspekte der Kooperation und inter- und intrainstitutionelle Governance-Strukturen sowie Hürden und Chancen des Gründungsprozesses eingegangen. Die Daten wurden über eine Dokumentenanalyse (Gesetze, Strategiepapiere, EVTZ-Gründungsdokumente, Korrespondenz) und projektbegleitende wissenschaftliche sowie beratende Studien erhoben. Des Weiteren wurden in dem Zeitraum vom November 2015 bis Januar 2016 sieben Interviews mit am Gründungsprozess direkt oder indirekt beteiligten Personen geführt. Interviewpartner waren ein Bürgermeister einer deutschen Gemeinde, die Mitglied im EVTZ ist und mit einem Vertreter einer polnischen Gemeinde, der den Gründungsprozess von Anfang an begleitet hat. Zudem wurden Interviews mit den beiden Projektkoordinatoren der TransOderana EVTZ, Karl-Heinz Boßan, Jacek Jeremicz sowie dem juristischen Berater Dr. Marcin Krzymuski, geführt. Auch Vertreter von öffentlichen Planungsstellen wie der Berlin-Brandenburgischen Gemeinsamen Landesplanungsabteilung und der Arbeitsgemeinschaft europäischer Grenzregionen (AGEG) wurden befragt. Um einen Überblick über die grenzüberschreitende Zusammenarbeit entlang der TransOderana zu bekommen, soll ein geschichtlicher Überblick in die Fallstudie einführen.

1. Entwicklung der Zusammenarbeit: Von der königlich-preußischen Ostbahn zur Modellregion „Eurodistrikt TransOderana EVTZ"

Die Geschichte des TransOderana EVTZ geht auf die Gründung der Königlich-Preußischen Ostbahn zurück, die seit 1857 die preußische Hauptstadt Berlin und die ostpreußische Hauptstadt Königsberg und damit die industriell stärker entwickelten Regionen der westlichen Provinzen des

Staates mit dem agrarischen Osten verband.[90] Aufgrund ihrer wirtschaftlichen und militärstrategischen Bedeutung wurde die ca. 740 km lange königlich-preußische Ostbahnstrecke Berlin-Küstrin (Kostrzyn) -Landsberg an der Warthe (Gorzów Wielkopolski)- Schneidemühl (Piła) - Bromberg (Bydgoszcz)-Königsberg (Kaliningrad) als erste preußische Bahnlinie komplett aus Staatsmitteln errichtet. Bis zum Zweiten Weltkrieg brachte diese wichtige Magistrale nicht nur den „strukturschwachen pommerschen und ostpreußischen Gebieten" entlang der Strecke eine „beschleunigte wirtschaftliche und industrielle Entwicklung",[91] sondern diente als bedeutende europäische Ost-West-Magistrale zwischen Paris und St. Petersburg auch dem gesamteuropäischen Austausch von Gütern und Personen.[92] Die Grenzziehungen nach dem Ersten und insbesondere nach dem Zweiten Weltkrieg führten zu einem Niedergang der Strecke, die von einer der wichtigsten Verkehrsachsen Preußens und modernen europäischen Bahnstrecke zu einer nur noch regional bedeutenden Verbindung absank, deren Strecken heute in drei Staaten verlaufen. Erst mit den politischen Veränderungen nach 1989 ist ein erneutes Interesse an dieser Bahnstrecke sowohl auf deutscher als auch auf polnischer Seite zu beobachten.

Als einer der Initiatoren der Neubelebung der Ostbahn ist das Frankfurter Institut für umweltorientierte Logistik e.V. in Frankfurt (Oder) und der geschäftsführender stellv. Vorsitzender Karl-Heinz Boßan zu nennen, die zusammen mit der IHK Frankfurt (Oder) mit den Internationalen Ostbrandenburgischen Verkehrsgesprächen (IOVG) seit 1999 ein Forum für die deutsch-polnischen Verkehrsentwicklung im Grenzraum bieten und versuchen „die Rahmenbedingungen für die grenzübergreifende Mobilität von Personen und Gütern in der Grenzregion für die regionale Wirtschaftsentwicklung [zu verbessern]".[93]

Mit der Gründung der „IGOB Interessengemeinschaft Eisenbahn Berlin – Gorzów" mit der Rechtsform einer *Europäischen Wirtschaftlichen Interessenvereinigung (EWIV)* im Jahr 2006 ist der Versuch unternommen worden, ein 253 km langes Teilstück der Ostbahn von Berlin nach Piła zu revitalisieren. Mit der Ausarbeitung der Entwicklungsziele (2008) bis 2014

---

90 Vgl. *Musekamp*, Die Ostbahn im Spiegel der Zeit, S. 2 ff.
91 *Linack/Lissner*, S. 1.
92 Vgl. *Musekamp*, Die Ostbahn im Spiegel der Zeit, S. 3ff.; zur europäischen Entwicklung vgl. *Musekamp*, The Royal Prussian Eastern Railway (Ostbahn) and its Importance for East-West Transportation.
93 http://www.iovg.de/wir.html, 29.10.2016.

in 10 Arbeitsgruppen und der Festlegung auf Ostbahn-Zukunftsvisionen 2025 (2010)[94] sind ehrgeizige Ziele für die Sanierung der Strecke (moderne Schienenverbindungen, abgestimmtes Europäisches Verkehrsleitsystem, Bahnhofserneuerungen, nachhaltiger Personen- und Güterverkehr), die Förderung des Tourismus (Installierung dt.-pol. Touristenbüro, touristisches Informations- und Leitsystem) und Entwicklung der dünnbesiedelten Region unter der Berücksichtigung der demografischen Entwicklung[95] herausgearbeitet worden.

Bei Rechtswahlsuche und strategischen Positionierung der IGOB wurden auch Akteure aus Wissenschaft und Beratung in Form eines Kooperationsnetzwerks integriert. Bei der Rechts(form)beratung waren Wissenschaftler der Europa-Universität Viadrina, etwa Prof. Dr. Kaspar Frey vom Lehrstuhl für Bürgerliches Recht, Handels- und Wirtschaftsrecht der Europa-Universität Viadrina, Dr. Jan Musekamp vom Lehrstuhl für Europäische Zeitgeschichte sowie Dr. Marcin Krzymuski vom Lehrstuhl für polnisches Privatrecht beratend tätig. Der Fokus der IGOB EWIV lag auf der wirtschaftlichen Nutzung und Aufbereitung der ehemaligen Ostbahn-Infrastruktur, sowie die Gewinnung von privaten Investoren, daher war die EWIV-Struktur und Wissensakquise über wirtschaftsrechtliche und verkehrstechnische Aspekte der Schwerpunkt der Beratungen. Die EWIV ist demnach eine Kooperationsstruktur, die primär an private Akteure gerichtet ist.[96] So sind Unternehmen und andere Privatpersonen mit wirtschaftlichem Gewinnerzielungsinteresse, die die feste Struktur dieses grenzüberschreitenden Verbundes ausmachen und Mitsprache-, Entscheidungs- und Gesetzgebungsbefugnis innerhalb des grenzüberschreitenden Netzwerks haben. Territoriale Gebietskörperschaften können nur assoziiert werden bzw. kooperativ tätig werden. Auf Grund dieser Restriktion haben sich die beteiligten Gemeinden, Landkreise und andere territoriale Körperschaften der IGOB EWIV zusammengeschlossen, um gemeinsam eine weiterführende grenzüberschreitende Rechtsform für Gebietskörperschaften zu her-

---

94 IGOB Interessengemeinschaft Eisenbahn Berlin-Gorzów EWIV, Ostbahn 2025 – Zukunftsvisionen vom 10.05.2010.
95 Siehe *IGOB Interessengemeinschaft Eisenbahn Berlin-Gorzów EWIV*, Strategiekonzept zur Förderung der wirtschaftlichen Entwicklung für die Eisenbahnstrecke Berlin-Gorzów bis zum Jahr 2014; *IGOB Interessengemeinschaft Eisenbahn Berlin-Gorzów EWIV*, Ostbahn 2025 – Zukunftsvisionen vom 10.05.2010.
96 Zahorka.

auszuarbeiten, die ihren Interessen durch aktives Mitspracherecht gerecht wird.

Daher hat die Mitgliederversammlung der IGOB EWIV im Jahr 2009 den Auftrag ausgegeben, ein Konzept für ein „TransOderana EVTZ" herauszuarbeiten,[97] da die Rechtsform des EVTZ den Ansprüchen der öffentlichen Institutionen entgegen kam. In den Folgemonaten wurden die EVTZ-Gründungsdokumente (Satzung und Übereinkunft) nach Abstimmung und Ausverhandlung auf Bundes-, Landes- und Kreisebene sowie mit der *Europäischen Kommission* (KOMM) und dem *Ausschuss der Regionen* (AdR)[98] herausgearbeitet. Hier wird der lange und multiakteur-basierte Prozess der Abstimmung und Koordination über mehrere Ebenen (Multi-Level-Governance) deutlich. 2011 wurde nach gemeinsamer Konsultation der deutsch-polnischen öffentlichen Einrichtungen entschlossen, den Projektnamen in „Eurodistrikt TransOderana EVTZ" zu ändern.[99] Der Eurodistrikt zielt darauf ab, als EVTZ eine europäische Modellregion rund um die Eisenbahnstrecke Berlin-Piła zu entwickeln und die Arbeit der IGOB EWIV fortzusetzen, die Anfang 2014 aufgelöst wurde.[100] Der Titel „TransOderana EVTZ" beinhaltet die rechtliche Verbundsform, um die klare Bestimmung der grenzüberschreitenden Verbundsform nach innen und außen zu kommunizieren, wie zuvor auch bei der IGOB EWIV. Zum anderen symbolisiert der lateinische Name „TransOderana" in Kombination mit der geschichtlichen Bezeichnung der „Terra Transoderana",[101] die „das Land der Oder mit ihren westlichen und östlichen Zuflüssen"[102] umschreibt, ein Europa über/entlang („trans") der Oder.

Um in der regionalen Planung die TransOderana nachhaltig strategisch aufzustellen, wurden u.a. von Prof. Dr. Hans Joachim Kujath des Leibniz-Instituts für Raumbezogene Sozialforschung (IRS Erkner) vier Handlungsfelder der „Modellregion Eurodistrikt TransOderana EVTZ" herausgearbeitet, die ein raumplanerisches Strategiepapier mit projektbasierten Einzelkonzepten umfassen (Siehe Grafik 1).[103]

---

97 https://www.gemeinde-rehfelde.de/verzeichnis/visitenkarte.php?mandat=112341, 29.10.2016.
98 https://www.gemeinde-rehfelde.de/verzeichnis/visitenkarte.php?mandat=112341, 29.10.2016.
99 Siehe dazu auch *Pupier*, S. 50f.
100 Vgl. Senatsverwaltung für Wirtschaft, Technologie und Forschung Berlin, S. 19.
101 Siehe *Vogenbeck*.
102 *Langner*, S. 13.
103 Siehe *Kujath, Musekamp* und *Boßan*, S. 172f.

Handlungsfelder und Projekte in der Modellregion Eurodistrikt TransOderana EVTZ

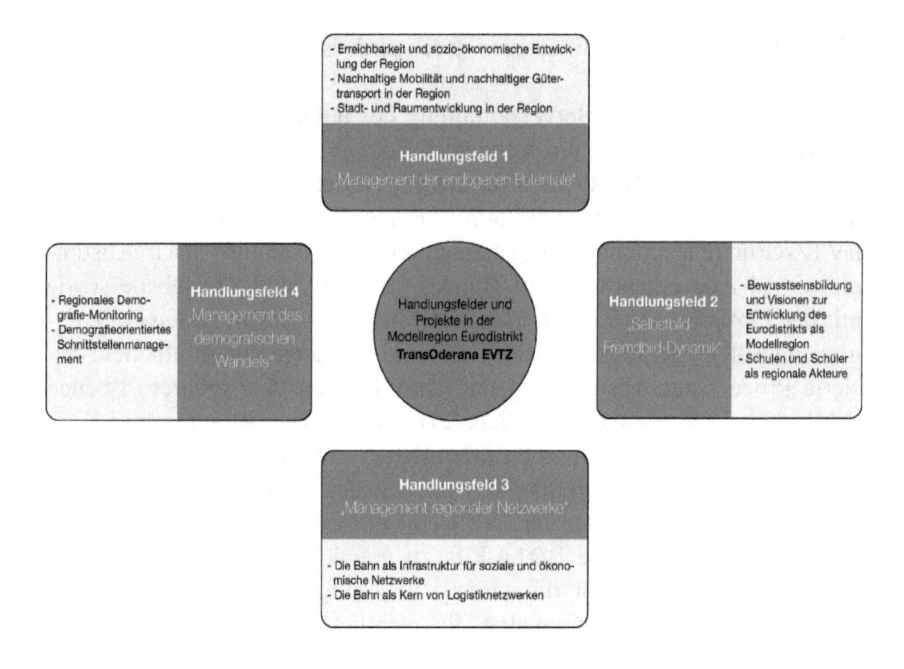

Handlungsfeld 1 „Management der endogenen Potentiale"
- Erreichbarkeit und sozio-ökonomische Entwicklung der Region
- Nachhaltige Mobilität und nachhaltiger Gütertransport in der Region
- Stadt- und Raumentwicklung in der Region

Handlungsfeld 2 „Selbstbild-Fremdbild-Dynamik"
- Bewusstseinsbildung und Visionen zur Entwicklung des Eurodistrikts als Modellregion
- Schulen und Schüler als regionale Akteure

Handlungsfeld 3 „Management regionaler Netzwerke"
- Die Bahn als Infrastruktur für soziale und ökonomische Netzwerke
- Die Bahn als Kern von Logistiknetzwerken

Handlungsfeld 4 „Management des demografischen Wandels"
- Regionales Demografie-Monitoring
- Demografieorientiertes Schnittstellenmanagement

Grafik 1: Darstellung der Handlungsfelder und Projekte in der Modellregion Eurodistrikt TransOderana EVTZ

Strukturiert nach den Handlungsfeldern sollten im Anschluss einzelne Projekte beantragt werden, um die Modellregion zu entwickeln. Um das umzusetzen, wurden bis Ende 2012 für den Gründungsprozess weitere aktive Mitglieder gewonnen. Im Januar 2013 gab es eine Auftaktveranstaltung in Kostrzyn (Polen) zum Projekt mit allen am Gründungsprozess interessierten kommunalen Einrichtungen aus Polen und Deutschland. In der Folgezeit wurden die Gründungsdokumente, also Satzung und Übereinkunft, zwischen den Mitgliedern des EVTZ abgestimmt, erarbeitet und fertiggestellt. Am 20.6.2013 fand die Gründungsveranstaltung des „TransOderana EVTZ" in Seelow statt. Die endgültige Genehmigung ist allerdings noch nicht geschehen, da die zuständigen nationalen Genehmigungsbehörden die Unterlagen noch nicht genehmigt haben.

2. Stufen der Institutionalisierung der Zusammenarbeit

a. Rechtliche Institutionalisierung – von privatrechtlicher zu territorialer Kooperation

Die rechtliche Institutionalisierung der Revitalisierung der Ostbahn verlief in zwei Schritten. In beiden Schritten sind für die Vertiefung der grenzüberschreitenden Zusammenarbeit europäische Rechtsformen ausgewählt worden. Beide Rechtsformen unterscheiden sich nicht nur in ihrem Rechtscharakter (privat oder öffentlich), sondern werden auch unter verschiedenen Voraussetzungen wirkmächtig, basierend auf dem Charakter der nationalen Gesetzgebungen.[104]

Für die Wahl einer supraregional-europäischen Rechtsform ist 2006 ein Multi-Akteur-Konsultationsprozess auf regionaler Ebene mit externen Akteuren (private und öffentliche Akteure, sowie Rechtswissenschaftler der Europa-Universität Viadrina) angestoßen worden. Nach dem Beratungs- und Diskussionsprozess wurde auf Empfehlung vom Lehrstuhl für Bürgerliches Recht, Handels- und Wirtschaftsrecht der Viadrina eine Einführung der EWIV als grenzüberschreitende Rechtsform für die Reaktivierung der Ostbahn beschlossen. Die VO (EWG) Nr. 2137/85 ist eine EU-Rechtsform, die nach Art. 3 Abs. 2 EWIV-VO den Zweck hat die „wirtschaftliche Tätigkeit ihrer Mitglieder zu erleichtern oder zu entwickeln" aber nicht den Zweck hat „Gewinn für sich selbst zu erzielen".[105] Mitglieder dieses privatrechtlichen Verbunds können juristische und natürliche Personen sein, die eine gewerbliche, kaufmännische, handwerkliche, landwirtschaftliche oder freiberufliche Tätigkeit ausführen,[106] und müssen ihre Hauptverwaltung und Haupttätigkeit in einem anderen Land haben als die weiteren Mitglieder des Verbunds.

DIE IGOB EWIV wurde am 1.1.2014 aufgelöst, um die Aufgaben in Form eines EVTZ weiterzuführen.[107] Im Nachgang wurde von den Befragten die Auflösung der EWIV-Struktur als übereifrig und zu schnell eingeschätzt, da der zeitige und bürokratische Aufwand der EVTZ-Gründung schwer einzuschätzen und planbar war. So ist nach der Einschätzung der Befragten eine parallele Existenz der beiden Rechtsformen möglich –

---

104 Siehe auch Beiträge von *Jóskowiak* in diesem Band.
105 Siehe auch Beiträge von *Jóskowiak* und *Görmar* in diesem Band.
106 Art. 4 Abs. 1 EWIV-VO.
107 Siehe http://www.ostbahn.eu/html/igob-ewiv.html, 29.10.2016.

die EWIV mit einem Mitgliederstamm von privaten juristischen Personen und öffentlichen Einrichtungen als kooperative Mitglieder parallel zu einem EVTZ mit territorialen Gebietskörperschaften. Die beiden Rechtsformen weisen einen komplementären Charakter auf.

Zu den Motiven der EVTZ-Gründung als Weiterentwicklung zur EWIV-Rechtsform äußerten sich die Befragten folgendermaßen: Zum einen konnten in der Verbundsform der EWIV öffentliche Einrichtungen und Gebietskörperschaften nur kooperative Mitglieder sein, und somit, zum anderen, kein Stimmrecht haben. Das Projektkonsortium, das überwiegend aus territorialen Gebietskörperschaften bestand, wollte durch die Etablierung einer grenzüberschreitenden Rechtsform für territoriale Gebietskörperschaften einen größeren internen Spielraum auch in Abgrenzung zu privaten Investoren und Unternehmen haben. Die Rechtsform EWIV – in den Augen der Befragten – ist ein Instrument zur Entwicklung, Sanierung und Förderung von Infrastruktur durch Privatinvestitionen, während der EVTZ als ein „Gestaltungsinstrument" für die wirtschaftliche, touristische und räumliche Entwicklung der Region angesehen wird.

Der EVTZ und seine Bestimmungen in Satzung und Übereinkunft basieren primär auf den Bestimmungen der EVTZ-VO (2006) und der revidierten Fassung der EVTZ-ÄndVO (2013) und sekundär auf den nationalen Bestimmungen in den Durchführungsverordnungen in beiden EU-Mitgliedstaaten. Polen veröffentlichte die Ausführungsvorschriften zur EVTZ-VO am 7.11.2008 (mit geänderter VO vom 11.9.2015),[108] während in Deutschland die nationale Ebene auf Grund der föderalen Staatsorganisation bezüglich der Umsetzung der EVTZ-VO nicht tätig wurde und anstelle dessen Brandenburg die EVTZ-AusfVO am 22.11.2007 (mit geänderter VO vom 23.6.2012)[109] ausgeführt und umgesetzt hat. Die Verordnung über die Zuständigkeit des EVTZ-VO, die in Brandenburg mit nur zwei Paragrafen knapp und relativ unscharf formuliert, überlässt eine relativ große Grauzone, sodass einige Aspekte wie z.B. der Rechtscharakter

---

108 Ustawa o europejskim ugrupowaniu współpracy terytorialnej (Dz.U. 2008 Nr. 218 Pos. 1390)
109 Verordnung über die Zuständigkeit zur Ausführung der Verordnung (EG) Nr. 1082/2006 des Europäischen Parlaments und des Rates vom 5. Juli 2006 über den Europäischen Verbund für territoriale Zusammenarbeit (EVTZ) im Land Brandenburg (Brandenburgische EVTZ-Zuständigkeitsverordnung - BbgEVTZ-ZustV),

(öffentlich vs. privatrechtlich)[110] oder auch Haftungsfragen im Unklaren gelassen worden sind. Die polnische Durchführungsverordnung ist hingegen mit 23 Artikeln wesentlich umfangreicher und präziser formuliert und äußert sich recht deutlich zu Kompetenz, Rechtscharakter (Vereinsrecht entsprechend anwendbar) und anwendungspraktische Aspekte wie z.B. Haftung.[111] Die unterschiedlichen nationalen Regelungen hätten durch eine gemeinsame Koordination, Verhandlung und Informationsaustausch bei den Durchführungsbestimmungen der EVTZ-VO in den jeweiligen Nachbarstaaten speziell in den Bereichen Gründung, Arbeitsweise, bei Haftungs-, Haushalts- oder Personalfragen harmonisiert werden können.[112] Dies ist im deutsch-polnischen Kontext nicht geschehen: Die Umsetzung der EVTZ-VO in polnisches und brandenburgisches Recht ist parallel und unabgesprochen verlaufen.

b. Administrative Institutionalisierung – Vertiefung und bestehende Grenzen

Die rechtliche Institutionalisierung der Zusammenarbeit von der privaten EU-Rechtsform EWIV zu dem EU-Instrument für öffentliche Einrichtungen und territorialen Gebietskörperschaften EVTZ soll in Zukunft auch zu einer vertieften Integration von institutionalisierter Zusammenarbeit auf verwaltungspraktischer Ebene führen. In den Gründungsdokumenten, die aus Satzung und Übereinkunft bestehen, werden die verwaltungsspezifischen Kooperationsmodalitäten präzisiert. Die Gründungsdokumente sind den Genehmigungsbehörden – dem Außenministerium Republik Polen) und dem *Ministerium des Innern und für Kommunales Brandenburg* (MIK) – bereits 2015 zur informellen Beratung mit der Bitte um Stellungnahme vorgelegt worden. Bisher hat es nur das Ministerium in Warschau positiv bewertet, während das MIK Einwände geäußert hat. Das bedeutet, dass obwohl der Gründungsprozess mit der Ausarbeitung einer gemeinsa-

---

110 Da die Verordnung über die Zuständigkeit zur Ausführung zur EVTZ-VO keine genauen Vorgaben zum Rechtscharakter des EVTZ macht, wird auf Grund der generellen Einordnung eines solchen Verbundes der EVTZ im Land Brandenburg tendenziell als eine „öffentlich-rechtliche" Verbundsform interpretiert.
111 Siehe Art. 7 / Art. 9 / Art. 19 Ustawa o europejskim ugrupowaniu współpracy terytorialnej.
112 Siehe auch *Engl* in diesem Band.

men Übereinkunft und Satzung nahezu abgeschlossen ist, noch die Genehmigung durch die nationalen Behörden fehlt, weshalb der Verbund noch nicht offiziell registriert und arbeitsfähig ist.

Trotz dieses Umstands lohnt ein Blick in die verwaltungsspezifischen Reglements, die in der Übereinkunft getroffen worden sind. Die Mitglieder des künftigen EVTZ setzen sich aus 11 territorialen Gebietseinheiten in Deutschland (sieben Gemeinden, vier Städte) und 17 aus Polen (drei Landkreise, 13 Gemeinden, eine Fachhochschule) zusammen (siehe Grafik 2).

Mitglieder TransOderana EVTZ			
Deutsche		Polnische	
Mitglieder	Einwohner	Mitglieder	Einwohner
Stadt Strausberg	26.229	Landkreis (Powiat) Gorzowski	126.000
Stadt Seelow	5.599	Landkreis Czarnkowsko-Trzcianecki	87.034
Stadt Müncheberg	6.785	Landkreis Wałecki	55.000
Stadt Buckow (Märkische Schweiz)	1.466	Gemeinde (Gmina) Gorzów Wlkp.	124.609
Gemeinde Fredersdorf-Vogelsdorf	12.879	Gemeinde Kostrzyn nad Odra	18.120
Gemeinde Hoppegarten	17.002	Gemeinde Piła	74.471
Gemeinde Rehfelde	4.670	Gemeinde Drezdenko	10.411
Gemeinde Waldsieversdorf	823	Gemeinde Krzyz Wielkopolski	6.211
Gemeinde Petershagen	25.339	Gemeinde Trzcianka	16.776
Gemeinde Golzow	840	Gemeinde Zwierzyn	4.479
Gemeinde Vierlinden	1.466	Gemeinde Wieleń	12.743
		Gemeinde Witnica	13.097
		Gemeinde Strzelce Krajeńskie	17.495
		Gemeinde Bogdaniec	7.121
		Gemeinde Santok	8.019
		Gemeinde Stare Kurowo	4.196
		Staatl. Fachhochschule Gorzów Wlkp. (Państwowa Wyższa Szkoła Zawodowa[113])	
	103.098		585.782

Grafik 2: Mitglieder des TransOderana EVTZ i.G.

---

113 Obecnie „Akademia Gorzowska".

Wie bereits aus der Mitgliederstruktur herauszulesen, verläuft die Kooperation/Koordination („Governance") vertikal über verschiedene Ebenen („Multi-Level"). Durch dieses Mehrebenenspiel auch über Grenzen hinweg – bedingt durch die grenzüberschreitende Natur der EVTZ und der unterschiedlichen nationalstaatlichen Organisation der beiden Mitgliedstaaten kann zum einen eine Schranke, aber auch eine Chance in der grenzübergreifenden Zusammenarbeit bedeuten. So können Zuständigkeiten auf verschiedenen Ebenen auf beiden Seite der Grenze dazu führen, dass Kommunikationsprozesse nicht oder sehr limitiert stattfinden. Gleichzeitig bietet die Aufsetzungs- und Implementierungsphase des EVTZ lokalen Einheiten die Möglichkeit mit übergeordneten Einheiten aus dem eigenen oder aus dem Nachbarland für einen längeren Zeitraum gemeinsam Politik zu machen (etwa Kommunen oder Gemeinden mit Landkreisen). Dabei werden die Mitglieder des EVTZ nicht dazu gezwungen ihre eigentliche „Zuständigkeiten aufzugeben [...], vielmehr werden die Kompetenzen gepoolt, um ein anstehendes Thema oder Problem über diverse und vielfältige Grenzen hinweg zu bewältigen".[114] Diese „kleine Außenpolitik", auch Paradiplomatie genannt, ermöglicht - aufgrund der multidimensionalen Kooperationsstruktur - Unterschiede in der Kompetenzzuweisung innerhalb der verschiedenen Verwaltungsebenen innerhalb einer gemeinsamen Struktur aufzulösen.[115]

Die Übereinkunft („Konwencja") des TransOderana, die mit 25 Artikeln auf Deutsch und Polnisch verfasst ist, umfasst entsprechend Art. 8 und 9 EVTZ-VO für die administrativ-relevanten Punkte Mitglieder, Sitz, Ziele, Dauer, die innere Organisation, Entscheidungsprozesse und anwendbare Rechtsvorschriften, Personal, Haftung, Finanzkontrolle, Auflösung des Verbundes und das Verfahren zur Annahme und Änderung der Satzung. Das Ziel des Verbundes ist a.) die deutsch-polnische territoriale Zusammenarbeit zu erweitern und zu vertiefen, b.) bestehende wirtschaftliche und soziale Unterschiede zu verringern, um durch c.) gemeinsame Projekte und weitere Maßnahmen im Zuständigkeitsbereich seiner Mitglieder das Handlungsgebiet zur Entwicklung einer modernen wirtschaftlich attraktiven Region mit wettbewerbsfähiger Wirtschaft, mit qualitativ hochwertigen Bildungs- und Arbeitsbedingungen und innovativen Angeboten im Bereich der Daseinsvorsorge beizutragen.[116]

---

114 *Maier*, S. 459.
115 Siehe auch Beitrag von *Engl* in diesem Band.
116 Art. 5 Entwurf Übereinkunft TransOderana EVTZ.

Der Sitz des EVTZ wurde in Gorzów Wielkopolski (Polen) festgelegt, während das Büro in Seelow, Brandenburg, sein soll.[117] Die Amtssprachen sind Deutsch und Polnisch, der EVTZ wird zeitlich begrenzt bis zum 31.12.2030 gegründet[118] und führt administrative Aufgaben in dem territorialen Handlungsgebiet der Mitglieder durch.[119] Die Erweiterung der Kompetenzen ist jederzeit möglich, muss aber nach einstimmigen Beschluss in Anwesenheit aller Mitglieder gefasst werden, und im Anschluss nach Änderung der Satzung den Genehmigungsbehörden (polnisches Außenministerium und Brandenburgisches Innenministerium) vorgelegt werden.[120]

Nach Art. 8 der Übereinkunft soll der Verbund über eine Mitgliederversammlung, Rat und Direktor als Organe verfügen (Siehe Grafik 3). Dabei stellt die Mitgliederversammlung das Legislativorgan dar, da es in erster Linie für die Beschlussfassung zuständig ist, wobei jedes Mitglied eine Stimme hat.[121] Der Direktor, der zusammen mit dem stellvertretenden Direktor zusammen das Exekutivorgan darstellen,[122] müssen jeweils einen deutschen und polnischen Vertreter repräsentieren. Der Rat des Verbundes hingegen hat eher eine Koordinations- und Kontrollfunktion (Siehe Grafik 3).[123]

Wie auch bei anderen EVTZ in Europa wird hier aufgrund der Repräsentativität auf ein Rotationsprinzip der leitenden Vertreter gesetzt.[124] Die repräsentativen Governance-Strukturen wurden zuvor bereits in *vier Arbeitsgruppen* ausverhandelt, die wiederum auch binational besetzt waren. Es wurde der Schwerpunkt auf die gleichmäßige Verteilung der Mitglieder auf die jeweiligen Arbeitsgruppen gelegt, sodass in jeder Arbeitsgruppe ein Vertreter (Landrat, Bürgermeister oder Gemeindevorsteher) des EVTZ vertreten ist. So ist unter dem Dach der Landräte Gernot Schmidt (Landkreis Märkisch-Oderland [MOL]) und Józef Kruczkowski (Gorzów Wielkopolski) und der beiden Koordinatoren des Gründungsprozesses eine Ar-

---

117 Art. 4 Entwurf Übereinkunft TransOderana EVTZ.
118 Art. 7 Entwurf Übereinkunft TransOderana EVTZ.
119 Art. 3 Entwurf Übereinkunft TransOderana EVTZ.
120 Art. 21 Entwurf Übereinkunft TransOderana EVTZ.
121 Art. 9 Abs. 4 Entwurf Übereinkunft TransOderana EVTZ.
122 Art. 13 und 14 Entwurf Übereinkunft TransOderana EVTZ.
123 Art. 10, 11, 12 Entwurf Übereinkunft TransOderana EVTZ.
124 Vgl. *Ausschuss der Regionen*, EGTC monitoring report 2014, S. 33ff.

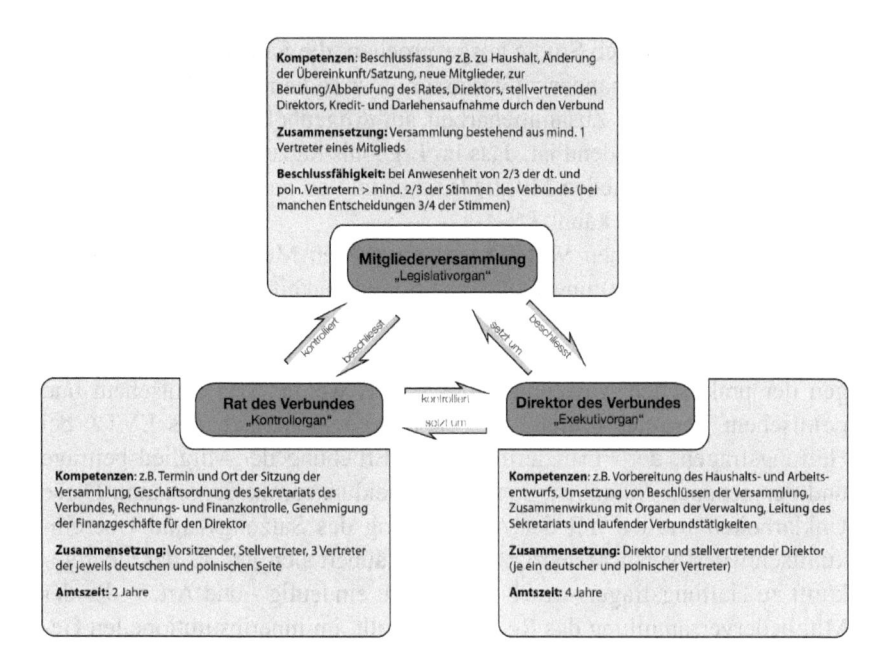

Grafik 3: Organigramm der internen Entscheidungsfindung des TransOderana EVTZ i.G.

beitsgruppe zu Grundsatzfragen,[125] eine zu Außenbeziehungen,[126] eine zu den Dokumenten des EVTZ[127] und eine zu der Projektentwicklung[128] gebildet worden. Die Arbeitsgruppen beraten intern und bündeln in Koordination mit den anderen AG´s Maßnahmen für den Gründungsprozess des TransOderana EVTZ.[129]

Nach der Ausarbeitung in einer der Arbeitsgruppen bezüglich der Satzung und Übereinkunft wurde nach einem Vergleich mit anderen EVTZ, etwa den EVTZ Eurodistrict SaarMoselle die Empfehlung der AG3, aber

---

125 Die 1. AG wurde von Dr. Welf Selke und Andrzej Wiśniewski koordiniert und hatte sechs weitere Mitglieder.
126 Die 2. AG wurde von Karl-Heinz Boßan und Jacek Jeremicz koordiniert und hatte vier weitere Mitglieder.
127 Die 3. AG wurde von Dr. Marcin Krzymuski und Piotr Mielcarek koordiniert und hatte fünf weitere Mitglieder.
128 Die 4. AG wurde von Prof. Dr. Hans Joachim Kujath und Andrzej Zabłocki koordiniert und hatte zehn weitere Mitglieder.
129 Siehe Organigramm „Arbeitsstab - Gründungsprozess TransOderana EVTZ".

auch von einer internen Studie ausgesprochen, die Satzung in beiden Landessprachen nebeneinander zu verfassen. Nur so kann ein „Gleichlauf der Zielsetzung und eine Zusammenarbeit auf Augenhöhe sichergestellt werden, [wobei] entscheidend ist, dass im Ergebnis Satzung und Übereinkunft in der Sprache eines jeden Mitglieds so formuliert sind, dass jede Fassung gleichermaßen gelten kann".[130]

Trotz der rechtlichen Vorteile und erwarteten Mehrwerte nannten die Befragten auch verwaltungspraktische Schwierigkeiten bzw. Unklarheiten im Gründungs- sowie Kompetenzzuweisungsprozess in spezifischen Anwendungsteilbereichen der Rechtsform. Als wesentliche Herausforderungen der praktischen Anwendung des EVTZ werden von deutschem und polnischem Vertreter primär die Unklarheiten innerhalb des EVTZ bei Haftungsfragen, der Finanzierung durch Erhebung der Mitgliedsbeiträge und der genauen Aufgaben, sowie Entscheidungsprozesse genannt. Diese Unklarheiten wurden mit der Ausarbeitung des Satzungs- und Übereinkunftsentwurfs versucht auszuräumen. So äußert sich Art. 17 der Übereinkunft zu Haftungsfragen - auch wenn nicht eindeutig - und Art. 9, der der Mitgliederversammlung das Recht einbestellt, im innerinstitutionellen Gesetzgebungsprozess die Mitgliedsbeiträge zu bestimmen. Die Übereinkunft wurde zuvor auch durch eine akademischen Studie, die spezifische Fragen zu Beitragssätzen der Mitglieder, Organe, Entscheidungsverfahren, Arbeitssprachen und Personal behandelt, inhaltlich aufbereitet und mit anderen EVTZ mit deutscher Beteiligung, etwa dem EVTZ Eurodistrict SaarMoselle verglichen.[131] Bis heute ist auch die Frage nach der Haftung nicht eindeutig – so haften die Mitglieder nach dem jeweiligen nationalen Recht,[132] während über rechtsanwenderische[133] und personalrechtliche[134] Fragen keine Zweifel bestehen und diese in der Übereinkunft geregelt sind.

Weitere Herausforderungen der EVTZ-Institutionalisierung können als weiche, nicht-verwaltungspraktische Faktoren umschrieben werden. Bei

---

130 *Blaurock/Henninghausen* in diesem Band.
131 *Pupier*, S. 74ff.
132 Art. 17 Abs. 1 Entwurf Übereinkunft TransOderana EVTZ.
133 Art. 15 Abs. 1 Entwurf Übereinkunft TransOderana EVTZ bestimmt auf Grund des Sitzes das polnische Recht als das maßgebliche Recht, der die Arbeitsweise des Verbunds in den Angelegenheiten unterliegt, die nicht durch die EVTZ-VO geregelt sind.
134 Art. 16 Abs. 1 Entwurf Übereinkunft TransOderana EVTZ sieht vor, dass das im Dienstvertrag als anwendbar genannte Recht Anwendung findet.

der Mitgliedergewinnung primär durch die Koordinatoren und aktive Kommunen und Städte ist die geringe Kenntnis über den EVTZ und daraus resultierende Unsicherheit zutage getreten. Da diese Rechtsform bis heute auch bei Kommunalpolitikern in Grenzregionen kaum bekannt ist, war ein Prozess der Aufklärung und Beratung notwendig, um überhaupt in die tatsächlichen Verhandlungen einzutreten. Eine weitere Unklarheit und Grund für die zögerliche Haltung aus der Perspektive der Kommunalpolitiker ist die Unkenntnis des tatsächlichen und potentiellen Mehrwerts eines EVTZ. Als Motive für eine EVTZ-Gründung als weitergehende Vertiefung der Kooperation im Vergleich zur EWIV nannten einige Befragte u.a. die Möglichkeit der Akquirierung von weiteren regionalen EU-Fördermitteln, aber auch generelle administrative Vorteile. Der tatsächliche Mehrwert eines EVTZ wird in diesem Artikel nicht untersucht, es sei aber auf andere Beiträge in diesem Band und Studien hingewiesen.[135]

Ein weiterer Aspekt der Schwierigkeit bei der Applikation der Rechtsform des EVTZ ist der hohe bürokratische Aufwand, der zwangsläufig bei einer grenzübergreifenden Zusammenarbeit von öffentlich-territorialen Verwaltungen ent- und besteht. Im Vergleich zur EWIV-Rechtsform, bei dem ein notarieller Registereintrag für die Gründung reicht,[136] kann die EVTZ-Gründung auf Grund der langatmigen Abstimmungs- und Genehmigungsprozesse zwischen Gebietskörperschaften und nationalen Genehmigungsverfahren im Einzelfall mehrere Jahre dauern. Das erklärt wohl, warum über 2300 EWIV[137] und nur 63 EVTZ[138] europaweit existieren. Weitere Schwierigkeiten finden ihre Ursache im soziokulturellen Bereich. So kann der Umgang mit der historischen Entwicklung zwischen den beiden Ländern direkt oder indirekt eine Rolle spielen, sowie die Sprachbarrieren, soziokognitive Elemente wie Empathie und Verständnis für den gegenüber. Des Weiteren soll noch mal auf die junge Geschichte der grenz-

---

135 Siehe auch Beiträge von *Zillmer et al., Engl* und *Görmar* in diesem Band; *Europäisches Parlament*, European Grouping of Territorial Cooperation as an Instrument for Promotion and Improvement of territorial cooperation in Europe, S. 71 ff.; *Arbeitsgemeinschaft europäischer Grenzregionen* (AGEG), Mehrwert der grenzübergreifenden Zusammenarbeit, Oktober 2015; *Bundesministerium für Verkehr und digitale Infrastruktur* (BMVI), Leitfaden zur Gründung eines EVTZ für Akteure der grenzüberschreitenden Zusammenarbeit.
136 Vgl. *Zahorka*, EWIV eJournal, No.9 – November 2006, 33 (33).
137 Vgl. http://www.libertas-institut.com/de/EWIV/statistik.pdf, 29.10.2016.
138 Siehe Ausschuss der Regionen, List of European Groupings of Territorial Cooperation in Europe – EGTC, 1.7.2016.

überschreitenden Kooperation zwischen Deutschland und Polen hingewiesen werden, die im Vergleich der fast 70-jährigen Grenzkooperationsgeschichte zwischen der deutsch-französischen Grenze noch in der Entstehungsphase ist.

c. Finanzielle Aspekte der Zusammenarbeit

Auch bei der Institutionalisierung der Zusammenarbeit auf finanzieller Ebene ist zwischen der ersten (IGOB EWIV) und zweiten Phase (TransOderana EVTZ) zu unterscheiden. Während der ersten Phase waren verkehrstechnische Belange, wie moderne Schienen, Leit- und Infrastruktursysteme relevant, die durch privatwirtschaftliche Investitionen erreicht wurden. Die Beförderung der Zusammenarbeit basierte hierbei wesentlich auf der Akquise von privaten Investoren mit dem Ziel, die Sanierung der Strecke und der Bahnhöfe zu erzielen, um die 253km lange Strecke von Berlin nach Piła bis 2025 mit einer Ertüchtigung der Geschwindigkeit von 120 km/h und eine gemeinsame deutsch-polnische Struktur von öffentlichen Einrichtungen, Bahnen und Eisenbahnverkehrsgesellschaften.[139] Die zweite Phase, in der die öffentlichen Kommunalvertreter aktive Mitglieder im Verbund mit Entscheidungsbefugnis sind, berücksichtigt die regionale Entwicklung, die Kommunalförderung, die Daseinsvorsorge und soziale sowie sozioökonomische Faktoren. Diese Aspekte werden verstärkt in der TransOderana-Gründung berücksichtigt und zum einen durch eigene Mitgliedsbeiträge und zum anderen durch öffentliche Fördergelder aus europäischen, nationalen und regionalen Programmen begünstigt.

Der Gründungsprozess des TransOderana EVTZ ist durch ein Netzwerkprojekt (SPF-Projekt) aus INTERREG-A-Geldern der ETZ, verwaltet von der Euroregion Pro Europa Viadrina, kofinanziert worden. In diesem Projekt war die Stadt Seelow Leadpartner und die Gemeinde Witnica Co-Partner.[140] Laut den Koordinatoren des EVTZ-Projektes war diese Form der Finanzierung ein wichtiger Schritt für die Impuls und Vernetzung der

---

139 IGOB Interessengemeinschaft Eisenbahn Berlin-Gorzów EWIV, Ostbahn 2025 – Zukunftsvisionen vom 10.05.2010.
140 *Krzymuski*, Präsentation zu „TransOderana – Europejskie Ugrupowanie Współpracy Terytorialnej/ Europäischer Verbund für territoriale Zusammenarbeit vom November 2014: https://prezi.com/fg3sngm4mur3/transoderana/, 29.10.2016.

Zusammenarbeit, allerdings für die weitere Projektentwicklung bedarf es weiteren Finanzierungsquellen. Vertreter der deutschen und polnischen Gebietskörperschaften betonen die knappen finanziellen Ressourcen der Städte und Gemeinden und sehen in europäischen, aber auch nationalen Fördermitteln eine Möglichkeit der Entlastung. Zum einen finanzieren die in der Satzung festgelegten Mitglieder, also die deutschen und polnischen Städte, Gemeinden und Landkreise durch Beiträge den EVTZ, zum anderen kontrollieren sie auch die Tätigkeiten des Verbunds und den Haushaltsplan.[141] Angelehnt an den EVTZ Eurodistrikt SaarMoselle wurde von einer internen Arbeitsgruppe ein proportionaler Beitrag von 0,10 €/Einwohner/Monat für die Städte und Gemeinden und einen Pauschalbetrag für die Powiats/Landkreise für die Mitgliedsbeiträge vorgeschlagen.[142]

Neben der Eigenfinanzierung werden aber nach Genehmigung und Arbeitsaufnahme des EVTZ auch weitere Finanzierungsquellen, wie die o.g. regionalen EU-Fonds, notwendig. Der EFRE, speziell mit dem Förderziel 3, der ETZ (INTERREG V A), kann als Hauptfinanzierungsquelle aus europäisch-öffentlichen Geldern angesehen werden. Aber auch der ELER bietet mit seinen Schwerpunkten einen interessanten Förderfokus für den EVTZ und einzelne Projektmaßnahmen des EVTZ.

3. Grenzüberschreitende „Governance" - Akteure, Strategien, Interaktionen und Institutionen im Mehrebenensystem

Nachdem die rechtliche und administrative Vertiefung der Zusammenarbeit des TransOderana EVTZ skizziert worden ist, geht es nun um die beteiligten Akteure, ihren institutionellen Hintergrund, sowie Koordinations-, Steuerungs- und Interaktionsprozesse („Governance") beim Gründungsprozess.

---

141 Vgl. auch Beitrag von *Klinkmüller* in diesem Band.
142 Vgl. *Pupier*, S. 101.

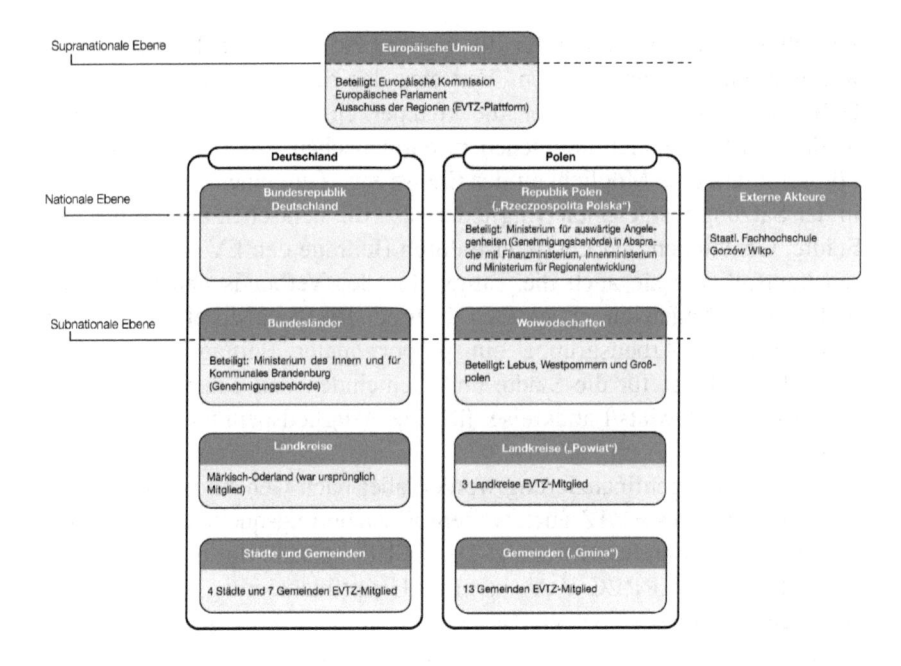

Grafik 4: Staatsorganisation in Deutschland und Polen und beteiligte Akteure am Gründungsprozess des TransOderana EVTZ i.G.

a. Akteure und Interaktionen im Gründungsprozess des TransOderana EVTZ aus deutscher Perspektive

Der TransOderana EVTZ soll auf deutscher Seite aus vier Städten und sieben Gemeinden bestehen und ein Gebiet mit etwa 100.000 Einwohnern umfassen. Während sich auf der polnischen Seite noch drei Landkreise aktiv beteiligen, hat sich auf der deutschen Seite der einzige Landkreis (Märkisch-Oderland) dagegen entschieden, dem Verbund beizutreten.[143]

Bei der Erarbeitung der Strukturen der Kooperationsform und der Mitgliedergewinnung kristallisierten sich verschiedene Vorstellungen bezüglich der Rolle der einzelnen Mitglieder sowie der Kooperations- und

---

143 Beschluss des Kreistages Märkisch Oderland 2014/KT/495-39 vom 14.05.2014 über Absehen von der Teilnahme am „EVTZ TransOderana" (Amtsblatt für den Landkreis Märkisch-Oderland, 21. Jahrgang Nr. 3 vom 3.6.2014, S. 3).

Rechtsform bei Koordinatoren und den einzelnen Arbeitsgruppenleitern heraus.

Zentrale Diskussionspunkte bei der Umwandlung vom privatrechtlichen Bahnsanierungsprojekt zum territorial-öffentlichen Rechtsinstrument der grenzüberschreitenden Zusammenarbeit waren zum einen der Verlauf der Strecke der Bahn und zum anderen das Selbstverständnis des Charakters des EVTZ. So wurde u.a. nach Gesprächen mit der Stadt Frankfurt (Oder) auch diskutiert, die Anbindung der Strecke an den KV-Terminal in Frankfurt (Oder) herzustellen. Kurzfristig wurde diese Vorstellung verworfen, längerfristig wurde es in den Zukunftsvisionen bis 2025 der damaligen IGOB-EWIV festgehalten.[144] Zum anderen bestand Uneinigkeit zwischen Vertretern unterschiedlicher AG´s darüber, ob der TransOderana EVTZ wie eine Modellregion mit der Bezeichnung eines „Eurodistrikts" nach deutsch-französischem Muster[145] ausgestaltet werden sollte. Nachdem der TransOderana in der ersten Ausarbeitungsphase die Bezeichnung „Eurodistrikt" im Titel trug, verwarf man aus rechtspolitischen Gründen später diese Bezeichnung.

Des Weiteren hat am 14.5.2014 der Kreistag des Landkreises Märkisch-Oderland beschlossen, kein Mitglied vom EVTZ zu werden. Der Landrat, der sich zuvor für eine Mitgliedschaft im EVTZ eingesetzt hat,[146] begründet diesen Schritt damit, dass der Kreistag eine konkurrierende Doppelstruktur zu den kommunalen Selbstverwaltungen des Kreises in den Bereichen Wirtschaftsförderung, Gesundheitswesen, Arbeitsmarktpolitik, Tourismus und grenzüberschreitende Zusammenarbeit identifiziert hat.[147] Die für diese Untersuchung befragten Vertreter von territorialen Gebietseinheiten auf der deutschen Seite sowie der Vertreter auf der polnischen Seite widersprechen dieser Ansicht. Auch der Berliner Europaabgeordnete Joachim Zeller MdEP, der 3.stellv. Vorsitzender des Ausschusses für regiona-

---

144 Siehe *IGOB Interessengemeinschaft Eisenbahn Berlin-Gorzów EWIV*, Ostbahn 2025 – Zukunftsvisionen vom 10.5.2010.
145 Siehe *Gireaud et al.*, S. 175 ff.
146 Siehe auch Gemeinsame Presseerklärung des Ausschusses der Regionen (AdR) und des Eurodistrikts „TransOderana EVTZ" in Gründung (i.Gr.) vom 7.11.2012, Geburt einer neuen mitteleuropäischen Region an Oder – Warthe und Netze: Eurodistrikt „TransOderana EVTZ".
147 Siehe Brief Landrat des Landkreises Märkisch-Oderland an Bürgermeisterin der Stadt Müncheberg: *Mitgliedschaft des Landkreises Märkisch-Oderland im EVTZ „TransOderana"* vom 27.3.2014; Zu konkurrierenden Doppelstrukturen durch EVTZ siehe auch Beiträge von *Görmar* und *Engl* in diesem Band.

le Entwicklung des *Europäischen Parlaments* (EP)[148] und Berichterstatter für die EVTZ-Rechtsform im Ausschuss erkennt keine Doppelstrukturen zu den kommunalen Einrichtungen im Landkreis Märkisch-Oderland. Er argumentiert vielmehr, dass der EVTZ ein Instrument ist für „intelligentes Outsourcing" von Verwaltungsaufwand und Senkung von operativen Kosten darstellt: „Es geht dabei um die Übertragung, Bündelung und gemeinsame Wahrnehmung von Aufgaben, nicht um die Übertragung von Kompetenzen".[149]

Eine weitere Doppelstruktur stellt auf den ersten Blick die Euroregion Pro Europa Viadrina dar, da u.a. die Stadt Seelow oder Landkreis Märkisch-Oderland auch Mitglieder der Euroregion Pro Europa Viadrina sind. Trotz der Mitgliedschaft in zwei grenzüberschreitenden Verbünden stellen sie kein äquivalente Struktur und Funktion dar, sondern würden komplementär agieren: Trotz einer recht ähnlich formulierten Zielstellung der beiden Verbünde, hat die Euroregion Pro Europa Viadrina eine eher verwaltende Funktion bzgl. europäischer Fördermittel aus der ETZ,[150] während der EVTZ ein langfristiges Gestaltungsinstrument des Zusammenwachsens der beiden Länder darstellen kann für eine nachhaltige grenzüberschreitende Mobilität, die insbesondere ein erleichtertes Pendeln von Berufstätigen ermöglicht und nicht nur eine attraktivere Beschäftigungssituation schafft, sondern auch zu höherer Lebensqualität in der Region führt.[151]

Doppelte Strukturen könnten auch den Wettbewerb um die Mittelakquise aus dem ETZ bedeuten, da nur begrenzte Fördermittel, etwa für das Kooperationsprogramm INTERREG V A Brandenburg-Polen mit aus der EU-Haushaltsperiode 2014-2020[152] zur Verfügung stehen. Aufgrund der verwaltungsspezifischen Aufgaben der Euroregion und der eigenständigen

---

148 http://www.cdu-csu-ep.de/ueber-uns/abgeordnete-a-z/6012-joachim-zeller.html, 29.10.2016.
149 Vgl. *Zeller*, Schreiben an Chefredakteur Mangelsdorf zur Richtigstellung der Behauptung, ein EVTZ schaffe doppelte Strukturen und konkurrierende Zuständigkeiten – Artikel MOZ, 2. April 2014, Ausgabe Seelow – mit der Bitte um Beachtung, gegebenenfalls Veröffentlichung am 9.4.2014.
150 Siehe auch http://www.euroregion-viadrina.de/euroregion-pro-europa-viadrina/zur-geschichte/, 29.10.2016.
151 Vgl. *Cramer/Liberadzki/Zeller* MdEP, Gemeinsames Grußwort für den Start des Gründungsprozesses „Eurodistrikt TransOderana EVTZ", Kostrzyn nad Odra am 20.3.2013.
152 http://interregva-bb-pl.eu/, 29.10.2016.

Struktur des EVTZ sind aber keine eindeutigen konkurrierenden Strukturen zu erkennen, vielmehr „stimmen [...] [die Ziele der Euroregion] mit dem Vorhaben des Projekts des Eurodistrikts TransOderana EVTZ überein, besser gesagt, können sich die Ziele des Eurodistrikts TransOderana EVTZ voll und ganz im Rahmen der Euroregion integrieren".[153] So könnte der EVTZ nach Arbeitsaufnahme Begünstigter von ETZ-Mittel sein, die von der Euroregion im Bereich „Technische Hilfe" verwaltet und koordiniert werden. Der verkehrspolitische Aspekt des TransOderana EVTZ wird zudem speziell in der Prioritätsachse II des Kooperationsprogramms „Anbindung an die transeuropäischen Netze und nachhaltiger Verkehr" abgedeckt. Des Weiteren kann sich der Verbund durch Finanzierung aus dem ELER und CEF von der Euroregion abgrenzen. Im Vergleich zur westdeutschen Grenze, wo z.B. das Kooperationsprogramm INTERREG V A Großregion[154] die Bundesländer Saarland und Rheinland-Pfalz umfasst, bestehen neben der Verwaltungsbehörde der Großregion (auch mit der Rechtsform eines EVTZ)[155] im selben Fördergebiet zudem der Eurodistrict SaarMoselle. Die parallele Existenz von grenzüberschreitenden Verbünden wird hier also politisch unterstützt, was aber durch langjährige „Grenzkontakte" und Kooperation, Ressourcenvielfalt und nationale Impulse, etwa dem deutsch-französischem Vorstoß von Bundeskanzler Schröder und Staatspräsident Chirac zur grenzüberschreitenden Kooperation 2003, bedingt wird.[156]

Auch beim Genehmigungsprüfverfahren gab es auf deutscher Seite Skepsis. Während das polnische Außenministerium nach langwierigen Verhandlungen endlich eine vorsichtige Akzeptanz geäußert hat, bemängelte das MIK in einer Stellungnahme Ende 2015, das die teilnehmenden brandenburgischen Städte und Gemeinden einen klammen Haushalt zur Verfügung haben und Aufgaben wie z.B. Bildung, berufliche Ausbildung, Gesundheitsvorsorge und Altenpflege übernehmen sollen, die die Befugnisse der Mitglieder überschreiten, weshalb auch die Besorgnis geäußert wird, dass die Mitglieder für die Wahrnehmung von Aufgaben haften, wo-

---

153 *Pupier*, S. 30.
154 http://www.saarland.de/dokumente/thema_interreg/Operationelles_Programm_Interreg_V_A.pdf, 29.10.2016.
155 Der EVTZ INTERREG „Programm Großregion" wurde aufgelöst und soll für den Förderzeitraum 2014-2020 befristet neu aufgesetzt werden, siehe dazu auch Europäisches Parlament, S. 62 ff.
156 Siehe *Gireaud et al.*, S. 199 ff.

für sie keine Zuständigkeiten besitzen.[157] Die geäußerten Zweifel des Landes Brandenburg stehen im Widerspruch zu der in Übereinkunft formulierten Ziele des Verbunds. So soll nach Art. 5 Abs. 2 der Übereinkunft (Entwurf) die Bildung, berufliche Ausbildung und Zusammenarbeit im Bereich des Katastrophenschutzes gefördert werden und eine grenzüberschreitende Kooperation im Bereich Gesundheitsversorgung und Altenpflege entwickelt werden, aber diese Aufgaben befinden sich nicht im Zuständigkeitsbereich von den Kommunen.

Zum Abschluss der deutschen Perspektive bei der finanziell-administrativen Institutionalisierung der Zusammenarbeit soll auf das Partnerschaftsabkommen zwischen KOMM und der Bundesrepublik Deutschland für die Umsetzung der ESI-Fonds in der Förderperiode 2014-2020 geschaut werden. Die Bundesrepublik verweist dabei auf die bisherigen Gründungsschwierigkeiten bei EVTZ mit deutscher Beteiligung, weshalb noch keine EVTZ mit Sitz in Deutschland gegründet worden sei und empfiehlt die Kooperationsform, die für die Aufgabenerfüllung und die beteiligten Stellen am effektivsten ist.[158] Seitdem sind bereits zwei EVTZ mit Sitz in Deutschland gegründet worden: Der transnationale verkehrspolitische Verbund „EGTC Interregional Alliance for the Rhine-Alpine Corridor"[159] und der Hochschulkooperations-EVTZ EUCOR „The European Campus". [160]

b. Akteure und Interaktionen im Gründungsprozess des TransOderana EVTZ aus polnischer Perspektive

Die polnische Seite umfasst auf einer größeren Fläche und einer Einwohnerzahl von etwa 586.000 verteilt auf drei Landkreise („*powiat*") und 13 Gemeinden („*gmina*") ein größeres Einzugsgebiet als die deutsche.

Die Vertreter auf der polnischen Seite, speziell die Stadt Gorzów Wielkopolski (mit über 120.000 Einwohnern die größte Stadt entlang der Stre-

---

157 Siehe Stellungnahme des Ministeriums des Innern und für Kommunales (MIK) Brandenburg, Dr. Acker, Unterlagen TransOderana EVTZ, 16.12.2015.
158 Bundesministerium für Wirtschaft und Energie, S. 223.
159 http://egtc-rhine-alpine.eu/de/, 29.10.2016; Siehe auch Beitrag von *Saalbach/ Böhringer* in diesem Band.
160 https://www.unibas.ch/de/Aktuell/News/Uni-Info/Von-Eucor-zum-European-Campus-Die-Universitaet-Basel-auf-dem-Weg-zur-ersten-europaeischen-Universitaet.html , 29.10.2016; siehe auch Beitrag von auch *Blaurock/Henninghausen* in diesem Band.

cke), waren von Beginn an sehr an einer Wiederbelebung und Sanierung der Strecke bis nach Piła interessiert und unterstützten auch einheitlich die Weiterführung in einer Territorialkooperation der regionalen Entwicklung in Form des EVTZ. Ein großer Ansporn stellte die Verknüpfung der bis dato abgekoppelten Verbindung von Berlin über Gorzów Wielkopolski dar.

Während die subnationalen Gebietskörperschaften der Projektierung von Beginn an positiv gegenüberstanden, waren die nationalen Ministerien anfangs zögerlich und uneins über die Zuständigkeiten, die von einem Ministerium zum andern geschoben worden sind. Nach anfänglichen Unklarheiten übernahm – wie in den Ausführungsbestimmungen der EVTZ-VO in Polen genannt – das Außenministerium die Koordination, in Absprache mit dem Finanz- und Innenministerium sowie Ministerium für Regionalentwicklung.

Nachdem es in den Jahren 2011-2014 regelmäßig stattfindende gemeinsame Treffen der zu der Zeit teilnehmenden deutschen und polnischen Mitglieder gegeben hat, fanden 2015 keine weiteren gemeinsamen Treffen statt, da der Gründungsprozess soweit abgeschlossen war und die Gründungsdokumente zur Prüfung zu den Genehmigungsbehörden geleitet worden sind.

In der Zeit hat es einige institutionell-personelle Änderungen in Polen gegeben. Bei der polnischen Kommunalwahl („Selbstverwaltungswahl") in Polen am 16.11./ 30.11.2014 wurden eine erhebliche Zahl der Bürgermeister und Gemeindevorsteher der liberalkonservativen polnischen Regierungspartei Bürgerplattform (PO) abgewählt[161] u.a. in den Städten Gorzów Wielkopolski und den Gemeinden Witnica und Santok. Die neuen Bürgermeister haben sich aber bereit erklärt, weiterhin am Verbund der TransOderana EVTZ zu partizipieren.

Zudem hatte der Wahlsieg der Partei Recht und Gerechtigkeit (PiS) bei der Parlamentswahl in Polen am 25.10.2015 den personellen Austausch der Wojewoden in allen 16 polnischen Wojewodschaften durch die designierte Premierministerin Beata Szydło am 8. Dezember 2015 zur Folge.[162] Dieser Schritt ist in Polen typisch bei einer wechselnden Mehrheit im Warschauer Parlament, da die Wojewoden die Vertreter der Zentralregierung in den Wojewodschaften sind. Anders als auf der nationalen Ebe-

---

161 http://www.zeit.de/politik/ausland/2014-11/kommunalwahl-polen, 29.10.2016.
162 http://internationales.sachsen.de/download/Infoblatt-Prag-Breslau_01-2016.pdf , 29.10.2016.

ne hat die deutsch-polnische Zusammenarbeit auf subnationaler Ebene kaum Veränderungen gespürt. Das hängt womöglich mit der Dezentralisierung durch die Gebiets- und Verwaltungsreform (1998/1999) im eher zentralistisch organisierten Polen zusammen, bei der die große Zahl der Woiwodschaften reduziert und die Landkreise als „Puffer" zwischen Gemeinden und Woiwodschaften wieder eingeführt wurden (Siehe Grafik4).[163] Dadurch ist eine Art Abfederung der subnationalen Selbstverwaltungspraktiken vor einer Kollision mit nationalstaatlicher Politik entstanden.

Die personellen Veränderungen bei den territorialen Behörden haben keine direkten Auswirkungen auf den Gründungsprozess des TransOderana EVTZ, nichtsdestotrotz ist vor allen Dingen die Folgen der Kommunalwahl und der personellen Veränderung, die sie nach sich zog, bezüglich der institutionellen Zusammenarbeit nicht zu verachten. Da über die Jahre eine enge zwischenmenschliche Zusammenarbeit entstanden ist, so stellen neue Repräsentanten veränderte parteipolitische Präferenzen, Einstellungen und Strategien dar. Da es seit November 2014 noch kein gemeinsames Treffen der Verbundmitglieder gab, kennen sich die Bürgermeister und Vertreter teilweise noch nicht. Von allen Befragten wird darin aber kein Nachteil gesehen.

Der EVTZ als grenzüberschreitendes Kooperationsinstrument bietet in dieser Hinsicht einen eindeutigen Mehrwert, da er eine langfristige supraregionale Struktur darstellt, die resistent gegenüber personellen, parteilichen und institutionellen Veränderungen ist.

Mit Blick auf der Partnerschaftsabkommen Polens mit der KOMM im Rahmen der Gemeinsamen Strategischen Rahmen in der Förderperiode 2014 bis 2020 befürwortet die polnische Regierung die aktivere Rolle von EVTZ im allgemeinen bei der Teilnahme an ETZ-Programmen und Umsetzung von ETZ-Projekten sowie den Einsatz des EVTZ als Schirmprojektträger für die Ausführung von Mikroprojekten.[164] Die polnische Seite steht der Nutzung dieses Instruments im Rahmen der ESIF-Förderung demnach auch hier positiver gegenüber als die deutsche Seite.

---

163 Siehe *Morhard*, S. 139.
164 Polnisches Ministerium für Infrastruktur und Entwicklung, S. 221.

c. Akteure und Interaktionen im Gründungsprozess des TransOderana EVTZ aus Perspektive der EU

Die europäische Ebene unterstützt primärrechtlich durch das Subsidiaritätsprinzip (grenzüberschreitende) Aktivitäten von subnationalen Gebietskörperschaften und fördert rechtlich, politisch und finanziell deren Entwicklung. Diese subsidiäre Unterstützung wird innerhalb der Organe des AdR, dem EP und der KOMM sichtbar. Der AdR ist als Beratungs- und Anhörungsorgan als Repräsentant und Interessensvertreter der EU-Regionen in den europäischen Rechtssprechungsprozess involviert und stellt mit der EVTZ-Plattform[165] die zentrale EU-Koordinationsplattform für alle EVTZ in Europa zur Verfügung. Durch diese Repräsentanz werden nicht nur subnationale Interessen auf supranationaler Ebene artikuliert, vertreten und nachhaltig gestaltet, sondern die EVTZ auf europäischer Ebene sichtbar gemacht. Die KOMM hat mit der aus der Generaldirektion Regionalpolitik eine ministerielle Einrichtung, die sich aktiv bei der Ausarbeitung des EVTZ beteiligt hat. Im EP ist Joachim Zeller MdEP als Berichterstatter zum EVTZ im Ausschuss für regionale Entwicklung und fördert aktiv den Gründungsprozess der TransOderana. Bei zwei Besuchen der von den Landräten Gernot Schmidt (Kreis Märkisch-Oderland) und Grzegorz Tomczak (Landkreis Gorzów) geleiteten deutsch-polnischen Delegationen kamen sie u.a. am 7.11.2012 mit dem Generalsekretär des AdR, Dr. Gerhard Stahl, und den Mitgliedern des EP, den Herren Joachim Zeller MdEP, Boguslaw Liberadzki MdEP und Michael Cramer MdEP zusammen, um das Konzept der Eisenbahnverbindung Berlin – Gorzów/Landsberg an der Warte – Piła (Schneidemühl) mit Verlängerungsmöglichkeiten zum Metropolraum Danzig-Zoppot-Gydingen zu präsentieren.[166] Bei diesem Treffen und auch in weiteren Stellungnahmen zu der TransOderana EVTZ wurde die Unterstützung für den Projektverbund aus europäischer Perspektive bekräftigt.

---

165 https://portal.cor.europa.eu/egtc/Platform/Pages/welcome.aspx, 29.10.2016, Die EVTZ-Plattform ist als Sammlungspunkt für politisch Verantwortliche und Verwaltungsfachleute aller eingerichteten und im Aufbau befindlichen EVTZ und die Mitglieder der EVTZ-Sachverständigengruppe gedacht.

166 Siehe auch Gemeinsame Presseerklärung des Ausschusses der Regionen (AdR) und des Eurodistrikts „TransOderana EVTZ" in Gründung (i.Gr.) vom 7.11.2012, Geburt einer neuen mitteleuropäischen Region an Oder – Warthe und Netze: Eurodistrikt „TransOderana EVTZ".

Peter Ulrich

V. Fazit und Ausblick

Der Beitrag hat sich zum Ziel gesetzt, einen Überblick über die junge Geschichte der funktionalen deutsch-polnischen grenzüberschreitenden Zusammenarbeit zu geben, Akteure und Strategien, speziell am Fallbeispiel des TransOderana EVTZ aufzuzeigen, das Zusammenspiel der verschiedenen Ebenen und ihrer Akteure zu skizzieren und Barrieren, aber auch Chancen bei dem spezifischen Fall des Gründungsprozesses eines EVTZ wiederzugeben. Natürlich kann speziell im Bereich der deutsch-polnischen grenzregionalen Zusammenarbeit nur ein Ausschnitt aus Akteuren und politischen Prozessen dargestellt werden, da auch die grenzüberschreitenden Aktivitäten und Verflechtungen sukzessive in der Grenzregion zunehmen. Nichtsdestotrotz gibt es an der deutsch-polnischen Grenze weiterhin keinen Verbund mit der Rechtsform des EVTZ, während die westlichen und südwestlichen deutschen Grenzregionen mehrerer solcher Verbünde aufweisen und bereits auch zwei EVTZ mit Sitz in West-Deutschland bestehen. Natürlich herrschen wesentlich günstigere Rahmenbedingungen etwa in der deutsch-französischen Grenzregion vor, u.a. bessere finanzielle Ressourcenausstattung der Kommunen, langjährige Kooperationsgeschichte und nationalstaatliche Impulsgebung. Dennoch zeigt die Analyse, dass speziell bei der (grenzüberschreitenden) Zusammenarbeit politische Akteure die maßgeblichen Motoren derselben sind. Im Laufe der Gründung des TransOderana EVTZ zeigt sich vor allen Dingen die deutsche (brandenburgische) Seite skeptisch, weshalb der Gründungsprozess der TransOderana bis dato nicht abgeschlossen ist. Nach der Anfangseuphorie der beteiligten Akteure aus den Gemeinden, Städten und Landkreisen, ist vor allen Dingen in den Jahren 2015/16 viel Stillstand im Gründungsprozess des EVTZ zu verzeichnen. In der 3. Internationalen Ostbahnkonferenz am 20.10.2016 in Seelow sollte ein neuer Impuls für die grenzüberschreitende Kooperation entlang der Ostbahn gesetzt werden. Der Landrat des Landkreises Märkisch-Oderland verwies an dieser Stelle darauf, dass eine EVTZ-Gründung weiterhin wünschenswert wäre, aber in der aktuellen Pattsituation auch andere Wege beleuchtet werden sollten. So will der Landrat im Frühjahr 2017 eine Initiative vorstellen, in der Siedlungsdruck, kommunale Interessen und Landesplanung in Übereinstimmung gebracht werden sollen.[167] Das Aufsetzen eines EVTZ hängt

---

167 Schmidt, S. 3.

mit vielen bürokratischen Hürden zusammen und da es ein fakultatives Instrument der Zusammenarbeit darstellt, sollten stets rechtliche Alternativformen überprüft und mit dem spezifischen Zweck und Funktion der Zusammenarbeit abgeglichen werden. Speziell in einer Phase von europäischen Renationalisierungs- und drohenden Zerfallsprozessen Europas aufgrund der Schulden- und Flüchtlingskrise der EU kann eine Gründung eines EVTZ in der Mitte Europas ein politisches Signal bedeuten, das auf einer langfristigen grenzüberschreitenden Kooperationsform unabhängig von politischen und personellen Veränderungen basiert. Zudem beweist der „EGTC Interregional Alliance for the Rhine-Alpine Corridor", dass ein EVTZ mit deutscher Beteiligung basierend auf einem verkehrspolitischen Ansatz und dem langfristigen Ziel der regionalen Entwicklung erfolgreich gegründet werden kann trotz eventueller Doppelstrukturen zu kommunalen Selbstverwaltungen. Die fakultative Rechtsform des EVTZ bietet daher neben zahlreichen Barrieren auch Chancen für die deutsch-polnische Grenzregion.

Abstract

The research article explores actors, institutions and political strategies in the German-Polish border region and examines the forms of cross-border governance and institutionalization of functional cross-border cooperation on the basis of the case study of EGTC TransOderana. In the analysis, theoretical models of multilevel governance and actor-centered institutionalism are applied. The main objectives of the article are: to give an overview about the territorial cooperation (actors, strategies, institutions); to draw the inter- and intrainstitutional foundation process of an EGTC in practice and to reveal the governance structures in the EU multilevel policy within this process; as well as to highlight and critically assess the opportunities and barriers of the EGTC foundation process.

Literaturverzeichnis

Arbeitsgemeinschaft europäischer Grenzregionen (AGEG), Mehrwert der grenzübergreifenden Zusammenarbeit, 2015.
Ausschuss der Regionen (AdR), EGTC Monitoring Report 2013. Towards the New Cohesion Policy, 2014

Ausschuss der Regionen, List of European Groupings of Territorial Cooperation in Europe – EGTC, 5.1.2016.

Ausschuss der Regionen und Eurodistrikt „TransOderana EVTZ" in Gründung (i.Gr.), Gemeinsame Presseerklärung, Geburt einer neuen mitteleuropäischen Region an Oder – Warthe und Netze: Eurodistrikt „TransOderana EVTZ", 7.11.2012.

Bembnista: Transnationale und grenzenlose Europastadt Görlitz/Zgorzelec, Pogranicze Polish Borderland Studies 2 (2014), 196.

Benz/Dose, Governance - Regieren in komplexen Regelsystemen. Eine Einführung, 2. Aufl., 2010.

Bieling/Lerch, Theorien der europäischen Integration, 2005.

Bollmann, Präsentation "Frankfurt (Oder) und Słubice – europäisches Labor der grenzüberschreitenden Zusammenarbeit", 09.10.2015.

Bundesinstitut für Bau-, Stadt- und Raumforschung, Verkehrsinfrastruktur im deutschpolnischen Grenzraum, 2012.

Bundesministerium für Verkehr und digitale Infrastruktur, Leitfaden zur Gründung eines EVTZ für Akteure der grenzüberschreitenden Zusammenarbeit, 2014.

Bundesministerium für Verkehr, Bau und Stadtentwicklung, Raumordnerische Zusammenarbeit im deutsch-polnischen Grenzraum, 2012.

Bundesministerium für Wirtschaft und Energie, Partnerschaftsvereinbarung zwischen Deutschland und der Europäischen Kommission für die Umsetzung der ESI-Fonds unter dem Gemeinsamen Strategischen Rahmen in der Förderperiode 2014 bis 2020, 2014.

Bußjäger, Der Europäische Verbund territorialer Zusammenarbeit (ETVZ). Neue Chancen für die Europaregion Tirol-Südtirol-Trentino, 2011.

Bußmann, Zehn Jahre Karlsruher Übereinkommen: Musterabkommen für die grenzüberschreitende Zusammenarbeit zwischen Deutschland und Polen?, in: Albrecht/ Nowacki (Hrsg.), Die grenzüberschreitende Beteiligung der Öffentlichkeit, 2006, S. 219.

Cramer MdEP/ Liberadzki MdEP/ Zeller MdEP, Gemeinsames Grußwort für den Start des Gründungsprozesses „Eurodistrikt TransOderana EVTZ", Kostrzyn nad Odra am 20.3.2013.

De Neve, The European Onion? How differentiated Integration is reshaping the EU, Journal of European Integration 29 (2007), 503.

Deutsches Institut für Urbanistik, Zukunft von Stadt und Region. Beiträge zum Forschungsverbund "Stadt 2030", 2006.

Eberwein/Ecker-Ehrhardt, Deutschland und Polen - Eine Werte- und Interessengemeinschaft? Die Eliten-Perspektive, 2001.

Eisendle, Der Europäische Verbund für territoriale Zusammenarbeit (EVTZ): ausgewählte Rechtsfragen zur Verordnung (EG) 1082/2006, 2011.

Engl, Zusammenhalt und Vielfalt in Europas Grenzregionen. Der Europäische Verbund für territoriale Zusammenarbeit in normativer und praktischer Dimension, 2014.

Europäisches Parlament, European Grouping of Territorial Cooperation as an instrument for promotion and improvement of territorial cooperation in Europe, 2015.

Euroregion Pro Europa Viadrina, Grenzüberschreitende Zusammenarbeit – Stand und Perspektiven, http://www.euroinstitut.org/pdf/Download-Unterlagen/2012-Erfahrun gsaustausch-Berlin/8_Stepien.pdf, 10.2.2016.

Fürst, Regional Governance, in: Benz/Dose (Hrsg.), Governance - Regieren in komplexen Regelsystemen. Eine Einführung, 2010, S. 49.

García-Álvarez/ Trillo-Santamaría, Between Regional Spaces and Spaces of Regionalism. Cross-border Region Building in the Spanish 'State of the Autonomies', Regional Studies 47 (2013), 104.

Gering/ Neiß, Internationale Zusammenarbeit in der Raumplanung am Beispiel Deutschland-Polen. Rahmenbedingungen, Planungssysteme und Maßnahmen, 1999.

Gireaud/ Nitschke/ Schmitt-Egner/ Breier, Die Eurodistrikte - eine neue Form der grenzüberschreitenden Kooperation? Eine vergleichende Analyse des Eurodistrikts Straßburg-Ortenau und des Trinationalen Eurodistricts Basel, 2014.

Haas, The uniting of Europe. Political, social, and economic forces 1950 – 1957, 1968.

Hoffmann, Obstinate or Obsolete? The Fate of the Nation-State and the Case of Western Europe, Daedalus 95 (1966), 862.

Hooghe/ Marks, Unravelling the Central State, but how? Types of Multi-Level Governance, American Political Science Review 97 (2003), 233.

IGOB Interessengemeinschaft Eisenbahn Berlin-Gorzów EWIV, „Arbeitsstab - Gründungsprozess TransOderana EVTZ", 2012.

IGOB Interessengemeinschaft Eisenbahn Berlin-Gorzów EWIV, Ostbahn 2025 – Zukunftsvisionen, 10.05.2010.

IGOB Interessengemeinschaft Eisenbahn Berlin-Gorzów EWIV, Strategiekonzept zur Förderung der wirtschaftlichen Entwicklung für die Eisenbahnstrecke Berlin-Gorzów bis zum Jahr 2014, 26.3.2008.

Jachtenfuchs/ Kohler-Koch, Governance in der Europäischen Union, in: Benz/Dose (Hrsg.), Governance - Regieren in komplexen Regelsystemen. Eine Einführung, 2010, S. 69.

Jajeśniak-Quast/ Stokłosa, Geteilte Städte an Oder und Neisse: Frankfurt (Oder) - Slubice, Guben - Gubin und Görlitz - Zgorzelec 1945-1995, 2000.

Jańczak, Borders and border dimensions in Europe. Between Frontierisation and Boundarisation, Public Policy and Economic Development 5 (2014), 7.

Keating, Territorial Politics and the New Regionalism, in: Heywood/ Jones/ Rhodes (Hrsg.), Development in West European Politics, 2002, S. 201.

Knippschild, Die EU-Strukturpolitik an Oder und Neiße. Chancen einer nachhaltigen Regionalentwicklung in der Grenzregion mit dem EU-Beitrittskandidaten Polen, 2001.

Knodt/ Große Hüttmann, Der Multi-Level Governance-Ansatz, in: Bieling/ Lerch (Hrsg.), Theorien der europäischen Integration, 2005, S. 223.

Kramsch/Hooper, Cross-border governance in the European Union, 2004.

Kreibich, Zukunftsszenarien für die Europaregion Görlitz/Zgorzelec. Im Rahmen des Projektes "Stadt 2030", 2003.

Krzymuski, Präsentation zu „TransOderana – Europejskie Ugrupowanie Współpracy Terytorialnej/ Europäischer Verbund für territoriale Zusammenarbeit vom November 2014: https://prezi.com/fg3sngm4mur3/transoderana/, 12.1.2016.

Krzymuski/Kubicki, Der EVTZ-2.0 - Neue Chance für die grenzübergreifende Zusammenarbeit öffentlicher Einrichtungen, NVwZ 20 (2014), 1338.

Kube/Nagler/Schwartze, Stadt-Raum-Identität. Städtische Neuorientierung in der deutsch-polnischen Doppelstadt Guben-Gubin, in: Zukunft von Stadt und Region. Beiträge zum Forschungsverbund "Stadt 2030", 2006, S. 129.

Kujath/Musekamp/Boßan, Weitere Entwicklung der Ostbahn - Berlin-Gorzów Wlkp.-Piła - als europäische Modellkorridorregion, in: Zschiedrich (Hrsg.), Wirtschaftliche Zusammenarbeit in Grenzregionen, 2011, S. 167.

Landrat des Landkreises Märkisch-Oderland, Offizieller Brief an Dr. Uta Barkusky, Bürgermeisterin des Stadt Müncheberg, Mitgliedschaft des Landkreises Märkisch-Oderland im EVTZ „TransOderana", Seelow, 27.03.2014.

Langner, Mark Brandenburg, 2011.

Leresche/Saez, Political Frontier Regimes: Towards Cross-Border Governance?, in: Perkmann/ Sum (Hrsg.): Globalization, regionalization and cross-border regions, 2002, S. 77.

Linack/Lissner, Eisenbahninfrastruktur der Strecke Berlin-Piła, 2012.

Lindberg, The political dynamics of European economic integration, 1963.

Maier, Rechtliche Hindernisse für die Implementierung des EVTZ-Instruments in die föderale Verfassungsstruktur Österreichs, in: Europäisches Zentrum für Föderalismus-Forschung Tübingen (Hrsg.), Jahrbuch des Föderalismus 2009. Föderalismus, Subsidiarität und Regionen in Europa, 2009, S. 455.

Mihułka, Der Oder-Neiße-Komplex – eine symbolische Grenze in den Deutsch-Polnischen Beziehungen, in: Lublin Studies in Modern Languages and Literature 32 (2008), 301.

Ministerium des Innern und für Kommunales (MIK) Brandenburg, Stellungnahme zu Unterlagen TransOderana EVTZ, 16.12.2015.

Moravcsik, The choice for Europe. Social purpose and state power from Messina to Maastricht, 1998.

Morhard, Das deutsch-polnische Grenzgebiet als Sonderfall europäischer Regionalpolitik. Die institutionelle Ausgestaltung zur Förderung grenzüberschreitender Kooperation im Kontext der EU-Erweiterungsstrategien im Zeitraum von 1989 bis 1998, 2001.

Musekamp, Die Ostbahn im Spiegel der Zeit. Eine Reise von Berlin nach Königsberg. Katalog zur Ausstellung des Instituts für angewandte Geschichte und Eröffnungsvorträge von Jan Musekamp und Marcin Przegiętka in Frankfurt (Oder), 2010.

Musekamp, The Royal Prussian Eastern Railway (Ostbahn) and its Importance for East-West Transportation, in: Roth/ Jacolin (Hrsg.), Eastern European Railways in Transition. Nineteenth to Twenty-First Centuries, 2013, S. 117.

Nadalutti, Does the 'European Grouping of Territorial Co-operation' promote Multi-level Governance within the European Union?, Journal of Common Market Studies 51 (2013), 756.

Neuss, Kooperationsbeziehungen in der neuen Europäischen Union. Unter besonderer Berücksichtigung des sächsisch-tschechischen Grenzraums, 2012.

Neyer, The justification of Europe. A political theory of supranational integration, 2012.

Opiłowska, Stadt – Fluss – Grenze: Geteilte Städte an der deutsch-polnischen Grenze, Eurostudia 7 (2011), 153.

Perkmann, The rise of the Euroregion. A bird's eye perspective on European cross-border co-operation, Department of Sociology, Lancaster University, 2002.

Polnisches Ministerium für Infrastruktur und Entwicklung, Programowanie perspektywy finansowej 2014 -2020. Umowa Partnerstwa, 23.5.2014.

Pupier, Welcher Europäische Verbund für territoriale Zusammenarbeit an der deutsch-polnischen Grenze? Eurodistrikt TransOderana EVTZ, IAUL - Institut D´Aménagement & Urbanisme De Lille, 2011.

Riemer, Zwischen Arbeitsmarktöffnung und Fachkräftemangel, 2012.

Scharpf, Die Politikverflechtungs-Falle: Europäische Integration und deutscher Föderalismus im Vergleich, in: Politische Vierteljahresschrift 26 (1985), 323.

Scharpf, Interaktionsformen. Akteurszentrierter Institutionalismus in der Politikforschung, 2000.

Schmidt, Eröffnungsrede der 3.Internationalen Ostbahnkonferenz durch den Landrat des Landkreises Märkisch-Oderland, 20.10.2016.

Schmitter, Participation in Governance Arrangements: Is there any Reason to Expect it will Achieve "Sustainable and Innovative Policies in a Multilevel Context"?, in: Grote/ Gbikpi (Hrsg.): Participatory governance. Political and societal implications, 2002, S. 51.

Senatsverwaltung für Wirtschaft, Technologie und Forschung Berlin, Entwicklungen im grenzüberschreitenden Eisenbahnverkehr zwischen Deutschland und Polen. Handlungsbedarf und Ausblick, 2014.

Stadtwerke Frankfurt (Oder), Präsentation „Wärme verbindet - Ciepło zbliża", https:// www.stadtwerke-ffo.de/fileadmin/user_upload/BilderText/Das-Projekt-im-Ueberblick.pdf, 13.2.2016.

Strüver, 'We are only allowed to re-act, not to act': Eurocrats' strategies and borderlanders' tactics in a Dutch-German cross-border region, in: Kramsch/ Hooper (Hrsg.): Cross-border governance in the European Union, 2004, S. 25.

Svensson, Forget the Policy Gap: Why local governments really decide to part in cross-border cooperation initiatives in Europe, Eurasian Geography and Economics 54 (2013), 409.

Ulrich, Entgrenzung und regionale Integration – Formen differenzierter transnationaler Kooperation am Beispiel des Europäischen Verbundes für territoriale Zusammenarbeit (EVTZ), in: Stratenschulte (Hrsg.): Der Anfang vom Ende? Formen differenzierter Integration und ihre Konsequenzen, 2015, S. 187.

Vogenbeck, Terra Transoderana. Zwischen Neumark und Ziemia Lubuska, 2008.

Wassenberg, EU-GLOCAL-ACT: Cross-border Actors between Europeanization and Glocalization, EU HORIZON 2020 application, 2015.

Wessels, Staat und (westeuropäische) Integration. Die Fusionsthese, Die Integration Europas. PVS-Sonderheft 1992, 36.

Wolf, Neo-Funktionalismus, in: Bieling/ Lerch (Hrsg.), Theorien der europäischen Integration, 2005, S. 65.

Zahorka, Ausgesuchte Fallstricke in EWIV-Verträgen und bei Gründungen, EWIV eJournal 9 (2006), 33.

Zeller MdEP: Schreiben an Chefredakteur Mangelsdorf zur Richtigstellung der Behauptung, ein EVTZ schaffe doppelte Strukturen und konkurrierende Zuständigkeiten – Artikel Märkische Oderzeitung, Ausgabe Seelow, 2. April 2014.

Teil 4: Der EVTZ aus raumplanerischer und wirtschaftsgeographischer Sicht

EVTZ und transnationale Zusammenarbeit zur Raumentwicklung aus nationaler Perspektive

Dr. Wilfried Görmar[1]

I. Ausgangspunkte

Mit der EU-Verordnung 1082/2006 wurde 2006 erstmals die Möglichkeit zur Einrichtung von Europäischen Verbünden für territoriale Zusammenarbeit (EVTZ) geschaffen. Seitdem haben Gebietskörperschaften und Institutionen in der gesamten Europäischen Union dieses Instrument zunehmend genutzt, um Ihre Zusammenarbeit auf eine stabile und längerfristig beständige Grundlage zu stellen. Es dient unmittelbar, aber nicht zwingend der Umsetzung der EU-Kohäsionspolitik.

Die Europäische Kommission hatte das neue Instrument zunächst unter der Bezeichnung „Europäischer Verbund für grenzüberschreitende Zusammenarbeit (EVGZ)"[2] vorgeschlagen. Auf Initiative des Europäischen Parlaments wurde es später auf die gesamte territoriale Zusammenarbeit angewandt.[3] Bei den zum Entwurf geführten Diskussionen gab es viel Unterstützung. Zugleich bestand besonders bei nationalen Stellen verbreitet Skepsis über das neue Instrument bzw. dessen konkrete Ausgestaltung. Der deutsche Bundesrat schätzte beispielsweise ein: „Die zur Umsetzung dieser Ziele vorgesehene Einführung des Rechtsinstruments "Europäischer Verbund" erscheint jedoch unter Kompetenz- und Subsidiaritätsgesichtspunkten ebenso wie aus Gründen der Rechtsstaatlichkeit problematisch".[4] Der Bundesrat wollte dabei unter anderem weiterhin die Möglichkeit zwischenstaatlicher Abkommen für grenzübergreifende Kooperationen vorsehen. Insgesamt bestand angesichts der Breite des Ansatzes, nahezu jegli-

---

[1] Bundesinstitut für Bau, Stadt- und Raumforschung (BBSR) im Bundesamt für Bauwesen und Raumordnung (BBR).
[2] *Europäische Kommission*, Vorschlag für eine Verordnung über die Schaffung eines Europäischen Verbunds für grenzüberschreitende Zusammenarbeit. KOM(2004) 496 endg.
[3] EVP-ED-Fraktion 2005, S. 197.
[4] *Bundesrat*, Drucksache 575/04 vom 15.10.2004, S. 1.

chen grenzübergreifenden Kooperationen die Möglichkeit der Nutzung dieses Instruments zu eröffnen, die Befürchtung des „Wildwuchses", der schwierigen Kontrollierbarkeit mit schwer übersehbaren finanziellen oder rechtlichen Konsequenzen. Weiterhin war dieses Instrument vor allem geschaffen worden, um die Verwaltung von Programmen zunächst grenzübergreifender, später auch transnationaler und interregionaler Zusammenarbeit auf eine einheitliche und gemeinsame europäische Rechtsgrundlage zu stellen. Hier ergaben sich andere Hindernisse für das neue Instrument. Die Grenzraumprogramme verfügten bereits über jahrelang gewachsene Verwaltungsstrukturen. Die damals noch relativ jungen transnationalen Programme hatten in einem staatenübergreifenden Experimentierprozess selbst geeignete Verwaltungslösungen der Übertragung nationaler Rechte an eine Verwaltungsbehörde mit Sitz in einem der Partnerstaaten gefunden. Diese bewährten Lösungen wollten weder die Behörden der Grenzraum- (INTERREG a) noch der transnationalen Programme (INTERREG b) aufgeben.[5] Die Gründung eines EVTZ mit der Notwendigkeit der Erarbeitung und Anerkennung einer gemeinsamen Übereinkunft und Satzung hätte zudem die unmittelbar anstehende Ausarbeitung der neuen Förderprogramme verzögert. Dieses Risiko wurde vielfach gescheut. Die Problematik hat sich zum Teil bis heute erhalten.

Ungeachtet der geschilderten Situation hat sich die Nutzung des Instruments EVTZ stetig entwickelt. Ende 2011 bestanden 23 EVTZ,[6] vorwiegend im Bereich der Grenzraumzusammenarbeit und interessanterweise vor allem außerhalb der Verwaltung von EU-Förderprogrammen. Die Partnerschaften gestalteten sich weit überwiegend homogen (kaum Multi-Level-Governancestrukturen).[7] Initiativen zur Bildung von EVTZ waren räumlich sehr ungleichmäßig verteilt. Französische, spanische und ungarische Regionen waren am meisten daran beteiligt. Deutsche Regionen waren ebenfalls in geringem Umfang eingebunden, allerdings bestand kein EVTZ mit Sitz in Deutschland. Die Dynamik der EVTZ-Gründung und die spezifische Situation in Deutschland waren Anlass, sich auf Ebene der Bundesraumordnung ab 2011 mit dem Thema näher zu beschäftigen.

---

5 *Bundesrat*, S. 2.
6 Im Vergleich dazu 59 EVTZ (Stand: Januar 2016).
7 *Caesar*, S. 33.

II. EVTZ als Anliegen der Bundesraumordnung

Im Einzelnen waren folgende Gründe maßgebend:

- EVTZ sind auf die Umsetzung der Kohäsionspolitik ausgerichtet; die Raumordnung auf Bundesebene ist für die Politik des territorialen Zusammenhalts (territoriale Kohäsion) maßgeblich mitverantwortlich.
- Projekte der transnationalen Zusammenarbeit der Förderperiode 2007 bis 2013 erwogen zunehmend, ihr in Projekten begonnenes Zusammenwirken durch EVTZ zu verstetigen, institutionell zu verankern und auf dauerhafte Grundlagen zu stellen; die Bundesraumordnung ist für die inhaltliche Ausrichtung der transnationalen Zusammenarbeit federführend zuständig.
- Die Bundesraumordnung ist in zahlreiche grenzübergreifende Raumordnungskommissionen involviert; gerade die intensive deutsch-polnische Zusammenarbeit legte es nahe, die Nutzungsmöglichkeiten des Instruments EVTZ näher zu untersuchen.

Im weiteren Verlauf der Vorbereitung und Durchführung eines entsprechenden Forschungsprojektes ergaben sich drei weitere konkrete Anlässe, die Möglichkeiten von EVTZ auszuloten:

1. Zu beobachten, wie die bereits weit entwickelten Überlegungen umgesetzt werden, die Verwaltung des Programms zur Erforschung und Beobachtung der territorialen Entwicklung in der EU (ESPON - ursprünglich: European Spatial Planning Observatory Network, inzwischen umbenannt in European Observation Network for Territorial Development and Cohesion) über einen EVTZ zu gewährleisten.
2. Zu prüfen, ob die Zusammenarbeit der 11 Raumordnungsminister der Ostseestaaten (VASAB), die von einem gemeinsamen Sekretariat unterstützt wird, durch eine EVTZ-Bildung weiter entwickelt werden kann.
3. Inputs für die Diskussion zu liefern, das neu geschaffene transnationale Donauprogramm über einen EVTZ zu verwalten.

Die Diskussion in Deutschland zur Nutzung des Instrumentes der EVTZ wurde damit nicht begonnen. Neben zahlreichen wissenschaftlichen Untersuchungen und Diskussionsbeiträgen wurde auch auf vielfältigen Veranstaltungen über Anwendungsmöglichkeiten und –grenzen dieses Instruments informiert und diskutiert.[8] Es erschien jedoch notwendig, zum einen die Akteure unmittelbar bei der Umsetzung entsprechender Initiativen zu unterstützen und zum anderen ihnen möglichst konkrete, praktisch handhabbare Leitfäden zur Verfügung zu stellen. Bisherige Instrumente dieser Art[9] sollten genutzt und gezielt auf die Bedingungen in Deutschland zugeschnitten werden.

In diesem Kontext wurde ein Forschungsprojekt unter dem Thema „Potenziale für transnationale und grenzüberschreitende Partnerschaften durch Nutzung des Instruments der EVTZ" initiiert. Es fand später noch eine Fortsetzung in einem weiteren Projekt. Nachfolgend werden zunächst Schwerpunkte und Ergebnisse des Ausgangsprojektes dargestellt.

III. Projektschwerpunkte und zentrale Forschungsfragen

Das Projekt zielte darauf, Anwendungsmöglichkeiten und Grenzen dieses Instrumentes aufzuzeigen für

- durch transnationale Projekte geschaffene staatenübergreifende Institutionen und Netzwerke sowie
- bestehende staatenübergreifende interministerielle Netzwerke, wie VASAB, und
- transnationale Verwaltungsbehörden einschließlich der Programmsekretariate.

Darüber hinaus sollten Potentiale für verstärkte Nutzungsmöglichkeiten dieses Instrumentes für Grenzräume Deutschlands mit den Nachbarstaaten aufgezeigt werden, insbesondere für den deutsch-polnischen Grenzraum.

Wichtig war es auch zu untersuchen, welche Gründe für die geringe Nutzung des Instruments der EVTZ in Deutschland maßgeblich waren, etwa Informationsdefizite, unzureichende Umsetzungsregelungen, der vermutete Arbeitsaufwand bzw. ein unzureichendes Aufwand-Nutzen-Verhältnis oder das Bestehen vielfältiger Alternativen. Mit Hilfe des Projektes sollten deshalb auch Aspekte geklärt werden wie Höhe des Verwaltungs-

---

8 Eine umfangreiche Dokumentation hierzu besteht beispielsweise über einen „Workshops zum Europäischen Verbund für Territoriale Zusammenarbeit" der Senatsverwaltung Wirtschaft, Technologie und Frauen Berlin vom 30.05.2011.
9 *Committee of the Regions*, S. 147 f., *MOT*, Cahiers 7, S. 13, *INTERACT*, Handbook 2008, S. 30 ff. *INTERACT*, The EGTC Training material 2012, S. 35 ff.

aufwands, geeignete Organisationsformen, rechtliche und finanzielle Fragen. Speziell war zu untersuchen, ob und unter welchen Bedingungen dieses bisher vorwiegend im bilateralen Kontext der Grenzraumzusammenarbeit angewandte Instrument auch auf einen komplexeren transnationalen Kontext angewendet werden kann und wie sich dabei das Zusammenwirken von Bund und Ländern gestaltet. Die bisherigen Erfahrungen mit EVTZ sollten ausgewertet, systematisiert und auf neue Anwendungsmöglichkeiten hin untersucht werden. Für Fälle einer grundsätzlichen Eignung dieses Instrumentes sollten Handlungsempfehlungen für die entsprechenden Akteure ausgearbeitet werden. Damit sollten insgesamt Grundlagen geschaffen werden um einerseits zu vermeiden, dieses Instrument vorschnell und ohne ausreichende Problemkenntnisse zu nutzen. Andererseits sollten Körperschaften in Deutschland in die Lage versetzt werden, hier nicht den Anschluss zu verlieren und dieses Instrument aktiv und auf sicheren rechtlichen, organisatorischen und finanziellen Grundlagen dauerhaft einzusetzen.

Die wichtigsten Forschungsfragen aus Bundessicht waren:

(1) Welche Arten von EVTZ bestehen (z.B. Programmverwaltung, themenbezogene Kooperation, bezogen auf Grenzräume/transnationale Räume etc.)?
(2) Welche Modelle von EVTZ sind besonders/wenig erfolgreich und warum? Welche Schlussfolgerungen ergeben sich daraus?
(3) Welche rechtlichen Probleme und Lösungen der Bildung und laufenden Arbeit von EVTZ bestehen?
(4) Welche unterschiedlichen Governance-Modelle und institutionellen Strukturen bestehen bei EVTZ?
(5) Unter welchen Gesichtspunkten ist die Gründung von EVTZ sinnvoll/ nicht sinnvoll? Können Entscheidungskriterien vorgegeben werden?
(6) Wie wirken sich unterschiedliche nationale Gesetzgebungen bzw. fehlende nationale Gesetzesgrundlagen aus?
(6) Wie groß ist der Verwaltungsaufwand für die Bildung von EVTZ und wie kann er minimiert werden?
(7) Welche Möglichkeiten zur dauerhaften Finanzierung von EVTZ bestehen? Wie können dabei Strukturfonds berücksichtigt werden?
(8) Wie können private Akteure und andere nichtstaatliche Stakeholder zweckmäßig eingebunden werden? Welche konkreten Probleme und Lösungsansätze bestehen?

(9) Wie ist das Verhältnis von EVTZ zu den in deren Wirkungsgebiet zuständigen Verwaltungen und Volksvertretungen? Wie kann dies im transnationalen Kontext gestaltet werden?

Das ursprüngliche Fragenspektrum war noch umfangreicher, so bestand zunächst auch die Absicht nach geeigneten oder ungeeigneten Themen für EVTZ, nach Bezügen von EVTZ zu Raumtypen (etwa Grenzräumen, Naturschutzgebieten, Flusssystemen, Verkehrskorridoren u.a.) sowie nach der Einbeziehung von Institutionen aus Nachbarstaaten der Europäischen Union zu fragen. Dies hätte allerdings den Untersuchungsrahmen erheblich ausgedehnt. Auch schien angesichts der erst geringen Zahl von EVTZ eine derart differenzierte Betrachtung noch nicht geeignet. Die Einbeziehung von Institutionen aus Nachbarstaaten der EU ist zudem für Deutschland nur bei einigen transnationalen Projekten relevant. Zum damaligen Zeitpunkt gab es hier keinen unmittelbaren Bedarf.

Inwieweit diese ambitioniert erscheinenden Zielstellungen erfüllt und welche Ergebnisse erzielt wurden, soll nachfolgend zusammengefasst dargestellt werden.[10]

IV. Ergebnisse des Forschungsprojektes

1. Stand der Bildung von EVTZ

Bei Projektbeginn im Oktober 2012 bestanden 31[11] und bei Projektende im Juni 2013 bereits 37 EVTZ[12] in der EU. Das ist etwa ein Drittel mehr als im Jahre 2011, als das Projekt konzipiert wurde. Von den bestehenden EVTZ waren nur drei unter Beteiligung deutscher Akteure gegründet worden (für die Eurodistrikte Strasburg-Ortenau und Saar-Moselle sowie das Interreg-Programm der Großregion). Nach wie vor bestand kein EVTZ mit Sitz in Deutschland. An den Westgrenzen Deutschlands waren dafür vor allem schon bestehende Rechtsinstrumente auf der Grundlage bilateraler Abkommen mit Nachbarstaaten ausschlaggebend (Karlsruher, Mainzer und Anholter Übereinkommen). An den Ostgrenzen dagegen kann nur auf das Instrument der EVTZ zurückgegriffen werden. Hier bestanden vor al-

---

10 Basierend auf *Zillmer/Böhme/Lüer/Stumm*, Endbericht (unveröffentlicht), 2013.
11 *Zillmer/Stumm*, 2012, S. 9.
12 Zillmer/Böhme/Lüer/Stumm, Endbericht, S. 4.

lem Unsicherheiten bezüglich des Gründungsaufwandes und der dauerhaften Eignung bzw. des Mehrwert dieses Instruments gegenüber bisherigen Kooperationsformen (z.B. Euroregionen, Verwaltungsstrukturen von Grenzraumprogrammen).

2. Zweck und Arten von EVTZ

Aufgaben und Strukturen von EVTZ können sehr unterschiedlich sein. Beim Versuch einer Systematisierung der verschiedenen Arten stellt sich die Frage, zu welchem Zweck ein EVTZ gegründet wurde. Hier ergibt sich zunächst eine Unterscheidung nach programmbezogener (Verwaltung von Förderprogrammen) und allgemeiner Zusammenarbeit. Letztere erfolgt einerseits als komplexe, themenübergreifende oder als themenspezifische Zusammenarbeit. Weiterhin können alle Arten der Zusammenarbeit nach der räumlichen Ebene unterschieden werden - europaweite zwischenstaatliche bzw. interregionale, transnationale und grenzübergreifende Zusammenarbeit. Häufigste Form der Nutzung des Instruments der EVTZ ist die allgemeine themenübergreifende Grenzraumzusammenarbeit.[13] Eine Bildung von EVTZ ausschließlich zur Umsetzung von Förderprogrammen gab es bisher nur in der „Großregion" zur Umsetzung des Programms der grenzübergreifenden Zusammenarbeit zwischen Belgien, Deutschland, Frankreich und Luxemburg. Die Verwaltung dieses Programms wurde jedoch umstrukturiert. Aktuell wird das Instrument der EVTZ allerdings für das ESPON-Programm angewandt. In den anderen beiden im Forschungsprojekt untersuchten Spezialfällen – VASAB-Zusammenarbeit sowie Verwaltung des transnationalen Donauprogramms hat man sich dagegen für einen anderen Weg entschieden. Bei VASAB sollte vor allem die von den Mitgliedstaaten und ihre Regierungen getragene Zusammenarbeit gegenüber einer Repräsentanz durch den EVTZ weiterhin im Vordergrund stehen. Im Donauprogramm hätte man sich eine EVTZ-Lösung durchaus vorstellen können. Hier hätten aber die Vorbereitungsarbeiten die ohnehin verspätet begonnene Programmerarbeitung zu sehr verzögert. Eine Lösung für die nächste Förderperiode könnte aber durchaus in Angriff genommen werden.

---

13 *Zillmer/Böhme/Lüer/Stumm*, S. 26 und EVTZ-Portal des AdR (https://portal.cor.europa.eu/egtc).

Für Strukturen und Netzwerke, die durch transnationale Projekte geschaffen wurden, gab es einige Überlegungen bis Mitte 2013, aber noch keine Anwendungsfälle. Allerdings hat sich ein vom Forschungsprojekt begleiteter Gründungsversuch inzwischen als EVTZ etabliert. Die aus dem transnationalen Verkehrskorridorprojekt „CODE24" hervorgegangene „Interregional Alliance for the Rhine-Alpine Corridor EVTZ" wurde im April 2015 als erster EVTZ mit Sitz in Deutschland (Mannheim) gegründet.[14]

3. Vorzüge der Zusammenarbeit in Form von EVTZ

Ein genereller Mehrwert von EVTZ[15] wird vor allem gesehen in:

- der Schaffung eines gemeinsamen strategischen Ansatzes;
- längerfristig angelegten Strukturen und der Kontinuität der Aktivitäten;
- rechtlich bindenden Entscheidungen und langfristigem Engagement der Partner;
- der Partizipation der Partner im Entscheidungsprozess und Eigenbindung (ownership);
- der höheren Transparenz und besseren Sichtbarkeit der Struktur;
- stärkerer Effizienz bei der Verwendung öffentlicher Gelder;
- leichteren Ausschreibungs- und Beschaffungsverfahren[16];
- der Möglichkeit einer direkten Einstellung von eigenem Personal[17];
- besserer demokratischer Legitimation durch Mitgliederversammlung;
- der Verbesserung der Fähigkeit sich an EU-Programmen bzw. -projekten (als Einzelantragsteller) zu beteiligen;
- der Stimulierung der Zusammenarbeit durch Setzung politischer Signale.

4. Probleme der Bildung und laufenden Arbeit von EVTZ

Der Nutzung des Instruments der EVTZ stehen auch eine Reihe von Erfahrungen und Einschätzungen gegenüber, die einer Gründung entgegen-

---

14 Dazu mehr *Saalbach/Böhringer* in diesem Band.
15 *BMVI*, Leitfaden für Akteure der transnationalen Zusammenarbeit, S. 8 f.
16 Dazu mehr *Klinkmüller* in diesem Band.
17 Dazu mehr *Knöfel* in diesem Band.

stehen.[18] Wie bereits erwähnt, haben viele Akteure aus ihrer Sicht bewährte Lösungen entwickelt, wie sie die grenzübergreifende oder transnationale Zusammenarbeit organisieren und institutionalisieren können, z.B. durch Übertragung von Rechten an eine Verwaltungsbehörde eines der beteiligten Staaten. In anderen Fällen erschwerten und erschweren unterschiedliche Interpretationen der EVTZ-VO und deren nationaler Umsetzung in den beteiligten Ländern eine Gründung. Manchmal besteht Sorge, konkurrierende Strukturen zu vorhandenen grenzüberschreitenden Einrichtungen zu schaffen. Weitere Gründe, die die Bildung von EVTZ behindern sind ungenügendes Wissen bei den Akteuren oder bei den Genehmigungsbehörden sowie Schwierigkeiten sich über die EVTZ-Übereinkunft und -satzung, über finanzielle oder organisatorische Aspekte oder auch Personal- und Haftungsfragen zu einigen. Schließlich erweist sich der EVTZ als weniger geeignet, z.B. wenn eine besonders aktive Einbeziehung von privaten Akteuren oder solchen aus Drittstaaten angestrebt wird.

5. Gesichtspunkte für die Gründung von EVTZ

Die Ausgestaltungsmöglichkeiten von EVTZ sind in der EU-Verordnung vielfältig und bewusst offen gehalten, um unterschiedlichen rechtlichen und institutionellen Rahmenbedingungen in der EU Rechnung zu tragen. Aufgrund dieser Vielfalt lassen sich nur wenige allgemeingültige Empfehlungen geben. Vielmehr ist eine Ausdifferenzierung der möglichen Wege zum EVTZ nur vor dem jeweiligen konkreten Gegenstand der Zusammenarbeit möglich. Insgesamt kann jedoch festgehalten werden, dass die Gründung eines EVTZ mit erheblichem Aufwand verbunden ist. Einmal gegründet kann jedoch damit die territoriale Zusammenarbeit über nationalstaatliche Grenzen hinweg vereinfacht und qualitativ weiter entwickelt werden.[19]

Wichtig ist, dass die Akteure zunächst die Frage nach dem Bedarf eines EVTZ klären (Notwendigkeit einer dauerhaften Struktur und eigenen Rechtspersönlichkeit, Mehrwert, Reifegrad der Kooperation). Wenn dieser von allen Beteiligten klar erkannt ist, sollte eine politische Willenserklärung erfolgen. Danach muss Einigkeit über eine Reihe von Grundsatzas-

---

18 *Zillmer/Böhme/Lüer/Stumm*, Endbericht, S. 39 ff.
19 *Zillmer/Böhme/Lüer/Stumm*, Endbericht, S. 60 ff.

pekten erzielt werden (Ziele, Aufgaben, Alternativen, Mitglieder, Territorium, Sitz, rechtliche Bedingungen, Finanzierung, Haftung, Dauer, Aufwand-Nutzen-Verhältnis). Wird keine Einigkeit zu diesen Aspekten erzielt, wäre von einer EVTZ-Gründung abzuraten. Bei Einigkeit der Akteure wären dann konkrete Details der Gründung zu klären (Bezeichnung, Arbeitsweise, Zusammensetzung, Personalfragen, Änderungsverfahren, Satzung, Antrags- und Genehmigungsverfahren). Auch in dieser Phase ist ein Abbruch des Gründungsprozesses möglich, wenn einzelne Fragen nicht einvernehmlich geklärt werden können. Eine Zusammenschau der Entscheidungsprozesse ist in nachstehendem Schema (Check-Liste) ersichtlich (vgl. Abbildung).[20]

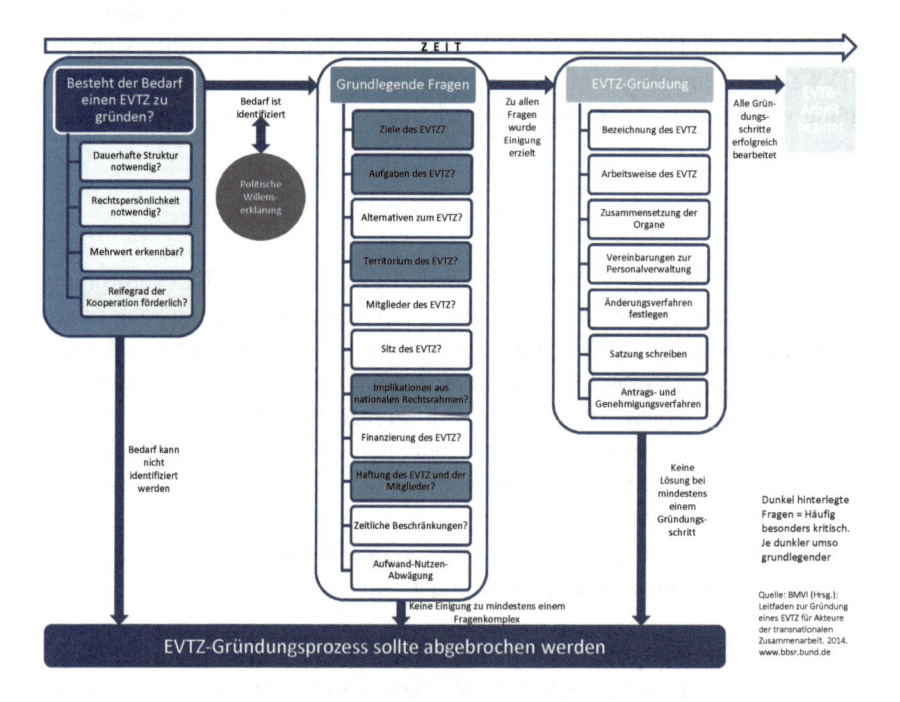

Abbildung: Übersicht über Frageblöcke und Verlauf eines empfohlenen EVTZ-Gründungsprozesses

Wegen der Komplexität der EVTZ-Bildung bestehen bisher die meisten in relativ kleinen Grenzräumen decken aber ein relativ großes thematisches

---

20 *BMVI*, Leitfaden, S. 6.

Spektrum ab. Themenspezifische Zusammenarbeit (Gesundheitswesen und Naturparkmanagement) gab es bis 2013 nur bei 2 EVTZ. Hier scheinen Aufwand der EVTZ-Bildung und Aufgabenspektrum in einem ungünstigen Verhältnis zu stehen. In der interregionalen Zusammenarbeit bestehen bisher 3 EVTZ im Mittelmeerraum (Zusammenarbeit von Inseln sowie einzelner Gemeinden insbesondere zu Fragen von Umweltschutz, Tourismus und Kultur). Transnationale EVTZ bestanden während der Projektlaufzeit noch nicht.[21] Allerdings gab es einige Überlegungen, durch transnationale Projekte entstandene Strukturen und Netzwerke über EVTZ zu verstetigen (z.B. zum Verkehrskorridorprojekt „Scandria" und zum Projekt „Longlife" im Ostseeraum sowie zum Korridorprojekt „CODE24" in Nordwesteuropa; letzteres hat die Überlegungen inzwischen umgesetzt). Grundsätzlich scheint eine sehr heterogene Struktur der Partner, die viele Staaten und einen großen Themenkreis umfasst, eher ungünstig für eine EVTZ-Bildung. Erfolgversprechender ist dagegen die zwischenstaatliche Zusammenarbeit zur Bearbeitung bestimmter Themen oder zur Umsetzung bestimmter Programme, wie dies gegenwärtig mit dem EUKN-Netzwerk und mit dem ESPON-Programm geschieht. Für die Umsetzung transnationaler Programme bestehen allerdings inzwischen umfangreiche Erfahrungen mit von allen Staaten eingesetzten Verwaltungsbehörden unter dem Recht eines EU-Mitgliedstaates.

V. Zwischenfazit

Insgesamt hat das beschriebene Forschungsprojekt die Zielstellungen erfüllt, wichtige Erkenntnisse zu den angesprochenen Fragenkomplexen geliefert und den Diskussionsprozess um die Nutzung des Instruments in Deutschland und darüber hinaus gefördert. Durch die verschiedenen Workshops und Gesprächsrunden hat sich auch ein größer werdendes Netzwerk von Akteuren aus Wissenschaft, Verwaltung und Politik gebildet. Die erarbeiteten Leitfäden zur Gründung von EVTZ für Akteure der transnationalen[22] bzw. der grenzüberschreitenden[23] Zusammenarbeit sind die zentralen Produkte des Projekts. Sie wurden mit Praktikern und Wissenschaftlern diskutiert und dabei als fundiert und außerordentlich nütz-

---

21 Zillmer/Böhme/Lüer/Stumm, Endbericht, S. 30.
22 *BMVI*, Leitfaden für Akteure der grenzüberschreitenden Zusammenarbeit.
23 *BMVI*, Leitfaden für Akteure der transnationalen Zusammenarbeit.

lich eingeschätzt. Bereits Entwurfsfassungen wurden stark nachgefragt. Die Leitfäden ergänzen die oben erwähnten, bereits bestehenden Instrumente, präzisieren einige Fragestellungen und Lösungsansätze für die relevanten Akteure und greifen aktuelle klärungsbedürftige Punkte auf. Erfahrungen und spezifische Bedingungen bestehender und in Gründung befindlicher EVTZ in Deutschland wurden als Modellregionen studiert. Wichtig ist auch, dass erstmals ein solches Instrument in deutscher Sprache zur Verfügung steht. In den Endfassungen der Leitfäden wurde die überarbeitete EVTZ-Verordnung der Europäischen Union berücksichtigt. Die Leitfäden stellen eine neutrale, sachliche Entscheidungsgrundlage zur Bildung von EVTZ dar, die in der Praxis hilft sich für oder gegen die Gründung eines EVTZ zu entscheiden. Auch über Deutschland hinaus wird großes Interesse an den Leitfäden gezeigt, vor allem aus Polen und aus Österreich zur Grenzraumzusammenarbeit, aus der Europäischen Union, insbesondere aus dem Ausschuss der Regionen und der Generaldirektion Regionalpolitik der Europäischen Kommission sowie von Akteuren der transnationalen Zusammenarbeit, insbesondere aus dem Donauraum. Wegen des europäischen Interesses wurden die Leitfäden für die transnationale Zusammenarbeit in Deutsch und Englisch[24] erarbeitet. Die Leitfäden für die Grenzraumzusammenarbeit wurden wegen des starken polnischen Interesses in einer deutschen und einer polnischen[25] Fassung erstellt.[26]

VI. Aktuelle Herausforderungen für ein neues Forschungsprojekt

Über diese konkreten Ergebnisse hinaus hat sich gleichwohl ein Bedarf an weiteren Aktivitäten wie auch vertiefend zu untersuchenden oder neuen Fragestellungen ergeben. Unter anderem hat sich gezeigt, dass die Ergebnisse und Erfahrungen stärker mit den Akteuren vor Ort diskutiert und Erfahrungen anderer Staaten stärker für den Diskussionsprozess in Deutschland genutzt werden müssen. In einem Nachfolgeprojekt werden die Ergebnisse deshalb stärker in anderen Grenzräumen verbreitet, mit europäischen Akteuren diskutiert und zu ausgewählten Aspekten vertieft, z.B. zum Nutzen der EVTZ-Bildung, zur Reduzierung des Verwaltungsauf-

---

24 *BMVI*, Guideline for stakeholders of transnational cooperation.
25 *BMVI*, Podręcznik dla podmiotów współpracy transgranicznej.
26 Siehe: www.bbsr.bund.de.

wandes u.a. Dabei sollen die Erfahrungen der Gründung von EVTZ sowie deren laufender Arbeit anhand konkreter Modellregionen analysiert werden. Weiterhin wird den Rahmenbedingungen mehr Aufmerksamkeit gewidmet.

Ziel eines weiterführenden Projektes mit dem Thema „Europäische Verbünde der territorialen Zusammenarbeit – Erfahrungen verbreiten und vertiefen" ist es deshalb:

- die bisher zu EVTZ gewonnen Ergebnisse unter Akteuren anderer deutscher Grenzregionen und unter europäischen Akteuren zu verbreiten und mit diesen Akteuren zu diskutieren,
- gezielte Hinweise zum Umgang mit dem Instrument der EVTZ für Akteure deutscher Grenzräume (auch außerhalb des deutsch-polnischen Grenzraumes) sowie der transnationalen Zusammenarbeit zu entwickeln,
- die gewonnenen Erkenntnisse anhand konkreter Modellregionen zu vertiefen und damit insgesamt
- den Meinungsbildungsprozess zur Nutzung des Instruments der EVTZ in Deutschland sowie in der europäischen territorialen Zusammenarbeit voran zu bringen.

Folgende Leitfragen bestimmen die Forschung:

(1) Worin besteht der Hauptnutzen von EVTZ? In welchem Maße kann dieser quantifiziert werden?
(2) Welche Hauptschwierigkeiten bestanden bei der EVTZ-Gründung? Welche Empfehlungen gibt es (auch im Hinblick auf die weitere Qualifizierung der bestehenden Leitfäden) diese zu verringern?
(3) Welche positiven Erfahrungen und Hemmnisse ergaben sich in der laufenden Arbeit von EVTZ? Welche Empfehlungen können hieraus abgeleitet werden? Welche Alternativen gibt es zu EVTZ?
(4) Welche Rahmenbedingungen der Bildung und Arbeit von EVTZ sollten verbessert werden?
(5) Wie wirken sich unterschiedliche regionale Bedingungen und Erfahrungen auf die Bildung und laufende Arbeit von EVTZ aus? Sind die Erfahrungen von einzelnen Grenzräumen bzw. transnationalen EVTZ auf andere übertragbar oder welche Besonderheiten müssen beachtet werden?

(6) Welche Erfahrungen der Einbindung privater Akteure und andere nichtstaatlicher Stakeholder bestehen? Welche Empfehlungen können hierzu gegeben werden?

(7) Welche Erfahrungen konnten gewonnen werden zum Verhältnis von EVTZ zu den in deren Wirkungsgebiet zuständigen Verwaltungen und Volksvertretungen? Welche Empfehlungen können hieraus abgeleitet werden?

Dabei sollen auch ggf. geänderte Rahmenbedingungen durch die überarbeitete EVTZ-VO berücksichtigt werden.

Erste Diskussionen des Forschungsansatzes mit nationalen und internationalen Akteuren ergaben einige Akzentuierungen[27] der oben genannten Fragen.

Erfahrungen müssen berücksichtigt werden, wie mögliche rechtliche Konflikte bei der praktischen Umsetzung der EVTZ-VO gelöst werden. Beispielsweise regelt der neue Art. 2 Abs. 1a, dass nationales Recht für Bereiche ausgeschlossen ist, für die entweder die EVTZ-VO oder die Übereinkunft des EVTZ Regelungen treffen. Insoweit wird hier der Übereinkunft Vorrang vor nationalem Recht eingeräumt. Die Übertragung von Rechten des Bundes und der Länder auf zwischenstaatliche bzw. grenznachbarschaftliche Einrichtungen ist zwar im Grundgesetz (Art. 24 Abs. 1a) vorgesehen. Ein möglicher Konflikt könnte sich jedoch bei der Übertragung von Hoheitsrechten der Kommunen (z.B. Finanz- und Planungshoheit) ergeben.[28]

Die verstärkte Bildung von EVTZ in Deutschland kann zu einem größeren Abstimmungsbedarf von Bund und Ländern führen. Bisher war das Interesse an EVTZ auf wenige Regionen einzelner Länder in Deutschland begrenzt. Insofern bestand nur wenig Bedarf an Erfahrungsaustausch oder übergreifenden Regelungen. Gleichwohl sind nach Art. 16 Abs. 1 EVTZ-VO „Vorschriften zur Sicherstellung der wirksamen Anwendung" der EVTZ-Verordnung zu erlassen. Mit zunehmendem Interesse und ersten EVTZ-Gründungen in Deutschland kann ein stärkerer Bedarfsdruck hierfür entstehen.

Die Beschäftigung mit Genehmigungsverfahren und Prüfpflichten wird wichtiger. Genehmigungsbehörden sind oft unsicher, nach welchen Krite-

---

27 *Lüer/Zillmer*, Dokumentation des Workshops vom 27. Januar 2015 im BMVI in Berlin.
28 *Krzymuski/Kubicki*, NVwZ 2014, S. 1340.

rien sie Zustimmung, Ablehnung oder Nachbesserung von Anträgen bescheiden können und wie die laufende Arbeit von EVTZ beaufsichtigt bzw. finanziell geprüft werden kann. Hier wäre ein stärkerer Austausch untereinander und mit Genehmigungsbehörden anderer Staaten sinnvoll.

Haftungsfragen sollten stärker vorausschauend geklärt werden. Haftungsfragen (beschränkt oder unbeschränkt) haben große Bedeutung z.b. zur Absicherung von Folgen möglicher Insolvenzen, bei der Verwendung von Dritt- und Fördermittel oder z.b. bei der Einstellung bzw. Kündigung von Personal. Grundsätzlich können die Partner unterschiedlich haften, wenn sie dies gegenseitig akzeptieren. Eine beschränkte Haftung einzelner Mitglieder könnte aber z.b. bei der Durchführung finanzstarker Projekte Konflikte erzeugen oder auch zu einem Versagen der Genehmigung führen. Im Falle einer beschränkten Haftung kann durch die Genehmigungsbehörden der Abschluss einer Versicherung oder das Erbringen einer Bankgarantie verlangt werden.

Die neuen Möglichkeiten, Dienstleistungen von allgemeinem wirtschaftlichem Interesse (DAWI) durch EVTZ zu erbringen, sollten stärker untersucht werden. Obwohl dies bisher in Deutschland kein Thema ist, können sich hieraus insbesondere für strukturschwächere Regionen neue Chancen ergeben. International gibt es Lösungsbeispiele zu einer Reihe dabei zu berücksichtigender Aspekte. In dem im französisch-spanischen Grenzraum gelegenen und von einem EVTZ betriebenen Krankenhaus in Cerdanya wird beispielsweise für Pflege, Behandlung und Versorgung der Patienten immer das jeweils strengere Recht angewandt, so dass es zu keiner Absenkung von Versorgungsstandards kommt. Auch für die Abrechnung von Behandlungskosten wurde ein Verfahren entwickelt, nach dem sowohl mit dem französischen als auch dem spanischen Gesundheitssystem abgerechnet werden kann.[29]

Neue Möglichkeiten ergeben sich für EVTZ bei der Durchführung von INTERREG-Projekten. Die ETZ-Verordnung regelt in Art. 12 Abs. 3 Unterabs. 1, dass ein EVTZ alleiniger Begünstigter eines Projektes sein kann, vorausgesetzt der EVTZ umfasst Partner aus zwei (Grenzraumzusammenarbeit) oder drei (transnationale Zusammenarbeit) Staaten.[30] Praktisch hängt die Teilnehmerzahl und -art von Projekten aber vom konkreten Pro-

---

29 *Spatial Foresight* et al., S. 37.
30 Art. 12 Abs. 3 Verordnung (EU) Nr. 1299/2013 des Europäischen Parlaments und des Rates vom 17. Dezember 2013 mit besonderen Bestimmungen zur Unterstützung des Ziels "Europäische territoriale Zusammenarbeit" aus dem Europäischen

jektinhalt ab. Dieser kann (muss aber nicht), weitere Partner erfordern z.b. Universitäten, Fachinstitutionen, lokale, regionale oder nationale Partner, die nicht im EVTZ vertreten sind. Die Mitwirkung eines EVTZ führt aber auf jeden Fall zu einer Vereinfachung des Projektmanagements sowohl für die Partner als auch für das Programmbehörden. Allerdings müssen auch Haftungs- und Zahlungsaspekte (z.b. finanzielle Möglichkeiten des EVTZ zur Projektvorfinanzierung) beachtet werden. Potentiell können Konflikte zwischen dem EVTZ und seinen Mitgliedern entstehen, wenn z.b. nicht alle Mitglieder einen Projektantrag unterstützen.

Das Zusammenwirken mit Nachbarstaaten der EU ist ein wesentliches Merkmal der europäischen territorialen Zusammenarbeit. Hier ergeben sich neue Möglichkeiten aber auch neue Herausforderungen aus der EVTZ-VO. Grundsätzlich bestehen gemäß Art. 4 Abs. 3a EVTZ-VO zwei Varianten zur Einbindung. Eine Möglichkeit besteht darin, dass für ein EVTZ-Mitglied aus dem Nicht-EU-Staat die Bestimmungen der EVTZ-Verordnung zugrunde gelegt werden. Alternativ kann eine entsprechende Vereinbarung zwischen mindestens einem Mitgliedstaat und dem betroffenen Nicht-EU-Staat geschlossen werden. Auch hier müssen noch Erfahrungen gewonnen werden. Die erste Variante erscheint weniger aufwändig, birgt aber das Risiko, dass die Interessen des Nicht-EU-Staates unter Umständen nicht ausreichend berücksichtigt werden.

Das Wissen um die Möglichkeiten von EVTZ und deren Sichtbarkeit muss weiter verbessert werden. Nach wie vor sind die Möglichkeiten des Instrumentes der EVTZ auf kommunaler und regionaler aber auch auf Ebene der nationalen Regierungen sowie der EU-Kommission nicht ausreichend bekannt. Auch die Netzwerkbildung unter den Akteuren von EVTZ und zum Austausch von Erfahrungen über die bestehende Plattform des Ausschusses der Regionen können noch weiter ausgebaut werden.[31]

VII. Erste Ergebnisse und Perspektiven der weiteren Arbeit

Aus den bisherigen Untersuchungen im Rahmen des aktuellen Forschungsprojektes und der Arbeit in Modellregionen können erste vorläufi-

---

Fonds für regionale Entwicklung (EFRE), ABl. L 347 vom 20.12.2013, S. 259-280.
31 *Lüer/Zillmer*, Documentation of the workshop held at the CoR in Brussels on 28 May 2015, S. 2.

ge Antworten zu den oben genannten Forschungsfragen gegeben werden.[32]

1. Hauptnutzen von EVTZ und seine Quantifizierung

Neben den oben bereits dargestellten Aspekten des Nutzens wurden folgende weitere Gesichtspunkte herausgearbeitet:

- Institutionelle Nachhaltigkeit und Etablierung dauerhafter grenzüberschreitender Strukturen;
- Identitätsstiftende Wirkung und Entgegnen von Renationalisierungstendenzen;
- Überwindung von Hindernissen des Binnenmarktes (Aufgabe gemäß Art. 7 Abs. 2 EVTZ-VO);
- Überwindung von Hindernissen für die Regionalentwicklung (z.B. durch die Bereitstellung von grenzüberschreitenden Dienstleistungen von allgemeinem wirtschaftlichem Interesse).

Grundsätzlich kann der Nutzen von EVTZ nur in Kombination von qualitativen und quantitativen Merkmalen eingeschätzt werden. Zudem sollten typische Beispiele zur Verdeutlichung des Nutzens herangezogen werden, da sich der Nutzen für einzelne EVTZ durchaus unterschiedlich darstellt. Beim EVTZ „Interregionale Allianz für den Rhein-Alpen-Korridor" spielte beispielsweise die stärkere Sichtbarkeit und Wahrnehmung und der dadurch bessere Zugang zu europäischen, nationalen und subnationalen Behörden, Netzwerken und Foren eine besonders wichtige Rolle. Hierzu gehörte der Zugang zu Korridorplattformen der transeuropäischen Verkehrsnetze. Weiterhin werden die besseren Erschließungsmöglichkeiten zusätzlicher finanzieller Ressourcen sowie eine vereinfachte Beteiligung an EU-Förderprogrammen hervorgehoben. Die bei transnationalen Projekten angestrebte Schaffung längerfristig nutzbarer Produkte und Strukturen kann über die Bildung eines EVTZ erreicht werden. Das Vorhandensein einer dauerhaften Struktur wiederum kann die Zielorientierung der staatenübergreifenden Zusammenarbeit in den Mittelpunkt rücken. Die EVTZ-Mitglieder sehen sich nicht nur als kurzfristige Projekt(-finanz-)gemeinschaft,

---

32 *Zillmer/Lüer*, 2. Zwischenbericht, S. 23 ff.

sondern orientieren sich auf grundsätzliche Ziele einer stabilen, längerfristigen Zusammenarbeit.

Beim EVTZ „Eurodistrikt SaarMoselle" stand die bessere Geschäftsfähigkeit gegenüber nationalen und subnationalen Institutionen als Nutzen im Vordergrund. Ein weiterer Aspekt war die bessere finanzielle Ausstattung über die Mitgliedsbeiträge hinaus. Hier erwies sich die vorherige privatrechtliche Vereinslösung als großes Hindernis. Bei Förderanträgen waren Bankgarantien erforderlich. Schließlich werden auch konkrete grenzübergreifende Verbesserungen der Verbindungsqualität im öffentlichen Personenverkehr und der Daseinsvorsorge erreicht, die durch die Einzelakteure nicht möglich gewesen wären. Dementsprechend wird der EVTZ nunmehr auch stärker in konkrete Planungen einbezogen.

Quantifizierungen des Nutzens stoßen an Grenzen. Dennoch können eine Reihe von Angaben hierzu hilfreiche Informationen liefern, z.B.

- Gegenüberstellungen von eingeworbenen Mitteln zu den Aufwendungen der EVTZ-Mitglieder,
- Entwicklung der Mitgliederzahl des EVTZ,
- Umfang der Mitwirkung des EVTZ an Veranstaltungen, Beschlüssen, Planungen, Vorhaben oder Gesetzgebungsverfahren und
- Erfüllung von konkreten Zielvorgaben.

In diese Richtung zielen auch Überlegungen der EU-Kommission, die 2018 in Zusammenarbeit mit dem Ausschuss der Regionen einen Rechtsakt über Indikatoren zur Bewertung von EVTZ vorbereiten soll: „the Commission is entrusted with providing a set of indicators for measuring the effectiveness, efficiency, relevance and European added value of EGTCs".[33]

Derartige Quantifizierungen sollten jedoch nicht verabsolutiert werden. Hier besteht die Gefahr inhaltliche Ziele und Qualitäten aus dem Auge zu verlieren, allein auf wenig aussagefähige Zahlenangaben zu orientieren und Entwicklungen dementsprechend oberflächlich zu beurteilen. Die Wirksamkeit von EVTZ kann nur in Kombination von qualitativen Merkmalen, typischen Beispielen und wenigen quantitativen Indikatoren sinnvoll beurteilt und verdeutlicht werden.

---

33 Gsodam/Martinez, S. 69.

2. Herausforderungen und Rahmenbedingungen der EVTZ-Gründung

Herausforderungen werden häufig als Schwierigkeiten aufgefasst. Dies kann aber auch als Chance verstanden werden, Probleme zu überwinden und ungünstige Rahmenbedingungen zu verändern.

Die bisherigen Untersuchungen zeigen, dass die größten Herausforderungen bei der Gründung von EVTZ in der Definition der Ziele und Aufgaben im Detail und im Verhältnis zum erzielbaren Mehrwert bestehen. Selbst wenn grundsätzliche Übereinstimmung zwischen den Mitgliedern besteht, müssen viele Aufgaben konkret abgestimmt und umgesetzt werden, wobei häufig auch personelle Ressourcen begrenzend wirken.

Neben diesen „inneren" Herausforderungen wird die EVTZ-Gründung auch von äußeren Bedingungen beeinflusst, hierzu zählen insbesondere Unsicherheiten von Genehmigungsbehörden über die Kriterien und die Tragweite der zu treffenden Entscheidungen - auch im Hinblick auf die künftige Tätigkeit von EVTZ. Erschwerend kann sich dabei auswirken, wenn Genehmigungsbehörden einzelner Staaten unterschiedliche Ebenen vertreten (national, subnational, regional) und wenn unterschiedliche nationale Umsetzungsbestimmungen bestehen (z.B. bezüglich Haftungsfragen).[34]

3. Herausforderungen und Rahmenbedingungen der laufenden Arbeit von EVTZ

Auch nach erfolgreicher Gründung eines EVTZ gilt es, verschiedene spezifische Herausforderungen zu bewältigen. Hierzu gehört die Einordnung in das Rechtssystem. EVTZ können z.B. auf Schwierigkeiten bei der Eröffnung eines Bankkontos, dem Abschluss von Versicherungen oder anderer Verträge stoßen, wenn seine Rechtsform national nicht eindeutig definiert oder bekannt ist.

Für die Aufnahme neuer Mitglieder ist von Bedeutung, ob die Behörden der entsprechenden Staaten die ursprüngliche EVTZ-Übereinkunft bereits genehmigt haben. In Abhängigkeit davon können unterschiedlich lange Genehmigungsprozesse (der Übereinkunft durch alle Staaten oder nur des neuen EVTZ-Mitglieds durch seine staatliche Genehmigungsbehörde)

---

34 *Zillmer/Lüer*, 2. Zwischenbericht, S. 30.

durchlaufen werden. Obwohl die EVTZ-Verordnung dafür maximal sechs Monate Zeit gibt, können Rückfragen oder die Nachforderung von Unterlagen Verzögerungen bewirken.

Ein einmal gegründeter EVTZ arbeitet zunehmend intensiver, wird ein zunehmend gefragter Ansprechpartner mit entsprechenden Anforderungen an die Personalressourcen. Insofern besteht auch eine Herausforderung darin, schon während des Gründungsprozesses abzuschätzen, wie sich die Belastung entwickeln wird, um entsprechende Kapazitäten frühzeitig bereitstellen zu können.

Auch im Bereich der Finanzfragen bestehen verschiedene Herausforderungen für EVTZ. Die unterschiedlichen finanziellen Möglichkeiten der Mitglieder, ihre national oder regional bedingt unterschiedlichen Kompetenzen sowie unterschiedliche Förderpolitiken müssen bei der Arbeit des EVTZ beachtet werden. Beispielsweise war der Eurodistrikt SaarMoselle im Rahmen eines Förderprogramms des französischen Staates als grenzüberschreitende Agglomeration anerkannt. Da es in Deutschland jedoch kein entsprechendes Pendant gab, wurden bestimmte Förderungen auf den französischen Teil des Gebiets beschränkt.

Neben den geschilderten inneren Herausforderungen für die laufende Arbeit von EVTZ sind auch hier die „äußeren" Rahmenbedingungen zu beachten. Diese können z.b. in inkompatiblen nationalen Vorschriften bestehen, z.b. hinsichtlich der Steuervorschriften und -prüfungen, der Vergabe von Dienstleistungen und Produktlieferungen an Dritte oder der Versicherung der Mitarbeiter der Geschäftsstelle. Auch unterschiedliche Kompetenzverteilungen zwischen den Mitgliedern von EVTZ der einzelnen Staaten können zusätzliche Abstimmungsprozesse erforderlich machen.

Schließlich weisen die Untersuchungen in den Modellregionen auch auf politische Rahmenbedingungen hin. Durch Wahlen hervorgegangene politische Konstellationen können das Zusammenwirken in EVTZ positiv oder negativ beeinflussen.[35]

VIII. Regionale Bedingungen und Erfahrungen für EVTZ

Unterschiedliche regionale Bedingungen, kulturelle, politische und sozioökonomische Besonderheiten prägen den Inhalt der Arbeit von EVTZ

---

35 *Zillmer/Lüer*, 2. Zwischenbericht, S. 31 ff.

ganz entscheidend. In grenzübergreifenden Metropol- oder Stadtregionen kann ein EVTZ zu einer besseren Koordinierung verschiedener Aufgaben beitragen. In strukturschwachen ländlichen Räumen können grenzübergreifende EVTZ neue Möglichkeiten zur öffentlichen Daseinsvorsorge eröffnen. Auch die Nähe der Akteure zueinander (benachbarte Grenzräume versus großräumige oder korridorbezogene transnationale bzw. europaweite Strukturen) spielt eine wichtige Rolle für die Ausgestaltung von EVTZ.

Die bisherigen Untersuchungen zeigen, dass das Instrument des EVTZ sehr flexibel gehandhabt und an die unterschiedlichen Aufgaben und Rahmenbedingungen angepasst werden kann. Trotz der großen Individualität jedes EVTZ können die Erfahrungen aus Regionen mit anderen Bedingungen genutzt werden. Sie können mögliche Wege aufzeigen und damit das Finden von Lösungen in anderen Regionen inspirieren.[36]

1. Zur Einbindung privater Akteure und anderer nichtstaatlicher Stakeholder

Private Akteure können in eingeschränkter Form Mitglieder von EVTZ sein, sofern sie mit der Erbringung von Dienstleistungen von allgemeinem wirtschaftlichem Interesse (DAWI) betraut wurden (Art. 3 Abs. 1 Buchst. e) EVTZ-VO). Bei den bisher bestehenden EVTZ ist dies jedoch kaum der Fall. Bei den im oben genannten Projekt betrachteten Modellregionen wirken solche privaten Akteure z.B. über einen Beirat mit. Diese Mitwirkung wird geschätzt und für ausbaufähig gehalten. Im Fall der Interregionalen Allianz für den Rhein-Alpen-Korridor wirken darüber hinaus zwei (künftig drei) in öffentlichem Eigentum befindliche Häfen als Mitglieder mit.

Insgesamt wird in den Modellregionen allerdings keine Ausweitung der Mitgliedschaft privater Akteure befürwortet oder angestrebt.[37]

2. Zum Verhältnis von EVTZ zu Verwaltungen und Volksvertretungen

EVTZ sind von der politischen Unterstützung der Volksvertretungen in ihrem Wirkungsgebiet abhängig. Bei der Interregionalen Allianz für den

---

36 *Zillmer/Lüer*, 2. Zwischenbericht, S. 39.
37 *Zillmer/Lüer*, 2. Zwischenbericht, S. 42.

Rhein-Alpen-Korridor haben politische Vertreter zunächst abgewartet, ob es gelingt die potentiellen Mitglieder zu mobilisieren und die thematische Ausrichtung zu schärfen. Als im weiteren Gründungsverlauf deutlich wurde, dass der EVTZ zur Lösung konkreter Probleme koordinierend beitragen kann, dass er als Sprachrohr gegenüber übergeordneten Ebenen besser wahrgenommen wird und auch die Zusammenarbeit mit der Wirtschaft fördert, hat diese Unterstützung zugenommen. An anderen Stellen sind Bildungsprozesse von EVTZ ins Stocken geraten oder abgebrochen worden, weil die Befürchtung bestand, dass dieser quasi größere Teile der Aufgaben der in seinem Gebiet tätigen Verwaltungen übernehmen würde und somit Kompetenzprobleme und Doppelarbeit entstehen könnten. Svensson sieht die Entscheidungskompetenzen eher nicht beim EVTZ: „Even if specific members of an EGTC (e.g. a regional body) have the competence to make certain decisions, such decisions need to be made by following those members' usual decision-making procedures."[38] Tendenziell könnten solche Konflikte entschärft werden, indem EVTZ

- sich auf Aufgaben konzentrieren, die von den in ihrem Wirkungsgebiet tätigen Verwaltungen weniger gut wahrgenommen werden können, z.B. Außenvertretung von übergreifenden Interessen, Koordinierung von Maßnahmen, übergreifende konzeptionelle Arbeiten und praktische Arbeiten (im Falle der Interregionalen Allianz sind dies z.B. übergreifende, korridorrelevante Transportinfrastrukturen und die Reduzierung von Lärmbelastungen),
- sich auf weiche Instrumente konzentrieren, die keine ureigenen Kompetenzen seiner Mitglieder einschränken,
- nur Aufgaben und keine Kompetenzen seiner Mitglieder übertragen,
- sehr konkrete, eng begrenzte Aufgaben übernehmen, bei denen eine staaten- oder zumindest grenzübergreifende Koordinierung sich als effizient erweist, z.B. das von einem EVTZ betriebene Krankenhaus in Cerdanya,
- sie die Arbeit schrittweise ausbauen und zunächst an konkreten, möglichst rasch und wirksam lösbaren Problemen ansetzen.

Die genannten Aspekte sind von genereller Bedeutung für die Gestaltung des Zusammenwirkens von EVTZ und den in ihrem Wirkungsraum täti-

---

38 *Svensson*, S. 89.

gen Verwaltungen und Volksvertretungen, sie können aber im Einzelfall unterschiedliches Gewicht haben.[39]

IX. Zusammenfassung und Perspektiven

Mit Stand Anfang Januar 2016 bestehen in der EU 59 EVTZ[40]. Weitere bereiten eine Gründung vor. Seit Inkrafttreten der EU-Verordnung im Jahre 2006 war hier ist ein stetiger Anstieg zu verzeichnen. Gleichwohl ist die Zahl gemessen an der Breite des Ansatzes und der daraus ableitbaren Zahl von Kooperationsmöglichkeiten oder auch den realen staatenübergreifenden Kooperationen vergleichsweise gering. In vielen Fällen können Kooperationsmöglichkeiten über Netzwerke oder andere Formen (Vereine, grenzüberschreitende Zweckverbände, Europäische wirtschaftliche Interessenvereinigung – EWIV) geeignete Alternativen darstellen, die rascher gebildet und unter Umständen auch schneller abgewandelt oder auch eingestellt werden können. Entscheidend für die Bildung und den Betrieb eines EVTZ ist die deshalb die Beantwortung der Frage, ob dieser effizienter, sichtbarer und dauerhafter die Zusammenarbeit fördern kann. Wenn dies nicht erreicht werden kann, sollten andere Formen der staatenübergreifenden Zusammenarbeit gewählt werden. Andererseits machen Herausforderungen an Staatsgrenzen nicht Halt und erscheinen die Möglichkeiten einer institutionellen Verankerung der Zusammenarbeit über einen EVTZ gerade im Interesse einer integrierten oder koordinierten Entwicklung, z.B. von Metropolregionen, des Abbaus von regionalen Strukturschwächen bzw. Sicherung der Daseinsvorsorge noch völlig unzureichend ausgenutzt. Unterschiedliche Erfahrungen, Regelungen, Standards und Organisationsformen beiderseits der Grenze zweier Staaten oder zwischen Regionen mehrerer Staaten im transnationalen oder europäischen Kontext können auch als Chance gesehen werden. Besonders fortgeschrittene Modelle können übernommen oder Regelungen harmonisiert werden. Sousa sieht hier ein großes Zukunftspotential: „...EGTCs are expected to play a greater role in setting the regional policy agenda".[41] Wenn unterschiedliches Recht besteht, könnten auch Pilotvorhaben mit hierzu beitragen. In

---

39 *Zillmer/Lüer*, 2. Zwischenbericht, S. 42 ff.
40 Verzeichnis der Europäischen Verbünde für territoriale Zusammenarbeit (EVTZ) beim Ausschuss der Regionen (Stand 5. Januar 2016).
41 *Sousa*, S. 685.

diese Richtung zielten auch Überlegungen der luxemburgischen Ratspräsidentschaft, spezifische rechtliche Rahmenbedingungen für Grenzraumkooperationen zu schaffen.[42] Angesichts aktueller Konflikte an Grenzen innerhalb und außerhalb der EU könnte ein Zeichen gesetzt werden, die Zusammenarbeit über einen EVTZ dauerhaft etablieren zu wollen. Der EVTZ muss im Wettstreit mit anderen Kooperationsformen einen Platz finden, er hat aber noch ein bedeutendes Entwicklungspotential zur Förderung der europäischen Integration.

In Deutschland ist Dynamik in den Bildungsprozess von EVTZ eingezogen. Dazu haben auch die Workshops, Diskussionen und Klärungsprozesse im Rahmen des erläuterten Forschungsprojektes einen Beitrag geleistet. Die Gründung mehrerer EVTZ unter Einbeziehung von deutschen Institutionen und Regionen wird intensiv diskutiert, so im deutsch-polnischen Grenzraum, im deutsch-französischen Grenzraum (Eurodistrikt Regio Pamina), im deutsch-österreichischen Grenzraum (EuRegio Salzburg – Berchtesgardener Land – Traunstein), im Bereich der in Aussicht genommenen Schienenneubaustrecke Dresden-Prag, beim Verbund von oberrheinischen Universitäten zwischen Deutschland, Frankreich und der Schweiz (die inzwischen einen EVTZ gebildet haben[43]), im transnationalen Bereich durch Alpenstädte (Alpine Pearls) oder im zwischenstaatlichen Bereich bei der Sicherung der Luftfahrt (Eurocontrol).

Dieser neuen Qualität der Entwicklung muss Rechnung getragen werden, durch verstärkten Erfahrungsaustausch der Akteure wie der Genehmigungsbehörden, durch Bereitstellung zentralisierter Informationen über Ansprechpartner, Leitfäden, Informations- und Austauschportalen zu EVTZ im Internet und Antworten zu häufig gestellten Fragen.

Abstract

The article discusses the motivation at the level of German Federal Spatial Planning to launch research projects on EGTC and presents the results of those projects. The focus is on the relevance of EGTC for transnational cooperation. The initiative for investigating EGTC was determined by the increasing interest of actors of transnational projects. Respective stake-

---

42 Priorities of the Luxembourg Presidency of the Council of the European Union, S. 10.
43 Dazu: *Blaurock/Hennighausen* in diesem Band.

holders intended to base their project networks on durable structures by using the instrument of EGTC. When the research initiative started, very few EGTC with German participation existed, and neither of them had a seat in Germany. An important aim was therefore to keep pace with the European process. Simultaneously, a premature use of that instrument was to be avoided. It was intended to provide practical assistance for the proper use of EGTC or to analyze the alternatives. The article describes thematic priorities, key research questions and results of the initial project as well as those of a follow-up project.

The main outcomes of the first research project were the guidelines for the establishment of an EGTC for stakeholders of transnational and of cross-border cooperation. In that context, different types of EGTC, advantages and drawbacks of that legal instrument are explained. Finally, an overview of question blocks and steps for the creation of an EGTC is presented.

The follow-up project discussed those guidelines with a number of stakeholders and developed answers to additional questions, such as the benefits of EGTC and its quantification, challenges of the ongoing EGTC work, necessary framework conditions, involvement of private actors and relations of EGTC to local administrations and the representations of local communities. In the near future, information, communication and exchange of experience between stakeholders, including licensing authorities, needs to be intensified.

Literaturverzeichnis

BMVI (ed.), Guideline for the establishment of an EGTC for stakeholders of transnational cooperation, 2014.

BMVI (Hrsg.), Leitfaden zur Gründung eines EVTZ für Akteure der grenzüberschreitenden Zusammenarbeit, 2014.

BMVI (Hrsg.), Leitfaden zur Gründung eines EVTZ für Akteure der transnationalen Zusammenarbeit, 2014.

BMVI (red.), Podręcznik tworzenia EUWT dla podmiotów współpracy transgranicznej, 2014.

Bundesrat, Beschluss des Bundesrats zum „Vorschlag für eine Verordnung des Europäischen Parlaments und des Rates über die Schaffung eines Europäischen Verbunds für grenzüberschreitende Zusammenarbeit", Drucksache 575/04 vom 15.10.2004.

Caesar, European Groupings of Territorial Cooperation (EGTCs). Applicability in the Transnational and Interregional Cooperation - The Example of Network-EGTCs; Diplomarbeit; 2012.

Committee of the Regions, The European Grouping of Territorial Cooperation (EGTC), 2007.

Gsodam/Martinez, New EU Rules for the EGTC: How the Committee of the Regions Shapes Territorial Cooperation in Europe, in: Engl/Zwilling (Hrsg.), Functional and More? New Potential for the European Grouping of Territorial Cooperation – EGTC, EURAC book 63, 2014, S. 69.

INTERACT, Handbook. The European Grouping of Territorial Cooperation (EGTC), 2008.

INTERACT, The EGTC Training material 2012.

EVP-ED-Fraktion, Jahrbuch der EVP-ED-Fraktion 2005.

Krzymuski/Kubicki, EVTZ-2.0 - Neue Chance für die grenzübergreifende Zusammenarbeit öffentlicher Einrichtungen? NVwZ 20 (2014), 1338.

Lüer/Zillmer, Dokumentation des Workshops „Europäische Verbünde der territorialen Zusammenarbeit – Erfahrungen verbreiten und vertiefen" vom 27. Januar 2015 im BMVI in Berlin.

Lüer/Zillmer, Documentation of the workshop "EGTC – dissemination and deepening of Experience" held at the Committee of the Regions (CoR) in Brussels on 28 May 2015.

Mission Opérationelle Transfrontalière, Le groupement européen de coopération territoriale, Cahiers 7, 2008.

Presidency of the Council of the European Union. Grand Duchy of Luxembourg, A Union for the Citizens. Priorities of the Luxembourg Presidency of the Council of the European Union, 2015.

Senatsverwaltung Wirtschaft, Technologie und Frauen Berlin, Dokumentation des Workshops zum Europäischen Verbund für Territoriale Zusammenarbeit vom 30.05.2011.

Sousa, Understanding European Cross-border Cooperation: A Framework for Analysis. Journal of European Integration 35(6), 2012, 685.

Spatial Foresight u. a., European Grouping of Territorial Cooperation as an Instrument for Promotion and Improvement of Territorial Cooperation in Europe. European Parliament, 2015.

Svensson, Cross-border Regions in Policy Networks: The EGTC as a Tool of Interest Representation, in: *Engl/Zwilling* (Hrsg.), Functional and More? New Potential for the European Grouping of Territorial Cooperation - EGTC. EURAC research, EURAC book 63, 2014, S. 89.

Zillmer/Stumm, Erster Zwischenbericht zum Forschungsprojekt „Potenziale für transnationale und grenzüberschreitende Partnerschaften durch Nutzung des Instruments der EVTZ" (unveröffentlicht) des Bundesinstituts für Bau-, Stadt- und Raumforschung, 2012.

Zillmer/Böhme/Lüer/Stumm, Endbericht des Forschungsprojekts „Potenziale für transnationale und grenzüberschreitende Partnerschaften durch Nutzung des Instruments der EVTZ" (unveröffentlicht) des Bundesinstituts für Bau-, Stadt- und Raumforschung, 2013.

Zillmer/Lüer, Zweiter Zwischenbericht zum Forschungsprojekt „Europäische Verbünde der territorialen Zusammenarbeit – Erfahrungen verbreiten und vertiefen" des Bundesinstituts für Bau-, Stadt- und Raumforschung, 2015.

Der EVTZ aus raumentwicklungs- und kohäsionspolitischer Sicht[1]

Sabine Zillmer, Christian Lüer, Maria Toptsidou[2]

I. Einleitung

Mit der EVTZ-VO wurde 2006 ein neues kohäsionspolitisches Instrument geschaffen, welches gegenüber den bisherigen projekt- und netzwerkbasierten Strukturen besonders geeignet ist, raumentwicklungspolitische Aufgaben zu übernehmen. Somit sollen EVTZ einerseits einen kohäsionspolitischen Beitrag leisten und andererseits – nicht zuletzt durch die Aufnahme des Ziels des territorialen Zusammenhalts ins Primärrecht der Europäischen Union – die Umsetzung raumentwicklungspolitischer Ziele unterstützen. Daraus ergeben sich aus kohäsions- und raumentwicklungspolitischer Sicht mögliche Anwendungs- und Aufgabenbereiche für EVTZ, die sich teilweise überschneiden, aber auch einander ergänzen.

Diese sollen im Rahmen dieses Beitrags anhand von beispielhaften EVTZ, die sich insbesondere mit raumentwicklungspolitischen Aufgaben befassen, aufgezeigt werden. Um die Vielfalt der sich im Bereich der Kohäsions- und Raumentwicklungspolitik ergebenden möglichen Aufgabenstellungen für EVTZ aufzuzeigen, werden im Folgenden zunächst die relevanten kohäsions- und raumentwicklungspolitischen Hintergründe diskutiert. Dazu sind vorbereitend zunächst das Verständnis von Raumentwicklungspolitik in Deutschland und in Europa sowie die damit verbundenen Zielsetzungen zu illustrieren. Aufbauend auf diesem Verständnis und einer Übersicht der relevanten kohäsionspolitischen Instrumente werden unterschiedliche raumentwicklungspolitische Bedarfe im grenzüberschreiten-

---

1 Der Beitrag stützt sich auf Ergebnisse der Studie „European grouping of territorial cooperation as an instrument for promotion and improvement of territorial cooperation in Europe", die im Auftrag des Europäischen Parlaments durchgeführt wurde, sowie auf Ergebnisse des Projekts „Europäische Verbünde der territorialen Zusammenarbeit – Erfahrungen verbreiten und vertiefen" im Auftrag des Bundesinstituts für Bau-, Stadt- und Raumforschung.
2 Spatial Foresight, Heisdorf und Berlin.

den Kontext aufgezeigt, die in eine Zusammenfassung möglicher raumentwicklungspolitischer Aufgaben für EVTZ münden. Nach einer Darstellung der raumentwicklungspolitischen Aufgaben einiger ausgewählter EVTZ widmen sich die Schlussfolgerungen einer Gegenüberstellung der bisher durch EVTZ wahrgenommenen Aufgaben mit weiteren Möglichkeiten, die EVTZ im Bereich der Kohäsions- und Raumentwicklungspolitik haben.

II. Kohäsions- und raumentwicklungspolitische Aufgaben von EVTZ

Die kohäsions- und raumentwicklungspolitischen Aufgaben für EVTZ leiten sich vor allem aus den allgemeinen Zielsetzungen der Raumentwicklungspolitik sowie aus grenzüberschreitenden Bedarfen ab. Daraus resultieren spezielle raumentwicklungspolitische Herausforderungen für EVTZ.

1. Zielsetzungen der Raumentwicklungspolitik

Das Ziel einer nachhaltigen Entwicklung ist in den letzten Jahrzehnten zunehmend zum Leitbild der gesellschaftlichen Entwicklung in Deutschland und Europa geworden.[3] Die Zielsetzung einer nachhaltigen Raumentwicklung stellt die Umsetzung dieses Leitbildes auf die räumliche Dimension dar. Obgleich der Begriff der „nachhaltigen Raumentwicklung" nicht abschließend definiert ist, wird im Allgemeinen ein Konsens darin festgestellt, „dass nachhaltige Raumentwicklung die gemeinsame Berücksichtigung und Abwägung der ökonomischen, ökologischen und sozialen Dimension beinhalten muss und dass die Beanspruchung des Raumes als Flächennutzung im weitesten Sinne eine zentrale Rolle spielt. (…) Unterschiedliche Positionen werden im Hinblick auf das Verhältnis der drei Dimensionen vertreten".[4]

Raumentwicklungspolitik behandelt somit ganz allgemein Fragen der Nutzung des Raumes unter Berücksichtigung ökonomischer, sozialer und ökologischer Ansprüche. Gemäß § 1 Abs. 2 ROG sind dabei die verschiedenen Ansprüche und Funktionen so in Einklang miteinander zu bringen, dass eine dauerhafte und großräumig ausgewogene Ordnung erreicht

---

3 Vgl. *Akademie für Raumforschung und Landesplanung*, S. 683.
4 *Akademie für Raumforschung und Landesplanung*, S. 683.

wird.⁵ Diese Zielsetzungen sind eng verknüpft mit den Zielformulierungen der Raumentwicklungspolitik auf europäischer Ebene. Die Beziehungen zwischen der europäischen Raumentwicklungspolitik und mitgliedstaatlicher Raumordnung sind in Abbildung 1 beispielhaft für Deutschland dargestellt. Die Zielsetzungen der Raumentwicklung in Europa sind im Europäischen Raumentwicklungskonzept (EUREK) sowie der Territorialen Agenda 2020 verankert. Sie entfalten jedoch keinerlei Bindungswirkung für die nationalstaatliche Ebene, da sie lediglich informell vereinbart wurden und die Raumordnungskompetenz weiterhin ausschließlich bei den Mitgliedstaaten liegt.

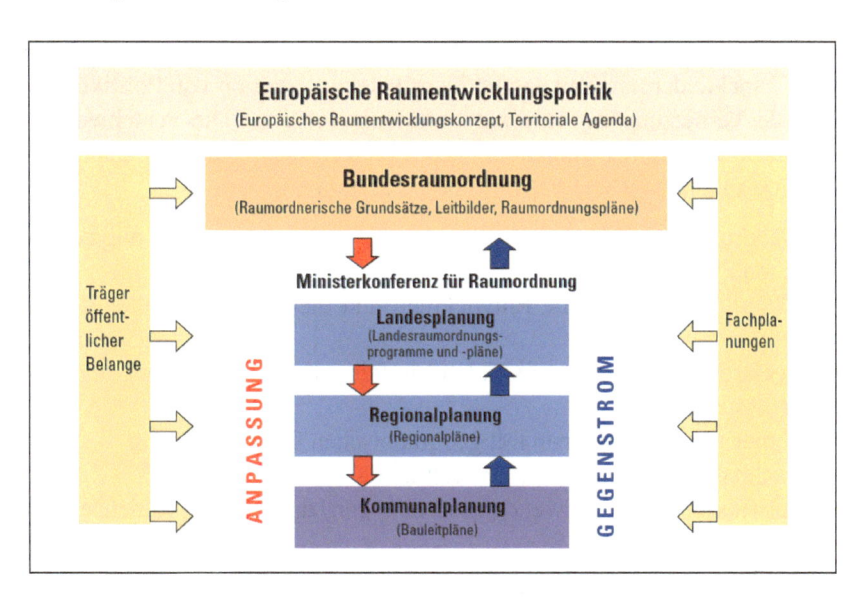

Abbildung 1: Beziehungen der europäischen Raumentwicklungspolitik zur mitgliedstaatlichen Raumordnung in Deutschland (Quelle: BBSR, S. 128)

Mit der Aufnahme des Ziels des territorialen Zusammenhalts ins Primärrecht der Europäischen Union wurde ein neuer Rechtsrahmen für die europäische Raumentwicklungspolitik geschaffen. Entsprechend Art. 3 Abs. 3 S. 3 EUV fördert die EU „den wirtschaftlichen, sozialen und territorialen Zusammenhalt und die Solidarität zwischen den Mitgliedstaaten". Damit

---

5 Vgl. *Bundesinstitut für Bau-, Stadt- und Raumforschung* (BBSR) im Bundesamt für Bauwesen und Raumordnung, S. 12.

wurde eine zwischen Mitgliedstaaten und EU geteilte Kompetenz zur Verfolgung des Ziels des territorialen Zusammenhalts geschaffen. Die im Bereich der Raumentwicklung ergriffenen Maßnahmen verfolgen dabei keine fachpolitischen Ziele. Sie sind vielmehr querschnittsorientiert ausgerichtet und sollen einen Beitrag zum territorialen Zusammenhalt leisten. Dabei geht es darum, die Gestaltung und Entwicklung der Räume eines Territoriums möglichst zu optimieren. So sollen unterschiedliche Ansprüche integriert betrachtet und raumbedeutsame Vorhaben koordiniert bzw. mögliche Raumnutzungskonflikte abgewogen werden.[6]

Gleichwohl ist das Ziel des territorialen Zusammenhalts nicht eindeutig und abschließend formuliert. Es weist verschiedene Facetten auf, die nicht nur aufzeigen, wie sich der europäische Raum entwickeln sollte, sondern auch Aspekte der horizontalen und vertikalen Integration von Politiken sowie die Vernetzung der relevanten Akteure fordern.[7] Die verschiedenen Ansätze eines breiten Verständnisses des territorialen Zusammenhalts lassen sich anhand von sechs „Storylines" zusammenfassen:

- Wachstumspolitik in einem wettbewerbsorientierten und polyzentrischen Europa,
- Räumlich ausgewogene Entwicklung und die Anbindung aller Regionen,
- Bessere Nutzung der territorialen Vielfalt und die Entwicklung endogener Potenziale,
- Förderung von Regionen mit geographischen Besonderheiten,
- Nachhaltige Entwicklung, Umwelt und Klimawandel,
- Entwicklung und Anwendung neuer, partizipativer Governance-Formen.[8]

Mit dem EVTZ wurde ein Instrument geschaffen, welches ohne neue finanzielle Fördermechanismen zum wirtschaftlichen, sozialen und territorialen Zusammenhalt beitragen und die territoriale Kooperation zwischen den Mitgliedstaaten bzw. den jeweiligen Akteuren unterstützen soll.[9] Somit können EVTZ in unterschiedlicher Weise zur europäischen Raument-

---

6 Vgl. *BBSR*, S. 127.
7 Zu den verschiedenen Formulierungen des Ziels des territorialen Zusammenhalts vgl. vor allem Territoriale Agenda 2020, EUV, Grünbuch zum territorialen Zusammenhalt sowie den 5. Kohäsionsbericht der Europäischen Kommission.
8 *Böhme/Zillmer*, IzR 1(2015), S. 14.
9 Vgl. Art. 1 Abs. 2 EVTZ-VO.

wicklungspolitik beitragen, insbesondere auch zur Entwicklung von grenzüberschreitenden (Raumentwicklungs-)Strategien, da EVTZ geeignet sind, die unterschiedlichen relevanten Raumentwicklungsakteure des jeweiligen Raumes zusammenzubringen. Dabei können EVTZ zu allen sechs oben genannten Storylines Beiträge leisten und damit das Ziel des territorialen Zusammenhalts über mitgliedstaatliche Grenzen hinweg unterstützen.

2. Grenzüberschreitende raumentwicklungs- und kohäsionspolitische Bedarfe

Sollen EVTZ aus raumentwicklungs- und kohäsionspolitischer Sicht betrachtet werden, so sind zunächst Bedarfe zu identifizieren, die sich mit dem Instrument des EVTZ adressieren lassen. Grundsätzlich entstehen raumentwicklungspolitische Bedarfe immer dann, wenn es notwendig wird gemeinsame Strukturen oder Prozesse zu etablieren, um raumbezogene Belange zu bearbeiten. Kohäsionspolitische Bedarfe lassen sich hingegen vor allem aus Disparitäten zwischen den Mitgliedstaaten und der Regionen der EU ableiten.

a. Kohäsionspolitik

Die Europäische Union ist eine „einzigartige wirtschaftliche und politische Partnerschaft",[10] die vor allem durch die verschiedenen Erweiterungsprozesse und politische, kulturelle sowie wirtschaftliche Vielfalt geprägt ist. Um die damit verbundenen wirtschaftlichen, sozialen und territorialen Unterschiede abzubauen und eine ausgewogene und integrierte Raumentwicklung zu fördern, wurden in der EU verschiedene kohäsionspolitische Instrumente entwickelt, die auf verschiedene Aspekte der Kohäsion in Europa und den europäischen Regionen eingehen. Im Folgenden wird neben einem einführenden Überblick dabei vor allem auf jene Instrumente abgestellt, die für die Integration über staatliche Grenzen hinweg relevant sind.

---

10 Vgl. http://europa.eu/about-eu/basic-information/about/index_de.htm (01.12.2015).

(1) Fonds der europäischen Kohäsionspolitik

Kern der Kohäsionspolitik sind drei der inzwischen fünf Europäischen Struktur- und Investitionsfonds (ESIF)[11], die die Entwicklung in Europa im Sinne der übergeordneten Strategie Europa 2020[12] zur Erreichung von intelligentem, nachhaltigem und integrativem Wachstum unterstützen sollen. Die drei Fonds verfügen im Zeitraum 2014-2020 über ein Gesamtbudget von 351,8 Mrd. Euro.[13]

Der strategische und einheitliche Rahmen für mögliche thematische Ausrichtungen der einzelnen Fonds bzw. Programme wird durch Art. 9 VO (EU) Nr. 1303/2013 aufgespannt. Darin werden für die Programmperiode 2014-2020 insgesamt elf thematische Ziele definiert:

- Stärkung von Forschung, technologischer Entwicklung und Innovation;
- Verbesserung der Barrierefreiheit sowie der Nutzung und Qualität von IKT;
- Stärkung der Wettbewerbsfähigkeit von KMU, des Agrarsektors und des Fischerei- und Aquakultursektors;
- Förderung der Bestrebungen zur Verringerung der CO_2-Emissionen in allen Branchen der Wirtschaft;
- Förderung der Anpassung an den Klimawandel sowie der Risikoprävention und des Risikomanagements;
- Erhaltung und Schutz der Umwelt sowie Förderung der Ressourceneffizienz;
- Förderung von Nachhaltigkeit im Verkehr und Beseitigung von Engpässen in wichtigen Netzinfrastrukturen;
- Förderung nachhaltiger und hochwertiger Beschäftigung und Unterstützung der Mobilität der Arbeitskräfte;
- Förderung der sozialen Inklusion und Bekämpfung von Armut und jeglicher Diskriminierung;
- Investitionen in Bildung, Ausbildung und Berufsbildung für Kompetenzen und lebenslanges Lernen;

---

11 Die drei zur Kohäsionspolitik gehörenden Europäischen Struktur- und Investitionsfonds sind der Europäische Fonds für regionale Entwicklung (EFRE), der Europäische Sozialfonds (ESF) und der Kohäsionsfonds.
12 *Europäische Kommission.*
13 Vgl. http://ec.europa.eu/regional_policy/sources/docgener/informat/basic/basic_20 14_de.pdf (20.11.2015).

- Verbesserung der institutionellen Kapazitäten von öffentlichen Behörden und Interessenträgern und der effizienten öffentlichen Verwaltung.

Innerhalb dieser thematischen Ziele setzen die einzelnen Fonds unterschiedliche Schwerpunkte und weisen auch räumliche Differenzierungen auf. So können beispielsweise alle EU-Regionen Mittel des Europäischen Fonds für regionale Entwicklung (EFRE) und des Europäischen Sozialfonds (ESF) nutzen. Das jeweils zur Verfügung stehende Finanzvolumen sowie die Möglichkeiten der Adressierung unterschiedlicher thematischer Ziele variieren jedoch je nach Regionskategorie. Dabei wird zwischen stärker entwickelten, Übergangs- und weniger entwickelten Regionen differenziert.[14] Finanziert werden sollen Projekte, die ohne die EU-Unterstützung nicht alleine von den Mitgliedstaaten bzw. ihren Regionen finanziert bzw. implementiert werden könnten.

Der Kohäsionsfonds steht hingegen nur Mitgliedstaaten zur Verfügung, deren Bruttonationaleinkommen pro Kopf weniger als 90 % des EU-Durchschnitts beträgt.[15] Die Finanzmittel des Kohäsionsfonds werden auf Investitionen zur Förderung des transeuropäischen Verkehrsnetzes und zur Verringerung von Umweltbelastungen in den Bereichen Verkehr und Energie konzentriert.[16]

(2) Europäische Kohäsionspolitik über mitgliedstaatliche Grenzen hinweg

Der Europäische Fonds für regionale Entwicklung wird nicht ausschließlich im Rahmen von nationalen bzw. regionalen Programmen innerhalb einzelner Mitgliedstaaten umgesetzt und verausgabt. Ein Teil der Mittel wird der Europäischen Territorialen Zusammenarbeit (ETZ bzw. INTERREG) zugewiesen. Dabei wird zwischen drei Ausrichtungen unter-

---

14 Vgl. für den EFRE VO (EU) Nr. 1301/2013 vom 17.12.2013 über den Europäischen Fonds für regionale Entwicklung und mit besonderen Bestimmungen hinsichtlich des Ziels "Investitionen in Wachstum und Beschäftigung" und zur Aufhebung der Verordnung (EG) Nr. 1080/2006, ABl. L 347 vom 20.12.2013, S. 289-302 und für den ESF VO (EU) Nr. 1304/2013 vom 17.12.2013 über den Europäischen Sozialfonds und zur Aufhebung der Verordnung (EG) Nr. 1081/2006 des Rates, ABl. L 347 vom 20.12.2013, S. 470-486.
15 Zu den Details vgl. Art. 90 Abs. 3 VO (EU) Nr. 1303/2013.
16 Vgl. Art. 2 Abs. 1 VO (EU) Nr. 1300/2013 vom 17.12.2013 über den Kohäsionsfonds und zur Aufhebung der Verordnung (EG) Nr. 1084/2006, ABl. Nr. L 347 vom 20.12.2013, S. 281-288.

schieden: der grenzüberschreitenden Zusammenarbeit von öffentlichen Akteuren in Grenzregionen, der transnationalen Zusammenarbeit über größere räumliche Entfernungen hinweg sowie der INTERREGionalen Zusammenarbeit zwischen öffentlichen Akteuren aller Teile der EU. Im Zeitraum 2014-2020 stehen den INTERREG-Programmen insgesamt 10,1 Mrd. Euro zur Kofinanzierung von Projekten der Kooperationsprogramme zur Verfügung,[17] die dazu genutzt werden sollen, die Zusammenarbeit zwischen nationalen, regionalen und lokalen Gebietskörperschaften und anderen öffentlichen Akteuren unterschiedlicher Länder zu intensivieren, um so die grenzüberschreitenden gemeinsamen Herausforderungen zu bewältigen.

Dazu müssen die Kooperationsprogramme aus den oben genannten elf thematischen Zielen entsprechend ihren Bedarfen der Zusammenarbeit eine Auswahl treffen und sollen damit ebenfalls zu den übergeordneten Zielsetzungen der Strategie Europa 2020 beitragen. Dabei geht es im Rahmen der territorialen Zusammenarbeit vor allem darum, die Regionen in den Mittelpunkt zu stellen. Insbesondere die in den nationalstaatlichen Peripherien gelegenen Regionen erhalten die Möglichkeit enger mit Akteuren eines benachbarten Mitgliedstaates zusammenzuarbeiten und gemeinsame Herausforderungen zusammen zu identifizieren, zu bewältigen und dadurch den Grenzraum gemeinsam zu entwickeln.

(3) EVTZ als Mikrolabore zur Erzielung kleinräumiger Kohäsion

Der EVTZ ist in diesem Zusammenhang als weiteres kohäsionspolitisches Instrument einzuordnen. Die EVTZ-VO macht deutlich, dass dieses Rechtsinstrument geschaffen wurde, um zu einer ausgewogenen Entwicklung der EU und zu wirtschaftlicher, sozialer und territorialer Kohäsion beizutragen. Ebenso wie die finanziellen kohäsionspolitischen Instrumente sollen EVTZ auch zur Umsetzung der Strategie Europa 2020 und damit zu intelligentem, nachhaltigem und integrativem Wachstum beitragen. Nicht zuletzt aufgrund des Charakters des EVTZ-Instruments und seiner Ausgestaltungs- und Nutzungsspielräume kann es auch zur Stärkung der territorialen Zusammenarbeit zwischen Regionen beitragen, die unter schweren

---

17 Vgl. http://ec.europa.eu/regional_policy/de/policy/cooperation/european-territorial/ (01.12.2015).

und dauerhaften natürlichen oder demografischen Nachteilen leiden, einschließlich Gebieten in äußersten Randlagen. Unter Einbeziehung von externen Kooperationsprogrammen kann der EVTZ darüber hinaus kohäsionspolitische Beiträge zur Entwicklung in benachbarten Drittländern, Überseegebieten und an den Außengrenzen der EU leisten.[18]

Somit kann der EVTZ für sehr unterschiedliche Bedarfe und Ansprüche genutzt werden, sowohl hinsichtlich der räumlichen Vielfalt als auch der dazu notwendigen Akteursstrukturen. Entsprechend einem bottom-up-Ansatz werden dabei die jeweiligen lokalen bzw. regionalen Bedarfe in den Mittelpunkt gerückt. Insbesondere im Fall von EVTZ in Grenzregionen geht es letztlich darum, die unterschiedlichen institutionellen, rechtlichen und weiteren divergierenden Rahmenbedingungen der beteiligten Staaten in Einklang zu bringen, sodass in einem begrenzten Gebiet zu definierten Themen gemeinsam gearbeitet und ein Beitrag zur kleinräumigen Kohäsion geleistet werden kann. In diesem Sinne dienen EVTZ als Mikrolabore der europäischen Integration, in denen die Wirkungen unterschiedlicher Rahmenbedingungen und Möglichkeiten zur Beseitigung von Disparitäten getestet werden können.

(4) Rollen von EVTZ bei der Anwendung und Umsetzung von Instrumenten der Kohäsionspolitik

EVTZ sind wie oben ausgeführt selbst ein Instrument der Kohäsionspolitik, im Gegensatz zu den anderen Instrumenten jedoch ein rechtliches und kein finanzielles Instrument. Darüber hinaus können EVTZ über weitere Möglichkeiten zur Anwendung und Umsetzung der finanziellen Instrumente der Kohäsionspolitik beitragen, indem sie unterschiedliche Aufgaben übernehmen.

Entsprechend den relevanten ESIF-Verordnungen[19] können EVTZ in die Vorbereitung und Begleitung von territorialen Kooperationsprogrammen einbezogen werden, als Verwaltungsbehörde eines Programms oder eines Teils eines Programms bzw. als zwischengeschaltete Stelle von inte-

---

18 Vgl. Erläuterungsgrund 4 der EVTZ-Änderungs-VO (VO (EU) 1302/2013).
19 Vgl. dazu insbesondere Art. 48 VO (EU) 1303/2013 sowie Art. 2, 7, 9, 11, 12, 22, 23 ETZ-VO.

grierten territorialen Investitionen[20] fungieren oder Begünstigter bzw. alleiniger Begünstigter von Kooperationsprogrammen sein.

Die ursprüngliche Idee der Nutzung von EVTZ als Verwaltungsbehörde von territorialen Kooperationsprogrammen wurde bisher nur einmal im grenzüberschreiten Kooperationsprogramm genutzt und umgesetzt, nämlich in der Großregion zwischen Luxemburg und den benachbarten Regionen in Belgien, Frankreich und Deutschland.[21] In anderen Fällen werden EVTZ z. B. dafür genutzt Kleinprojektefonds grenzüberschreitender Kooperationsprogramme zu implementieren. So werden im ungarisch-slowakischen Kooperationsprogramm die lokalen Kompetenzen des EVTZ Via Carpatia sowie des EVTZ Rába-Duna-Vág genutzt, um den Kleinprojektefonds entsprechend den lokalen Bedürfnissen umzusetzen.

Einige EVTZ haben bereits in der Vergangenheit Mittel der ETZ genutzt, um ihre Projekte zu verwirklichen. Nicht zuletzt aufgrund der zunehmenden Etablierung des Instruments und der Sammlung entsprechender Erfahrungen ist zu erwarten, dass sich künftig eine größere Zahl von EVTZ als Begünstigte an der Umsetzung von ETZ-Programmen beteiligen wird.[22] Dabei geht es in den meisten Fällen um die Einwerbung und Nutzung von Projektmitteln, wie sie auch anderen öffentlichen Trägern möglich ist. Im Unterschied zu anderen Akteuren müssen EVTZ dazu keine Partnerschaft mit anderen Akteuren eingehen, da sie bereits eine Einrichtung mit mehrstaatlichen Partnern sind.

Einen Sonderfall stellt die Möglichkeit für EVTZ dar, als alleiniger Begünstigter eines Programms aufzutreten. In diesem Fall wird das Programm durch den alleinigen Begünstigten umgesetzt, der die Rechenschaftspflicht gegenüber der Verwaltungsbehörde übernimmt. Bisher ist das ESPON-Programm 2014-2020 das erste Beispiel, welches mit dem ESPON EVTZ als alleinigem Begünstigtem dementsprechend umgesetzt wird.

---

20 Zu den Bestimmungen und dem Verständnis von integrierten territorialen Investitionen (ITI) vgl. Art. 36 VO (EU) 1303/2013.
21 *Zillmer/Toptsidou*, S. 6.
22 *Zillmer et al*, Promotion of territorial cooperation, S. 60.

b. Raumentwicklungspolitik

Wie zu Beginn bereits angedeutet, befasst sich die Raumentwicklungspolitik mit Fragen der Nutzung des Raumes unter Berücksichtigung ökonomischer, sozialer und ökologischer Ansprüche. Die Bearbeitung dieser Fragen macht es aus verschiedenen Perspektiven notwendig, grenzüberschreitend zu kooperieren und neue Strukturen zur Entwicklung, Planung und Umsetzung einzuführen, die im Sinne der diskutierten raumentwicklungspolitischen Ziele auch die Bedarfe von Grenzräumen betrachten. Von besonderer Bedeutung sind dabei Fragen der Governance-Strukturen, der gemeinsamen Verwendung von Finanzmitteln für gemeinsam zu bewältigende Aufgaben, die möglichen Einsatzmöglichkeiten der dafür vorgesehenen Finanzmittel im Rahmen der territorialen Zusammenarbeit sowie die Entwicklung von funktionalen Räumen bzw. die gemeinsame Nutzung von Infrastrukturen über nationalstaatliche Grenzen hinweg.

(1) Mehrebenen-Governance

Beim Ziel des territorialen Zusammenhalts und der europäischen Raumentwicklungspolitik geht es nicht ausschließlich um die physische Verteilung von Funktionen und Aktivitäten im Raum. Um eine ausgewogene Raumentwicklung im Sinne des territorialen Zusammenhalts zu erreichen, ist es vielmehr notwendig, dass raumpolitische Akteure über die verschiedenen administrativen Ebenen und zwischen verschiedenen raumrelevanten Sektorpolitiken[23] hinweg kohärent agieren. Hierzu bedarf es der Vernetzung der Akteure der europäischen Raumentwicklungszusammenarbeit. Dies umfasst u. a. die grenzüberschreitende, transnationale und INTERREGionale Zusammenarbeit[24] und macht deutlich, dass *Mehrebenen-Governance* (Multi-Level-Governance) und *territoriale Governance*[25] grundlegende Elemente der europäischen Raumentwicklungspolitik sind, aus denen Handlungsbedarfe nicht nur, aber auch für EVTZ entstehen.

---

23 Für verschiedene Ansätze zur Identifizierung raumrelevanter Sektorpolitiken vgl. z.B. *Battis/Kersten*, S. 9; *Deutscher Verband für Wohnungswesen, Städtebau und Raumordnung e.V.* sowie *van Ravesteyn/Evers*.
24 *BBSR*, S. 129.
25 Vgl. auch Beiträge von *Beck* und *Ulrich* in diesem Band.

Mehrebenen-Governance beschreibt dabei kollektive Entscheidungsprozesse, in denen Kompetenzen und Einfluss zwischen den Akteuren unterschiedlicher Entscheidungsebenen (vertikale Zusammenarbeit) und verschiedener Politikbereiche (horizontale Zusammenarbeit) geteilt werden. Dabei interagieren und kooperieren somit verschiedene unabhängige Akteure miteinander. Dieser Bedarf für Mehrebenen-Governance entsteht aufgrund der zunehmenden Komplexität von Entwicklungsherausforderungen und Zielsetzungen,[26] wie sie beispielsweise in der Strategie Europa 2020 adressiert werden.

Territoriale Governance ist ein relativ neues und komplexes Konzept, welches als eine Erweiterung der Mehrebenen-Governance verstanden werden kann, indem diese um eine explizite territoriale Dimension ergänzt wird.[27] Dabei lassen sich im Wesentlichen drei zentrale Dimensionen identifizieren, mit denen territoriale Governance beschrieben werden kann:

- Hervorhebung des place-based Ansatzes bei politischen Entscheidungen, wodurch die territorialen Charakteristika des relevanten Gebietes einbezogen werden;
- Zusammenbringen von Akteuren verschiedener Bereiche und Ebenen;
- Strategische Betrachtung unter Berücksichtigung langfristiger Auswirkungen zur Erreichung gesellschaftlicher Ziele.

Von diesen Ansatzpunkten ausgehend ist territoriale Governance wesentlich für eine zielorientierte Umsetzung beispielsweise der europäischen Kohäsionspolitik und der Territorialen Agenda 2020.[28] Nicht zuletzt aufgrund des Charakters als kohäsionspolitisches Rechtsinstrument, das für die Erfüllung verschiedener kohäsionspolitischer Aufgaben infrage kommt, eignen sich EVTZ zur Umsetzung territorialer Governance.

(2) Gemeinsame Mittelverwendung über Grenzen hinweg

Zunehmende europäische Integrations- und innerstaatliche Dezentralisierungsprozesse sowie die Globalisierung führen zu einer Entgrenzung und

---

26 *Spatial Foresight*, S. 4.
27 Vgl. *Böhme et al*, S. 15.
28 Vgl. *Böhme et al*, S. 9f.

damit zu einem Bedeutungsverlust des Nationalstaates in Europa.[29] Im Kontext einer Mehrebenensteuerung oder Mehrebenen-Governance (siehe oben) nimmt gleichzeitig die Bedeutung anderer Ebenen, vor allem der subnationalen Ebene zu. Aus den oben genannten Prozessen resultieren neue raumentwicklungspolitische Handlungsbedarfe, die sowohl die europäischen Regionen als auch die Kommunen als kleinste Gebietskörperschaften vor neue Herausforderungen stellen. Gerade Grenzregionen sind hiervon besonders stark betroffen, da diese in vielen Staaten eher in der Peripherie und damit traditionell häufig außerhalb des Fokus nationalstaatlicher Ansätze und Politiken liegen. Gerade hier entfaltet die europäische Integration daher ihre Dynamik, beispielsweise im Bereich des grenzüberschreitenden Personen-, Waren- und Dienstleistungsverkehrs. Da die daraus resultierenden Bedarfe in der Regel nicht an einer Staatsgrenze als scharfer Trennlinie enden, sondern die Kommunen und Regionen auf beiden Seiten der Grenze betreffen, z. B. im Bereich des Umwelt- und Hochwasserschutzes, besteht hier ein zunehmender Bedarf für abgestimmte grenzüberschreitende Handlungsansätze.

Das Instrument der grenzübergreifenden Zusammenarbeit (ehemals INTERREG A), die als ein Schwerpunkt der Europäischen Territorialen Zusammenarbeit (ETZ) durch den EFRE gefördert wird, unterstützt solche Handlungsansätze im Sinne einer integrierten Regionalentwicklung in Grenzregionen seit 1989.[30] In der laufenden Förderperiode 2014-2020 werden 74 % der für die Europäische Territoriale Zusammenarbeit zur Verfügung stehenden Mittel für die grenzübergreifende Zusammenarbeit bereitgestellt (ca. 20 % für die transnationale Zusammenarbeit und ca. 6 % für die INTERREGionale Zusammenarbeit).

Trotz des eindeutigen Schwerpunkts der ETZ auf die Förderung der grenzübergreifenden Zusammenarbeit können nicht alle Maßnahmen und Investitionen über diese Förderung unterstützt werden. Im Allgemeinen sind die finanziellen Ausstattungen außerdem unzureichend, um größere Vorhaben oder Infrastrukturmaßnahmen zu finanzieren. Darüber hinaus müssen zahlreiche Vorgaben erfüllt werden. Deren Beachtung geht mit einem hohen administrativen Aufwand einher. Werden nicht alle Vorgaben eingehalten, kann dies dazu führen, dass Mittel rückwirkend zurückgefor-

---

29 Vgl. *Zwilling/Engl*, S. 311.
30 Zur Institutionalisierung und stetigen Bedeutungszunahme der grenzübergreifenden Zusammenarbeit siehe auch *Harguindéguy/Hayward*, European Planning Studies 22/1 (2014), 184.

dert werden. In der Summe bedeutet dies, dass die EFRE-geförderte grenzübergreifende Zusammenarbeit in einigen Fällen nicht das richtige Instrument zur Finanzierung grenzübergreifender Vorhaben ist und es daher einen Bedarf für grenzübergreifende Strukturen gibt, durch die von Kommunen und Regionen in Grenzräumen aufgebrachte Finanzmittel gemeinsam verwaltet und eingesetzt werden können.

(3) Relevante Themen von ETZ-Programmen

Verschiedene raum- und regionalwirtschaftliche Bedarfe werden im Rahmen der ESIF im Zeitraum 2014-2020 über unterschiedliche thematische Zielsetzungen adressiert. Wie bereits erwähnt, benennt die Verordnung (EU) Nr. 1303/2013 dafür elf thematische Ziele, die zu intelligentem, nachhaltigem und integrativen Wachstum während dieser Periode der Kohäsionspolitik beitragen sollen.

Für EVTZ sind insbesondere die grenzüberschreitenden und transnationalen Kooperationsprogramme im Rahmen der ETZ von Interesse. In allen grenzüberschreitenden Programmen müssen mindestens 80 % des Budgets auf maximal vier thematische Zielsetzungen konzentriert werden. Dies schränkt die Verfolgung integrativer raumentwicklungspolitischer Zielsetzungen im Rahmen dieser Programme ein. Nichtsdestotrotz lassen sich einige thematische Schwerpunkte identifizieren, die wesentliche raumentwicklungspolitische Bedarfe – unter Berücksichtigung der im vorhergehenden Abschnitt genannten Einschränkungen – adressieren. Besonders viele grenzüberschreitende Programme adressieren den Umweltschutz, Innovation und Forschung, nachhaltige Verkehrsentwicklung sowie die Weiterentwicklung institutioneller Kapazitäten (vgl. Tabelle 1).

Diese Themen sind auch für die in grenzüberschreitenden Räumen agierenden EVTZ relevant. Obgleich nicht alle EVTZ die ESIF nutzen und die EVTZ unterschiedliche thematische Schwerpunkte haben, werden viele dieser Themen in den Übereinkünften der EVTZ adressiert. So scheinen insbesondere die Themen Umweltschutz und Ressourceneffizienz, Forschung und Innovation sowie Verkehr und Erreichbarkeit auch für EVTZ von besonders hoher Bedeutung zu sein.

Thematische Schwerpunkte lassen sich analog auch für die transnationalen Kooperationsprogramme identifizieren. Dies lässt sich am Beispiel des Kooperationsprogramms Mitteleuropa sowie des Alpenraums zeigen.³¹ Ein vergleichsweise hoher Anteil der bisher gegründeten EVTZ ist in diesen beiden Kooperationsräumen angesiedelt. Diese Themen adressieren in den Kooperationsprogrammen Bedarfe, die gemeinsamer grenzüberschreitender bzw. transnationaler Aktionen bedürfen. In gleicher Weise tragen auch EVTZ dazu bei, diesen Bedarfen grenzüberschreitend zu begegnen.

Thematische Ziele	Anzahl relevanter grenzüberschreitender Kooperationsprogramme 2014-2020
Erhaltung und Schutz der Umwelt sowie Förderung der Ressourceneffizienz (TZ 6)	40
Stärkung von Forschung, technologischer Entwicklung und Innovation (TZ 1)	26
Verbesserung der institutionellen Kapazitäten von öffentlichen Behörden und Interessenträgern und der effizienten öffentlichen Verwaltung (TZ 11)	24
Förderung von Nachhaltigkeit im Verkehr und Beseitigung von Engpässen in wichtigen Netzinfrastrukturen (TZ 7)	20
Stärkung der Wettbewerbsfähigkeit von KMU (TZ 3)	17
Förderung nachhaltiger und hochwertiger Beschäftigung und Unterstützung der Mobilität der Arbeitskräfte (TZ 8)	16
Förderung der Anpassung an den Klimawandel sowie der Risikoprävention und des Risikomanagements (TZ 5)	15
Investitionen in Bildung, Ausbildung und Berufsbildung für Kompetenzen und lebenslanges Lernen (TO10)	13
Förderung der Bestrebungen zur Verringerung der CO_2-Emissionen in allen Branchen der Wirtschaft (TZ 4)	8
Förderung der sozialen Inklusion und Bekämpfung von Armut und jeglicher Diskriminierung (TZ 9)	6
Verbesserung der Barrierefreiheit sowie der Nutzung und Qualität von IKT (TZ 2)	1

Tabelle 1: Häufigkeit der Auswahl der thematischen Ziele in grenzüberschreitenden Kooperationsprogrammen 2014-2020³² (Quelle: Autor)

---

31 Für das Operationelle Programm des Alpenraums 2014-2020 vgl. http://www.alpine-space.eu/about/programme-documents/asp_cooperation_programme_final.pdf (01.12.2015) und für das Operationelle Programm Mitteleuropa 2014-2020 vgl. http://www.interreg-central.eu/central-documents/programme-documents/ (01.12.2015).

32 Die Informationen der Tabelle basieren auf einer Sichtung von insgesamt 44 grenzüberschreitenden Kooperationsprogrammen (http://ec.europa.eu/regional_policy/en/atlas/programmes?search=1&keywords=Interreg+V-A&periodId=3&countr

Diese Themen adressieren in den Kooperationsprogrammen Bedarfe, die gemeinsamer grenzüberschreitender bzw. transnationaler Aktionen bedürfen. In gleicher Weise tragen auch EVTZ dazu bei, diesen Bedarfen grenzüberschreitend zu begegnen.

(4) Planung in funktionalen Räumen

Mit der Abschaffung der Grenzkontrollen gemäß dem Schengener Abkommen wurde vor allem der kleine Grenzverkehr erleichtert. So ist es heutzutage in vielen Grenzregionen üblich, dass Arbeits- und Wohnort in unterschiedlichen Staaten liegen, dass Einkaufs- und Freizeitverhalten am im gesamten Grenzraum verfügbaren Angebot ausgerichtet werden oder beispielsweise Handwerker und Dienstleister die Nachfrage auf beiden Seiten der Grenze bedienen. Die daraus resultierenden neuen Pendler- und Verkehrsströme sowie funktionalen Verflechtungen führen zu einer dynamischen Entgrenzung, d. h. einer Marginalisierung der Staatsgrenzen als scharfe und vollständige Trennlinien. Lineare Grenzen verlieren an Bedeutung und werden zunehmend von verschiedenen, miteinander verflochtenen Grenzräumen überlagert.[33]

Gerade am Beispiel des Umweltschutzes im Allgemeinen und des Hochwasserschutzes im Besonderen wird deutlich, dass aus räumlicher Perspektive viele Grenzregionen als funktionale Räume betrachtet werden müssen und somit ein raumentwicklungspolitischer Koordinierungsbedarf besteht. Aber auch enge wirtschaftliche Verflechtungen und damit einhergehende Pendlerbeziehungen wie im Raum der Großregion zeigen entsprechende Handlungsbedarfe in funktionalen grenzüberschreitenden Räumen auf. Daraus ergeben sich Handlungserfordernisse für die Raumplanung und Raumentwicklung in Grenzregionen. Diese erstrecken sich (am Beispiel des deutschen Raumplanungssystems) sowohl auf die kommunale Bauleitplanung (Bebauungsplanung, Flächennutzungsplanung) als auch auf die übergeordnete Regional- und Landesplanung, aber auch auf die unterschiedlichen raumrelevanten Fachplanungen sowie auf informelle Raumplanungs- und Handlungsansätze.

---

yCode=ALL&regionId=ALL&objectiveId=ALL&tObjectiveId=ALL) (Stand November 2015).
33 *Von Wedel*, Raumforschung und Raumordnung 68 (2010), 389 (392).

(5) Management von grenzüberschreitenden Strukturen

Für eine ausgeglichene Raum- und Regionalentwicklung sind die Bereitstellung und der Zugang zu Dienstleistungen von allgemeinem wirtschaftlichem Interesse von besonderer Bedeutung und deshalb für raumentwicklungspolitische Überlegungen relevant.

Da die meisten Dienstleistungen der Daseinsvorsorge national reguliert, also in einen nationalen Kontext eingebettet sind, ist die Inanspruchnahme ausländischer Dienste in der Regel mit zusätzlichen Kosten verbunden (z. B. Post- und Telekommunikationsdienste, Gesundheitsdienstleistungen). Dies führt dazu, dass das Erreichbarkeits- und Qualitätsniveau von Dienstleistungen von allgemeinem wirtschaftlichem Interesse in Grenzregionen häufig schlechter ist als in anderen Regionen. Hieraus resultiert ein Bedarf für den gemeinsamen Unterhalt und Betrieb von sozialen und technischen Infrastrukturen, der vom Versorgungs- und Entsorgungsnetz (Wasser, Gas, Strom, Abfall- und Abwasserentsorgung) über den öffentlichen Nah- und Fernverkehr, Post- und Telekommunikationsdienstleistungen (einschließlich Mobilfunk, Breitband) bis zu Bildungs-, Kultur- und Gesundheitseinrichtungen reicht.

Erschwert wird der grenzübergreifende Betrieb von Infrastrukturen durch konfligierende oder zumindest abweichende nationale Vorgaben und (technische) Standards. Trotz dieser Inkompatibilitäten gibt es zahlreiche gute Beispiele für die gemeinsame Nutzung von Infrastrukturen in Grenzregionen wie die Kläranlage in Guben-Gubin im deutsch-polnischen Grenzraum,[34] die Europa Universität Viadrina Frankfurt (Oder) mit dem Collegium Polonicum in Słubice[35] oder binationale Schulen.[36] Der Weg zur gemeinsamen Nutzung ist jedoch oft mit großen Unwägbarkeiten und umfangreichen Abstimmungs- und Einigungsprozessen verbunden. Das Krankenhaus in Cerdanya in den Pyrenäen ist ein Beispiel für den gemeinsamen Betrieb einer Infrastruktur im Rahmen eines EVTZ.[37] Dieses Beispiel macht deutlich, dass für den Betrieb von Infrastrukturen zahlreiche Details zu klären sind, die von der Tarifgestaltung über die Arbeitsbedin-

---

34 Vgl. www.gwaz-guben.de/verband_geschichte02.htm (01.12.2015).
35 Vgl. www.europa-uni.de/de/index.html (01.12.2015).
36 Vgl. z.B. für das deutsch-französische Gymnasium in Saarbrücken http://dfg-lfa.or g/deutsch-franzosische-begegnungsschule/ (01.12.2015).
37 Vgl. http://www.hcerdanya.eu/ (01.12.2015) sowie *Zillmer et al*, Promotion of territorial cooperation, S. 114ff.

gungen für die Angestellten bis zur Einhaltung und gegenseitigen Anerkennung von Standards reichen. Daher besteht ein Bedarf für institutionalisierte, aber transparente Strukturen, auf deren Grundlage langfristig bindende Entscheidungen zum Management der genannten Infrastrukturen getroffen werden können.

3. Raumentwicklungspolitische Herausforderungen für EVTZ

Vor dem Hintergrund der bisher diskutierten kohäsions- und raumentwicklungspolitischen Bedarfe lassen sich eine Reihe unterschiedlicher Aufgaben für EVTZ ableiten, die sich nicht zuletzt in der Vielfalt der bisher gegründeten EVTZ widerspiegeln. Dabei entstehen je nach Aufgabenstellung unterschiedliche Herausforderungen sowohl für die Gründung als auch die laufende Arbeit eines EVTZ.

Neben den oben beschriebenen Aufgaben, die EVTZ im Zusammenhang mit der Umsetzung der Kohäsionspolitik übernehmen können, ergeben sich aus raumentwicklungspolitischer Sicht insbesondere folgende Aufgaben:

- Nicht zuletzt aufgrund ihrer Kenntnis der lokalen und Grenzen überschreitenden Gegebenheiten können EVTZ-Akteure gemeinsam die Bedarfe einer grenzüberschreitenden Raumentwicklung identifizieren. Durch die Möglichkeit der Beteiligung von Mitgliedern der Nachbarstaaten kann somit raumentwicklungspolitischer Bedarf auch über die EU-Außengrenzen hinaus analysiert und identifiziert werden.
- Eine nachhaltige Raumentwicklung in Grenzregionen bedarf nicht zuletzt der Entwicklung von raumentwicklungspolitischen Strategien, die über nationalstaatliche Grenzen hinausgehen. Damit können EVTZ weiche raumentwicklungspolitische Aufgaben übertragen werden, wobei die eigentlichen planungsrechtlichen Aufgaben weiterhin bei den jeweils zuständigen Planungsakteuren verbleiben.
- Da sich eine nachhaltige Raumentwicklung letztlich mit allen raumrelevanten Fachpolitiken auseinandersetzen muss, können EVTZ eine Plattform für den horizontalen und vertikalen Austausch zwischen relevanten Akteuren bieten. EVTZ eignen sich dafür in besonderem Maße, da sie aufgrund der Rechtspersönlichkeit des EVTZ ein anerkannter Akteur sind und sich entsprechend der EVTZ-VO über Mitglieder verschiedener administrativer Ebenen und Fachpolitiken konstituieren

können, die darüber hinaus je nach Bedarf durch weitere Akteure u.a. im Rahmen von Arbeitsgruppen erweitert werden können.
- EVTZ können die gebündelten raumentwicklungspolitischen Interessen ihrer Mitglieder in regional übergeordneten, nationalen, transnationalen und europäischen Gremien vertreten und damit zur Berücksichtigung lokaler und regionaler raumentwicklungspolitischer Bedarfe auf höheren Ebenen beitragen.
- Ergänzend zu diesen weichen raumentwicklungspolitischen Aufgaben könnten EVTZ auch die Aufgaben eines grenzüberschreitenden, kommunal getragenen Planungsverbandes übernehmen, wobei auch in diesem Falle die planungsrechtliche Kompetenz bei den jeweiligen Mitgliedern verbliebe.

III. Raumentwicklungspolitische Praxisbeispiele

Nach der eher abstrakten Diskussion von Bedarfen für EVTZ, ihres möglichen Beitrags zur Raumentwicklung und der Identifizierung von Handlungsfeldern im Bereich der Raumentwicklungspolitik widmet sich dieses Kapitel der Diskussion ausgewählter Praxisbeispiele. In der Raumentwicklung aktive EVTZ können anhand verschiedener Kriterien identifiziert und differenziert werden. Sie können genutzt werden, um raumentwicklungspolitische Ansätze grenzüberschreitend zu etablieren, wobei die mitgliedstaatlichen Zuständigkeiten nicht übergangen werden dürfen. Darüber hinaus werden EVTZ zur Förderung der Umsetzung raumentwicklungspolitischer Zielsetzungen gegründet, um bislang projektbasierte Kooperationen im Rahmen der Europäischen Territorialen Zusammenarbeit zu stabilisieren bzw. zu verstetigen. Schließlich zeigt das Beispiel von ESPON, dass EVTZ zur Förderung raumentwicklungspolitischer Zielsetzungen auch für sehr spezifische Aufgaben genutzt werden können. ESPON stellt dabei nicht nur aufgrund seiner Aufgabenstellung, sondern auch aufgrund der gewählten Struktur einen Sonderfall der bisher gegründeten EVTZ dar.

1. Lokale und regionale raumentwicklungspolitische Ansätze

Die große Mehrzahl der bisher gegründeten EVTZ lässt sich der allgemeinen themenübergreifenden Arbeit mit lokalen Akteuren der grenzüberschreitenden Zusammenarbeit zuordnen. Sie sind zur Förderung der Regionalentwicklung bzw. der Raumentwicklung ihres jeweiligen grenzüberschreitenden Gebietes gegründet worden.[38]

Solche themenübergreifenden EVTZ der allgemeinen grenzüberschreitenden Zusammenarbeit befassen sich häufig mit der Politikentwicklung und der Entwicklung von Strategien, führen aber auch konkrete Maßnahmen durch. Dies geschieht sowohl mit als auch ohne Nutzung finanzieller Mittel der ETZ. Sie nutzen darüber hinaus nicht selten neue Governance-Ansätze und tragen zukunftsorientiert zu den Kohäsionszielsetzungen bei. Dies geht oftmals einher mit neuen Strukturen politischer Debatten zwischen Akteuren, die zuvor nicht im regelmäßigen Austausch miteinander standen. Dabei geht es schließlich auch darum, Partikularinteressen und lokales Kirchturmdenken zu überwinden und insgesamt zu einer breiter angelegten sowie regional und grenzüberschreitend ausgerichteten Entwicklungsstrategie beizutragen.[39]

Diese Ausführungen machen deutlich, dass diese EVTZ mehrere Charakteristika des oben beschriebenen Verständnisses einer nachhaltigen Raumentwicklungspolitik aufweisen: Sie dienen der horizontalen Verknüpfung raumrelevanter Politikbereiche, sie orientieren sich an den lokalen bzw. regionalen territorialen Herausforderungen – sind also place-based – und verfolgen strategische Ansätze bzw. tragen zur Entwicklung lokaler und regionaler Entwicklungsstrategien bei. Somit enthalten sie wesentliche Aspekte der territorialen Governance, wie in Abschnitt II.2 beschrieben.

Obgleich die Mehrzahl der themenübergreifenden EVTZ durch Mitglieder der lokalen Ebene charakterisiert ist, gibt es auch Beispiele, bei denen der EVTZ von kommunal getragenen Akteuren der regionalen Ebene getragen wird. Einer davon ist der EVTZ Eurodistrict SaarMoselle. Darüber hinaus gibt es EVTZ, die direkt von Akteuren der regionalen Ebene getragen werden wie den EVTZ Europaregion Südtirol-Tirol-Trentino. Dieser besteht aus zwei italienischen autonomen Provinzen und einem österreichischen Bundesland.

---

38 Vgl. *Zillmer et al*, Promotion of territorial cooperation, S. 24.
39 *Pucher/Radzyner*, Committee of the Regions, Monitoring Report 2010, S. 7.

Allgemeine themenübergreifende Zusammenarbeit auf kommunaler Ebene im EVTZ Eurodistrict Saarmoselle

Der EVTZ ist aus einem Verein hervorgegangen und wurde 2010 gegründet. Dabei sollten die bereits bestehenden engen historischen, kulturellen und wirtschaftlichen Verflechtungen zwischen den acht Mitgliedern vertieft und verstetigt werden. Dazu wird das Ziel verfolgt, die nachhaltige Entwicklung des Grenzraums in zwei Schwerpunkten zu gewährleisten:

- Förderung der Entwicklung des Eurodistricts und
- Initiierung, Begleitung und Durchführung von interkommunalen Kooperationsprojekten auf der Ebene des Eurodistricts, die für die Bürger wahrnehmbar sind.

Für eine Stärkung des strategischen Ansatzes der Entwicklung des Grenzraumes wurde ein Aktionsprogramm entwickelt. In dessen Rahmen wurden vier Aktionsfelder identifiziert, in denen der EVTZ künftig schwerpunktmäßig sowie unter Nutzung von Fachkonferenzen aktiv sein soll: Wirtschaftsentwicklung, Tourismus, Stadt-, Raumplanung und Verkehr sowie sozialer Zusammenhalt. In den vier Fachkonferenzen, die alle einen Bezug zur Raumentwicklung aufweisen, kommen die jeweiligen Experten aus den Verwaltungen zusammen.

Trotz des kommunalen Charakters der EVTZ-Mitglieder wurde bei der Gründung darauf geachtet, dass sowohl die Mitglieder an sich als auch die Summe der Mitglieder groß genug sind, um die für die grenzüberschreitende Zusammenarbeit notwendigen Kapazitäten vorhalten zu können. Deshalb sind vor allem auf französischer Seite, wo die meisten Gemeinden nur wenige Einwohner haben, die jeweiligen Gemeindeverbände und nicht die einzelnen Gemeinden dem EVTZ als Mitglieder beigetreten.[40]

Allgemeine themenübergreifende Zusammenarbeit auf regionaler Ebene im EVTZ Europaregion Südtirol-Tirol-Trentino

Der EVTZ wurde vom Bundesland Tirol und den beiden autonomen Provinzen Bozen-Südtirol und Trentino 2011 gegründet und geht aus einer informellen politischen Zusammenarbeit hervor. Die drei administrativen Einheiten weisen sowohl enge historische und kulturelle Verbindungen als auch ähnliche Voraussetzungen als Stärken und Schwächen für ihre Regionalentwicklung im Alpenraum auf. Nicht zuletzt der Verkehr in den Alpen und der Brennerpass stellen wesentliche Elemente dar, die die drei Regionen in unterschiedlicher Weise betreffen und gleichzeitig vereinen. Darüber hinaus sind alle drei Regionen in ihren Ländern in großer räumlicher Entfernung zu ihrer Hauptstadt gelegen. Mit der Gründung des EVTZ wurde daher die historisch gewachsene grenzüberschreitende Zusammenarbeit verstetigt und ein weiterer wichtiger Schritt für die funktional-räumliche und administrativ-institutionelle Integration dieses Kultur- und Naturraums gegangen.

Innerhalb der Zielsetzungen des EVTZ wird u. a. die Raumentwicklung explizit genannt und mit anderen Zielen verknüpft. Für die Stärkung der Raumentwicklung wird eine Reihe raumrelevanter Bereiche genannt, in denen der EVTZ zur Zielverwirklichung beitragen soll. Dies umfasst insbesondere die Bereiche Bildung, Kultur, Energie, nachhaltige Mobilität, Gesundheit, Forschung und Innovation, Wirtschaft, Landwirtschaft und Umwelt.[41]

---

40 Vgl. Übereinkunft EVTZ „EURODISTRIKT SAARMOSELLE" und *Zillmer/Lüer*.
41 Vgl. *Zillmer et al*, Promotion of territorial cooperation, S. 91ff.

2. Verstetigung der Strukturen anstelle von (INTERREG-)Projekten

Die europäische territoriale Zusammenarbeit wird im Rahmen von INTERREG-Programmen gefördert. Sie gliedert sich in die grenzüberschreitende, transnationale und INTERREGionale Zusammenarbeit und wurde etabliert, um Probleme über mitgliedstaatliche Grenzen hinweg gemeinschaftlich zu lösen. Im Allgemeinen wird diese Zusammenarbeit der Programme über Projekte umgesetzt. Die INTERREG-Programme veröffentlichen entsprechend ihrer programmatischen Ausrichtung Projektaufrufe, auf die sich öffentliche Akteure des jeweiligen Programmraumes mit Vorschlägen bewerben können. Dabei müssen jeweils Akteure aus mindestens zwei bzw. drei Mitgliedstaaten[42] an den Projekten beteiligt sein. Aufgrund des Projektcharakters handelt es sich somit um eine jeweils zeitlich befristete Zusammenarbeit der Akteure über die mitgliedstaatlichen Grenzen hinweg, die auf die thematische Ausrichtung bzw. Zielsetzung des jeweiligen Projektes beschränkt ist.

Das EVTZ-Instrument stellt in diesem Zusammenhang eine besondere Möglichkeit dar, die Integration öffentlicher Akteure über mitgliedstaatliche Grenzen hinweg zu fördern.[43] Das Instrument wurde geschaffen, um die Hindernisse der territorialen Zusammenarbeit zu überwinden,[44] ohne andere Finanzmittel zur Verfügung zu stellen als jene, die bereits als kohäsionspolitische Fonds (wie beispielsweise INTERREG) bzw. mittels anderer Finanzierungsquellen[45] verfügbar sind. Da mit der Gründung eines EVTZ eine neue Rechtspersönlichkeit geschaffen wird, unterstützt das Instrument die Verstetigung der Kooperation zwischen seinen Mitgliedern. Die Kooperation besteht somit grundsätzlich unabhängig von der Einwerbung von Projektmitteln. Gleichwohl hängt der Erfolg bzw. die Zielerrei-

---

42 Die Mindestzahl der beteiligten Mitgliedstaaten wird in der ETZ-Verordnung festgelegt und variiert zwischen der grenzüberschreitenden, transnationalen und interregionalen Zusammenarbeit (Art. 12 Abs. 2 VO (EU) Nr. 1299/2013).
43 *Zillmer et al*, Promotion of territorial cooperation, S. 19.
44 Erwägungsgrund 8 EVTZ-VO.
45 Entsprechend der EVTZ-VO können EVTZ zur Durchführung von Maßnahmen auch andere Finanzhilfen als jene der Kohäsionspolitik erhalten (Erwägungsgrund 19 sowie Art. 7 Abs. 3 EVTZ-VO). Beispiele für derartige Finanzhilfen, die bereits in der Vergangenheit von EVTZ in den entsprechenden berechtigten Gebieten genutzt wurden, sind beispielsweise auf bestimmte Regionen beschränkte Fonds wie der Visegradfonds und der Scheldemondfonds (vgl. *Zillmer et al*, Promotion of territorial cooperation, S. 46).

chung von EVTZ meistens wesentlich von der Einwerbung von Projektmitteln ab.

Mit einer EVTZ-Gründung können dessen Mitglieder ihre Zusammenarbeit nichtsdestotrotz thematisch im Sinne einer fachpolitikübergreifenden Kooperation ausweiten sowie die Zusammenarbeit über verschiedene Ebenen forcieren. Art. 3 EVTZ-VO sieht explizit die Möglichkeit der Zusammenarbeit öffentlicher Akteure verschiedener Ebenen vor – von Akteuren der kommunalen Zusammenarbeit bis zur Ebene der Mitgliedstaaten. Darüber hinaus sollte sich die Partnerschaft eines EVTZ nicht an den räumlichen Abgrenzungen der Kooperationsräume, sondern vor allem an den Kooperationsbedürfnissen der EVTZ-Mitglieder orientieren. Dies kann zwar einerseits die Förderfähigkeit des EVTZ im Rahmen von kohäsionspolitischen Programmen einschränken. Andererseits kann die räumliche Abgrenzung dieser Programme von Programmperiode zu Programmperiode verändert werden und damit langfristig die Finanzierungsmöglichkeiten von EVTZ beeinflussen. Schließlich erlaubt das EVTZ-Instrument die Verstetigung der raumentwicklungspolitischen Zusammenarbeit über die Mitgliedstaaten (und damit auch über deren Programmgebiete) hinaus, indem die novellierte EVTZ-VO beispielsweise die Möglichkeit der Mitgliedschaft öffentlicher Akteure aus Nachbarstaaten in EVTZ explizit hervorhebt und die dafür einzuhaltenden Bedingungen benennt.[46] Dies ist auch hinsichtlich der Verstetigung der Zusammenarbeit infolge von INTERREG-Projekten insoweit relevant, als sich einige Nachbarstaaten mit eigenen Mitteln an den jeweiligen INTERREG-Programmen beteiligen.[47]

Somit greift das EVTZ-Instrument mehrere Aspekte der raumentwicklungspolitischen Zusammenarbeit auf, indem es

- den Zusammenhang zu den kohäsionspolitischen Finanzhilfen der territorialen Zusammenarbeit herstellt,
- die Zusammenarbeit sowohl zwischen verschiedenen Governance-Ebenen als auch themenübergreifend vorsieht,

---

46 Art. 3a EVTZ-VO.
47 Beispiele sind die Schweiz und Norwegen, die sich an verschiedenen grenzüberschreitenden und transnationalen Programmen beteiligen. Zur Schweiz vgl. http://www.are.admin.ch/themen/international/00853/index.html?lang=de (01.12.2015) und zu Norwegen siehe http://interreg.no/?OpenForm&TM (01.12.2015).

- sich räumlich nicht auf die Kulissen der Förderprogramme beschränkt und
- die territoriale Zusammenarbeit mit Nachbarländern unterstützt.

Beispiele für raumentwicklungspolitisch motivierte EVTZ sind der EVTZ INTERREGionale Allianz für den Rhein-Alpen Korridor[48] und der EVTZ Parco Europeo – Parc Européen Alpi Maritime – Mercantour. Beide EVTZ sind aus INTERREG-finanzierter territorialer Zusammenarbeit hervorgegangen. Während ersterer ein Beispiel für die Verstetigung eines transnationalen Projektverbundes zur Förderung der Raumentwicklung im nordwesteuropäischen Kooperationsraum ist, handelt es sich beim EVTZ Alpi Marittime – Mercantour um eine Kooperation im grenzüberschreitenden Raum des französisch-italienischen INTERREG-Programms Alcotra.

Verstetigung von grenzüberschreitenden Kooperationsstrukturen im EVTZ Parco Europeo – Parc Européen Alpi Marittime – Mercantour

Der EVTZ wurde 2013 gegründet, um die grenzüberschreitende Zusammenarbeit zwischen seinen Mitgliedern zu vertiefen und voranzutreiben. Die Mitglieder des EVTZ sind der französische Nationalpark Mercantour und der italienische Naturpark Alpi Marittime. Durch Zusammenarbeit zwischen dem Nationalpark auf französischer Seite und dem regionalen öffentlichen Akteur auf italienischer Seite werden der Schutz und die Weiterentwicklung des kulturellen, natürlichen und landschaftlichen Erbes der Parkgebiete angestrebt. Dazu beteiligen sich die beiden Mitglieder u. a. an der gemeinsamen Durchführung von EU-finanzierten Kooperationsprojekten. Der EVTZ geht dabei auf verschiedene projektbasierte Zusammenarbeiten des italienisch-französischen Alcotra-Programms und die Beteiligung im Alpenraumprogramm zurück. Künftig soll der EVTZ als alleiniger Antragsteller Mittel des Alcotra-Programms beantragen und nutzen können. Die Verstetigung der auf INTERREG-basierten Zusammenarbeit findet nicht zuletzt ihren Ausdruck in der aktiven Beteiligung des EVTZ an der Erstellung des Alcotra-Programms 2014-2020.[49]

3. Sonderfall ESPON

ESPON ist das europäische Raumbeobachtungsnetzwerk,[50] welches nach einer Phase eines Studienprogramms der Jahre 1998-1999 in ein separates INTERREGionales EFRE-Programm im Rahmen der territorialen Zusam-

---

48 Vgl. auch Beitrag von *Saalbach/Böhringer* in diesem Band.
49 Vgl. *Zillmer et al*, Promotion of territorial cooperation, S. 104ff.
50 ESPON ist die Abkürzung des ursprünglichen Namens „European Spatial Planning Observation Network", welches in der Programmperiode 2007-2013 unter Beibehaltung der Abkürzung ESPON in „European Observation Network for Territorial Development and Cohesion" umbenannt wurde.

menarbeit überführt wurde. Es zielt darauf ab, die europäische Raumbeobachtung durch entsprechende Raumforschungsprojekte zu stärken. Das Programm wurde, wie andere Programme der ETZ, von einer Verwaltungsbehörde unter Beratung des Begleitausschusses (bestehend aus Vertretern der am Programm beteiligten Mitgliedstaaten und Nachbarländer) aufgestellt und kontrolliert sowie durch ein Sekretariat (in diesem Fall die ESPON Coordination Unit), das für die Ausschreibung und Vergabe von Projekten zuständig ist, implementiert. Transnationale Projektgruppen, deren Mitglieder überwiegend aus der Wissenschaft stammen, führen die Projekte durch und präsentieren sie den Programmgremien. Damit nimmt das ESPON-Programm, das im Zeitraum 2014-2020 in seine dritte Programmperiode geht, besondere Aufgaben wahr und hat ein europaweites Netz von Fachleuten der europäischen Raumentwicklung aus Politik, Verwaltung, Wissenschaft und Wirtschaft gebildet.[51]

Im Verlauf der ersten beiden Programmperioden des ESPON-Programms wurden verschiedene administrative und verfahrenstechnische Schwierigkeiten deutlich, die auf eine mangelnde Kompatibilität zwischen bisherigen Strukturen und Aufgaben des ESPON-Programms zurückgehen und zu der Entscheidung geführt haben, einen EVTZ zu gründen.[52] Zu diesen Schwierigkeiten gehörten u. a. langwierige Ausschreibungsverfahren für die einzelnen Forschungsprojekte, mit denen beispielsweise der ad-hoc auftretende Beratungsbedarf der Mitglieder des Programms (die Mitgliedstaaten und einige Nachbarstaaten) nicht zeitnah bedient werden konnte.

Um diese und weitere Schwierigkeiten zu überwinden, wurde ein EVTZ gegründet, der das Programm als einziger Begünstigter des ESPON-Programms effizient implementieren soll. Die Mitglieder des EVTZ sind das Großherzogtum Luxemburg und die drei belgischen Regionen. Das Hauptziel des ESPON EVTZ ist gemäß Artikel 5.1 der Übereinkunft „the implementation of one or several operations in the framework of ESPON 2020 Cooperation Programme. The activities of ESPON EGTC shall continue the consolidation of a European Territorial Observatory Network and grow the provision and policy use of pan-European, comparable, systematic and reliable territorial evidence."

---

51 Vgl. www.espon.eu (01.12.2015).
52 Vgl. *Zillmer et al*, Potenziale von EVTZ, S. 14.

Ergänzt wird das Hauptziel durch das operationelle Ziel (gemäß Artikel 5.2 der Übereinkunft) optimale Bedingungen zur Umsetzung und Ausführung von Aktivitäten mit Bezug zum ESPON 2020-Kooperationsprogramm zu schaffen. Im Hinblick auf ESIF wird der EVTZ als Empfänger für den Umsetzungszeitraum des Programms agieren.

Die Liste an konkreten Aufgaben des ESPON EVTZ gemäß Artikel 5.3 der Übereinkunft umfasst forschungsbezogene Aktivitäten wie die Ausschreibung, Vergabe, Finanzierung und Begleitung von Forschungsprojekten, das Sammeln, Erstellen und Anbieten räumlicher Indikatoren und vergleichbarer europäischer Daten, die Förderung des Einsatzes von ESPON-Ergebnissen durch Entscheidungsträger, die Durchführung räumlicher Analysen, die Kommunikation der Ergebnisse (mündlich, Print, online), die Zusammenarbeit mit Wissenschaftsorganisationen sowie die Koordination der nationalen ESPON-Kontaktstellen.[53]

IV. Schlussfolgerungen

Die bisherigen Anwendungsbeispiele von EVTZ machen deutlich, dass EVTZ im Bereich der Raumentwicklungspolitik bisher eher weiche Aufgaben wahrnehmen. Sie sind mit der Identifizierung und Analyse von raumentwicklungspolitischen Bedarfen, der Entwicklung von Strategien, der Vertretung der Interessen der Mitglieder und deren Kommunikation beauftragt. EVTZ treten bisher nicht als Träger öffentlicher Belange oder als grenzüberschreitende Planungsverbände auf. Soweit EVTZ planungsrechtlich relevante Mitglieder haben, verbleiben diese Aufgaben bisher bei diesen und werden nicht auf EVTZ übertragen. Dabei kann bereits die auf Grundlage gemeinsam entwickelter Strategien bei den Mitgliedern umgesetzte Planung ebenfalls eine grenzüberschreitende Raumplanung oder zumindest eine verstärkte Koordination der Raumplanung implizieren. Gleichwohl würde eine gemeinsame Raumplanung den Charakter eines EVTZ entscheidend verändern und zu einer stärkeren institutionellen Integration und damit auch zu einer größeren Sichtbarkeit und Außenwahrnehmung beitragen.

---

53 Vgl. Convention of the European Grouping of Territorial Cooperation – ESPON EGTC (Übereinkunft).

Im Rahmen der europäischen Kohäsionspolitik sind aus raumentwicklungspolitischer Perspektive für EVTZ neben der grenzüberschreitenden territorialen Zusammenarbeit (INTERREG A) insbesondere die transnationale territoriale Zusammenarbeit (INTERREG B) sowie die mit der Kohäsionspolitik 2014-2020 vorgesehenen Instrumente der integrierten territorialen Investitionen und der gemeinsamen Aktionspläne relevant.

Insgesamt zeigt sich, dass EVTZ bisher nur bedingt Begünstigte von Finanzmitteln der ETZ und insbesondere der transnationalen Zusammenarbeit waren, dies aber künftig verstärkt werden sollen. Für die Vertretung raumentwicklungspolitischer Interessen können EVTZ verstärkt in die Entwicklung und Bewertung von ETZ-Programmen einbezogen werden. Auch dies ist bisher nur in sehr beschränkten Umfang geschehen. Das von einigen EVTZ bekundete Interesse, in die Umsetzung bzw. Koordinierung von gemeinsamen Aktionsplänen oder integrierten territorialen Investitionen eingebunden zu werden,[54] ist bisher nicht umgesetzt worden. Dies ist häufig darauf zurückzuführen, dass in den entsprechenden ETZ-Programmen von dieser Möglichkeit kein Gebrauch gemacht und damit das Potenzial von EVTZ zu einer grenzüberschreitenden bzw. transnationalen Raumentwicklung beizutragen nicht ausgeschöpft wird.

Abstract

After the adoption of the Lisbon Treaty in 2009, territorial cohesion has become an objective of EU policies, now complementing economic and social cohesion as well-established EU policy objectives. The EGTC instrument shall contribute to economic, social and territorial cohesion and support territorial cooperation. It is a legal instrument that can be applied in various, partially overlapping, but also complementary contexts, with a special focus on spatial development and cohesion policy goals.

EU Cohesion Policy aims to reduce territorial disparities between EU Member States and their regions. The main funding instruments of EU Cohesion Policy are three out of five European Structural and Investment Funds (ESIF): The European Regional Development Fund (ERDF), the European Social Fund (ESF) and the Cohesion Fund. The branch of European Territorial Cooperation (ETC), i.e. cross-border, transnational and

---

54 *Pucher/Frangenheim/Radzyner*, S. 154.

INTERREGional cooperation, funded by the ERDF, is of particular relevance for EGTC. In this case, national, regional and local stakeholders work together to identify and tackle common challenges and promote development beyond national borders. EGTC provide scope for bottom-up approaches and small-scale experimentation to reduce disparities and promote European integration in regions and municipalities. They can furthermore be involved in the development, implementation and monitoring phases of territorial cooperation programmes, e.g. as managing authority, intermediate body or (single) beneficiary.

Spatial development policy equally considers economic, social and ecological aspects and needs to promote sustainable and balanced territorial development. This also entails a need to cooperate beyond national borders, i.e. to develop suitable (multi-level) governance structures, to develop and establish procedures for managing and using financial resources (beyond ETC funding), to address and tackle cross-border challenges conjointly, to identify and develop functional areas and coordinate local and regional planning instruments, manage joint infrastructures and provide services of general interest.

The analysis of various existing EGTC supports the understanding of EGTC as a flexible tool to promote cooperation as well as consolidate and intensify cooperation structures and processes. It illustrates the diverse spatial development and cohesion policy contexts in which this instrument can be applied and the different roles an EGTC can take. So far, existing EGTC often focus on soft measures such as strategy development and representation of local and regional interests on multiple levels. In the future, many EGTC seek to play a stronger role in ETC programmes.

Literaturverzeichnis

Akademie für Raumforschung und Landesplanung, Handwörterbuch der Raumordnung, 4. Aufl., 2005.

Battis/Kersten, Europäische Politik des territorialen Zusammenhalts – Europäischer Rechtsrahmen und nationale Umsetzung, 2008.

Böhme/Zillmer/Toptsidou/Holstein, Territorial Governance and Cohesion Policy, 2015, http://www.europarl.europa.eu/RegData/etudes/STUD/2015/563382/IPOL_STU %282015%29563382_EN.pdf (11.11.2016).

Böhme/Zillmer, Was haben gleichwertige Lebensverhältnisse mit territorialer Kohäsion zu tun?, IzR 1 (2015), 11.

Bundesinstitut für Bau-, Stadt- und Raumforschung (BBSR) im Bundesamt für Bauwesen und Raumordnung, Raumordnungsbericht 2011, 2012.

Pucher/Radzyner, EGTC Monitoring Report 2010, 2011, https://portal.cor.europa.eu/e gtc/SiteCollectionDocuments/report%202011/EGTC%20Monitoring%20Report%2 02010%20Final.pdf (03.12.2015).

Pucher/Frangenheim/Radzyner, EGTC Monitoring Report 2013. Towards the New Cohesion Policy, 2014, http://cor.europa.eu/en/documentation/studies/Documents/ EGTC-monitoring-report-2013.pdf (03.12.2015).

Deutscher Verband für Wohnungswesen, Städtebau und Raumordnung e.V., Expertise für den Raumordnungsbericht 2010. Raumrelevante Vorhaben der EU-Kommission, 2009.

Europäische Kommission, Europa 2020, Eine Strategie für intelligentes, nachhaltiges und integratives Wachstum, 2010.

European Commission, Investing in Europe's future. Fifth report on economic, social and territorial cohesion, 2010, http://ec.europa.eu/regional_policy/sources/docoffic/ official/reports/cohesion5/pdf/5cr_final_web_en.pdf (03.12.2015).

Harguindéguy/Hayward, The Institutionalization of the European Internal Cross-Border Co-operation Policy: A First Appraisal, European Planning Studies 22/1 (2014), 184.

Spatial Foresight, Local and Regional Partners Contributing to Europe 2020, 2015, http://ec.europa.eu/regional_policy/sources/docgener/studies/pdf/ mlg_report_20150401.pdf (03.12.2015).

van Ravesteyn/Evers, Unseen Europe - A survey of EU politics and its impact on spatial development in the Netherlands, 2004.

von Wedel, Remediävalisierung II. Zur Programmatik der Europäischen Regionalpolitik, Raumforschung und Raumordnung 68 (2010), 389.

Zillmer/Lüer/Toptsidou/Krzymuski/Dallhammer/Kintisch/Schuh/Celotti/Colin/Preku/ Brignani/Waterhout/Zonneveld/Stead, European Grouping of Territorial Cooperation as an instrument for promotion and improvement of territorial cooperation in Europe, 2015, http://www.europarl.europa.eu/RegData/etudes/STUD/2015/563384/ IPOL_STU%282015%29563384_EN.pdf (11.11.2016). (Kurztitel: Promotion of territorial cooperation)

Zillmer/Böhme/Lüer/Stumm, Potenziale für transnationale und grenzüberschreitende Partnerschaften durch Nutzung des Instruments der EVTZ. 2. Zwischenbericht, nicht veröffentlicht, 2013. (Kurztitel: Potenziale von EVTZ)

Zillmer/Lüer, Publikationsentwurf zum Modellvorhaben der Raumordnung „Europäische Verbünde der territorialen Zusammenarbeit – Erfahrungen verbreiten und vertiefen", 2016. (Unveröffentlichter Publikationsentwurf; Veröffentlichung im Rahmen der BMVI-Schriftenreihe „MORO Praxis" vorgesehen für Dezember 2016)

Zillmer/Toptsidou, Potential and Limits of the EGTC Instrument for Enhancing Integration across Borders, Spatial Foresight Brief 2014, S. 5, http://www.spatialforesight.eu/tl_files/files/editors/dokumente/Brief-2014-5-141111.pdf (03.12.2015).

Zwilling/Engl, Gemeinden und grenzüberschreitende Zusammenarbeit: neue Chancen durch den Europäischen Verbund territorialer Zusammenarbeit, in: Alber/Zwilling (Hrsg.), Gemeinden im Europäischen Mehrebenensystem: Herausforderungen im 21. Jahrhundert, 2014, S. 311.

Die räumliche Dimension. Über die Schwierigkeiten bei der funktionalen Abgrenzung von EVTZ

Dr. Robert Knippschild[1]

I. Einführung

Der vorliegende Beitrag widmet sich der Frage der räumlichen Abgrenzung von Europäischen Verbünden für Territoriale Zusammenarbeit (ETVZ). Im Rahmen der Übereinkunft zu einem EVTZ wird u. a. der Umfang des Gebiets definiert, in dem der EVTZ seine Aufgaben durchführen darf (Art. 8 Abs. 2 lit. b) EVTZ-VO), jedoch werden hierfür keine Kriterien bestimmt. Bisher orientiert sich die Abgrenzung solcher Verbünde meist an bestehenden administrativen Einheiten, wie etwa den Euroregionen (bzw. Euregios, Europaregionen etc.). Die Abgrenzung dieser Einheiten erfolgt in den meisten Fällen wiederum anhand bestehender Gebietskörperschaften in den jeweiligen Mitgliedsstaaten, in Deutschland sind dies häufig Landkreise, oder der freiwilligen Mitgliedschaft einzelner Kommunen. Gleiches gilt für Gebietskulissen für Europäische Förderprogramme für grenzüberschreitende Zusammenarbeit. Auch diese orientieren sich an bestehenden administrativen Grenzen. Eine Definition folgt in den meisten Fällen politischen Entscheidungen. Dies führt mitunter zu deutlichen Asymmetrien, wie etwa die räumliche Abgrenzung der Euroregion Spree-Neiße-Bober in der deutsch-polnischen Grenze sowie der Vergleich mit anderen Grenzregionen an den deutschen Außengrenzen belegt (siehe Abbildung 1).

---

[1] Leibniz-Institut für ökologische Raumentwicklung (IÖR), Dresden und Internationales Hochschulinstitut (IHI) Zittau, eine zentrale wissenschaftliche Einrichtung der Technischen Universität Dresden.

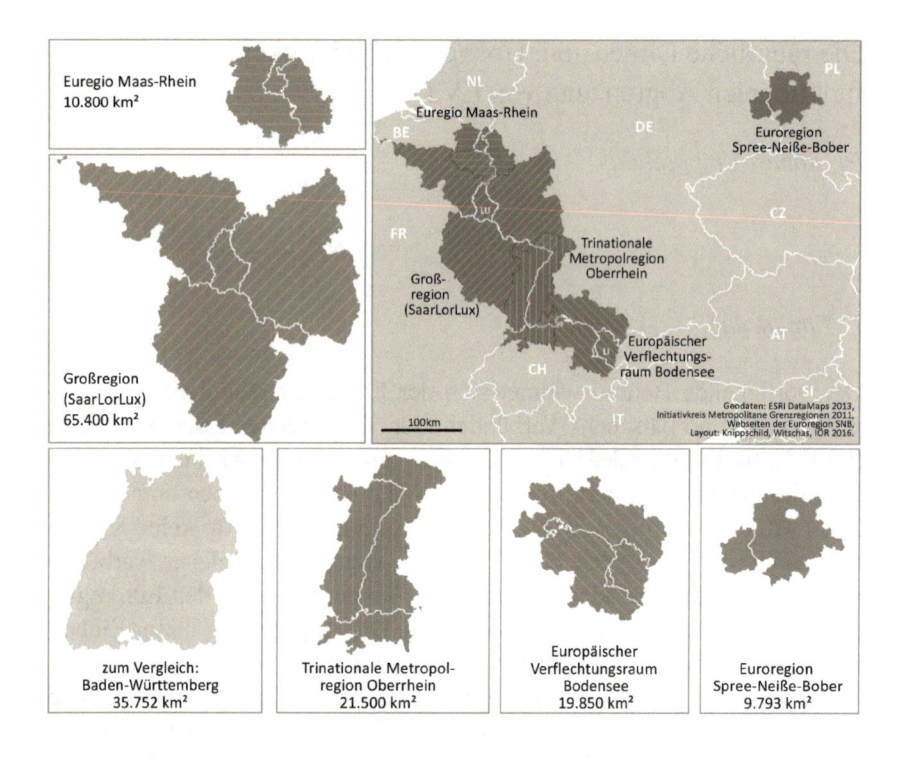

Abbildung 1: Räumliche Ausdehnung der Euroregion Spree-Neiße-Bober im Vergleich zu anderen Grenzregionen (Datenquelle: ESRI DataMaps 2013, Initiativkreis Metropolitane Grenzregionen 2011, Euroregion Spree-Neiße-Bober. Layout: Knippschild / Witschas, IÖR 2016)

Die räumliche Dimension von Handlungsräumen ist jedoch ein wesentliches Kriterium für den Erfolg grenzüberschreitender Kooperation. Nur bei einem gemeinsamen Interesse kann von einer für alle Kooperationspartner gewinnbringenden und langfristigen Zusammenarbeit ausgegangen werden. Je größer die räumlichen Entfernungen, desto diffuser die Themen oder Interessen einer grenzüberschreitenden Kooperation[2].

Daher wird an verschiedenen Stellen eine stärker funktional begründete Abgrenzung von grenzüberschreitenden Gebieten gefordert.[3] Eine solche funktionale Abgrenzung sollte auf belastbaren Erkenntnissen zu grenz-

---

2 *Knippschild* 2011.
3 *Committee of the Regions*, 2015; *European Commission*, 2008; *Territorial Agenda of the European Union 2020.*

überschreitenden Verflechtungen sowie deren Reichweite ins jeweilige Hinterland basieren. Zu solchen grenzüberschreitenden Verflechtungen zählen Ströme von Waren oder Personen, aber auch institutionelle Verflechtungen und Kooperationen.

Des Weiteren ist zu berücksichtigen, dass grenzüberschreitende Verflechtungen in Abhängigkeit von den jeweiligen Themenbereichen mit unterschiedlichen Bezugsräumen einhergehen. So ergeben sich im Bereich des grenzüberschreitenden Tourismus andere Verflechtungsgebiete als etwa beim Einzelhandel oder im Arbeitsmarkt. Daher kann eine funktionale Abgrenzung von Verflechtungsräumen unter Berücksichtigung variabler Bezugsräume nur eine Annäherung an tatsächliche lebensweltliche Handlungs- und Wirtschaftsräume sein.

Im Folgenden werden auf der Grundlage zweier empirischer Untersuchungen Aussagen zur Verfügbarkeit und Qualität von Daten zu grenzüberschreitenden Verflechtungen in verschiedenen Grenzräumen getroffen: 1) eine Untersuchung im Rahmen des Modellvorhabens der Raumordnung (MORO) „Überregionale Partnerschaften in grenzüberschreitenden Verflechtungsräumen" im Auftrag des Ministeriums für Umwelt des Saarlandes und finanziert durch das damalige Bundesministerium für Verkehr, Bau und Stadtentwicklung. Hier sollten für den Europäischen Verflechtungsraum Bodensee, die Trinationale Metropolregion Oberrhein, die Großregion SaarLorLux sowie die Euregio Maas-Rhein Verflechtungsindikatoren erarbeitet sowie die Datenverfügbarkeit zur Definition und Abgrenzung grenzüberschreitender Verflechtungsräume ermittelt werden sowie 2) ein Forschungsprojekt zur Lebensqualität und zu grenzüberschreitenden Verflechtungen im sächsisch-polnischen Grenzraum, finanziert im Rahmen des EU-Programms für grenzüberschreitende Zusammenarbeit zwischen Sachsen und Polen 2007-2013.

II. Verfügbarkeit und Qualität von Daten zu grenzüberschreitenden Verflechtungen

Beiden Untersuchungen lag eine ähnliche Methodik zugrunde, wobei die Erfassung vorhandener Informationen zu grenzüberschreitenden Verflechtungen und Strömen über die Grenzen hinweg im Vordergrund stand, weniger die vorhandenen Strukturdaten zu den Teilräumen beiderseits der Grenze, die zwar die Triebfeder für grenzüberschreitende Verflechtungen darstellen können (etwa Preis- oder Einkommensgefälle), sich jedoch aus vorhandenen statistischen Quellen vergleichsweise gut ableiten lassen. Dynamische Daten zu grenzüberschreitenden Verflechtungen und Strömen hingegen liegen nur lückenhaft vor.

Grundlage beider Untersuchungen war ein Indikatorenset, welches möglichst alle Bereiche grenzüberschreitender Verflechtungen abdecken sollte und im Rahmen von Workshops mit Praxisakteuren in allen untersuchten Regionen diskutiert, ergänzt und modifiziert wurde (siehe Tabelle 1). Auf dieser Grundlage wurden Informationen in statistischen Quellen der Nationalstaaten (Deutschland, Österreich, Liechtenstein, Schweiz, Frankreich, Luxemburg, Belgien, Niederlande, Polen), als auch die in den föderal strukturierten Ländern beteiligten und für Statistik zuständigen Bundesländer und Regionen (z. B. in Deutschland Bayern, Baden-Württemberg, Rheinland-Pfalz, Saarland, Nordrhein-Westfalen und Sachsen) recherchiert.

Verflechtungsbereiche	Indikatoren
Demographie / Wohnbevölkerung	• Einwohner aus dem Nachbarland • Zuzüge aus dem bzw. Wegzüge in das Nachbarland • grenzüberschreitende Eheschließungen • Kinder in gemischten Ehen • Wohnungskäufe durch Personen aus dem Nachbarland
Arbeitsmarkt	• Beschäftigte aus dem Nachbarland • grenzüberschreitende Pendler
Aus- und Weiterbildung	Personenströme von • Kindergartenkindern • Schülern • Teilnehmern von Angeboten der Erwachsenenbildung sowie • Lehrkräften
Wirtschaft, Handel und Finanzen	• Wert der grenzüberschreitend gehandelten Waren (Import/Export) • Direktinvestitionen aus dem Nachbarland • Umfang von Handwerkerleistungen im bzw. aus dem Nachbarland • Anteil von Kunden aus dem Nachbarland
Gesundheit und Pflege	grenzüberschreitende Ströme von • Ärzten • medizinischem Personal und Pflegepersonal • Auszubildenden im medizinischen Bereich • Patienten, insbesondere auch Pflegebedürftigen

Verflechtungsbereiche	Indikatoren
Verkehr	• Menge an Personen und Gütern, die die Grenze überqueren • Quelle und Ziel ihrer Wege
Tourismus, Sport, Kultur und Religion	• Übernachtungszahlen • Nutzer von Sportangeboten • Ströme an Besuchern und Mitarbeitern im Kulturbereich • Ströme von Gläubigen, grenzüberschreitende Tätigkeiten von Geistlichen, gemeinsame Gottesdienste und Feste
Politik, Verwaltung und Medien	• Gemeinde- und andere Partnerschaften • gemeinsamen Sitzungen von Entscheidungsgremien • Projekte und Initiativen zur Verwaltungszusammenarbeit • mediale Angebote über das Nachbarland, Vertriebsstellen im Nachbarland und Auflagenstärke medialer Angebote aus dem Nachbarland, darunter (zweisprachige) Zeitungen, Magazine, Sendungen, Internetseiten
Technische Infrastruktur	• grenzüberschreitenden Infrastruktur zur Wasserver- und -entsorgung, Stromversorgung sowie im Bereich Telekommunikation und Internet
Öffentliche Sicherheit, Katastrophenschutz und Naturschutz	• gemeinsame Einsätze von Katastrophenschutz, Feuerwehr, Rettungswesen, Polizei • Straftaten von Tatverdächtigen aus dem Nachbarland • institutionelle Zusammenarbeit und Abstimmung im Bereich des Umwelt- und Naturschutzes

Tabelle 1: Indikatorenset

Im Folgenden werden die beiden Verflechtungsbereiche Demographie / Wohnbevölkerung sowie Arbeitsmarkt exemplarisch anhand der Datenverfügbarkeit sowie des Informationsgehalts der recherchierten Informationen und Daten für die Identifizierung grenzüberschreitender Verflechtungen anhand von Beispielen in den fünf betrachteten Grenzregionen dargestellt.

Im Verflechtungsbereich **Demographie / Wohnbevölkerung** lassen sich mehrere der genannten Probleme bei der Datenverfügbarkeit zeigen. Daten zu grenznahen Umzügen lagen in keiner der untersuchten Regionen vor. Zu Wohnsitzen von Ausländern aus den Nachbarstaaten existieren heterogene Daten. In Baden-Württemberg liegen beispielsweise Daten zu Wohnsitzen von Ausländern nach Herkunftsland auf Landkreisebene vor.

Abbildung 2 zeigt die Anzahl von Ausländern mit französischer Staatsangehörigkeit in Baden-Württemberg nach Landkreisen im Jahr 2007. Diese Karte verdeutlicht, dass der Anteil an Ausländern mit französischer Staatsangehörigkeit vorrangig von zwei Variablen abhängig ist: zum einen

Ausländer französischer Staatsangehörigkeit in Baden-Württemberg

(Anzahl Personen nach Kreisen, Stand 31.12.2007)

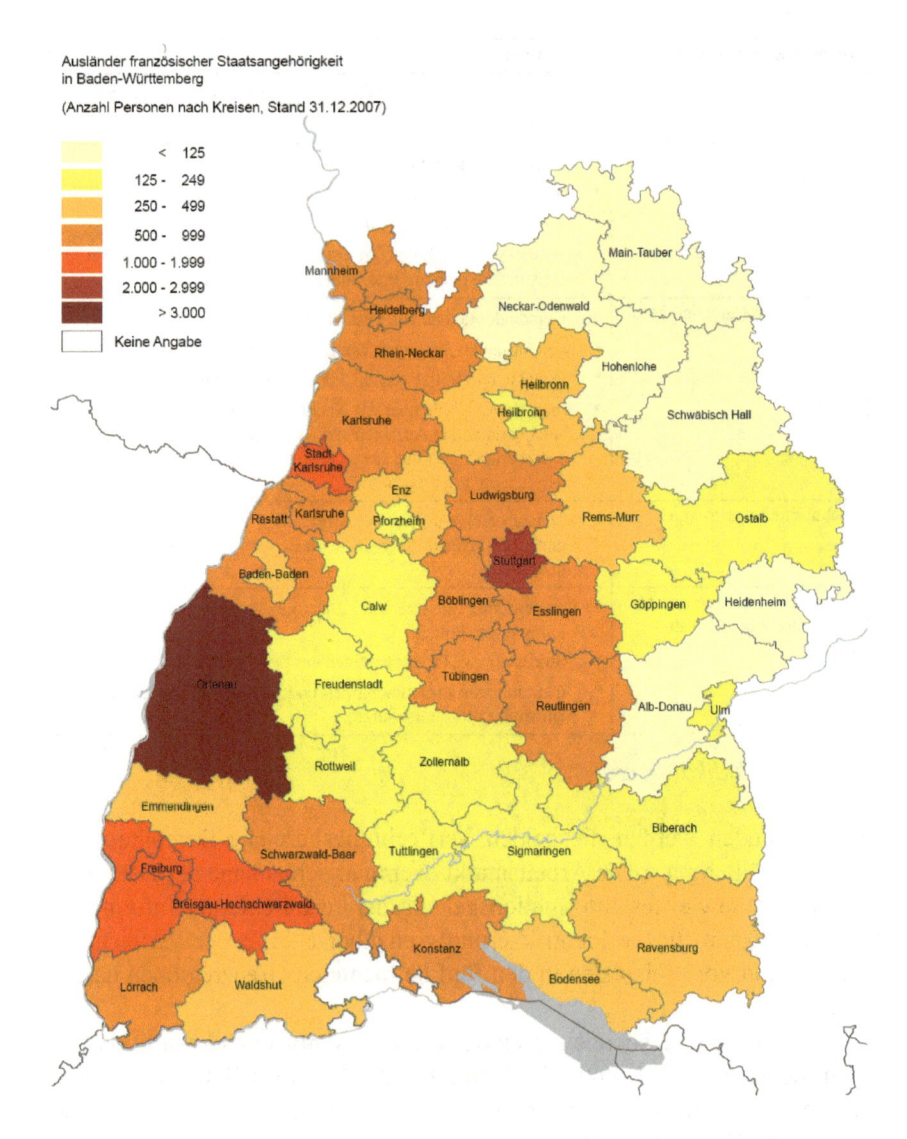

- < 125
- 125 - 249
- 250 - 499
- 500 - 999
- 1.000 - 1.999
- 2.000 - 2.999
- > 3.000
- Keine Angabe

Abbildung 2: Ausländer französischer Staatsangehörigkeit in Baden-Württemberg, Anzahl Personen nach Landkreisen, Stand 31.12.2007, Darstellung: Wiechmann/Knippschild/Roth (2009), Datenquelle: Statistisches Landesamt Baden-Württemberg, Kartografie: AGL

die Nähe zu den Verdichtungsräumen (Stuttgart, Karlsruhe) – was allerdings durch die Verwendung absoluter Werte auch naheliegend ist – und

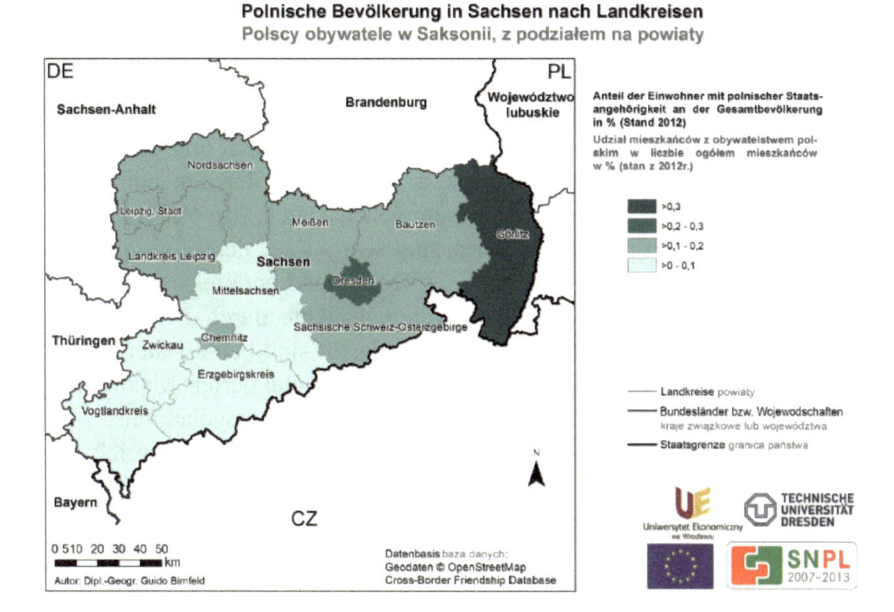

Abbildung 3: Polnische Bevölkerung in Sachsen, Stand 2012, Darstellung: Borys/Knippschild (Hrsg.) (2014), Datenquelle: Statistisches Landesamt des Freistaates Sachsen, Kartographie: Guido Birnfeld

zum anderen die Nähe zur französischen Landesgrenze. Hier tritt die Verflechtung der grenznahen Landkreise mit dem Nachbarland deutlich hervor. Die Anzahl französischer Staatsangehöriger im Ortenaukreis ist mit über 3.600 durchaus beachtlich, während deren Zahl in grenzferneren Landkreisen deutlich abnimmt (Hohenlohekreis: 54).

Eine ähnliche Situation lässt sich im sächsisch-polnischen Grenzraum beobachten. Abbildung 3 zeigt den Anteil polnischer Staatsbürger in den Landkreisen und kreisfreien Städten Sachsens an der Gesamtbevölkerung im Jahr 2012. Der Landkreis Görlitz verfügt erkennbar über den höchsten Anteil polnischer Einwohner, mit großem Abstand gefolgt von der Stadt Dresden. Während im sächsischen Untersuchungsraum auf das Ausländerzentralregister des Statistischen Landesamts zurückgegriffen werden konnte, das die polnische Bevölkerung in den einzelnen Landkreisen nach Alter und Geschlecht differenziert darstellt, steht eine vergleichbare Quelle für Recherchen im polnischen Raum nicht zur Verfügung. Folglich sind Angaben zu Zuzügen aus dem und Wegzügen ins Nachbarland nur in Bezug auf die deutschen Landkreise des Untersuchungsgebiets vorhanden und in der Cross-border Friendship Database, die gemeinsam durch statistische Institutionen aus Deutschland, Polen und Tschechien erstellt und gepflegt wird, einsehbar. Eine Aufschlüsselung gemäß Nationalität der Migranten erfolgt dabei nicht. Deutsch-polnische Eheschließungen werden im Freistaat Sachsen vom Statistischen Landesamt erfasst und können für die einzelnen sächsischen Landkreise angegeben werden. Im polnischen Untersuchungsraum liegen keine gesammelten Daten vor. Bezüglich der Kinder aus deutsch-polnischen Ehen sind sowohl auf deutscher als auch auf polnischer Seite keine Daten für die Kreise und Landkreise vorhanden. Darüber hinaus sollten Haus- und Wohnungskäufe durch Personen aus dem Nachbarland ermittelt werden. Auch hierfür sind keine Daten in statistischen Quellen verfügbar. Ein Großteil der kontaktierten Makler verweigerte jegliche Auskunft mit Hinweis auf das Geschäftsgeheimnis.

Vergleichsweise gut stellt sich die Datenverfügbarkeit im Bereich **Arbeitsmarkt** dar. In allen untersuchten Regionen waren Daten zu Grenzpendlern o. ä. verfügbar. Jedoch fehlt auch hier eine vergleichbare Methodik und Datenerhebung.

Abbildung 4 zeigt die räumlichen Ausprägungen der Grenzpendlerverflechtungen in der Bodenseeregion. Erfasst sind hier die Einpendler in die Schweiz und nach Liechtenstein sowie die Auspendler aus Deutschland und Österreich. Erkennbar sind zum einen kleinräumige Verflechtungen, die eine Betrachtung auf Gemeindeebene sinnvoll erscheinen lassen. Zum anderen fällt auf, dass die Auspendler aus dem grenznahen Raum kommen und dass der Bodensee eine deutliche Trennwirkung für Grenzpendler hat.

Abbildung 5 stellt die absolute Zahl beschäftigter polnischer Staatsbürger in den sächsischen Landkreisen mit Wohnsitz im Ausland (d. h. nicht zwangsläufig in Polen) dar. Diese Daten erlauben Rückschlüsse auf das Pendelverhalten, wobei sie zur Pendelfrequenz keine Aussagen beinhalten. Der Landkreis Görlitz als Grenzraum fällt hier besonders stark ins Auge, es folgen die Stadt Leipzig und der Landkreis Bautzen. Bezüglich der Verfügbarkeit vergleichbarer Daten fällt eine starke Asymmetrie auf deutscher und polnischer Seite auf. In Deutschland verfügt die Bundesagentur für Arbeit über Daten sozialversicherungspflichtig Beschäftigter nach Arbeitsort auf Kreisebene. Von diesen Beschäftigten sind auch Staatsbürgerschaft, Wohnort (auch im Ausland) und der Wirtschaftssektor, in dem sie tätig sind, bekannt, und dies im Verlauf mehrerer Jahre. Die Daten liefern jedoch außerdem keine Aussagen zur Pendelfrequenz und zum genauen Wohnort in Polen. Auf polnischer Seite ist eine Datengrundlage praktisch

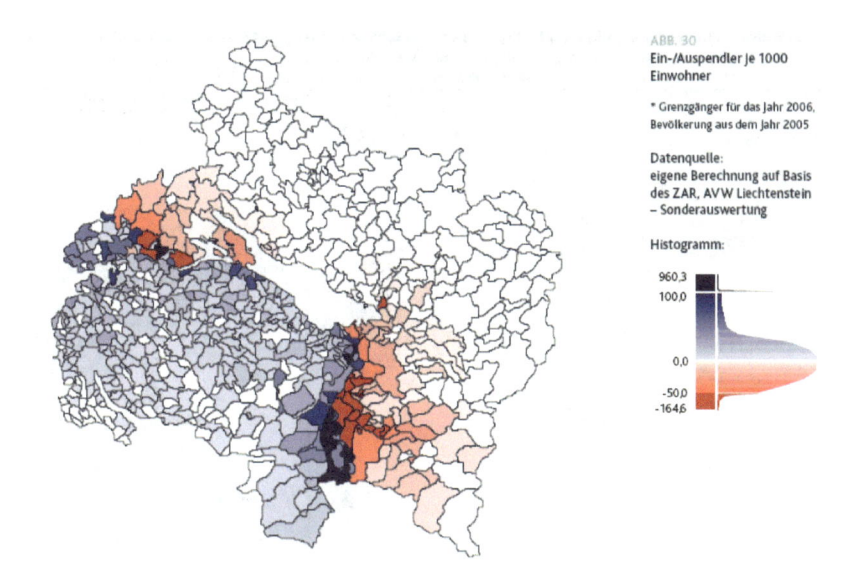

Abbildung 4: Einpendler in die Schweiz und nach Liechtenstein sowie Auspendler aus Deutschland und Österreich in der Bodenseeregion, Quelle: translake GmbH 2008

nicht vorhanden. Die Arbeitsämter erfassen lediglich Arbeitslose, jedoch keine Arbeitnehmer.

Die Verfügbarkeit an vergleichbaren Daten auf Gemeinde- oder NUTS 3-Ebene in den untersuchten Grenzräumen erwies sich insgesamt als außerordentlich schwierig und lückenhaft. Zwar existieren in allen untersuchten Grenzräumen grenzüberschreitende Statistikplattformen beziehungsweise Informationssysteme (Statistikplattform Bodensee, Geoportal DACH+, Geographisches Informationssystem für das Gebiet des Oberrheins GISOR, Statistikportal der Großregion, Euregionaler Informations-Service Euregio Maas-Rhein, Cross-Border Friendship Database für den Grenzraum Sachsen-Polen-Tschechische Republik und Bayern), jedoch enthalten diese kaum Daten und Informationen zu dynamischen grenzüberschreitenden Verflechtungen und Strömen. Die Statistikplattformen und Informationssysteme basieren weitgehend auf den amtlichen nationalen Statistiken, die wiederum strukturdatengeprägt und nicht hinreichend auf die Belange der grenzüberschreitenden Verflechtungsräume ausgerichtet sind.

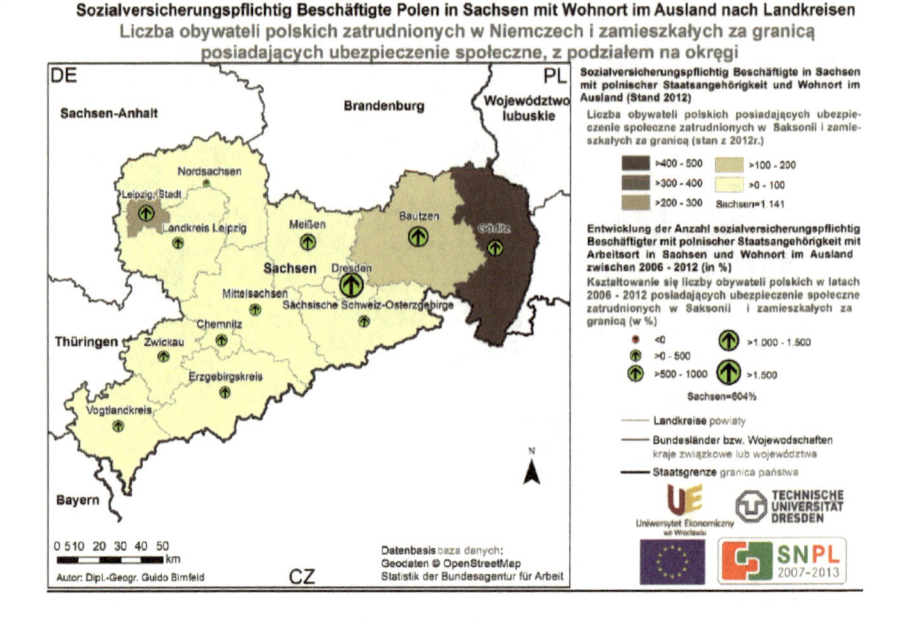

Abbildung 5: Sozialversicherungspflichtig beschäftigte polnische Staatsbürger in Sachsen mit Wohnsitz im Ausland, Stand 2012, Darstellung: Borys/Knippschild (Hrsg.) (2014), Datenquelle: Statistik der Bundesagentur für Arbeit, Kartographie: Guido Birnfeld

Des Weiteren existieren zahlreiche Untersuchungen, Projekte und Initiativen, im Rahmen derer Informationen und Daten über grenzüberschreitende Verflechtungen erhoben und untersucht wurden. Jedoch handelt es sich hierbei meistens um teilräumliche und wenig vergleichbare Betrachtungen. Nicht vollständig für die Untersuchungsräume vorliegende Informationen und Daten können kaum für die räumliche Abgrenzung und Definition der grenzüberschreitenden Verflechtungsräume genutzt werden. Viele der vorhandenen Informationen und Daten zu grenzüberschreitenden Verflechtungen sind außerdem einmalige Untersuchungen, die nicht fortgeschrieben oder aktualisiert wurden.

Weitere Gründe für Wissenslücken zu grenzüberschreitenden Verflechtungen sind auch im Datenschutz – insbesondere bei der Verarbeitung kleinräumiger Daten auf Gemeindeebene – oder in der Geheimhaltung unternehmerischer Daten zu suchen.

Zusammenfassend bestehen Probleme insbesondere mit
- der allgemeinen Verfügbarkeit an Daten und Informationen zu den einzelnen Indikatoren,
- einer mangelhaften Vergleichbarkeit aufgrund unterschiedlicher Messgrößen in den betreffenden Nationalstaaten bzw. Regionen,
- einer zu geringen räumlichen Auflösung, die keine kleinräumigen Einschätzungen zur Reichweite von Verflechtungen zulassen,
- meist nur punktuell und nicht flächendeckend vorhandenen Untersuchungen sowie
- wenig kontinuierlichen Erhebungen und Untersuchungen mit mangelnder Aktualität.

Um Daten zu grenzüberschreitenden Verflechtungen unterhalb der NUTS 3-Ebene zu erhalten, müssten Erhebungen durchgeführt werden, da diese Ebene durch statistische Daten bisher nicht abgedeckt ist. Hieraus resultiert generell ein erheblicher Aufwand zur Erhebung und Pflege vergleichbarer Daten zu grenzüberschreitenden Verflechtungen.

III. Schlussfolgerungen und Empfehlungen

Aufgrund der Defizite in der Quantität und Qualität der gegenwärtig verfügbaren Daten konnte zum Zeitpunkt der Untersuchung keine belastbare raumfunktionale Abgrenzung der fünf betrachteten grenzüberschreitenden Räume erfolgen. Hierzu waren die vorhandenen Daten zu lückenhaft, zu selten vergleichbar, beziehungsweise die vorhandenen Daten lagen nicht kleinräumig genug vor.

Laut der EVTZ-Verordnung hat der EVTZ zum Ziel, die grenzüberschreitende, transnationale oder interregionale Zusammenarbeit zwischen seinen Mitgliedern zu erleichtern und zu fördern, womit der wirtschaftliche, soziale und territoriale Zusammenhalt in der Union gestärkt werden soll (Art. 1 Abs. 2 EVTZ-VO). Um insbesondere den territorialen Zusammenhalt zu stärken, ist Wissen zu räumlichen Verflechtungen erforderlich. Nur anhand konkreter und verlässlicher Informationen zu grenzüberschreitenden Verflechtungen ist eine funktionale Abgrenzung von Grenzregionen denkbar. Eine solche funktionale Abgrenzung ist jedoch Voraussetzung für eine Politik, die grenzüberschreitende Verflechtungsräume als zentrales Handlungsfeld wahrnimmt und den spezifischen Potenzialen und Herausforderungen dieser Räume auch spezifische Fördermaßnahmen und rechtliche Instrumente gegenübergestellt. Hierzu zählen der EVTZ sowie Programme zur territorialen Zusammenarbeit der Europäischen Regionalpolitik.

Alternativ bietet sich eine Abgrenzung von EVTZ anhand der lebensweltlichen Erfahrung der Bevölkerung in den Grenzstädten und -regionen an. Der tatsächliche Aktivitätsradius der Bevölkerung orientiert auf lokale und regionale Zusammenhänge. Die Untersuchungen haben deutlich gemacht, dass im Bereich der Grenzpendler oder der Wohnbevölkerung aus dem benachbarten Ausland kleinräumige, grenznahe Verflechtungen vorherrschen. Auch hier ist die Datenlage lückenhaft, jedoch aufgrund der Kleinräumigkeit einfacher herzustellen. Dementsprechende Regionsabgrenzungen entsprächen der räumlichen Maßstabsebene der Euroregionen oder Eurodistrikte. Betrachtet man die Gebietsabgrenzungen der vier Untersuchungsräume im Rahmen des MORO-Projektes, so wird nicht nur deutlich wie unterschiedlich, sondern auch wie weiträumig diese sind, etwa im Vergleich zum Bundesland Baden-Württemberg (siehe Abbildung 1). In einem solchen Zuschnitt sind lebensweltliche Verflechtungen – zumal grenzüberschreitend – nur in Teilgebieten vorzufinden.

Des Weiteren ist festzuhalten, dass grenzüberschreitende Verflechtungsräume bei der gegebenen schwachen Datenlage über gemeinsame Kooperationsinteressen und Identifikationsobjekte definiert werden sollten. Dies ist im grenzüberschreitenden Kontext mit aufwändigen und kontinuierlich fortzuführenden Abstimmungsprozessen verbunden. Gemeinsame Kooperationsinteressen können dabei nicht nur aus raumstrukturellen Verflechtungen entstehen, sondern auch aus gemeinsamen Stärken oder Schwächen und strukturellen Ähnlichkeiten. Als Identifikationsobjekte kommen insbesondere auch historische oder naturräumliche Gegebenheiten in Frage, wie beispielsweise die Regionen Bodensee und Oberrhein mit ihren grenzüberschreitenden Institutionen (Bodenseekonferenz, Oberrheinkonferenz) belegen. Letztlich handelt es sich bei der Frage der territorialen Abgrenzung der grenzüberschreitenden Verflechtungsräume dann nicht um eine raumanalytische, sondern um eine politische Frage.

Jedoch ist eine Abgrenzung von EVTZ oder anderen institutionellen Arrangements in Grenzräumen, die nicht auf verlässlichen Informationen zu grenzüberschreitenden wirtschaftlichen und lebensweltlichen Verflechtungen beruht, kritisch zu betrachten. In einem solchen Fall droht etwa ein EVTZ zu einer Institution „auf Vorrat" zu werden, die nicht durch hinreichend intensive Verflechtungen oder grenzüberschreitende Initiativen mit Leben gefüllt werden kann. Die Bedeutung und letztendlich die Akzeptanz der Einrichtung bei politischen Entscheidungsträgern und in der Bevölkerung bleiben beschränkt; dies bedroht deren Erfolg und langfristige Existenz.

Im Rahmen der dargestellten Untersuchungen ist deutlich geworden, dass kleinräumige Betrachtungsweisen sinnvoll und notwendig sind. Um den Wissensstand zu den grenzüberschreitenden Verflechtungsräumen zu erhöhen und die Zugänglichkeit zum vorhandenen Wissen zu verbessern, wird empfohlen, mit Hilfe der vorhandenen Statistikplattformen und Informationssysteme ein grenzüberschreitendes Informationsmanagement in den grenzüberschreitenden Verflechtungsräumen aufzubauen. Das hergeleitete und in den Regionen abgestimmte Indikatorenset bietet hierbei die Chance, bei der Erhebung von Daten sowie beim Ausbau der vorhandenen grenzüberschreitenden Statistikplattformen und Informationssysteme in Zukunft stärker grenzüberschreitende Verflechtungen zu berücksichtigen. Die zahlreichen vorhandenen und wertvollen Untersuchungen und Studien im Rahmen grenzüberschreitender Projekte und Initiativen einschließlich der enthaltenen Informationen zu grenzüberschreitenden Verflechtungen und Entwicklungspotenzialen sind momentan nur schwer auffindbar und könnten somit besser zugänglich gemacht werden. Ein solches Informationsmanagement könnte die bestehenden Plattformen und Systeme aufwerten, den grenzüberschreitenden Wissenstransfer unterstützen und die identifizierten Schwächen bei der Datenverfügbarkeit abmildern. Ein gut funktionierender Wissens- und Informationstransfer ist die Voraussetzung für eine funktional motivierte Abgrenzung von EVTZ. Ein erster Schritt wäre die Erweiterung der vorhandenen Statistikplattformen und Informationssysteme um einen übersichtlichen Downloadbereich mit relevanten Dokumenten.

Der Unterstützung des grenzüberschreitenden Wissenstransfers zwischen den Regionen sowie zum Austausch beim Aufbau vergleichbarer Datenbasen könnte auch eine europaweite Vernetzung der europäischen Grenzregionen dienlich sein. Hierzu können beispielsweise die europäischen Programme zur transnationalen (Interreg V B) und interregionalen Zusammenarbeit (Interreg Europe) sowie das ESPON 2020-Programm genutzt werden. Die Arbeitsgemeinschaft Europäischer Grenzregionen (AGEG) sowie die französische Mission Opérationnelle Transfrontalière (MOT) kämen als unterstützende Einrichtungen in Frage.

Auch nach mittlerweile 60 Jahren grenzüberschreitender Kooperation an den Außengrenzen Deutschlands ist das vorhandene Wissen über die Verflechtungen der Regionen beiderseits der nationalen Grenzen überaus lückenhaft. Der Aufbau einer laufenden Raumbeobachtung, wie sie Bund und Länder in Deutschland eingerichtet haben, ist bislang nicht gelungen. Eine Studie zur Integration der Nachbarländer Deutschlands in das System der deutschen Raumbeobachtung befindet sich momentan in Bearbeitung. Ziel ist die Bestimmung des thematischen Umfangs sowie die Erarbeitung eines Daten- und Indikatorenmodells für ein grenzübergreifendes Raumbeobachtungssystems[4]. Jedoch werden auch bilaterale Verständigungen angesichts der Vielzahl an nationalen Grenzen in Europa das Problem nicht lösen. Gerade nachbarreiche Staaten wie Deutschland und Frankreich sind in dieser Frage auf eine integrierte europäische Lösung angewiesen. Langfristiges Ziel muss der Ausbau europaweit kompatibler Geodateninfrastrukturen auf dem Gebiet der grenzüberschreitenden Regionalentwicklung sein.

Hier bietet neben ESPON auch die Initiative ‚Infrastructure for Spatial Information in the European Community' (INSPIRE) einen interessanten Ansatzpunkt. INSPIRE wurde von der EU Kommission initiiert mit dem Ziel, räumliche Informationen aus den Behörden der Mitgliedstaaten unter einheitlichen Bedingungen EU-Gremien, Bürgern, Wirtschaft und Wissenschaft zugänglich zu machen. Die entsprechende Richtlinie 2007/2/EG[5] trat 2007 in Kraft und verpflichtet die Mitgliedsstaaten, stufenweise Geobasisdaten bereitzustellen. Geodaten des Bundes, der Länder sowie der Kommunen sollen künftig nach den Vorgaben von INSPIRE interoperabel verfügbar sein. Allerdings beschränkt sich diese Verpflichtung auf bereits vorhandene und in digitaler Form vorliegende Geodaten.

Zwar fokussiert INSPIRE zunächst auf relevante Themen der gemeinschaftlichen Umweltpolitik der EU wie z. B. Verkehrs- und Gewässernetze sowie Schutzgebiete. Erfasst werden sollen aber auch unter anderem Geoinformationen zu Gebäuden, Bodennutzung, Gesundheit und Sicherheit, Produktions- und Industrieanlagen sowie zur Demographie. INSPIRE ist aber von Beginn an so angelegt, dass weitere Themenbereiche und Politikfelder schrittweise integriert werden können. Für die Raumentwicklung könnte sich damit die Chance bieten, die offensichtlichen Informationsdefizite im Gebiet der grenzüberschreitenden Zusammenarbeit in Europa substanziell zu verringern.

---

4 *Bundesinstitut für Bauwesen und Raumordnung* (BBSR) 2016.
5 Richtlinie 2007/2/EG des Europäischen Parlaments und des Rates vom 14. März 2007 zur Schaffung einer Geodateninfrastruktur in der Europäischen Gemeinschaft (INSPIRE) (ABl. L 108 vom 25.4.2007, S. 1-14).

Abstract

The extent of the territory in which the EGTC may execute its tasks is to be defined in an EGTC agreement. So far, the territorial delineation of EGTC – as well as other cross-border institutions like Euroregions or the areas of INTERREG programmes– are following existing administrative delineations and political decisions. In many cases, this leads on to spatial asymmetries of such institutions. European policy documents postulate a more functionally motivated delineation of cooperation areas. Such functional delineation requires sound evidence on the intensity of cross-border interrelations and their spatial extent in the hinterland of the borders.

Studies in various borderlands along the borders of Germany have shown that the available data on cross-border interrelations are highly fragmented. There are deficits both in quantity and quality of the available information. Although many border regions maintain statistical cross-border platforms or databases, most of them focus on structural static data and do not provide dynamic data in regard to cross-border flows. In many regions, cross-border flows of commuters are well investigated. However, there is no common methodology and as a result the pieces of information between different border regions are hardly comparable. Lacking comparability also concerns cross-border data due to different parameters and indicators in the respective national or regional statistics. Other problems being observed include poor topicality and the lacking periodicity of data, insufficient territorial coverage and resolution, as well as poor reliability.

A reliable functional delineation on the bases on dynamic data was possible in none of the investigated border regions. Alternative delineations must rely on common cooperation interests and objects of identification. Successful cross-border cooperation institutions should be based on real socio-economic interrelations, though. Therefore, existing statistical platforms or databases should be expanded and action should be taken to build up regular monitoring systems providing comparable, topical, area-wide and reliable data on cross-border flows.

Literaturverzeichnis

Borys, Tadeusz/Knippschild, Robert (Hrsg.), Lebensqualität im Grenzraum - Stärkung grenzüberschreitender Verflechtungen für eine nachhaltige Regionalentwicklung und –planung. Jelenia Góra 2014.

Bundesinstitut für Bau-, Stadt- und Raumforschung (BBSR), MORO „Raumbeobachtung Deutschland und angrenzende Regionen". In: Informationen aus der Forschung des BBSR Nr. 2 / April 2016. Seite 12.

Committee of the Regions (CoR), The improvement of the implementation of the Territorial Agenda of the European Union 2020. Opinion adopted by the commission on 2 March 2015. Brussels.

European Commission (EC): Green Paper on Territorial Cohesion: Turning territorial diversity into strength.Brussels 2008.

Knippschild, Robert, Cross-border Spatial Planning: Understanding, Designing and Managing Cooperation Processes in the German-Polish-Czech Borderland. In: European Planning Studies 2011, 19(04), S. 629-645.

Territorial Agenda of the European Union 2020 (TAEU): Towards an Inclusive, Smart and Sustainable Europe of Diverse Regions, agreed at the Informal Ministerial Meeting of Ministers responsible for Spatial Planning and Territorial Development, 2011, Gödöllő, Hungary.

translake GmbH, Mobilität in der Regio Bodensee. Herausgegeben im Rahmen des Projektes Statistisches Arbeitsmarktmonitoring im Auftrag der EURES-Grenzpartnerschaft Bodensee. Bregenz, St. Gallen 2008.

Wiechmann, Thorsten/Knippschild, Robert/Roth, Hélène, Definition und Abgrenzung grenzüberschreitender Verflechtungsräume - Analysen zu Verflechtungsindikatoren und Datenverfügbarkeit in vier Grenzräumen. Vorstudie im Rahmen des Modellvorhabens der Raumordnung (MORO) Forschungsfeld „Überregionale Partnerschaften in grenzüberschreitenden Verflechtungsräumen". Dresden 2009.

Teil 5: Ausgewählte Handlungsfelder eines EVTZ

„Interregional Alliance for the Rhine-Alpine Corridor" – Ein EVTZ für die gemeinsame Entwicklung eines EU-Verkehrskorridors

Jörg Saalbach, Silke Böhringer[1]

I. Der Rhein-Alpen-Korridor: Herausforderungen für die Regionalentwicklung

Wie können grenzüberschreitende und transnationale Kooperationen bei der großräumigen Regionalentwicklung gestaltet werden? Diese Frage soll am Beispiel eines konkreten Verkehrskorridors behandelt und Lösungswege aufgezeigt werden. Hierzu wurde der Rhein-Alpen-Korridor als geeigneter Beispielraum ausgewählt, in dem Fragen der Regional- und Siedlungsentwicklung und der Verkehrsplanung in besonderem Maße zusammentreffen.

1. Charakteristika des Rhein-Alpen-Korridors

Dieser europäisch sehr bedeutsame Korridor folgt im Wesentlichen dem Verlauf des Rheins vom Rheinknie bei Basel bis zu seiner Mündung in die Nordsee; er verläuft dabei weiter südlich durch die Schweizer Alpen und erreicht das Mittelmeer bei Genua. Der Korridor verbindet somit die Nordseehäfen (Rotterdam/Antwerpen/Zeebrugge) mit dem Mittelmeer (Genua/Savona/La Spezia). Dieser Korridor ist auch historisch betrachtet seit langem ein zentraler Transportkorridor in Europa. Der Korridor verläuft durch sechs europäische Länder, davon ein Nicht-EU-Mitgliedstaat, was alleine schon zu komplexen Planungs- und Entscheidungssituationen führt. In seinem Verlauf durchquert der Korridor auch zahlreiche Länder, Regionen und Provinzen, was in der Folge dazu führt, dass Staatsgrenzen überschritten werden; hiermit sind oftmals auch Probleme bezüglich der technischen Interoperabilität und Zollfragen verbunden.

---

1 Verband Region Rhein-Neckar, Mannheim.

Der Rhein-Alpen-Korridor ist der bedeutendste Nord-Süd-Korridor in Europa. Er verläuft durch die wirtschaftsstärksten Räume Europas und dicht besiedelte Regionen. Der Verlauf umfasst weitgehend den als „Blaue Banane" bezeichneten Raum Europas.[2]

Die Bedeutung dieses europäischen Rückgrats für den Gütertransport wird dadurch deutlich, dass rund 50 Prozent des Schienengüterverkehrs der EU hier transportiert werden. Man geht weiterhin davon aus, dass jährlich eine Milliarde Tonnen Fracht im Rhein-Alpen-Korridor bewegt werden, was in etwa fünfzig Prozent der gesamten Nord-Süd-Fracht in Europa ausmacht; ein weiteres Anwachsen des Gütertransportvolumens wird vorausgesagt.

Dabei spielte besonders in der Vergangenheit die Rheinschifffahrt eine herausragende Rolle; sie stellt bis heute für die aktuellen Transportaufgaben einen wichtigen Faktor dar, was sich auch darin zeigt, dass die Rheinhäfen Duisburg, Köln und Mannheim/Ludwigshafen die mit Abstand größten Binnenhäfen Deutschlands sind.

Betrachtet man das prognostizierte Verkehrsaufkommen, gerade auch im Güterverkehr, kommen auf die grenzüberschreitenden europäischen Korridore erhebliche neue Transportaufgaben zu, die angesichts der räumlichen Lage gerade des Rhein-Alpen-Korridors schwer zu realisieren sein werden.

2. Der Rhein-Alpen-Korridor im Kontext der europäischen Verkehrspolitik

Die EU hat im Rahmen der neuen europäischen Verkehrspolitik für die sogenannten Kernnetzkorridore ambitiöse Ziele definiert, die bis zum Jahr 2030 erreicht werden sollen. Der Rhein-Alpen-Korridor ist dabei einer dieser neun Kernnetzkorridore. Zu diesen neuen Kernnetzkorridoren wurde noch ein ergänzendes Korridornetz festgelegt. Insgesamt plant die EU auf dem neuen Netz die Verwirklichung von festgelegten Ausbaustandards. Von Bedeutung ist zudem die für die Kernnetzkorridore vorgesehene Governance-Struktur. Pro Kernnetzkorridor ist ein Korridorforum etabliert worden, in dem die wesentlichen Stakeholder vertreten sind; außerdem wurde seitens der EU-Kommission pro Kernnetzkorridor ein Korri-

---

2 Vgl. *Faludi*, European Journal of Spatial Development 56 (2015).

dorkoordinator eingesetzt, der die Aktivitäten zur Entwicklung des jeweiligen Korridors bündeln und voranbringen soll.

Bei den Planungen für die Optimierung des Verkehrs in den Korridoren wird ein multimodaler Ansatz verfolgt, wobei auch die Knotenpunkte und die intermodalen Umschlagseinrichtungen (Güterverkehrszentren) einbezogen werden, die maßgeblich für einen effizienten Verkehrsfluss und entscheidend für die Hinterlandanbindung und Verteilung der Güterströme sind. Gerade im Falle des Rhein-Alpen-Korridors kommt den Binnenwasserstraßen und den zahlreichen Häfen mit ihren dort konzentrierten Logistikeinrichtungen, insbesondere dem Rhein als europäische Wasserstraße, eine wichtige Bedeutung zu.

3. Wichtige nationale Verkehrsprojekte im Korridorraum

Ende des Jahres 2016 wird der Gotthard-Basistunnel für den Verkehr frei gegeben, der im Rahmen der Neuen Eidgenössisch-Schweizerischen Eisenbahn-Alpentransversale (NEAT)[3] auf einer Länge von 57 Kilometern die Alpen durchquert. Er wird als reiner Eisenbahntunnel ebenerdig geführt (Flachbahn), was auch schweren Güterzügen die Nutzung dieser neuen Infrastruktur ermöglichen wird. Außerdem wurde bereits 2007 der Lötschberg-Basistunnel eröffnet, der ein weiteres wichtiges Projekt im Rahmen der NEAT darstellt und auf 34,6 Kilometern die Durchquerung der Alpen ermöglicht. Im Korridor Rotterdam – Genua werden somit dank der Schweizer Infrastrukturausbauten im Rahmen der NEAT mit einem Finanzvolumen von rund 30 Milliarden Euro neue Kapazitäten für den transnationalen Güterverkehr geschaffen, wodurch sich die Entwicklungsmöglichkeiten des Korridors erheblich verbessern werden. Allerdings mangelt es an den entsprechenden Infrastrukturausbauten nördlich und auch südlich der Alpen sowie weiteren Zubringerlinien in der Schweiz und der Eröffnung des Ceneri-Tunnels, um den gesamten Korridor vollends in Wert setzen zu können.

In diesem Zusammenhang ist auch auf die bereits erfolgte Realisierung der sogenannten Betuwe-Linie[4] in den Niederlanden hinzuweisen, die auf

---

3 Weitere Informationen zur NEAT unter http://www.bav.admin.ch/alptransit/01271/index.html?lang=de (02.05.2016).
4 Weitere Information zur Betuwe-Linie unter http://www.uni-muenster.de/NiederlandeNet/nl-wissen/wirtschaft/vertiefung/betuweroute/index.html (02.05.2016).

160 Kilometern von Rotterdam bis zur niederländisch-deutschen Grenze bei Emmerich als ausschließlich für den Güterverkehr konzipierte Neubaustrecke in Betrieb ist und den Druck auf den Korridor somit auch von Norden her verstärkt. Erschwerend kommt hier hinzu, dass die Fortsetzung dieser schnellen Güterverkehrsstrecke der Niederlande ab der niederländisch-deutschen Grenze keine Fortsetzung findet, da hier die erforderlichen Infrastrukturausbauten noch nicht erfolgt sind.

4. Ziele und Herausforderungen der koordinierten Regional- und Verkehrspolitik

Unbestritten ist sowohl auf EU-[5] als auch auf nationaler[6] Ebene das Ziel, dass zukünftig speziell der Güterverkehr verstärkt von der Straße auf die Schiene und die Wasserwege verlagert werden muss. Hierbei treten jedoch zahlreiche Konflikte auf, die die Siedlungsentwicklung, Verkehrsimmissionen (insbesondere Lärm) und konkurrierende Trassenansprüche betreffen, die bei grundsätzlich unzureichenden Schienenkapazitäten zwischen Güter- und Personenfernverkehr sowie auch dem Öffentlichen Schienenpersonennahverkehr vermehrt auftreten.

Es handelt sich also bei der beabsichtigten koordinierten Regionalentwicklung des Rhein-Alpen-Korridors um die Lösung komplexer Planungs- und Koordinationsaufgaben mit unterschiedlichen Planungsträgern und Betriebsweisen in mehreren Staaten mit unterschiedlichen gesetzlichen und technischen Rahmenbedingungen.

Es kommt daher darauf an, maßgebliche Stakeholder möglichst früh in die Planungsprozesse einzubeziehen. Zu diesen zählen neben den für die Netzinfrastruktur und den Betrieb zuständigen Verkehrsträgern auch die verladende Wirtschaft, die Logistikbranche und insbesondere die kommunalen und regionalen Gebietskörperschaften; nicht zuletzt muss auch die Zivilgesellschaft einbezogen werden.

---

5 *Europäische Kommission*, Weißbuch Fahrplan zu einem einheitlichen europäischen Verkehrsraum – Hin zu einemwettbewerbsorientierten und ressourcenschonenden Verkehrssystem http://eur-lex.europa.eu/LexUriServ/LexUriServ.do?uri=COM:2011:0144:FIN:DE:PDF (02.05.2016).

6 *Bundesministerium für Verkehr, Bau und Stadtentwicklung*, Aktionsplan Güterverkehr und Logistik, Berlin, 2010; http://www.bmvbs.de/cae/servlet/contentblob/61432/publicationFile/30825/aktionsplan-gueterverkehr-logistik.pdf (02.05.2016).

Erschwerend kommt weiter hinzu, dass unzureichende Finanzmittel für die Realisierung konkurrierender Verkehrsprojekte zur Verfügung stehen, und dass deshalb rationale und fundierte Entscheidungen für die Priorisierung der Projekte und den bestmöglichen Mitteleinsatz erforderlich sind. Addiert man alle Neu- und Ausbauprojekte entlang des Korridors ergibt sich eine Summe von rund 35 Milliarden Euro.[7] Angesichts der Kassenlage wird in Zukunft jedoch zunächst die Erhaltung des Bestands und dessen Verfügbarkeit sowie die Erhöhung der Kapazitäten speziell in den Verkehrsknoten, die zugleich die Zugänge zum Netz ermöglichen, die die wesentlichen Engpässe darstellen, im Vordergrund zu stehen haben. Auch die Erhöhung der Geschwindigkeiten kann an geeigneten Abschnitten zum Nutzen des Gesamtsystems beitragen, ist jedoch keineswegs als alleinige Maßnahme zur Optimierung geeignet.

Aus diesen Gründen ist die Betrachtung des Gesamtsystems nötig. Das heißt, dass nicht nur Linien und Achsen, sondern das Netz, nicht nur die Eisenbahninfrastruktur, sondern auch die Umschlagseinrichtungen wie Güterverkehrszentren, nicht nur die Bahn, sondern auch andere Verkehrsarten, insbesondere die Binnenschifffahrt, nicht nur Güter- sondern auch Personenfern- und –nahverkehr in die Überlegungen einbezogen werden müssen, da die Gefahr von Einschränkungen beim Regional- und Nahverkehr besteht.

Als weitere Rahmenbedingungen sind zu beachten, dass Engpässe, Lücken und Flaschenhälse die Leistungsfähigkeit des gesamten Korridors erheblich einschränken und infrastrukturelle sowie betriebliche Defizite die Funktion des Korridors limitieren. Beides hat negative Auswirkungen sowohl auf die ökonomische als auch auf die siedlungsstrukturelle und ökologische Entwicklung.

All dies stellt erhebliche Herausforderungen für die grenzüberschreitende und transnationale Regionalplanung und -entwicklung dar, gerade im Rhein-Alpen-Korridor angesichts der dortigen Siedlungsdichte und der Flächenrestriktionen sowie dem Erfordernis der Verminderung von Umweltbelastungen, insbesondere den Lärmemissionen.

---

7 Vgl. *Scholl*, S. 117.

II. Das INTERREG-Projekt CODE24: Regional-kommunale Zusammenarbeit für eine abgestimmte Korridorentwicklung

1. Genese des Projekts CODE24

Von den regionalen Planungsverbänden am Oberrhein wurde 2007 ein abgestimmtes Konzept zur Entwicklung des Schienenverkehrsnetzes gefordert. Die Zusammenarbeit mündete in ein gemeinsames Positionspapier.[8] Es setzt sich inhaltlich mit den Themen Harmonisierung und Koordinierung der nationalen Bedarfs- und Investitionspläne, Erhöhung der Planungssicherheit, Sicherung der Finanzierung, Beschleunigung der Planungszeiten, Bereitstellung der Finanzmittel, Verbesserung der Wahrnehmung nach außen, Bündelung und Koordinierung der Aktivitäten, Reduzierung des Güterverkehrslärms und Erfordernis der regelmäßigen und systematischen Lagebeurteilungen auseinander. Gefordert wurde darin auch der zeitgerechte Ausbau der Schienenprojekte am Oberrhein, der insbesondere im Hinblick auf die Vorleistungen der Schweiz mit dem Bau der neuen Alpenbasistunnel dringend erforderlich ist. Bei diesen Arbeiten reifte die Überzeugung, die o.g. Themen in einem gemeinsam getragenen Projekt anzugehen und hierfür auch weitere Partner entlang des Rhein-Alpen-Korridors einzubeziehen. Schließlich wurde das Ziel bekräftigt, hierfür einen Projektantrag zu formulieren, der aus EU-Mitteln gefördert werden sollte.

Vor diesem Hintergrund haben sich in einem Bottom-Up-Ansatz, insbesondere regionale Planungsträger im Rhein-Alpen-Korridor zusammengefunden, um die aus ihrer Perspektive relevanten Fragestellungen zu bearbeiten. Der unter den damals 15 europäischen Partnern abgestimmte Projektantrag wurde im Oktober 2009 als „strategische Initiative" beim zuständigen Sekretariat für das EU-Programm „INTERREG IV B Nordwesteuropa" eingereicht und bewilligt. Das als Projekttitel gewählte Akronym „CODE24" steht für den Kern des Projektes, nämlich COrridor DEvelopment für den Korridor Nr. 24, wie er seinerzeit in der EU-Verkehrspolitik noch benannt wurde.[9]

---

8 *Verband Region Rhein-Neckar.*
9 www.code-24.eu (02.05.2016).

Unter Federführung des Verbands Region Rhein-Neckar[10] haben sich letztlich insgesamt 18 Projektpartner[11] aus fünf europäischen Staaten zusammengefunden, die sich aus regionalen Planungsträgern und kommunalen Gebietskörperschaften, Hochschulen und Forschungseinrichtungen, Hafengesellschaften und privaten Ingenieurbüros zusammen setzen, um das Projekt zu realisieren.

2. Projektziele und -inhalte

„Ein Korridor – eine Strategie", so lautet kurz gefasst das Hauptergebnis des EU-geförderten Projekts zur koordinierten Entwicklung des Rhein-Alpen-Korridors.[12]

Das übergeordnete Ziel besteht darin, den Ausbau der gesamten Transversale und insbesondere der nördlichen und südlichen Zulaufstrecken zur Alpenquerung sicherzustellen und wenn möglich zu beschleunigen. Dabei gilt es, in allen Phasen die wirtschaftliche Leistungsfähigkeit gerade im Hinblick auf den Frachttransport und Logistiknetze zu steigern und gleichzeitig die negativen Auswirkungen auf Umwelt und Bevölkerung zu minimieren. Dies soll dazu führen, ein Verkehrs- und Lärmmanagement auf der Schiene zu etablieren, das sowohl der Entwicklung des Eisenbahnsystems als auch einer nachhaltigen Raumentwicklung Rechnung trägt.

Im Rahmen des Projekts sind grenzüberschreitend räumliche und zeitliche Übersichten für Ausbau und zukünftigen Betrieb ebenso wie für Siedlungs- und Raumentwicklung im Einzugsbereich der Trassen generiert und die damit verbundenen Zusammenhänge und Konsequenzen aufgezeigt worden. Grundlegend sind hierbei auch die räumlichen und betrieblichen Anforderungen der verschiedenen Akteure, die in einem liberalisierten Eisenbahnsystem immer bedeutsamer werden. Dazu gehören aus Sicht der Regionen Qualität und Quantität der für erforderlich gehaltenen Regionalverkehre, aus Sicht der Fracht- und Logistikunternehmen Anforderungen an die Betriebsqualität, Mengen und Routen des Güterverkehrs und schließlich Relationen und Quantitäten der Fernverkehre. Darauf basierend lassen sich die entscheidenden strategischen Räume entlang der Strecke herausarbeiten sowie Hemmnisse und Stärken darstellen.

---

10 Informationen zum Verband Region Rhein-Neckar, www.vrrn.de (02.05.2016).
11 Siehe Abb.1: Sitz der Projektpartner von CODE24.
12 *Saalbach,* European Railway Review 2 (2011), S. 34-37.

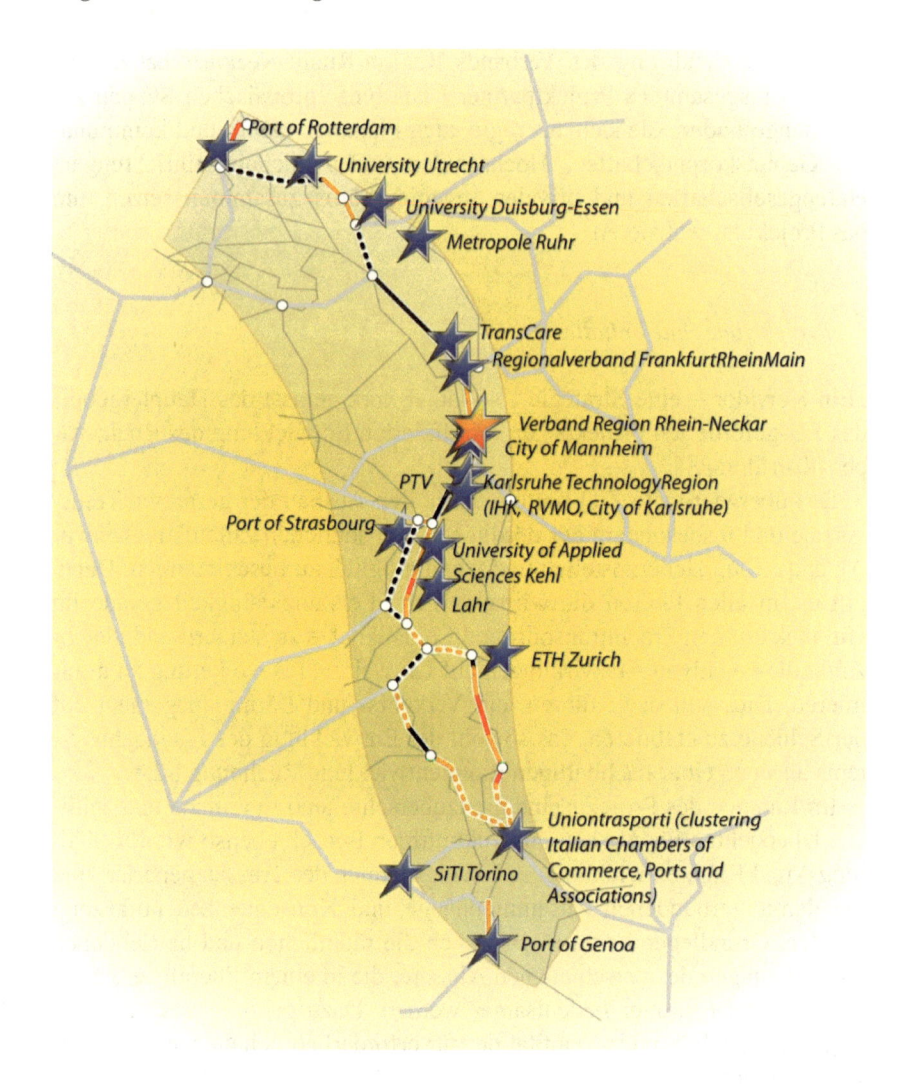

Abb. 1: Sitz der Projektpartner von CODE24 (Quelle CODE24 Broschüre)

Der Netzwerkcharakter eines solchen Projektes hilft, die entscheidenden Partner zusammenzubringen, Prozesse und gemeinsame Initiativen in Gang zu setzen. Das Projekt trägt zur besseren Vernetzung von Wirtschaftentwicklung, Verkehrs- und Raumplanung bei. Konkrete Investitionen in innovative Lösungen in den Bereichen Lärmschutz sowie Vernetzung und Abstimmung von Logistikeinrichtungen und regionalen Verkehrsangeboten sind vorbereitet worden. Hierbei kamen dank der Einbindung wissenschaftlicher Institute unter anderem problem- und anwendungsbezogene Planungswerkzeuge und Argumentationshilfen zum Einsatz.

Das Konsortium setzte das Projekt so um, dass in vier abgegrenzten Arbeitspaketen über fünf Jahre hinweg ein multidisziplinärer Ansatz verfolgt werden konnte. Für jedes der vier Arbeitspakete wurde jeweils ein verantwortlicher Partner aus dem Projektkonsortium eingesetzt (vgl. Abb. 2 Arbeitsstruktur für das Projekt CODE24).

Abb. 2: Arbeitsstruktur für das Projekt CODE24

Arbeitspakete		Verantwortliche
1	Koordinierte Raum- und Infrastrukturentwicklung	Prof. Dr. Bernd Scholl, ETH Zürich
2	Umwelt und Lärm	Birgit Simon, Erste Beigeordnete, Regionalverband FrankfurtRhein-Main
3	Gütertransport und Logistik	Prof. Dr. Hansjörg Drewello, Hochschule Kehl
4	Kommunikation und Akzeptanz	1. Bürgermeister Christian Specht, Stadt Mannheim

Quelle: eigene Darstellung

Als Projektträger („Lead Partner") des Gesamtprojektes CODE24 fungierte dabei der Verband Region Rhein-Neckar. Diese Funktion umfasst die Verantwortung für die korrekte Umsetzung des Projekts, auch in finanzieller Hinsicht. der Zuschussbescheid und der darauf basierende Vertrag werden zwischen dem Projektträger und der Programmverwaltungsbehörde geschlossen.

Ziel des Projekts war die Erarbeitung einer abgestimmten Entwicklungsstrategie für den Korridor. Dabei wurden in 20 Teilprojekten unterschiedliche Themenfelder bearbeitet. Diese reichen von der Entwicklung eines Internet basierten Korridor-Informationssystems, über die Untersuchung von Kompensationsmaßnahmen bei großen Infrastrukturprojekten, Analyse der Logistikcluster, der Flaschenhälse und der Hinterlandanbindung, sowie Maßnahmen der Öffentlichkeitsarbeit und der Partizipation sowie der zukünftigen Governance des Korridors. Bei der Diskussion und

Evaluation verschiedener Entwicklungsszenarien wurden auch neue Planungs- und Entscheidungsmethoden angewandt, wie insbesondere der computergestützte Analytical Network Process (ANP). Die Visualisierung der Auswirkungen der betrachteten Szenarien wurde in einem speziellen Laboratorium an der ETH Zürich ermöglicht.

Nicht zuletzt sind bei einer derartigen grenzüberschreitenden, interregionalen Zusammenarbeit in einem 1300 Kilometer langen Kooperationsraum mit 18 Partnern aus fünf Staaten auch die besonderen Herausforderungen beim Projektmanagement und der zum Gelingen des Unterfangens erforderlichen interkulturellen Kompetenzen zu betonen.

Bis zum Abschluss des EU-geförderten Projekts im März 2015 sind alle wesentlichen Vorhaben des Arbeitsplans realisiert worden.

Einen Überblick über die erzielten Resultate des Projekts CODE24 ist in der Broschüre „Wesentliche Ergebnisse" dargestellt, der als Download verfügbar ist.[13]

III. Kooperationsstruktur für die Zukunft: Institutionalisierte Zusammenarbeit in einem Europäischen Verbund für territoriale Zusammenarbeit (EVTZ)

1. Schaffung einer dauerhaften Folgeorganisation: EVTZ „Interregional Alliance for the Rhine-Alpine Corridor"

Es ist offenkundig, dass die zukünftig anstehenden Aufgaben und Herausforderungen im Rhein-Alpen-Korridor nicht im zeitlich begrenzten Rahmen eines Projekts abschließend wahrgenommen werden können. Vielmehr wird davon ausgegangen, dass die enge und bewährte Zusammenarbeit, die mit dem Projekt CODE24 begonnen wurde, darauf aufbauend erweitert und fortgesetzt werden muss.

Die geplante Schaffung einer nachhaltigen Organisationsform für die zukünftige Zusammenarbeit interessierter Partner war daher ein wichtiger Schritt, um in Zukunft die Interessen insbesondere der regionalen und kommunalen Ebene des Rhein-Alpen-Korridors gegenüber nationalen und europäischen Stellen sowie gegenüber den Infrastrukturträgern zu vertre-

---

13 www.code-24.eu (02.05.2016).

ten. Der zeitlich nahtlose Übergang stellt sicher, dass die bewährte Kooperation ohne Unterbrechung auch inhaltlich weiter fortgesetzt werden kann. Im Rahmen des INTERREG-Projekts CODE24 haben die Projektpartner daher auf Vorschlag des VRRN bereits bei der Projektantragstellung die Einrichtung eines Europäischen Verbunds für territoriale Zusammenarbeit (EVTZ) geplant. Ziel dieser Gründung ist es, möglichst nahtlos nach der Beendigung der Projektlaufzeit von CODE24 eine Kooperationsform zu schaffen, mit der die unbefristete Zusammenarbeit der Projektpartner sichergestellt werden kann. Dazu fiel nach dem Vergleich verschiedener in Frage kommender Rechtsformen die Entscheidung für die Gründung eines EVTZ. Diese europäische Rechtsform für die Zusammenarbeit öffentlich-rechtlicher Organisationen basiert auf einer EVTZ-VO[14] und stellt gerade bei einer Kooperationsgemeinschaft zwischen Partnern aus mehreren Staaten das am besten geeignete Instrument für transnationales Wirken dar. Zur Zeit der ersten Gründungsbestrebungen seitens der CODE24-Partner bestanden schon eine Reihe von EVTZ, die meisten davon betrafen konkrete Kooperationsvorhaben im grenznachbarschaftlichen Bereich, wie zum Beispiel die gemeinsame Trägerschaft eines Krankenhauses im spanisch-französischen Grenzraum oder auch die Einrichtung eines grenzüberschreitenden Sozialdienstes im spanisch-portugiesischen Grenzraum. Kein EVTZ war jedoch bis dato mit Sitz in Deutschland gegründet worden. So sollte der EVTZ Interregional Alliance for the Rhine-Alpine Corridor der erste "deutsche" EVTZ sein. Mit diesem Schritt wurde sowohl bei den Mitgliedern als auch bei an der EVTZ-Gründung beteiligten Genehmigungsbehörden spannendes Neuland betreten.

2. Gründungsverfahren

a. Zuständigkeit

Die Gründung eines EVTZ unterliegt der maßgeblichen EU-Verordnung sowie den entsprechenden Durchführungsverordnungen in den jeweiligen Mitgliedsstaaten. Der Bund selbst hat keine Durchführungs- oder Zuständigkeitsverordnung erlassen, insoweit liegt die Zuständigkeit für die Rege-

---

14 Verordnung (EU) Nr. 1302/2013 des Europäischen Parlaments und des Rates vom 17. Dezember 2013 zur Änderung der Verordnung (EG) Nr. 1082/2006 über den europäischen Verbund für territoriale Zusammenarbeit (EVTZ).

lung des Genehmigungsverfahrens und die Bestimmung der entsprechenden Genehmigungsbehörde des EVTZ im Sinne der Art. 4 Abs. 4 EVTZ-VO bei den Bundesländern. In Deutschland ist daher der „Mitgliedsstaat" in diesem Kontext gleichbedeutend mit dem jeweiligen Bundesland, in dem der Sitz des EVTZ liegt. Im Falle des EVTZ Interregional Alliance for the Rhine-Alpine Corridor mit Sitz in Mannheim ist dies das Land Baden-Württemberg.

In der entsprechenden Verwaltungsvorschrift des Landes Baden-Württemberg zur Ausführung der EVTZ-VO[15] wurde das Regierungspräsidium Freiburg als zuständige Genehmigungsbehörde benannt, das somit einerseits als Genehmigungsbehörde für die Gründung des EVTZ zuständig ist (im Folgenden: EVTZ-Genehmigungsbehörde) und andererseits auch die jeweiligen Genehmigungen für die Teilnahme der einzelnen baden-württembergischen Mitglieder am EVTZ erteilt.

b. Formale Bestandteile der Gründung

Zu den wichtigsten Formalien der Gründung zählt die Vereinbarung der Übereinkunft und der Satzung. Der VRRN hat im Rahmen seiner Rolle als Lead Partner von CODE24 sowie als verantwortlicher Projektpartner für das Arbeitspaket, in dem die Gründung des EVTZ vorbereitet werden sollte, Entwürfe für diese beiden Dokumente erarbeitet und mit den potenziellen Mitgliedern aus dem Kreise der bisherigen Projektpartner abgestimmt. Daraufhin wurden die Absichtserklärungen für eine Mitgliedschaft bei den potentiellen Mitgliedern eingeholt, die diese auf der Basis interner Beitrittsbeschlüsse und unter Zugrundelegung der abgestimmten Dokumente verabschiedet hatten. Ergänzend bedurfte das einzelne Mitglied unter Um-

---

15 Während der Gründungsphase zunächst: Gemeinsame Verwaltungsvorschrift des Wirtschaftsministeriums, des Staatsministeriums, des Innenministeriums, des Ministeriums für Kultus, Jugend und Sport, des Justizministeriums, des Finanzministeriums, des Ministeriums für Ernährung und Ländlichen Raum, des Ministeriums für Arbeit und Soziales, des Umweltministeriums und des Ministeriums für Wissenschaft, Forschung und Kunst zur Ausführung der Verordnung (EG) Nr. 1082/2006 des Europäischen Parlaments und des Rates vom 5. Juli 2006 über den Europäischen Verbund für territoriale Zusammenarbeit (EVTZ); bei Gründung: Verwaltungsvorschrift der Ministerien zur Ausführung der Verordnung des Europäischen Parlaments und des Rates über den Europäischen Verbund für territoriale Zusammenarbeit vom 25. März 2015.

ständen – je nach entsprechender gesetzlicher Regelung – noch einer Zustimmung seiner zuständigen Rechtsaufsicht zu dem gefassten internen Beitrittsbeschluss. Diese internen Beschlüsse der potentiellen Mitglieder sowie etwaige Genehmigungen der Rechtsaufsichtsbehörde waren Bestandteil der bei der EVTZ- Genehmigungsbehörde einzureichenden Antragsdokumente.

Daneben waren weitere Verfahrensschritte vonnöten, bevor schließlich zur formellen Gründung geschritten werden konnte. Vor allem war es erforderlich, dass jedes potenzielle Mitglied die Genehmigung seiner zuständigen Genehmigungsbehörde zur Teilnahme am EVTZ einholt, vgl. Art. 4 Abs. 3 EVTZ-VO. Mit Blick auf Deutschland lässt sich feststellen, dass die Genehmigungsbehörden – schon im Vergleich der einzelnen Bundesländer - auf unterschiedlicher Ebenen (Ministerium, nachgeordnete Behörden) bzw. in unterschiedlichen Ressorts angesiedelt sind. Hierdurch traten im Genehmigungsprozess und bei der späteren Genehmigungserteilung gewisse Unterschiede in der Vorgehensweise zutage.

Die vorgenannten Genehmigungsprozesse wurden von der Mehrzahl der potentiellen Mitglieder bereits ein Jahr vor offizieller Gründung, d.h. im Frühjahr 2014, auf den Weg gebracht.

c. Phase der Genehmigungserteilung

Um der beabsichtigten EVTZ-Gründung schon in der Phase der Wartezeit auf die ausstehenden Genehmigungen feierlich Ausdruck zu verleihen, wurde im Rahmen der 2. Internationalen Korridorkonferenz am 20. November 2014 in Mannheim, die zugleich auch die Abschlussveranstaltung des INTERREG-Projekts CODE24 war, eine gemeinsame Willenserklärung zur Gründung des EVTZ unterzeichnet. Diese wurde von folgenden vierzehn zukünftigen Mitgliedern unterschrieben, teils bisherige Projektpartner von CODE24, teils aber auch Partner aus weiteren Organisationen, die bei CODE24 nicht mitgewirkt hatten:

1. Port of Rotterdam Authority,
2. Provincie Gelderland,
3. Region Köln-Bonn e.V.,
4. Regionalverband FrankfurtRheinMain,
5. Verband Region Rhein-Neckar,
6. Stadt Mannheim,

7. Regionalverband Mittlerer Oberrhein,
8. TechnologieRegion Karlsruhe GbR,
9. Stadt Karlsruhe,
10. Stadt Lahr,
11. Regionalverband Südlicher Oberrhein,
12. Regione Piemonte,
13. Uniontrasporti SCARL.

Ungeachtet der Abschlussveranstaltung hatte man sich bereits vor Ablauf des Projekts im Konsortium von CODE24 dazu entschlossen, von der Möglichkeit der Projektverlängerung um weitere drei Monate Gebrauch zu machen. Dies wiederum ermöglichte dem EVTZ, mit der Gründung im April 2015 ohne zeitliche Lücke an das Projektende von CODE24 anzuknüpfen.

Im weiteren Verlauf des Genehmigungsprozesses hat sich gezeigt, dass einige Genehmigungsbehörden die gemäß EVTZ-VO vorgesehene Frist von sechs Monaten maximal ausgeschöpft oder – in einigen wenigen Fällen – durch Unterbrechungen im Sinne des Art. 4 Abs. 3 EVTZ-VO darüber hinaus erstreckt haben. So konnten zunächst nur zehn der oben genannten Mitglieder die Genehmigung zur Unterzeichnung als Gründungsmitglied rechtzeitig zur terminierten Gründungsveranstaltung erhalten und damit die erforderlichen Voraussetzungen bis zum Gründungstag erfüllen.

Sowohl im deutschen – föderalen – Kontext als auch bei den europäischen Partnern war festzustellen, dass die zuständigen Genehmigungsbehörden in aller Regel weitere fachlich berührte Ressorts in die Entscheidung eingebunden und die Genehmigung nur im Einvernehmen mit diesen erteilt haben, insbesondere wenn es die jeweilige Ausführungsverordnung entsprechend vorsieht. Insoweit sind neben den als zuständige Behörden genannten Stellen eine Vielzahl von weiteren Entscheidungsträgern eingebunden, was die Abstimmungsprozesse einerseits qualitativ zu steigern vermag, allerdings auch zeitlich verzögern kann.

Zudem mag das Andauern der Genehmigungsphase dem teils noch wenig geübten Umgang mit dem Instrument des EVTZ geschuldet gewesen sein; mancherorts dauerte es z.B. einige Zeit, bis sich die zuständige Stelle identifizieren ließ. Nicht zuletzt mag die zeitliche Inanspruchnahme auch aus einem hier und da sehr weit verstandenen Prüfauftrages heraus entstanden sein.

Überraschend stellte sich im Zuge der Einholung der Genehmigung für die Teilnahme am EVTZ einmal auch die Frage nach einer Bedingungs-

bzw. Auflagenfeindlichkeit der Genehmigung. Die EVTZ-VO benennt in Art. 4 Abs. 3 einen restriktiven Katalog von Gründen, aus denen die zuständige Behörde die Teilnahme an einem EVTZ verweigern könnte. Diskussionspunkt war in diesem Zusammenhang auch die Formulierung in Art. 4 Abs. 3 Buchst. b) - das „öffentliche Interesse" oder die „öffentliche Ordnung" des Mitgliedsstaates – an den seitens einer der Genehmigungsbehörden eine Debatte über eine theoretisch denkbare Kollision zwischen eigenen politischen Bestrebungen und den Zielsetzungen des EVTZ geknüpft wurde. Indes wurde aber seitens der EU-Kommission eine Verflechtung des Katalogs der Ablehnungsgründe mit einer inhaltlichen Einflussnahme für unzulässig erachtet. In einer Genehmigung befindliche Auflagen, die die Mitgliedschaft an (über Art. 4 Abs. 3 hinausgehende) inhaltliche Voraussetzungen binden wollten, wurden von der EU-Kommission als rechtsfehlerhaft bewertet.

Hierzu kann jedoch betont werden, dass trotz im Einzelnen kontrovers geführter inhaltlicher Diskurse stets im Sinne des Konsensgedankens seitens der potentiellen Mitglieder mit viel Überzeugungskraft und Geduld auf eine positive Genehmigungserklärung hingearbeitet wurde.

Mit den zehn Mitgliedern, die bis zum maßgeblichen Zeitpunkt alle rechtlichen Voraussetzungen für die Teilnahme am EVTZ erfüllt hatten, konnte der neue transnationale EVTZ bei der Gründungssitzung am 24. April 2015 in Mannheim ins Leben gerufen, die Gründungsvereinbarung (Übereinkunft) offiziell von der Mitgliederversammlung beschlossen und unterzeichnet sowie die Satzung angenommen werden. Abschließend wurde die Genehmigungsurkunde für den EVTZ durch die Regierungspräsidentin des Regierungspräsidiums Freiburg an die in der Gründungssitzung neu gewählte Vorsitzende des EVTZ überreicht.

Bevor der EVTZ endgültig Rechtspersönlichkeit erlangen konnte, bedurfte es der Veröffentlichung der Übereinkunft und der Satzung. Da in Deutschland bzw. Baden-Württemberg vorerst kein Register für EVTZ vorgesehen ist, erfolgte eine Veröffentlichung im Gemeinsamen Amtsblatt Baden-Württemberg, hier mit Datum vom 27. Mai 2015.[16] Damit war der EVTZ rechtsfähige Körperschaft und konnte nun auch operativ ans Werk gehen.

---

16 GABl. Nr. 5 vom 27.05.2015, S. 236.

Dies beinhaltete erste organisatorische Schritte wie z.B. die Durchführung von Kommunikationsmaßnahmen[17], die Aufstellung eines Haushaltes, die Einrichtung einer Bankverbindung bzw. den Abschluss entsprechender Versicherungen. Angesichts des EVTZ als Rechtsform sui generis begab man sich hierbei auf für die Bank bzw. die Versicherung durchaus noch „unbekanntes Terrain".

3. Beitritt weiterer Mitglieder nach erfolgter Gründung

Kurze Zeit nach der Gründung konnten auch diejenigen drei Organisationen bzw. Körperschaften ihre Genehmigungen vorlegen, die sie nicht rechtzeitig bis zur Gründungsversammlung erteilt bekommen hatten. Durch den erst nach der EVTZ-Gründung vorliegenden Genehmigungsbescheid waren alle drei nun förmlich auf den Weg des nachträglichen Beitritts zum bereits bestehenden EVTZ verwiesen. In zwei Fällen handelte es sich dabei um Körperschaften aus einem EU-Staat, aus dem bisher keine Mitglieder im EVTZ vertreten waren.

Um Mitglied werden zu können, bedurften diese Partner zunächst eines dahingehenden Beschlusses der EVTZ-Mitgliederversammlung nach den Regelungen der geltenden Übereinkunft und Satzung.

Darüber hinaus erforderte der Beitritt der beiden Partner aus dem bisher nicht im EVTZ vertretenen Mitgliedsstaat jeweils die Zustimmung sämtlicher bisherig beteiligter Genehmigungsbehörden, wie sich aus der Verweiskette des Art. 4 Abs. 6a, Buchst. b i.V.m. Abs. 6 EVTZ-VO ergibt. Hiernach stellt der Beitritt neuer Mitglieder eine „Änderung der Übereinkunft" – die zwingend eine Liste der Mitglieder als enthalten muss (vgl. Art. 8 Abs. 2 Buchst. e EVTZ-VO) – dar, weshalb hierfür die Zustimmung aller als verpflichtend vorgesehen ist. Mit letzterer Voraussetzung sah man sich zunächst vor der Frage, ob der gegründete EVTZ selbst oder vielmehr die einstige EVTZ-Genehmigungsbehörde für die Einholung der Zustimmung zuständig ist. Des Weiteren warf die EU-Vorschrift die Frage auf, in welcher Zeitspanne die Zustimmung von den bisherig beteiligten Genehmigungsbehörden einzuholen ist. Hier erschien fragwürdig, ob durch die Formulierung in Art. 4 Abs. 6 S. 2 EVTZ-VO "gemäß dem Verfahren die-

---

17 *EVTZ Interregional Alliance for the Rhine-Alpine Corridor* ‚www.egtc-rhine-alpine.eu (02.05.2016).

ses Artikels" tatsächlich auch die in Art. 4 Abs. 3 festgelegte Zeitspanne von abermals 6 Monaten (plus etwaiger Verzögerungen durch Fristunterbrechung) einschlägig sein sollte. Hier führt die EU-Verordnung in einen unglücklichen Zirkelschluss, zumal der Prüfgegenstand und -maßstab für die sonstigen beteiligten Genehmigungsbehörden – eben durch den Verweis auf das Verfahren des Art. 4 – kein anderer ist als der Prüfungsmaßstab für die betreffende Genehmigungsbehörde selbst, die gerade diese Prüfung für ihr Mitglied abgeschlossen und die Genehmigung ausgesprochen hat. Konsequent weitergedacht könnte sich dabei die Frage stellen, unter welchen Umständen sich eine Genehmigungsbehörde bezüglich der Beurteilung des Vorliegens der Voraussetzungen des Art. 4 Abs. 3 über die zuständige Genehmigungsbehörde des beitrittswilligen Mitglieds hinwegsetzen könnte und würde. Bei Lichte betrachtet könnte eine Verweigerung der Zustimmung wohl nur an dem Punkt des öffentlichen Interesses des zustimmenden Mitgliedsstaates festgemacht werden.

Der zuvor beschriebene doppelte Mechanismus der Genehmigung durch die eigene Genehmigungsbehörde und der Zustimmung aller weiteren beteiligten Genehmigungsbehörden erhält eine noch komplexere Ausprägung, wenn es sich bei dem später beitretenden Mitglied um eine Körperschaft aus einem Drittstaat handelt. Dies ist gerade für den EVTZ „Interregional Alliance for the Rhine-Alpine Corridor" relevant und von Interesse, da die Schweiz im Korridorraum liegt und die Mitgliedschaft von schweizerischen Partnern naheliegt.

Für ein solches Beitrittsverfahren eines Mitglieds aus einem Drittstaat ist neben der oben bereits beschriebenen Genehmigung der zuständigen Behörde aus dem Drittstaat auch die Genehmigung der EVTZ-Genehmigungsbehörde erforderlich, die sich gemäß Art. 4 Abs. 6a Buchst. c i.V.m. Art. 4 Abs. 3a EVTZ-VO vor dem Beitritt über das „Vorliegen der Bedingungen gemäß Art. 3a" (d.h. der Voraussetzungen, Mitglied werden zu können) zu vergewissern hat. Daneben hat die EVTZ-Genehmigungsbehörde sich darüber zu vergewissern, dass zur Teilnahme durch das Mitglied entweder Bedingungen und Verfahren eingehalten werden, die denen der vorliegenden Verordnung entsprechen oder dass eine Vereinbarung zwischen einem Mitgliedsstaat und diesem Drittstaat getroffen und zugrundegelegt wurde. Hiermit sind mit Buchst. a und b zwei Alternativen genannt, sodass es zunächst der Klärung bedarf, welche der beiden im konkreten Falle einschlägig sein soll. Bei Alternative a) bleibt offen, in welcher Form das potentielle Mitglied aus dem Drittstaat gegenüber der Genehmigungsbehörde am Sitz des Mitgliedsstaates (EVTZ-Genehmigungsbehörde) darlegen kann, dass es Bedingungen und Verfahren, die denen der vorliegenden EU-Verordnung entsprechen, erfüllt, wenn in seinem Drittstaat keine unmittelbar für die Materie vergleichbar umrissenen Bedingungen und Verfahren bestehen. Bei Alternative b) besteht im föderalen Kontext die Unklarheit, ob es sich z.B. um eine Vereinbarung zwischen einem Bundesland und dem Drittstaat oder zwischen dem Bund und dem Drittstaat handeln kann bzw. muss.

Die Vergewisserung über die Voraussetzungen des Art. 3a einerseits und des Art. 6 Abs. 3a EVTZ-VO andererseits bedarf hier sodann auch zusätzlich der „Absprache mit den anderen betroffenen Mitgliedsstaaten", vgl. Art. 4 Abs. 3a Satz 1 EVTZ-VO, womit im föderalen Kontext wiederum alle Genehmigungsbehörden in den beteiligten Bundesländern gemeint sind. Hierdurch wird eine weitere – durch die EVTZ-VO im Übrigen nicht näher spezifizierte – Abstimmungsschleife eröffnet. Aus Sicht des EVTZ ist unbefriedigend, dass es sich in gewisser Weise seinem Einfluss entzieht, in welchem zeitlichen Rahmen und mit welcher Prüfintensität dieser Absprachprozess auf Seiten der Genehmigungsbehörden durchlaufen wird.

In diesem Zusammenhang ist zu berücksichtigen, dass auch in diesem Kontext der spätere Beitritt eine Änderung der Übereinkunft darstellt, die dem Wortlaut nach wiederum der Zustimmung aller Genehmigungsbehörden bedürfte. So verstanden, würde dies sogar eine doppelte Befassung der übrigen Genehmigungsbehörden – sowohl im Rahmen der „Absprache" als auch der „Zustimmung" - bedeuten. Schließlich ist nicht zu vergessen, dass die Änderung der Übereinkunft auch hier wiederum eine Veröffentlichung im dafür vorgesehenen Veröffentlichungsorgan nach sich zieht.

So ist zu erwarten, dass bei einem dynamischen Mitgliederzuwachs die vorgenannten Procedere mehrfach im Jahr durchgeführt werden müssen.

Angesichts dieser geschilderten Genehmigungs- und Zustimmungsschleifen gilt es, einen pragmatischen Ansatz zu wählen. So ging und geht man beim EVTZ Interregional Alliance for the Rhine-Alpine Corridor bei der Einholung der Zustimmung der Mitgliederversammlung gebündelt vor und sammelt mehrere Mitgliedsanträge, um nicht jeden Prozess einzeln anstoßen und in kurzen zeitlichen Abständen mehrfach auf die EVTZ-Genehmigungsbehörde und die weiteren beteiligten Genehmigungsbehörden zugehen zu müssen. Das gebündelte Vorgehen kommt dann auch bei der nachfolgend notwendigen Veröffentlichung der geänderten Übereinkunft und Satzung zum Tragen und reduziert Verwaltungsaufwände und Kosten.

Dennoch wird sich bei einem - überaus wünschenswerten – Zuwachs von Mitgliedern das Erfordernis der Beschlussfassung und das Durchlaufen der geschilderten Genehmigungsschleifen immer wieder stellen.

4. Bewertung des formellen Gründungs- und Beitrittsverfahrens

Die Gesamtschau zeigt, dass sich der Gründungsprozess eines EVTZ und der spätere Beitritt von Mitgliedern – gerade im transnationalen Kontext – als durchaus aufwändig und zeitintensiv gestalten.

Der EVTZ als solcher, insbesondere aber die einzelnen Mitglieder, durchlaufen in der Gründungsphase eine „engmaschige" Kontrolle durch eine Vielzahl von Rechtsaufsichts- und Genehmigungsbehörden sowie weiterer in die Entscheidung einzubindender Stellen.

Die Tatsache, dass den Genehmigungsbehörden gemäß Art. 4 Abs. 3 EVTZ-VO noch während des Gründungsprozesses – der ja auf Basis einer bereits vorabgestimmten Übereinkunft bei allen Mitgliedern parallel in Gang gesetzt wurde - die Möglichkeit eingeräumt wird, bei Vorliegen entsprechender Gründe noch Änderungsvorschläge für die Übereinkunft zu unterbreiten, könnte theoretisch bewirken, dass die Gründung in eine „Endlosschleife" geraten könnte, die die Wiederholung sämtlicher vorheriger Schritte bei allen potentiellen Mitgliedern erfordern würde.

Andere für eine Projektkooperation in Frage kommende Organisationsformen, wie etwa ein Verein oder ein grenzüberschreitender örtlicher Zweckverband, scheinen deshalb mit Blick auf die Gründung niedrigschwelliger zu sein. Insofern benötigt die Gründung eines EVTZ einen festen Entschluss und starken Willen der Partner sowie nicht zuletzt einen ausreichend bemessenen zeitlichen Vorlauf.

Wenngleich die Novellierung der Verordnung (EG) Nr. 1082/2006 durch die Verordnung (EU) Nr. 1302/2013 - in der Absicht, die territoriale Zusammenarbeit zu erleichtern sowie Hindernisse bei der Gründung zu beseitigen (vgl. Erwägungsgründe zur EVTZ-ÄndVO Nr. 1302/2013) – eine Reihe positiver Klarstellungen und Erweiterungen erfuhr, verblieben jedoch andere bzw. eröffneten sich neue Problemkreise.

Zu nennen sei hier neben den geschilderten Genehmigungsschleifen etwa die Haftungsbeschränkung für die Mitglieder des EVTZ, die zwar gemäß Art. 12 Abs. 2a EVTZ-VO grundsätzlich vorgesehen ist, die jedoch nach derzeitiger Rechtslage in Deutschland in keinem der Bundesländer greifen kann. Entsprechende Vorschriften, die eine Haftungsbeschränkung gestatten würden, haben bislang keinen Eingang in die jeweiligen Durchführungsverordnungen der Länder gefunden. Hier lässt sich festhalten, dass die Novellierung insofern eine Einschränkung gegenüber der alten EU-Verordnung bewirkt hat; in der Tat stellt die fehlende Möglichkeit der Haftungsbeschränkung für manche Partner durchaus ein Teilnahme- bzw. Beitrittshemmnis dar.

Als im Rahmen der Novellierung besonders positiv hervorzuheben ist zum einen die Ermöglichung der Mitgliedschaft auch für „andere Akteure privaten und öffentlichen Rechts", zum anderen die Erweiterung der Möglichkeiten der Teilnahme von Mitgliedern aus Drittstaaten, die gerade dem vorliegenden EVTZ neue Perspektiven eröffnen.

Es wäre nicht zuletzt vor diesem Hintergrund wünschenswert, dass dem europäischen Verordnungsgeber bei einer künftigen Novellierung der EVTZ-VO insbesondere noch stärker der transnationale EVTZ vor Augen ist, bei dem die Zusammenarbeit zwischen den Partnern ohnehin einen recht hohen Abstimmungsbedarf voraussetzt. Auch ein dynamischer Mitgliederzuwachs sollte stärker mitgedacht werden.

Für den erfolgreichen Gründungsprozess hat es sich als sehr vorteilhaft erwiesen, frühzeitig – schon vor der Einreichung des Antrags auf Genehmigung der EVTZ-Gründung – mit der zuständigen EVTZ-Genehmigungsbehörde in Kontakt zu treten und sich über die Meilensteine und den Zeitplan zur Gründung abzustimmen. In dieser Art des offenen Dialogs war es auch möglich, wichtige Auslegungsfragen zur EU-Verordnung gemeinsam zu erörtern, insbesondere unter Heranziehung der EU-Kommission selbst, die hierbei bestmögliche Unterstützung leistete und entsprechende klärende Hinweise erteilte. Ebenso hilfreich war auf Seiten jedes einzelnen Mitglieds die frühzeitige Information über die beabsichtigte Mitgliedschaft gegenüber der für die eigene Teilnahme am EVTZ zuständigen Genehmigungsbehörde.

Auch während der Phase der Einholung der Genehmigungen durch die einzelnen Mitglieder waren der regelmäßige Kontakt und konstruktive Dialog mit der EVTZ-Genehmigungsbehörde wertvoll. Sie nahm damit nicht nur ihre Rolle als Genehmigungsbehörde, sondern vielmehr durch konstruktive Beratung auch eine wichtige Funktion als „Ermöglicher" des EVTZ wahr.

Im Falle des EVTZ „Interregional Alliance for the Rhine-Alpine Corridor" konnten sämtliche hier skizzierten Hürden im Gründungsprozess deshalb so gut genommen werden, weil zuvor durch CODE24 eine bereits verfestigte und vertrauensvolle Beziehung zwischen den Projektpartnern bzw. künftigen Mitgliedern bestanden hatte.

5. Ziele und Aufgaben des EVTZ

Mit der Gründung dieser interregionalen Allianz für den Rhein-Alpen-Korridor sollte vorrangig gewährleistet werden, dass dieser Korridor sichtbarer wird und die abgestimmten Interessen seiner Mitglieder zukünftig mit einer Stimme nach außen vertreten werden.
Der Aktionsraum des EVTZ ist in Abbildung 3 dargestellt.

6. Ziele und Aufgaben des EVTZ

Die zukünftigen Ziele und Aufgaben des EVTZ Interregional Alliance for the Rhine-Alpine Corridor, die der EVTZ für den Korridorraum wahrnehmen soll, sind in der genehmigten Übereinkunft aufgelistet:[18] . Dies sind im Einzelnen:

- Vereinigung und Bündelung der gemeinsamen Interessen seiner Mitglieder gegenüber nationalen, europäischen und für Infrastruktur zuständigen Institutionen,
- Organisation und Umsetzung gemeinsamer Lobby-Aktivitäten für die Entwicklung des Rhein-Alpen-Korridors,
- Vertretung der EVTZ-Mitglieder im EU Rhein-Alpen-Korridor-Forum,
- Weiterbearbeitung der gemeinsamen Entwicklungsstrategie für den multimodalen Rhein-Alpen-Korridor,
- Koordinierung der Regionalentwicklung im Rhein-Alpen-Korridor unter Berücksichtigung lokaler und regionaler Perspektiven,
- Berücksichtigung von Transportinfrastruktur-Projekten und Flächennutzungskonflikten entlang des Rhein-Alpen-Korridors,
- Nutzung von Finanzmitteln für korridorbezogene Aktivitäten und Projekte,
- Information der EVTZ-Mitglieder über Finanzierungsmöglichkeiten für korridorbezogene Projekte,

---

18 Die unterzeichnete Vereinbarung ist auf der Internetseite des EVTZ einzusehen: www.egtc-rhine-alpine.eu (03.05.2016).

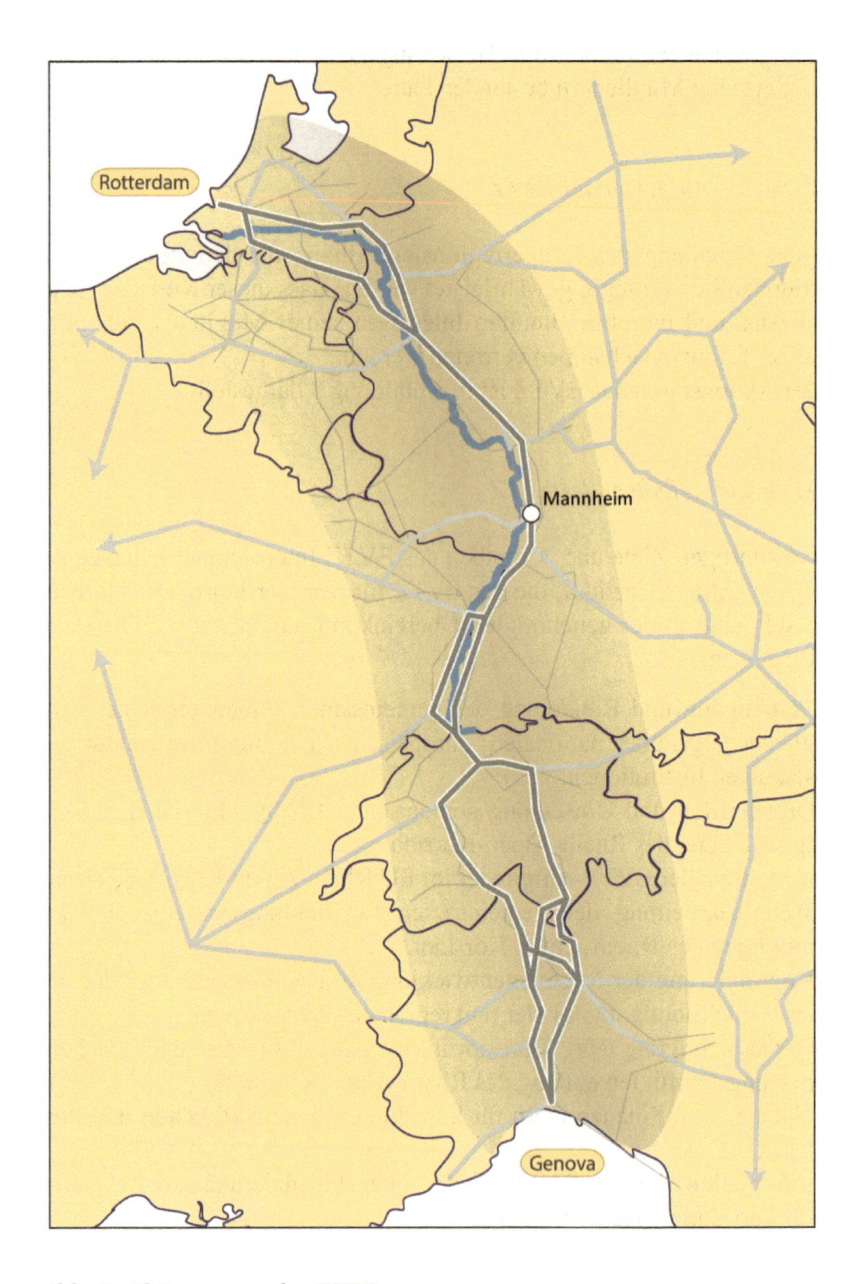

Abb. 3: Aktionsraum des EVTZ

- Bewerbung auf neue, EU-finanzierte Projekte und gemeinschaftliche Verwaltung von EU-Finanzmitteln,
- Bereitstellung einer zentralen Plattform für gegenseitigen Informations- und Erfahrungsaustausch und Begegnung,
- Organisation von Treffen der Mitglieder,
- Gewährleistung der Informationsübermittlung,
- Weiterbetrieb des im Rahmen des Projekts CODE24 entwickelten Korridor-Informationssystems,
- Pflege der im Rahmen des Projekts CODE24 entwickelten Website www.code-24.eu,
- Verbesserung der Sichtbarkeit und der öffentlichen Wahrnehmung des Korridors,
- Organisation von Korridorveranstaltungen (Kongresse, Workshops u.a.),
- Ausarbeitung und Verbreitung von Publikationen (Newsletter, Faltblätter, Broschüren),
- Übernahme und Weiterbetrieb der im Rahmen des Projekts CODE24 entwickelten mobilen Ausstellung.

Im Hinblick auf die erwähnten Korridorforen strebt der EVTZ auch an, Sitz und Stimme im Korridorforum für den Rhein-Alpen-Korridor zu erhalten, um dort gebündelt die Interessen der kommunalen und regionalen Ebene zu repräsentieren. Auch die Zusammenarbeit mit dem eingesetzten Korridorkoordinator auf EU-Ebene ist für den EVTZ von vitalem Interesse.

7. Organisationsstruktur des EVTZ

In der Vereinbarung und in der Satzung des neuen EVTZ ist ebenfalls festgelegt, dass der Sitz des EVTZ und dessen Geschäftsstelle in Mannheim beim Verband Region Rhein-Neckar angesiedelt sein soll.

In seiner Gründungsversammlung wurde neben den Wahlen des Vorstands und der Ernennung des Direktors auch über den Aktionsplan 2015/2016 beraten. Weiterhin wurde in der Gründungsversammlung beschlossen, zunächst zwei Expertenkommissionen einzusetzen, und zwar eine für das Themenfeld Raumplanung, Infrastruktur, Wirtschaft und Logistik und einen weitere für das Themenfeld Umwelt und Energie. Zudem wurde die Etablierung eines Beirats vereinbart, in den Persönlichkeiten

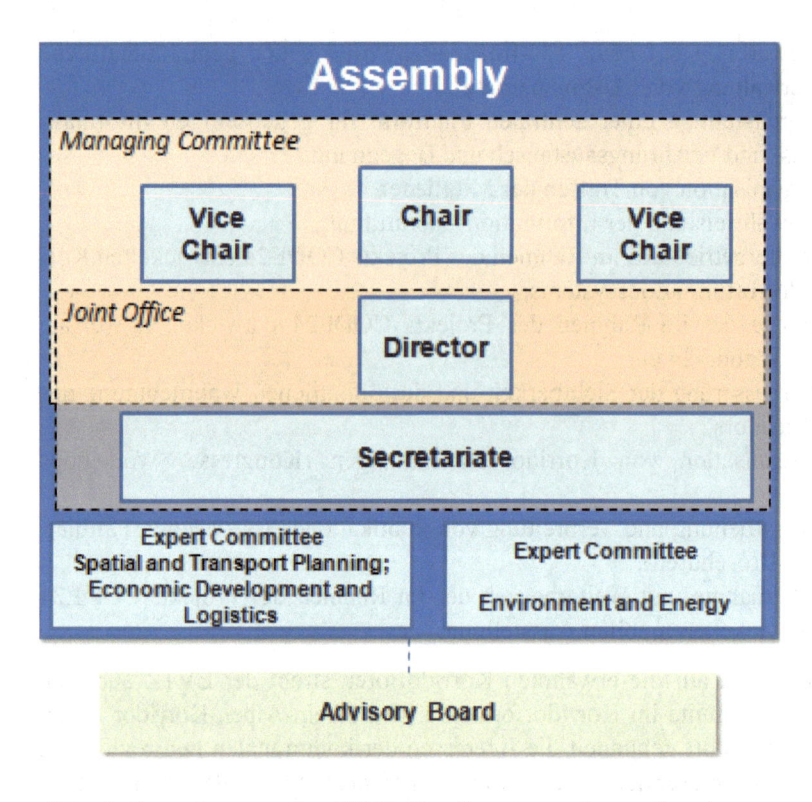

Abb. 4: Organigramm des EVTZ (Quelle: eigene Darstellung)

berufen werden sollen, der für die Arbeit und die für die Erreichung der Ziele des EVTZ von Bedeutung sind, die aber nicht Mitglied im EVTZ sind. Hierzu zählen beispielsweise Vertreter der Wirtschaft und der Wissenschaft sowie Repräsentanten der Infrastrukturbetreiber (siehe Organigramm, Abb. 4).

8. Erste Aktivitäten des EVTZ

Im Aktionsplan 2015/2016 sind die ersten Aktivitäten des neuen EVTZ genannt. Dazu gehört insbesondere die Weiterbearbeitung der im Rahmen von CODE24 gemeinsam aufgestellten Entwicklungsstrategie, die als Grundlage der Arbeiten des EVTZ gilt. Weiterhin soll auch die Vorbereitung neuer EU-geförderter Projekte angegangen werden. Hierzu sind insbesondere die Förderprogramme der Europäischen territorialen Zusammenarbeit (ETZ; INTERREG) sowie der Fazilität „Connecting Europe" heranzuziehen. Vor Beendigung des Projekts CODE24 wurden schon Überlegungen und Vorschläge für neue Projekte diskutiert. Anträge können jedoch erst gestellt werden, nachdem der EVTZ offiziell eine Rechtspersönlichkeit erlangt hat. Dies ist nun der Fall, nachdem die Übereinkunft und die Satzung im Gemeinsamen Amtsblatt Baden-Württemberg veröffentlich worden sind.[19] Nicht zuletzt sollen alsbald geeignete Maßnahmen ergriffen werden, um den EVTZ bekannt zu machen, wofür beispielsweise Veranstaltungen in Brüssel organisiert werden sollen.

Von Bedeutung für die zukünftige Zusammenarbeit im EVTZ ist auch, dass Projekte, Koordinierungsaktivitäten und Veranstaltungen in diesem großen Korridorraum auch zwischen benachbarten Regionen stattfinden sollen, d.h. dass es wie bereits bei CODE24 sinnvollerweise an den regionalen Schnittstellen auch wieder regionale und zwischenregionale Aktivitäten unter dem Dach des EVTZ geben soll. Diese bedürfen dann jedoch wieder der gesamträumlichen Abstimmung und Einbindung.

Ein weiteres Anliegen des EVTZ bestand darin, auch in dem seitens der EU eingesetzten Korridorforum für den Rhein-Alpen-Korridor mit Sitz und Stimme vertreten zu sein; dies ist inzwischen erfolgt.

9. Neue Mitglieder des EVTZ

Der junge EVTZ hat sich ebenso zum Ziel gesetzt, neue Mitglieder zu gewinnen. Dies soll dazu beitragen, das Gewicht des EVTZ durch neue und potente Mitglieder zu erhöhen. Aktuell umfasst der EVTZ vierzehn Mitglieder; dem Beitritt von sieben weiteren Mitgliedern hat die Mitgliederversammlung bereits zugestimmt. Die erforderlichen Verfahren zur offiziellen Erlangung der Mitgliedschaft sind im Gange und unterschiedlich weit fortgeschritten. Für das Jahr 2017 wird von 21 Mitgliedern ausgegangen, was einer Verdopplung seit der Gründung entspricht.

Neben weiteren Regionen bzw. Provinzen sollen auch verstärkt (große) Städte zur Mitgliedschaft angeregt werden.

Kontakte zu potenziellen neuen Mitgliedern und an einer Mitgliedschaft im EVTZ Interessierten bestehen schon, so zum Beispiel zu Provinzen und Häfen in Belgien, im Elsass, weiteren deutschen Organisationen sowie in

---

19 Siehe oben.

der Schweiz und in Italien. Ziel ist es, eine möglichst flächendeckende Mitgliederstruktur im Korridorraum zu erreichen.

IV. Fazit/Ausblick

Trotz einiger Hürden und bürokratischer Hemmnisse hat sich der lange Weg hin zur Gründung der „Interregional Alliance for the Rhine-Alpine Corridor EGTC" als erstem EVTZ mit Sitz in Deutschland als erfolgreich erwiesen.

Für die interregionale Zusammenarbeit mit Mitgliedern aus mehreren EU-Mitgliedstaaten und einem Drittstaat, die sich auf einen der neun EU-Kernnetzkorridore bezieht, wird die Rechtsform des EVTZ als sehr geeignet angesehen.

Im Vergleich zur Vorgängerorganisation, einem befristet eingerichteten Konsortium zur Umsetzung eines EU-geförderten Kooperationsprojekts mit dem Ziel der Erarbeitung einer abgestimmten Korridorentwicklung, hat sich bereits bald nach der Gründung des EVTZ gezeigt, dass die Wahl einer europäischen und unbefristet eingerichteten öffentlichen Rechtsform mit den dazugehörigen Organen den Zugang zu Entscheidungsträgern auf nationaler und europäischer Ebenen erleichtert. Hinzu kommt, dass mit der Gründung des EVTZ, dieser zunehmend Beachtung und Anerkennung findet.

Nicht zuletzt erweist es sich als vorteilhaft, dass ein EVTZ auch direkt EU-Projekte zur Förderung beantragen und EU-Fördermittel auch verwalten kann; allerdings bedarf es auch innerhalb der für die EU-Programmverwaltung zuständigen Stellen noch der verstärkten Information über dieses in der EU-Verordnung explizit enthaltene Recht.

Abstract

The Interregional Alliance for the Rhine-Alpine Corridor has been founded as an EGTC on 22 April 2015. It is the first EGTC with its legal seat in Germany (Mannheim).

This new cooperation structure has been developed during the implementation of an EU-funded project, i.e. "CODE24", which has been co-financed through the Interreg IV b Programme North-West Europe. This project has dealt with the joint regional development of the Rhine-Alpine Corridor.

The partners of the CODE24 project were convinced that an intensive cooperation needs to be organised as a permanent task, since corridor development is a dynamic process and cannot be finalised during a restricted period of time.

The partners of CODE24 decided, having compared other solutions, that an EGTC is the appropriate legal instrument for a European cooperation between interregional partners in a European transport corridor, rather than a national legal form of one of the countries concerned.

The EGTC can thus be seen as a successor of CODE24.

This EGTC has been established as a bottom up-approach by members from the local or regional level. Therefore, the Interregional Alliance aims at representing and speaking with one voice for its members. It can thus be looked at as an interest group for the members addressing national and EU decision-making bodies and important infrastructure operators, e.g. railway companies.

At the same time, the members of the EGTC focus on the application for new EU-funded projects in order to achieve support by financing measures which, step-by-step, lead to the realisation of the set objectives laid down in the joint strategy for the corridor development. The EGTC has already applied for one project within the EU Connecting Europe Facility. It is envisaged to submit further projects in other EU funding schemes, such as Interreg or Life. For that reason, the eligibility of the EGTC for EU-funding is an important asset.

In order to strengthen the importance of the EGTC, it is intended to recruit more members. Starting with eleven members when founded, the EGTC has already grown within one year of existence to 19 members, including those whose approval procedure is ongoing.

The approval procedure of the EGTC was complicated. Not only did the members at that time derive from three different member states, but there were also five approval authorities, due to the fact that in Germany it is the federal states that are in charge of approving candidates for membership from their territory to become a member of the EGTC.

As this EGTC was the first ever approved with a legal seat in Germany, the competent authorities had no previous experience of the process. Thanks to joint efforts, the hurdles could have been overcome.

In applying the EGTC Regulation, some ambiguities have occurred and in some cases, future amendments should take into account these articles in order to clarify and facilitate the procedure for setting up an EGTC. All in all, the members are convinced that the decision to create an EGTC has proven to be the right one.

Literaturverzeichnis

Bundesamt für Verkehr der Schweizerischen Eidgenossenschaft, Was ist NEAT?, http://www.bav.admin.ch/alptransit/01271/index.html?lang=de (02.05.2016).

Bundesministerium für Verkehr, Bau und Stadtentwicklung: Aktionsplan Güterverkehr und Logistik, 2010; http://www.bmvbs.de/cae/servlet/contentblob/61432/publicationFile/30825/aktionsplan-gueterverkehr-logistik.pdf (02.05.2016).

CODE24, Webseite, www.code-24.eu (02.05.2016).

Europäische Kommission, Weißbuch Fahrplan zu einem einheitlichen europäischen Verkehrsraum – Hin zu einemwettbewerbsorientierten und ressourcenschonenden Verkehrssystem, 2011; http://eur-lex.europa.eu/LexUriServ/LexUriServ.do?uri=COM:2011:0144:FIN:DE:PDF (02.05.2016).

EVTZ Interregional Alliance for the Rhine-Alpine Corridor, Webseite, http://egtc-rhine-alpine.eu/, (02.05.2016).

Faludi, The 'Blue Banana',European Journal of Spatial Development 56 (2015).

Metropolregion Rhein-Neckar, Webseite, www.vrrn.de (02.05.2016).

Saalbach, CODE24: One corridor – one strategy!, European Railway Review 2(2011).

Scholl, SAPON (Spaces and Projects of National Importance), 2012.

Verband Region Rhein-Neckar, Positionspapier der Regionalverbände zur Nord-Süd-Transversale Rotterdam – Genua, 2008.

Westfälische Wilhelms-Universität Münster, Die Betuweroute, http://www.uni-muenster.de/NiederlandeNet/nl-wissen/wirtschaft/vertiefung/betuweroute/index.html (02.05.2016).

Der EVTZ und interuniversitäre Zusammenarbeit

Prof. Dr. Uwe Blaurock, Johanna Hennighausen[1]

I. Einleitung

Der EVTZ in seiner heute gültigen und anwendbaren Gestalt ist noch ein sehr junges Instrument grenzüberschreitender europäischer Zusammenarbeit. Als Rechtskleid mit eigener Rechtspersönlichkeit kommt der EVTZ dem Wunsch und den immer stärker werdenden Bedürfnissen eines wachsenden Europas hinsichtlich einer gemeinsamen europäischen Rechtsform nach, welche die bisherigen, teilweise zu schwerfälligen, bilateralen Vereinbarungen ablöst bzw. ergänzt. Dabei wurde der EVTZ bislang insbesondere von Gebietskörperschaften zum Zwecke einer überregionalen Kooperation gegründet. Die Anwendbarkeit des EVTZ beschränkt sich jedoch nicht auf die Zusammenarbeit von Gebietskörperschaften. Vielmehr kann der EVTZ auch für eine vorwiegend thematisch ausgerichtete Zusammenarbeit grenzübergreifend eingesetzt werden. Das Ziel, welches mit der Gründung eines EVTZ verfolgt werden kann, bestimmt sich nach Art. 1 Abs. 2 EVTZ-VO. Demzufolge dient der EVTZ der Erleichterung und Förderung der territorialen Zusammenarbeit zwischen seinen Mitgliedern und der Stärkung des wirtschaftlichen, sozialen und territorialen Zusammenhalts der Union. Was unter dem Begriff der „territorialen Zusammenarbeit" zu verstehen ist, wird in Art. 3 Abs. 2 c) VO (EG) Nr. 1083/2006[2] näher definiert. Danach besteht das Ziel „Europäische Territoriale Zusammenarbeit" (ETZ) in der Stärkung der grenzübergreifenden Zusammenarbeit durch gemeinsame lokale und regionale Initiativen, der Stärkung der transnationalen Zusammenarbeit in Gestalt von den Prioritä-

---

1 Prof. Dr. Uwe Blaurock ist emeritierter Professor an der Rechtswissenschaftlichen Fakultät der Universität Freiburg; Johanna Hennighausen ist wissenschaftliche Mitarbeiterin am Institut für Wirtschaftsrecht der Universität Freiburg.
2 VO (EG) Nr. 1083/2006 des Rates vom 11.7.2006 mit allgemeinen Bestimmungen über den Europäischen Fonds für regionale Entwicklung, den Europäischen Sozialfonds und den Kohäsionsfonds und zur Aufhebung der Verordnung (EG) Nr. 1260/1999.

ten der Gemeinschaft entsprechenden Aktionen zur integrierten Raumentwicklung und dem Ausbau der interregionalen Zusammenarbeit und des Erfahrungsaustauschs auf der geeigneten territorialen Ebene.[3] Erfasst werden von diesem Ziel nicht nur die Einrichtung grenzüberschreitender Wasser-, Abfallentsorgungs- und Energieanlagen, sondern auch die Nutzung einer Infrastruktur auf den Gebieten Kultur, Tourismus und Bildung.[4] Letztgenannter Aspekt steht bei der Gründung eines interuniversitär und grenzübergreifend agierenden EVTZ im Vordergrund.

Im folgenden Beitrag werden der EVTZ und sein Potential für eine transnationale Zusammenarbeit von Hochschulen und Universitäten beleuchtet. Hierbei geht es insbesondere um die Vor- und Nachteile sowie die Herausforderungen und verfahrenstechnischen Abläufe bei der Gründung.

II. Der EVTZ als geeignetes Instrument für eine grenzüberschreitende interuniversitäre Zusammenarbeit

1. Interuniversitäre Kooperation außerhalb eines EVTZ

Die Kooperation von Universitäten verschiedener Länder ist zunächst nichts Neues. So haben viele Hochschulen in den vergangenen Jahrzehnten eine intensive Partnerschaft mit Universitäten andere Länder aufgebaut, in deren Rahmen gemeinsame Veranstaltungen und Projekte zur Förderung eines wissenschaftlichen Austauschs abgehalten werden. Als Beispiel seien nur die Universitäten Heidelberg und Freiburg genannt: Die Ruprecht-Karls-Universität Heidelberg unterhält seit Begründung der Städtepartnerschaft mit Montpellier im Jahr 1961 und der im Jahr 1963 zwischen Deutschland und Frankreich geschlossenen Elysée-Verträge eine intensive Partnerschaft zwischen den Juristischen Fakultäten beider Universitäten,[5] und auch die Albert-Ludwigs-Universität Freiburg verfügt sowohl auf internationaler wie auch auf regionaler Ebene über ein großes Netzwerk an Partnerschaften.[6] Hervorgehoben sei hier die Europäische Konföderation der Oberrheinischen Universitäten (Eucor).

---

3 VO (EG) Nr. 1083/2006 des Rates vom 11.7.2006, ABl. EU L 210/37.
4 *Pechstein/Deja*, EuR 2011, S. 362.
5 http://www.ipr.uni-heidelberg.de/montpellier/#Historie (8.1.2016).
6 http://www.uni-freiburg.de/universitaet/partnerschaften (8.1.2016).

Eucor ist ein Zusammenschluss von fünf oberrheinischen Universitäten und Hochschulen, d.h. Freiburg, Karlsruhe, Straßburg, Mulhouse-Colmar und Basel. Dieser Zusammenschluss ermöglicht bereits heute einer großen Anzahl von Studierenden und Forschenden den freien Zugang zu Lehrveranstaltungen an anderen Mitgliedsuniversitäten, sodass eigene Studien ergänzt, Auslanderfahrungen gesammelt und Sprachkenntnisse vertieft werden können.[7]

2. Der EVTZ als geeignetes Rechtskleid für eine interuniversitäre Kooperation

Zusammenschlüsse und Kooperationen auf interuniversitärer Ebene basieren in der Regel auf dem gemeinsamen Willen der beteiligten Universitäten und Hochschulen. Eine Rechtsgrundlage oder ein Rechtskleid, in das diese Partnerschaften eingebettet wären, gibt es hingegen nicht. Zwar bestehen oftmals Dokumente, welche die gemeinsame Kooperation manifestieren und einen Rahmen schaffen, eine eigene Rechtspersönlichkeit ist einem interuniversitären Zusammenschluss jedoch bislang fremd.

a. Gebietskörperschaften und Regionalverbände als „klassische" Mitglieder eines EVTZ

Bisher wurde der EVTZ in der Regel von Gebietskörperschaften und Regionalverbänden als institutioneller Rahmen für eine intensive gemeinsame Zusammenarbeit genutzt. Beispiele hierfür sind der Eurodistrikt Strasbourg-Ortenau sowie der Eurodistrikt Saar-Moselle mit jeweils auch deutscher Beteiligung. In beiden Fällen dient der EVTZ der Zusammenführung der Regionen, der Überwindung bzw. Erleichterung administrativer Hindernisse und einer regionalen Stärkung in sämtlichen Bereichen wie Wirtschaft, Kultur und Tourismus.

---

7 http://www.uni-freiburg.de/universitaet/partnerschaften (8.1.2016); http://www.studium.uni-freiburg.de/studienbewerbung/austausch/eucor (8.1.2016).

b. Universitäten und Hochschulen als potenzielle Mitglieder eines EVTZ

Auch wenn der EVTZ bisher hauptsächlich von Gebietskörperschaften und Regionalverbänden eingesetzt wurde, so schließt dies eine Anwendung auf den interuniversitären Bereich nicht aus. Im Gegenteil – gem. Art. 3 Abs. 1 d) Alt. 2 der EVTZ-VO i.V.m. Art. 1 Abs. 9 Unterabs. 2, Anh. III, Unterpunkt III.1.1. der RL 2004/18/EG – zählen wissenschaftliche Hochschulen ausdrücklich zu den potenziellen Mitgliedern eines EVTZ.[8] Universitäten und Hochschulen können daher einen EVTZ gründen und als institutionellen Rahmen für eine interuniversitäre Zusammenarbeit nutzen.

c. Stiftung oder Verein als alternative Rechtsformen?

Auch wenn der EVTZ als Rechtsform für einen universitären Zusammenschluss grundsätzlich in Betracht kommt, so stellt sich die Frage, inwieweit sich der EVTZ als Rechtsform eignet und welche Vorteile er im Vergleich zu anderen Rechtsformen, insbesondere der Stiftung und der Anstalt des öffentlichen Rechts, bietet.

(1) Die Stiftung

Eine Stiftung im Rechtssinne ist eine vom Stifter geschaffene Institution, die die Aufgabe hat, mit Hilfe des der Stiftung gewidmeten Vermögens den festgelegten Stiftungszweck dauernd zu verfolgen.[9] Sie ist eine reine, nicht mitgliedschaftlich ausgestaltete Verwaltungsorganisation, mit deren Hilfe der vom Stifter gewollte Zweck verwirklicht werden soll.[10] Ihr Zweck kann sowohl privater wie auch öffentlicher Natur sein: Während private Stiftungen nur einem begrenzten Personenkreis zugutekommen sollen (Familien, Verein), begünstigen öffentliche Stiftungen stets die Allgemeinheit. Anerkannt als Zwecke einer öffentlichen Stiftung sind u.a.

---

8 Richtlinie 2004/18/EG des Europäischen Parlaments und des Rates vom 31. März 2004 über die Koordinierung der Verfahren zur Vergabe öffentlicher Bauaufträge, Lieferaufträge und Dienstleistungsaufträge, ABl. EU L 134/171.
9 *v. Campenhausen/Stumpf*, in: v. Campenhausen/Richter, § 1 Rn. 6.
10 BGHZ 99, S. 350; *Roth* §§ 80 bis 88 Rn. 2; *Schauhoff*, § 3 Rn. 1.

Wissenschaft, Bildung und Forschung.[11] Zudem kann die Stiftung sowohl privat- als auch öffentlich-rechtlich ausgestaltet werden, wobei der öffentlich-rechtliche Status durch Gesetz, Verwaltungsakt oder in der Satzung selbst festgelegt werden kann.[12] Im Unterschied zur privaten Stiftung kann die öffentlich-rechtliche Stiftung hoheitliche Befugnisse ausüben.[13] Die Stiftung ist damit insgesamt eine an ihrem Zweck und diesem dienenden Vermögen ausgerichtete Organisationseinheit. Sie hat keine Mitglieder und weist – ist sie einmal wirksam gegründet – einen eher statischen Charakter auf. Dies schließt den Anwendungsbereich auf Universitäten oder Hochschulen jedoch nicht aus. So existiert in Deutschland bereits eine Reihe von Stiftungsuniversitäten, die im Rechtskleid der Stiftung über ihre Mittel unabhängig vom Staat verfügen. Genannt seien z.B. die Goethe-Universität Frankfurt, die Universität Lübeck, die Europa-Universität Viadrina Frankfurt (Oder) und die Universität Hildesheim.

Die Zielsetzung und die einer interuniversitären, grenzüberschreitenden Kooperation zugrundeliegenden Absichten hingegen sind von einem europäischen Charakter geprägt. Dieser sollte auch in der gemeinsam gewählten Rechtsform zum Ausdruck kommen, sodass die Stiftung insbesondere aufgrund ihres nationalen Charakters nicht für eine interuniversitäre und grenzüberschreitende Zusammenarbeit geeignet erscheint: Denn vergleicht man das Stiftungsrecht der Mitgliedsstaaten, so ergeben sich neben Gemeinsamkeiten auch erhebliche Unterschiede wie etwa in Rechtsprechung, im Stiftungszivilrecht und im Steuerrecht.[14] Eine Rechtsform im Sinne einer Europäische Stiftung, welche diese Hemmnisse überwindet, gibt es bislang nicht. Aus den genannten Aspekten ist die Stiftung daher nicht als Rechtsform für einen interuniversitären, grenzüberschreitenden Zusammenschluss geeignet.

(2) Die Anstalt des öffentlichen Rechts

Darüber hinaus könnte in Deutschland als Rechtsform die Anstalt des öffentlichen Rechts in Frage kommen. Die Anstalt des öffentlichen Recht ist

---

11 *v. Campenhausen/Stumpf*, § 1 Rn. 10.
12 *Sauerbaum*, C Rn. 394; *v. Campenhausen/Stumpf*, § 16 Rn. 5; *Schlüter/Stolte*, Rn. 47.
13 *Schlüter/Stolte*, Rn. 47.
14 *Schulte/Stumpf*, A Rn. 54.

eine mit Personal- und Sachmitteln ausgestattete Organisation, die keine Mitglieder, sondern nur Benutzer hat.[15] Ihr liegen drei wesentliche Merkmale zugrunde: (1.) Die Organisation in Form einer Zusammenfassung von Verwaltungsbediensteten und Sachmitteln zu einer verselbständigten Verwaltungseinheit, (2.) die Wahrnehmung von Verwaltungsaufgaben entsprechend ihrer Zweckbestimmung sowie (3.) die Wahrnehmung von Anstaltsaufgaben durch Bedienstete und die Inanspruchnahme der Leistungen durch Benutzer.[16] Ihr zugrunde liegt das Prinzip der Dezentralisation: die Verlagerung staatlicher Aufgaben auf selbständige Verwaltungsträger zur Entlastung der Staatsverwaltung.[17] Beispiele für bundesunmittelbare Anstalten im Sinne des Art. 86 GG sind die Bundesanstalt für Finanzdienstleistungsaufsicht (BaFin) sowie die Bundesanstalt für Immobilienaufgaben oder die Rundfunkanstalten.[18]

Unter Betrachtung der oben aufgeführten Charakteristika, insbesondere des Aspekts der Dezentralisation staatlicher Aufgaben, zeigt sich, dass die Anstalt des öffentlichen Rechts – ebenso wie auch die Stiftung – nicht auf eine Zusammenführung unterschiedlicher Mitglieder bei gleichzeitiger Selbständigkeit derselben zu einem neuen rechtsfähigen Subjekt gerichtet ist und mithin nicht den speziellen Anforderungen einer interuniversitären und grenzüberschreitenden Zusammenarbeit gerecht wird.

d. Der EVTZ als geeignete Rechtsform

Auch wenn der EVTZ bislang vorrangig von Gebietskörperschaften und Regionalverbänden zum Zwecke einer überregionalen Kooperation genutzt wurde, so schließt dies seine Anwendung im interuniversitären Bereich in keiner Weise aus. Im Vergleich zu anderen Rechtsformen genießt der EVTZ dabei insbesondere den Vorteil der ihm bereits immanenten Ziel- und Zwecksetzung der Förderung einer territorialen Zusammenarbeit in sämtlichen Bereichen (Art. 1 Abs. 2 EVTZ-VO). Zusätzlich ermöglicht er gem. Art. 3 c EVTZ-VO die Aufnahme von Drittstaaten und damit eine Zusammenarbeit über die Grenzen der Europäischen Union hinaus. Ferner bietet er durch die ihm nach Art. 1 Abs. 3 EVTZ-VO zugesprochene eige-

---

15 *Detterbeck*, Rn. 180, 188.
16 *Maurer*, § 23 Rn. 46; *Berg*, NJW 1985, S. 2295.
17 *Maurer*, § 23 Rn. 50.
18 *Ibler*, Art. 86 GG Rn. 73.

ne Rechtspersönlichkeit die Möglichkeit eines einheitlichen und geschlossenen Handelns und Auftretens seiner Mitglieder nach außen.

Darüber hinaus werden Schwierigkeiten und Hemmnisse, die bei Anwendung einer nationalen Rechtsform auftreten könnten, durch die in der EVTZ-VO bereits getroffenen Regelungen überwunden. Die EVTZ-VO wurde unter Mitwirkung der EU-Mitgliedsstaaten vom Europäischen Parlament und Rat und damit für alle Mitglieder gleichermaßen bindend erlassen. Das Vorliegen einer Verordnung, welche bereits in jeder Landessprache vorliegt und die Arbeitsbasis für alle (potenziellen) EVTZ-Mitglieder bildet, bietet die Möglichkeit einer Zusammenarbeit und Kooperation auf Augenhöhe, bei der sich jede Universität und Hochschule gleichermaßen einbringen kann. Zudem schafft der EVTZ mit seiner bereits vorgegebenen Organstruktur in Form der Einrichtung einer *Versammlung* und des Amts des *Direktors* einen Rahmen, der eine strukturelle Basis bei gleichzeitiger Flexibilität schafft. So können Übereinkunft und Satzung des EVTZ – unter Einhaltung der Mindestanforderungen – nach den eigenen Bedürfnissen und Anforderungen ausgestaltet werden. Darüber hinaus ist der EVTZ in seiner Mitgliederstruktur nicht festgelegt: Es können weitere Universitäten und Hochschulen aufgenommen werden, es können aber auch Universitäten und Hochschulen den EVTZ verlassen. Der EVTZ als solcher bleibt von diesen Veränderungen unberührt, solange die Anzahl der mindestens erforderlichen Mitglieder nicht unterschritten wird.

Auf diese Weise ist es Universitäten und Hochschulen möglich, einen Zusammenschluss bei gleichzeitiger Selbständigkeit seiner Mitglieder zu bilden, der durch seine Struktur und vor allem durch seine ihm zustehende eigene Rechtspersönlichkeit einen viel weittragenderen Charakter hat als bisher zwischen Hochschulen verschiedener Länder bestehende Partnerschaften.

III. Die Vorteile und Herausforderungen bei der Gründung eines EVTZ im grenzüberschreitenden, interuniversitären Bereich

1. Die Vorteile eines EVTZ

Der EVTZ als Rechtsform bietet verschiedene Vorzüge hinsichtlich einer interuniversitären, grenzüberschreitenden Zusammenarbeit.

a. Eigene Rechtspersönlichkeit

Der EVTZ besitzt gem. Art. 1 Abs. 3 EVTZ-VO eine eigene Rechtspersönlichkeit. Er selbst, und nicht die hinter ihm stehenden Universitäten, ist Träger von Rechten und Pflichten und kann Vermögen besitzen. Dadurch kommt ihm, verglichen mit einer interuniversitären Partnerschaft außerhalb einer Rechtsform, ein gesteigertes Ansehen zu, welches darüber hinaus die bereits bestehende hervorgehobene Stellung eines grenzüberschreitenden, interuniversitär agierenden Verbundes verstärkt.[19] Zudem kann der EVTZ aufgrund seiner Rechtspersönlichkeit durch seine Vertreter nach außen hin handeln und selbst EU-Gelder und sonstige Drittmittel beantragen und diese intern verteilen.

b. Einheitlicher struktureller Rahmen

Darüber hinaus schafft der Verbund aufgrund der strukturellen Vorgaben der EVTZ-VO einen einheitlichen Rahmen für die Verwaltung europäischer Projekte und gewährleistet aufgrund der grenzüberschreitend einheitlich tätigen Organe Stabilität und Effektivität bei der Zusammenarbeit.[20] Die einheitlichen und für alle gleichermaßen geltenden Regelungen erleichtern Entscheidungsprozesse und die getroffenen Weichenstellungen bieten aufgrund ihrer Rechtsverbindlichkeit Sicherheit für die Mitglieder bei der Umsetzung.[21] Auf diese Weise ist es Hochschulen und Universitäten möglich, auch im grenzüberschreitenden Bereich eine verlässliche, koordinierte und effektive Zusammenarbeit zu erreichen. Dies wiederum ist eine wichtige Voraussetzung für die Schaffung von grenzüberschreitenden Studiengängen und Forschungseinrichtungen.

c. Einheitlich anwendbares Recht

Ein weiterer Vorteil des EVTZ ist das klar definierte und auf ihn und seine Handlungen anwendbare Recht; dies insbesondere im Hinblick auf den einem stetigen Wandel unterliegenden Bereich der Bildung. Ferner beste-

---

19 So auch für regionale Zusammenschlüsse: *Pechstein/Deja*, EuR 2011, S. 360.
20 *Pechstein/Deja*, EuR 2011, S. 360.
21 So auch für Euroregionen: *Pechstein/Deja*, EuR 2011, S. 361.

hen zwischen den Regularien und Systemen der Universitäten und Hochschulen teilweise große Unterschiede. Diese gilt es im Rahmen eines EVTZ zusammen und effektiv in Einklang zu bringen.

Das anwendbare Recht ist in Art. 2 EVTZ-VO geregelt. Danach finden die EVTZ-VO (Art. 2 Abs. 1 lit. a EVTZ-VO), die Übereinkunft (Art. 2 Abs. 1 lit. b EVTZ-VO) sowie in Bezug auf von der EVTZ-VO nicht oder nur zum Teil geregelte Bereiche die Rechtsvorschriften des Mitgliedstaats Anwendung, in dem der EVTZ seinen Sitz hat (Art. 2 Abs. 1 lit. c EVTZ-VO). Die mit der Bestimmung des Sitzstaates einhergehende Festlegung des anwendbaren nationalen Rechts ist insbesondere bei der Registrierung und Veröffentlichung von Satzung und Übereinkunft (Art. 5 EVTZ-VO), bei Haftungsfragen (Art. 12 Abs. 1 EVTZ-VO), der Kontrolle der Verwaltung öffentlicher Mittel (Art. 6 Abs. 1 EVTZ-VO) sowie bei der Auflösung des EVTZ von Amts wegen (Art. 14 EVTZ-VO) von Bedeutung.[22] Darüber hinaus kommt das nationale Recht bei der Arbeitsweise des EVTZ, der Personalverwaltung, den Einstellungsverfahren und der Gestaltung der Arbeitsverträge zum Tragen.[23]

2. Die Herausforderungen bei der Gründung eines interuniversitären EVTZ

a. Einigung auf einen gemeinsamen Sitzstaat

Die Vorteile, die klare Regelungen hinsichtlich des anwendbaren nationalen Rechts auf den EVTZ aufgrund der Festlegung des Sitzstaates mit sich bringen, stellen Universitäten und Hochschulen gleichermaßen vor die Herausforderung, sich auf einen gemeinsamen Sitz zu einigen. Dieser Entscheidungsprozess kann insbesondere bei einem EVTZ zu Schwierigkeiten führen, an dem sich Universitäten und Hochschulen aus mehr als zwei Mitgliedstaaten beteiligen. Die Einigung auf den Sitz im Mitgliedstaat einer Universität oder Hochschule und die damit einhergehende Festlegung des anwendbaren nationalen Rechts bedeutet jedoch nicht automatisch die Unterordnung der übrigen Mitglieder. Um einer Konzentration auf das Sitzland entgegenzuwirken, können beispielsweise weitere Organe oder Einrichtungen in Übereinkunft und Satzung eingeführt werden, die

---

22 *Pechstein/Deja*, EuR 2011, S. 372.
23 *Pechstein/Deja*, EuR 2011, S. 373.

ihren Sitz in den Staaten der anderen Mitglieder haben und dort tragende Aufgaben übernehmen.[24] Dabei ist jedoch zu berücksichtigen, dass eine zu starke Dekonzentration durch die Verlegung von Stellen in vom Sitzland abweichende Mitgliedstaaten zu einer Zersplitterung des EVTZ führen und diesen handlungsunfähig machen kann. Daher sollte im Fall der Einrichtung weiterer Stellen und Organe zumindest die Geschäftsstelle als zentrale Organisationseinheit im Sitzstaat verbleiben.

b. Satzung und Übereinkunft als zentrale Dokumente

Eine weitere Herausforderung für die Gründung eines interuniversitären, grenzüberschreitenden EVTZ ist die einvernehmliche Fassung von Satzung und Übereinkunft. Beide Dokumente bilden die Grundlage des EVTZ und bedürfen der Zustimmung aller Mitglieder (Art. 8 und 9 EVTZ-VO).

Bei der konkreten Formulierung dienen die in der EVTZ-VO getroffenen Vorgaben zum Mindestinhalt als Basis.[25] Diese Vorgaben gilt es umzusetzen und darüber hinausgehende, den Anforderungen des künftigen EVTZ entsprechende Regelungen zu treffen. Dabei sollten beide Dokumente, unabhängig von deren genauen inhaltlichen Gestaltung, zwingend in der Landessprache eines jeden beteiligten Mitglieds verfasst werden. Denn nur so können ein Gleichlauf der Zielsetzung und eine Zusammenarbeit auf Augenhöhe sichergestellt werden. Entscheidend ist, dass im Ergebnis Satzung und Übereinkunft in der Sprache eines jeden Mitglieds so formuliert sind, dass jede Fassung gleichermaßen gelten kann. Denn nur unter dieser Voraussetzung ist eine gleichberechtigte Zusammenarbeit von Hochschulen und Universitäten verschiedener Länder bei gleichzeitiger Selbständigkeit derselben möglich.

Daher darf bei mehreren Sprachfassungen keine der jeweils anderen über- bzw. untergeordnet sein. Vielmehr müssen alle Fassungen gleichermaßen gelten. Und damit es im Fall einer Rechtsfrage nicht zu unterschiedlichen Auslegungen ein und derselben Passage je nach sprachlicher Version kommt, ist die genaue Abstimmung von Satzung und Überein-

---

24 So befindet sich beispielsweise sowohl beim Eurodistrikt Strasbourg-Ortenau als auch beim Eurodistrikt Saar-Moselle der Sitz jeweils in Frankreich, die Geschäftsstelle hingegen in Deutschland.
25 Art. 8 und 9 EVTZ-VO.

kunft von tragender Bedeutung. Nur unter dieser Voraussetzung kann der EVTZ als Akteur für seine Mitglieder einheitlich agieren.

c. Genehmigungsverfahren in den jeweiligen Ländern

Ein weiterer Aspekt, der aber nicht auf Universitäten und Hochschulen beschränkt ist, ist das Genehmigungsverfahren. Gem. Art. 4 EVTZ-VO hat jedes potenzielle EVTZ-Mitglied seinem Mitgliedstaat die Absicht einer Teilnahme an einem EVTZ mitzuteilen und seinem Land eine Abschrift des Vorschlags von Übereinkunft und Satzung zu übermitteln. Den jeweiligen Mitgliedstaaten obliegt dann nach Art. 4 Abs. 3 EVTZ-VO die Prüfung von Übereinkunft und Satzung und die Erteilung einer Genehmigung. Hierbei kann es je nach Mitgliedstaat zu mehr oder weniger zeitintensiven Genehmigungsverfahren kommen; dies mit Sicherheit auch bedingt durch die Tatsache, dass es bisher noch keinen EVTZ im Sinne eines „Europäischen Verbundes *universitärer* Zusammenarbeit" gab.

IV. Die konkrete Ausgestaltung eines EVTZ im Rahmen interuniversitärer Zusammenarbeit am Beispiel von Eucor

1. Die Europäische Konföderation der Oberrheinischen Universitäten (Eucor)

Bereits 1989 wurde die Europäische Konföderation der Oberrheinischen Universitäten (Eucor) als Verbund und zentraler Akteur in der trinationalen Metropolregion Oberrhein im Bereich Forschung und Lehre gegründet. Eucor umfasst heute fünf Universitäten und Hochschulen aus Deutschland, Frankreich und der Schweiz, die sich in einem Radius von nur 200 km befinden: die Universität Basel, die Albert-Ludwigs-Universität Freiburg im Breisgau, die Université de Haute-Alsace (Mulhouse-Colmar), das Karlsruher Institut für Technologie sowie die Université de Strasbourg. Durch die sehr hohe Dichte an wissenschaftlichen Einrichtungen bietet die Oberrheinregion ideale Bedingungen für Forschende, Doktoranden und Studierende. Durch Eucor wurden in seiner bisherigen Form bereits zahlreiche Kooperationen und grenzübergreifende Angebote an den beteiligten Universitäten ermöglicht, so z.B. gemeinsame Lehrveranstaltungen und interuniversitäre, zweisprachige Promotionsverfahren.

2. „Eucor – The European Campus"

Auch wenn mit Eucor bereits ein ausgeprägtes Kooperationsnetz zwischen seinen Mitgliedern bestand, so kam mit „Eucor – The European Campus" die Vision einer „Europauniversität" in Form eines EVTZ auf. Dieser sollte über die bisherige Partnerschaft der Universitäten und Hochschulen hinausgehen und einen eigenen, neuen interuniversitären Rahmen für die zahlreichen Studierenden, Forschenden und Doktoranden schaffen. Mit der Gründung eines European Campus als ein europäischer Universitätenverbund mit klar definierten gemeinsamen Strukturen sollten Kompetenzen und Potenziale gebündelt und ein Wissenschafts- und Forschungsraum mit internationaler Ausstrahlung geschaffen werden. Dabei soll der EVTZ „Eucor – The European Campus" die Aufgaben und Projekte der Europäischen Konföderation übernehmen und fortführen sowie neue Kooperationen ausbauen: gemeinsame Professuren, gemeinsames Verwaltungspersonal und Servicestellen sowie gemeinsame Studienabschlüsse sind nur ein Teil der anvisierten Ziele, die durch die Gründung eines interuniversitären EVTZ erreicht werden sollen.[26]

3. Die Struktur des EVTZ in Anwendung auf „Eucor – The European Campus"

Grundlage für die Umwandlung des Eucor-Zusammenschlusses in den EVTZ „Eucor – The European Campus" war die bereits Eucor zugrundeliegende Gründungsvereinbarung von 1989. In dieser Vereinbarung haben die fünf oberrheinischen Universitäten und Hochschulen – Freiburg, Karlsruhe, Basel, Strasbourg und Mulhouse-Colmar – ihren Zusammenschluss in der Absicht einer Zusammenarbeit in allen Bereichen von Lehre und Forschung erklärt.[27] Ferner sind in der Gründungsvereinbarung Organisationsstrukturen innerhalb Eucors festgelegt worden, die im Wesentlichen auf zwei Organen basieren: dem *Präsidium* als Entscheidungsorgan, welches aus den amtierenden Rektoren und Präsidenten der Mitglieder besteht, und dem *Sekretariat*, das sich aus je einem Administrator der ober-

---

26 Die einzelnen Aufgaben und Projekte sind in Art. 6 der EVTZ-Übereinkunft von „Eucor – The European Campus" aufgeführt:
27 Gründungsvereinbarung von 1989, http://www.eucor-uni.org/sites/eucor-uni.org/files/convention_fondatrice_eucor.pdf (8.1.2016).

rheinischen Universitäten zusammensetzt und für die Zusammenarbeit im Rahmen der Konföderation verantwortlich ist.[28] Diese Struktur bildete die Grundlage für die Umwandlung des Eucor-Zusammenschlusses in den EVTZ „Eucor – The European Campus".

a. Die Versammlung als Entscheidungsorgan

Art. 10 Abs. 1 lit. a) und b) EVTZ-VO bestimmen, dass der EVTZ zumindest zwei Organe hat: eine *Versammlung*, welche aus den Vertretern der Mitglieder des Verbundes besteht, sowie einen *Direktor*, der den EVTZ vertritt und für ihn handelt. In Anbetracht der bereits bestehenden Eucor-Struktur lag es nahe, das bisherige *Präsidium* in die nach Art. 10 Abs. 1 lit. a) EVTZ-VO vorgegeben *Versammlung* umzuwandeln. Vertreter der Mitglieder im Sinne des Art. 10 Abs. 1 lit. a) EVTZ-VO sind innerhalb eines interuniversitären Zusammenschlusses zunächst die amtierenden Rektoren und Präsidenten der jeweiligen Hochschulen und Universitäten. Zum Zwecke der Flexibilität und vor dem Hintergrund zeitlicher Engpässe und organisatorischer Hürden sollte dem Präsidenten/dem Rektor jedoch die Kompetenz eingeräumt werden, eine dritte Person dauerhaft mit der Vertretung der Hochschule im EVTZ beauftragen zu können.

Ferner sind die inhaltlichen Vorgaben der EVTZ-VO zu beachten: Zum einen regelt Art. 11 Abs. 1 EVTZ-VO, dass der jährlich aufgestellte Haushaltsplan von der *Versammlung* verabschiedet wird; zum anderen sind nach Art. 8 Abs. 2 lit. f) und Art. 9 Abs. 2 lit. a) EVTZ-VO die Organe und ihre jeweiligen Kompetenzen in der Übereinkunft und in der Satzung zusätzlich die Anzahl der Vertreter der Mitglieder in den Organen zu bezeichnen.

Wird die *Versammlung* als Entscheidungsorgan ausgestaltet, so sollten insbesondere auch Regelungen zu den Mehrheitsanforderungen im Rahmen von Entscheidungsverfahren, zum Vorsitz der *Versammlung* sowie zum Abhalten von Sitzungen getroffen werden.

---

28 Art. 3 der Eucor-Gründungsvereinbarung von 1989.

b. Der Direktor als Vertreter und Handlungsorgan

Als weiteres obligatorisch einzurichtendes Organ sieht Art. 10 Abs. 2 lit. b EVTZ-VO den *Direktor* vor. Er vertritt den EVTZ nach außen und handelt für ihn. Die Terminologie des „Direktors" ist dabei nicht zwingend. Bei der Umwandlung von Eucor in den EVTZ „Eucor – The European Campus" wurde auch hier auf die Eucor-Gründungsvereinbarung zurückgegriffen: Diese sieht vor, dass die das *Präsidium* bildenden amtierenden Rektoren und Präsidenten aus ihrer Mitte einen Vorsitzenden wählen. Das Amt des Vorsitzenden wurde nun in das Amt des *Direktors* übergeleitet, wobei die Terminologie in *„Präsident"* geändert wurde. Hinsichtlich der Regelung in Satzung und Übereinkunft sind ebenfalls die Vorschriften der Art. 8 Abs. 2 lit. f) und Art. 9 Abs. 2 lit. a) EVTZ-VO zu beachten.

c. Weitergehende inhaltliche Regelungen und Einrichtung weiterer Organe und Stellen

Hinsichtlich der inhaltlichen Anforderungen an Satzung und Übereinkunft sehen Art. 8 Abs. 2 und Art. 9 Abs. 2 EVTZ-VO einen fest definierten Rahmen vor. Die dort genannten Punkte sind zweifelsohne in die jeweilige Vereinbarung aufzunehmen. Darüber hinaus stellt sich die Frage, welche weiteren, über den Mindestinhalt hinausgehenden inhaltlichen Aspekten in Satzung und Übereinkunft aufzunehmen sind. Bestimmt wird dies maßgeblich durch die bereits bestehenden und anvisierten Strukturen sowie durch das Vorhaben des zu gründenden EVTZ. Kriterien können eine funktionierende Zusammenarbeit zwischen den Mitgliedern sowie die Koordination der täglichen Anforderungen und des laufenden Geschäfts sein. Im Fall von Eucor – The European Campus wurden als weitere Einrichtungen die *Geschäftsstelle*, die *Koordinationsstelle* sowie der *Ausschuss der Vizepräsidenten/Vizepräsidentinnen* geschaffen, welche insbesondere die Koordination der Zusammenarbeit, die Organisation des laufenden Geschäfts sowie die Vorbereitung der Versammlungssitzungen zur Aufgabe haben.

4. Reduzierte Fassung der Übereinkunft

Neben der Frage, *welche* weitergehenden inhaltlichen Vereinbarungen zu treffen sind, stellt sich darüber hinaus die Frage, *in welchem* der beiden Dokumente – Satzung oder Übereinkunft – diese zu regeln sind. Ein Kriterium können dabei die in der EVTZ-VO unterschiedlich getroffenen Anforderungen an eine spätere Änderung von Satzung und Übereinkunft sein: Während Art. 4 Abs. 6 S. 1 EVTZ-VO für Änderungen beider Dokumente ein Mitteilungserfordernis an die Mitgliedstaaten vorsieht, beinhaltet Art. 4 Abs. 6 S. 2 EVTZ-VO hinsichtlich einer Änderung der Übereinkunft das weitergehende Erfordernis einer Zustimmung der Mitgliedstaaten: Danach müssen die Mitgliedstaaten, deren Recht die Mitglieder des EVTZ unterliegen, jeder Änderung der Übereinkunft zustimmen.[29] Mit diesem Zustimmungsvorbehalt gehen sowohl eine verstärkte Kontrolle sowie ein zeitlich intensiveres Verfahren einher.

Für die Überlegung, welche Regelungen in der Satzung und welche in der Übereinkunft getroffen werden, bedeutet dies, dass alle Bereiche, die (i) nicht dem Mindestinhalt der Übereinkunft unterliegen, (ii) von einem Wandel und (iii) dem Bedürfnis einer zeitnahen Anpassung geprägt sind, in der Satzung geregelt werden sollten. Für die Frage der Bildung weiterer Organe kann es daher zweckmäßig sein, der *Versammlung* die Kompetenz der Einrichtung weiterer Ressorts und Ausschüsse zuzusprechen, anstatt weitere, neben der *Versammlung* und dem *Direktor* bestehende Organe zu bilden. Denn fällt das Aufgabengebiet eines Organs weg und wird das Organ selbst obsolet, so unterfällt die Änderung der Übereinkunft den weitergehenden Anforderungen des Art. 4 Abs. 6 S. 2 EVTZ-VO. Die Einrichtung einer weiteren Stelle, eines Ressorts oder Ausschusses, ebenso wie deren Auflösung, könnten hingegen bei Regelung in der Satzung durch „bloße" Mitteilungsänderung erfolgen. Aus diesem Grund empfiehlt es sich, sich im Rahmen einer interuniversitären grenzüberschreitenden Zusammenarbeit auf die in der Verordnung vorgegebenen Organe – *Versammlung* und *Direktor* – zu beschränken und die Einrichtung weiterer Stellen, Ressorts und Ausschüsse in der Satzung vorzunehmen.

---

29 Ausgenommen ist gem. Art. 4 Abs. 6 S. 2 i.V.m. Abs. 6 a lit. a EVTZ-VO der Beitritt eines neuen Mitglieds aus einem Mitgliedstaat, der die Übereinkunft bereits genehmigt hat.

5. Festlegung auf ein Sitzland

Eine weitere Herausforderung bei der Gründung des EVTZ Eucor – The European Campus war die Festlegung des gemeinsamen Sitzstaates. Aufgrund der Beteiligung der Universität Basel als eine aus einem Drittland stammende Hochschule, kamen unter Anwendung des. Art. 1 Abs. 5 EVTZ-VO nur Frankreich und Deutschland als potenzieller Sitzstaat in Betracht. In Frankreich gibt es bereits eine beachtliche Anzahl von EVTZ[30], darunter auch mit deutscher Beteiligung wie der Eurodistrikt Strasbourg-Ortenau und der Eurodistrikt Saar-Moselle, allerdings befindet sich bei den meisten bislang gegründeten EVTZ mit französischer Beteiligung der Sitz in Frankreich. Da sich hier der rechtliche Sitz jedoch in Freiburg im Breisgau befinden sollte, stellte die Festlegung des Sitzstaates einen weiteren, der gegenseitigen Abstimmung bedürftigen Aspekt dar. Im Ergebnis erfolgte eine Einigung und Festlegung auf Freiburg im Breisgau als rechtlichen Sitz des EVTZ. Ein Kompromiss wurde dabei durch die Einrichtung der *Koordinationsstelle* mit Sitz in Straßburg geschaffen, welche insbesondere für die Planung und Betreuung von Aufgaben und Projekten, die Kommunikation, Koordination und Zusammenarbeit innerhalb des EVTZ zuständig ist und der damit eine bedeutende Rolle zukommt.

6. Umsetzung der Haftungsregelungen

Ferner bedurfte es bei der Umwandlung des Eucor-Zusammenschlusses in „Eucor – The European Campus" der Vereinbarung von Haftungsregelungen.

Nach der EVTZ-VO ist die Haftung des EVTZ sowohl in Hinblick auf die Zurechnung des Handelns seiner Mitglieder als auch hinsichtlich des Umfangs sehr weit ausgestaltet: Gem. Art. 10 Abs. 3 EVTZ-VO haftet der EVTZ gegenüber Dritten für Handlungen seiner Organe und zwar auch dann, wenn solche Handlungen nicht zu den Aufgaben des EVTZ gehören und damit ultra vires erfolgt sind.[31] Der Umfang der Haftung des EVTZ ist dabei grundsätzlich unbeschränkt (Art. 12 Abs. 1 Unterabs. 1 EVTZ-

---

30 Frankreich ist bereits an 17 EVTZ beteiligt, wovon 11 ihren Sitz in Frankreich haben, EVTZ-Register, https://portal.cor.europa.eu/egtc/Register/Pages/DE.aspx (8.1.2016).
31 *Pechstein/Deja*, EuR 2011, S. 376.

VO). Darüber hinaus ist die Haftung eng an die Mitglieder des EVTZ geknüpft. So haften gem. Art. 12 Abs. 2 EVTZ-VO die Mitglieder für jegliche Schulden des EVTZ, wenn die Mittel des EVTZ zur Deckung nicht ausreichen. Der Anteil an der Haftung eines jeden Mitglieds wird dabei entsprechend seinem Beitrag festgelegt.

Gleichwohl können die Mitglieder des EVTZ ihre Haftung unter den besonderen Voraussetzungen des Art. 12 Abs. 2a EVTZ-VO in der Übereinkunft beschränken.[32] Für diesen Fall muss die Bezeichnung des EVTZ jedoch den Zusatz „mit beschränkter Haftung" tragen (Art. 12 Abs. 2a Unterabs. 2 EVTZ-VO).

Aufgrund der umfassenden Haftung des EVTZ nach außen und der umfangreichen Zurechnung des Handelns seiner Organe erscheint eine zusätzliche, das Innenverhältnis der Mitglieder betreffende Haftungsvereinbarung in der Satzung sinnvoll. Insbesondere in Bezug auf eine etwaige Fehlverwendung von Drittmitteln kann eine Regelung ratsam sein, welche vorsieht, dass das jeweilige EVTZ-Mitglied, in dessen Verantwortungsbereich sich die Fehlverwendung ereignet hat, die anderen Mitglieder insoweit freistellt. So ist es auch beim EVTZ „Eucor – The European Campus" geregelt worden.

7. Das Genehmigungsverfahren

a. Prüfung und Genehmigung von Übereinkunft und Satzung

Wie bei allen sich in der Gründung befindenden EVTZ war auch bei „Eucor – The European Campus" die Verständigung aller Mitglieder auf eine gemeinsame Satzung und Übereinkunft die wichtigste Voraussetzung für die Einleitung des Genehmigungsverfahrens.

Die Regelung in der EVTZ-VO ist dabei allerdings wenig glücklich. Danach beginnt das Genehmigungsverfahren gem. Art. 4 Abs. 3 EVTZ-VO mit der Mitteilung der geplanten Beteiligung des jeweiligen Mitglieds an einem EVTZ sowie der Übermittlung einer Abschrift von Satzung und

---

32 Voraussetzung gem. Art. 12 Abs. 2a EVTZ-VO ist, dass die Haftung mindestens eines EVTZ-Mitglieds aus einem Mitgliedstaat nach Maßgabe des nationalen Rechts, dem dieses Mitglied unterliegt, beschränkt ist, und dass eine Haftungsbeschränkung nach den nationalen Vorschriften zur Durchführung der Verordnung gestattet ist.

Übereinkunft an den eigenen Mitgliedstaat. Im Anschluss prüft und genehmigt gem. Art. 4 Abs. 3 EVTZ-VO das jeweilige Mitgliedsland entsprechend seiner verfassungsmäßigen Struktur die Teilnahme des potenziellen Mitglieds an dem EVTZ sowie die Übereinkunft. Das Genehmigungsverfahren endet mit der Registrierung oder Veröffentlichung von Übereinkunft und Satzung und der damit verbundenen Erlangung der Rechtspersönlichkeit des EVTZ.

Im Fall von „Eucor – The European Campus", der seinen Sitz in Freiburg, Baden-Württemberg hat, ist die zuständige Stelle für die Genehmigung das Regierungspräsidium Freiburg. Anders als in der VO vorgesehen, wurde das Regierungspräsidium hier von vornherein in die Ausarbeitung von Übereinkunft und Satzung mit einbezogen. So konnte bei der Beratung zwischen den beteiligten Universitäten die Auffassung des Regierungspräsidiums von Anfang an berücksichtigt werden. Auf diese Weise war das Regierungspräsidium nicht nur Genehmigungsbehörde sondern zugleich Beratungsinstanz, die auch als Mittler zum zuständigen Ministerium sowie zu den Genehmigungsbehörden der anderen Länder auftrat. Nur so war die rasche und problemlose formelle Genehmigung möglich. Es zeigt sich hier, dass anders als in der EVTZ-VO vorgesehen, die Genehmigungsbehörde von Anfang an in die Beratungen einbezogen werden sollte.

b. Besonderheiten bei der Beteiligung der Universität Basel

Eine Besonderheit im Rahmen von „Eucor – The European Campus" ist zudem die Beteiligung der Universität Basel als eine aus einem Drittland stammende Hochschule. Dass die Universität Basel als Einrichtung des öffentlichen Rechts eines Drittstaates Mitglied eines EVTZ sein kann, regelt Art. 3 Abs. 1 lit. f EVTZ-VO, welcher auf die weitergehenden Anforderungen des Art. 3a EVTZ-VO verweist. Da im vorliegenden Fall bereits zwei Mitglieder aus EU-Staaten (Deutschland und Frankreich) am EVTZ beteiligt sind, richtet sich die Beteiligung der Universität Basel nach Art. 3a Abs. 1 EVTZ-VO. Danach ist Voraussetzung, dass das zu beteiligende Drittland und die Mitgliedstaaten gemeinsam Maßnahmen der territorialen Zusammenarbeit oder von der Union unterstützte Programme durchführen und dass das Drittland an eines der beiden Mitgliedstaaten unmittelbar angrenzt.[33] Beide Voraussetzungen sind im Fall des EVTZ „Eucor – The European Campus" erfüllt: Zum einen soll durch den EVTZ die bereits bestehende, auf Eucor basierende interuniversitäre Kooperation verstärkt werden, zum anderen grenzt die Schweiz sowohl an Deutschland als auch an Frankreich unmittelbar an.

Darüber hinaus müssen die in Art. 4 Abs. 3a EVTZ-VO erhöhten Anforderungen im Rahmen der Genehmigung beachtet werden: Danach vergewissert sich der Mitgliedstaat, in dem der EVTZ seinen Sitz haben soll, in Absprache mit den anderen betroffenen Mitgliedstaaten, dass die Bedingungen des Art. 3a EVTZ-VO erfüllt sind und dass das Drittland die Teilnahme des potenziellen Mitglieds unter Zugrundelegung der Bedingungen und Verfahren gemäß der EVTZ-VO oder einer Vereinbarung zwischen mindestens einem Mitgliedstaat, dessen Rechtsvorschriften ein potenzielles Mitglied unterliegt, und diesem Drittstaat genehmigt (Art. 4 Abs. 3a lit. a und b EVTZ-VO).

V. Fazit

Das Modell eines Europäischen Verbundes territorialer Zusammenarbeit (EVTZ) ist nicht nur auf Gebietskörperschaften und deren überregionales Zusammenwirken, sondern auch auf eine grenzüberschreitende Zusammenarbeit von Universitäten und Hochschulen verschiedener Staaten anwendbar. Dabei zeigt sich am Beispiel von Eucor, dass sich der EVTZ bei entsprechender Gestaltung, auch wenn die Einbettung interuniversitären Zusammenwirkens in eine Rechtsform bisher fremd war, durchaus als Rechtskleid eignet.

Der EVTZ bietet mit seinen klar definierten und für alle Mitgliedstaaten gleichermaßen geltenden Vorgaben einen Rahmen, an dem sich die potenziellen Mitglieder orientieren und ausrichten können. Zugleich gewährt er durch die Möglichkeit weitergehender inhaltlicher Regelungen genügend Spielraum für eine Anpassung des EVTZ auf die jeweiligen Bedürfnisse, Anforderungen und Vorhaben des Verbundes.

Herausforderungen bei der Gründung eines interuniversitär und grenzüberschreitend agierenden EVTZ stellen sich insbesondere bei der Fassung einer gemeinsamen Übereinkunft und Satzung in den jeweiligen

---

33 Vgl. zu den Voraussetzungen auch *Krzymuski/Kubicki*, NVwZ 2014, S. 1342.

Sprachen sowie bei der Festlegung eines gemeinsamen Sitzstaates. Darüber hinaus bedarf es einer einvernehmlichen Ausgestaltung in den Bereichen Haftung, Koordination, Organisation und Entscheidungsfindung durch die Organe.

Diesen Herausforderungen stehen jedoch die maßgeblichen Vorteile einer eigenen Rechtspersönlichkeit, eines festen Rahmens hinsichtlich Organisation und Rechtsanwendung, sowie der Möglichkeit einer bisher nicht realisierbaren interuniversitären Zusammenarbeit gegenüber. Durch die Bündelung von Forschungskapazitäten und der Einrichtung von Großforschungseinrichtungen können Projekte in einem Umfang durchgeführt werden, der ohne einen solchen grenzübergreifenden Verbund nicht möglich wäre.

Damit stellt der EVTZ im Bildungszweig, konkret in dem Bereich der grenzüberschreitenden Zusammenarbeit von Hochschulen und Universitäten, eine neue Form interuniversitären Wirkens und Schaffens dar, die den zahlreichen Studierenden, Doktoranden und Forschenden der beteiligten Hochschulen und Universitäten die Wahrnehmung und Integration eines weit umfassenderen Spektrums an Lehrveranstaltungen und Projekten ermöglicht als bisher. Auf diese Weise können die Grenzen zwischen den beteiligten Universitäten und Hochschulen auch außerhalb eines gezielten Auslandsaufenthaltes auf Dauer geöffnet und ein internationales Studieren und Forschen in kontinuierlicher Weise ermöglicht werden.

Abstract

Although the European Grouping of Territorial Cooperation (EGTC) as a European legal form of cross-border collaboration implemented by the Regulation (EG) No 1082/2006 and revised by the Regulation (EU) No 1302/2013 has already existed for 10 years now, the EGTC is still a new and partly unknown instrument of transnational cooperation. Until now, 57 EGTC have been created,[34] mostly between regional authorities to strengthen and reinforce cross-border cooperation. But apart from that, the EGTC can also be used for a mainly thematically focused collaboration. Exactly this aim has been implemented with the formation of the EGTC "Eucor – The European Campus".

---

34 https://portal.cor.europa.eu/egtc/Register/Pages/DE.aspx (8.1.2016).

Originally, the European Confederation of Upper Rhine Universities (Eucor) was founded in 1989 as an association of the five universities located within 200 kilometers of each other: Basel, Freiburg, Haute-Alsace, Karlsruhe, and Strasbourg. As a key player in research and education in the tri-nation, metropolitan Upper Rhine region, Eucor has always pursued the objective of creating a European university network with clearly defined and shared structures of organization. After a successful cooperation for over 25 years, the members of Eucor decided to take the next step and to intensify the relations between the five universities by transforming Eucor into the EGTC "Eucor – The European Campus". Because all members pursued a transformation of Eucor exclusively into a European legal structure, other legal forms such as a public agency or a German foundation of public law were dropped due to their national character.

Apart from difficulties concerning the founding procedure, i.e. finding consensus about a common seat as well as reaching agreements on the convention and the statues considering the requirements of the Regulation, the EGTC offers many advantages regarding an inter-university cooperation: its own legal personality, an uniform structure and a clear definition of the applicable law based on the EGTC-Regulation and therefore binding all members of the EGTC. Especially its own legal personality allows the EGTC to apply directly for EU funding and other external funds, which simplifies enormously the transnational collaboration. Furthermore, apart from the founding members, other universities can enter the EGTC without changing its structure. Additionally, by transforming Eucor into the EGTC "Eucor – The European Campus", Eucor in its new form can achieve an outstanding position and leading role as the first EGTC comprised exclusively by universities of member states and a third country.

Literaturverzeichnis

Berg, Die öffentliche Anstalt, NJW 1985, 2294.

Detterbeck, Allgemeines Verwaltungsrecht, 13. Aufl., 2015.

Krzymuski/Kubicki, EVTZ-2.0 – Neue Chance für die grenzübergreifende Zusammenarbeit öffentlicher Einrichtungen?, NVwZ 2014, 1338.

Maunz/Dürig, Grundgesetz, Stand 74. Lieferung, Mai 2015.

Maurer, Allgemeines Verwaltungsrecht, 18. Aufl., 2011.

Pechstein/Deja, Was ist und wie funktioniert ein EVTZ?, EuR 2011, 357.

Schauhoff, Handbuch der Gemeinnützigkeit, 3. Aufl., 2010.

Schlüter/Stolte, Stiftungsrecht, 2. Aufl., 2013.

Staudinger, Kommentar zum Bürgerlichen Gesetzbuch mit Einführungsgesetz und Nebengesetzen, Buch 1, Allgemeiner Teil, Neubearbeitung, 2010.

Stumpf/Sauerbaum/Schulte/Pauli, Kommentar zum Stiftungsrecht, 2. Aufl., 2015.

v. Campenhausen/Richter, Stiftungsrechtshandbuch, 4. Aufl., 2014.